Hans Prutz

Die Ritterorden

HANS PRUTZ

Die Ritterorden

Mönche als Kämpfer, Helden, Abenteurer

Nachdruck
der Originalausgabe Berlin 1908

Bechtermünz Verlag

Dieses Werk erschien 1908 unter dem Titel
„Die geistlichen Ritterorden – Ihre Sellung zur kirchlichen,
politischen, gesellschaftlichen und wirtschaftlichen
Entwicklung des Mittelalters“ in der
Haude & Spenerschen Verlagsbuchhandlung, Berlin

Genehmigte Lizenzausgabe für
Weltbild Verlag GmbH, Augsburg 1998

Umschlaggestaltung: Studio Höpfner-Thoma, München
Umschlagmotiv: Papst Innozenz III. verleiht Hochmeister Hermann von
Salza den Siegelring – Gemälde, 1826, von Karl Wilhelm
Kolbe d. J. (1781–1853), Ausschnitt/AKG, Berlin
Gesamtherstellung: Bercker Graphischer Betrieb GmbH, Kevelaer
Printed in Germany
ISBN 3-8289-0287-1

Vorwort

Das Werk, das ich hiermit der Öffentlichkeit übergebe, ist eine späte Nachfrucht der Forschungen über die Kulturgeschichte der Kreuzzüge, die mich Jahre hindurch vornehmlich beschäftigten und die ich auch in der Folge über andere Arbeiten nie ganz habe liegen lassen. Sie im Anschluß an ein Problem, das mir schon früher als anziehend entgegengetreten war, in einer bestimmten Richtung wieder aufzunehmen, hat mir erst die unfreiwillige Muße erlaubt, die mir der durch die Rücksicht auf die Schonungsbedürftigkeit meiner Augen gebotene Rücktritt vom akademischen Lehramt gewährt hat. Die Möglichkeit, es mit Hoffnung auf Erfolg zu tun, erschloß das monumentale Urkundenwerk von DELAVILLE LE ROULX zur Geschichte der Hospitaliter.

Freilich wäre es wohl wünschenswert gewesen, an der Hand der von dem hochverdienten französischen Forscher gegebenen Nachweise noch weiteres Material zusammenzubringen und namentlich in einigen Archiven Spaniens und Portugals die Urkundenbestände templerischen Ursprungs durchzusehen. Denn vielleicht liegt da noch manches verborgen, was neue charakteristische Einzelheiten ergeben und so das Bild von der Stellung der geistlichen Ritterorden in der Entwicklung der mittelalterlichen Kultur ergänzt und erhellt hätte. An ein Unternehmen der Art aber war für mich nicht mehr zu denken. Ich mußte mich auf das gedruckt vorliegende Material beschränken. Doch ist mir auch von diesem manches unzugänglich geblieben, was in ausländischen periodischen Publikationen ausgesprochen lokalgeschichtlichen Charakters erschienen ist. Kleine Ungleichheiten und Ungenauigkeiten, die bei den bibliographischen Nachweisen mit untergelaufen sind, wird der Umstand entschuldigen, daß ich mich vielfach auf die Hilfe fremder Augen angewiesen sah.

Die geistlichen Ritterorden einheitlich zusammengefaßt als eine geschichtliche Erscheinung zu betrachten, die unter dem Antrieb der

Kreuzzugbewegung aus dem Boden einer kirchlich und sozial mächtig erregten Zeit zur Befriedigung neu auftauchender dringender Bedürfnisse hervorgewachsen ist, lag wohl nahe genug, seit man sich dabei nicht mehr auf die ehemals üblichen allgemeinen Betrachtungen zu beschränken braucht, sondern aus der Fülle eines fast überreichen Details eine wirklich lebendige Anschauung zu gewinnen vermag. Eben dabei aber ergab sich mir die zunächst überraschende Tatsache, daß die Entwicklung der geistlichen Ritterorden frühzeitig und mit steigender Konsequenz eine Richtung eingeschlagen hat, die mit ihrem ursprünglichen Wesen und ihrer eigentlichen Bestimmung je länger, je weniger vereinbar war und sie gegenüber der Kirche sowohl wie dem Staate zu Trägern zersetzender, hier und da geradezu destruktiver Tendenzen werden ließ. Geschah das nicht überall in gleicher Weise und in gleichem Maße, so wird den geistlichen Ritterorden doch im allgemeinen ein nicht unbeträchtlicher Anteil beizumessen sein an dem Auflösungsprozeß, dem die mittelalterliche Kultur seit der Wende des 13. und 14. Jahrhunderts entgegentrieb.

Dieser Gesichtspunkt bestimmte auch die Zeitgrenze, bis zu der die vorliegende Darstellung von dem Ursprung und der Entwicklung dieser merkwürdigen Zwitterbildungen herabzuführen war. Seit der Katastrophe des Templerordens und der zeitlich damit zusammenfallenden Vollendung des Staates des Deutschen Ordens in Preußen hörte das geistliche Rittertum auf, ein wirksames Moment in der Gesamtkultur zu sein. Das Nachleben des Hospitals kann ein allgemeines Interesse nicht mehr beanspruchen. Aus diesem Grunde habe ich auch nicht für angezeigt gehalten, auf das Templerproblem noch einmal ausdrücklich des genaueren einzugehen. Nur so weit habe ich es in den Bereich der Untersuchung gezogen, als die hier erörterten Fragen es nötig machten. Doch genügte das, um meine früher umständlich begründete These von der Schuld des Ordens, und zwar einer Schuld nicht bloß im allgemeinen moralischen Sinn, sondern einer Schuld vom Standpunkt der Kirche aus, als zutreffend zu erweisen, zugleich aber bestimmter, als das früher möglich war, die Mitschuld, welche die Kirche durch ihre schwächliche Nachsicht und das von ihr beobachtete unwahrhafte Vertuschungssystem ihrerseits auf sich geladen hat. Auch in der Nachweisung der sehr verschiedenen Umstände ermöglichtes Zusammenwirken den Templerprozeß in Gang brachte, glaube ich, über den bisher erreichten Standpunkt wesentlich hinausgekommen zu sein. Damit dürfte aber auch der Ausgleich der sich hier besonders schroff gegenüberstehenden Ansichten in dankenswerter Weise gefördert sein.

München, im September 1907.

Hans Prutz.

Inhaltsübersicht

Seite

Einleitung 1–6

Die Kreuzzüge und das moderne Denken S. 1. Beurteilung der geistlichen Ritterorden S. 2–3. Ihr kulturgeschichtliches Verdienst S. 3. BEDEUTUNG FÜR DIE KIRCHLICHE, POLITISCHE, GESELLSCHAFTLICHE ENTWICKELUNG DES MITTELALTERS S. 3–4. Der Deutsche Orden S. 4–5. Der Hospitaliterorden S. 6. Der Templerorden S. 6. DIE AUFGABE S. 6.

Erstes Kapitel: **Ursprung und Anfänge der geistlichen Ritterorden** 7–36

Wechselnde Auffassung der Kreuzzüge S. 7–87. Ihre Anlässe S. 8. Sie sind Fortsetzung einer längst im Gang befindlichen Bewegung S. 8. WALLFAHRTEN UND PILGERWESEN BIS ZUM ENDE DES ELFTEN JAHRHUNDERTS S. 9. Ältere Hospitäler meist nationaler Stiftung S. 9. Hospitäler in Jerusalem: Die Gründung Gregors des Großen S. 10–11. Ihre Schicksale S. 10–11. Das karolingische Hospital S. 10–11. Die Stiftung des Pantaleon Mauro von Amalfi S. 11–12. Ihre Schicksale S. 12.– GERARD, DER STIFTER DES HOSPITALS: seine Legende S. 13. Entwickelung des Pilgerwesens nach dem ersten Kreuzzug S. 13–14. Massenhafter Andrang S. 14–15. Internationaler Zug S. 15. ANFÄNGLICHES WESEN UND URSPRÜNGLICHE BEDEUTUNG VON GERARDS STIFTUNG: Organisation des Pilgerverkehrs durch Errichtung von Zweigniederlassungen in den wichtigsten Hafenstädten S. 16–17. ST. GILLES S. 18. Armen- und Krankenpflege S. 19. Erste päpstliche Privilegien: Kollekten, kirchliche Vorteile S. 19–20. Zahlreicher Anschluß S. 20. ENGERE UND WEITERE BRÜDERSCHAFT S. 20. Späterer Beginn kriegerischer Tätigkeit S. 21–22. BESONDERER ERFOLG UND RASCHES WACHSTUM IN DER PYRENÄENHALBINSEL: Aragonien S. 22. Testament König Alfons' III. S. 23. Vermutlich wandte sich das Hospital dort zuerst kriegerischer Tätigkeit zu S. 23–24.

ANFÄNGE DES TEMPLERORDENS: Hugo de Payns und seine Genossen S. 25. Das KONZIL VON TROYES 1128 gibt keine Regel S. 25. Werbereise des Hugo de Payns S. 25–26. Aufnahme von gebannten Rittern S. 27. Des heiligen Bernhard Schrift *de laude novae militiae* S. 27. Bemühen Balduins II. von Jerusalem um eine Regel für den Orden S. 28–29. DER TEMPLERORDEN IN PORTUGAL S. 30–31.

Seite

Möglichkeit der ANREGUNG DURCH MOHAMMEDANISCHE ORGANISATIONEN zu dauerndem Kampf für den Glauben: die Rabiten S. 31–32. AUTONOMIE DES ORDENS infolge des Fehlens einer Regel S. 33. KONSTITUIERUNG DES ORDENS DURCH ALEXANDER III. S. 33–34. Seine Stellung zu diesem Papst S. 34. Tatsächliche kirchliche Unabhängigkeit S. 35–36.

Zweites Kapitel: **Die geistlichen Ritterorden im Morgenlande** 37–70

Verschiedene Entwickelung der einander gegenseitig beeinflussenden geistlichen Ritterorden S. 37. Auch der Hospitaliterorden wird kriegerisch, bleibt aber seinen sozialen Aufgaben treu S. 38–39. ARMEN- UND KRANKENPFLEGE DER HOSPITALITER S. 39–40. Große Leistungen darin S. 41. SOZIALPOLITISCHE VERDIENSTE UND ANLÄUFE S. 42–43. Allmähliches Aufkommen feudaler Einflüsse S. 43–44. STEIGENDER EINFLUß DES RITTERLICHEN ELEMENTS S. 45–46. Verfolgen einer eigenen ORDENSPOLITIK S. 46–47. Ihre Berechtigung S. 47. Wirtschaftliche Verdienste S. 48–50. Anteil an der Landesverteidigung: Militärkolonien der Hospitaliter: Bet Dschibrin S. 51. Ostgrenze, Berg Tabor S. 51–52. Stellung im Fürstentum Tripolis und Antiochien S. 52–53. DAS HAUPTHAUS MARGAT S. 53–55. Ländlicher Besitz und seine Verwertung S. 55–56.

DER TEMPLERORDEN IM MORGENLANDE: sein Anteil am Glaubenskampf S. 56–57. Seine Besitzungen wenig bekannt S. 57. Sein Haupthaus ATHLIT, DAS PILGERSCHLOß S. 58–59. Anfänge zu größerer Macht im Tripolitanischen S. 59–60. Streitigkeiten mit den Hospitalitern S. 60–61.

DER DEUTSCHE ORDEN: das alte deutsche Hospital zu Jerusalem S. 62. Anfänge des Ordens im Lager vor Accon 1190–91 S. 63. Seine Errichtung im Anschluß an Heinrichs VI. Kreuzzugsplan S. 64. Rasches Erblühen unter Friedrich II. S. 65–66. Anteil am Kampf gegen die Ungläubigen S. 66. DAS HAUPTHAUS MONTFORT ODER STARKENBERG S. 66–67. Bewirtschaftung der morgenländischen Besitzungen S. 67–68. Übersiedelung nach Preußen S. 68–69. ANKNÜPFUNG AN MORGENDLÄNDISCHE ERINNERUNGEN: Ortsnamen S. 68–69. Art der Eroberung und Unterwerfung S. 69. Turkopulenbrot S. 69–70. Geänderte Bedeutung der Ordensämter S. 70.

Drittes Kapitel: **Die spanischen Ritterorden** 71–100

Frühe Anläufe zur Bildung von Ritterorden S. 671–72. Orden von Turgell S. 71. Plan Alfons' III. zur Errichtung eines Ordens „vom heiligen Grab" S. 72. CHARAKTERISTISCHE EIGENART DER SPANISCHEN RITTERORDEN: nationales Wesen, Unterordnung unter Kirche und Königtum S. 72–73.

DER ORDEN VON CALATRAVA S. 73 ff. Anlaß zu seiner Errichtung S. 73–74. Verhältnis zu den Cisterziensern von Morimond S. 74–75. Errichtung und anfängliche Organisation S. 75–76. Schenkungen und Privilegien S. 76–77. Entwickelung S. 78–79. Stellung zur Kirche S. 79–80. Kirchliche Freiheiten S. 80–82. Verhältnis zum

Seite

Königtum und zum Staat S. 83–85. Besitzungen S. 86–87. Ausgang S. 87.

Der Orden von Alcantara S. 87 ff. Seine Entstehung S. 87 bis 88. Entwickelung und Ende S. 88–89.

Der Orden von Evora oder von Avis in Portugal: Errichtung 1147 S. 90. Anlehnung an die Cisterzienser S. 90. Abhängigkeit vom König S. 90. Landschenkungen, besonders Sanchos I. S. 90–91. Verbindung mit dem Orden von Calatrava S. 91. Plan zur Verpflanzung nach dem Morgenland S. 91.

Der Orden von Montjoie S. 91 ff. Errichtung in Palästina 1180 S. 91–92. Auflösung und Übergang der Güter an die Templer S. 92–98. Fortbestehen in Kastilien als Orden von Montfrac S. 93. Dessen Vereinigung mit dem von Calatrava S. 93.

Der Orden vom Flügel des heiligen Michael in Portugal: kein eigentlicher geistlicher Ritterorden S. 95. Anlehnung an die Cisterzienser von Alcobaça S. 93. Wegfall der Ehelosigkeit S. 93.

Der Orden von Santiago: Wallfahrten zum Grab des heiligen Jakobus in Compostella von altersher üblich S. 94. Maßregeln zu ihrem Schutz durch die Chorherren von S. Eloy zu Compostella S. 94. Entstehung der „Miliz" von Santiago S. 94. Erweiterung zum geistlichen Ritterorden durch Alfons von Castilien S. 95. Bestätigung durch Alexander III. S. 95–96. Kirchliche Stellung S. 96–97. Beruf der Ordenskleriker S. 97. Verhältnis zu den Bischöfen S. 97–98. Ruhmreiche Beteiligung am Kampf gegen die Ungläubigen S. 98. Bündnis mit dem Orden von Calatrava S. 98. Bedeutung für die Geschichte Castiliens s. 99. Reichtum und Macht S. 99. Vereinigung des Großmeistertums mit der Krone S. 99. Der portugiesische Ordenszweig S. 99–100. Schließliche Anerkennung seiner Selbständigkeit S. 100.

Viertes Kapitel: **Der Deutsche Orden** 101–141

Schwierigkeiten seines Aufkommens und Besonderheit seiner Entwickelung S. 101. Kampf um die Unabhängigkeit von den Hospitalitern: Streit um die Ordenstracht S. 102. Feindschaft auch der Templer S. 103. Gunst der Staufer: die ersten päpstlichen Privilegien S. 103–104. Aufschwung unter Friedrich II. und Hermann von Salza: Aufnahme von Ordensbrüdern am Hof S. 104–105. Einräumung weltlicher Vorteile S. 105–106. Kirchliche Ausnahmestellung S. 106 bis 107. Begünstigung auch durch die folgenden deutschen Könige S. 107–108. Der Deutsche Orden in Preußen S. 108. Änderung des Inhalts der fortbestehenden alten Form S. 108–109. Gleichstellung in kirchlicher Hinsicht mit Hospitalitern und Templern S. 109–110. Kirchliche Freiheiten S. 110–112. Verhältnis zu Bischöfen und Prälaten S. 112–113. Kirchliche Einnahmen S. 114 bis 115. Kirchenpatronat S. 116–117. Begräbnisrecht S. 118–119. Ordenskleriker S. 119–120. Der Orden als Kirchenpatron S. 120 bis 121. Sicherheit vor Bann und Interdikt S. 122–123.

Seite

Begünstigung durch die päpstliche Kurie S. 124–125. Wachsende kirchliche Unabhängigkeit S. 126–127. Verweltlichende Einflüsse S. 128 bis 129. Gewinnung größerer weltlicher Unabhängigkeit S. 130–131. Der Deutsche Orden in Preußen und in DEUTSCHLAND S. 132–133. Die ZWÖLF BALLEIEN in Deutschland S. 134 ff. Thüringen S. 135. Hessen S. 135 ff. Österreich S. 135. Rheinland S. 135–136. Franken S. 136. Erwerbung von Zollfreiheit S. 137 ff. Rheinschiffahrt S. 138 bis 141. Der Orden in Mainz und Frankfurt S. 141.

Fünftes Kapitel: **Entwickelung und Wesen der exemten Stellung des Hospitaliterordens** 142–194

Ausbildung eines NEUEN RECHTSSYSTEMS ZUGUNSTEN DER GEISTLICHEN RITTERORDEN S. 142. Gründe für die Begünstigung derselben durch die Kirche S. 143–144. FINANZIELLE ENTLASTUNG: Gewährung von ZEHNTENFREIHEIT in den einzelnen Sprengeln S. 144–145. Entwickelung der Zehntenfreiheit S. 145–146. Erweiterung derselben über die anfänglichen Schranken S. 146–147. BEFREIUNG AUCH VON ANDEREN KIRCHLICHEN ABGABEN S. 147 bis 148. Schließliche Freiheit VON ALLEN ZAHLUNGEN AN DIE KIRCHE S. 149–150. Heranziehung zu solchen nur in Ausnahmefällen S. 149 bis 150. Befreiung von der Pflicht zur Beherbergung päpstlicher Legaten S. 150–151. Befreiung auch VON WELTLICHEN LEISTUNGEN durch die Kirche S. 151–152. ASYLRECHT der Ordenshäuser in Palästina S. 152. Bedenken Alexanders III. gegen die kriegerische Tätigkeit der Hospitaliter S. 153. WIRTSCHAFTLICHE BEGÜNSTIGUNG durch Abgabenfreiheit S. 153–154. Verzicht der Kirche auf finanzielle Leistungen des Ordens S. 154. Recht des Ordens zur ABHALTUNG VON KOLLEKTEN: Wichtigkeit desselben auch für die AUSBREITUNG UND DEN EINFLUß DES ORDENS S. 154–155. Widerstand der Bischöfe und Pfarrer S. 155–156. EINNAHMEN AUS ABLÄSSEN, LEGATEN usw. S. 157. Einräumung anderer finanzieller Vorteile S. 157–158. STEIGENDE ANZIEHUNGSKRAFT DES ORDENS UND DEREN SCHÄDLICHE WIRKUNGEN S. 159. Zuströmen ungeeigneter Elemente und Maßnahmen zu ihrer Abwehr S. 160. Das Recht der Ordensglieder AUF KIRCHLICHES BEGRÄBNIS S. 160–161. Finanzielle Wichtigkeit desselben S. 161–162. Möglichkeit der Benutzung durch Ketzer S. 162. Angriffe der Bischöfe darauf S. 162–163. Wichtigkeit des STREITES ZWISCHEN DEM ORDEN UND DEM PATRIARCHEN FOUCHER VON JERUSALEM für die Stellung des Ordens zum Episkopat überhaupt S. 164–166. SICHERHEIT DES ORDENS VOR BANN UND INTERDIKT trotz des bischöflichen Widerstandes aufrechterhalten S. 167–168. Schädigung der bischöflichen Autorität S. 168 bis 169. UNZUFRIEDENHEIT DER WELTGEISTLICHKEIT: Schilderung der herrschenden Mißstände bei WALTER MAPES S. 169–170. Klagen gegen den Orden auf dem LATERANKONZIL VON 1179 S. 169–170. Dessen ihm nachteilige Beschlüsse bleiben unwirksam S. 171. Auch die Unerreichbarkeit des Ordens für die bischöfliche Exkommunikation bleibt S. 171–172 und lähmt die bischöfliche Autorität mit der fort-

Seite

schreitenden AUSBREITUNG DES GELTUNGSBEREICHES DER PRIVILEGIEN des Ordens auf alle diesem irgendwie verbundenem S. 172–175. Steigende Feindschaft gegen den Orden S. 175. Austreten und Verfehlungen mancher Brüder S. 175–176. DIE ORDENSGEISTLICHEN: Errichtung des Ordensklerikates durch Anastasius IV. S. 176–177. Versorgung der Ordensgeistlichen durch die Kirchen unter Ordenspatronat S. 178. BEICHTRECHT der Ordensgeistlichen S. 178–179. Vergleich mit dem Templerorden S. 179–180. Schädigung der Weltgeistlichkeit durch dauernde Vermehrung der Ordenskirchen S. 180–181. Merkwürdiges Zeugnis für die GROßE ZAHL DER ORDENSGEISTLICHEN S. 181–182. Entwickelung des Patronatsrechts des Ordens S. 182 bis 183. STELLUNG DER ORDENSKIRCHEN ZU DEN BISCHÖFEN S. 183–184. Überwiegen des finanziellen Interesses S. 185. Mißbräuche der Vikare S. 185. Fortdauer der Streitigkeiten mit den Bischöfen über die Ernennung von Pfarrern S. 186. Dauernde Parteinahme der Kurie für den Orden S. 186–187. Besondere Maßnahmen zur Sicherung der Geltung der Ordensprivilegien S. 187–188. Klagen über den MIßBRAUCH DER PRIVILEGIEN DURCH DEN ORDEN namentlich zu SCHIKANÖSER ÜBERVORTEILUNG SEINER GEGNER BEI RECHTSSTREITIGKEITEN S. 188ff. Erlaß Gregors IX. dagegen S. 188–189. Sonstige Übergriffe des Ordens, insbesondere Streben nach Erweiterung seiner Gerichtsbarkeit S. 190–191. Selbsthilfe der Prälaten S. 191. Feindschaft auch der Laien S. 191–192. Große Zahl und zeitweise rasche Folge der päpstlichen Erlasse zugunsten des Ordens S. 192–193. Endgültige Exemtion des Ordens von der Gewalt der Ordinarien durch Clemens V. 1309 S. 193–194.

Sechstes Kapitel: **Das Verhältnis des Templerordens zur Kirche und Papsttum in seiner geschichtlichen Entwicklung** . . . 195–255

Ähnlichkeit der Entwickelung des Templerordens mit der der Hospitaliter S. 195, doch auch wesentliche Verschiedenheiten S. 196. Die TEMPLER von jeher UNABHÄNGIG VOM PATRIARCHEN VON JERUSALEM und damit SELBSTÄNDIGER GEGENÜBER DEN BISCHÖFEN S. 196 bis 197. Ebenso gesicherter gegen EINFLUß DES WELTLICHEN FÜRSTENTUMS S. 197. Erlaß Clemens' IV. zur Erhaltung dieser Unabhängigkeit S. 198–199, dagegen unterstützt Urban IV. das Bemühen Ludwigs IX. für Ernennung eines ihm genehmen Beamten S. 199. ABWEHRENDE HALTUNG DES ORDENS GEGEN DIE KIRCHE S. 199 bis 200. Unvollkommene Kenntnis seiner älteren Entwickelung S. 200. Frühzeitige Feindschaft der Bischöfe S. 200–201. Päpstliche Mahnungen an dieselben S. 201–202. Fast stete Parteinahme der Kurie für den Orden S. 202–204. Übergriffe des Ordens: ihr Grund das Fehlen einer Regel S. 203–204.

ÜBERSICHT DER VOM ORDEN BIS 1163 ERWORBENEN RECHTE UND FREIHEITEN: Erwerbung von Kirchen S. 205. Kirchhöfe S. 205, dadurch veranlaßte Streitigkeiten S. 205–206. Kollekten S. 206–207. Recht zum Gottesdienst in interdizierten Kirchen S. 207. Asylrecht

S. 207. Erweiterung der Rechte über Kreis des Ordens hinaus S. 207–208.

ALEXANDERS III. GROßER FREIBRIEF: Einfluß der Bedrängnis des Papstes S. 209, dadurch bewirkte Steigerung der Bedeutung der dem Orden verliehenen Rechte S. 209–210. Charakter seines Verhältnisses zum Papsttum S. 210–211. Erhaltung seiner AUTONOMIE S. 211. DER ORDENSKLERIKAL: seine untergeordnete Stellung S. 212 bis 213, deren vermutliche Wirkungen S. 213–214. Eigentümlicher Wandel in späterer Zeit S. 214. Vergleich mit der Stellung der Ordensgeistlichen bei den Hospitalitern S. 214–215. Unabhängigkeit der Templerkleriker von den Bischöfen S. 215. Weitere Bestimmungen S. 215–216. Bestätigungen und Erweiterungen der Ordensrechte S. 216–217. Der ORDEN ALS KIRCHENPATRON S. 217–218. Stellung der Geistlichen an Ordenskirchen S. 218–219. Feindschaft der Geistlichkeit S. 220–221. KIRCHLICHE VERLEIHUNG WELTLICHER FREIHEITEN S. 221. Sonstige Freiheiten des Ordens S. 222–223. Zehntenfreiheit, ihre Anfechtung und Erweiterung S. 224–225. Freiheit von kirchlichen Zahlungen S. 226–227. KOLLEKTEN S. 227. Mißbräuche dabei S. 228. SICHERHEIT VOR BANN UND INTERDIKT S. 228–229. Bestimmungen zur Sicherung der Gültigkeit der Ordensprivilegien S. 228–231. DIE KURIE IST AUßERSTANDE, GEGEN DEN ORDEN EINZUSCHREITEN S. 231–232.

KONFLIKTE DES ORDENS MIT DEM PAPSTTUM: Verwarnung durch Innocenz III. 1208 wegen nicht zu duldender kirchlicher Mißbräuche S. 233–234. STEPHAN VON SISSY und der durch ihn veranlaßte Konflikt des Ordens mit Urban IV. S. 234–235, dessen strenges Einschreiten, dann aber Einlenken S. 235–236. Weitere Nachgiebigkeit Clemens' IV. S. 236–237. Völlige Nachgiebigkeit Gregors X. S. 238. Bedeutung solcher Vorgänge S. 238. DER ORDEN ENTZIEHT SICH VOLLENDS DER AUFSICHT UND DEM EINFLUß DER KIRCHE S. 238 bis 239.

EIGENARTIGE ENTWICKELUNG DES TEMPLERISCHEN BEICHTRECHTS S. 239 ff. Dürftigkeit des urkundlichen Materials S. 239–240. Spätere Beschuldigung des Ordens in diesem Punkt S. 240–241. Übernahme des von den Benediktinern stammenden Beichtbrauchs der Cisterzienser durch die Templer S. 241–242. Form und Bedeutung der BEICHTE IM KAPITEL S. 242–243. Beichte und Buße auch für die Kirche noch kein Sakrament S. 243–244. Zulässigkeit der Laienbeichte S. 244. Stellung der Ordensgeistlichen zur Beichte S. 244–245. Allmählicher Wandel der kirchlichen Auffassung und Lehre von der Beichte: sie wird Sakrament und kann daher für gewöhnlich nur von Priestern vollzogen werden S. 245–247, doch ausnahmsweise Zulassung der Laienbeichte S. 247. Fortgang dieser Entwicklung bis zum Konzil von Trient S. 247–248. So entsteht allmählich eine ABWEICHUNG DES BEIBEHALTENEN ALTEN ORDENSBRAUCHES VON DER GEWANDELTEN KIRCHENLEHRE S. 248–249, dadurch wird die Stellung der Ordensgeistlichen geändert, zumal diese für gewisse Verfehlungen der Brüder bereits weitergehende Befugnisse vom Papst erhalten hatten

Seite

S. 249–250. Es gehen schließlich ZWEI ARTEN DER BEICHTE, die alte im Kapitel und die der neuen Kirchenlehre entsprechende bei Ordensgeistlichen, nebeneinander her S. 249–250. NACHTEILIGE WIRKUNGEN davon durch Umgehung des strengeren Ordensbrauches, die zur LOCKERUNG DER ZUCHT FÜHRT S. 253–254. Verschiedenheit der in den Konventen geübten Praxis S. 254–255. Üble Wirkungen bei fortschreitender Verweltlichung des Ordens S. 255.

Siebentes Kapitel: **Verbreitung, Besitzstand und rechtliche Stellung des Hospitaliterordens** 256–316

Verschiedenheiten in der Entwicklung der Orden S. 256–257. Möglichkeit von Ordensstaaten S. 257–258. ORGANISATION DER VERWALTUNG DES BESITZES BEI DEN HOSPITALITERN S. 257ff. Territoriale Verwaltungsbezirke: Ordenszungen und Großpriorate S. 258 bis 261.

I. FRANKREICH: Die Provence S. 262–266. Auvergne S. 266 bis 268. Das königliche Frankreich 268ff. Die rechtliche Stellung des Ordens 270ff. VERTRAG MIT KARL VON ANJOU VOM 28. JULI 1262 S. 274ff. Amortissement der Ordensgüter S. 279ff. Der VERTRAG ZWISCHEN DEM ORDEN UND PHILIPP IV. VON 1304 S. 280–283.

II. ITALIEN: Eigenart der dortigen Entwicklung S. 283–284. Die italienischen Großpriorate S. 284–285. UNTERITALIEN, SIZILIEN S. 285–288.

III. ENGLAND: Einbürgerung wohl erst unter Heinrich I. S. 288. Begünstigung durch Heinrich II. S. 288–289. Güter und Stellung in SCHOTTLAND S. 289–290, in Irland S. 290. Schicksale des Ordensgutes in England S. 290–291. Seine Verteilung über das Land S. 291. FREIBRIEF HEINRICHS II. VON 1155 S. 291–292. Bestätigung durch Richard S. 292–293. Verhältnis des Ordens zu Johann S. 293–294, zu Heinrich III. und Eduard I. S. 294–295. Stellung zum Königtum S. 295–296.

IV. DIE PYRENÄISCHE HALBINSEL: Besonderheit der dortigen Stellung S. 296–297. Wechsel in der Teilung der Verwaltungsbezirke S. 297–298. Lockerung des Zusammenhangs mit dem Orden S. 297 bis 298. Entwickelung des Besitzes in CATALONIEN und ARAGONIEN S. 298–299. Kein Ordensstaat S. 300. Gutes Verhältnis zu den Königen S. 301. Militärische Unentbehrlichkeit S. 302. Rechtliche Stellung S. 302–303. *Droit de monnayage* S. 303. Herbergsrecht S. 304. Wahrung der königlichen Rechte S. 304–305. CASTILIEN S. 305–306. NAVARRA S. 306. PORTUGAL S. 307–308.

V. DEUTSCHLAND UND DIE NÖRDLICH UND ÖSTLICH BENACHBARTEN LÄNDER: Verhältnismäßig geringe Verbreitung und Begüterung s. 308–309. Einfluß des zweiten Kreuzzugs S. 309–310. Die deutsche Zunge S. 310–311. BÖHMEN und ÖSTERREICH S. 311. POLEN S. 311–312. UNGARN S. 312. DIE BALLEI BRANDEN-

Seite

BURG und ihre besondere Stellung zum Orden S. 312–314. Die SKANDINAVISCHEN LÄNDER: Dänemark S. 314. Norwegen S. 314 bis 315. Schweden S. 315.–HOSPITALITERINNENHÄUSER S. 315 bis 316.

Achtes Kapitel: **Verbreitung, Begüterung und rechtliche Stellung des Templerordens im Abendlande** 317–350

Reichtum der Templer und spätere Verehrung auch ihres Grundbesitzes S. 317. CHARAKTERISTISCHE ZÜGE DER ENTWICKELUNG S. 318.

I. DIE PYRENÄISCHE HALBINSEL.

1. PORTUGAL: Frühe Einbürgerung S. 318–319. Älteste Schenkungen und Erwerbungen S. 319–320. Teilnahme am Kampf gegen die Ungläubigen S. 320–321. Der FREIBRIEF ALFONSOS I. 1157 S. 321–322. Vermehrung seines Besitzes und seiner kirchlichen und weltlichen Freiheiten S. 322–323. Das HAUPTHAUS TOMAR S. 323. EINORDNUNG IN DEN STAATSVERBAND UND ABHÄNGIGKEIT VOM KÖNIG S. 323–324. Eigentümliche Form des Anschlusses an die Genossenschaft S. 324–325.

2. DIE ÜBRIGEN SPANISCHEN REICHE: Gleichartigkeit der Verhältnisse S. 325. ARAGONIEN: Erste Besitzungen S. 326. Verbindung mit Alfons I. S. 325, dessen Testament S. 327. Förderung durch RAIMUND BERENGAR IV. S. 327. Die wichtigsten Besitzungen S. 327–328. Rechtliche Stellung S. 329. Streben nach Erweiterung der Gerichtsbarkeit S. 329–330. Entsprechende Verhältnisse in CASTILIEN S. 329–330. NAVARRA S. 330. MAJORKA S. 330–331.

II. ITALIEN UND SIZILIEN.

Geringere Bedeutung seines italienischen Besitzes S. 331–332. Dagegen Wichtigkeit seiner Stellung in SIZILIEN S. 332. Konflikt mit Friedrich II. S. 332. Verbindung mit den Anjous S. 332. MITTELITALIEN, OBERITALIEN S. 333.

III. DIE ÜBRIGEN LÄNDER.

Geringe Bedeutung für Deutschland S. 334. Frühe Niederlassung in LOTHRINGEN S. 334. Rheinland, Sachsen und das nördliche Deutschland S. 334– 335. UNGARN und seine Nebenlande S. 335.

IV. ENGLAND.

Charakteristische Züge der dortigen Entwickelung S. 335–336. Anfänge unter Heinrich I. S. 336. Gunst König Stephans S. 336–337. Schenkungen auch von englischen Großen S. 337. VERBINDUNG mit HEINRICH II. S. 3327–338. Verhältnis zu KÖNIG JOHANN S. 338 bis 340. Besondere Begünstigung durch HEINRICH III. S. 340–341. Haltung Eduards I. S. 341–342. Die BESITZUNGEN DES ORDENS in England und ihre Verteilung über dasselbe S. 342–343. Bewirtschaftung und Nutzbarmachung des Ordensbesitzes S. 343. Leistungen der Pächter, Bauern usw. an den Orden S. 343–345. Dessen rechtliche STELLUNG

Seite

AUßERHALB DER HUNDERTSCHAFT nach dem Freibrief Johanns S. 345–347. Erweiterung der Ordensrechte S. 347–348. Das Asylrecht S. 348. SCHOTTLAND S. 349. IRLAND S. 349. Klagen über des Ordens Übergriffe S. 349. Der Orden dennoch abhängig vom Königtum S. 350.

Neuntes Kapitel: **Der Templerorden in Frankreich** 351–393

Allgemeine Züge der dortigen Entwickelung S. 351. Entwickelung des Besitzes und der rechtlichen Stellung des Ordens in der Champagne S. 352–356. Niederlothringen S. 356. Normandie S. 358–359. Bretagne S. 359. Poitou S. 360.

DIE TEMPLER IN SÜDFRANKREICH: Älteste Güter S. 361–362. Gunst der Großen S. 362–363. Verhältnis zu den Albigensern S. 363 bis 365. „Ritterschaft des Glaubens Christi" S. 366. Mögliche Benutzung der templerischen Freiheiten durch die Häretiker S. 366. Rechtlich bevorzugte Stellung des Ordens S. 366. Dauernde Erweiterung seiner Rechte S. 367. Die wichtigsten Kontureien S. 367–368.

DAS KÖNIGLICHE FRANKREICH S. 369–393. Ludwig VII. S. 369 bis 370. Philipp II. August S. 370–371. Ludwig VIII. S. 371. Ludwig IX. S. 371–372. Philipp III. S. 372–373. GESCHICHTE DES PARISER TEMPELS S. 373–376. Die Ordensstadt Villeneuve du Temple S. 377–379. Streit zwischen dem König und dem Orden und Vertrag vom August 1279 S. 378–380. Streit mit den Pariser Metzgern S. 379–380. Philipps III. Ordonnanz *Ecclesiarum utilitati* S. 381. PHILIPP IV.: Verhandlungen über das AMORTISSEMENT DER ORDENSGÜTER S. 380–385. Einigung durch Vergleich S. 383–384. Parteinahme des Ordens für den König gegen Bonifaz III. 1303 S. 380–387. PHILIPPS IV. FREIBRIEF FÜR DEN ORDEN VOM JUNI 1304 S. 389–392. Seine Bedeutung S. 392–393.

Zehntes Kapitel: **Stellung der geistlichen Ritterorden in der wirtschaftlichen Entwickelung** 394–449

NATURAL- UND GELDWIRTSCHAFT S. 394. Verhältnis der Hospitaliter und Templer dazu S. 394–395. Das WIRTSCHAFTSSYSTEM DES DEUTSCHEN ORDENS S. 396.– Der TEMPLERORDEN als VERTRETER DER GELDWIRTSCHAFT S. 397. Vorbild des kirchlichen Finanz- und Steuerwesens S. 397–398. Nötigung der Orden zu KOMMERZIELLER TÄTIGKEIT S. 398–399. Ihr Anteil am Levantehandel: Getreide, Holz, Schiffsreederei S. 399. Erwerbung von MARKTRECHTEN S. 400. Die TEMPLER IN TROYES UND PROVINZ S. 401. Gewerbliche Betriebe S. 401. Handwerker im Dienst der Orden S. 401 bis 402. Pflege des Handwerks durch den Deutschen Orden in Preußen S. 402. WIRTSCHAFTLICHE WIRKUNG DER ORDENSPRIVILEGIEN S. 402–403.

DIE FINANZIELLEN OPERATIONEN DER TEMPLER UND HOSPITALITER: Erträge der Kollekten S. 403–404. Depots S. 404. Anweisungs- und Abrechnungsverkehr S. 404–405. KREDITGEWÄHRUNG für die Deponenten S. 406. PFANDGESCHÄFTE S. 405–406. Vermitte-

Seite

lung von Geldgeschäften S. 406–407. Kreuzfahrerdepots S. 408. Öffentliche Autorität der Ordenskassen und -Beamten S. 409–411. Verzinsung S. 411. Bankgeschäfte der Templer S. 411 ff. Anleihen der Päpste sowie weltlicher und geistlicher Fürsten S. 412–415. Ähnliche Geschäfte der Hospitaliter, doch nicht berufsmäßig S. 415. Die Hospitaliter legen ihre Kapitalien zumeist in Grundbesitz an S. 416–419. Unredlichkeiten und Unregelmäßigkeiten S. 419–420. Damals übliche Verzinsung des Grundbesitzes S. 421–422. Güterkäufe der Hospitaliter S. 422–425. Große Verluste und finanzielle Verlegenheiten der Hospitaliter S. 426 bis 427.

Der Templerorden als Finanzmacht S. 428 ff. Der Templerschatz zu Paris S. 428–429. Königliche und Hauptstaatskasse S. 429–430. Organisation dieses Verhältnisses durch Philipp II. August S. 431–432. Änderung unter Philipp IV. S. 433 ff. Denkmal der Geschäftsführung aus den Jahren 1295–1296 S. 436–437. Buchführung und Konto des Königs S. 437. Königliche Schatzmeister S. 437. Schatz im Louvre S. 437. Die Ordensschatzbeamten in hohem Ansehen S. 438. Jean de Tour der Ältere S. 438–439. Der Ordensschatz nach der Katastrophe S. 439–440. Nachforderungen Philipps IV., ebenso Ludwigs X., Philipps V. und Karls IV. S. 440–442.

Die Handelstätigkeit des Deutschen Ordens in Preussen S. 442 ff. Ihr Ursprung S. 444–445. Ihre Organisation: Großschäffer, Lieger und Diener S. 445–446. Die wichtigsten Handelsorte S. 446–447. Die Handelsartikel S. 447–448. Bedeutung und Wirkungen S. 448–449.

Elftes Kapitel: **Pläne zur Reform der geistlichen Ritterorden** 450–471

Die geistlichen Ritterorden als Träger großer Traditionen S. 450–451. Ihre sozialen Verdienste S. 451. Allmähliches Sinken ihres Ansehens S. 451. Ihre Gegner S. 451. Widerspruch zwischen Leistungen und Beruf S. 451–452. Wachsende Feindschaft der öffentlichen Meinung S. 452. Ihre Parteinahme gegen Friedrich II. S. 452. Konflikte mit der römischen Kurie S. 453. Zweifel an ihrer Leistungsfähigkeit S. 453. Streitigkeiten der Orden untereinander S. 454.

Der Gedanke ihrer Reform oder Union S. 454 ff. Konzil zu Lyon 1274 S. 456. Widerspruch der Hospitaliter S. 456–459. Steigerung der Reformbestrebungen seit 1291 S. 549. Pläne Karls II. von Neapel S. 459–460. Literarische Vertreter der Reform: Galvanus de Levanto S. 460. Raimundus Lullus S. 460. Die zeitgenössische Publizistik: Wilhelm von Nogaret S. 461. Pierre Dubois S. 461–464. Pläne Papst Clemens' V. S. 464. Denkschrift Jakobs von Molay S. 465–457. Der Untergang des Templerordens S. 467–468. Feindliche Absichten Philipps IV. auch gegen die Hospitaliter S. 468–470. Ausgang der Reformbestrebungen S. 470–471.

Seite

Zwölftes Kapitel. **Ursprung und Anlaß des Templerprozesses** 472–518

Das Problem und die Schwierigkeiten seiner Lösung S. 472–473. Stellung des Ordens zu Kirche und Staat im Anfang des 14. Jahrhunderts S. 473–474. Feindschaft der öffentlichen Meinung S. 474.

DIE DENUNZIATIONEN UND DIE BEDINGUNGEN IHRES ERFOLGES S. 475 ff. Philipp IV., seine PERSÖNLICHKEIT, sein CHARAKTER und seine Regierungsweise S. 475 ff. Eine strenge Kirchlichkeit S. 477. Ein Kreuzzugsplan und dessen Einfluß auf sein Verhältnis zu den Orden S. 477–478. Spannung mit den Templern S. 478–480. PHILIPP HÄLT SICH ALS KÖNIG FÜR VERPFLICHTET ZUM EINSCHREITEN S. 481–482.

Einwirkung der GLEICHZEITIGEN KIRCHLICHEN UND POLITISCHEN VORGÄNGE IN DEN ALBIGENSISCHEN LANDSCHAFTEN: KAMPF DES Bernard *Délicieur* und seiner Landsleute gegen die Inquisition und ihre Hoffnung auf Philipps Einschreiten gegen diese S. 483–485. Philipps Reise nach Südfrankreich und enttäuschende Halbheit S. 486–488. HOCHVERRÄTERISCHE PLÄNE UND VERBINDUNGEN DER ALBIGENSER S. 489. Eindruck auf Philipp S. 490–491. Prozeß gegen Bernard Délicieux S. 491. Benedikt XI. und Clemens V. S. 492. Ungünstige Wendung S. 492. Hochverratsprozesse S. 492. Clemens V. schreitet gegen die Inquisition ein S. 492. PHILIPP IV. HÄLT KETZEREI UND HOCHVERRAT FÜR ZUSAMMENGEHÖRIG S. 493. Sein Einschreiten gegen die Templer entscheidet den Sieg der Inquisition S. 494–495. Der Eindruck der Denunziation des SQUIN VON FLOYRAC wird gesteigert durch gleichzeitige Differenzen Philipps mit Jakob von Molay S. 496. Andere Denunziationen S. 496–497. Kenntnis der Kurie von den im Orden herrschenden Mißbräuchen S. 497–498. Der ehemalige Templer Elisian von Mondragoue und Bonifaz VIII. und Clemens V. S. 497–499. Ähnliche Vorgänge S. 499–500. Der Denunziant Squin von Floyrac S. 500–502. Erbitterung Philipps IV. durch die ABSETZUNG DES ORDENSSCHATZMEISTERS JEAN DE TOUR DES JÜNGEREN S. 501–506. Mitwirkung wohl auch der Habgier Philipps S. 507.

DIE SCHULDFRAGE: Die Aussagen im Prozeß S. 507–508. Personalbestand des Ordens S. 509. Geringe Zahl der Priester und Ritter S. 50–510. MASSE DER NIEDRIGEN UND UNGEBILDETEN LEUTE UND DEREN VERHÄNGNISVOLLER EINFLUß S. 510–513. Erweis des Brauchs der Verleugnung S. 514. Die templerische Messe S. 515. Unsittlichkeit und Habgier S. 516. Haltung Clemens' V. und Auflösung des Ordens S. 517–518.

Schluß 519–532

Das Schicksal des Templerordens ist entscheidend für das des geistlichen Rittertums überhaupt S. 519. Nur scheinbar widerspricht dem die BLÜTE DES DEUTSCHEN ORDENS IN PREUßEN S. 520. Ihre Gründe S. 520. Besonderheiten der Stellung und Entwickelung der SPANISCHEN RITTERORDEN S. 521. Anders geartete LAGE DER TEMPLER UND HOSPITALITER S. 522 ff. Nationale Sonderungen innerhalb der

Orden S. 523. Wachsender WIDERSPRUCH ZWISCHEN FORM UND INHALT S. 524.

BLEIBENDE ERGEBNISSE ihrer Tätigkeit: Verdienste um die SOZIALE KULTUR S. 525. Organisation der christlichen Liebestätigkeit S. 525. Möglicher Einfluß morgenländischer Vorbilder S. 526. Schwinden der Begeisterung für den Glaubenskampf S. 527. ZERSETZENDER EINFLUß AUF DIE KIRCHE S. 528. Die Orden BEEINTRÄCHTIGEN vielfach DIE STAATLICHE ENTWICKELUNG S. 529. Ihre Einwirkung auf die UMGESTALTUNG DER SOZIALEN VERHÄLTNISSE S. 530. Einfluß auf die WIRTSCHAFTLICHE ENTWICKELUNG S. 531–532.

Einleitung

Für das moderne Denken haben die Kreuzzüge nicht entfernt mehr die Anziehungskraft, die sie namentlich im Zeitalter der Romantik auf weite Kreise ausübten. Auch in den aus ihnen hervorgegangenen geistlichen Ritterorden, die einst eine so hervorragende Rolle gespielt haben, sieht man heutigen Tages zumeist nur fremdartige Gebilde jenes längst überwundenen mönchisch-ritterlichen Geistes, der ehemals die abendländische Welt erfüllte. Man meint, sie seien nicht bloß für die Gegenwart praktisch wertlos, sondern ständen auch außer jeder organischen Verbindung mit der geschichtlichen Vorbereitung und der allmählichen Begründung der Zustände, die vom Mittelalter zu dieser hinüberleiteten.

Allerdings hat es kein Interesse, das trotz gelegentlicher Farbenpracht und dramatischer Bewegtheit doch bald ermüdend wirkende Bild der endlosen Kämpfe aufzurollen, in denen die „armen Ritter vom Tempel Christi", die „Brüder vom Hospital des heiligen Johannes zu Jerusalem" und weiterhin die „Deutschen Herren zu St. Marien" sich Menschenalter hindurch mit den Ungläubigen herumgeschlagen haben. Auch hat die Fülle ehrlicher Begeisterung und opferfreudigen Heldentums, die dabei entfaltet wurde, die Niederlage der Christen im Morgenlande und den Verlust der heiligen Stätten nicht abwenden können. Wohl aber haben diese Kämpfe, die mit immer steigender Erbitterung und immer größerer Grausamkeit geführt wurden, das Verhältnis zwischen den Bekennern der beiden Religionen, die einst friedlich nebeneinander gelebt und in mannigfachem, beide förderndem Kulturaustausch gestanden hatten, geradezu vergiftet und zwischen ihnen eine nie zu erschöpfende Fülle von Haß aufgehäuft. In dem Wesen beider Religionen aber lag dies doch nicht begründet. Trotzdem ist diese Gegnerschaft nicht wieder beschwichtigt worden, sondern ist, immer von neuem auflodernd, noch für die politische Entwickelung der Gegenwart ein wichtiges Moment geblieben, das ernste internationale Verwickelungen herbeigeführt hat und auch noch für die Zukunft befürchten läßt.

Eher schon wird man auch in unseren Tagen bei der lebhaften Teilnahme, welche der Entwickelung aller genossenschaftlichen, gesellschaftlichen und staatlichen Organisationen entgegengebracht wird, bei der Betrachtung des in seiner Art einzigen Prozesses verweilen, durch den jene geistlichen Ritterorden von unscheinbaren Anfängen schnell zu einer Stellung aufstiegen, die ihnen die Bedeutung von Großmächten verlieh, und zwar nicht bloß militärischen, sondern auch wirtschaftlichen und in gewissem Sinne politischen und sozialen Großmächten. Noch heute hat es ein Interesse, die ihrem beschränkten nächsten Zweck unvergleichlich geschickt angepaßte und dabei so überaus dehnbare Organisation zu betrachten, vermöge deren diese ritterlich-mönchischen Verbände, die ursprünglich nur zur Lösung eng begrenzter kirchlich-sozialer Aufgaben bestimmt waren, getragen von dem in hohen Wogen gehenden Strom des Zeitgeistes, zu einem Ansehen erhoben wurden, das nicht bloß Kaiser und Könige, sondern auch das weltherrschende Papsttum nötigte, mit ihnen als ausschlaggebenden Faktoren zu rechnen. Dazu kommt ihr hervorragender Anteil an der Vermittlung der tiefgreifenden kulturgeschichtlichen Wandelungen, die als bleibendes und für die Entwickelung des Abendlandes bestimmendes Ergebnis aus den Kreuzzügen hervorgegangen sind.

Nach seinem Umfange und nach dem Grad seiner Wirkung ist dieser Anteil bisher noch nicht erschöpfend gewürdigt worden. Es handelt sich dabei nicht bloß um die Vermittelung eines zwei Jahrhunderte hindurch unterhaltenen lebhaften Verkehrs zwischen Abend- und Morgenland, welcher ersteres auf allen Gebieten des Lebens dem anregenden Einfluß des letzteren erschloß, diesem die Wege bahnte und eine immer tiefer eindringende Wirkung sicherte, sondern auch um ihren Anteil an den großen Wandelungen, welche die Kreuzzüge im geistigen Leben und nicht zuletzt gerade im religiösen herbeigeführt haben.

Mit der Würdigung der Rolle, welche die geistlichen Ritterorden als Träger des dauernden Kampfes der abendländischen Christenheit gegen die Mohammedaner und zugleich als ständige Vermittler in dem daneben hergehenden westöstlichen Tauschverkehr gespielt haben, ist ihre Bedeutung für die Entwickelung des Abendlandes jedoch noch nicht erschöpft. Vielmehr erweist sich diese als besonders groß auf einem Gebiete, wo man ihr bisher kaum nachgegangen ist.

Wie für die Zeitgenossen, so tritt auch für die Nachwelt als das Augenfälligste in ihrer Tätigkeit hervor, was sie als Träger des in den Kreuzzügen nach Verwirklichung ringenden Gedankens an eine dauernde Gewinnung der heiligen Stätten für die abendländische Christenheit geleistet haben, obgleich auch da frühzeitig die Selbstlosigkeit ihrer Motive bezweifelt wurde und manches dafür spricht, daß sie dabei gelegentlich ihren eigenen Vorteil über die phantastischen Ziele der christlichen Glaubensschwärmer setzten. Lag aber auch der Schauplatz dieser Tätigkeit der geistlichen Ritterorden im Morgenlande: Die Wurzeln, durch welche sie die dazu nötigen Kräfte an sich zogen, waren und blieben eingesenkt in den abendländischen Gebieten. Mit Besitztümern aller Art reichlich ausgestattet, entnahmen sie diesen, begünstigt durch umfassende kirchliche und weltliche Freiheiten und Vorrechte, vermöge einer musterhaft organisierten und straff zentralisierten Administration, Menschenalter hindurch ungeheuere Mittel, die sie nicht bloß zur Fortsetzung des Glaubenskampfes befähigten, sondern auch in den Stand setzten, ihren Besitz dauernd zu vermehren und die ihnen gewährte Ausnahmestellung planmäßig auszubauen und zu befestigen. Diese Grundlagen ihres Daseins blieben unverändert, auch als gegen Ende des dreizehnten Jahrhunderts die letzten Reste des christlichen Gemeindebesitzes im Osten verlorengingen und ihnen damit die Erfüllung ihres eigentlichen Berufes unmöglich gemacht wurde. Da konnte es nicht ausbleiben, daß der Widerspruch zwischen ihrer Bestimmung, in der die Rechtfertigung lag für die von ihnen zusammengebrachten Besitztümer und die ihnen von Kirche und Staat eingeräumte Ausnahmestellung, und den so völlig anders gearteten Verhältnissen, unter denen sie nunmehr bestanden, klarer erkannt, lästiger empfunden und bald zum Ausgangspunkt mannigfacher Angriffe gemacht wurde. Denn was bisher für sie Mittel zum Zweck gewesen war, die Vermehrung ihres Besitzes und die Bewahrung ihrer kirchlichen und politischen Ausnahmestellung im Interesse des Kampfes gegen die Ungläubigen, das wurde jetzt selbst der Zweck, dem die Tätigkeit dieser über ein ungeheueres Personal verfügenden Genossenschaften vorzugsweise galt. Über alle abendländischen Staaten verbreitet und in einigen im Besitze von Güterkomplexen, die zusammen an Umfang und Ertrag mehr als ein stattliches Fürstentum ausgemacht haben würden, durchbrachen die Orden vermöge ihrer eximierten Stellung die Diözesanverbände so gut wie die staatlichen administrativen Landesteilungen. Infolgedessen machten sie Bischöfen und Pfarrern die Wahrnehmung ihrer Hirtenrechte unmöglich und hinderten die Vertreter der landesherrlichen Autorität in der Übung ihrer Befugnisse. Da nun diese Exemtionen, die ursprünglich nur für die eigentlichen Ordensglieder und die von ihnen unmittelbar zur Beschaffung ihres Unterhaltes benutzten Ländereien gegolten hatten, im Laufe der Zeit auf alle diejenigen Personen erstreckt waren, die irgendwie in einem Schutz- oder Abhängigkeitsverhältnis zu ihnen standen, und auch auf die von ihnen nur mittelbar innegehabten Güter ausgedehnt waren, so entstanden mit dem Wachstum des Ordensbesitzes und der Vermehrung der Ordensleute, zu denen schließlich sogar die von den Ritterbrüdern beschäftigten Handwerker und ländlichen Arbeiter gerechnet wurden, immer zahlreichere und immer größere Inseln, die den Zusammenhang der kirchlichen und der politischen Verwaltungsbezirke unterbrachen. Das war für Kirche und Staat um so störender, als diese Ordensgüter und diese Komplexe von solchen eben wegen der Ausnahmestellung, deren sich ihre Insassen erfreuten, auf die Bewohner der benachbarten Distrikte eine starke Anziehungskraft ausübten: In diesen suchten immer weitere Kreise sich der gleichen Vorteile zu versichern, indem sie in irgendeiner Form ebenfalls unter die Hoheit der Orden traten. Besonders reizten dazu noch die wirtschaftlichen Vorteile, welche die den Orden Untertänigen oder Verbundenen genossen. Allerdings hat in dieser Hinsicht in den verschiedenen Ländern keine Gleichheit bestanden. Während die kirchliche Ausnahmestellung, welche die geistlichen Ritterorden der Gunst der römischen Kurie verdankten, in dem ganzen christlichen Abendland dieselbe war, hat sich ihr Verhältnis zu Regierung und Untertanen in den einzelnen Staaten verschieden gestaltet. Es hing ja zunächst davon ab, wie groß und wie geartet der Ordensbesitz in dem betreffenden Lande war, und weiter davon, ob die Krone stark genug war, um der Erweiterung der Ordensrechte Halt zu gebieten oder ob sie wenigstens zeitweise auf die militärische und finanzielle Hilfe der Orden angewiesen war und sie deshalb gewähren lassen mußte. Daher haben die einzelnen Orden in den einzelnen Staaten sich verschieden entwickelt, eine verschiedene Stellung gewonnen und eine verschiedene Rolle gespielt.

Einzig in seiner Art steht in dieser Hinsicht der Deutsche Orden da. Von einem genialen Staatsmann, der die Konflikte, die dem Orden aus der begonnenen Wandelung von Staat und Kirche erwachsen mußten, richtig erkannte und würdigte, wurde er den Gefahren, welche da drohten, rechtzeitig entrückt und auf einen Schauplatz des Wirkens verpflanzt, wo er sein eigenartiges Doppelwesen ungehindert bis in die letzten Konsequenzen entwickeln konnte, zugleich aber Gelegenheit fand, als Vertreter großer nationaler Interessen sein Recht auf die ihm eingeräumte außerordentliche Stellung immer von neuem zu erweisen. Indem er in Preußen einen eigenen Staat errichtete, und in gewissem Sinn auch eine eigene Landeskirche ausbaute, schloß der Deutsche Orden für sich die Konflikte mit Staat und Kirche aus, die dem Templerorden verderblich wurden. Denn des letzteren tragisches Ende, welches ihn freilich nicht schuldlos traf, war doch im letzten Grunde zurückzuführen auf die unhaltbare Unnatur der Stellung, die er gegenüber der römischen Kirche gewonnen hatte und gegenüber dem Staate behaupten wollte, auch als dieser sich auf nationaler Grundlage monarchisch fester zusammenschloß. Ein solches Schicksal ist dem ältesten der drei großen geistlichen Ritterorden, der wie der Templerorden ausgesprochen internationalen Charakters war, erspart geblieben. Die Hospitaliter haben unter Wahrung der alten Form und in mehr scheinbarer als wirklicher Erfüllung ihres ursprünglichen Berufes ihr Dasein bis hart an das Ende des achtzehnten Jahrhunderts gefristet. Das ist für unsere Kenntnis von dem Wesen dieser Genossenschaften überhaupt in zwiefacher Hinsicht ein Glück gewesen. Dem Umstande, daß das Hospital des heiligen Johannes die Stürme der Jahrhunderte ohne ein eigentliches Verdienst seinerseits überdauerte, verdanken wir die Erhaltung eines Quellenmaterials von erstaunlichem Umfang und Reichtum.[1] Dieses setzt uns in den Stand, im Anschluß an die Wandelungen, welche dieser Orden im Laufe der Zeiten durchmachte, überhaupt die Probleme zu ergründen, um die es sich auch in der Entwickelung der ihm gleichgearteten Genossenschaften gehandelt hat, namentlich in bezug auf ihre Stellung zum Staat, dessen Autorität sich zu entziehen sie ihrem Wesen nach alle gleich bestrebt waren.

Dabei darf nicht außer acht gelassen werden, daß diese Verbände vermöge ihrer Organisation, die ihre Leiter befähigte, ihren Willen über die kirchlichen und politischen, ja selbst über die nationalen Abgrenzungen hinweg geltend zu machen, an innerer Geschlossenheit den meisten Staaten des zwölften und dreizehnten Jahrhunderts überlegen waren. Darin lag für diese eine Gefahr. Die Ausdehnung der Ordensbesitzungen, die mit ihren Exemtionen den Zusammenhang der nur locker gefügten Staaten unterbrachen, legte gleichsam Bresche in den Bau des Staates und war unausgesetzt an der Arbeit, auch das Gefüge der mittelalterlichen Gesellschaft aufzulösen. Während der Deutsche Orden in Preußen, durch keine konkurrierende Gewalt gehindert, bei der Errichtung seines Staates und der gesell-

[1]) Vgl. das monumentale Urkundenwerk von Delaville Le Roulx, Cartulaire de l'Ordre des Hospitaliers de S. Jean de Jérusalem, I–IV, 1. (Paris 1894–1903.)

schaftlichen Organisation seiner Untertanen völlig freie Hand hatte und gleichsam schöpferisch wirken konnte, stießen die beiden anderen Orden immer wieder feindlich mit der Ordnung von Staat und Kirche zusammen, die sich unabhängig von ihnen entwickelt hatte. Daran ist der Templerorden zugrunde gegangen: Er bot dem aufstrebenden französischen Königtum von einer anderen Seite her eine schwache Stelle, wo es mit einem vernichtenden Angriff einsetzen konnte, ohne daß er die Kirche zu seinem Schutz aufzurufen in der Lage war. Die Hospitaliter sind dem immer stärkeren Druck der sich wandelnden Verhältnisse je länger je mehr gewichen, haben infolgedessen ihren eigentlichen Charakter immer mehr aufgegeben und notgedrungen ihre große Vergangenheit mit den in ihr wurzelnden Ansprüchen verleugnen müssen.

Bisher hat man vorzugsweise das ins Auge gefaßt, was diese großen Genossenschaften im militärischen und politischen Gebiete geleistet haben durch ihre Teilnahme an dem Kampf gegen die Ungläubigen und als Vermittler zwischen Abend- und Morgenland. Sie haben aber auf die Entwickelung der abendländischen Verhältnisse auch noch in anderer Hinsicht einen tiefen und folgenreichen Einfluß ausgeübt. Vermöge ihres Besitzes und der Ausnahmestellung, die sie mit ihm in kirchlicher und weltlicher Hinsicht einnahmen, haben sie auch auf die Entwickelung von Staat und Kirche und auf die Wandelung der gesellschaftlichen und wirtschaftlichen Zustände eingewirkt, wenn auch nur, indem sie deren Zersetzung förderten. Diese sozusagen destruktive Rolle der geistlichen Ritterorden ist bisher in ihrer Bedeutung noch nicht gewürdigt worden, obgleich die straffe Einheitlichkeit ihrer Organisation und die konsequente Selbstsucht ihrer Politik ihr gelegentlich große Intensität verliehen haben. Auch sie soll, soweit es die Lückenhaftigkeit und Ungleichheit des Materials erlaubt, hier ebenfalls einer genaueren Betrachtung unterzogen werden.

Erstes Kapitel.

Ursprung und Anfänge der geistlichen Ritterorden.

Jedes Zeitalter betrachtet die Vergangenheit von dem Standpunkte aus, den es seinen eigenen Verhältnissen entnimmt. Daher haben dieselben Ereignisse zu verschiedenen Zeiten die verschiedenste Auffassung erfahren. In besonders hohem Maße gilt das von den Kreuzzügen.

Im Zeitalter der Aufklärung, dem das Verständnis für große religiöse Bewegungen und ihre geistigen und sittlichen Impulse abging, hat man in ihnen wohl gar den Ausfluß einer die Völker des Abendlandes heimsuchenden epidemieartigen Geisteskrankheit gesehen und gemeint, daß die aus ihnen hervorgegangenen Bildungen in Staat und Kirche, Gesellschaft und Wirtschaftsleben die Entwickelung der Menschheit mehr aufgehalten als gefördert haben. Im Gegensatz dazu hat dann im Beginn des neunzehnten Jahrhunderts die Romantik die Kreuzzüge als die glorreichste Entfaltung alles irdischen Heldentums gefeiert und die in ihnen verfolgten Ideale als diejenigen gepriesen, deren Verwirklichung auch den modernen Völkern Glück und Gedeihen am sichersten verbürgen würde.

Vorurteilsloser und kritischer in der Prüfung sowohl der Überlieferung wie des inneren Zusammenhanges der Dinge hat dagegen die neuere Geschichtsforschung das Bild, welches die Aufklärung sich von den Kreuzzügen machte, als ebenso unzutreffend erwiesen, wie das, welches die Romantik davon entwarf. Niemand wird heute in Abrede stellen, daß die gewaltige Bewegung, die wir zusammenfassend als Kreuzzüge bezeichnen und die für zwei Jahrhunderte einen Rückstrom von Bruchteilen aller abendländischen Völker nach dem Osten bewirkte, im wesentlichen durch mächtige geistige Impulse veranlaßt worden ist, die sich damals naturgemäß in kirchlichen Formen äußerten. Anderseits aber ist man doch auch darüber einig, daß diese zu solcher Unwiderstehlichkeit erst gesteigert wurden durch den Druck, den die gesellschaftlichen und wirtschaftlichen, die kirchlichen und staatlichen

Verhältnisse ausübten, indem sie nicht bloß einzelne ungewöhnlich erregte Kreise, sondern die Massen bis hinab in die untersten Schichten für jene Anregungen besonders empfänglich machten. Nur das Zusammenwirken großer ideeller Momente mit nicht minder starken realen und zum Teil sogar materiellen erklärt den weltbewegenden Erfolg, den der scheinbar so unvermittelt ertönende Ruf zum Kreuze gehabt hat: Eine innerlich tief kranke, von schweren Kämpfen zerrissene und in gewaltsamer Gärung ringende Zeit glaubte in ihm das erlösende Wort zu vernehmen, dem folgend sie alsbald dessen teilhaftig werden würde, was sie vor allem ersehnte, des inneren und des äußeren Friedens, der kirchlichen und der staatlichen Ordnung, der Sicherheit von Hab und Gut und wirtschaftlichen Gedeihens. Über all das hinaus aber winkten denen, die sich zu Kämpfern Christi weihten, um die Stätten seines Lebens und Leidens der Herrschaft der Ungläubigen zu entreißen, die himmlischen Freuden, von denen wenigstens anfangs die große Menge gleich im heiligen Lande selbst noch einen köstlichen Vorgeschmack zu genießen erwartete.

Zudem schien es sich nur um die Fortsetzung einer Bewegung zu handeln, die seit Jahrhunderten im Gange war. Ging doch das Wallfahrtswesen mit allen ihm entsprungenen Einrichtungen und Bräuchen bis in die ersten Menschenalter des Christentums zurück. Der Strom der Pilger nach Jerusalem ist schon im frühen Mittelalter ein fast ununterbrochener und zeitweise sehr starker gewesen, trotz der Gefahren, die damals mit einer solchen Reise verbunden waren. Wenn das in der Überlieferung nicht so deutlich zutage tritt, so hat das seinen Grund darin, daß nur vereinzelte unter diesen Pilgern in der Lage waren, weiteren Kreisen von dem Verlauf ihres Unternehmens Kunde zu geben und literarisch auf die Nachwelt zu vermitteln. Was uns an Reiseberichten derart aus der Zeit vor den Kreuzzügen erhalten ist, läßt mit Sicherheit erkennen, daß ihre Verfasser mit der Fahrt nach dem heiligen Lande nichts Außerordentliches zu leisten meinten, außerdem aber dabei einen praktischen Zweck verfolgten, insofern ihre Aufzeichnungen bestimmt waren, nach Art der modernen Reisehandbücher denjenigen, die später desselben Weges ziehen würden, als Anhalt und Leitfaden zu dienen und sie auch in praktischen Dingen zu beraten. Außer diesen Verfassern solcher Reiseberichte sind aus der großen Menge der Pilger, die bis gegen das Ende des elften Jahrhunderts über das Meer nach dem Osten zogen, begreiflicherweise nur solche wenigstens dem Namen nach auf uns gekommen, die nach Rang und Stand hervorragten oder durch besonders merkwürdige

Erlebnisse für weitere Kreise Interesse gewannen. Daß es sich schon bei den Pilgerfahrten vor den Kreuzzügen nicht um gewagte Abenteuer einzelner gehandelt hat, sondern um eine gleichmäßig fortgehende Bewegung vieler, wird auch erwiesen durch das Alter und die Zahl gewisser Stiftungen, die ausdrücklich zur Erleichterung dieser Unternehmen dienten. In dem durch eine glückliche Fügung auf uns gekommenen Fremdenbuch des Klosters Reichenau im Rheintal[1]) sind die Namen zahlreicher skandinavischer Wallfahrer verzeichnet, die auf dem Wege nach den Häfen Italiens die Gastfreundschaft der Mönche genossen haben. Hatte es ferner schon an den großen Heerstraßen des römischen Kaiserreiches einfache öffentliche Herbergen (*hospitia pauperum*) gegeben, so waren aus Anlaß und zur Unterstützung der Pilgerfahrten ähnliche Anstalten als milde Stiftungen errichtet, namentlich an den Straßen nach den für den Antritt der Seereise gewöhnlich gewählten Häfen. Solcher Pilgerherbergen hat es schon vor den Kreuzzügen viele gegeben. Das noch heute bestehende Hospiz auf dem Mont Cenis ist eine Gründung des westfränkischen Königs Ludwig des Einfältigen. In Lucca und Siena hatte die „große Markgräfin" Mathilde von Tuszien in Erfüllung eines Versprechens, das sie den Mönchen von Montecasino gegeben hatte, derartige Unterkunftshäuser errichtet, und für ihre wanderlustigen Landsleute, die seit der Einführung des Christentums zahlreich nach Palästina zogen und dann unterwegs gleich Santiago de Compostella und Rom besuchten, hatten die Dänenkönige Knud der Große (1017–35) und Erich der Gute (1095) ebenfalls dergleichen Anstalten geschaffen und reich dotiert, von denen die eine am Taro zwischen Piacenza und Borgo San Donnino lag. Im Gegensatz zu dem internationalen Zuge, der mit den Kreuzzügen auf diesem Gebiete die Herrschaft gewann, war von diesen Stiftungen, deren Unterhalt teils auf dem Ertrage der ihnen überwiesenen Ländereien und Renten, teils auf den Spenden der darin beherbergten bemittelten Pilger beruhte, einmal jede für sich selbständig und dann für die Angehörigen einer Nation bestimmt. So genossen z. B. die Besucher der von Knud dem Großen gestifteten dänischen Hospize auf Grund der von dem König getroffenen Abmachungen Freiheit von den Abgaben, welche Pilger anderer Nationalität in Italien sonst an verschiedenen Stellen entrichten mußten.[2]) Solche Pilgerhospitäler errichtete noch König Robert von Neapel (gest. 1343) an dem Wege

[1]) Riant, *Les Scandinaves an Terre Sainte,* S. 61, 62.

[2]) Ebd. S. 59, 60.

von Nocera nach S. Maria Annunziata, auch mit Kirche und Bädern versehen.[1])

Dringender noch als im Abendland an den nach den Einschiffungsorten führenden Straßen machte sich das Bedürfnis nach Anstalten zur Sorge für die zahlreichen Pilger in der heiligen Stadt geltend. Konnten dort doch selbst die mit reichen Mitteln ausgestatteten ohne Gefahr für Leib und Leben des Rates ortskundiger Glaubensgenossen nicht entbehren, ohne welchen die der Zahl nach sicherlich überwiegenden Armen vollends dem übelsten Schicksal preisgegeben gewesen wären. Ebenso begreiflich aber ist es, daß bei derartigen Einrichtungen in Jerusalem selbst die nationalen Unterschiede nicht beachtet wurden, sondern alle katholischen Christen gleichmäßig ihre Wohltaten genießen konnten. In diesem Sinne wirkte auch das Hospital, welches Papst Gregor der Große unter der Leitung des von ihm entsandten Abtes Probus im Jahre 603 dort errichtete und dem insbesondere die Unterstützung armer Pilger durch Almosen aufgetragen war. Dieses päpstliche Hospital scheint die Heimsuchung nicht überdauert zu haben, die mit der Eroberung durch die Perser 614 über das heilige Land hereinbrach und auch die Heiligegrabeskirche der Zerstörung überlieferte. Der Zuzug zahlreicher Pilger aus dem Westen hat dadurch aber kaum eine Unterbrechung erfahren oder ist nach der Herstellung der christlichen Herrschaft durch den griechischen Kaiser Heraklius wieder mächtig angeschwollen. Sehr günstig gestalteten sich die Verhältnisse für die Christen infolge der freundschaftlichen Verbindung, die Harun al Raschid mit Karl dem Großen verknüpfte. Letzterer schickte zwei Gesandtschaften (797 und 799) an den Khalifen. Die letzte, welche durch die Bitte des Patriarchen von Jerusalem veranlaßt sein soll, hatte insofern ein glänzendes Ergebnis, als Harun al Raschid die Schutzhochzeit des Kaisers über die heiligen Orte anerkannte und ihm als deren Symbole die Schlüssel des heiligen Grabes, Golgathas und Jerusalems nebst dem Banner der heiligen Stadt überschickte. Der Kaiser wurde dadurch gegenüber dem Nachfolger des Propheten der berufene Vertreter der Christenheit. Er übte die ihm daraus erwachsenen Rechte und Pflichten mit der ihm eigenen weisen Mäßigung und Tatkraft. Auf dem Wege der Reichsgesetzgebung wurde die jährliche Zahlung bestimmter Summen zur Herstellung und Unterhaltung der christlichen Kirchen in Jerusalem geregelt. Ob es sich dabei auch um eine Weiterführung der Stiftung Gregors des Großen

[1]) Yver, *Le commerce et les marchands dans l'Italie méridionale au 13. et 14. siècle. (Publications des Écoles françaises d'Athènes et de Rome.)* Paris 1888.

gehandelt hat, mag dahingestellt bleiben: Gewiß ist, daß Karl der Große von dem Khalifen die Zustimmung erhielt zur Errichtung verschiedener dem christlichen Kultus dienender Anstalten, die zum Unterschied von ähnlichen griechisch-katholischen Stiftungen weiterhin als die „lateinischen" bezeichnet wurden. Zu ihnen wird auch ein Pilgerhospiz zu rechnen sein, das, wenn nicht als Fortsetzung, so doch als Erneuerung desjenigen Gregors des Großen angesehen werden darf: In ihm fanden alle „romanisch" sprechenden Pilger Aufnahme. Dazu gehörte eine der Jungfrau Maria geweihte Kirche, welche der Freigebigkeit des großen Kaisers eine reiche Bibliothek verdankte, nebst Wohnungen für zwölf Geistliche und die Äcker, Weinberge und einen Garten im Tale Josaphat besaß. Die dort tätigen Geistlichen gehörten dem Orden der Benediktiner an. Das blieb so im wesentlichen auch unter Karls des Großen Nachfolgern. Erst mit dem Verfall des karolingischen Reiches verlor das fränkische Protektorat über die Christen im heiligen Lande seine Bedeutung. Seit dem ersten Viertel des elften Jahrhunderts wurde es durch die Schutzhoheit der byzantinischen Kaiser ersetzt, der erst die Eroberung Palästinas durch die seldschukischen Türken ein Ende machte.

Eine furchtbare Heimsuchung brachte über die Christen auch Palästinas die wahnsinnige Verfolgungswut des Khalifen Hakem Biamrillah, der 1010 die Heiligegrabeskirche und alle christlichen Gebäude zerstören ließ: Ihr dürfte auch das alte gregorianische, nachmals karolingische Hospiz zum Opfer gefallen sein. Doch traten bereits nach dem Tode Hakems (1021) wieder günstigere Verhältnisse ein. Trotz einzelner gefährlicher Krisen, welche die Kämpfe zwischen den Byzantinern und den seldschukischen Türken herbeiführten, blieb die Lage der Christen augenscheinlich erträglich, und auch der Strom der Pilger aus dem Abendlande erfüllte die heilige Stadt alljährlich mit Tausenden von begeisterten Frommen, von denen eine Menge wegen Armut und Krankheit nach wie vor auf die werktätige Hilfe ihrer Glaubensgenossen angewiesen war. Ob für diese damals der Mittelpunkt noch vorhanden war, den das Hospital Gregors des Großen gebildet hatte, darf bezweifelt werden. Wäre das nämlich der Fall gewesen, so würde eine jüngere Stiftung ähnlicher Art, aber zunächst nicht von ähnlich universeller Bedeutung, die Geltung und den Ruf nicht haben gewinnen können, in deren Besitz wir sie finden und durch die sie im Gedächtnis der Zeitgenossen die Erinnerung an jene ältere Anlage verdunkelte.

Ein Kaufmann aus Amalfi, das damals an dem syrischen Handel besonders beteiligt war, Pantaleon Mauro, der wohl durch kaufmännische Geschäfte und vielleicht auch durch finanzielle Dienste die Gunst des Khalifen Mostansir gewonnen hatte, errichtete erst in Antiochien ein Hospital zur Aufnahme von Kaufleuten und Pilgern und erhielt dann in Jerusalem einen Bauplatz angewiesen, auf dem er ein Kloster S. Maria Latina errichtete, das zugleich den die heilige Stadt besuchenden Amalfitaner Kaufleuten Unterkunft gewähren sollte. Daneben entstand ein Kloster zur heiligen Maria Magdalena, das zur Aufnahme von Pilgerinnen bestimmt war. Die Entstehungszeit dieses Amalfitaner Hospitals, das seine Tätigkeit offenbar frühzeitig über den ihm ursprünglich angewiesenen Kreis erweitert und auf alle Pilger der lateinischen Christenheit erstreckt hat, ist nicht mit Sicherheit zu bestimmen. Auch vermögen wir nicht zu sagen, ob und wie die Stiftung des Pantaleon Mauro mit der gregorianischen und karolingischen zusammenhing. Spuren ihres Daseins führen bis etwa zum Jahre 1040 zurück, während die angeblich mit ihrer Gründung verknüpfte Abgrenzung des Christenviertels in Jerusalem erst 1064 erfolgt ist. Eine spätere Angabe, welche die Gründung erst in das Jahr 1086 setzt, kann nicht richtig sein, weil die damals in Syrien und namentlich in Jerusalem herrschenden Zustände ein Unternehmen derart unmöglich gemacht haben würden. Denn der Eroberung Palästinas, das im zehnten Jahrhundert der Gegenstand wechselvoller Kämpfe zwischen den Byzantinern und den Fatimiden von Ägypten gewesen war, durch die seldschukischen Türken (1070–78) war nach wenigen Jahren seine Unterwerfung unter die ägyptische Herrschaft gefolgt. Auch darüber haben wir keine sichere Kunde, ob die Stiftung des Pantaleon Mauro die Wechselfälle jener Jahre überdauert hat oder der kurzen Gewaltherrschaft der fanatischen Seldschuken zum Opfer gefallen ist. Die Momente, die für erstere Annahme geltend gemacht werden, verlieren an Gewicht durch ihren stark ausgeprägt legendarischen Charakter.

Danach nämlich hätte das Amalfitaner Hospital, seines besonderen landschaftlichen Charakters entkleidet, noch bestanden, als die Teilnehmer des ersten Kreuzzuges vor Jerusalem erschienen und es mit Sturm nahmen und zum Sitz einer als Gemeingut der abendländischen Christenheit betrachteten Herrschaft machten. An seiner Spitze soll damals ein Mann namens Gerard gestanden haben. Wenn er in der Folge als Stifter des angeblich aus jenem Amalfitaner Hospital hervorgegangenen Hospitaliterordens für die Provence in Anspruch genommen wird, indem er dort heimlich gewesen sein soll, so drängt sich die Frage auf, wie der Provenzale an die Spitze der auf Amalfi zurückgehenden Stiftung kam. Denn daß Gerard später zu

Toulouse für den Abt von Cluny eine Urkunde ausstellt,[1]) beweist nichts für seine Herkunft aus jener Gegend, zumal seine Tätigkeit für die von ihm geleitete neue Stiftung ihn zu vielfachen Reisen nötigte. Von seiten der Hospitaliter ist der Zusammenhang ihrer Genossenschaft mit der Stiftung des Pantaleon Mauro auch niemals anerkannt worden. Doch wird man darin einen Beweis für die Richtigkeit der Ordenstradition nicht sehen dürfen. Auch der Deutsche Orden hat mit dem älteren, um die Zeit des zweiten Kreuzzuges in Jerusalem entstandenen deutschen Hospital nichts zu tun haben wollen, augenscheinlich um nicht in seinen Anfängen dem Hospital des heiligen Johannes untergeordnet gewesen zu sein. Noch weniger aber wird man eine Herleitung der später zum Hospitaliterorden erwachsenen Stiftung unmittelbar von ihrer Amalfitaner Vorgängerin als erwiesen gelten lassen dürfen durch die vereinzelte Angabe, Gerard, nachmals der erste Meister des Hospitals des heiligen Johannes, sei zur Zeit des ersten Kreuzzuges in der heiligen Stadt heimisch gewesen. Denn einmal würde selbst aus der Richtigkeit derselben noch nicht folgen, daß er sich an der Spitze jenes älteren Hospitals befunden habe, dann aber haben wir es hier augenscheinlich mit einer Legende zu tun, die ohne historische Begründung erfunden sein kann, bloß um den von gewisser Seite behaupteten Zusammenhang jener beiden Stiftungen durch ein besonders wirksames Argument zu unterstützen. Denn daß man es mit einer Legende zu tun hat, kann niemandem zweifelhaft sein, wenn es da heißt, Gerard habe seine hungernden Glaubensgenossen, als sie Jerusalem berannten, gestärkt, indem er ihnen von der Mauer Brote zuwarf. Fehlt doch auch das übliche Wunder nicht: Als Gerard vor den Befehlshaber der Stadt geführt wurde, sollen die von ihm noch bereit gehaltenen Brote in Steine gewandelt gewesen sein, mit denen er angeblich den Verteidigern der Stadt hätte Hilfe leisten wollen. Es kehrt hier ein Zug wieder, der für eine ganze Reihe verwandter Legenden charakteristisch ist: es sei nur an die zu Rosen gewordenen Almosen der Landgräfin Elisabeth von Thüringen erinnert. Ist doch das Mittelalter immer bestrebt gewesen, Schöpfungen der Art ein möglichst hohes Alter und eine möglichst wunderbare Vorgeschichte anzudichten.

Gegen einen Zusammenhang mit dem Amalfitaner Hospital spricht vor allem die Art, wie die nachher zum Hospitaliterorden gewordene Stiftung Gerards und sein Verhältnis zu ihr in den ältesten päpstlichen Urkunden erwähnt wird. Ausdrücklich wird Gerard als

---

[1]) *Cartulaire,* Nr. 18 (I, S. 20) v. Jahr 1110.

„Begründer" *(institutor)* der Fremdenherberge zu Jerusalem[1]) und diese als von ihm errichtet bezeichnet.[2]) Schon das schließt die Anknüpfung an eine ältere Anstalt gleicher Art aus, von der die neue nur eine erweiterte Fortsetzung gewesen wäre. Doch bliebe damit immer noch Raum für die Vermutung, das neue Hospital Gerards sei, wenn auch ohne inneren Zusammenhang mit dem älteren, doch infolge seiner Lage in dessen Nachbarschaft oder auf dem einst von jenen benutzten Grundstück dem Uneingeweihten als eine Fortsetzung jenes erschienen. Das machen die späteren örtlichen Verhältnisse und namentlich die Lage der als benachbart genannten Kirchen sogar wahrscheinlich.

War schon vor den Kreuzzügen der Strom der alljährlich nach Jerusalem ziehenden Pilger viel stärker gewesen, als man gemeinhin annimmt, so schwoll er nach der Begründung der christlichen Herrschaft in Palästina vollends an. Stellt man sich überhaupt die Völker des Mittelalters mit Unrecht als wenig beweglich vor, so wird man sich von der Massenbewegung, die in dem Zeitalter der Kreuzzüge zwischen Morgen- und Abendland hin und her ging, kaum eine zu große Vorstellung machen können. Gingen doch damals regelmäßig zweimal im Jahr, vor Ostern, d. h. um die Frühjahrs-Tag- und Nachtgleiche, und dann um die Sommersonnenwende, von fast allen bedeutenden Häfen Italiens und Südfrankreichs ganze Flotten aus, welche mit Pilgern dicht besetzt waren. Unter diesen waren alle Stände und alle Nationen vertreten. Dazu kamen dann die nicht minder reich besetzten Geschwader der nordischen Seefahrer, welche von den Küsten der Niederlande, von den Rheinmündungen und von Skandinavien her durch die Meerenge von Gibraltar die Küste Syriens erreichten. Auch der weite und gefährliche Weg über Land durch Ungarn, Serbien, das griechische Reich und dann durch Kleinasien ist damals fast unausgesetzt von Pilgern, namentlich aus dem östlichen Europa, begangen worden.[3]) Wir wissen z. B., daß noch im späteren Mittelalter die nach dem gelobten Lande ziehenden deutschen Juden von Nürnberg aus ihren Weg über Polen, Lublin und Lemberg nach der Walachei und dann längs der Sazawa nach Akjermann zu nehmen pflegten. Von dort erreichten sie über Samsun (östlich von Sinope) und Tokat (westlich von Siwas) in Aleppo, wo auch damals noch venetianische Handelskontore bestanden, das nördliche Syrien und dann Damaskus und zogen von dort

[1]) Paschalis II., 15. Februar 1113, *Cartulaire,* Nr. 30. (I, S. 29.)

[2]) Calixt II, ebd. Nr. 48. (I, S. 46.)

[3]) Vgl. Prutz, Kulturgeschichte der Kreuzzüge, S. 108 ff.

endlich nach Jerusalem. Wenn sie dabei im türkischen Gebiete keines Geleits bedurften und sicher sein konnte, bis Aleppo die Fuhrwerke türkischer Kaufleute benutzen zu können und erst von dort aus eines „Tritzelman", d. h. Dolmetschers und Führers nach Art der heutigen Dragomane, zu bedürfen,[1] so ist anzunehmen, daß zwei Jahrhunderte früher bei dem höheren Kulturzustande jener Gebiete der Überlandweg nach Palästina keine besonderen Gefahren geboten haben wird. Infolge dieses Zustroms mehrte sich auch entsprechend die Zahl der Armen und Kranken in Jerusalem. Es erfuhren also die Forderungen an die öffentliche Wohltätigkeit, wie sie durch die älteren Hospitäler geübt worden war, eine entsprechende Steigerung. Doch fiel jetzt die nationale Sonderung fort, die in älterer Zeit dabei beobachtet sein mag. Entsprechend dem im Kreuzzugszeitalter überhaupt herrschenden Zuge trat auch hier eine ausgesprochen internationale Richtung in Wirksamkeit. In ihren Dienst stellte sich nun das Hospital des heiligen Johannes, an dessen Spitze wir den mehrfach genannten Gerard finden, dessen Namen auch in den Formen Gerald, Girald und Girauld vorkommt. Dieser unternahm damit die Lösung einer damals besonders dringenden kirchlich-sozialen Aufgabe. Doch liegt nicht darin das Neue und Epochemachende: In beschränkterem Maße hatten die Hospitäler älterer Zeit die gleiche Aufgabe mit gleichen Mitteln zu lösen gesucht. Was die Stiftung Gerard über diese erhob und ihr binnen weniger Jahre eine geradezu herrschende Stellung verschaffte, entsprang ihrer auf das ganze christliche Abendland angelegten Organisation und der Art, wie durch sie die Mittel der gesamten Christenheit in Bewegung gesetzt wurden. Allerdings haben wir darüber keine bestimmten zeitgenössischen Angaben: gelegentliche Äußerungen aber in den ältesten hierher gehörigen päpstlichen Erlassen sowie die Einrichtungen, die danach der Stiftung Gerards ihr charakteristisches Gepräge gegeben und die Art ihres Wirkens bedingt haben, lassen erkennen, welche neuen Gedanken darin vorwalteten und durch welche neuen Mittel ihre Verwirklichung erstrebt wurde.

Von der Gründung eines geistlichen Ritterordens ist Gerard danach weit entfernt gewesen. Was ihm vorschwebte und was er in überraschend vollkommener Weise leistete, war einerseits viel einfacher und andererseits doch auch wiederum viel großartiger. Den Ansprüchen, welche an das von ihm errichtete Hospital zur Pflege armer und kranker Pilger ohne Rücksicht auf ihre Nationalität gestellt wurden und die im Laufe der Zeit noch steigen mußten, ließ sich nur mit

[1]) Röhricht, Pilgerreisen der Familie Reiter. S. 61, 62.

Mitteln gerecht werden, die der Größe des zu Leistenden einigermaßen entsprachen. Andererseits wurde die Lösung der Aufgabe erleichtert, wenn man den Übelständen, die es zu beseitigen galt, nicht erst, wenn sie vollendete Tatsachen geworden waren, entgegentrat, sondern vorbeugte. Das leistete Gerard durch eine an sich sehr einfache organisatorische Maßregel, die aber für jene Zeit doch als groß und kühn gedacht bezeichnet werden muß und zudem mit außerordentlicher Planmäßigkeit und Konsequenz durchgeführt wurde. Das Hospital des heiligen Johannes zu Jerusalem, welches trotz der reichen Mittel, die ihm durch Schenkungen zuströmten, den an es gestellten Ansprüchen auf die Dauer zu genügen nicht hoffen durfte, suchte dies zu ermöglichen durch ein planmäßiges Zusammenwirken mit zahlreichen ähnlichen Anstalten, welche, an geeigneten Orten errichtet, die Pilger beim Eintritt der Reise nach dem Osten zum glücklichen Bestehen derselben befähigen sollten. In Jerusalem weniger kranke und verarmte Pilger ankommen zu sehen und unterstützen zu müssen, konnte man am ersten hoffen, wenn die dorthin Aufbrechenden beim Beginn gerade des letzten und gefährlichsten Stücks der Reise die nötige Pflege und Ausrüstung erhielten. Das ungefähr werden die Erwägungen gewesen sein, die Gerard anstellte, als er die Übelstände, an denen das Pilgerwesen damals krankte, dadurch abzustellen oder doch zu mindern unternahm, daß er die nach dem Osten ziehenden Frommen da, wo sie zusammenkamen und sich zu der langen Seefahrt einschifften, beherbergte, pflegte und beriet, d. h. in Hospitälern, welche in den wichtigsten Einschiffungshäfen errichtet wurden.

Wie Gerard diesen Gedanken im einzelnen ausgeführt, wie, in welcher Reihenfolge und mit welchen Mitteln er die mit dem Hospital zu Jerusalem zusammen zu wirken bestimmten Tochteranstalten errichtet hat, davon fehlt uns begreiflicherweise eine genauere Überlieferung. Das Ergebnis seiner weitblickenden organisatorischen Tätigkeit tritt uns vielmehr als vollendete Tatsache entgegen, läßt aber die Grundzüge des dabei verfolgten Systems auch die ihn leitenden Gesichtspunkte erkennen. Danach wird man, mißt man das Geleistete an der Aufgabe und diese an den Bedürfnissen der Zeit und den zu deren Befriedigung anwendbaren Mitteln, Gerard zu den verdientesten sozialpolitischen Reformen rechnen und seiner Schöpfung für den Fortschritt der Kultur hohe Bedeutung beimessen. Unsere Kenntnis dieser Dinge beruht auf der Bulle, durch welche Papst Paschalis II. am 15. Februar 1113 dem Hospital zu Jerusalem alle Schenkungen bestätigte, die ihm bisher zugewandt waren, und den an ihm tätigen Brüdern das Recht zur Wahl ihres Vorstehers (*provisor atque prepositus)* verlieh. Unter den von der Stiftung Gerards bisher in Asien und Europa erworbenen Gütern werden da besonders genannt die „Herbergen oder Armenhäuser" *(xenodochia seu ptochia)* im Abendlande zu St. Gilles, Asti, Pisa, Bari, Otranto und Messina. An diesen Orten, mit Ausnahme von Asti wichtigen Seehäfen, haben demnach schon damals Hospitäler zur Pflege armer und kranker Pilger bestanden. Von den angeführten Orten haben Bari, Otranto und Tarent als Einschiffungshäfen für Pilger und Kreuzfahrer im frühern Mittelalter eine bedeutende Rolle gespielt, wenn sie auch später gegen Venedig und Genua zurückgetreten sein mögen. Denn sie waren die Endpunkte einiger der meistbegangenen Straßen, auf denen damals Scharen von Pilgern, nachdem sie Rom besucht hatten, dem heiligen Lande zustrebten. Besonders Bari, welches außerdem noch durch das Grab des heiligen Nikolaus große Anziehungskraft ausübte, war ein beliebter Einschiffungsort: Bei den Skandinaviern wurde deshalb Unteritalien geradezu „Bariland" genannt.[1]) In Pisa, das damals dem Meere noch näher lag als heute, trafen Schiffe aus Griechenland und Sizilien mit solchen aus Ägypten und Syrien zusammen. Auch Asti, wo die über die Westalpen nach Italien führenden Straßen mündeten, muß für den Verkehr nach den italienischen Häfen Bedeutung gehabt haben. Das darf man im Hinblick auf die Beharrlichkeit derartiger Verhältnisse auch daraus schließen, daß noch im vierzehnten Jahrhundert das dortige Kaufhaus der Malabayla von der römischen Kurie beauftragt war, die von ihren Kollektoren zum Besten des heiligen Landes eingesammelten Gelder einzukassieren und an sie abzuführen. Von besonderer Wichtigkeit für den Verkehr mit dem Morgenlande war der südfranzösische Hafen St. Gilles (heute St. Gilles-les-Boucheries, Departement Gard, Arrond. Nimes, Hauptort des gleichnamigen Kantons). Er wurde namentlich von den aus dem westlichen Europa kommenden Pilgern aufgesucht, ganz besonders den skandinavischen, die gewöhnlich zuerst Santiago besuchten und dann dorthin zogen, wenn sie nicht in Luna landeten, einem heute verfallenen Hafenort an der Mündung des Magra. Denn der dort vornehmlich verehrte heilige Ägidius genoß weithin außerordentlichen Rufes, da infolge der Verknüpfung seiner Legende mit der Karlssage seine Fürsprache für besonders wirksam galt. Es ist vielleicht damit in Verbindung zu bringen und zugleich dem Rufe dieses Wallfahrtsortes und dann auch dem des dort eingebürgerten Hospitals des heiligen Johannes zu Jerusalem zugute gekommen, daß gerade der Kultus des

[1]) Riant, *Les Scandinaves en Terre Sainte,* S. 85.

heiligen Ägidius seit dem elften Jahrhundert außerordentlich weite Verbreitung fand: Nicht bloß in den übrigen Teilen Frankreichs, sondern auch in Deutschland, England, Ungarn und Polen fanden sich ihm geweihte Kirchen in Menge.[1]) So wurde gerade dieser Ort früh einer der wichtigsten Häfen für den Verkehr mit Palästina, und daran hat das zum geistlichen Ritterorden entwickelte Hospital des heiligen Johannes in der Folge einen sehr bedeutenden Anteil gehabt, da seine Schiffe nicht bloß zum Transport der Bedürfnisse der morgenländischen Ordensburgen, sondern auch zur Überführung von Pilgern und weiterhin zu gewinnbringendem Handel benutzt wurden. Dadurch erlangte das dortige Ordenshaus besonderes Ansehen, stand dem Range nach gleich hinter dem Haupthause und galt nach dem Verluste Palästinas als solches. Besonders zahlreich strömten die Pilger aus dem Westen dort um die Zeit des Festes des heiligen Ägidius (1. September) zusammen: Nachdem sie daran teilgenommen, setzten sie ihre Wanderung nach den italienischen Häfen fort. Messina endlich, wo Gerard ebenfalls eine Filiale seines Hospitals gründete, hat durch das ganze Zeitalter der Kreuzzüge besondere Bedeutung gehabt. Dort sammelten sich nicht bloß die zweimal jährlich gemeinsam nach dem Osten gehenden Pilgerflotten, sondern meist auch die dorthin bestimmten kriegerischen Geschwader. Daher scheinen gerade die dortigen Anstalten des Hospitals für den Pilgerverkehr besonders großen Umfang gehabt zu haben, dank reichen Schenkungen, welche die normannischen Herrscher ihm seit den Zeiten König Rogers freigebig zuwandten.[2])

So ist das Eigenartige und Neue an der Stiftung Gerards darin zu sehen, daß sie den Erfolg der den Pilgern ohne Unterschied nach Herkunft und Sprache zu gewährenden Hilfe zu sichern suchte, indem sie dieselben bereits vor Antritt der langen Seefahrt ihrer Pflege teilhaftig werden ließ und so nach Möglichkeit vor dem Elend schützte, dem sie verfallen mußten, wenn sie krank und mittellos und ohne Rat und Schutz die Überfahrt antraten. Indem Gerard mit diesen Filialen seiner Stiftung in den Orten festen Fuß faßte, die für den Verkehr mit dem heiligen Lande damals die wichtigsten waren, sicherte er dem ihnen allen übergeordneten Hospital zu Jerusalem Einfluß auf das gesamte Pilgerwesen und damit auf den Verkehr zwischen Ost und West. Ersteres hat er so in der Hand der von ihm geleiteten Genossenschaft in einer

[1]) *La vie de S. Gilles, ed. G. Paris.* S. LXXIV.

[2]) Vgl. die Bestätigungsurkunde Rogers I. vom 10. Oktober 1186, *Cartulaiere,* Nr. 119 (I, S. 99).

Weise zentralisiert, die hier und da zu einer Art von Monopolisierung führte. In der Folge hat die wachsende Konkurrenz darin allerdings eine Änderung herbeigeführt, und das Hospital hat den ihm anfangs wohl der Hauptmasse nach zufallenden Gewinn daraus mit anderen teilen müssen. Außerdem hatte Gerard seiner Stiftung durch ihre weite Gebiete umfassende Organisation zahlreiche, lange Zeit gleichmäßig ergiebige Hilfsquellen erschlossen. Auf ihnen beruhen die Macht und die Größe des daraus hervorgewachsenen geistlichen Ritterordens. Von einem solchen aber ist die von ihm gegründete Genossenschaft weit entfernt gewesen: Man wird sie überhaupt nicht als Orden bezeichnen, sondern sich nur denken dürfen als eine zu dem frommen Werke vereinigte Brüderschaft. Ihre Glieder galten als die Diener, die von ihnen zu pflegenden kranken und armen Pilger als die „Herren". Daran ist auch in der Folge festgehalten worden: Die dem Hospital zugewandten Stiftungen galten als den Armen gemacht, die dabei wohl als „glückselige" oder „heilige" Arme bezeichnet werden. Die Einnahmen daraus wurden als Einnahmen der Armen betrachtet, nicht aber als solche des Ordens und seiner Glieder. Daher legten auch noch später die von Einsammlung milder Gaben heimkehrenden Kollektoren den Ertrag ihrer Bemühungen im Krankensaale vor den armen Pfleglingen nieder. Ebenso wurde es in älterer Zeit mit den Responsionen gehalten, den Summen, welche die Ordensgüter verwaltenden Beamten nach Abzug aller Kosten als Überschuß an den Ordensschatz abführten. Später ist dieser sinnige Brauch außer Übung gekommen.[1])

Überhaupt hat es sich bei der Stiftung Gerards noch gar nicht um eine ordensmäßig geschlossene Genossenschaft gehandelt. Wenn nämlich Papst Anastasius IV. Durch eine Bulle vom 21. Oktober 1154[2]) dem Hospital die von seinen Vorgängern und namentlich Innocenz II. am 7. Februar 1137[3]) verliehenen Privilegien, insbesondere das der Sicherheit seiner Genossen vor Bann und Interdikt, und die bisher erworbenen Güter aller Art bestätigte und erlaubte, für seine Anstalten zur Seelsorge Geistliche und zur Krankenpflege Laien anzunehmen, daran aber als neu die Bestimmung knüpfte, den unter Ablegung des Professes der Brüderschaft Beigetretenen sollte es nicht mehr gestattet sein, deren Gewand wieder abzulegen oder zu einer anderen Genossenschaft überzutreten ohne ausdrückliche Erlaubnis des Meisters und Zustimmung der Brüder, so ergibt sich daraus, daß eine

[1]) Prutz, Kulturgeschichte der Kreuzzüge, S. 936.

[2]) *Cartulaire*, Nr. 226 (I, S. 174).

[3]) Ebd. Nr. 122 (I, S. 102).

solche bindende Verpflichtung bisher nicht oder doch nur für einen engeren Kreis bestanden hatte. Tatsächlich erscheint denn auch das Hospital in den ältesten erhaltenen Schriftstücken als eine nur locker gefügte, aber weit verbreitete Genossenschaft, insofern dazu nicht bloß diejenigen gehören, die in dem Haupthause und den Tochteranstalten die fromme Pflicht der Armen- und Krankenpflege üben, sondern auch – und zwar in sehr beträchtlicher Zahl – diejenigen, welche durch milde Gaben zur Beschaffung der nötigen Mittel beitrugen: Sie gelten, wie mehrfach ausgesprochen wird, als Teilhaber der von dem frommen Werke ausgehenden himmlischen Gnaden. Bereits der päpstliche Legat Kardinalbischof Richard von Albano erklärt in einem Schreiben, durch das er das Hospital von Albano erklärt in einem Schreiben, durch das er das Hospital den Bischöfen Spaniens empfiehlt, jeder, der zu der dort geübten Gastfreundschaft gegen die Pilger und zur Pflege der Armen und Kranken beitrage, genieße auch den besonderen Schutz, der der Stiftung Gerards vom päpstlichen Stuhle gewährt war, und sei mit seinen Gütern durch kirchliche Zensuren gegen jede Beeinträchtigung zu sichern.[1]) Papst Paschalis II. aber erklärt in einem ebenfalls nach Spanien gerichteten Empfehlungsschreiben, wer den nach der heiligen Stadt ziehenden Pilgern etwas zuwende, sei des Lebens gewiß, welcher der Wallfahrt dorthin verheißen sei.[2]) Noch bestimmter drückt sich Gerards Nachfolger Raimund du Puy aus, der erste Meister des aus dem Hospital entwickelten geistlichen Ritterordens, wenn er sagt, wer die von ihm zur Einsammlung milder Gaben für das Hospital ausgesandten Boten gut aufnehme, sei teilhaftig der Wohltaten und Gebete, die in Jerusalem selbst geschehen, diejenigen aber, welche der Brüderschaft beitreten, seien der Barmherzigkeit Gottes so gewiß, als ob sie in eigener Person an dem frommen Werke teilnähmen.[3]) Danach wurden alle diejenigen, welche das Hospital irgendwie unterstützten, als ihm zugehörig betrachtet, ohne ein Gelübde abgelegt zu haben: Sie nahmen also eine Stellung ein, wie späterhin die Konfratres. Gerards Brüderschaft war nur eine Art von Wohltätigkeitsverein. Daraus erklärt sich auch ihre rasche Verbreitung: Ihre Mittel rührten nicht bloß her von dem Ertrage der ihr geschenkten Ländereien und nutzbaren Rechte aller Art, sondern zum guten Teil von den pfennig- und hellerweise an ihre Kollektoren gezahlten kleinen Beiträgen des gemeinen Mannes, der so sein Seelenheil zu fördern und sich sonst kaum erreichbarer

[1]) Cartulaire, Nr. 8 (I, S. 12).
[2]) Ebd. Nr. 81 (I, S. 80).
[3]) Ebd. Nr. 46 (I, S. 89).

kirchlicher Vorteile zu versichern gewiß war. Daß dieser Beitrag ursprünglich entscheidend war für die Zugehörigkeit zu der Brüderschaft, ergibt sich auch daraus, daß noch in dem Privileg Papst Innozenz' II. vom 7. Februar 1137[1]) die Ausdrücke *fraternitas* und *collecta* als gleichbedeutend gebraucht werden. Von einer solchen nur locker gefügten Brüderschaft, deren Mitglieder, nach vielen Tausenden zählend, über alle Lande zerstreut waren, zu dem straff organisierten, zweckmäßig gegliederten und auch militärisch tätigen geistlichen Ritterorden war noch ein weiter Weg zu durchmessen. In welchen Abschnitten das geschah und wann und wie die entscheidenden Übergänge sich vollzogen, lassen die auf uns gekommenen Zeugnisse leider nicht erkennen. Sie bieten nur Anhaltspunkte für Vermutungen über die Art, wie sich dieser Wandel vollzogen hat.

Entscheidend für die Umbildung jener älteren, weit verbreiteten, aber nicht ordensmäßig geschlossenen Genossenschaft Gerards zu einem geistlichen Orden wurde die schon erwähnte Bulle Anastasius' IV. Vom 21. Oktober 1154, indem sie gewissermaßen als Gegenleistung für die dem Hospitale gewährten kirchlichen Privilegien die dauernde Verbindlichkeit des von den Genossen abgelegten Professes festsetzte. Danach würde dieser Wandel erst in eine Zeit fallen, wo das Hospital bereits auch kriegerische Pflichten übernommen und in den Kämpfen gegen die Mohammedaner neben dem ihm dabei vorangegangenen Templerorden eine Rolle zu spielen begonnen hatte. Dem gegenüber bleibt es auffallend, daß in der ältesten Fassung der Regel der Hospitaliter, die unter Raimund du Puy (ca. 1120–1160) aufgezeichnet, also nach 1120 und vor dem 7. Juli 1153, dem Datum ihrer Bestätigung durch Eugen III.,[2]) entstanden ist, von den kriegerischen Pflichten der Ordensbrüder nicht die Rede ist, sondern nur von dem „Dienst der Armen", dem die Genossen durch Ablegung des dreifachen Gelübdes der Keuschheit, des Gehorsams und des Verzichts auf eigenen Besitz sich weihen. Vielleicht aber ist diese Regel, wenn auch erst unter Raimund du Puy aufgezeichnet, doch älteren Ursprungs oder gibt absichtlich nur das Bild der ursprünglichen Wirksamkeit des Ordens. Auf der anderen Seite steht fest, daß die Hospitaliter in der Übernahme des Kampfes gegen die Ungläubigen, die zuerst 1137 nachweisbar ist, das Vorbild nachahmten, welches der Templerorden ihnen gab. Doch ergibt die genauere Prüfung der erhaltenen dürftigen Denkmäler aus der ersten Zeit beider Orden noch andere Schwierigkeiten, die gelöst

[1]) *Cartulaire*, Nr. 122 (I, S. 102).

[2]) Vgl. Delaville Le Roulx, *Hospitaliers en Terre Sainte*, S. 46.

werden nur bei Annahme eines Zusammenhanges, der von demjenigen wesentlich verschieden ist, den man hier bisher hat erkennen wollen.

Wenn die Tradition der Hospitaliter im Anschluß an ihren späteren Besitzstand und die darauf bezüglichen Urkunden für die Anfänge ihres Ordens nächst dem Haupthause zu Jerusalem den provenzalischen Häusern besondere Bedeutung für die Entwickelung des Ordens beimißt, so weisen manche Anzeichen vielmehr auf die Pyrenäische Halbinsel als auf das Gebiet, wo die Genossenschaft sich zuerst eingebürgert und Ansehen und Einfluß gewonnen hat. Dort scheint sie zuerst den Schauplatz ihrer Tätigkeit gesucht und diese den dortigen Verhältnissen, die denen Palästinas so ähnlich waren, angepaßt zu haben und dann auch in ihrer weiteren Entwickelung durch die dort empfangenen Eindrücke und die ihnen entsprungenen Anschauungen und Bräuche bestimmt worden zu sein. Auch für den Templerorden ist eine sehr frühe Einbürgerung in Spanien erkennbar, so daß ähnliche Einflüsse auch auf ihn eingewirkt haben werden. Auch die frühzeitige Einbürgerung beider Orden in der benachbarten Provence wäre damit erklärt. Im Süden der Pyrenäen aber scheinen der jungen Stiftung Gerards vorzugsweise aus Aragonien reiche Mittel zugeströmt zu sein. Vielleicht darf man daraus einen Rückschluß ziehen auf die Nationalität der bei den Anfängen des Hospitals leitenden und nächstbeteiligten Persönlichkeiten.

Es ist bereits erwähnt[1]), daß eins der ältesten Aktenstücke zur Geschichte des Hospitals ein Schreiben des päpstlichen Legaten Kardinalbischofs Richard von Albano an die Bischöfe Spaniens ist, worin diesen zur Pflicht gemacht wird, dasselbe zu beschützen und die ihm zugewandten Schenkungen nicht zu kürzen.[2]) Ferner besitzen wir ein Breve Papst Paschalis' II. vom 15. Februar 1113, worin er den Prälaten und Gläubigen Spaniens den von Gerard, dem Propst des Hospitals, zum Einsammeln von Almosen geschickten Palacius empfiehlt.[3]) Ist Palacius nur die latinisierte Form von Pelagius, spanisch Pelayo, so darf man in dem Träger des Namens einen Spanier vermuten. Vielleicht ist er identisch mit dem Pelayo, den König Alfonso I. von Portugal bei der Bestätigung seines Testaments vom 30. März 1140 als Prior des Hospitals in Portugal anführt.[4]) Ferner gehört hierher ein Schreiben, in dem Gerards Nachfolger, Raimund du Puy, den Brüdern in Aragonien dankt

[1]) Vgl. oben S. 20.

[2]) *Cartulaire*, Nr. 8 (I, S. 12).

[3]) Ebd. Nr. 31 (I, S. 30).

[4]) Ebd. Nr. 134 (I, S. 109 u. 110) und Nr. 955 (ebd. S. 194).

für die Fortschritte, die das Hospital durch ihre Bemühungen dort gemacht habe, und für die reichen Almosen, die ihm von dort zuströmen.[1]) Danach hat Aragonien für die Stiftung Gerards anfangs eine besondere Bedeutung gehabt: sie hat dort mehr Mitglieder gezählt als anderwärts und von dorther einen größeren Zufluß erhalten als aus anderen Gebieten. Wie sollte wohl auch sonst bereits 1134, d. h. zwanzig Jahre bevor der Verband frommer Krankenpfleger durch Anastasius' IV. zu einem Orden umgeformt wurde, König Alfons I. von Aragonien und Navarra dem Hospital ein Drittel seines Reiches vermacht haben, während er die beiden anderen den Templern und dem heiligen Grabe bestimmte. Allerdings ist diese Verfügung nicht ausgeführt worden.[2]) Vielmehr gab am 16. September 1140 Raimund du Puy das dem Hospital vermachte Drittel zurück an den Grafen Raimund Berengar IV. von Barcelona, der nach der kurzen Regierung von Alfons' Bruder Ramiro II. als Verlobter von dessen unmündiger Tochter die Regentschaft in Aragonien antrat. Ihren Abschluß hat die Angelegenheit aber erst gefunden, als Papst Hadrian IV. den Verzicht des Hospitals am 24. Juni 1158 bestätigte.[3]) Für einen besonderen Zusammenhang von Gerards Stiftung mit Aragonien spricht endlich die Erwägung, daß ohne einen solchen die Gläubigen gerade jenes Landes, die selbst noch dauernd mit den Mohammedanern zu ringen hatten, kaum so bereit gewesen sein würden, ein Unternehmen zu unterstützen, durch das die daheim dringend nötigen Mittel anderswohin abgelenkt wurden. Oder sollten erst die in Spanien bestehenden Verhältnisse und die dort gemachten Erfahrungen die Leiter des Hospitals veranlaßt haben, den Schwerpunkt von dessen Tätigkeit, soweit sie sich nicht auf Wohltätigkeit gegen Pilger erstreckte, ebenfalls nach dem Osten zu verlegen und hier im kleinen bewährte Einrichtungen dort im großen zu wiederholen und für die abendländische Christenheit nutzbar zu machen? Wie stark entsprechend der Ähnlichkeit der beide umgebenden Verhältnisse die bei den Christen Spaniens entwickelten Anschauungen auf die der im Osten heimisch gewordenen einwirkten, läßt die Tatsache erkennen, daß das Attribut des heiligen Jakobus, dessen Grabstätte zu Compostella seit Ende des achten Jahrhunderts die besuchteste Wallfahrtsstätte des Abendlandes war, die Muschel das Abzeichen auch für all die vielen Tausende waren, die nach Jerusalem pilgerten. Sollte vielleicht auch die Art, wie aus einem in der Not bewaffneten Cisterzienserkonvent der

---

[1]) *Cartulaire*, Nr. 123 (I, S. 102).

[2]) Vgl. Delaville Le Roulx, *Les Hospitaliers en Terre Sainte*, S. 48.

[3]) *Cartulaire*, Nr. 136 (I, S. 111).

Ritterorden von Calatrava hervorging, die Vorgänge wiederholt haben, welche früher die Hospitaliter zu Glaubenskämpfern gemacht haben?

Aller Wahrscheinlichkeit nach ist auch der Templerorden, der dauernden Kampf gegen die Ungläubigen als das ihr Wesen bestimmende Moment in die geistlichen Ritterorden brachte, außerhalb des heiligen Landes am frühesten ebenfalls in der Pyrenäenhalbinsel, in Portugal militärisch tätig gewesen. So gewinnt auch seine älteste Geschichte ein anderes Aussehen als in der landläufigen Fassung, die früh legendarisch ausgeschmückt ist und die wenigen in ihr enthaltenen historischen Züge in ein falsches Licht gerückt hat.

Im allgemeinen mag zutreffen, daß den ersten Anstoß zur Stiftung des Templerordens der Verband gab, zu dem ein als Kreuzfahrer oder Pilger oder vielleicht auch als Abenteurer nach Palästina gekommener burgundischer Ritter Hugo de Payns, so genannt nach dem in der Champagne, nordwestlich von Troyes, an der Seine gelegenen Gut seiner Familie, zunächst mit einem nordfranzösischen Landsmann Gottfried von St. Omer zusammentrat, um die nach Jerusalem ziehenden Pilger vor den Ungläubigen zu schützen, die das Land bis unter die Mauern der heiligen Stadt selbst unsicher machten. Ihm schlossen sich sechs andere Ritter an. Es handelte sich dabei aber noch nicht um einen Orden: Wird doch Hugo de Payns selbst noch 1123 als Laie bezeichnet.[1] Erst später verpflichtete sich der kleine ritterliche Kreis durch einen in die Hand des Patriarchen von Jerusalem abgelegten Eid, für die Sicherheit der Straßen zu sorgen und namentlich die Pilger auf dem Wege zwischen der Küste und Jerusalem zu schützen. Die einfachen Bestimmungen, welche die Lebensweise der „armen Ritter Christi" regelten, hat Hugo de Payns, soweit sie nicht militärische Dinge betrafen, der Regel des heiligen Benedikt entlehnt. Bekanntlich räumte nun König Balduin I. den Rittern Christi bei dem „Tempel Salomonis", der ehemaligen el Aksa-Moschee, ein Haus ein, wo sie in äußerster Dürftigkeit ihrem halb ritterlichen, halb mönchischen Berufe lebten. Das gab den Anlaß zu ihrer Benennung als „arme Ritterschaft Christi vom Salomonischen Tempel" oder einfach „vom Tempel". Der neue Orden, dessen Glieder nun die drei Mönchsgelübde ablegten, erwarb bald Grundbesitz und nutzbare Rechte in Jerusalem und anderen Orten, zumal die begüterten Pilger, die seinen Schutz genossen hatten, sich ihm durch Schenkungen dankbar erwiesen. Wie so seine Mittel wuchsen, hat er, wie das Hospital, nur nicht so großartig, auch Armen- und Krankenpflege geübt.

---

[1]) Delaborde, *Diplômes de N. Dame de Josaphat,* Nr. 62 (S. 37).

Nach der bisher geltenden Annahme wäre nun Hugo de Payns mit Gottfried von St. Omer und anderen Genossen Ende des Jahres 1127 nach Frankreich gezogen, um für seine Stiftung zu werben, ihr unter Beirat der kirchlichen Autoritäten eine vom Papst zu bestätigende Regel zu geben und so den ersten geistlichen Ritterorden zu konstituieren. Doch scheint er diese Absicht nicht in der geplanten Weise schon verwirklichen zu können. Zwar fand unter dem Vorsitz des päpstlichen Kardinallegaten Matthäus von Albano am 13. Januar 1128 zu Troyes ein Provinzialkonzil statt, dem die Erzbischöfe von Reims und Sens sowie die Bischöfe von Chartres, Soissons, Paris u. a. beiwohnten. Vor ihm legte Hugo die Art dar, wie der Genossenschaft mönchisch-ritterliches Leben bisher geregelt gewesen war, um im Einverständnis mit den versammelten Bischöfen eine förmliche Ordensregel festzustellen. Dazu aber ist es in Troyes nicht gekommen: Was uns als „Regel von Troyes" oder als ursprüngliche Templerregel überliefert ist, erweist sich bei näherer Prüfung vielmehr als eine ungeordnete, der Schlußredaktion entbehrende Sammlung von Aufzeichnungen, die im Anschluß an die zu Troyes geführten Verhandlungen entstanden sind und für die Weiterführung der Sache als Material dienen sollten.[1]) Nur irrtümlicherweise sind diese, da es zur Abfassung einer eigentlichen Ordensregel überhaupt nicht kam, als solche angesehen worden. Manche der darin enthaltenen Bestimmungen, die allein aus den zur Zeit der Gründung des Ordens obwaltenden besonderen Verhältnissen erklärt werden können, sind nachmals mißverstanden, und man versuchte ihnen durch Einschübe einen der späteren Zeit entsprechenden Sinn zu geben. Etliche der einschlägigen Fragen blieben zu Troyes überhaupt nicht unerledigt, namentlich solche, zu deren Lösung es der Vertrautheit mit der im Morgenlande gebotenen Lebensweise usw. bedurfte. Aber auch über solche von prinzipieller Wichtigkeit ergab sich auf dem Konzil unter den Bischöfen oder zwischen diesen und den Vertretern des Ordens kein Einverständnis. So scheint der neuen Genossenschaft von gewisser Seite namentlich das Recht bestritten worden zu sein, kirchliche Zehnten zu erwerben. Ob der gefeiertste Geistliche der Zeit,

[1]) Die ausführliche Begründung der im folgenden gegebenen Darstellung von der Entstehung der sogenannten Templerregel habe ich im Gegensatz zu Gustav Schnürer, Die ursprüngliche Templerregel, kritisch untersucht und herausgegeben. (Studien und Darstellungen aus dem Gebiete der Geschichte. Im Auftrage der Görres-Gesellschaft herausgegeben von H. Grauert, III. Bd., Heft 1 u. 2, Freiburg i. B. 1903.) gegeben in meiner Abhandlung „Die Autonomie des Temperlordens" in den Sitzungsberichten der philosophisch-philologischen und der historischen Klasse der Bayr. Akademie der Wissenschaften 1905, Heft I, S. 7ff.

Bernhard von Clairvaux, an diesen Verhandlungen persönlich teilgenommen hat, wie die Tradition behauptet, ist zum mindesten zweifelhaft, und es wird sich auch dabei wohl um einen legendenhaften Zug handeln, der aus der engen Verbindung zu erklären sein dürfte, in der die Templer nachmals mit den Cisterziensern standen.[1]) Auch leiteten ja die geistlichen Ritterorden Spaniens, die den Templern besonders eng befreundet waren, zum Teil ihre Herkunft von den Cisterziensern her. Endlich erweisen die über das Konzil von Troyes vorhandenen Aufzeichnungen,[2]) daß die Entscheidung über etliche Fragen dem Patriarchen von Jerusalem und dem Kapitel des dortigen Haupthauses anheimgestellt wurde. Erst wenn sie ergangen wäre, sollte die Bestätigung der Ordensregel bei dem Papste erwirkt werden. Von einer endgültigen Konstituierung des Templerordens zu Troyes kann demnach nicht gesprochen werden. Auch die weitere Entwickelung dieser Sache stellt sich bei richtiger Kombination der darüber vorhandenen dürftigen Nachrichten anders dar, als man sie sich bisher gedacht hat. Wohl aber finden bei dieser neuen Betrachtungsweise einige bisher vorliegende Schwierigkeiten eine einfache Lösung.

Von Troyes aus machte Hugo de Payns eine Reise durch Frankreich, England, Schottland und vermutlich auch nach Spanien: Sie muß Frühjahr und Sommer 1128 in Anspruch genommen haben. Ihr Zweck war augenscheinlich die Werbung von Genossen für den Orden. Der Erfolg war über Erwarten groß: Der glaubenseifrige und kriegslustige Adel strömte ihm zu, so daß Hugo an der Spitze einer mächtigen Schar neuer Brüder dem heiligen Lande wieder zuzog. Begreiflicherweise war er bei der Aufnahme nicht eben wählerisch, da es dem Orden schnell einen möglichst stattlichen Bestand zu verschaffen galt. Von einer Probezeit, wie sie den neu Aufzunehmenden später vom Meister auferlegt werden konnte,[3]) war nicht die Rede. Mit Vorliebe warb man da, wo Ritter, die um ihrer Freveltaten willen, insbesondere wegen Brandlegung und Vergewaltigung von Geistlichen aus der Gemeinschaft der Kirche ausgestoßen waren, durch ihren Eintritt Gelegenheit erhielten, sich vom Banne zu lösen und ihre Schuld durch den Kampf gegen die

[1]) Vgl. Sitzungsber. der philos.-philol. u. d. histor. Klasse d. Bayr. Akad. d. Wissensch. 1905, Heft I, S. 42.

[2]) Diese liegen in französischer und lateinischer Ausfertigung vor. Beide sind wohl nicht einfach Original und Übersetzung, sondern unabhängig voneinander und vielleicht einander entgegengesetzt, insofern sie die beiden unter den Teilnehmern des Konzils vertretenen Standpunkte wiedergeben und als Material für die weitere Beratung der unerledigt bleibenden Fragen dienen sollten. Vgl. ebd. S. 33.

[3]) Art. 11 der französischen und 36 der lateinischen Regel.

Ungläubigen zu sühnen. Denn dazu genügte es, daß der Betreffende vor dem nächsten Bischof seine Absicht erklärte, dem Orden beizutreten: Dann wurde er von diesem vom Banne gelöst und trat die Reise nach dem Morgenlande an, um dort förmlich aufgenommen zu werden; starb er unterwegs, so wurden für ihn die Gebete verrichtet, die für die im Besitz des Ordenskleides Verstorbenen vorgeschrieben waren.[1]) Diese Anwerbung von gebannten Rittern war später nicht mehr nötig und kam daher außer Übung, wurde vielleicht auch ausdrücklich abgeschafft. Aber noch in dem großen Freibrief für den Orden vom 18. Juni 1163 nimmt Alexander III. auf diesen alten Brauch Bezug, indem er anspielt auf die einem Wunder vergleichbare Besserung mancher Brüder, die bisher unter der Last schwerer Verfehlungen gelebt hätten.

Vermutlich unter dem Eindruck des Wachstums des neuen Ordens, welches jene Werbereise Hugos de Payns zur Folge hatte, schrieb, wahrscheinlich 1131 oder 1132, der heilige Bernhard seinen Traktat *„De laude novae militiae"*[2]) zum Lobe des neuen Ordens, für den so noch eine ganz besonders wirksame Propaganda gemacht wurde. Enthusiastisch preist Bernhard das schnelle Erblühen der Genossenschaft wie ein durch göttliche Fügung geschehenes Wunder. Im Gegensatz zu dem wüsten Treiben des verwilderten weltlichen Rittertums verherrlicht er das gottselige Leben dieser Rittermönche in brüderlicher Liebe, demütigem Gehorsam und freiwilliger Armut. Eine besonders segensreiche soziale Wirkung des Ordens sieht er darin, daß das Abendland durch ihn eine Menge sittlich bedenklicher und gefährlicher Elemente los wird, indem zahlreiche Räuber, Heiligtumschänder und Mörder, Meineidige und Ehebrecher nach dem Osten entfernt werden, wo man sich ihrer als Helfer gegen die Ungläubigen aufrichtig freut. Beredt schildert er die Gemeinsamkeit und die Eintracht, in der die Brüder der neuen Ritterschaft leben, unbedingt fügsam gegen den Willen des Meisters, nach dessen Wink sie kommen und gehen. Sie wohnen, wie er berichtet, in einem schlichten, des Schmucks entbehrenden Saal, an dessen Wänden man höchstens Waffen und kriegerisches Gerät erblickt. Müßiggang kennen sie nicht: Sind sie nicht kriegerisch in Anspruch genommen, so beschäftigen sie sich mit der Instandsetzung ihrer Waffen und Kleider. Mit letzteren sind sie auf das angewiesen, was der Meister jedem einzelnen aus den eingehenden Spenden zuteilt: Noch sind sie nicht durch eine besondere Ordenstracht gekennzeichnet. Der harten Einfachheit ihres Lebens entspricht der Ernst ihrer Haltung: Schach- und Würfelspiel ken-

[1]) Vgl. Prutz a.a.O., S. 28–30.

[2]) Ebd. S. 43.

nen sie nicht; sie meiden nicht bloß die Schaustellungen von Gauklern und ähnliche weltliche Lustbarkeiten, sondern enthalten sich auch des ritterlichen Vergnügens der Vogelbeize und überhaupt der Jagd. So wenig wie zweckloses Tun kennen sie unziemliche Worte: Man hört bei ihnen weder lautes Lachen, noch Flüstern oder Murmeln.[1])

Die Hoffnungen, die der heilige Bernhard danach auf die neue Ritterschaft setzte, erschienen wohlbegründet nach dem Anteil, den diese inzwischen im Osten an dem Kampfe gegen die Ungläubigen zu nehmen begonnen hatte. Das war zuerst auf dem Zuge geschehen, den die Franken Ende des Jahres 1129 unter König Balduin II. gegen Damaskus richteten: Auf dem Rückzuge erlitten sie am 5. Dezember 1129 eine schwere Niederlage. Damals erhielt der Templerorden die Bluttaufe,[2]) scheint aber im Vergleich mit den sonstigen Verlusten weniger gelitten zu haben, so daß er von Gottes Gnade besonders geschützt schien. Einige Zeit danach, zwischen dem Februar 1130 und dem Sommer 1131,[3]) richtete König Balduin II. an Bernhard von Clairvaux, der seit dem Schisma zwischen Innocenz II. und Anaclet II. als der eigentliche Leiter der römischen Kirche gelten konnte, ein Schreiben, worin er ihm zwei nach dem Abendlande reisende kriegerisch bewährte Männer, Andreas und Gundemar, empfahl und seine Unterstützung für die Erledigung ihres Auftrages erbat. Sie sollten beim Papste Hilfe für das ringsum von Feinden bedrängte Königreich Jerusalem, dann aber die Bestätigung des neuen Ordens und die Verleihung einer sein Leben festsetzenden Regel auswirken. Also hatten die Templer auch damals eine Regel noch nicht. Verhandlungen darüber mögen stattgefunden haben, auch fehlt es nicht an einer Spur, die uns auf die Richtung hinweisen kann, in der die Gründe ihres Scheiterns zu suchen sein werden. Wenn nämlich der König, seit der Rückkehr von dem Zuge gegen Damaskus schwer krank, dem heiligen Bernhard die Beschleunigung der Sache ans Herz legt, damit er – Balduin – die Ordnung derselben noch erlebe, und dabei den Wunsch ausspricht, Bernhard möge dieselbe so führen, daß der Orden den christlichen Fürsten des Morgenlandes nützliche Hilfe gewähre, so wird man aus dieser Wendung den Schluß ziehen dürfen, daß des Ordens Verhältnis zu dem König und den weltlichen Großen bisher nicht das von den letzteren gewünschte gewesen war. Der Grund davon wird in dem Widerstreben zu suchen sein, welches die Templer der von den Vätern des Konzils zu Troyes in Aussicht

[1]) Migne, *Patrolog. lat.* 182, S. 226ff.

[2]) Vgl. Röhricht, Geschichte des Königreiches Jerusalem, S. 8.

[3]) Prutz a.a.O., S. 45–48.

genommenen Unterordnung ihrer Genossenschaft unter den Patriarchen entgegensetzten, und das bald ein Seitenstück fand in dem Streit der Hospitaliter mit dem Haupte der Kirche im heiligen Lande.

Jedenfalls hat um die Zeit von Balduins II. Tod (21. Aug. 1131) der Templerorden eine durch die höchste kirchliche Autorität bestätigte Regel noch nicht gehabt. Es war ihm daher auch noch möglich, sich den besonderen Verhältnissen der verschiedenen Länder, wo er heimisch wurde, anzupassen, ohne daß in der Regel verkündete Prinzipien verletzt wurden. Daher wird den Unterschieden in der Stellung des Ordens in gewissen Reichen gegen die anderwärts von ihm eingenommenen größere Bedeutung beigemessen werden dürfen, namentlich auch den Zeugnissen, nach denen eine Einbürgerung der Templer in der pyrenäischen Halbinsel noch vor dem Konzil von Troyes wahrscheinlich wird. Das legt weiter die Annahme nahe, daß für seine Entwickelung und damit die des geistlichen Rittertums überhaupt die besonderen Verhältnisse der Pyrenäischen Halbinsel und namentlich Portugals bestimmend geworden seien. Es scheint, als ob die Templer den Schauplatz für die Erfüllung der Pflicht des Kampfes gegen die Ungläubigen im größeren Maßstabe früher als im heiligen Lande jenseits der Pyrenäen gesucht und gefunden hätten, und demnach für ihren Orden gleichsam zwei Wurzeln angenommen werden müßten.

Bereits am 28. März 1128 bestätigt Therese, die natürliche Tochter Alfons' VI. von Kastilien und Leon, die Witwe des Grafen Heinrich von Burgund, des Begründers des Königreichs Portugal, über das sie sich der Herrschaft bemächtigt hatte, unter Zustimmung ihres Sohnes Alfons Henriquez dem Templerorden frühere Schenkungen. Solche haben nach einer späteren urkundlichen Notiz bereits im Juni des Jahres 1126 stattgefunden, und zwar zu Händen der Tempelbrüder Meister Galdinus und Arnald de Roccha.[1]) Daß der Orden demnach in Portugal schon in jenen Jahren angesehen gewesen sein, also eine Stellung eingenommen haben muß, die mit der vom heiligen Bernhard entworfenen Schilderung seiner dürftigen Lage im heiligen Lande nicht recht im Einklang steht, geht ferner daraus hervor, daß, als Alfonso Henriquez die Erhebung gegen die Usurpation seiner Mutter vorbereitete und sich dazu durch Gewährung außerordentlicher Freiheiten an seine Kirche des Beistandes des Erzbischofs von Braga versicherte, unter den Zeugen, welche den Pakt beglaubigen, auch der „Meister" des Templerordens Beraldus genannt ist.[2]) Sonst würde Alfons Henriquez auch

[1]) Ribeiro, *Dissertacãos III, App. IX*, S. 89, Nr. 263.

[2]) Santa Rosa de Viterbo, *Elucidario das palavras, que em Portugal antiguamente se usarãon* (Lissabon 1798, 99), II, S. 352.

nicht nach der Gewinnung des Thrones seiner Herrschaft, die es gegen die Ansprüche seiner castilianischen Verwandten zu sichern galt, eine wirksame Stütze zu geben geglaubt haben, indem er dem Orden beitrat.[1]) So hat der Templerorden denn auch bereits in jenen Jahren an des Königs erfolgreichen Kämpfen gegen die Ungläubigen Anteil genommen und ist dafür durch vielfache Zuwendungen belohnt worden. Den Mittelpunkt seiner schnell wachsenden Begüterungen bildete die Burg Soure, die bereits durch die Königin Therese in seinen Besitz gekommen war.[2])

Danach scheint die Brüderschaft die für das Wesen des durch sie ins Leben gerufenen geistlichen Rittertums charakteristische Tätigkeit in Portugal früher als in Palästina oder doch jedenfalls planmäßiger und erfolgreicher im äußersten Südwesten Europas als im Osten jenseits des Meeres geübt zu haben. Dabei tritt noch ein anderes Moment zutage, das für ihre Entwicklung bedeutsam geworden ist. Während König Balduin II. von Jerusalem den heiligen Bernhard bittet, durch die für den Orden auszuwirkende Regel dafür zu sorgen, daß derselbe für die christlichen Fürsten des Morgenlandes wirklich nützlich werde,[3]) also doch einen gewissen Gegensatz zwischen diesen und der Stiftung des Hugo de Payns erkennen läßt, befindet sich der in Portugal eingebürgerte Zweig des Ordens mit dem König in dem besten Einvernehmen, steht ihm in den Kämpfen gegen die Ungläubigen zur Seite und zieht daraus durch die Gunst des dankbaren Königs selbst reichen Gewinn. Wetteifernd mit Alfonso Henriquez entwickelte er eine planmäßige kolonisatorische Tätigkeit, indem er die den Mauren abgenommenen Landstriche nicht bloß durch die Anlegung von festen Plätzen sicherte, sondern auch mit städtischen und ländlichen Ansiedelungen besetzte. Insbesondere hat er von Soure aus, welchem Orte bereits 1111 Graf Heinrich von Portugal Marktrecht verliehen hatte, den Landstrich von Coimbra bis Leiria, der bisher in sarazenischer Gewalt und unbebaut gewesen war, durch Ansiedelung von Bauern dem Landbau und durch die Errichtung von Kirchen dem Christentum erschlossen. Dort entstanden die Ordensburgen Pombal, Egar und Redinha. Dies gute Verhältnis zu dem nationalen Königtum, dessen Interessen sich mit den seinen deckten, hat der Orden in Portugal auch auf der Höhe der Macht bewahrt zu einer Zeit, wo er anderwärts mit Fürsten und Bischöfen im Streite lag. Er hat keine Bedenken getragen, die Hoheitsan-

---

[1]) Vgl. Schäfer, Geschichte Portugals S. 73, Anm. 3.

[2]) Ribeiro a.a.O. *III, App. IX*, S. 89, Nr. 263, vgl. *Elucidario II*, 346.

[3]) Vgl. oben S. 28.

sprüche anzuerkennen, welche das portugiesische Königtum ihm gegenüber erhob, und die sich für ihn daraus ergebenden Pflichten als mit seinen Satzungen für vereinbar zu erachten, während ihm solche Abhängigkeitsverhältnisse einzugehen sonst untersagt war. Die Provinzialmeister des Ordens für Portugal gelobten bei Antritt ihres Amtes dem König in dem von ihnen geleisteten Eide ausdrücklich Treue.[1]) Schon eine solche Verschiedenheit seiner politischen Praxis wäre doch kaum vereinbar mit dem Vorhandensein eines Ordensgesetzes, das alle hierher gehörigen Fragen für die Gesamtheit des Ordens in allen seinen Teilen gleichmäßig geregelt hätte.

Wenn nach alledem es wenigstens als wahrscheinlich bezeichnet werden darf, daß sowohl der Hospitaliter- wie der Templerorden, obgleich der Anstoß zu der Gründung der Genossenschaften, aus denen sie erwuchsen, in Palästina gegeben war, zunächst doch in der Pyrenäischen Halbinsel besondern Anklang gefunden, dort besonders freudig aufgenommen und tatkräftig gefördert worden sind, so darf wohl die Frage aufgeworfen werden, ob nicht auch dort zuerst zu den von ihren Gliedern zu erfüllenden mönchischen Pflichten die des Kampfes gegen die Ungläubigen hinzugefügt worden sei. Seit mehr als drei Jahrhunderten lebten und webten Fürsten und Völker der spanischen Reiche in dem von den Vätern überkommenen Kampf gegen die Ungläubigen. Handelte es sich dabei doch um eine Idee, die, dem Christentum als solchem ursprünglich fremd, gerade für die Christen Spaniens zuerst eine Nacht und als solche die nie versiegende Quelle der Begeisterung geworden war. Lange bevor durch die Kreuzzugsbewegung der Kampf für den Glauben für die abendländische Christenheit der vornehmste Lebensinhalt und die vornehmste Lebensbetätigung wurde, war er das für die Nachkommen der Westgoten und der romanisierten Iberer im Süden der Pyrenäen in einem Maße gewesen, wie er das für jene auch in den Zeiten der höchsten Begeisterung für die Befreiung des heiligen Landes nicht gewesen ist. Dabei hat sich die Leidenschaft der christlichen Spanier an der ihrer mohammedanischen Gegner erhitzt und immer von neuem zu lodernden Flammen entzündet. Der *„dschihad"*, d. h. der heilige Krieg, der Krieg zur Ausbreitung des rechten Glaubens und, wenn die Ungläubigen sich nicht unterwerfen wollen, zu ihrer Ausrottung, entsprang aus dem Wesen des Islam und des durch ihn erweckten nationalen Arabertums, während das Christentum vor den Kreuzzügen einen solchen Begriff seinem friedlichen Wesen nach zu entwickeln nicht den Beruf hatte. Danach

[1]) Henriquez, *Const. Ord. Cisterc.*, S. 478.

gewinnt die von einem der älteren, aber besten Kenner der mohammedanischen Kultur in Spanien ausgesprochene Vermutung an Wahrscheinlichkeit,[1]) es liege den christlichen geistlichen Ritterorden ein arabisches Vorbild zugrunde. Längst bestand in der Pyrenäischen Halbinsel der mohammedanische Orden der Rabiten oder Grenzwächter zum Kampfe für den Islam und zum Schutz seiner Bekenner. Diese widmeten sich lebenslänglichem Waffendienste, indem sie sich durch ein Gelübde zur Verteidigung der Grenzen des arabischen Gebietes gegen die Christen verpflichteten. Sie führten ein nach mönchischer Art geregeltes entbehrungsreiches Leben und durften nie fliehen, sondern mußten im Notfall auf ihrem Posten sterben.[2]) Aber auch wenn diese ritterlich-mönchische Organisation innerhalb des Islam in Spanien nicht erst den Anstoß dazu gegeben haben sollte, daß die dort gleich nach ihrer Gründung zahlreich vertretenen Hospitaliter und Templer sich zu kriegerischen Genossenschaften zum Kampf für den Glauben entwickelten, haben wir es hier doch jedenfalls mit einer lehrreichen Parallele zu tun, welche von neuem zeigt, wie ähnliche äußere Umstände und verwandte geistige Dispositionen auch bei einander verfeindeten Völkern gleichartige Bildungen hervorrufen. In unserem Fall wird das noch erwiesen durch die tief innere geistige Verwandtschaft zwischen der christlichen und arabischen Poesie in bezug auf den Glaubenskampf.[3]) Für den Zusammenhang zwischen den Rabiten und der Ausgestaltung der Hospitaliter und der Templer zu dem Glaubenskampf geweihten Ritterorden dürfte auch die Beobachtung sprechen, daß derartige Organisationen dem Islam im Osten und insbesondere auf dem Schauplatze der Kreuzzüge ursprünglich fremd gewesen sind: Dort hat erst Ibn el Sellar in Ägypten nach dem Vorbilde der Hospitaliter und Templer einen der gleichen Bestimmung geweihten mohammedanischen Ritterorden gestiftet.[4]) Es hätte danach dort also in umgekehrter Richtung ein ähnlicher Austausch stattgefunden wie einst in Spanien.

Diese für ihre Zukunft entscheidende Wandelung der zur Pilgerpflege und zum Pilgergeleit errichteten Genossenschaften, durch die sie erst zu geistlichen Ritterorden wurden, muß füglich der Festsetzung der ihr Leben regelnden Bestimmungen vorangegangen sein. Den Anfang damit hat der Templerorden gemacht, für den ja der Übergang vom Schutz der Pilger vor den Ungläubigen zum Kampfe gegen diese

[1]) Conde, *Histoire de la domination musulmane en Espagne II*, S. 132.
[2]) Vgl. Fauriel, *Histoire de la poésie provençale II*, S. 320.
[3]) Schack, Kunst und Poesie der Araber in Spanien und Sizilien I, S. 142 ff.
[4]) Röhricht, Geschichte des Königreichs Jerusalem, S. 275, Anm. 1.

besonders nahe lag. Nach ihrem Beispiel haben die Brüder vom Hospital des heiligen Johannes zu der Pflicht der Armen- und Krankenpflege im Dienste namentlich des Pilgerwesens ebenfalls die des Kampfes gegen die Ungläubigen hinzugefügt. Im Hinblick hierauf ist es von Wichtigkeit zu konstatieren, daß der Templerorden zu der Zeit, wo er diese Entwickelung durchlief, eine Regel, wie sie seit dem Konzil zu Troyes für ihn geplant war, noch nicht erhalten hatte. Wohl aber waren Templer und Hospitaliter vermöge ihres Reichtums, der ihnen erlaubte, auf ihren kriegerischen Beruf große Mittel zu verwenden, wichtige Faktoren für die Verteidigung des heiligen Landes geworden, in demselben Maße aber auch die Träger einer besonderen und oft rücksichtslos geltend gemachten Politik. Daher ist von einer Bestätigung der Regel des Templerordens durch den Papst, wie sie früher herbeigeführt werden sollte, keine Rede mehr gewesen. Der Grund für die Verzögerung der Angelegenheit dürfte zunächst in dem Schisma Anaclets II. und Innocenz' II. zu suchen sein. Hat der Orden vielleicht die Gunst der Lage ausgenutzt, indem er sich der Parteinahme für einen der beiden Päpste zunächst enthielt und sich von beiden umwerben ließ? Eine besonders günstige Zeit für ihn kam dann mit den Vorbereitungen zu einem neuen Kreuzzuge, für den die Kirche so wenig wie die weltlichen Fürsten seiner Hülfe entraten konnten, der militärischen so wenig wie der finanziellen. So hören wir eben damals von einem Generalkapitel des Ordens, das am 27. April 1147 in seinem Hause zu Paris stattfand, und dem neben 130 Ordensbrüdern nicht bloß König Ludwig VII. von Frankreich, sondern auch Papst Eugen III. beiwohnte.[1]) Vielleicht hat diese Versammlung der Frage nach der endgültigen Konstituierung des Ordens gegolten.

Dazu aber ist es erst unter dem Einfluß für die Kirche besonders schwieriger Verhältnisse gekommen, die auf deren obersten Leiter einen mächtigen Druck zugunsten des Ordens ausübten und diesem die Erfüllung seiner Forderungen in einem Umfange auswirkten, wie er sie durchzusetzen bisher nicht vermocht hatte. Wieder war die Kirche durch ein Schisma zerrissen. Im Kampfe mit dem kaiserlichen Gegenpapst Viktor IV. sah sich Alexander III., in dem der lange ohnmächtigen Hierarchie ein neuer Vertreter erstanden war, von der erstarkenden staufischen Kaisermacht hart bedroht. Im Ringen um die Freiheit der Kirche, die nach dem Falle Mailands (1162) dem Untergang verfallen schien, hat dieser Papst in den geistlichen Ritterorden unschätzbare Bundesgenossen erkannt. Denn bei der Vielseitigkeit ihres Wesens

---

[1]) Dugdale, *Monasticum anglic. VI*, 2, S. 819, Nr. 11.

und der Mannigfaltigkeit ihres Wirkens konnten sie dem bedrängten Papsttum nicht bloß dadurch Hilfe leisten, daß sie mit ihren die ganze Christenheit umfassenden Verbindungen überall die Sache der Kirche vertraten, mit kirchlich-sozialen und sozialpolitischen Mitteln ihren Einfluß wahrten und ihren Anhang zusammenhielten und mehrten, sondern ihr auch mit ihren finanziellen Mitteln zur Seite standen. Kein Papst ist so freigebig gewesen gegen die geistlichen Ritterorden wie dieser, keiner hat sie so mit Freiheiten und Vorrechten förmlich überschüttet: Er wurde der Schöpfer der schließlich der Kirche selbst gefährlichen Ausnahmestellung, welche sie in der Folge gewannen und die in deren so selbstgefügten Bau Bresche legte. Vor dem siegreichen Staufer und Frankreich entwichen, wird Alexander III. aller Wahrscheinlichkeit nach von dem Templerorden ebenso, wie das von dem der Hospitaliter ausdrücklich bezeugt ist,[1]) auch finanziell unterstützt worden sein. Was dieses Ordens Parteinahme für ihn bedeutete, zunächst in Frankreich, läßt sich schon aus den ungewöhnlichen Formen des sechzehn Jahre früher in dem Pariser Ordenshause gehaltenen Generalkapitels entnehmen.[2]) So spricht alles dafür, daß der große Freibrief, den Alexander den Templern am 18. Juni 1163 zu Sens in der Bulle *Omne datum optimum* verlieh, der Dank war, den er dem Orden für die geleistete Hilfe abstattete, und zugleich den Preis darstellte, um den dieser sich auch für die Zukunft zum Eintreten für das hierarchische Papsttum verpflichtete. Damit erst fand die seit fünfunddreißig Jahren schwebende Frage nach der Regel des Templerordens ihre Lösung, und zwar in einem Sinne, welcher auf einen Sieg des Ordens über die seine Unabhängigkeit bedrohenden Bestrebungen hinauslief.

Eine Regel nämlich, wie sie die Hospitaliter erhalten hatten und die später entstandenen geistlichen Ritterorden erhielten, wurde den Templern auch jetzt nicht gegeben, vielmehr wurde ihnen eine Autonomie eingeräumt, zu der sich nirgends ein Seitenstück findet: Entzog sie doch selbst der römischen Kurie, welche die anderen Ordensregeln zu bestätigen hatte und ohne deren Zustimmung an diesen selbst sachlich gleichgültige Kleinigkeiten nicht geändert werden durften,[3]) jede Einwirkung auf die für den Orden maßgebenden Satzungen. Selbst ob

[1]) Geroh v. Reichersperg, *De investigatione Antichristi* im Archiv für österr. Geschichtsqu. 20, S. 170.

[2]) Vgl. oben S. 33.

[3]) Vgl. die Erleichterung des Gebots des Schweigens in der Regel der Hospitaliter durch Bonifaz VIII. vom 21. Juli 1295: *Régistres de Boniface VIII*, Nr. 372 (I, S. 132).

sie sich nach den dereinst in Troyes getroffenen Vereinbarungen, welche für die jetzt bestehenden Verhältnisse nicht mehr ausreichten, aber als Ersatz der noch immer fehlenden Regel angesehen waren, noch ferner richten oder sie durch neue Bestimmungen ersetzen wollten, wurde den Templern anheimgestellt.[1]) Der Papst beschränkt sich darauf, als für alle Zeit für den Orden verbindlich und von ihm unverändert festzuhalten allein das dreifache Gelübde der Keuschheit, der Armut und des Gehorsams hinzustellen. Ferner erklärt er, daß das Ordenshaus zu Jerusalem, von dem die Genossenschaft ihren Ursprung ableitet, für alle Zeiten das Haupt aller Ordenshäuser sein und bleiben soll, und verfügt, daß der Meister von dem Generalkapitel gewählt, unter Umständen der von dem kleineren, aber vernünftigeren Teil (*a saniori parte*) erwählte als rechtmäßiger Meister erachtet werden soll. Auf dieser allgemein gehaltenen Grundlage, die für Leben und Wirken der Ordensbrüder im einzelnen maßgebenden Bestimmungen zu treffen, erteilt der Papst dem Orden selbst unumschränkte Vollmacht: Was der Meister da gemeinsam mit den Brüdern festsetzt, soll keine kirchliche und keine weltliche Person aufzuheben oder zu ändern das Recht haben. Selbst Satzungen, welche der Orden sich gegeben, eine Zeitlang beobachtet und schriftlich aufgezeichnet hat, sollen von dem Meister in Gemeinschaft mit dem Kapitel oder dessen vernünftigerem Teil abgeändert werden dürfen. Mit unverkennbarer Absichtlichkeit wird hier also der Unveränderlickeit des von den Ordensbrüdern abzulegenden dreifachen Gelübdes, der Stellung des Hauses in Jerusalem als des Hauptes des Ordens und der Bestimmung über die Meisterwahl die Abhängigkeit aller anderen Satzungen allein von den Beschlüssen des Kapitels und damit ihre Veränderlichkeit entgegengestellt. Der Nachdruck, der dabei auf das Recht des Ordens gelegt wird, auch schriftlich aufgezeichnete und längere Zeit beobachtete Satzungen zu ändern, wird sich kaum anders erklären lassen, als daß man darin einen Hinweis sieht auf die von dem Konzil zu Troyes entworfenen Bestimmungen, die den Orden dem Patriarchen von Jerusalem unterstellt haben würden. Dies bestätigt die Annahme, der Orden habe sich gegen die Anerkennung des zu Troyes Beschlossenen gesträubt. Die Streitigkeiten, die zwischen den Hospitalitern und dem Patriarchen entbrannt waren und sogar zu bewaffnetem Vorgehen der ersteren gegen die Heiligegrabeskirche führten,[2]) werden ihn in diesem Wider-

[1]) Rymer, *Foedera I,* S. 27. Vgl. Prutz, Entwicklung und Untergang des Tempelherrnordens, S. 33.

[2]) Delaville Le Roulx, *Les Hospitaliers en Terre Sainte et en Chypre,* S. 79.

streben bestärkt haben. Der Konflikt, der zwischen den Templern auf der einen und dem Patriarchen und den fränkischen Fürsten im Osten auf der anderen Seite geschwebt zu haben scheint, fand durch Alexander III. eine Lösung zugunsten des Ordens. Dieser wurde dadurch in einem Sinne autonom und sein eigener Gesetzgeber, wie das keiner anderen Genossenschaft beschieden gewesen ist. Es wurde eine kirchenrechtliche Anomalie geschaffen, als welcher der Kirche selbst große Verlegenheiten erwuchsen und die infolge des Wandels der ursprünglich dafür vorausgesetzten Verhältnisse schließlich dem Orden selbst verderblich wurde. Zwar ist den Hospitalitern so wenig wie den jüngeren Deutschen Herren zu St. Marien eine ähnlich autonome Stellung von der Kirche eingeräumt worden, aber die Gleichartigkeit dieser Genossenschaften in betreff ihrer Organisation, ihres Wirkens auch auf ihnen ursprünglich fremden Gebieten und ihres Strebens nach Erweiterung ihrer Machtsphäre hat dahin geführt, daß auch jene beiden Orden sich der Kirche je länger je mehr entzogen und die ihnen eingeräumte kirchliche Sonderstellung auch in weltlicher Hinsicht in immer größerem Umfang zur Geltung brachten. So wurden die geistlichen Ritterorden, ihrem Ursprunge nach und nach ihrer anfänglichen Bedeutung bevorzugte Stützen der Hierarchie, schließlich Träger der allmählich erstarkenden antihierarchischen Richtung.

Zweites Kapitel.

Die geistlichen Ritterorden im Morgenlande.

Infolge der verschiedenen Gestaltung ihrer äußeren Verhältnisse haben sich die Elemente, welche in den geistlichen Ritterorden verbunden waren, bei den einzelnen frühzeitig ungleich entwickelt. Gleichmäßig aber hat in diesen Genossenschaften, in denen Mönchtum und Rittertum in einer Weise verschmolzen waren, die dem kirchlich und kriegerisch gleich tief erregten Geist der Zeit wunderbar entsprach und eine für seine Betätigung besonders brauchbare Form schuf, früh das ritterliche und damit das weltliche Element das Übergewicht erlangt. Es hat sich sogar die Geistlichen, die den Orden zur Seelsorge unter ihren Mitgliedern erst beigegeben und dann organisch eingefügt waren, schließlich in einer Weise dienstbar gemacht, die sie in wichtigen Stücken aus dem Verbande der Kirche löste und den Ordensoberen die Ausnutzung kirchlicher Institutionen für mehr oder minder weltliche Zwecke ermöglichte. Entschiedener als bei dem Hospitaliterorden ist das bei dem der Templer geschehen; doch kehren die wesentlichsten Momente auch bei dem Deutschen Orden wieder.

Am längsten und treusten haben das eigentümliche Doppelwesen, in dem die geistlichen Ritterorden wurzelten, die Hospitaliter bewahrt. Haben sie doch auch kriegerische Pflichten erst später übernommen, als das Vorbild der Templer diese Erweiterung ihres Wirkungskreises wünschenswert machte. Wann das geschah, ist fraglich. Sicher geschah es erst nach dem Tode ihres Stifters Gerard: Dieser erfolgte nach seiner uns überlieferten Grabschrift am 3. September 1120.[1]) Andererseits finden wir auch diesen Orden bereits 1137 gegen die Ungläubigen kriegerisch tätig: Damals wurde ihm von König Fulko die Verteidigung des für die Deckung Palästinas gegen Ägypten wichtigen Bet Dschibrin anvertraut, das ihn unter Zustimmung des Königs Hugo von

[1]) Fulcher. Carnot, III, 9, vgl. Delaville Le Roulx, *Les Hospitaliers en Terre Sainte et en Chypre*, S. 29.

St. Abraham geschenkt hatte.[1]) Wenn bereits 1120 ein *constabularius* des Hospitals vorkommt,[2]) so wird man darin nicht den Inhaber der militärischen Würde eines *Connétable* zu sehen haben,[3]) sondern nur den Ordensbruder, welcher die Stallungen unter sich hatte, wo nicht bloß die zum Bedarf des Ordens nötigen Reit- und Lasttiere gehalten, sondern auch die der Pilger untergebracht wurden. Vielleicht gab gerade die Obhut über Bet Dschibrin den Anstoß, um aus dem Verbande von Armen- und Krankenpflegern einen Ritterorden werden zu lassen. Das fände ein völlig entsprechendes lehrreiches Seitenstück in der Art, wie etwa zwanzig Jahre später in der Pyrenäischen Halbinsel der Orden von Calatrava entstand. Dort nämlich übernahmen in einem Augenblick besonderer Bedrängnis Cisterziensermönche die Verteidigung der von den Templern aufgegebenen Grenzburg Calatrava und legten so den Grund zu dem nach ihr genannten Orden. Seine Entwickelung bietet ein Seitenstück zu der des Hospitals auch insofern, als trotz seiner engen Verbindung mit den Cisterziensern in ihm ebenfalls das mönchische Element die leitende Stellung bald dem ritterlichen überlassen mußte. Ferner dürfte die Teilnahme der Cisterzienser an der Errichtung des bedeutendsten geistlichen Ritterordens Spaniens, die sich bei der einiger jüngerer Genossenschaften wiederholt, am einfachsten die enge Verbindung erklären, die noch später auch zwischen Cisterziensern und Templern bestand und beide als besonders nahe befreundet erscheinen läßt. Der Provinzialmeister des Templerordens in Portugal z. B. gelobte bei Antritt seines Amtes, nie werde er geistlichen Personen Hilfe versagen, vornehmlich aber den Cisterziensern gleichsam als „Brüdern und Verbündeten" beistehen.[4]) Bezeugt wird dies Verhältnis auch dadurch, daß Exemplare der sogenannten Regel von Troyes sich später namentlich in Cisterziensterklöstern vorgefunden haben und so auf uns gekommen sind.[5]) Vielleicht liegt hier auch der Ursprung für die historisch nicht erweisbare Überlieferung von einer persönlichen Teilnahme des heiligen Bernhard an der Konstituierung des Templerordens.

Wenn unter den Antrieben, die gegen Ende des elften Jahrhunderts den Strom der abendländischen Christenheit nach dem Osten veranlaßten, auch diejenigen eine hervorragende Rolle spielten, die der Ungesundheit und Besserungsbedürftigkeit der sozialen und wirt-

---

[1]) *Cartulaire*, Nr. 116 (I, S. 97).

[2]) Ebd. Nr. 74 (I, S. 70).

[3]) Delaville Le Roulx, a.a.O. S. 45.

[4]) Henriquez, *Constitutiones Ordinis Cisterc.*, S. 478, 79.

[5]) H. Prutz, Die Autonomie des Templerordens, S. 11–13.

schaftlichen Verhältnisse entsprangen, so war es nur natürlich, daß im Fortgang der Kreuzzüge auch sie kräftig aufgenommen wurden und zu neuen Bildungen führten. In besonders enger Fühlung mit den sozialen Problemen jener Zeit stand die Stiftung Gerards. War das Christentum von jeher die Religion der Mühseligen und Beladenen, so kam diese Seite nachdrücklichst zur Geltung gegenüber all dem Jammer und all der Not, welche das Ringen zwischen Kaisertum und Papsttum über die abendländische Christenheit gebracht hatte. Dem Verlangen nach Sicherung der sozialen und wirtschaftlichen Verhältnisse wenigstens gegen die ärgsten Störungen, dem Bedürfnis nach einer sozialen Reform ist der Hospitaliterorden gleich in seinen Anfängen entgegengekommen. Vielleicht war auch das Vorbild nicht ohne Eindruck auf die abendländischen Christen geblieben, das gleichen humanitären Zwecken dienende mohammedanische Einrichtungen boten, die sie im Osten kennen lernen. Spielte doch unter den Pflichten, die der Prophet den Bekennern des Islam auferlegt hatte, die Wohltätigkeit eine hervorragende Rolle. Die Khalifen und ihre Nachfolger hatten großartige Stiftungen zur Pflege von Armen und Kranken ins Leben gerufen. Galt nun die Tätigkeit des Hospitals auch zunächst den nach der heiligen Stadt strömenden Wallfahrern, so ist sie doch nicht auf diese beschränkt geblieben, hat sich vielmehr mit dem Wachsen seiner Mittel bald auf weitere Kreise erstreckt. Es war wahrlich kein Geringes und durfte weithin wie ein tröstendes Evangelium begrüßt werden, wenn in der Regel, die Raimund du Puy, Gerards Nachfolger, seinen Genossen gab, die Armen, die nackt und dürftig sind, als die Herren bezeichnet wurden. Wer sich zu dieser Auffassung bekannte, trat in den schärfsten Gegensatz zu dem Geiste der Zeit, welcher die prunkvolle Vollendung der ritterlichen Feudalität und der Triumph der nach Weltherrschaft strebenden Hierarchie ihre Signatur gaben. Nicht als sein und seiner Brüder Eigentum betrachtete Raimund, was dem Hospital an Schenkungen zugewandt wurde, sondern als das Johannes des Täufers und der „glückseligen" oder „heiligen" Armen.[1]) Auch noch später wurde diese Anschauung festgehalten und demgemäß gewisse Teile des Ordenseinkommens ausschließlich für die Krankenpflege bestimmt. Demgemäß haben sich auch die Generalkapitel des Ordens nicht selten eingehend mit hierher gehörigen Fragen beschäftigt und sie durch statutarische Beschlüsse geregelt, so gut wie die wichtigsten Ordensangelegenheiten. Wenn man diese durchgeht, gewinnt man ein lebendiges Bild von den Fortschritten, die der Orden auf diesem Gebiete machte.

[1]) Vgl. oben S. 19.

Während die Regel Raimunds sich mit der allgemeinen Bestimmung begnügt hatte, jeder Kranke, der im Hospital Hilfe sucht, solle zunächst beichten und kommunizieren, dann zu Bett gebracht und mit allem Nötigen wie ein „Herr" versehen werden, verfügte ein Generalkapitel von 1181 die Anstellung von vier gelehrten Ärzten, um die Natur der Krankheiten zu erkennen und den Brüdern bei der Bereitung der anzuwendenden Arzneimittel Anleitung zu geben. Für die Länge und Breite der Krankenbetten wurde ein Normalmaß festgesetzt. Zur Benutzung durch die Kranken bei notwendigen Gängen sollen Felle, Schuhe und Kutten bereit sein, und zwar, wie ein späteres Generalkapitel verfügte, immer zwischen zwei Betten einmal. Mehrfach ergeht an die Vorsteher der Ordenshäuser die Mahnung zur Dienstwilligkeit gegen die Kranken: Wer es daran fehlen lassen sollte, wird mit Disziplinarstrafe bedroht. Die Beköstigung der Kranken war nicht minder genau geregelt. Im allgemeinen erhielten sie wöchentlich dreimal frisches Schweine- oder Hammelfleisch; wer solches nicht genießen durfte, bekam Hühnerfleisch. Ferner hatten einzelne Ordensprovinzen zur Krankenpflege nötige Dinge, die in ihnen besonders gut oder reichlich gewonnen wurden, alljährlich in großen Quantitäten zu liefern. Der Prior von Frankreich sandte jährlich hundert Stück grünes Tuch zu Decken für die Kranken. Das gleiche tat der von St. Gilles; der außerdem hundert Kutten einzukaufen hatte, deren Kosten er bei der Rechnungslegung in Ansatz brachte und abzog. Ferner lieferten die Prioren von Pisa und von Venedig je tausend Ellen verschieden gefärbtes Baumwollenzeug. Ebensoviel ging davon von dem Ordenshause zu Antiochien ein, während das zu Konstantinopel zweitausend Stück Filztuch zu liefern hatte, die zu Tiberias und Mons Pelegrinus bei Tripolis aber Zucker für den Bedarf der Kranken übersandten, der in jener Gegend produziert wurde. Hierher gehört es auch, wenn denjenigen, die Güter vom Hospital in Erbpacht hatten, außer dem Pachtzins die Lieferung bestimmter Quantitäten von Öl, Wein, Zucker u. a. auferlegt wurde. Endlich gab es noch mancherlei Stiftungen, deren Ertrag für bestimmte Zwecke der Krankenpflege angewiesen war, wie z. B. eine solche des Meisters Josbert von 1177 zur Beschaffung von Weißbrot für die Kranken. Seit die Brüderschaft zum Ritterorden geworden war, lag die Leistung der niederen Dienste und Handreichungen bei der Krankenpflege den dienenden Brüdern ob, deren in jeder von den Abteilungen des großen Hospitals zu Jerusalem stets neun zur Verfügung der Kranken bereit sein mußten.[1])

[1]) Vgl. Prutz, Kulturgeschichte der Kreuzzüge, S. 236–38, und die Regel Raimunds, ebd. S. 602 ff.

Nun blieb aber die Wohltätigkeit des Hospitals keineswegs auf Kranke und Pilger beschränkt, sondern kam den Armen überhaupt zugute. Auch das war durch die Statuten vorgesehen. An den Tagen, wo der Orden das Gedächtnis seiner Wohltäter beging, wurden dreißig Arme, darunter fünf Geistliche, gespeist. Dreimal wöchentlich wurde jedem, der darum bat, Brot, Wein und eine Schüssel Essen gereicht. Während der Fasten speiste man täglich dreizehn Arme, an denen auch die Fußwaschung vorgenommen wurde. Von ihnen erhielt jeder ein Hemd, ein Paar Hosen und Schuhe, während drei arme Kleriker mit Geld unterstützt wurden. Ferner verteilte der Orden jährlich tausend Schaffelle. Die alten Kleider mußten vom Almosenier mit Hilfe zweier Diener instand gesetzt werden, um an Arme vergeben zu werden. Ebenso hielt man es mit dem alten Schuhwerk. Beträchtlich waren auch die Mittel, die der Orden auf die Unterstützung aus mohammedanischer Gefangenschaft heimkehrender Krieger verwandte. Wie ernst er es mit diesen Pflichten nahm, lehrt der Bericht, den ein deutscher Wallfahrer, Johannes von Würzburg, über seinen 1170 dem Hospital zu Jerusalem gemachten Besuch erstattet hat. Darin wird hervorgehoben, daß neben den zweitausend Kranken, die nach Angabe der Diener damals dort verpflegt wurden, das Hospital noch so viele erhalten habe, daß der Gesamtbetrag der von ihm aufgewandten Mittel gar nicht genau festgestellt werden könne, zumal täglich an Hausarme sowohl wie an Bettler Almosen in Menge gegeben würden, außerdem aber auch noch viele Leute, die in den festen Plätzen des Landes gegen die Ungläubigen kämpften, von ihm ihren Unterhalt bezögen.[1]) Die auf den ersten Blick übertrieben scheinende Angabe, in dem Haupthause zu Jerusalem seien gleichzeitig zweitausend Kranke verpflegt worden, findet eine Bestätigung durch einen wohlbeglaubigten Bericht, wonach im Jahr 1177 nach einem Kampfe gegen Saladin neben den neunhundert Kranken, die dort schon lagen, noch siebenhundertfünfzig Verwundete sofort untergebracht werden konnten.[2]) Welches Rufes das Hospital solchen Leistungen entsprechend auch bei den Mohammedanern genoß, geht aus der Sage hervor, Saladin selbst habe sich, um sich von der Wahrheit des Gehörten zu überzeugen, einst verkleidet nach Accon begeben und die dortigen Hospitalanlagen in Augenschein genommen.

Bedenkt man, daß die Leistungen des Ordenshauses im verkleinerten Maßstabe, in den Haupthäusern der einzelnen Provinzen und weiterhin dann in jedem Ordenshause ihr Seitenstück fanden, so wird

[1]) Vgl. Tobler, *Descriptiones Terrae Sanctae,* S. 159.

[2]) Vgl. den gleich anzuführenden Bericht Katholische Zeitschrift II, S. 170ff.

man, auch ohne daß bestimmte Zahlen überliefert sind, eine Vorstellung bekommen von der sozialen Wirksamkeit, welche der Hospitaliterorden in der Zeit seines Höhestandes ausgeübt hat. Sie darf um so hoher bewertet werden, als sie weiterhin auch Bahnen einschlug, die für jene Zeit ganz neu waren und auf die Lösung bis dahin kaum recht erfaßter sozialpolitischer Probleme hinwiesen. Dahin gehört es, wenn der Orden armen Männern und Weibern die Eingehung der Ehe ermöglichte, indem er regelmäßig drei solchen Paaren je eine Schüssel von den Speisen des Konventes darreichen ließ, – eine Einrichtung, die recht zu würdigen man sich der sittlichen Lockerheit erinnern muß, die in den Pilgerscharen zu herrschen pflegte. Obgleich den Ordensbrüdern jede Annäherung an das weibliche Geschlecht verboten war, fanden in dem Hospitale auch schwangere Pilgerinnen Aufnahme und Pflege. Das Generalkapitel von 1181 verfügte die Anfertigung von Wiegen, damit die Neugeborenen allein lägen und nicht im Bette der Mutter zu Schaden kämen. Zu den vom Orden in Jerusalem errichteten Anstalten gehörte ein Findelhaus. Daher war dem Orden von der Kurie auch erlaubt, an solchen Findlingen die Nottaufe zu vollziehen. Ein weiterer merkwürdiger Zug läßt bei den Hospitalitern sogar das Vorhandensein – wenigstens dem Grundgedanken nach – einer Einrichtung erkennen, welche auf eine Versorgung der im Kampfe gegen die Ungläubigen erwerbsunfähig Gewordenen hinausläuft. Nicht genug, daß er aus sarazenischer Gefangenschaft Heimkehrende mit Geldmitteln versah, in einem Schreiben, das er einem der Teilnehmer an dem siegreichen Kampf gegen Saladin bei Ramleh (25. November 1177) bei seiner Heimkehr mitgab, empfiehlt der Ordensmeister diesen unter Hinweis auf seinen mit Narben bedeckten und verstümmelten Körper allen Christen zur Unterstützung.[1])

Fügt man all diese Züge zusammen, so ergibt sich ein Bild, nach dem die Tätigkeit des Hospitals an Umfang und Mannigfaltigkeit die ähnlicher Organisationen unserer Tage übertroffen haben muß. Allerdings hat es damals auch kein Seitenstück gehabt, und was die übrigen Orden auf diesem Gebiete leisteten, erscheint gegen das von ihm Geleistete gering, abgesehen davon, daß gegen den Templerorden frühzeitig der Vorwurf erhoben wurde, an Armen- und Krankenpflege leiste er nicht, was er nach den ihm zuströmenden Mitteln zu leisten

[1]) Dieses merkwürdige Schriftstück ist von Ficker in der Katholischen Zeitschrift II (Münster 1852), S. 170–72 mitgeteilt. Der darin genannte *Raimundus magister* ist augenscheinlich identisch mit dem Raimund von Tiberias, der 1167 als Marschall, 1164 als Meister diesseits des Meeres und Komtur von Tiberias vorkommt. Vgl. Delaville Le Roulx, *Les Hospitaliers en Terre Sainte,* S. 410, 414 u. 433.

fähig war. Daher hat das Hospital, zumal es den Kampf gegen die Ungläubigen auch später noch fortführte, sich in der Gunst der öffentlichen Meinung dauernd behauptet. Andererseits legte die Kirche auf diese friedliche Tätigkeit des Ordens das größte Gewicht und erblickte in ihr seinen eigentlichen Beruf. Selbst Alexander III. sah die Steigerung der militärischen Tätigkeit ungern und wünschte sie zu beschränken. Den Jahren 1178–80 gehört ein Erlaß an, in dem er den Meister Roger des Moulins ermahnt, der Armenpflege und den Liebeswerken mehr Sorge zuzuwenden entsprechend der Regel Raimunds du Puy: Der Waffenführung möge der Orden sich enthalten, außer wenn die Fahne des heiligen Kreuzes entrollt sei und es die Verteidigung des Königreichs oder die Eroberung einer Stadt der Ungläubigen gelte. Wurde die darin enthaltene Rüge auch gemildert durch das Lob, welches der Papst den bisherigen Leistungen des Hospitals auf diesem Gebiete spendete, so beweist der Erlaß doch, daß er mit der von der Stiftung Gerards neuerdings eingeschlagenen Richtung nicht einverstanden war, und wenn dann gerade in den nächsten Jahren von dem Generalkapitel des Ordens eine Reihe von Neuerungen eingeführt wurde, welche der Armen- und Krankenpflege zugute kamen, so wird man darin die Wirkung der päpstlichen Mahnung sehen dürfen. Zudem gehört der Erlaß gerade in die Zeit, wo der Orden durch die Erwerbung von Margat, das er zu einer gewaltigen Festung auszubauen begann, die kriegerische Seite seiner Tätigkeit stark zu betonen und planmäßiger als bisher auszubilden anfing.[1])

Hatte die Wohltätigkeit des Ordens ihren Mittelpunkt in dem Haupthause erst zu Jerusalem und dann zu Accon, so umfaßte sie doch sowohl in ihrem segensreichen Wirken, als auch durch die Quellen, aus denen ihre Mittel flossen, fast das ganze christliche Abendland. Anders stand es mit den militärischen Leistungen des Ordens, obgleich sie für die Mehrzahl seiner vollberechtigten Mitglieder früh die wesentlichere und wichtigere wurde. Denn während Armen- und Krankenpflege Sache der dem Orden angehörigen Geistlichen und der dienenden Brüder und aushilfsweise angenommenen Laien[2]) war, lebten die Ritter im Morgenlande dem Kriegshandwerk und den politischen Geschäften, die davon untrennbar waren. So erlangte auch der ritterliche, der feudal-aristokratische Geist früh Einfluß auf die Haltung des Ordens: Es wurde eine ständische Exklusivität herrschend, die weder mit den kriegerischen, noch mit den mönchischen Pflichten der

[1]) *Cartulaire*, Nr. 527 (I, S. 360).

[2]) Vgl. oben S. 40.

Brüder in Einklang stand. Man wollte schließlich nur diesem einen Stande Angehörige mit dem weißen Kreuz geschmückt sehen und machte im Laufe der Zeit die Zulassung von immer mehr Bedingungen abhängig, erleichterte aber auf der anderen Seite unter Umständen den Eintritt zugunsten besonders wünschenswert erscheinender Bewerber. So kam z. B. die Probezeit schließlich in Wegfall, und von der Forderung der Abstammung des Aufzunehmenden aus rechter Ehe sah man ab bei illegitimen Söhnen von Fürsten und Grafen, wenn man solche auch nicht zu den Ordensämtern und namentlich nicht zu der Meisterwürde zuließ. Eben dahin gehört es, wenn junge Edelleute, die, wie häufig geschah, in einem Ordenshause erzogen waren, nach Erreichung des vorgeschriebenen Alters ohne weiteres den Mantel der Ordensritter erhielten. Später geschah das namentlich, wenn sie sich bereit erklärten, alsbald „über Meer zu fahren", d. h. im Morgenlande gegen die Ungläubigen zu fechten. Bei einer so laxen Praxis konnte es nicht ausbleiben, daß Leute in den Orden aufgenommen wurden, die selbst bei Anlegung eines niederen Maßstabes als ungeeignet, wenn nicht gar als unwürdig hätten erscheinen müssen. Deshalb wurde später, wer solche Leute aufnahm, selbst mit dem Verluste des Gewandes, d. h. der Ausstoßung, bedroht. Natürlich hatte unter solchen Umständen auch die ehemals geltende Bestimmung keinen Wert mehr, niemand dürfe zum Ritter gemacht werden, der nicht zuvor das geistliche Gewand angenommen hätte, oder aber es handelte sich, wenn noch danach verfahren wurde, um eine Formalität. Die Verbindung des Rittertums mit dem Mönchtum, in der ursprünglich das Wesen der geistlichen Ritterorden beruht hatte, wurde so zu einer Fiktion. Ferner ergab sich aus alledem noch ein anderer Übelstand: Wie so viele Genossenschaften dieser Art wurde auch der Hospitaliterorden frühzeitig angesehen als Versorgungsanstalt für die jüngeren Söhne des Adels. Daraus erwuchs die Gefahr, daß durch den Eintritt in den Orden mittellose Edelleute sich gewissermaßen als Söldner höherer Ordnung eine gesicherte Existenz gründeten. Der in dem Orden herrschende Geist hatte von solchen Leuten eine Hebung nicht zu gewärtigen. Außerdem konnte dadurch der Schatz mit dem Unterhalt von Leuten belastet werden, deren der Orden nicht bedurfte und die ihm keinen Nutzen stifteten. Deshalb galt nachmals die Vorschrift, ohne ausdrückliche Erlaubnis des Meisters oder des Priors seiner Provinz dürfe kein Ordensbruder über See fahren, und weiterhin die Forderung, jeder Ritter, der nach dem heiligen Lande zog, um dort zu kämpfen, müsse die vollständige kriegerische Ausrüstung selbst mitbringen oder für ihre Lieferung aus dem Zeughause zu Accon 2000 Silberdenare von Tours zahlen. Daß damit auf einem Umwege ein Handel eingeführt wurde, der von der so streng verpönten Simonie kaum verschieden war, ist nicht beachtet worden. Nachdem durch den Verlust Palästinas dem Orden der Schauplatz verschlossen war, auf dem er seine kriegerische Tätigkeit vornehmlich entfaltet hatte, scheinen seine Leiter besorgt zu haben, es könnte bei Beibehaltung der bisherigen Aufnahmepraxis zu einer Überflutung des Ordens mit minderwertigen Elementen kommen. Daher stand nach dem Beschluß des Generalkapitels zu Limisso vom 6. Oktober 1292[1]) das Recht der Aufnahme neuer Brüder hinfort nur dem Meister zu, mit Ausnahme derjenigen Teile der Pyrenäischen Halbinsel, wo noch dauernd gegen die Sarazenen zu kämpfen war. Wie dort auch die Prioren der betreffenden Ordensprovinzen neue Genossen aufnehmen durften, so hatte auch der Großprior des Ostens im Interesse des Kampfes gegen die Ungläubigen noch ferner die Befugnis, so viel Rittern das Gewand zu erteilen, als ihm zur Erhaltung der Wehrkraft des Ordens geboten erschien.

Es entspricht nur der raschen Steigerung, welche die Geltung des kriegerischen Elements in dem Orden erfuhr, daß seine militärische Organisation besonders sorgfältig behandelt wurde. Daher haben diese Fragen zum Teil rein technischen Charakters in den Beratungen der Generalkapitel eine hervorragende Rolle gespielt. Dabei war den Oberen peinliche Sparsamkeit zur Pflicht gemacht. Genau war bestimmt, was den Inhabern der Ordensämter an Waffen, Pferden und Dienern zustand. Jeder Ritter war gehalten, was ihm an Waffen und Gewandung aus der Ordenskammer geliefert war, in gutem Stande zu bewahren. Neues Zeug erhielt keiner, bevor er das bisher benutzte zurückgegeben hatte; was davon durch seine oder seines Knappen Schuld beschädigt oder verloren gegangen war, hatte er zu ersetzen. Daher wurden auch die Waffen der erkrankten Brüder unter Verschluß genommen, und wenn ein Bruder starb, so nahm der Marschall, der alles Kriegsgerät unter sich hatte, sein Rüstzeug in Verwahrung. Alles, was der Orden an Waffen und Pferden und sonst militärisch brauchbaren Dingen geschenkt bekam, mußte nach dem Morgenlande geschafft werden; bloß unbrauchbar gewordene Pferde durften verkauft werden, um den Erlös dem Meister zu übersenden.

Die Rolle im einzelnen zu verfolgen, welche der Orden in den Kämpfen der morgenländischen Christen gegen die Ungläubigen gespielt hat, ist hier nicht der Ort. Auch tritt darin kaum ein Zug hervor, der gerade für diesen Orden im besonderen charakteristisch

---

[1]) *Cartulaire*, Nr. 4171 (III, S. 600).

wäre. Die Eigenschaften, welche die Hospitaliter dabei entwickelten, waren im wesentlichen die, welche die im Osten heimlich gewordenen Christen überhaupt kennzeichneten. Mit dem selbst dem Gegner imponierenden Heldentum hielten auch bei ihnen die zunehmende Verwilderung in der Kriegführung und die steigende Grausamkeit gegen die besiegten Feinde gleichen Schritt. Bereits in der zweiten Hälfte des zwölften Jahrhunderts sah ein unbefangener Beobachter das eigentliche Privilegium der geistlichen Ritterorden im ungestraften Blutvergießen.[1]) Auf der anderen Seite ist auch gegen die Hospitaliter, namentlich von Kreuzfahrern, die sich in ihren Erwartungen getäuscht sahen, die Anschuldigung erhoben, sie ließen es im Kampf gegen die Ungläubigen an Tatkraft fehlen und räumten politischen Erwägungen zu großen Einfluß ein. Bereits am Ausgange des zweiten Kreuzzuges wurde ihnen und den Templern das Scheitern des Angriffs auf Damaskus schuldgegeben, ohne daß die Überlieferung einen sichern Anhalt für die Begründung dieser Anklage gäbe. Doch scheint der Orden damals keinen so beredten Verteidiger gefunden zu haben, wie er den Templern in Ludwig VII. von Frankreich erstand, der den gegen diese erhobenen Vorwurf als der nationalen Ehre Frankreichs zu nahe tretend zurückwies.[2]) Papst Honorius III. aber befahl den Prälaten gar durch ihre Pfarrer sonntags von den Kanzeln verkündigen zu lassen, an dem Unglück, das die christlichen Waffen vor Damiette 1218 getroffen hatte, seien die Templer unschuldig.[3]) Dem Kampfeseifer, der die mit den politischen Verhältnissen des Ostens unbekannten Kreuzfahrer zu erfüllen pflegte, mußte es freilich bedenklich erscheinen, wenn zu derselben Zeit, wo König Amalrich den Streit der mohammedanischen Gewalthaber um Ägypten zum Angriff auf dieses zu benutzen dachte, auch der Hospitaliterorden bereit war, gegen Gewährung einer festen Einnahme sich in den Dienst eines ungläubigen Fürsten zu stellen.[4]) Anstößiger noch fand man es, daß er mit dem geheimnisvollen „Alten vom Berge", dem gefürchteten Haupte der Mördersekte der Assassinen, zeitweilig in gutem Einvernehmen stand, indem er ihn nicht nur gegen Tribut in den Margat benachbarten Bergen wohnen ließ,[5]) sondern gelegentlich ebenso wie die Templer ein förmliches Bündnis mit ihm einging. Ihm zur Lösung eines solchen, das er gegen den Fürsten Boemund von Antiochien geschlossen hatte, anzuhalten,

---

[1]) Johan. Saresb., *Op. ed. Giles IV,* S. 171.

[2]) Röhricht, Geschichte des Königreichs Jerusalem, S. 255.

[3]) *Mon. Germ. hist., Epist. select. I,* r. 79.

[4]) Ebd. S. 315.

[5]) Ebd. S. 930.

wurden der Erzbischof von Tyrus und die Bischöfe von Sidon und Beirut von Papst Gregor IX. am 20. April 1236 angewiesen.[1]) Das hat jedoch nicht gehindert, daß das alte freundschaftliche Verhältnis fortbestand, was für 1284 von dem deutschen Reisenden Burkhard bezeugt ist.[2]) Das mußte der abendländischen Christenheit um so bedenklicher erscheinen, als unter den Franken im Osten fast dauernd Händel schwebten und nicht selten zu bewaffneten Konflikten führten: In solchen die Assassinen den geistlichen Ritterorden gegen ihre christlichen Widersacher verbunden zu wissen, mußte das christliche Gefühl schwer verletzen. Aber auch abgesehen von diesen einzelnen Fällen, die in der Überlieferung vielleicht, in einem unverdient ungünstigen Lichte erscheinen, wird man, überblickt man ihre Teilnahme an den Kreuzfahrerkämpfen im ganzen, sich des Eindrucks nicht erwehren können, die Hospitaliter haben sich – wie die Templer – nicht selten gegen das gleichgültig oder gar feindlich gezeigt, was für das Interesse der gesamten Christenheit ausgegeben wurde. Damit ist aber doch noch nicht gesagt, die Politik der Orden sei unberechtigt gewesen. Vielmehr erklärt sie sich und wird in manchen Fällen zugleich gerechtfertigt durch die Verschiedenheit der Ziele, welche diese Genossenschaften, wollten sie gedeihen, im Osten verfolgen mußten, von denen, welche die Kreuzfahrer und die hinter ihnen stehende Kirche allein gelten ließen. Für diese handelte es sich immer nur um einen Glaubenskampf, dessen vornehmer Zweck die Verdrängung und womöglich die Vernichtung der Ungläubigen war, ohne Rücksicht auf das wirtschaftliche Gedeihen der eroberten Gebiete. Entspringt doch hier die lange Reihe von verhängnisvollen Fehlern, an denen die christliche Herrschaft im Morgenlande zugrunde ging, trotz des ungeheuren Menschenmaterials und trotz der noch ungeheureren finanziellen Mittel, die mehr als zwei Jahrhunderte an ihre Behauptung gesetzt worden sind. Dementsprechend ist auch das fränkische Rittertum, das sich damals im heiligen Lande im Anschluß an den französischen Grundstock aus Bruchteilen aller abendländischen Kulturvölker bildete, den Zug des Abenteurertums niemals los geworden und hat, von vereinzelten Ausnahmen abgesehen, kein Verständnis gezeigt für die Kulturaufgaben, die es dort zu lösen galt, obgleich deren Lösung die Voraussetzung war für den christlichen Sieg in dem Kampfe der beiden Religionen und Kulturen.

Im allgemeinen trieben die abendländischen Eroberer alle Zeit

[1]) *Cartulaire*, Nr. 2149 (II, S. 504).

[2]) Röhricht, a.a.O., S. 930.

eine rücksichtslose Raubwirtschaft, die ohne Gedanken an die Zukunft und deren Bedürfnisse leichtsinnig dem Genusse des Augenblickes lebte. Dagegen hat selbst der kaufmännische Sinn der in den Hafenstädten eingebürgerten italienischen Kommunen auf die Dauer ein Gegengewicht nicht bilden können, zumal auch für ihn möglichst großer und leichter Gewinn der leitende Gesichtspunkt war. Wesentlich anders standen zu den hier in Betracht kommenden Fragen die geistlichen Ritterorden. Durch einen umfänglichen und über das ganze Gebiet der christlichen Herrschaft verteilten ländlichen Besitz, dem möglichst großer und sicherer Ertrag abgewonnen werden sollte, waren sie mit dem Lande und dessen durch seine Natur bestimmten wirtschaftlichen Verhältnissen in anderer Weise verbunden als die vom Abendlande herüber- und dann wieder dorthin zurückflutenden Kreuzfahrerscharen und auch als die fränkischen Herren, die dort blieben in der Hoffnung, ein leichteres und größeres Glück zu machen, als ihnen in der Heimat möglich werden konnte. So ist es dahin gekommen, daß die zur Bekämpfung der Ungläubigen bestimmten geistlichen Ritterorden um ihres Besitzes willen und um ihre politisch und kirchlich bedeutende Stellung zu behaupten und auszubauen, nicht selten die Pflege friedlicher Beziehungen zu den mohammedanischen Nachbarn befürworteten oder doch gegen die zweck- und ziellose Art der Kriegführung Einsprache erhoben. Doch hat hier wohl noch ein anderes Moment mitgewirkt. Entgegen den strengen Satzungen des fränkischen Feudalrechts, die sie ebenso wie die bürgerlichen Kommunen von der Erwerbung im Lehensverbande stehender Güter ausschlossen, haben die geistlichen Ritterorden nachmals solche in Menge an sich gebracht,[1]) sich dann aber der Leistung der drauf liegenden Lehendienste entzogen und die Lehengüter in Zinsgüter verwandelt.[2]) Die Folge war, daß dieser Teil ihres Besitzes verhältnismäßig wenig belastet war, also auch nicht so in Anspruch genommen und ausgenutzt zu werden brauchte wie die in den Händen weltlicher Edelleute verbleibenden Lehengüter. Das ermöglichte den Orden eine schonende, d. h. rationelle Bewirtschaftung derselben. Am deutlichsten lassen sich diese Verhältnisse dank dem reichen Material, das uns da vorliegt, wiederum für die Hospitaliter verfolgen.[3]) Ihr Bild für den Templerorden mit gleicher Genauigkeit zu zeichnen macht die Lückenhaftigkeit der Überliefe-

[1]) Prutz, Kulturgeschichte der Kreuzzüge, S. 332.

[2]) Prutz, Entwicklung und Untergang des Tempelherrnordens, S. 72.

[3]) Vgl. Prutz in der Zeitschrift des deutschen Palästinavereins IV, S. 157 ff. und Kulturgeschichte der Kreuzzüge, S. 244 ff., wozu sich aus den im *Cartulaire* neu veröffentlichten Urkunden im einzelnen mancherlei Nachträge ergeben.

rung unmöglich. Der Deutsche Orden aber ist infolge seiner späten Entstehung und weil er bald anderwärts den Schauplatz einer groß angelegten Tätigkeit fand, in Palästina selbst in dieser Beziehung kaum zu Bedeutung gelangt. Aber auch für sie beide sind hier die Züge doch bestimmend geworden, die im einzelnen zu verfolgen uns der Hospitaliterorden erlaubt. Die von ihm ausgebildete Verwaltungsorganisation und Wirtschaftstechnik ist auch von jenen angenommen worden.

Weniger als der ländliche Besitz kommt dafür auch bei den Hospitalitern in Betracht, was sie in den Städten Palästinas zu eigen hatten. Doch beschränkt sich dies nicht auf die Ordenshäuser in Jerusalem und Accon, in Tyrus, Monte Pelegrino bei Tripolis, Rafinch[1]) und Antiochien, sondern es gehörten dazu in den genannten und in anderen Städten Häuser mit Wohnungen, Läden usw., die, soweit der Orden sie nicht selbst benutzte, anders verwertet wurden. Ferner zog der Orden Erträge aus Magazinen, Kaufläden, Bänken und dergleichen, die sich auf seinen städtischen Grundstücken befanden, besonders aber aus den ihm gehörigen und von den Umwohnern gegen Entgelt benutzten Mühlen und Badöfen. Auch im Besitze von Salinen finden wir ihn, wo durch Verdunsten des Meerwassers Salz gewonnen wurde, dann von Steinbrüchen sowie von Gärten und Weinbergen.

In den ländlichen Besitz des Ordens lassen sich zwei Arten unterscheiden entsprechend dem Doppelwesen, zu dem er sich durch die Übernahme kriegerischer Pflichten entwickelt hatte. Von den Schenkungen, die ihm zugewandt wurden, und den Erwerbungen, die er hinzufügte, waren die einen – natürlich der weitaus überwiegende Teil – bestimmt, durch ihren Ertrag seine Zwecke überhaupt zu fördern, gleichviel, ob sie von ihm unmittelbar bewirtschaftet oder gegen bestimmte Leistungen an andere ausgetan waren. Andere erhielten durch ihren Umfang und mehr noch durch ihre Lage und die zugehörigen militärisch wichtigen Plätze eine besondere Bedeutung, einmal für die Verteidigung des christlichen Gebiets im allgemeinen, dann für die Stellung des Ordens innerhalb desselben. In einzelnen Fällen stieg letztere so hoch, daß der Orden aus einem Großgrundbesitzer zum Territorialherrn wurde und Anfänge zu einer Landesherrschaft entwickelte, wie sie vollständig und im größten Maßstabe auszubilden dem Deutschen Orden in Preußen beschieden war. Solche Gebiete sind es denn auch, in denen sich die von dem Orden verfolgte beson-

[1]) Dieses erwarb der Orden durch eine Schenkung des Grafen Raimund II. von Tripolis 1142, *Cartulaire*, Nr. 144 (I, S. 116).

dere Politik am entschiedensten betätigt hat und wo daher auch der Gegensatz zwischen ihm und den fränkischen Fürsten gelegentlich mit großer Schärfe in die Erscheinung getreten ist.

Zuerst finden wir den Orden in einer derartigen Stellung in dem südlichen Teil des Königreichs Jerusalem, gegen Ägypten hin, von wo der christlichen Herrschaft die größte Gefahr drohte. Dort hatte er bereits 1137 mit der Übernahme der Verteidigung von Bet Dschibrin die Pflicht zu dauernder Grenzhut auferlegt bekommen.[1]) Nach der Eroberung von Askalon im Jahr 1153 erhielt er auch in dessen Gebiet bedeutende Güter und wurde ihm ein Teil der Befestigungen von Askalon, das nun im Süden der Hauptwaffenplatz der Christen wurde, zur Verteidigung übergeben. Indem er in diesem Grenzdistrikt wiederholt Landverteilungen an Ansiedler vornahm, hob er dessen wirtschaftliche Bedeutung und steigerte zugleich seine Verteidigungsfähigkeit. Er schuf dort eine Art von Militärkolonie oder Militärgrenze, für deren Gedeihen sich besonders günstige Aussichten eröffneten, als König Amalrich in Verfolgung einer kürzeren Eroberungspolitik, zu der ihn namentlich der Meister des Hospitaliterordens Gilbert d'Assailly bestimmt haben soll,[2]) die christliche Herrschaft nach Ägypten auszubreiten versuchte. Dem Orden war dabei eine hervorragende Rolle zugedacht: Wurden des Königs Entwürfe verwirklicht, so wäre die Entstehung einer Art von Ordensstaat in Unterägypten angebahnt gewesen oder doch dem Hospital dort eine Machtstellung gesichert worden, die von Landesherrschaft nicht mehr fern geblieben wäre. Um sich der Hilfe des Ordens zu versichern, schloß König Amalrich am 10. Oktober 1168 zu Accon mit ihm einen Vertrag, durch den er sich verpflichtete, ihm in Ägypten zehn Städte, darunter namentlich das wichtige Bilbeis, mit einem Jahresertrag von 100 000 Goldstücken einzuräumen. Dagegen versprach der Orden ihm ständig 500 Ritter und 500 Turkopulen zu stellen, die dem königlichen Marschall in el Arisch zur Musterung vorgeführt werden sollten.[3]) Durch solche Aussichten erhielt die vom Orden seit dreißig Jahren innegehabte Position bei Bet Dschibrin wesentlich höhere Bedeutung. Vermutlich im Zusammenhange damit erfolgte daher im Jahr 1168 eine neue Erweiterung und Verstärkung der Militärkolonie um jenen Ort. Von den sich jetzt dort ansiedelnden Kolonisten erhielt jeder vom Orden den Platz zum Bau eines Wohnhauses und zwei Hufen Ackerland zu erblichem Besitz gegen Entrichtung der herkömmlichen Grundsteuer und Abgabe des

[1]) Vgl. oben S. 37.

[2]) Röhricht, Geschichte des Königreichs Jerusalem, S. 336.

[3]) Ebd. S. 338.

Zehnten vom Naturalertrage. Die Ansiedler durften frei über diese Bauerngüter verfügen, nur stand dem Orden, wie bei allen von ihm zu Erbpacht ausgetanen Ländereien, das Vorkaufsrecht zu. Daß von irgendwelcher Minderung der Freiheit für die Kolonisten nicht die Rede war, beweist die Bestimmung, für die Rechtsprechung in der Niederlassung solle der Brauch des bürgerlichen Gerichtshofes (*cour des bourgeois*) zu Jerusalem maßgebend sein, was einer Bewidmung mit Stadtrecht gleichkam. Die Verpflichtung der Kolonisten zu militärischem Dienst, d.h. zu einer Art von Landwehr, läßt die Vorschrift erkennen, sie sollten von allem, was sie den Ungläubigen abnehmen würden, dem König als dem Grundherrn so viel geben, als ihm nach dem Landrecht von Lydda gebührte.[1]) Das Scheitern von König Amalrichs Entwürfen auf Ägypten hat auch die Hoffnungen der Hospitaliter vereitelt. Doch bewahrte der Orden auch in der Folge dort im Süden eine bedeutende Stellung und noch Kaiser Friedrich II. wußte für die Sicherheit dieser Gegend nicht besser zu sorgen, als indem er Askalon am 31. August 1243 wieder dem Schutze der Hospitaliter übergab.[2]) Noch am 5. Februar 1252 wies Innocenz IV. den Erzbischof von Tyrus an, dafür Sorge zu tragen, daß der Orden im Besitze von Askalon nicht beunruhigt würde.[3])

Wichtiger noch, namentlich in militärischer Hinsicht, war die ähnliche Stellung, die der Orden um die Mitte des dreizehnten Jahrhunderts an der Ostgrenze gegen das Jordantal hin einnahm, und das offene Gelände den Mohammedanern jederzeit plötzliche verwüstende Einfälle erlaubte. Dort lag inmitten umfänglicher Ländereien, die er allmählich erworben hatte, die starke Feste Belvoir, arabisch Kaukab-el-Hawa, von der aus eine Kette kleinerer Burgen und zahlreiche Wachttürme die längs des Jordan als hinziehenden Höhen begleiteten. Ein wichtiges Glied in dieser Grenzwehr wurde später der Berg Tabor. Als nämlich die Mönche des dortigen Klosters, das bisher das Ziel für zahlreiche Pilgerzüge gewesen war, aus Furcht vor den mohammedanischen Streifzügen den Platz verließen, legte der Orden 1255 eine Besatzung dorthin, besiedelte auch einen Teil der umliegenden Bauerngüter, die der zunehmenden Unsicherheit wegen ebenfalls geräumt worden waren, wiederum mit Kolonisten.[4]) Infolgedessen überließ ihm auch der Erzbischof von Nazareth, dessen Kirche dort begütert war,

[1]) *Cartulaire*, Nr. 391 (I, S. 272).

[2]) Ebd. Nr. 2501 (II, S. 605), bestätigt durch Konrad IV. am 30. November 1243 und am 15. März 1244, ebd. Nr. 2308 und 2319.

[3]) Ebd. Nr. 2587 (II, S. 720).

[4]) Ebd. Nr. 2730 und 2740 (II, S. 184) und Nr. 2745 (II, S. 187).

1255[1]) erst einige seiner Kasalien gegen einen jährlichen Zins und gab ihm dann, da sich diese Einrichtung bewährte, 1259 den gesamten Besitz seiner Kirche in Pacht.[2]) Das war ein Gewinn für die Sicherheit des Landes an einer besonders exponierten Stelle, nicht minder aber auch für den Orden, der seine militärische Bedeutung von neuem anerkannt und gesteigert sah.[3])

Besonders merkwürdig ist die Entwickelung dieser Seite in der Tätigkeit des Hospitaliterordens außerhalb des eigentlichen Königreichs Jerusalem, in der Grafschaft Tripolis und dem Fürstentum Antiochien. Denn dort ist er bei der Errichtung eines eigenen Staates nahe gekommen. Einer Schenkung des Grafen Raimund II. von Tripolis verdankte er bereits 1142, um die Zeit also, wo er aus einem Verbande von Armen- und Krankenpflegern ein dem Glaubenskampfe geweihter Ritterorden geworden war, den Besitz der Stadt Rafineh und der Herrschaft Mons Ferrandus, des heutigen Barin.[4]) Dort erstand in Cratum oder, wie die Franken es zu nennen pflegten, dem Kurdenschloß – heute Kalaat-el-Hösn – einer der wichtigsten Plätze für die Verteidigung jener nördlichen Landschaften. Den Orden zu kraftvoller Einsetzung seiner Mittel für die Deckung seiner Grafschaft zu vermögen war offenbar der Zweck, den Raimund II. von Tripolis bei jener Schenkung verfolgte. Wie der Orden die auf ihn gesetzten Erwartungen erfüllt und welche Opfer er dazu gebracht hat, läßt ein Breve Alexanders IV. vom Jahr 1254 erkennen, worin ihm für alle Güter in dem Gebiet des Kurdenschlosses der bisher darauf lastende kirchliche Zehnte erlassen wurde mit Rücksicht auf die Lasten, die er dort im allgemeinen Interesse auf sich genommen habe, und zugleich als Entgelt dafür, daß er sich verpflichtete, im Kurdenschloß allezeit eine Besatzung von 60 Rittern zu halten.[5]) Ähnliche Pflichten und Rechte hatte der Orden ferner in dem Gebiete der festen Plätze Arkas und Gibl-el-Akra, südlich von der Mündung des Orontes, wo er eigentlich als Landesherr an die Stelle des Grafen von Tripolis trat. Eine Zeitlang unterstand sogar Emesa, das heutige Höms, im Altertum Kamela, seiner Hoheit.[6]

Am glänzendsten aber entwickelte sich die Stellung des Ordens

---

[1]) *Cartulaire*, Nr. 2748 (II, S. 787).

[2]) Ebd. Nr. 2936 (II, S. 882).

[3]) Vgl. die hierher gehörigen Erlasse P. Alexanders IV. vom 11. April und des Erzbischofs von Tyrus vom Juni 1255, *Revue de l'Orient Latin III*, S. 91, Nr. 289, 290 und 291.

[4]) *Cartulaire*, Nr. 144 (I, S. 116).

[5]) Vgl. Prutz, Kulturgeschichte der Kreuzzüge, S. 247.

[6]) Ebd. S. 247/48.

im Fürstentum Antiochien, wo er eine Art von Ordensstaat errichtete. Als ihm nämlich 1167 das Gebiet von Apamea überlassen und damit die Grenzhut gegen Osten übertragen wurde, erhielt er gleichzeitig auch das Recht über Krieg und Frieden den Mohammedanern gegenüber, wurde also militärisch und politisch selbständig und dem Landesherrn in gewisser Hinsicht sogar übergeordnet. Denn während Stillstände und Friedensschlüsse, die der Fürst von Antiochien mit den Ungläubigen einging, ihn nicht banden, waren Abmachungen derart, die er mit jenen traf, für diesen maßgebend, was von einer Mediatisierung der antiochenischen Fürsten nicht allzu verschieden war.[1]) Daher verfolgt der Orden denn auch bald den Gedanken, das Zentrum seiner gesamten Stellung im Morgenlande in diesen nördlichen Teil der christlichen Herrschaft zu verlegen. Nachdem er bereits 1174 in der Gegend von Margat und Valenia einzelne Güter erworben hatte, ließ er sich 1186 unter Zustimmung Boemunds von Antiochien von Bertrand, dem Herrn von Margat, der die zur Behauptung der wichtigen Position nötigen Mittel nicht mehr aufbringen zu können bekannte,[2]) gegen eine Rente von 2000 Byzantiern jährlich, d. i. 19000 Francs Metall- und 152000 Francs Effektivwert,[3]) seine Burg Margat nebst der benachbarten Stadt Valenia mit allem Zubehör abtreten. Dadurch erwarb er ein umfängliches, in sich geschlossenes Territorium. Wie in Apamea wurde seine Unabhängigkeit von dem Fürsten von Antiochien dadurch zum Ausdruck gebracht, daß er demselben von der Beute, die er den Ungläubigen abnahm, das sonst übliche Pflichtteil nicht abzugeben brauchte und die von ihm geschlossenen Verträge den Fürsten verpflichteten, er aber an die von jenem eingegangenen nicht gebunden war. Der Fürst sollte hinfort gehalten sein, bei Verhandlungen mit den Ungläubigen den Rat des Ordens einzuholen, mit seiner auswärtigen Politik also der Aufsicht des Ordens unterstehen. Der Vertrag bezeugt die weitblickende und vorsorgliche Politik der damaligen Leiter des Ordens. Sie scheinen bereits die Unmöglichkeit erkannt zu haben, die christliche Herrschaft in der bisherigen Gestalt zu erhalten, und darauf bedacht gewesen zu sein, ihre Genossenschaft dem drohenden Unheil nach Möglichkeit zu entziehen. Tatsächlich brach denn auch das christliche Königreich bereits im Jahre 1187 kläglich zusammen: Jerusalem fiel in die Gewalt Saladins, um nie unter die christliche

---

[1]) Prutz, Kulturgeschichte der Kreuzzüge, S. 248.

[2]) Dies wird ausgesprochen in der Bestätigung durch Honorius III. vom 30. Juni 1186, *Jaffé RP*², Nr. 15640.

[3]) Vgl. den Vertrag vom 3. März 1266, *Cartulaire*, Nr. 3213 (III, S. 136).

Herrschaft zurückzukehren. Für den Hospitaliterorden ging damit sein Haupthaus sowie ein großer Teil seiner Besitzungen verloren. Zu seinem Sitze wurde Margat gemacht: dort schlug der Hochmeister seine Residenz auf, nachdem es in großartiger Weise zu einem Fürstensitz und einem gewaltigen Waffenplatz ausgebaut war. Auf einem hochragenden Ausläufer des die Küste in einiger Entfernung begleitenden Gebirgszuges, der nur von einer Seite zugänglich war, wurde unter geschickter Benutzung der örtlichen Verhältnisse die Burg der Herren von Margat zu einer für uneinnehmbar geltenden Festung erweitert. Ihre Mauern umfaßten einen Raum, der groß genug war, um die Bevölkerung der Umgegend vor den plötzlich hereinbrechenden Ungläubigen zu bergen. Die Stärke der sich unmittelbar über dem jähen Absturz der Felsen erhebenden Werke und die Höhe der Türme und der die Umwallung krönenden Zinnen lassen vermuten, der Bau habe einen ganz außerordentlichen Kostenaufwand erfordert, und geben so Zeugnis von den reichen Mitteln, die dem Orden zur Verfügung standen. Ein norddeutscher Reisender, der spätere Hildesheimer Domherr und Bischof von Utrecht, Wilbrand von Oldenburg, (gest. am 12. Juli 1233), der 1211 im Auftrage des deutschen Königs Otto IV. jene Gegenden bereiste, um ihre militärischen Hilfsquellen und ihre Verteidigungsfähigkeit kennenzulernen, spricht mit Bewunderung von dem Riesenbau Margats: Seine Pfeiler und Türme scheinen ihm bestimmt das Himmelsgewölbe zu tragen. Er fand dort eine ständige Besatzung von 1000 Mann und erwähnt, daß zu den nächtlichen Ronden auf den Wehrgängen regelmäßig 28 Wächter unter dem Befehl von 4 Ordensbrüdern verwendet werden müßten. In den Gewölben aber sollten Vorräte für fünf Jahre aufgehäuft sein. Wie sehr diese Riesenfeste auch den Mohammedanern imponierte, läßt ein Wort erkennen, das man dem Sultan von Hamah zuschrieb, der Teufel habe seine Lust an der Aufführung dieses Baues gehabt, zu dessen Mauern nur Adler und Gier sich emporschwingen könnten. Infolge der landesherrlichen Rechte des Ordens über das benachbarte Gebiet bedurfte der Bischof von Valenia der Bestätigung durch den Hochmeister, dessen Autorität erst nach längerem Sträuben 1215 kirchlicherseits anerkannt wurde. Übrigens scheint dieser Festungsbau, zu dem die mächtigen Quadern von weit her herbeigeholt und auf die nur von Süden über einen schmalen Gang zugängliche Höhe geschafft werden mußten, die Mittel des Ordens auf einige Zeit erschöpft zu haben. Denn gerade um die Zeit, wo er seiner Vollendung entgegengegangen sein muß, wird über finanzielle Bedrängnisse und Verschuldung des Ordens geklagt, die allerdings noch mit anderen Notständen in Verbindung gebracht werden. Im Jahr 1202 nämlich wendet sich der Orden um Hilfe in seinen finanziellen Verlegenheiten nach England, motiviert das allerdings mit der massenhaften Einwanderung Neubekehrter aus dem von einer Hungersnot heimgesuchten Ägypten, die auch in dem christlichen Gebiet einen Notstand erzeugt habe.[1]) Immerhin ist es bemerkenswert, daß er gerade etwa anderthalb Jahrzehnte nach Beginn des Ausbaus von Margat in Schwierigkeiten geriet, welche ihm die Übung der Armenpflege momentan gesteigerten Ansprüchen gegenüber ohne besondere Beihilfe unmöglich machten. Nahezu ein Jahrhundert ist Margat das Haupthaus der Hospitaliter geblieben: Seine Eroberung durch Sultan Kelaun, der die Belagerungsgeräte, in Stücke zerlegt, auf die Höhe schaffen und das Hauptwerk im Süden durch seine Sappeure unterminieren ließ, so daß die Besatzung am 25. Mai 1275 kapitulieren mußte, versetzte nicht bloß dem werdenden Ordensstaat im Antiochenischen den Todesstoß, sondern war ein sicheres Anzeichen auch für den nahen Zusammenbruch der dürftigen Reste der christlichen Herrschaft im Osten.[2])

Doch hatte der Orden bei der Ausbildung seiner dortigen Stellung von anderer Seite auch erbitterten Widerstand erfahren. Insbesondere hatte Boemund VI., Fürst von Antiochien und Graf von Tripolis (1251–75), die Schranken zu durchbrechen versucht, die seine Vorgänger durch ihre Verträge mit dem Orden ihrer landesherrlichen Autorität gesetzt hatten. Er zog die Ordensgüter im Fürstentum ein und nahm sie in Sequester. Doch fand der Orden von seiten der Kurie Unterstützung: Sie ging gegen Boemund und seine Anhänger mit den schärfsten Strafmandaten vor. So mußte dieser schließlich nachgeben, und es kam 1259 zu einem Vergleiche,[3]) welcher den Orden in alle seine Güter und Rechte wieder einsetzte, einige vorläufig noch unbeglichene Streitfragen aber einem Schiedsgericht überwies. Erst nachdem dieses 1262 seinen Spruch gefällt hatte, wurde der Friede endgültig hergestellt.

Den Teil seines Besitzes im heiligen Lande, der nicht eine besondere militärische oder politische Bedeutung hatte, verwaltete und verwertete der Orden nach Art eines Großgrundbesitzers durch seine Beamten. Die darüber vorliegenden Einzelheiten lassen auch da seine Umsicht und Sorgsamkeit erkennen, offenbaren aber auch das immer

---

[1]) Röhricht, Geschichte des Königreichs Jerusalem, S. 684.

[2]) Zur Geschichte Margats vgl. die Urkunden *Revue de l'Orient Latin II,* S. 48 (Nr. 23, S. 75), Nr. 98, und III, S. 101 (Nr. 343).

[3]) *Cartulaire,* Nr. 2919 (II, S. 86).

stärkere Aufkommen spekulativen kaufmännischen Geistes. Wie im Abendlande hatte in jeder Komturei der Vorsteher des betreffenden Ordenshauses die Aufsicht über die Bewirtschaftung der zugehörigen Ordensgüter und lieferte deren Ertrag unter Verrechnung dessen, was er zu seinem, der ihm unterstellten Ordensbrüder und Ordensleute Bedarf verbraucht hatte, an den Vorsteher seiner Ordensprovinz ab. Soweit diese Ordensgüter nicht ausgetan, verpachtet oder vererbpachtet waren, sondern zur Deckung der Bedürfnisse des Ordens von ihm selbst ausgenutzt wurden, bewirtschafteten sie ihm affilierte Arbeitsbrüder und ländliche Arbeiter. Den ausgetanen Casalien standen Pächter vor, die vermutlich gewöhnlich aus der großen Zahl der dienenden Brüder genommen wurden, zuweilen aber wohl auch außer Verbindung mit dem Orden standen.[1]) Doch kommen auch Eingeborene, selbst Mohammedaner als Pächter und Verwalter von Ordensgütern vor. Eine Zubehör derselben bildeten die Beduinen, die in den Weidedistrikten an der Grenze schweifend gelegentlich zelt- und stammweise dem Orden durch die Könige zu eigen gegeben wurden, ohne dies aber für dem König gehörig galten.

Weniger gut unterrichtet sind wir in allen diesen Hinsichten über den Orden der Templer. Während bei dem Übergang seiner Güter an das Hospital auch das betreffende Urkundenmaterial an dieses hätte kommen müssen, ist namentlich in der Zeit von der Beschlagnahme bis zur endgültigen Ordnung der Angelegenheit ein beträchtlicher Teil davon verloren gegangen, indem, wie namentlich in Frankreich, die Landesherren, anderwärts benachbarte geistliche oder weltliche Große oder auch rasch zugreifende adelige Herren und nicht selten die mit der vorläufigen Verwaltung der beschlagnahmten Güter betrauten Beamten, oder auch bisherige Templer sich der Liegenschaften bemächtigten und die darauf bezüglichen Besitztitel überseitebrachten. Infolgedessen ist auch von dem Urkundenmaterial, das in den Templerhäusern vorhanden gewesen sein muß, nur ein kleiner Teil an die Hospitaliter und dann auf uns gekommen. Doch dürfte namentlich in Spanien und in Portugal[2]) noch mancher Schatz zu heben und die Möglichkeit zu gewinnen sein, von dem Besitzstande einzelner Templerhäuser sowie von der Verwaltung der dazu gehörigen Güter eine mehr ins Einzelne gehende Vorstellung zu erlangen. Doch wird man schon im Hinblick auf die Gleichartigkeit der bedingenden Verhältnisse annehmen dürfen,

[1]) Delaville Le Roulx, *Les Hospitaliers en Terre Sainte,* S. 302.

[2]) Vgl. die Nachweisungen von Delaville Le Roulx in der Einleitung zu dem *Cartulaire,* Bd. I.

daß diese Dinge bei den Templern ebenso geordnet waren wie bei den Hospitalitern. Nach dem Urteil der Zeitgenossen aber waltete bei den Templern ein gewisser weltlicher Zug vor, gegen den die Armen- und Krankenpflege mehr zurücktrat als bei den Hospitalitern. Dazu mag beigetragen haben, daß, während die Hospitaliter durch Errichtung dem Haupthause zu Jerusalem gleichsam in die Hände arbeitender Filialen zugleich mit der Leitung des Pilgerverkehrs auch dessen Nutzbarmachung für ihre Zwecke an sich gebracht hatten, die Templer früh namentlich den in den Kreuzzügen entwickelten internationalen Geldverkehr von sich abhängig zu machen wußten und durch ihren so begründeten Einfluß auf die großen finanziellen Verhältnisse eine internationale Macht wurden.

Daher scheinen auch ihre Besitzungen, so beträchtlich sie waren, für die Gesamtentwicklung ihres Ordens nie eine ähnliche Bedeutung erlangt zu haben, wie das bei den Hospitalitern der Fall war. Freilich haben wir von dem Besitz der Templer im Königreich Jerusalem aus den angeführten Gründen nur sehr unvollkommene Kenntnis. Offenbar aber stand dieser Orden sowohl in bezug auf den Umfang wie auch auf die territoriale Geschlossenheit seines Besitzes und militärische und politische Selbständigkeit hinter den Hospitalitern zurück, mag er das von jenen verfolgte Ziel auch seinerseits stets im Auge gehabt haben. Hier fielen wohl die zwei bis drei Jahrzehnte entscheidend ins Gewicht, welche die Stiftung Gerards älter war als die des Hugo de Payns: Diese konnte den Vorsprung jener nicht mehr wettmachen, zumal sie durch die Unabhängigkeit, die das Fehlen einer eigentlichen Ordensregel gewährte und Alexander III. bestätigte, bei geistlichen und weltlichen Großen Palästinas von Anfang an besonders mißliebig war. Hatte doch weder der Patriarch von Jerusalem die Autorität anerkannt gesehen, die ihm durch das Konzil zu Troyes über den Orden in Aussicht gestellt war,[1]) noch der König von Jerusalem diesen in der Weise für die christlichen Fürsten im Osten nutzbar machen können, wie das Balduin II. mit Hilfe des heiligen Bernhard zu erreichen gedacht hatte.[2]

Auch des Templerordens Besitz jenseits des Meeres[3]) schied sich in städtischen und ländlichen. Zu ersterem gehörten natürlich das Haupthaus zu Jerusalem, wo bis 1187 der Meister saß und der Ordensschatz und das Ordensarchiv bewahrt wurden. Der ihm im besondern

---

[1]) Vgl. oben S. 25.

[2]) Vgl. S. 28.

[3]) Vgl. Rey, *L'ordre du Temple en Syrie et à Chypre. Les Templiers en Terre Sainte* (Arci-sur-Aube 1888), aus der *Revue de Champagne et de Brie.*

vorgesetzte Komtur leitete die Ordensangelegenheiten im Morgenlande überhaupt. Große Ordenshäuser finden wir ferner in Antiochien, wo nach dem Verlust Jerusalems 1187 der Meister zunächst seinen Sitz nahm, und in Accon, wo der Meister sich 1191 niederließ. Letzteres einer Festung vergleichbar mit gewaltigen Zinnen und Türmen dicht am Meere gelegen, war 1291 der letzte, mit äußerster Hartnäckigkeit verteidigte Zufluchtsort der heldenmütigen Besatzung. Daneben besaß der Orden in den betreffenden Städten auch noch andere Baulichkeiten und Grundstücke, die er, soweit er sie nicht selbst benutzte, auf verschiedene Weise verwertete. Das gleiche war in Tyrus, Sidon, Beirut und Laodicea der Fall, wo auch Ordenshäuser vorhanden waren. Beträchtliche Niederlassungen entstanden auf Cypern, als der Orden 1191 diese Insel dem König Richard von England, der sich ihrer auf dem Wege nach dem heiligen Lande bemächtigt hatte, um die Summe von 100000 Goldbyzantiern abkaufte, d. h. dem Metallwert nach etwa 950000 Francs, die dem Kurswerte nach heutigentags etwa 8 Millionen Francs ausmachen würden. Hatte der Orden dabei vielleicht die Absicht, sich dort in völliger Unabhängigkeit einzurichten, so kam es dazu nicht infolge der Überlassung der Insel an Guido von Lusignan, den entthronten König von Jerusalem. Besondern Ruf aber gewann im dreizehnten Jahrhundert Athlit, von den Franken das Pilgerschloß (*Castellum peregrinorum*) genannt, wohin der Orden seinen Sitz verlegte, um den Reibungen zu entgehen, die sich zu Accon aus dem Zusammensein mit den Vertretern konkurrierender Gewalten ergaben. Andere sahen den wesentlichsten Vorteil dieser Maßregel darin, daß der Orden den Versuchungen entrückt wurde, die ihn in dem als Sitz wüster Sittenlosigkeit verrufenen Accon umgaben.[1]) An der flachen Küste zwischen Accon und Cäsarea gelegen auf einer in das Meer vorspringenden Felsenplatte und umgeben von einer wasserreichen und üppig fruchtbaren Ebene, wurde diese Festung 1218 unter dem Schutz eines im Lande weilenden Kreuzfahrerheeres im Bau begonnen und im Laufe der nächsten Jahre mit einem Aufwand vollendet, dessen man die Templer trotz ihres vielgerühmten Reichtums nicht für fähig gehalten zu haben scheint. Damit hängt die Sage zusammen, beim Ziehen der ersten Gräben für die nach Art eines großen befestigten Lagers angelegte Burg sei man auf einen ungeheuren Schatz von alten Münzen gestoßen, durch den Gott seine Söhne, die Templer, bei ihrem Werk unterstützt habe.[2]) Noch heute lassen die von dem leicht beweg-

[1]) *Matth. Paris II.*, S. 14.

[2]) *Oliver. Scholast*, S. 54.

lichen Sand teilweise überwehten Reste der Befestigungen die Größe und Stärke des Pilgerschlosses erkennen, in dessen weitem Umfange zahlreiche Baulichkeiten sich befanden, während die Umgegend alles reichlich hervorbrachte, was zum Unterhalt des Konvents, der Knappen und der Menge der Diener und Knechte nötig war. Es gab Fischteiche, Salinen, Wiesen, Gärten, Weinberge usw. Dort haben die Meister des Ordens bis 1291 ihren Sitz gehabt.

So hervorragenden Anteil auch dieser Orden an den Kämpfen gegen die Ungläubigen genommen, so großen Kriegsruhm er dabei gewonnen und so leidenschaftlichen Haß von seiten der Mohammedaner er sich zugezogen hat: Eine so selbständige Stellung, wie die Hospitaliter im Süden gegen Ägypten, im Osten gegen das Jordantal und im Norden in den Bergen des tripolitanischen und des antiochenischen Gebietes einnahmen,[1]) ist ihm nirgends beschieden gewesen. Wohl werden Anläufe dazu erkennbar, doch haben sie nicht zu dem gehofften Ergebnis geführt. Bereits 1152 wurde den Templern die Beschützung von Gaza und damit ein Anteil an der Grenzhut gegen Ägypten anvertraut. Ein gleiches geschah zur Sicherung des Landes nach Osten hin durch ihre Festsetzung in dem wichtigen Safed, welches, vorübergehend aufgegeben, von ihnen noch 1240 mit bedeutendem Aufwand neu befestigt, aber 1266 von Bibars erobert wurde. In den mittleren Landschaften finden wir den Orden später im Besitze von Sidon, das für ihn mehrfach der Gegenstand von Tauschgeschäften gewesen zu sein scheint, 1278 aber von Julian von Sidon zugleich mit Beirut endgültig an ihn überlassen wurde.[2]) Damals trat der genannte fränkische Große in den Orden ein; später aber wurde er ausgestoßen und ging zu den Hospitalitern über, um schließlich als Mönch in dem Prämonstratenserkloster St. Michael de Clusa auf einer Insel bei Beirut zu sterben.[3]) Am festesten scheint sich der Orden im Tripolitanischen eingenistet zu haben. Auf seine dortige Stellung werfen aus verschiedenen Zeiten herrührende, unter sich unverbundene urkundliche Notizen einiges Licht. Wenn nach einer Urkunde vom 7. März 1163 auf einer Zusammenkunft zu Tortosa[4]) der Templermeister die zwischen dem Orden und dem Bischof von Valenia schwebenden Streitigkeiten durch einen Vertrag gütlich beilegt, so war der Orden damals um die Erwerbung größerer Rechte in einer Gegend

[1]) Vgl. oben S. 51–55.

[2]) Röhricht, Geschichte des Königreichs Jerusalem, S. 968 und 978.

[3]) Michelet, *Procès des Templiers II*, S. 647.

[4]) Delaville Le Roulx, *Les archives etc. de Malta*, S. 112, 13.

bemüht, in der späterhin die Hospitaliter von Margat aus eine von Landesherrschaft nur wenig verschiedene Autorität besaßen, Daß er sich dort noch längere Zeit behauptete[1]) und neben den Hospitalitern und dem Fürsten von Tripolis eine Rolle spielte, beweist, daß Meister Thomas Berard im Oktober 1252 einer Anzahl von fränkischen Großen jener Gegend freies Geleit und sichere Unterkunft in dem Ordenshause zu Tripolis gewährt, wenn sie nach Tripolis gehen, um zwischen ihnen und dem Fürsten oder dessen Leuten schwebende Streitigkeiten zum Austrag zu bringen.[2]) Diese Geleitserteilung fällt in die Zeit des erbitterten Streites zwischen dem Hospitaliterorden und Fürst Boemund VI. von Tripolis. Ob man darin eine Parteinahme gegen den einen oder den andern zu sehen hat, muß dahingestellt bleiben. Doch scheint gerade in diesem nördlichen Teil des christlichen Gebietes, wo sich beiden Orden günstige Aussichten boten, auch die Konkurrenz zwischen ihnen besonders scharf gewesen zu sein und wiederholt zu langjährigen erbitterten Händeln geführt zu haben. Bereits im Jahr 1179, zu einer Zeit, wo die Hospitaliter noch nicht Herren Margats und Valenias waren, hören wir von einem feierlichen Friedensschluß, den die Meister Odo von St. Amand und Roger des Moulins am 2. August zu Segni unter Vermittelung Papst Alexanders III. vollzogen, auf Grund eines offenbar nach langen Verhandlungen im Februar desselben Jahres zustande gebrachten Vergleichs über eine ganze Reihe von Streitpunkten.[3]) Sein Wortlaut[4]) deutet darauf hin, daß er bösen Händeln ein Ziel setzte, die sich bis zu gewaffneten Zusammenstößen gesteigert hatten. Denn es werden darin auch Raubzüge erwähnt, die von dem einen Teil gegen dem andern gehörige oder tributpflichtige Beduinenstämme unternommen waren. Ferner wird darin bestimmt, im Fall von Besitzstreitigkeiten sollten hinfort zunächst die Präzeptoren der betreffenden Provinzen beider Orden unter Beirat der verständigsten von ihren Brüdern als Schiedsgericht zusammentreten. Wird so eine Einigung nicht erreicht, so sollen beide Teile ihnen befreundete Männer ernennen und diese entscheiden. Fügen sich die Streitenden auch ihnen nicht, so soll die Sache an die Ordensmeister gebracht werden, damit diese mit Gottes Hilfe eine Verständigung herbeiführen. Die gehoffte Wirkung

---

[1]) Besitzungen des Ordens in Valenia s. *Revue de l'Orient Latin III*, S. 67 u. 68 (Nr. 46 u. 52).

[2]) Prutz, Malteser Urkunden, S. 58, Nr. 242; vgl. Delaville Le Roulx, a.a.O., S. 39 u. 181 ff.

[3]*Cartulaire*, Nr. 558 (I, S. 378). Vgl. Röhricht, a.a.O., S. 382.

[4]Ebd. Nr. 570 (I, S. 387).

jedoch hat dieser Friedensschluß nicht gehabt. Denn es lag in der Natur der Dinge, daß zwei so gleichartige, von dem gleichen Machtstreben erfüllte und zu dessen Befriedigung auf die gleichen Mittel angewiesene Genossenschaften einander immer von neuem als Nebenbuhlerinnen entgegentraten, und zwar um so heftiger, je mehr es sich im Laufe der Zeit als unmöglich herausstellte, die christliche Herrschaft im Osten in der bisherigen Weise wirksam zu schützen. Deren Zukunft schien von der Leistungsfähigkeit der Orden abzuhängen, und diese mochten sich als die künftigen Erben der fränkischen Fürsten und Großen betrachten. Daher haben sie, wie im einzelnen wieder für die Hospitaliter nachweisbar ist, seit der Mitte des 13. Jahrhunderts ihre reichen Geldmittel vornehmlich dazu angewandt, den Landbesitz fränkischer Edelleute, die wegen der Aussichtslosigkeit der Lage im Osten in die Heimat ihres Geschlechts zurückzukehren vorzogen, käuflich oder durch Pachtverträge an sich zu bringen. So blieb denn das Verhältnis zwischen ihnen auch in der Folge gespannt, und es hat zu keiner Zeit an Streitigkeiten zwischen ihnen gefehlt. Wie darüber schon Innocenz III. zu klagen hatte,[1]) so hatten sich zwischen ihnen bis zum Jahre 1262 so viele Differenzen aufgehäuft, daß es eines neuen förmlichen Friedensschlusses bedurfte, um weitere Verwickelungen abzuwenden. Am 31. Mai des genannten Jahres wurde dieser zu Accon unterzeichnet. Neben anderen Güterkomplexen und Burgen betrifft er namentlich solche im Tripolitanischen, und zwar insbesondere wieder in der Gegend von Margat und Valenia.[2])

Das alles aber hat die Gunst nicht gemindert, deren die Orden wegen ihrer Unentbehrlichkeit[3]) für die Fortsetzung des Kampfes im Osten sich bei der Kurie erfreuten. Die überschwänglichen Lobeserhebungen, womit diese ihre Anfänge begleitet hatte, sind auch später trotz vereinzelt laut werdender Ausstellungen immer wiederholt worden, ohne daß man annehmen dürfte, der Grund dafür liege bloß in der herkömmlichen Benutzung älterer Vorlagen durch die päpstliche Kanzlei bei der Ausfertigung der sie betreffenden Erlasse. Die öffentliche Meinung freilich urteilte früh wesentlich anders. Selbst Geistliche fanden es bedenklich, daß eine Genossenschaft, deren vornehmstes Privileg es doch eigentlich war, Blut vergießen zu dürfen, von der Kir-

---

[1]) Vgl. Schirrmacher, Kaiser Friedrich II., III, S. 44.

[2]) *Cartulaire IV,* 11, 12, 13.

[3]) Gregor X. ermahnt 26. Februar 1231 Friedrich II. zur Rückgabe der konfiszierten Güter an beide Orden, *sine quibus Terra Sancta nequaquam credatur posse gubernari: Mon. Germ. hist. Epist. sel.* S. 428; vgl. 431, 439, 442, 450, 469, 474.

che so außerordentliche Förderung genieße.[1]) Eine noch anfechtbarere Seite in der Stellung der Orden berührten die, welche darauf hinwiesen, wie dieselben – es ist insbesondere von den Templern die Rede – die Schätze, welche ihnen ihre vielgepriesene Wohltätigkeit ermöglichten, zum guten Teile dadurch zusammenbrächten, daß sie die Kirchen ausraubten oder ihnen doch entzögen, was ihnen von Rechts wegen gebührte.[2])

Gegen das Ende des zwölften Jahrhunderts trat neben die Orden der Hospitaliter und der Templer als dritter der Orden der Deutschen Herren zu St. Marien.[3]) Im heiligen Lande selbst zu einer ähnlich hervorragenden Stellung zu kommen wie jene unter den damaligen Verhältnissen außerstande, sah er sich bald jenseits der Weichsel einen Schauplatz der Tätigkeit eröffnet, auf dem er die Prinzipien und die Formen des geistlichen Rittertums mit einer Konsequenz und einem Erfolge ausgestalten konnte, wie es keiner von jenen vermocht hatte, und zum Schöpfer eines blühenden Staatswesens wurde. Von den beiden älteren unterschied sich der Deutsche Orden von Anfang an durch seinen ausgesprochen nationalen Charakter, der ihn in einen seiner Einbürgerung im heiligen Lande hinderlichen Gegensatz zu dem internationalen Zuge brachte, welcher jenen beiden eigen blieb. Im übrigen bieten seine Anfänge ein Seitenstück zu denen des Hospitals. Bereits im Anfang des zwölften Jahrhunderts, jedenfalls noch zur Zeit des 1118 gestorbenen Königs Balduin I., errichtete ein Deutscher, der sich mit seiner Frau in der heiligen Stadt niedergelassen hatte, dort ein Haus zur Aufnahme deutscher Pilger und ihrer Pflege im Fall von Krankheit. Mit Erlaubnis des Patriarchen führte er daneben eine Kapelle auf. Infolge des starken Zustroms, der auch immer mehr deutsche Pilger nach Jerusalem führte, erlangte die Stiftung bald größere Bedeutung und wurde durch Schenkungen allmählich wohlhabender. Doch galt sie immer nur für eine Dependenz des Johanneshospitals, bestimmt, deutschen Wallfahrern durch deutsche dienende Brüder Hilfe zu gewähren. Auf einen Versuch, die Anstalt aus dieser Abhängigkeit zu lösen, möchte man aus einem Erlasse Papst Cölestins II. (1143–44) vom 9. Dezember 1143 schließen, worin ihre Unterordnung unter den Meister des Hospitals als zu Recht bestehend anerkannt und diesem die Befugnis zugesprochen wurde, den dem Hause vorstehenden Prior zu ernennen.[4]) Dies Verhältnis hat noch Papst

[1]) Johan. Saresber. *Opera ed. Giles IV,* S. 171.

[2]) Ebd. S. 176.

[3]) Vgl. Prutz, Kulturgeschichte der Kreuzzüge, S. 255 ff.

[4]) *Cartulaire,* Nr. 154 (I, S. 123).

Hadrian IV. bestätigt, obgleich die engere Verbindung, welche der zweite Kreuzzug auch zwischen Deutschland und dem christlichen Staat im Osten begründete, nicht bloß den Ruf des deutschen Hospitals weiter verbreitet, sondern auch seinen Wirkungskreis erweitert haben dürfte. Ersteres bezeugt der wachsende Zufluß an Schenkungen von Geld, Ländereien und nutzbaren Rechten, die ihm zuteil wurden. Auch haben es seine Vorsteher offenbar verstanden, mit ihrem Pfunde zu wuchern, wie Hospitaliter und Templer das seit lange im großen Stil taten. So konnte bereits im Jahr 1165 die Kirche des in der „Gasse der Deutschen" gelegenen Hospitals neu aufgeführt, d. h. doch wohl die ursprüngliche bescheidene Kapelle durch einen Neubau ersetzt werden. Die Katastrophe von 1187 bereitete alledem ein jähes Ende: Mit seinem Hause und seiner Kirche in Jerusalem verlor das deutsche Hospital sicherlich auch, was es an Liegenschaften in der Umgegend erworben hatte. Es hörte tatsächlich auf zu existieren, mögen auch einige der bisher in ihm wirkenden dienenden Brüder den übernommenen Pflichten unter den neuen Verhältnissen anderwärts nachzukommen bemüht gewesen sein. Reiche Gelegenheit dazu bot während des dritten Kreuzzugs, nachdem die Hoffnung, den deutschen Herrscher Friedrich I. selbst, welcher der Stiftung schon manche Gunst erwiesen hatte, als den gefeierten Heerführer der abendländischen Christenheit im Lande erscheinen zu sehen, vereitelt worden war, die Belagerung von Accon, an der auch die dem Unternehmen treu gebliebenen Deutschen teilnahmen. Ihre Kranken und Verwundeten fanden in den Lazaretten der Hospitaliter und Templer nicht genügende Pflege. Das wird mit der Schärfe der nationalen Gegensätze in Verbindung zu bringen sein, die das Zusammenwirken der vor Accon vereinigten abendländischen Fürsten und Heere hinderte. Deshalb errichteten Kaufleute aus Lübeck und Bremen unter den ausgespannten Segeln ihrer Koggen Lagerstätten für die leidenden deutschen Kreuzfahrer, deren Pflege dienende Brüder des ehemaligen deutschen Hospitals übernahmen. Damit wurde nicht nur einem augenblicklichen Bedürfnis abgeholfen, vielmehr kam diesem Feldlazarett alsbald auch die hohe Geltung zugute, die unter dem Eindruck der sich gewaltig entfaltenden Herrschergröße Heinrichs VI. der deutsche Name damals in der christlichen Welt gewann. Wenn man von dieser bald auch eine Besserung der Verhältnisse im Osten hoffte, so schien zu erwarten, es werde daran dem deutschen Volke ein beträchtlicher Anteil zufallen und dieses hinfort auch jenseits des Meeres eine hervorragende Stellung einnehmen. Solchen Erwartungen entsprach es, wenn das deutsche Feldlazarett von Accon nach dem Fall der Stadt, die nun das Zentrum des christlichen Besitzes in Palästina wurde, in deren Mauern zu einer dauernd zu erhaltenden Stiftung umgebildet wurde, nachdem der Titularkönig von Jerusalem, Guido von Lusignan, ein dazu geeignetes Grundstück angewiesen hatte. Besonders verdient darum machte sich Herzog Friedrich von Schwaben. Auf seine Empfehlung erwirkte sein kaiserlicher Bruder bei Clemens III. die päpstliche Bestätigung. Sein Kaplan Konrad und sein Kämmerer Burkhard übernahmen die Leitung des Hospitals, in dessen Kirche Friedrich selbst seinem Wunsche gemäß bald danach beigesetzt wurde.

Die nächsten Jahre erhoben die Macht des staufischen Kaisertums und damit die des mittelalterlichen Deutschland auf ihren Höhestand. Als Herr des normannischen Reiches in Unteritalien und Sizilien war Heinrich VI., nachdem er die Opposition der deutschen Fürsten gebrochen, England gedemütigt und die Kurie durch Annahme des Kreuzes entwaffnet hatte, auf dem Wege, das Ideal der kaiserlichen Weltherrschaft zu verwirklichen, indem er das durch seines großen Vaters jähes Ende gescheiterte Unternehmen im Osten planmäßiger und einheitlicher wieder aufnahm, um mit der Befreiung Jerusalems und der Sicherung der christlichen Herrschaft im heiligen Lande die deutsche Vorherrschaft auch jenseits des Meeres zur Anerkennung zu bringen. Den ersten Schritt dazu bezeichnete die Entsendung eines deutschen Kreuzfahrerheeres unter Erzbischof Konrad von Mainz aus dem Wittelsbacher Hause, das 1197 in Accon landete. Aber der Tod des Kaisers im September desselben Jahres vereitelte all diese Hoffnungen, in deren Dienst die Heinrich vorangezogenen Fürsten das deutsche Hospital in Accon in einen geistlichen Ritterorden verwandelt hatten. Die neue Stiftung lehnte sich gleichmäßig an das Vorbild der Hospitaliter wie der Templer an, indem ihre Genossen die Verpflichtung der Armen- und Krankenpflege in der durch die Verhältnisse gebotenen nationalen Beschränkung mit der zum Kampfe gegen die Ungläubigen vereinigten und demgemäß auch die Regel, nach der sie lebten, die Satzungen der Hospitaliter mit dem Brauche der Templer verband. Man wird kaum zweifeln dürfen, daß dieser Orden der Deutschen Herren zu St. Marien, wurzelnd in der damals, wie es schien, zur Weltherrschaft berufenen Nation und dem bewährten Muster der beiden älteren Orden nachgebildet, nach der Meinung seiner Stifter dazu bestimmt war, in der ferneren Entwickelung des Gemeindebesitzes der abendländischen Christenheit im Osten eine hervorragende Rolle zu spielen. Man wird gemeint haben – um einigermaßen entsprechende moderne Verhältnisse zum Vergleich heranzuziehen –, in ihm gewissermaßen eine Kolonialtruppe geschaffen zu haben, berufen, die Vorherrschaft Deutschlands im Morgenland nicht bloß militärisch und politisch, sondern auch in wirtschaftlicher Hinsicht begründen zu helfen. Diesen Beruf zu erfüllen ist dem Deutschen Orden infolge des Umschlages, den Heinrichs VI. Tod in Deutschland herbeiführte, nicht beschieden gewesen. Insbesondere blieb ihm versagt, auf dem Schauplatz, auf dem er zunächst hätte tätig sein sollen, in größerem Maßstabe zu wirken. Von Innocenz III. bestätigt, streifte er zwar die Abhängigkeit ab, in der ihn die Hospitaliter auf Grund ihres alten Aufsichtsrechtes über das deutsche Hospital in Jerusalem zu halten versuchten, und behauptete seine Selbständigkeit auch gegen spätere Anfechtungen von dieser Seite, die ihm sogar das Recht zum Tragen des weißen Mantels mit dem schwarzen Kreuz streitig machte, weil der weiße Mantel ein heiliges Vorrecht der Ritter vom Hospital sei. Das wurde freilich von Honorius III. als eine „lächerliche Forderung" zurückgewiesen. Der Gunst desselben Papstes verdankte der Orden die Einräumung aller Rechte und Freiheiten, welche die beiden älteren Orden bisher von der Kirche erhalten hatten, so daß er ihnen mit einem Schlage in jeder Hinsicht gleichgestellt wurde. Dennoch lenkte er unter dem Einfluß seines ausgesprochen nationalen Charakters insofern in eine wesentlich andere Bahn, als jene bisher verfolgt hatten, als er treu zu Kaiser und Reich stand und sich von der römischen Kurie nicht gegen diese gebrauchen ließ. Das fand besonders starken Ausdruck in der Stellung, die sein dritter Meister, Hermann von Salza, als vertrauter Ratgeber Kaiser Friedrichs II. einnahm: In ihr hat er auf die kaiserliche Politik wie auf die der römischen Kurie mehr als einmal entscheidenden Einfluß geübt. War das auch zunächst den hervorragenden Eigenschaften des Ordensmeisters zuzuschreiben, so erhielt doch dessen Rat erhöhte Bedeutung durch die hinter ihm stehende Genossenschaft, der dann wiederum die von ihrem Leiter gewonnene Stellung zugute kam. Daß der Orden übrigens infolge seiner kaisertreuen Haltung gelegentlich die Feindschaft der Kirche zu erfahren hatte, lehrt das Vorgehen Gregors IX. zur Zeit seines Konfliktes mit Friedrich II. Am 27. August 1229 wies dieser den Patriarchen von Jerusalem, Giraud von Lausanne, an, die Jurisdiktion der Hospitaliter über den Deutschen Orden gemäß dem Erlasse Cölestins II. vom 9. Dezember 1143[1]) zur Anerkennung zu bringen,[2]) versuchte also auf Grund der Unterordnung des alten deutschen Hospitals unter den Hospitalitermeister den Deutschen Orden von diesem abhängig zu machen. Es sollte wohl dem

[1]) Vgl. oben S. 62.

[2]) *Cartulaire,* Nr. 1914 (II, S. 398).

Orden das Eintreten für die kaiserliche Sache unmöglich gemacht werden. Der dadurch angeregte Streit hat sich augenscheinlich längere Zeit hingezogen. Noch im Jahr 1241 (23. März) befahl Gregor IX. dem Deutschen Orden zu Accon, sich dem Hospitalitermeister zu unterwerfen, und forderte ihn auf, vor ihm zu erscheinen, um durch seinen Prokurator das Verbot der selbständigen Ernennung seines Priors entgegenzunehmen und sich unter Vorlegung der seine Ansprüche angeblich begründenden Urkunden zu verantworten.[1]) Es ist bemerkenswert, daß dieses Vorgehen der Kurie gegen den Orden gerade in die Zeit fällt, wo der Kampf des greisen Papstes mit dem Kaiser mit der größten Heftigkeit entbrannt war.

An den Kämpfen gegen die Ungläubigen hat auch der Deutsche Orden ruhmreichen Anteil genommen. Besondere Auszeichnung gewann er namentlich in dem großen, nach anfänglichen Erfolgen so kläglich ausgehenden ägyptischen Kriege von 1217–19. Inmitten des Elends, das in den ungesunden Niederungen des Nillandes über die Kreuzfahrer hereinbrach, erwarb er sich zudem weithin bewundernde Anerkennung durch seine Leistungen in der Krankenpflege. Sie fand ihren Ausdruck in Zuwendungen aller Art, die ihm von Fürsten und Großen gemacht wurden, welche durch seine Hilfe dem drohenden Verhängnis entgangen waren oder die Rettung ihrer Leute seiner Barmherzigkeit verdankten. Damals schenkte ihm Herzog Leopold von Österreich die für jene Zeit beträchtliche Summe von 6000 Mark Silber zum Ankauf eines zur Aufführung einer Ordensburg geeigneten Territoriums. Wie reiche Mittel ihm damals zuströmten, lassen die Landerwerbungen erkennen, durch die er in der nächsten Zeit seinen Besitz in Palästina vermehrte. Seit 1220 geschah das namentlich in den Bergen östlich und nordöstlich von Accon: Dort begann 1229 Hermann von Salza den Bau des Haupthauses Starkenberg oder Montfort. Ähnlich wie bei der Errichtung von Margat[2]) den Hospitalitern, erwuchsen aus diesem Bau den Deutschen Herren unvermutet große Kosten, welche die augenblicklich verfügbaren Mittel weit überstiegen. Galt es doch auch hier die zum Bau nötigen Materialien von weit her – Accon und die Küste sind gute drei Stunden entfernt – herbeizuführen und die Höhe hinaufzuschaffen, welche die Burg tragen sollte. Infolgedessen richtete Papst Gregor IX. an die Christenheit die Aufforderung, den Orden der „neuen Maccabäer" durch Geldspenden zu unterstützen.

---

[1]) *Cartulaire*, Nr. 2270 (II, S. 587), vgl. ebd. Nr. 2247 u. Strehlke, *Tab. Ord. Theut.* Nr. 354.

[2]) Siehe oben S. 55.

Von den Schicksalen der damals aufgeführten Burg haben wir keine nähere Kunde. Bis zum Jahr 1271, also etwa vier Jahrzehnte, hat dort oben auf der Höhe des heutigen Kalaat-Karn der Ordensmeister oder sein Stellvertreter seinen Sitz gehabt und sind dort der Ordensschatz und das Ordensarchiv aufbewahrt gewesen. Dann ist auch Starkenberg dem Ansturm des Sultans Bibars erlegen: Als sein Angriff drohte, räumten die Deutschen Herren die Burg, die zu behaupten keine Aussicht war, und sie wurde zerstört. Die stattlichen Reste davon, die sich bis in neuere Zeit erhalten hatten, ließen erkennen, daß ihre Erbauer noch nicht von den Gesichtspunkten geleitet wurden, welche für die fränkische Befestigungskunst im Morgenlande maßgebend waren, sondern noch durchaus beeinflußt wurden von den Erinnerungen an die deutschen und zwar namentlich die rheinischen Burgen. Doch haben sie sich bereits die doppelte Verteidigungslinie zu eigen gemacht, welche die Franken den im Lande vorgefundenen arabischen Vorbildern entlehnten. Von dem Innern Starkenbergs gab ein unter den Ruinen aufrecht stehender Pfeiler, der sich bis in unsere Tage erhalten hatte, wenigstens einigermaßen eine Vorstellung. Sein schlanker Schaft, aus dem die Gurten des einst von ihm getragenen Spitzbogengewölbes sich wie die Blätter einer Palme lösten, ließ vermuten, daß das morgendländische Haupthaus des Deutschen Ordens bereits in einem ähnlichen Stil aufgeführt gewesen sein müsse, wie nachmals seine vielbewunderte preußische Residenz Marienburg auf der Höhe über der Nogat. Außer in der Nachbarschaft von Starkenberg erwarb der Orden größere Güterkomplexe auch in der Gegend von Toron, dem heutigen Tibnin, das anfänglich der Mittelpunkt seine Besitzungen gewesen zu sein scheint. Auch südlich davon, in der heute esch-Schuf genannten Landschaft zwischen dem oberen Lauf des Leontes (heute Litani) und der Küste finden wir ihn um die Mitte des dreizehnten Jahrhunderts im Besitze umfänglicher Ländereien.

Die Art, wie er diesen Besitz verwertete, war im wesentlichen dieselbe wie bei den Hospitalitern und Templern. Nur einen kleinen Teil benutzte er unmittelbar für sich, um durch den Naturalertrag die Bedürfnisse der Ordenshäuser zu decken, den größeren tat er aus, zuweilen an Genossenschaften eingeborener Bauern unter einem Vorsteher oder Reis. Während diese in dem einen Falle ihm als Grundherrn den Zehnten nur von den Feldfrüchten zu entrichten hatten, bezog sich diese Verpflichtung anderwärts auf den gesamten Ertrag. Unter Umständen war den Bauern erlaubt, einen Teil der Ernte zur Aussaat zurückzubehalten. Besondere Abgaben wurden gelegentlich von den Bäumen, namentlich den Fruchtbäumen, entrichtet. Desgleichen waren auch die Gärten mit einer höheren Abgabe belastet. In allen diesen Dingen hat sich der Deutsche Orden dem Brauche angepaßt, den er bei Hospitalitern und Templern vorfand, und was uns da aus dem bei ihm üblichen Wirtschaftssystem an neuen Einzelheiten bekannt wird, wird man demnach wohl ohne weiteres zur Ergänzung auch des Bildes verwenden dürfen, das wir uns in dieser Hinsicht von den beiden anderen Orden zu machen haben. Jedenfalls bestätigen diese Angaben die Beobachtung, daß im Gegensatz zu der Raubwirtschaft der im Osten heimisch gewordenen Kreuzfahrer diese Genossenschaften allezeit darauf bedacht waren, ihren reichen Landbesitz in gutem Kulturzustand zu erhalten: sie versuchten nicht, ihm mehr abzugewinnen, als die Natur des Landes und die sonst für den Ackerbau maßgebenden Verhältnisse erlaubten. Die Schule, welche der Deutsche Orden jenseits des Meeres durchgemacht hat, ist ihm bei der Lösung der großen kolonisatorischen Aufgabe, vor die er sich jenseits der Weichsel gestellt sah, zugute gekommen, indem er das dort bewährte wirtschaftliche System den Verhältnissen Preußens anpaßte.

Diese Übertragung war um so berechtigter, als der Kampf gegen die heidnischen Preußen, welchen die Deutschen Herren auf Einladung des Herzogs Konrad von Masovien 1228 an der Ostsee begannen, in den Augen der Zeitgenossen nur eine Fortsetzung des Glaubenskrieges war, der seit hundertzwanzig Jahren immer neue Heerhaufen nach den Häfen Palästinas hinübergetrieben hatte. Diese Auffassung tritt sozusagen in naiver Weise zutage, wenn man die Heiden, die es in Preußen zu bekämpfen galt, schlechtweg als Türken und Sarazenen bezeichnete. In anderer Form wird sie bestätigt durch die Neigung des Ordens, sich auch in der neuen Heimat mit den Namen der ihm im Osten vertrauten Örtlichkeiten zu umgeben: Nicht bloß für Klöster, Kirchen und Hospitäler übernahm er von dorther die Benennungen, sondern entlehnte dorther auch die Namen für Ortschaften, so daß es im Ordenslande nachmals ebenfalls ein Jerusalem, ein Golgatha, ein Tal Josaphat, ein Gosen u. a. m. gab. Wahrscheinlich ist auch der erste bedeutende Waffenplatz, den der Orden nach dem Übergang über die Weichsel errichtete, Thorn, nach dem palästinischen Toron (bei den Kreuzfahrern *Toron militum* oder *Toron des chevaliers*) benannt. Vor seiner Anlage wird in jener Gegend eine Burg Starkenberg erwähnt, wie die deutsche Form des Namens des morgenländischen Haupthauses auch unter den Niederlassungen des Ordens in Böhmen und Mähren vorkommt.[1]) Auch die spätere Hauptstadt

[1]) Berger, *Rég. d'Innocent IV.*, Nr. 3589, u. Potthaft, *RP*, Nr. 12718 u. 12684.

Preußens, Königsberg, dessen Gründung die Sage mit der Teilnahme König Ottokars II. von Böhmen an dem betreffenden Zuge an den Pregel in Verbindung bringt, ist wohl nichts anderes als entweder das verdeutschte *Castrum regis* oder *Castrum regium*, eine palästinische Ordensburg, nicht fern von Montfort, oder *Mons regalis* oder *Mont royal* (heute Schobak), die in den Kreuzzügen viel genannte Festung südlich vom Toten Meer, welche die große Karawanenstraße von Damaskus nach Ägypten beobachten und von dorther drohende Einfälle hindern sollte. Aber auch die Art der Kriegführung hat der Orden von Palästina nach Preußen übertragen und dort mit einer Konsequenz angewandt, die wir bei Kreuzfahrern und Franken vergeblich suchen. Eigentümlich nämlich war den letzteren, welche darin als Schüler der an dem ersten Kreuzzuge beteiligten Normannen erscheinen, während die Deutschen Herren dann wiederum ihren Brauch angenommen haben, die Führung des Eroberungskrieges in der Weise, daß unter dem Schutz eines gerade im Lande weilenden größeren Kreuzfahrerheeres ein Vorstoß in das zu erobernde feindliche Gebiet gemacht und dort an geeigneter Stelle eine Burg, oft zunächst nur durch Erd- und Holzwerke befestigt, aufgeführt, und dann in dieser eine Besatzung zurückgelassen wurde, die in unausgesetztem kleinen Krieg die Umwohner niederkämpfte und das Land in immer weiterem Umkreis der christlichen Herrschaft unterwarf. Wenn das gelungen war, wurde die so entstandene Burg der Mittelpunkt für die Kolonisation und die Verwaltung der neu gewonnenen Landschaft. So hat der Orden von Thorn, Kulm und Rheden aus zunächst die Preußen im Kulmer Lande niedergekämpft, bahnte sich dann die Weichsel abwärts den Weg nach der Ostseeküste, indem er unter dem Schutz eines Kreuzfahrerheeres als Stützpunkt für sein weiteres Vordringen die Burg Marienwerder aufführte, von der aus der Landschaft Pomesanien unterworfen wurde. In gleicher Weise entstand Elbing als Zentrum für die Bewältigung Pogesaniens, Balga am Frischen Haff für die Ermelands und Königsberg für die Samlands. So hat der Orden seine Herkunft aus dem Morgenlande und die dort unter bescheidenen Verhältnissen durchgemachte Schule auch nachmals nicht verleugnet. Seine großartige und erfolgreiche militärische und kolonisatorische Tätigkeit in dem Lande zwischen Weichsel und Memel erscheint als eine unvergleichlich erweiterte und vertiefte Wiederholung und Fortsetzung dessen, was er in den Bergen am Accon und Toron begonnen hatte. Selbst in einzelnen unscheinbaren Zügen tritt dies Verhältnis noch später gelegentlich überraschend zutage. Nach den Turkopulen, einer aus Eingeborenen gebildeten leichten Reiterei, welche die geistlichen Ritterorden im Morgenlande unterhielten und namentlich zu Boten- und Kundschafterdiensten verwandten, hieß in Preußen noch im fünfzehnten Jahrhundert eine gewisse minderwertige Brotart, die den Knechten und den zu Botengängen gebrauchten Leuten als Proviant gegeben zu werden pflegte, Turkopulenbrot, obgleich es Turkopulen dort niemals gegeben hatte. Wenn der Orden die Bezeichnungen für die Ordensämter natürlich beibehielt, so erfuhr doch ihr Inhalt eine wesentliche Änderung, seit ihre Inhaber Träger und Vertreter der dem Orden als Staatsoberhaupt zustehenden staatlichen Hoheitsrechte waren. Der Ordensmeister war jetzt ein weithin gebietender Fürst, in dessen Hand die Fäden einer wohlorganisierten Landesregierung zugleich mit denen einer vielverschlungenen auswärtigen Politik zusammenliefen. Der Ordensmarschall, der einst der Kriegsrüstung des Ordens vorgestanden und sein Heer im Felde geführt hatte, war nunmehr der Kriegsminister und Generalstabschef des ersten und einzigen Militärstaates der Zeit, der Ordenstreßler aber, der Verwalter des Ordensschatzes, war zum Finanz- und Handelsminister eines reichen und wirtschaftlich hochentwickelten Staates geworden.

Drittes Kapitel.

Die spanischen Ritterorden.

Führen auch manche Momente auf die Vermutung, die ältesten von den eigenartigen Bildungen, die im Zeitalter der Kreuzzüge zu den geistlichen Ritterorden ausgestaltet wurden, hätten in dem Lande ihren Ursprung genommen, für dessen Bevölkerung der Kampf gegen die Ungläubigen seit Jahrhunderten im Mittelpunkt des Daseins stand, so haben wir doch keine sichere Kenntnis von der Errichtung derartiger Genossenschaften in Spanien vor dem Anfang des zwölften Jahrhunderts. So ansprechend die Annahme ist, daß gerade dort ähnliche Institutionen des Islam das Vorbild für ritterliche Verbände gaben,[1]) die sich ganz dem Glaubenskampfe weihten und dazu durch besonders strenge Lebensführung zu befähigen suchten, so liegt doch eine Bestätigung dafür nicht vor. Allerdings waren die Staaten der Pyrenäischen Halbinsel noch später das klassische Land für genossenschaftliche Verbände aller Art und spielten Verbrüderungen, Brüderschaften usw. *(fraternitates, hermandad)* dort bis zum Ausgang des Mittelalters eine wichtige Rolle. Wahrscheinlich hat es dort früh lokale Verbände derart gegeben, welche schließlich gegen die später entstandenen großen Genossenschaften zurücktraten oder von ihnen sozusagen aufgesogen wurden. Ein Beispiel dafür bietet eine Urkunde König Alfons' VIII. von Castilien (gest. 1214) vom 28. September 1196, durch welche dem Orden von Calatrava die Güter zu eigen gegeben werden, die bisher ein sonst nicht nachweisbarer Orden von Turgel *(ordo Turgellensis)* zu Ronda besessen hatte.[2]) Ronda hat in den Kämpfen zwischen Christen und Arabern eine Rolle gespielt: al Motadid von Sevilla pries es als „die Perle seines Reiches, als Schutzwehr und als festen Hort".[3] Ferner hören wir, daß

[1]) Vgl. oben S. 32.

[2]) Vgl. F. H. Uhagón, *Indice de los Documentos de la Orden de Calatrava existentes en el Archivo Histólico Nacional* in dem *Boletin de la Real Acadmia de la Historia,* Bd. 35, S. 1–167 (Madrid 1899), Nr. 43 (S. 12).

[3]) Schack, Kunst und Poesie der Araber in Spanien und Sizilien I, S. 251.

König Alfons I. von Aragonien (1105–1134), „der Schlachtenlieferer" (*el batallador*) nach der Eroberung Saragossas, des Bollwerks der Araberherrschaft im Norden, das er zu seiner Residenz erhob, an der Grenze gegen das maurische Gebiet die Burg Montreal errichtete und die Gründung eines zu dauernder Bekämpfung der Ungläubigen bestimmten Ritterordens „zum heiligen Grabe" beabsichtigte, auch bereits beträchtliche Summen dazu anwies. Er legte den Plan den Großen des Reiches vor, scheint aber bei ihnen damit auf Widerstand gestoßen zu sein: Jedenfalls kam der Orden nicht zustande.[1]) Wie diese Ansätze bei der Entstehung der großen spanischen Ritterorden mitgewirkt haben, muß dahingestellt bleiben. Immerhin ist es bemerkenswert, daß die Leiter des neugegründeten Hospitals für dieses gerade in Aragonien besondere Sympathien haben, ihm zahlreiche Mitglieder gewannen und reiche Beiträge zur Förderung seiner Zwecke erhielten.[2])

Sind demnach die geistlichen Ritterorden Spaniens unter ähnlichen Verhältnissen und auf ähnliche Anregungen entstanden wie diejenigen, welche sich infolge der Kreuzzugsbewegung zunächst im heiligen Lande in den Dienst des Christentums stellten, so waltet zwischen beiden Gruppen doch von Anfang an ein Unterschied ob, der die Ungleichheit ihrer Entwickelung erklärt. Er liegt nicht bloß darin, daß die Orden der Pyrenäischen Halbinsel, nach Ursprung und Bestimmung mit einem einzelnen Staate und dem in ihm erwachsenden Volkstum verknüpft, über diese nationalen Schranken nicht hinaus konnten. Wichtiger noch wurde die Abhängigkeit, in der die Ritterorden Spaniens schon durch die Art ihrer Entstehung sich von der Kirche befanden. Bei aller äußeren Gleichheit und bei aller Ähnlichkeit der Organisation bestand zwischen den beiden Gruppen von jeher insofern ein fundamentaler Unterschied, als bei Hospitalitern und Templern sehr bald trotz aller kirchlichen Zutaten das ritterliche Element entschieden überwog und ihr Wesen bestimmte: Hier nahmen im Waffenhandwerk geschulte Krieger Formen des Lebens an, die das der Mönche nachahmten. Der Orden von Calatrava dagegen – und das wurde auch für die nach seinem Vorbild eingerichteten jüngeren spanischen Ritterorden maßgebend – entstand, indem Mönche auf einen besondern Anlaß und zunächst nur an einer bestimmten Stelle auch die Pflicht des Kampfes gegen die Ungläubigen übernahmen und die für sie maßgebende Regel nur in den Punkten änderten, wo sie ihnen in der Erfüllung ihres neuen Berufes hinderlich zu werden drohte. Hier wurden Mönche ausnahmsweise zu Rittern, dort

---

[1]) Aschbach, Geschichte Spaniens und Portugals zur Zeit der Almohaden II, S. 14.
[2]) Vgl. oben S. 23.

gaben Ritter dem Waffenhandwerk im Einklang mit der Geistesrichtung der Zeit eine höhere Weihe, indem sie sich mönchischem Leben gelobten. Dieser Gegensatz ist für die historische Bedeutung beider Arten von geistlichen Ritterorden entscheidend geworden. Hospitaliter und Templer sind nicht bloß den kirchlichen Autoritäten in den Ländern, wo sie heimisch wurden, über den Kopf gewachsen, sondern der Kirche selbst, indem sie die ihnen von den Päpsten verliehene Ausnahmestellung auch der Gesamtkirche gegenüber geltend machten. Die spanischen Ritterorden dagegen haben infolge ihrer nationalen Beschränktheit, obgleich sie ähnliche kirchliche Freiheiten genossen, die Abhängigkeit von der landeskirchlichen Autorität nie abgestreift und haben sich auch der Autorität der römischen Kurie nie so entgegengestellt wie jene. Daher haben sie auch dem Staate gegenüber nie die Unabhängigkeit genossen, welche Templer und Hospitaliter sich zu erstreiten gewußt haben.[1])

Wie die Hospitaliter hatten auch die Templer in den spanischen Reichen früh festen Fuß gefaßt, Güter und feste Plätze erworben[2]) und an der Bekämpfung der Ungläubigen Anteil genommen. Deswegen übergab ihnen „Kaiser" Alfons, um dem Andrang der Mauren von Andalusien her Halt zu gebieten, die an der südlichen Grenze Castiliens gelegene Feste Calatrava in dem Sprengel von Osma zur Verteidigung. Acht Jahre hatten sie sich dort behauptet, als nach dem Tode Alfons' ein allgemeiner Ansturm der Araber drohte: Mit Zustimmung König Sanchos III. von Castilien wurde Calatrava geräumt, noch ehe die Feinde erschienen. In dieser kritischen Lage, so wird in dem legendarisch gefärbten Bericht erzählt, erklärte König Sancho, Calatrava

---

[1]) Die Geschichte der spanischen Ritterorden hat bisher eine wissenschaftliche Bearbeitung nicht gefunden. Auch ist für sie durch Veröffentlichung der einschlägigen Urkunden von seiten der spanischen Historiker wenig geschehen. So sind wir auch heute noch angewiesen auf das 1572 in Toledo erschienene Werk von Rades y Andraba, *Chronica de las tres Ordenes y Caballerias de Santyago, Calstrava y Alcantara,* welches wenigstens für die ältere Zeit der urkundlichen Grundlage nicht ganz entbehrt, aber doch nur die offizielle Tradition wiedergibt. Auf ihm beruhen die Darstellungen von Schäfer, Geschichte Portugals (S. 114 und 347 ff.), Preskott, *History of the Reign of Ferdinand and Isabella the Catholic of Spain,* Schirrmacher, Geschichte Spaniens, Bd. IV, Gams, Kirchengeschichte von Spanien III, 1, u.a. Von um so größerem Nutzen sind, wenn sie auch Urkundenbücher der Orden nicht ersetzen, die Verzeichnisse der den Orden von Calatrava betreffenden Urkunden, welche in dem *Boletin de la Real Academia de la Historia,* Bd. 20 (Madrid 1892), S. 545 ff. als *Documentos originales de Convento de Calatrava* und Bd. 35, S. 7 ff. als *Indice de los documentos de la Orden militar de Calatrava existentes en ei Archivo Historico Nacional* (Madrid 1899) veröffentlicht wurden.

[2]) Vgl. oben S. 29.

demjenigen zu eigen geben zu wollen, der es gegen die Mauren zu verteidigen unternähme. Am Hofe zu Toledo weilte damals Raimund, der Abt des der Jungfrau Maria geweihten Cisterzienserklosters zu Fitero an der Pisuerga,[1]) mit einem seiner Mönche, Diego Velasquez, einem Mann vornehmer Abkunft, der, einem bei Burgos begüterten castilianischen Adelsgeschlecht entsprossen, ein kriegerisch bewegtes Leben hinter sich hatte, bei Kaiser Alfons in Gunst gewesen und auch bei seinem Nachfolger wohl angesehen war. In diesem regte sich der alte kriegerische Sinn, und mit Zustimmung Raimunds erklärte er sich bereit, Calatrava zu behaupten, das unter keiner Bedingung in die Gewalt der Ungläubigen fallen dürfe. Sein Beispiel entflammte aller Kampfesmut: Das Kreuz wurde gepredigt, und bald war die Grenzfestung von zahlreichen Verteidigern besetzt, die sie bis zum äußersten zu halten entschlossen waren. Der arabische Angriff aber erfolgte nicht. Trotzdem beschlossen viele von denen, die unter Diego Velasquez nach Calatrava geeilt waren, der übernommenen Pflicht zum Kampf gegen die Ungläubigen treu zu bleiben, indem sie das Cisterziensergewand anlegten unter Vornahme einiger Änderungen, welche ungehinderte Bewegung im Kampfe sicherten.[2]) So wurde die neue Genossenschaft mit dem Cisterzienserorden, und zwar besonders eng mit dessen berühmter Niederlassung Morimond verbunden.[3])

Von Morimond nämlich waren zu der Zeit, wo ihm der spätere Bischof Otto von Freising als Abt vorstand (1134–37), zahlreiche Tochterklöster in der Gascogne und Languedoc errichtet worden, von denen aus der Orden auch jenseits der Pyrenäen und namentlich in Castilien festen Fuß faßte. Bereits 1141 hatte Abt Bertrand den Norden Spaniens zu diesem Zwecke bereist, gefördert von König Alfons VIII. von Castilien und Leon, der in jeder Provinz ein Cisterzienserkloster zu haben wünschte. Bertrand sandte dreizehn Mönche aus Morimond

---

[1]) Daß es sich um dieses castilianische Kloster und nicht um das gleichnamige in Navarra handelt, beweist eine Urkunde Alfons' VI. von Castilien vom 1. November 1078, wonach er dem Dorfe Santa Maria im Gebiete de Dueñas am Fluß Pisuerga das Dorfrecht verleiht, das für die dortigen Ansiedler maßgebend sein soll: *Indice,* a.a.O, S. 7, Nr. 1. Unter den Ordensburgen nahm das Castillo de Dueñas später einen hervorragenden Platz ein.

[2]) So erzählt nach der Chronik des Erzbischofs Roderich von Toledo (gest. 1246) VIII, 14 Rades y Andrada a.a.O., Fol. 3, Col. 4 ff. die Entstehung des Ordens. Roderic. Tolet. S. 225 bemerkt in letzterer Hinsicht: als die Araber nicht kommen, *et tunc multi, quos devotio concitavit, temperato habitu, ut mulitaris agilitas exposcebat, eorum(sc. Cisterciensium) ordinem receperunt.*

[3]) Dubois, *Histoire de l'Abbaye de Morimond,* 2. Ausgabe, Dijon und Paris 1852.

nach Castilien: in einem öden Waldtal in der Diözese Segovia gründeten sie das Kloster Sagra Menia. Neue Sendlinge errichteten ein solches in der Provinz Toledo, der Tradition nach bei einem Altar, den Clotilde, die dem arianischen Westgotenkönig vermählte rechtgläubige Tochter des Frankenkönigs Chlodwig, errichtet und an dem von altersher die Castilianer sich feierlich dem Kampf für den Glauben geweiht haben sollten: dort entstand später der Wallfahrtsort Mons Salutis,[1]) Montsalvatsch. Endlich entstand bei der Stadt Afaro bei der Kirche der Mutter Gottes von Yerga ein Kloster, das dann nach Fitero an der Pisuerga im Toledanischen verlegt wurde. Ihm stand zur Zeit der Gefährdung Calatravas Raimund als Abt vor und gehörte als Mönch Diego Velasquez an.[2]) Seiner Zusage gemäß überließ König Sancho III. das gerettete Calatrava den Cisterziensern von Fitero. Vom Januar 1158 datiert die Urkunde über die Schenkung[3]): Calatrava wird mit allen dazu gehörigen Ländereien dem Kloster für alle Zeit zu eigen gegeben, damit seine Mönche es gegen die Heiden verteidigen mit Gottes und des Königs Hilfe, zu Sanchos und seiner Vorfahren Seelenheil, damit Gott dadurch geehrt, der christliche Glaube ausgebreitet und das Reich an Umfang und Macht gemehrt wurde. Die Mittel zur Befestigung der Stadt verdankten die Cisterzienser zum Teil dem Erzbischof Johann von Toledo, welcher den der Genossenschaft Beitretenden mancherlei Indulgenzen gewährte und so viele zum Anschluß bestimmte. Ihr erste päpstliche Bestätigung soll diese noch 1158 durch Hadrian IV. erhalten haben, der ihr dabei für ihre Häuser das Asylrecht verlieh.[4]) Außerdem ließen sich in Calatrava auch Zuzügler aus dem benachbarten Gebiet von Toldeo nieder. Abt Raimund aber kehrte nach Fitero zurück und befahl allen Mönchen, mit Ausnahme der alten und kranken, nach Calatrava zu übersiedeln, wohin er die gesamte bewegliche Habe des Klosters samt den Herden führen ließ.[5])

Was so im Drange eines besonderen Notstandes durch Raimund und Diego Velasquez in Calatrava entstanden war, kann füglich noch nicht als ein geistlicher Ritterorden bezeichnet werden. Die beiden Mönche hatten sich zum Zwecke der Selbsthilfe an die Spitze einer popularen Bewegung gestellt, die infolge des Ausbleibens der Feinde

---

[1]) Vgl. Dubois, S. 115–118.

[2]) Ebd. S. 119ff.

[3]) Rades y Andrada, a.a.O. Fol. 5, Col. 2 u. 3: Henriquez, *Constitutiones ordinis Cisterc.* S. 486; *Indice*, S. 9, Nr. 19.

[4]Rades y Andrada, a.a.O. Fol. 6, Col. 2; Henriquez, S. 500.

[5]) Roderic. Tolet., a.a.O.

ihren nächsten Zweck mühelos erreichte. Von einer ordensmäßigen Organisation findet sich zunächst keine Spur, vielmehr hatte sich um die nach Calatrava verpflanzten Mönche von Fitero nur eine größere Menge kampflustiger Ritter, aber auch von Bürgern und Bauern gesammelt, die, wie es scheint, der Verbindung, in die sie dadurch mit dem Cisterzienserorden getreten waren, Ausdruck gaben durch Annahme der etwas modifizierten Cisterziensertracht. Doch werden diese Leute nach Möglichkeit auch an den kirchlichen Übungen der Cisterzienser teilgenommen haben, so daß das Leben der Ansiedler in Calatrava einen ausgesprochen cisterziensischen Zuschnitt annahm. Doch standen das mönchische Element, welches zunächst das überwiegende war, und das von ihm zur Hilfe aufgebotene militärische bloß äußerlich nebeneinander. Daraus ergab sich bald eine Krisis, da das ritterliche Element im Hinblick auf die der Genossenschaft gestellte militärische Aufgabe die leitende Stellung beanspruchte. Wenn Erzbischof Roderich von Toledo, der sich entsann, in seiner Jugend Diego Velasquez als hochbetagten Mann noch selbst gesehen zu haben,[1]) berichtet, Abt Raimund sei in dem Kloster Cirolos bei Toledo gestorben, so möchte man vermuten, derselbe sei aus Calatrava zu weichen bereits durch Streitigkeiten veranlaßt worden, wie sie nach seinem Tode dort ausbrachen. Als nämlich Raimund 1163 starb, wählten die Ritter einen der Ihren, Garcias, zum Haupte und entzogen sich der Leitung von Fitero. Infolgedessen kehrten die nach Calatrava übersiedelten Mönche zum Teil nach Fitero zurück. Damit erst vollzog die in Calatrava sitzende Genossenschaft den Übergang zum geistlichen Ritterorden. Entsprechend seiner Vorliebe für das neue Institut der geistlichen Ritterorden bestätigte Alexander III. trotz der Bedenken, die gegen das Vorgehen der Ritter von Calatrava erhoben werden konnten, auf Bitten des „Abtes" Garcias und seiner Brüder den neuen Verband am 26. September 1164,[2]) indem er bestimmte, daß für ihn die cisterziensische Lebensweise auch ferner maßgebend sein, seine Glieder aber fortfahren sollten, Calatrava zu verteidigen. Insbesondere erlaubte er die Beibehaltung der modifizierten Cisterzienser Tracht mit der zum Reiten geeigneten verkürzten Kutte. Er betrachtete die Genossenschaft also als Dependenz des Cisterzienserordens: Beim Besuch eines von dessen Klöstern sollten ihre Glieder in dem Hospiz gastliche Aufnahme finden, aber nur ihr Vorsteher im Konvente selbst beherbergt werden. Den Ausgleich mit Morimond

[1]) ... *„postea diu vixit, quem vidisse memini oculis."*

[2]) Migne, *Patrologia lat.* 200, S. 810.

scheint der Papst nicht weiter betrieben, sondern es der Zeit überlassen zu haben, ihn herbeizuführen.

Wenn in dieser Bulle Alexanders III. dem Orden von Calatrava auch die bisher erworbenen Güter bestätigt werden, so wird dabei nicht allein an die Hauptburg zu denken sein. Denn bereits Sancho III.[1]) wird dem Orden noch durch andere Landschenkungen seine Gunst erwiesen haben. Als dann sein Nachfolger Alfons VIII. 1168 die Festung Zurita[2]) (Sorita) eroberte, übergab er auch sie den Rittern von Calatrava. Doch war diesen das Glück zunächst nicht günstig: Nachdem in der unglücklichen Schlacht bei Alarcos 1195 die meisten gefallen waren, mußte der Orden Calatrava räumen. Er zog sich in das Innere der Castilischen Hochebene zurück und errichtete auf einem schwer zugänglichen Felsen eine neue Grenzwehr, die er Salvatierra nannte. Nach ihr hieß er damals wohl auch Orden von Salvatierra.[3]) In der Nachbarschaft erwarb er größere Güter und feste Plätze, von denen das Castillo de Dueñas wichtig war, das er teils durch königliche Schenkung, teils durch Kauf zu eigen erhielt.[4]) Aber auch Salvatierra ging im September 1210 trotz verzweifelter Gegenwehr infolge von Hunger verloren.[5]) Der Rückgang des Ordens mag mit Streitigkeiten im Innern in Verbindung zu bringen sein. Differenzen mit der Geistlichkeit im Sprengel von Toledo kamen dazu: Wenigstens verbietet Alexander III. am 10. Oktober 1175 den Rittern, die Rechte der dortigen Kirchen zu verletzen.[6]) Jene inneren Händel wurden erst 1180 beigelegt.[7]) Doch hatte diese Krisis auch die Notwendigkeit erwiesen, den 1163 entbrannten Konflikt mit Morimond endlich zu begleichen und die Verbindung mit dem Mutterkloster und mit dem Cisterzienserorden herzustellen. Das geschah 1187 durch den Ordensmeister Nuño Perez, der dazu das Generalkapitel der Cisterzienser besuchte. Den Ausgleich scheinen namentlich auch der König und die Großen von Castilien gewünscht zu haben: Sie gaben, so hören wir, dem Meister sein Gesuch befürwortende Briefe mit.[8]) Das Verhältnis wurde nunmehr im Einklang mit den geschichtlichen Vorgängen so geregelt, daß der Orden nicht bloß in

[1]) Indice, S. 10, Nr. 20.

[2]) Gams, Kirchgengeschichte von Spanien III, 1, S. 55.

[3]) Indice, S. 18, Nr. 44, 46 und 49.

[4]) Ebd. S. 18, Nr. 44.

[5]) Schirrmacher IV, 281.

[6]) Jaffé RP², Nr. 12519; Migne 200, S. 1024.

[7]) Gams III, 1, S. 55.

[8]) Dubois, S. 167, 168.

Kleidung und Lebensweise – seine Glieder legten die drei mönchischen Gelübde ab, hielten bestimmte Fasten, beobachteten zu bestimmten Stunden Schweigen und mußten wachend und schlafend das Schwert zur Seite haben – an die Cisterzienserregel gebunden blieben, sondern auch dauernd der Aufsicht des Klosters Morimond unterstand. Mit diesem wurde ein förmlicher Vertrag geschlossen, der beider Verhältnis regelte. Der durch die Erhebung der Ritter unter Garcias zum Ausdruck gekommene weltlich-ritterliche Charakter der Genossenschaft blieb gewahrt, ebenso aber auch das in den Personen ihrer beiden Stifter begründete mönchische Wesen, freilich nicht so ausgeprägt wie bei Templern und Hospitalitern. Was dort das Ordensklerikat leistete, wurde hier durch die engere Verbindung mit den Cisterziensern erreicht, so daß der Orden von Calatrava insofern als Dependenz des Cisterzienserordens erschien, als diesem seine geistliche Leitung und kirchliche Versehung vorbehalten blieb. Doch wurde den ihm beigegebenen Cisterziensern die Führung der Waffen gegen die Ungläubigen erlaubt. Später nahm die Kirche daran Anstoß, und es erging ein päpstliches Verbot dagegen. Nach dem Vertrag von 1187 wurden zwei Mönche von Morimond als Prior und Subprior dem Konvent dauernd beigegeben, um ihn im Geiste der Cisterzienser zu leiten. Der Abt und das Kapitel des Klosters durften zweimal jährlich eine Visitation des Ordens vornehmen und übten fehlenden Ordensbrüdern gegenüber die kirchliche Disziplin. Sogar das Recht zur Ernennung und Absetzung des Großmeisters, der zunächst nur als Vertreter des Abtes galt, stand ihnen zu. Doch hat Morimond diese Befugnisse, wie es scheint, niemals völlig zur Anerkennung bringen können. Insbesondere ist das Meisteramt, soweit wir sehen, immer nur durch Wahl vergeben worden.[1]) Auch ist in der Bulle vom 28. April 1199, durch die Innocenz III. den Orden bestätigte und in den Schutz der römischen Kirche nahm,[2]) nicht im einzelnen von den beiderseitigen Rechten die Rede, wird vielmehr die von Morimond dem Orden gegebene Regel in allgemeinen Worten für allezeit bindend erklärt und im wörtlichen Anschluß an die Bulle Alexanders III. vom 26. September 1164[3]) die Verpflichtung der Ritter zum Kampf gegen die Sarazenen besonders hervorgehoben. Blieb so das Mönchtum in dem Orden von Calatrava dem Rittertum mehr äußerlich angefügt als innerlich verbunden, so hat letzteres denn auch versucht,

---

[1]) Nach *Indice*, S. 78, Nr. 89 hat allerdings Bernhard, Abt von Morimond, die Wahl des Don Alonso Pedro durch Schreiben vom 2. April 1337 annulliert.

[2]) Potthast, *RP*, Nr. 686, vgl. *Indice*, S. 68, Nr. 7.

[3]) Vgl. oben S. 76.

sich vollends unabhängig zu machen. Dagegen rief Morimond die Hilfe der römischen Kurie an: Aber 1256 bestätigte eine Bulle Alexanders IV. die Unterordnung des Ordens unter das Kloster für alle Zeit.[1])

Der Erfolg der päpstlichen Intervention scheint jedoch kein dauernder gewesen zu sein, zumal der Orden in dem erstarkenden castilianischen Königtum einen Rückhalt fand für sein Streben nach Selbständigkeit. Es konnte den spanischen Herrschern nicht genehm sein, wenn eine Genossenschaft, die mit den militärischen und politischen Interessen ihrer Lande eng verflochten war, von einem französischen Kloster abhing. Von einer Ausnahmestellung, wie sie Templer und Hospitaliter in einigen abendländischen Staaten gewonnen hatten, ist für die Ritter von Calatrava in Spanien nie die Rede gewesen. Im Jahr 1263 verwendet sich Papst Urban IV. bei Alfons X. von Castilien für die Aufhebung der Verbannung, die der König gegen einige Ordensbrüder verhängt hatte,[2]) und Clemens IV. legt 1267 die demselben Fürbitte ein für einige von ihm gefangen gesetzte Ritter.[3]) Im Gegensatz zu den internationalen Templern und Hospitalitern war der Orden von Calatrava eben eine ausgesprochen nationale Genossenschaft. Das hat ihn vor Mißständen bewahrt, welche die Entwickelung jener früh nachteilig beeinflußten, dafür aber andere hervorgerufen, die sein Wesen ebenfalls allmählich wandelten. In ihm trug das weltliche Element schließlich den Sieg davon, und die Gesichtspunkte, von denen aus seine Gründung einst als ein Gewinn für die Krone sowohl wie für die spanische Nation hatte begrüßt werden können, verloren vollends an Einfluß auf die Haltung seiner Glieder, seit um die Mitte des dreizehnten Jahrhunderts die spanischen Reiche von den Ungläubigen nichts mehr zu fürchten hatten. Dem Orden schien bald die Gelegenheit fehlen zu müssen, den Beruf, für den er gestiftet war, in Spanien selbst noch ferner zu erfüllen. Nachdem daher bereits Innocenz III. im Mai 1206 die Gläubigen zu Spenden an den Orden ermahnt hatte, damit er Ritter zur Eroberung des heiligen Landes schicken könne, tauchte jetzt[4]) angesichts der wachsenden Bedrängnis der Christen im Osten in Rom der Gedanke auf, ihn überhaupt dorthin zu verpflanzen und scheint auch unter den Rittern Anhänger gefunden zu haben. Wenigstens schreibt am 20. März 1234 Gregor IX. dem Patriarchen von Antiochien, er möge dem Orden von Calatrava Land zur Ansiedlung anweisen, da derselbe sich dort nieder-

---

[1]) Henriquez, a.a.O. S. 489.
[2]) *Indice*, S. 74, Nr. 57.
[3]) Ebd. S. 75, Nr. 62.
[4]) Ebd. S. 68, Nr. 10.

zulassen beabsichtige.[1]) Angesichts der Erfolge der Tataren wendet sich dann im Dezember 1258 Alexander IV. an den Ordensmeister mit der Bitte, er möge mit seinen Rittern und mit anderen weltlichen Großen erwägen, wie das Verlorene zurückzuerobern sei.[2]) Weihnachten 1273 endlich ladet Gregor X. den Ordensmeister zum Erscheinen auf dem Konzil zu Lyon ein, welches die Rettung des heiligen Landes vorzubereiten bestimmt sei.[3])

Verwirklicht ist dieser Gedanke nicht, und die Tätigkeit des Ordens von Calatrava blieb auf seine spanische Heimat beschränkt. Je mehr ihm aber dort die Möglichkeit zum Glaubenskampf durch die Ausbreitung der christlichen Herrschaft genommen wurde, desto mehr wurde er zu einer Genossenschaft, die sich vor allem die Pflege ihrer eigenen Interessen, und zwar insbesondere die ihres Besitzes angelegen sein ließ. Dieser Charakter trat im Laufe des vierzehnten und fünfzehnten Jahrhunderts immer entschiedener hervor. Die Ordensrechte und -Güter wurden für die großen spanischen Adelshäuser, die ihre Glieder darin versorgten, die bequemen Mittel, ihre wirtschaftliche Lage zu verbessern und ihren politischen Einfluß zu steigern und dienten nicht selten geradezu den streitenden Adelssaktionen als Waffen.[4]) Unter solchen Umständen wurde auch dieser Orden schließlich eine Gefahr für den inneren Frieden des Reiches und namentlich für das aufsteigende nationale Königtum. Die katholischen Könige Ferdinand und Isabella hatten daher die öffentliche Meinung und namentlich das Bürgertum auf ihrer Seite, als sie die Würde des Ordensmeisters für allezeit mit der Krone vereinigten und dadurch die reichen Mittel des Ordens dauernd zur Verfügung des Königtums stellten.

Die Verschiedenheit der Entwickelung des Ordens von Calatrava von der der im heiligen Lande entstandenen geistlichen Ritterorden entspringt weniger aus den ungleichen lokalen Verhältnissen als aus der Ungleichheit der kirchlichen Stellung. Während bei Templern und Hospitalitern von Anfang an universelle Tendenzen herrschten und durch die ihnen von der Kirche zugestandenen Rechte Förderung fanden, waltete für den Orden von Calatrava auf diesem Gebiete von Anfang an eine Beschränkung ob, die ihn im Gegensatz zu jenen internationalen Genossenschaften zu einer national geschlossenen werden

[1]) *Indice,* S. 70, Nr. 26; Potthast, *RP,* Nr. 49021.

[2]Ebd. S. 74, Nr. 52.

[3]Ebd. S. 75, Nr. 63.

[4]) Ein Beispiel bietet das Breve Clemens' V. vom 18. Januar 1313, wodurch auf Bitten der Infantin Blanka, Nonne im Kloster Las Huelgas zu Burgos, die Wahl des Juan Nuñez zum Meister bestätigt und demselben die Annahme des Meistergewandes erlaubt wird. *Indice,* S. 77, Nr. 80.

ließ. Man könnte sogar zweifeln, ob er bei strenger Fassung des Begriffes noch als geistlicher Ritterorden bezeichnet werden könne. Denn im Einklang mit dem Wesen der katholischen Kirche des Mittelalters ist damals alles Geistliche auf Beseitigung der nationalen Abgrenzungen gerichtet. Auch hatte dies Moment bereits bei der Entstehung des Ordens mitgewirkt: Das spanische Kloster, von dem aus er errichtet wurde, war eine Gründung französischer Cisterzienser. Vielleicht aber hat gerade dies dazu beigetragen, bei den Ritterbrüdern von Calatrava das nationale Moment früh nachdrücklich zur Geltung kommen zu lassen. So mag hier im kleinen ein Prozeß sich vollzogen haben, wie er im Zeitalter der Kreuzzüge im Abendland im großen eingetreten ist. Damals sind die einander bisher nur wenig berührenden Nationen in mannigfaltigere Beziehungen getreten, infolge deren sie sich ihrer Besonderheit bewußt wurden und trotz des zwischen ihnen begonnenen lebhaften Austauschs sich schärfer von einander sonderten. Auch darf hier die Gegnerschaft nicht außer acht gelassen werden, die im dreizehnten und vierzehnten Jahrhundert zwischen den spanischen Reichen und Frankreich Platz griff.

Nach seiner Entstehung, dem Pakte von 1187, und den auf beiden beruhenden päpstlichen Bestätigungen und Schutzbriefen galt der Orden von Calatrava mit gutem Grunde als eine Filiale des Cisterzienserordens, obgleich er tatsächlich zeitig aufgehört hat, sich als eine solche zu fühlen und zu führen. Das bedingte seine kirchliche Stellung: Theoretisch galten alle den Cisterziensern eingeräumten kirchlichen Freiheiten auch für ihn, wie denn von den meisten für die Cisterzienser ergangenen päpstlichen Privilegien Ausfertigungen oder Kopien in dem Archive des Ordens vorhanden waren.[1]) Praktisch jedoch hatte dies Verhältnis für den Orden deshalb keinen Wert, weil es in ihm Ordensgeistliche in dem Sinne nicht gab, wie die drei großen geistlichen Ritterorden vermöge ihres Ordensklerikates sie aufzuweisen hatten. Daher haben ihm auch die kirchlichen Freiheiten, welche den Cisterziensern zustanden, nicht eine so kirchlich eximierte Stellung sichern können wie jenen. Unabhängigkeit von den kirchlichen Autoritäten hat der Orden von Calatrava nicht erlangt und auch nicht erstrebt. Vielleicht hängt es hiermit zusammen, daß dieser Orden auch nicht so viel Wert darauf gelegt hat, die zu seinen Gunsten an der römischen Kurie ausgewirkten Erlasse immer von neuem wiederholt und bestätigt zu sehen, während Templer und Hospitaliter in dieser Hinsicht eine rastlose Tätigkeit entwickelten. Infolgedessen ist die Zahl der für den Orden von Calatrava

[1]) Vgl. das Urkundenverzeichnis im *Indice* und *Boletino*.

ergangenen päpstlichen Erlasse gering: das zeigt, daß auch die Kurie ihrerseits die Bedeutung des Ordens nicht besonders hoch anschlug. Den Bestätigungen durch Alexander III. vom 26. September 1164 und vom 5. Juli[1]) folgt eine solche durch Gregor VIII. vom 4. November 1187,[2]) dann durch Innocenz III., erst vom April 1199[3]) und dann vom 20. Mai 1214,[4]) und endlich, um nur die ältesten zu nennen, durch Gregor IX. vom November 1236.[5]) Abgesehen von diesen allgemeinen Bestätigungen sind dem Orden noch im besondern einzelne der ihm eingeräumten oder als einer Filiale der Cisterzienser zustehenden Privilegien mehrfach wiederholt worden. Aus der Zusammenstellung dieser Urkunden ergibt sich die Summe der dem Orden eingeräumten Freiheiten und damit ein Bild seiner besonderen kirchlichen Stellung.

Entsprechend seiner Bestimmung zum Kampf gegen die Ungläubigen und dem Wunsche, ihm dazu möglichst viel Kräfte zuzuführen, war seinen Gliedern als Lohn voller Ablaß zugesichert, dessen auch diejenigen teilhaftig werden sollten, die mit ihm gegen die Mauren fochten.[6]) Insbesondere war ein solcher auch den Rittern verheißen, die unter dem Ordensbanner eine Burg gegen die Ungläubigen verteidigten.[7]) Weiter suchte die Kirche die Zwecke des Ordens zu fördern, indem sie auf die ihr von seinen Gütern zustehenden Abgaben verzichtete und ihm Freiheit vom Zehnten gewährte.[8]) Ferner verzichtete sie den Gliedern des Ordens gegenüber, zu denen in diesem Falle auch die ihm Affiliierten, Donaten usw. gerechnet sein werden, auf die Erhebung der als *mortuarium* bezeichneten Abgabe.[9]) Wie Templer und Hospitaliter genossen die Brüder des Ordens von Calatrava schon vermöge ihrer Zugehörigkeit zu den Cisterziensern der Sicherheit gegen Exkommunikation und Interdikt,[10]) welche selbst päpstliche Legaten gegen sie und ihre Häuser nicht ohne Vollmacht des Oberhauptes der Kirche verhängen durften.[11])

---

[1]) *Indice,* S. 67, Nr. 1; Potthast *RP,* Nr. 11064. Vgl. oben S. 78.

[2]) *Indice,* S. 68, Nr. 6; *Jaffé RP*², Nr. 16035 *„petente Nunnone magistro."*

[3]) *Indice,* S. 68, Nr. 8.

[4]Ebd. S. 69, Nr. 11; Potthast, *RP,* Nr. 4925.

[5]) *Indice,* S. 71, Nr. 29.

[6]) Honorius III. 1220 Februar; *Indice,* S. 69, Nr. 17; Henriquez, S. 502; Gregor IX. 1240 Juni; *Indice,* S. 72, Nr. 37.

[7]) Honorius III, Henriquez, S. 502.

[8]) Alexander III., ebd. S. 500, 501; Honorius III. 1221 Januar 30; INDICE, S. 70, Nr. 20 u. 22.

[9]) Honorius III., 1221 Januar 30; *Indice,* S. 69, Nr. 16.

[10]) Honorius III., 1219 Dezember; INDICE, S. 69, Nr. 14.

[11]) Gregor IX., 1240 März 30; Innocenz IV., 1245 April 28, und Alexander IV., 1155 Februar 1. Ebd. S. 69ff., Nr. 14, 22, 24, 35, 39, 47. Vgl. Henriquez, S. 503.

Dieser Befreiung von kirchlichen Pflichten und Leistungen stand für den Orden gegenüber eine Reihe von positiven kirchlichen Rechten, zum Teil finanzieller Natur, wie ihm z. B. ein Drittel des Zehnten der Kirchen von Ossuna und des zugehörigen Gebietes auf Grund einer königlichen Schenkung vom Jahr 1264 gebührte.[1]) Vor allem aber durfte er, obgleich er eines Ordensklerikates entbehrte, Kirchen und Bethäuser gründen, damit die Brüder und ihre Genossen die Messe hören und kirchlichen Begräbnisses in ihm gehöriger Erde teilhaftig werden könnten. Auch durfte er auf seinen Gütern Pfarreien errichten und bei zunehmender Bevölkerung zu große Pfarrsprengel teilen. Dies ihm von Innocenz III. bestätigte Recht war durch Urban III. dahin beschränkt, daß dergleichen Gründungen tausend Schritt von einer Cisterzienseransiedelung nicht vorgenommen werden durften. Andererseits bedurfte es zur Gründung von Kirchen der Zustimmung des Ordens in Gebieten, welche er den Mauren entrissen hatte.[2]) Des weiteren folgte aus der Exemtion des Ordens von der Disziplinargewalt der Ordinarien, daß er an das von diesen verhängte Interdikt nicht gebunden war, sondern trotz desselben in seinen Kirchen die Messe halten lassen durfte, jedoch bei geschlossenen Türen und ohne Glockengeläut.[3]) Auch wurden ihm Klöster zu eigen gegeben.[4]) Infolgedessen hat es auch hier an Streitigkeiten mit den Bischöfen nicht gefehlt, doch haben sie weder den Umfang noch die Heftigkeit erreicht wie die zwischen dem Episkopat fast aller Länder und den großen geistlichen Ritterorden entbrannten. Im November 1236 z. B. ladet Gregor IX. den Orden von Calatrava vor, um über die Klagen vernommen zu werden, die der Erzbischof von Toledo über die Kränkung seiner Rechte durch ihn erhoben hatte,[5]) und 1245 verweist Innocenz IV. dem Bischof von Siguenza dem Orden zugefügtes Unrecht,[6]) wie er 1246 die Ordensgüter gegen Eingriffe des Bischofs von Saragossa schützt.[7]) Die Exemtion des Ordens von jeder kirchlichen Disziplinargewalt mit Ausnahme derjenigen der Cisterzienser von Morimond mag gelegentlich insofern nachteilig gewirkt haben, als einreißender Zuchtlosigkeit nicht rechtzeitig entgegengetreten wurde. Daß es daran nicht fehlte, lehrt eine Bulle Alexanders IV. vom September 1255

[1]) *Indice*, S. 24, Nr. 114.

[2]) Henriquez, S. 500, 501.

[3]) Gregor IX. 30. März 1231; *Indice*, S. 70, Nr. 25.

[4]) Alfons VIII. schenkt ihm 12. März 1174 die Abtei Corcoles. Ebd. S. 10, Nr. 25. Vgl. S. 8, Nr. 10.

[5]) Ebd. S. 71, Nr. 31.

[6]) Ebd. S. 72, Nr. 41.

[7]) Ebd. Nr. 42.

betreffend die Absolution derjenigen, die gegen den Ordensmeister das Schwert zu ziehen gewagt haben.[1]) Von Gregor IX. erging ein ähnlicher Erlaß an den Erzbischof von Toledo über die Wiederaufnahme solcher Ordensglieder in die Gemeinschaft der Kirche, die wegen Vergewaltigung von Geistlichen der Exkommunikation verfallen waren.[2]) Offenbar hat man in Rom später Grund gehabt, mit dem Orden unzufrieden zu sein, und daran gedacht, auch an ihm eine sogenannte Reformation vorzunehmen: Im Mai 1324 erging von Papst Johann XXII. an den Orden die Weisung, binnen sechs Monaten Abschriften aller seiner Privilegien und Freibriefe nach Avignon einzusenden.[3])

Auch rücksichtlich seiner Stellung zu der weltlichen Autorität und insbesondere zum Königtum ist der Orden von Calatrava hinter Templern und Hospitalitern zurückgeblieben. Das wird zu erklären sein einmal aus den kleineren Verhältnissen, in die er in den spanischen Reichen gestellt war, und dann aus der Stärke des dortigen Königtums, dessen Träger zeitig eine wirkliche Selbstregierung entwickelten und das Aufkommen unabhängiger Gewalten erschwerten. In der Urkunde, durch welche Sancho III. Calatrava dem Kloster Fitero zu eigen gab,[4]) ist von irgendwelchen Vorrechten keine Rede, handelt es sich vielmehr um eine einfache Landschenkung nach gemeinem Recht. Dasselbe gilt von ihren Bestätigungen durch Alfons VIII. vom 22. September 1190,[5]) Ferdinand III. vom 26. April 1220 bei Gelegenheit seiner von ihm selbst vollzogenen Schwertleite zu Burgos[6]) und durch Alfons X. vom 23. April 1254.[7]) Von der königlichen Gewalt waren die Ritterbrüder des Ordens von Calatrava nicht ausgenommen: Selbst Verbannung und Gefangenschaft konnten, wie wir sahen,[8]) vom König über sie verhängt werden. Von politischen Vorrechten des Ordens ist in älterer Zeit überhaupt nicht die Rede, vielmehr bezogen sich die ihm verliehenen Freiheiten auf seine kriegerische Tätigkeit und waren militärischer Natur. Im Felde zog der Meister unter dem eigenen Banner einher, auch wenn der König selbst beim Heere war. Der Orden durfte die Mauren bekämpfen, auch

[1]) Indice, S. 78, Nr. 49.
[2]) Ebd. S. 70, Nr. 24.
[3]) Ebd. S. 78, Nr. 84.
[4]) Vgl. oben S. 75.
[5]) Indice, S. 12, Nr. 41. Vgl. S. 18, Nr. 50.
[6]) Ebd. S. 15, Nr. 59. Vgl. S. 18, Nr. 79.
[7]) Ebd. S. 19, Nr. 83; S. 21, Nr. 96 und S. 22, Nr. 102.
[8]) Vgl. oben S. 79.

während der König mit ihnen Frieden oder Stillstand hatte.[1]) Vor allem aber stand ihm ein besonderes Recht zu in bezug auf die den Mauren abgenommene Beute: Von dem diesen entrissenen Lande fiel ihm der fünfte Tag zu,[2]) mit Ausnahme der Städte, die Bischofsitze waren, wo er jedoch einige Häuser und Grundstücke auswählen durfte.[3]) Ferner überließ ihm Alfons VIII. den zehnten Teil des Fünftels von der Beute, das der König bei von ihm selbst geleiteten Kriegszügen vorweg erhielt.[4]) Ebenso verblieben dem Orden die von ihm unter seinem Banner gemachten Gefangenen.[5]) Ebenfalls hierher gehört es, wenn Alfons VIII. bestimmte (21. Dezember 1188), daß immer fünf Ordensritter samt zehn Pferden während des Aufenthalts an seinem Hofe auf seine Kosten unterhalten werden sollten.[6]) Auch sonst noch suchte königliche Freigebigkeit dem Orden die Erfüllung seines Berufes zu erleichtern: 1255 z. B. erlaubte ihm Alfons X. in Bestätigung eines Privilegs Ferdinands III., aus den Salinen zu Medinaceli zwölf Kisten Salz zum Bedarf seiner Krankenstube zu entnehmen.[7]) Am 31. Januar 1293 erlaubte ihm Sancho IV., seine Kuh- und Ziegenherden durch das ganze Reich treiben und Weiden und Wasserläufe benutzen zu lassen.[8])

Auch was dem Orden an Ausnahmen von dem sonst für die Untertanen der castilischen Könige geltenden Rechte zugestanden wurde, kam zwar seinem Besitze zugute, gewährte ihm aber nicht eine politisch bevorzugte Stellung. König Alfons X. erlaubte ihm (27. Okt. 1264) Schenkungen von Lebenden für den Todesfall anzunehmen.[9]) Ferdinand III. hatte ihm bereits 1218 zugestanden, daß die ihm von den Brüdern geschenkten Güter von allen Lasten und Abgaben frei sein sollten, die nicht im Lehenverbande begründet wären.[10]) Wenn Inno-

---

[1]) Henriquez, S. 499.

[2]) Es handelt sich hierbei um die Übernahme eines bei den arabischen Eroberern geltenden Brauches. Bereits Musa (711) bestimmte, daß von allem eroberten Land ein Fünftel *(el chums)* Staatseigentum werden sollte und daß von diesen dem Staat gehörigen Ländereien *(achmus)* ein Drittel der Einkünfte an den Staat zu zahlen war: Baudissin, Eulogius und Alvar. Ein Abschnitt spanischer Kirchengeschichte (Leipzig 1872), S. 9.

[3]) Alfons VIII. 8. März 1175. *Indice*, S. 10, Nr. 27.

[4]) 24. September 1189. Ebd. S. 12, Nr. 39. Vgl. S. 14, Nr. 53 und S. 22, Nr. 100.

[5]) Henriquez, S. 500.

[6]) *Indice*, S. 12, Nr. 38. Vgl. S. 14, Nr. 52.

[7]) Ebd. S. 23, Nr. 105 und *Boletino* 20, S. 557, Nr. 92.

[8]) *Indice, S. 29, Nr. 144.*

[9]) Ebd. S. 24, Nr. 112. Vgl. *Boletino* 20, S. 558, Nr. 98.

[10]) *Indice*, S. 15, Nr. 57; S. 20, Nr. 89 und S. 24, Nr. 112. *Boletino* 20, S. 554, Nr. 63.

cenz III. ihn von jeder weltlichen Jurisdiktion ausgenommen haben sollte,[1]) so scheint das tatsächlich doch nicht durchgesetzt worden zu sein.

So bedeutend das war, was der Orden an Gütern sowie an nutzbaren Rechten erwarb, so hat er doch auch in dieser Hinsicht niemals einen ähnlich hohen Stand erreicht wie die großen Ritterorden. Alfons IX. erlaubte ihm, Güter jeder Art an sich zu bringen,[2]) nur solche, die im Lehensverbande standen, blieben ihm versagt. Entsprechend seiner ursprünglichen Bestimmung kamen dabei für den Orden, abgesehen von solchen Gütern, die durch Vermehrung seiner Einnahmen ihm im allgemeinen die Erfüllung der Pflicht des Glaubenskampfes erleichtern sollten, namentlich solche in Betracht, die ihm feste Plätze gegen die Mauren in die Hände gaben: daher spielen unter den Schenkungen der castilischen Könige namentlich solche von festen Schlössern oder Burgen eine Rolle. Von seinem ersten Sitz und dem dann an dessen Stelle getretenen Salvatierra[3]) abgesehen, hat er deren im Laufe der Zeit eine große Anzahl erworben.[4]) Entsprechend der Ausbreitung der christlichen Herrschaft gegen Süden rückt auch die Reihe der Ordensburgen im Laufe der Zeit in dieser Richtung vor. Nirgends aber stoßen wir auf Angaben, die vermuten ließen, der Orden habe in ähnlicher Weise größere, in sich geschlossene Bezirke in seine Hand gebracht und dadurch eine ausschlaggebende militärisch-politische Stellung erlangt. Insbesondere haben Städte nicht zum Besitz des Ordens gehört, wenn er auch Grundstücke und Häuser erwarb.[5]) Vielmehr war sein Grundbesitz ein ländlicher, und es kamen dafür höchstens Dörfer,[6]) ausnahmsweise Marktflecken in Betracht.[7]) Sonst bestand er aus nach Jochen bemessenen Äckern,[8]) Gärten[9]) usw. Neben Landbau trieb der Orden auch Viehzucht, wie die ihm für seine Herden durch das ganze Reich gewährte Weide- und Tränkgerechtigkeit und das Vorkommen von Meiereien[10])

---

[1]) Henriquez, S. 502.

[2]) Ebd. S. 500.,

[3]) Vgl. oben S. 77.

[4]) Vgl. *Indice*, S. 13ff., Nr. 44, 67, 69, 87, 92, 94, 99, 146, 155 u. 158.

[5]) Ebd. S. 25, Nr. 115; S. 13, Nr. 49; S. 31, Nr. 154; S. 17, Nr. 70, 71.

[6]) Dörfer – *aldea* – werden erwähnt *Indice*, S. 8ff., Nr. 9, 11, 14, 15–18, 32, 33, 37 usw.

[7]) Auf sie ist wohl der Ausdruck villa zu deuten. *Indice*, S. 7ff., Nr. 2, 4, 5–8, 12, 13, 23, 24, 28–31 usw.

[8]) Ebd. S. 14, Nr. 64; S. 25, Nr. 118.

[9]) Ebd. S. 13, Nr. 46.

[10]) Ebd. S. 17, Nr. 74; S. 18, Nr. 80.

(alqueria) erkennen läßt. Ferner finden wir ihn im Besitz von Mühlen,[1]) namentlich Wassermühlen[2]) *(aceña)*. Endlich hatte die Freigebigkeit der castilischen Könige ihm Bergwerke oder doch wenigstens einen Anteil an solchen gewährt. Ferdinand III. verdankte er die Hälfte der königlichen Silberminen zu Chillon.[3])

So reich begütert demnach der Orden von Calatrava war und eine so angesehene Stellung er einnahm, so stand er doch in beiden Hinsichten den Templern und Hospitalitern weit nach und ist deswegen so wenig für das spanische Königtum wie für die spanische Kirche ein gefährlicher Gegner geworden. Wenn er dennoch späterhin beiden unbequem wurde, so hat das weder in seiner militärischen Macht, noch in seinem politischen Einfluß seinen Grund gehabt, als vielmehr darin, daß seine Glieder einen bevorzugten Stand bildeten, auch dem übrigen Adel gegenüber. Dadurch bereiteten sie der Ausbildung des sich fester zusammenschließenden Staatsverbandes, welche die gleiche Unterordnung aller Untertanen unter das Königtum verlangte, Schwierigkeiten, welche die nationale Wohlfahrt beeinträchtigten und beseitigt werden mußten.

Wie sehr der Gedanke, der in den zum Kampf gegen die Ungläubigen bestimmten Ritterorden verwirklicht war, gerade in Spanien der Richtung der Zeit entsprach, beweist die Tatsache, daß ähnliche Genossenschaften wie die der Ritter von Calatrava in der zweiten Hälfte des zwölften Jahrhunderts ebendort auch sonst mehrfach errichtet wurden. Mit jener ältesten und vornehmsten teilen sie die Verbindung mit den Cisterziensern und unterscheiden sich dadurch ähnlich wie jene von Templern und Hospitalitern. Einzelne von ihnen haben sich von dem Wesen des geistlichen Ritterordens sogar noch weiter entfernt, indem sie ihren Gliedern die eigentlich mönchischen Pflichten überhaupt nicht auferlegten, insbesondere das eheliche Leben erlaubten. Diese wurden daher zu bloßen Rittergesellschaften, welche die Formen des geistlichen Ritterordens bewahrten, von seinen Pflichten aber nur die des Kampfes gegen die Ungläubigen festhielten.

An der Spitze steht hier, wenn nicht zeitlich, so doch nach seiner Bedeutung der Orden, der später nach seinem Haupthaus als der von Alcantara bezeichnet wurde. Auch seine Anfänge sind nur in stark legendarischer Färbung überliefert. Danach sollen zwei Brüder edler Abkunft, Suero und Gomez, aus Salamanca in Gemeinschaft mit einem frommen Einsiedler den Plan zur Errichtung eines Ordens zum Kampfe

[1]) *Indice*, S. 25, Nr. 121.

[2]) Ebd. S. 27, Nr. 132; S. 29, Nr. 142.

[3]) 16. Februar 1249. Ebd. S. 17, Nr. 73; S. 19, Nr. 84; S. 28, Nr. 134.

gegen die Ungläubigen, die damals Castilien von neuem bedrohten, entworfen und mit Unterstützung des Bischofs Ordoño von Salamanca ausgeführt haben. Zum Sitz wählten sie eine Einsiedelei, die nach dem heiligen Julian de Pereyro genannt war, im Sprengel des Bistums Ciudad Rodrigo am Ufer des Coe. Da der Bischof dem Cisterzienserorden angehörte, lehnte sich die von ihm der Genossenschaft gegebene Regel ebenfalls an die dieses Ordens an: Auch diese erschien als Dependenz des Cisterzienserordens, und ihre Glieder konnten wie die Ritter von Calatrava für Cisterzienser mit kriegerischen Verpflichtungen angesehen werden.[1]) Ob der damals in Castilien regierende Alfons Raimundez von Galizien, der Stiefsohn Alfons I. von Aragonien, an der Errichtung des Ordens Anteil gehabt hat, ist nicht ersichtlich. Die päpstliche Bestätigung erfolgte den 28. Dezember 1177 durch Alexander III.[2]) Wiederholungen und Erweiterungen der ihm verliehenen Privilegien verdankte der Orden des heiligen Julian von Pereyro – denn diesen Namen führte er damals – Lucius III., welcher ihn von der Autorität der Diözesanbischöfe ausnahm und unmittelbar dem Papste unterordnete, ihm auch Zehntenfreiheit gewährte,[3]) Innocenz III.,[4]) Honorius III., welcher den ihm beigegebenen Geistlichen erlaubte, die Weihe, wenn der Diözesanbischof sie verweigerte, bei irgendeinem anderen katholischen Bischof nachzusuchen, Gregor IX. und Alexander IV.[5]) Als kirchliches Vorrecht des Ordens erscheint namentlich der Anspruch seiner Glieder auf kirchliches Begräbnis bei den Ordenskirchen, das auch mit der Genossenschaft irgendwie in Verbindung getretenen Gläubigen zugestanden werden konnte. Die Reihe der königlichen Privilegien eröffnet eine Urkunde Ferdinands von Leon und Galizien von 1176, durch die der Orden unter Bestätigung seiner Güter in königlichen Schutz genommen wird.[6]) Eine eigentümliche Wandelung trat in den Verhältnissen des Ordens zu Anfang des dreizehnten Jahrhunderts ein. Im Jahr 1213 nämlich hatte König Alfons IX. von Leon die den Mauren entrissene Burg Alcantara am Tajo in Estremadura den Rittern von Calatrava übergeben, um dort einen Konvent zu errichten, der in Leon das

[1]) Vgl. Aschbach a.a.O. II, S. 16. Gams, Kirchengeschichte von Spanien III, 1, S. 55, 56. Prescott I, 277, 78.

[2]) Rabes y Andrada, Fol. 2.

[3]) Henriquez, S. 514.

[4]) Wenn dieser dem Orden am 31. März 1207 (Potthast 3070, Rigne II, S. 1338) die Zehnten und Besitzungen bestätigt, die er seit 40 Jahren genossen hat, so ergibt sich daraus, daß seine Anfänge bis 1167 zurückreichen müssen.

[5]) Henriquez, S. 512, 513, 514.

[6]) Ebd. S. 505, Rades y Andrada, Fol. 1, Col. 2.

Haupt des Ordens sein sollte, wie der von Calatrava es in Castilien war. 1218 aber überließen diese den wichtigen Platz mit Zustimmung des Königs dem Orden von St. Julian unter der Bedingung, daß ihrem Meister das Recht der Visitation desselben zugestanden wurde.[1]) Nun übersiedelte dieser nach Alcantara, nach welchem er hinfort auch benannt zu werden pflegte. Seine dadurch begründete Abhängigkeit von dem Orden von Calatrava hat das ganze Mittelalter hindurch bestanden und ist erst von Papst Julius II. aufgehoben worden. Welche Motive dieser Union zugrunde lagen, ist nicht ersichtlich. Doch möchte man annehmen, daß der Raum in den christlichen Reichen Spaniens doch zu beschränkt war, um einer Mehrzahl von einander so ähnlichen Genossenschaften ersprießliche Tätigkeit zu ermöglichen, und daß die Gefahr nahe gelegen habe, es könne durch ihre Nebenbuhlerschaft der Sache Schaden getan werden, die zu fördern sie alle bestimmt waren. Aus diesem Grunde wird wohl schon die Verbrüderung geschlossen sein, die der Orden von St. Julian am 5. März 1202 mit dem Orden von Santiago eingegangen war zum Zweck gegenseitigen Schutzes, insbesondere bei Angriffen der Mauren.[2]) Weiterhin hat sich dann der Orden von Alcantara entwickelt wie die übrigen. In demselben Maße wie der Kampf gegen die Ungläubigen aufhörte den Lebensinhalt für die Spanier zu bilden, verlor er, wenn nicht die Berechtigung zum Dasein, so doch die zum Genuß der ihm eingeräumten kirchlichen und weltlichen Vorrechte. Diese erhoben seine Glieder späterhin zu einer privilegierten Kaste, für welche vor allem der Genuß der Ordenseinkünfte in Betracht kam. Die Komtureien wurden Gegenstand des Streites unter dem Adel, ebenso wie die Großmeisterwürde, die ihrem Inhaber fürstliche Einkünfte sicherte: Noch im fünfzehnten Jahrhundert schätzte man die Jahreseinnahme von Alcantara auf 44000 Dukaten.[3]) Diese wurden durch Ferdinand den Katholischen, indem er das Großmeisteramt mit der Krone vereinigte, zu deren Verfügung gestellt.

In ähnlicher Weise, wie der Orden von Alcantara später als Zweig des Ordens von Calatrava und den Cisterziensern eng verbunden erscheint, ist auch der portugiesische Orden von Evora oder nachmals von Avis mit jenen beiden eng verknüpft gewesen. Sein Ursprung reicht allerdings weiter zurück. Zur Zeit des Angriffes auf Santarem und Lissabon, durch welchen die mit der siegreichen

---

[1]) Rades y Andrada, Fol. 33, Col. 3ff. Beispiel einer Visitation des Ordens durch den Meister von Calatrava ebd. Fol. 49, Col. 4.

[2]) Ebd. S. 507.

[3]) Prescott I, S. 278.

Schlacht bei Ourique (1339) eingeleitete Wendung zugunsten der Christen weiter geführt wurde, im Jahr 1147, war in Portugal ein zur Bekämpfung der Ungläubigen bestimmter Ritterbund, die „neue Ritterschaft" (*nova militia*) genannt, errichtet worden, den König Alfonso Henriquez mit Land und Einkünften ausstattete. Seinen Sitz soll er zuerst in Coimbra gehabt haben. Die Ordensregel erhielt er 1162 durch Johannes Zurita, den Abt von Tarcuca: Auch sie schloß sich der der Cisterzienser an.[1]) Die Genossen verpflichteten sich, für den Glauben zu kämpfen, in Friedenszeiten Werke der Barmherzigkeit zu üben, in der Ehe keusch zu leben und das Land der Mauren unausgesetzt mit verwüstenden Einfällen heimzusuchen. Auch hier war die Tracht dem kriegerischen Beruf angepaßt: Kapuze und Skapulier aus schwarzem Tuch sollten im Kampf nicht hindern. Rüstung und Waffen durften nicht mit goldenem Zierat versehen sein. Die zu übende Mildtätigkeit kam namentlich durchziehenden Pilgern zugute. Von der gemachten Beute wurde ein Teil zum Besten der Armen, Witwen und Waisen verwendet. Gefangene Mauren sollten zum Christentum bekehrt werden. Etwaige Eroberungen wurde der Orden verpflichtet dem König anzuzeigen, an dessen Befehle er bei ihrer Einrichtung und Verwendung gebunden blieb. Demgemäß durfte er Burgen und Städte ohne Geheiß des Königs nicht übergeben, hatte auch sonst dessen Weisungen Folge zu leisten, überall dessen Feinde zu bekämpfen und das Recht des Reiches zu verteidigen. Diese Verpflichtungen wurden von jedem Meister durch den Eid anerkannt, den er bei Antritt des Amtes leistete. Die Abhängigkeit vom Cisterzienserorden kam darin zum Ausdruck, daß dessen Abt etwaige Beschwerden gegen den Meister zu untersuchen und der neuerwählte Meister die Insignien seiner Würde aus der Hand desselben entgegenzunehmen und ihm den Treueid zu leisten hatte. Sogar die Aufnahme von Novizen war nur dann Sache des Meisters, wenn weder der König noch ein Cisterzienserabt anwesend war: Sonst hatte dieser sie zu vollziehen.

Dieser Orden entfernt sich also bereits weiter von dem eigentlichen Wesen des geistlichen Ritterordens. Der mönchische Charakter wird nur noch in gewissen Äußerlichkeiten gewahrt und mit der Ehelosigkeit die Schranke beseitigt, welche die Genossenschaft von der Welt trennte. Im Jahr 1166 schenkte König Alfons II. dem Orden die Burg und Stadt Avis. Dorthin wurde sein Sitz verlegt, da inzwischen Evora, nachdem die ganze Gegend von den Mauren befreit war, zu einer

[1]) Henriquez, S. 481 ff.

großen Stadt emporgewachsen war, die zum Sitze eines solchen halb mönchischen Ritterbundes ungeeignet schien. An die Überlassung von Avis knüpfte Alfons II. die Bedingung, daß der Orden den Platz befestigte und durch Ansiedler bevölkere; doch sollten die Einwohner der königlichen Gewalt unterstehen.[1]) Auch in der Folge erhielt der Orden von Avis – denn so wurde er hinfort genannt – von den portugiesischen Königen bedeutende Landschenkungen.[2]) Namentlich Sancho I. wandte ihm solche zu: Augenscheinlich fand er in dem Orden einen besonders brauchbaren Mitarbeiter bei den Bestrebungen um die Hebung der Landeskultur, welche ihm die Ehrenbeinamen des Lavrador und Poblador eintrugen, des Beförderers des Ackerbaus und des Mehrers der Bevölkerung. Aber auch diese Schenkungen erfolgten unter der Bedingung, daß der Orden dem Könige und allen seinen Nachfolgern damit treu zu Diensten sei.[3]) Die Verbindung mit dem Orden von Calatrava bestand fort trotz der politischen Sonderung Portugals von den übrigen Staaten der Pyrenäen-Halbinsel.[4]) Der Orden von Avis galt so sehr als ein Teil desjenigen von Calatrava, daß bei der Wahl des Meisters hier wie dort auch die Brüder des andern mitzustimmen berechtigt waren. Auch stand dem Meister von Calatrava die Befugnis zu, Visitationen des Ordens von Abis vorzunehmen.[5]) Auch mit diesem scheint der Versuch gemacht zu sein, ihm durch die Verpflanzung nach dem heiligen Lande einen nützlicheren Wirkungskreis zu erschließen. Einen Erfolg hatte er nicht. Das lehrt eine Urkunde König Balduins IV. von Jerusalem aus dem Jahr 1177. Sie bestätigt dem Ordensmeister Rodriguez die Schenkungen, die Fürst Raimund von Antiochien, der Herr von Montreal und Hebron, dem Orden gemacht hat, unter der Bedingung, daß, sobald der Orden aufhören würde die Ungläubigen zu bekämpfen, er auch die betreffenden Güter wieder herauszugeben habe.[6])

Gewissermaßen ein Gegenstück zu diesem Versuche, den Orden von Avis im Osten heimisch zu machen, bildet die Geschichte des Ordens von Montjoie,[7]), der, von einem ursprünglich dem Orden von Calatrava angehörigen spanischen Edelmann Rodrigo gegen 1180 in

[1]) Schäfer, Geschichte Portugals, S. 83 ff.

[2]) Henriquez, S. 513, 515 u. 516.

[3]) Schäfer, S. 114.

[4]) Rades y Andrada, Fol. 32, Col. 2.

[5]) Henriquez, a.a.O. S. 482. Das Beispiel einer solchen 1238 siehe Rades y Andrada, Fol. 40, Col. 2.

[6]) *Revue de l'Orient Latin III*, S. 61, Nr. 19.

[7]) Vgl. die Abhandlung von Delaville Le Roulx, *Revue de l'Orient Latin I*, S. 42 ff.

Palästina errichtet, sich dort nicht halten konnte und nach etwa zwanzig Jahren sich auf Spanien beschränkte und dort schließlich mit den Templern und den Rittern von Calatrava verschmolzen wurde. Benannt war er als Orden von Montjoie nach dem „Berg der Freude" (*Mons gaudii*), der Anhöhe zwei Stunden von der heiligen Stadt, von der aus die Kreuzfahrer dereinst zuerst jubelnd das Ziel ihrer Sehnsucht erblickt hatten und wo alsbald der Bau einer der Jungfrau Maria geweihten Kirche begonnen wurde. Alexander III. hat ihn am 15. Mai 1180 bestätigt, indem er ihm die Regel der Cisterzienser verlieh, von deren Beobachtung jedoch diejenigen Brüder entbunden waren, denen der Abt den Kampf gegen die Ungläubigen befahl, und gleichzeitig die Genossenschaft samt ihrem Eigentum in den Schutz der römischen Kirche nahm. Sie erhielt das Recht zum Bau von Kirchen in wüsten Gegenden, Freiheit vom Zehnten und Sicherheit gegen das Bannrecht der Bischöfe. Die Aufnahme neuer Genossen sollte durch den Meister erfolgen, ohne dessen Erlaubnis der Übertritt zu einem andern Orden unmöglich war. Zu Zeiten eines allgemeinen Interdikts sollte auch dieser Orden ohne Glockengeläut und bei geschlossenen Türen Gottesdienst halten dürfen. Unter den ihm bestätigten Besitzungen werden außer dem Hause auf dem *Mons gaudii* Türme und Gärten zu Askalon aufgezählt. An die Herkunft des Stifters aus Spanien erinnern dort gelegene Güter, darunter namentlich Alfambra, nördlich von Téruel im südlichen Aragonien an der Grenze Castiliens und Valencias. Von den spanischen Königen erfuhr der Orden „Unserer Lieben Frau von Montjoie" reiche Gunst: Namentlich Alfons III. von Castilien und Alfons II. von Aragon beschenkten ihn. Dem letzteren verdankte er ein zur Errichtung eines Hospitals bestimmtes Haus zu Téruel. Neu war die Vorschrift, daß von den Einkünften des Ordens der dritte Teil zum Loskauf von Gefangenen verwendet werden sollte. Um die dazu verfügbaren Mittel zu vermehren, überließ Alfons II. dem Orden, dem er auch Abgabenfreiheit gewährte, jeden 101ten Dienst in seinem Reiche, so daß sie alle nicht mehr ihm, sondern dem Orden zu leisten waren. Zur raschen Vermehrung der Mitglieder erlaubte Alexander III. die Aufnahme der ihrer Übeltaten wegen verrufenen und gebannten brabanzonischen, aragonischen und baskischen Söldner.[1]) Doch war dem Orden von Montjoie kein Gedeihen beschieden, und bereits 1190 befand er sich in so übler Lage, daß seine Auflösung unvermeidlich schien. Deshalb wurden seine Güter zum Teil den Templern überantwortet: Von ihnen finden sich Alfambra, Castellot und Miravete

[1]) Hierher gehört die früher von mir veröffentlichte und auf die Templer gedeutete Urkunde. Prutz, Entwickelung und Untergang usw., S. 282, Nr. 1.

später als Templerkomtureien. Während die Güter in Aragonien und Valencia verloren gingen, behielt der Orden die in Castilien, wo er dann zu dem Orden von Monfrac umgestaltet wurde, den Ferdinand der Heilige 1221 dem von Calatrava einverleibte.

Für die Abschwächung, welche in dem Wesen der geistlichen Ritterorden allmählich eintrat und zu dem Ordenswesen der neueren Zeit hinüberleitet, bietet ein lehrreiches Beispiel der portugiesische Orden vom Flügel des heiligen Michael, der nach dem Vorbild des Ordens von Avis 1172 durch König Alfons I. errichtet wurde. Den Anlaß dazu gab der Sieg, den der durch den König von Leon und die Mauren bedrohte König bei Santarem über letztere davontrug, angeblich infolge des Eingreifens des Erzengels Michael, dessen geflügelter Arm mit dem Schwert am Himmel erschienen sein und die Feinde erschreckt haben soll. Diesen wählte Alfons als Abzeichen für den Orden, zu dem er nach der Schlacht in dem benachbarten Cisterzienserkloster Alcobaça Edelleute vereinigte, die im Kampfe in seinem Gefolge gewesen waren. Die Ordensritter mußten von Adel sein und standen im Kampf zunächst um den König und sein Banner. Die Aufgenommenen gelobten in die Hände des als Kaplan des Ordens fungierenden Abtes von Alcobaça, der ihnen das Abzeichen – den roten Flügel auf weißem Mantel oder weißer Kapuze – verlieh, Treue Gott, dem Papste und dem Könige und zahlten fünfzig Solidi zum Besten des dem heiligen Michael geweihten Altars zu Alcobaça. Die Brüder waren zu täglichen Gebeten nach Art der Cisterzienser gehalten und standen unter der Jurisdiktion des Abtes, der sie bei schlechtem Wandel exkommunizieren konnte. Die Ehe war ihnen gestattet, doch durften sie keine zweite eingehen, wenn aus der ersten ein Kind vorhanden war.[1]) Der Orden, für den ein eigentliches Bedürfnis nicht vorlag, hat niemals Bedeutung erlangt und ist frühzeitig erloschen.

Mit den Zügen, welche nach dem Vorstehenden für die spanischen Ritterorden charakteristisch sind, vereinigt in eigentümlicher Weise einige von denen, welche Templern und Hospitalitern ihr besonderes Gepräge gaben, der Ritterorden, der nach dem heiligen Jakobus von Compostella[2]) benannt war und ursprünglich dem Schutz seines Heiligtums und der zu ihm wallfahrenden Pilger geweiht war. Daß diese ritterliche Genossenschaft von den im Westen entstandenen den größten Ruf erlangte, wird zunächst zurückgeführt werden dürfen auf das

[1]) Henriquez, S. 183/84.

[2]) Der Name Compostella ist nach Forez, *España sagrada 19,* II, S. 71 ff. entstanden aus Jacomo Apostolo.

hohe Ansehen, dessen sich ihr Schutzheiliger bei der gesamten abendländischen Christenheit erfreute. Die Legende von der wunderbaren Auffindung der Gebeine des Apostels, der das Christentum im Süden der Pyrenäen gepflanzt haben sollte, und die Wunder, die an seiner prunkvollen Ruhestätte zu Compostella geschahen, veranlaßten alljährlich viele Tausende dorthin zu ziehen, zumal der Ort in den Kämpfen zwischen Christen und Mohammedanern heiß umstritten und noch zu Ende des zehnten Jahrhunderts durch Almansor erobert und niedergebrannt worden war: vor den Kreuzzügen war sein Grab der besuchteste Wallfahrtsort des Abendlandes, zu dem selbst aus dem fernen Skandinavien zahlreiche Pilger gezogen kamen.[1]) Infolgedessen wurde des heiligen Jakobus Attribut, die Muschel, das Abzeichen der Pilger überhaupt und blieb das auch, als seit dem Ende des elften Jahrhunderts der Pilgerstrom aus dem Westen sich dem heiligen Lande zuwandte. Ähnliche Gefahren, wie sie dort den von der Küste nach Jerusalem Ziehenden drohten und den Anlaß zur Entstehung des Templerordens gaben, bedrohten hier diejenigen, welche auf der sogenannten „französischen Straße" dem Ziele ihrer Sehnsucht zustrebten. Deshalb hatten bereits die Chorherren des heiligen Eligius zu Compostella an dieser Hospize errichtet.[2]) Im Anschluß daran und wohl auf Anlaß jener Chorherren vereinigten sich um die Mitte des zwölften Jahrhunderts etliche Edelleute, die bisher ein wüstes Leben geführt und selbst Raub getrieben hatten, um ihr Verschulden durch strengen Wandel und fromme Werke zu sühnen, zum Schutze der nach Santiago ziehenden Pilger. Hinfort wurde der heilige Michael der besondere Schutzheilige des christlichen Glaubenskampfes gegen die Mohammedaner, und entsprechend der üppig gedeihenden Legende wissen die galizischen Chronisten eine lange Reihe von Fällen aufzuzählen, wo er den zum Kampf ausziehenden Christen vor der Schlacht Sieg verkündend mit der Fahne, von himmlischem Glanze umgeben, erschienen sein soll.[3]) Der erste Meister dieser „Miliz von Santiago" soll Don Pedro Fernandez gewesen sein. König Ferdinand von Leon, dem die Hilfe eines solchen Ordens gegen die Mauren sowie gegen seine christlichen Widersacher erwünscht war, unterstützte das Unternehmen: Ihm verdankten die Ritter den Besitz der Burg Caceres, nach der sie sich ursprünglich nannten. Durch den Gang der politischen Entwickelung aber trat der Orden, der in dem Reich von Galizien und Leon seinen Ursprung

---

[1]) Vgl. oben S. 9.

[2]) Gams, Kirchengeschichte von Spanien III, 1, S. 56.

[3]Schack, Kunst und Poesie der Araber in Spanien und Sizilien I, S. 139–41.

genommen und zunächst diesem zu dienen bestimmt gewesen war,[1]) bald in enge Verbindung mit dem castilischen Königreich und wurde ein spezifisch castilianisches Institut. Durch reiche Gunsterweise, die er ihm seit 1168 angesichts des bevorstehenden Krieges mit Leon zuteil werden ließ, zog ihn König Alfons von Castilien an sich; dieselben steigerten sich, als er sich durch das Bündnis seines Oheims Ferdinand mit den Ungläubigen schwer bedroht sah. Am 11. September 1171 schenkte er dem Orden, den er für besonders berufen erklärte, den Übermut der Feinde des Kreuzes Christi zu brechen und den Ruhm des christlichen Namens auszubreiten, Oreja, und am 9. Januar 1174 Uclés, das zum Hauptsitz des Ordens erhoben wurde. Dies war gewissermaßen der Preis, um den der Orden sich der dauernden Gunst des Königs versicherte: er ging damit für alle Zukunft die engste Verbindung mit dem castilianischen Reiche ein.[2]) Um diese Zeit fand die Organisation der um Pedro Fernandez vereinigten Rittergenossenschaft zu einem Orden mit ihrer am 5. Juli 1175 erfolgten Bestätigung durch Alexander III. ihren Abschluß. Durch diese wurden in den Orden wie in das spanische Ordenswesen überhaupt Neuerungen eingeführt, die, mit dem Wesen des geistlichen Rittertums kaum vereinbar, dasselbe wesentlich modifizierten.[3])

In dem umfänglichen Aktenstück gibt der Papst zunächst seiner Freude darüber Ausdruck, daß in Spanien bisher in den Fesseln der Sünde verstrickte Edelleute, durch die göttliche Gnade erweckt, zur Sühnung begangenen Unrechts unter Don Pedro Fernandez, der mit einigen seiner Genossen selbst am päpstlichen Hofe erschienen war, zu einem Verbande zusammengetreten seien, um im Gehorsam gegen ihren Meister, in Niedrigkeit und Eintracht und ohne Eigentum zu leben. Das eheliche Leben wird ihnen gestattet, soweit sie nicht freiwillig darauf verzichten, doch wird den Verheirateten Keuschheit zur Pflicht gemacht. Die Gattinnen der Ritter sind Glieder des Ordens. Witwer und Witwen dürfen sich mit Zustimmung des Ordensmeisters oder des Komturs des betreffenden Hauses wieder verheiraten. Wer einmal in den Orden aufgenommen ist und das Ordenszeichen erhalten hat – dieses bestand in einem roten Kreuz in Form eines Schwertes mit der Muschel am Griff – darf nicht wieder ausscheiden und zu keiner andern Genossenschaft übertreten: Wer dies dennoch tut, soll nicht

[1]) Vgl. Schirrmacher, Geschichte Spaniens IV, S. 219.

[2]) Ebd. S. 220–21.

[3]) Die Urkunde (Jaffé *RP*², Nr. 8366) ist gedruckt bei Migne 200, S. 1024 ff. mit einigen Kürzungen. Ihren Inhalt gibt in spanischer Übersetzung wieder Rades y Andrada, a.a.O., Fol. 12, Col. 3 ff.

gewaltsam zurückgehalten werden, wohl aber sollen ihn die üblichen kirchlichen Zensuren treffen. Neben den Ritterbrüdern zählt der Orden, entsprechend dem Anteil, den die Chorherren von St. Lojo oder St. Eloy (Eligius)[1]) an seiner Entstehung hatten, und der engen Verbindung, in der er infolgedessen mit diesem Kloster stand, auch Geistliche, denen ein Prior vorstand. Die Leitung lag bei dem Meister und zu seiner Unterstützung erwählten dreizehn Brüdern.[2]) Während der Vakanz des Meisteramtes führt der Ordensprior die dem Meister zustehenden Geschäfte. Die „Dreizehn" waren befugt, dem Meister Vorhaltungen zu machen im Falle schwerer Verstöße oder bei erwiesener Untüchtigkeit ihn abzusetzen. Jährlich auf Allerheiligen sollte in dem Haupthause ein Generalkapitel gehalten werden, zu dem die Komture der übrigen Ordenshäuser und möglichst alle Ordensritter zu erscheinen hatten. Hier sollte diesen namentlich die Pflicht zum Kampfe für den Glauben immer von neuem eingeschärft werden, zugleich aber, daß sie sich dabei nicht durch die Aussicht auf weltliche Vorteile sollten leiten lassen. Zur Untersuchung des Zustands der Ordenshäuser und der Verhältnisse in ihren Konventen sollten Visitatoren ernannt werden.

Diese Bestimmungen zeigen, wie die Kirche selbst unter der Herrschaft der strengsten hierarchischen Richtung den Verhältnissen Rechnung trug und sich ihnen anpaßte, wo sie sie nicht ändern konnte, aber doch auf die Vorteile nicht verzichten mochte, die sich für sie daraus gewinnen ließen. Die Vermutung liegt nahe, daß der längere Zeit als Legat Alexanders III. in Spanien tätige Kardinaldiakon von Sta. Maria in Cosmedin, Hyazinth, auf den die Regel des Ordens von Santiago zurückgeführt wird, im wesentlichen die Bestimmungen bestehen ließ, welche Pedro Fernandez mit seinen ersten Genossen für ihre Vereinigung in Gemeinschaft mit den Chorherren von St. Lojo festgestellt hatte. Im Hinblick aber auf die sonst von der Kirche derartigen Verbänden gegebenen Vorschriften war der Verzicht auf das Gelübde der Ehelosigkeit eine bemerkenswerte Konzession, zumal er motiviert wird durch den Hinweis auf die Ehe als eine göttliche Institution und die Bezugnahme auf das Wort des Apostels, der sie als ein der menschlichen Schwäche gemachtes Zugeständnis gelten läßt. Augenscheinlich beschränkte die Kirche hier klug die sonst von ihr vertretenen strengen prinzipiellen Forderungen auf das, was bei den im spanischen Adel

[1]) Vgl. oben S. 94.

[2]) Am 12. Januar 1264 ordnet Urban IV. die Zusammensetzung dieses Kollegiums; im Fall seiner Opposition gegen den Meister darf dieser sie absetzen und neue ernennen: *Régistres d'Urbain IV*, Nr. 482, S. 240.

herrschenden Anschauungen und Bräuchen allein zu erreichen war, unbekümmert darum, daß dadurch in das geistliche Rittertum gewissermaßen Bresche gelegt wurde. Die Konsequenzen sind nicht ausgeblieben. Sie werden zunächst darin erblickt werden dürfen, daß bald auch andere Ritterorden zunächst der Pyrenäischen Halbinsel ihren Gliedern die Ehe frei gaben. Weiterhin aber treten sie auch zutage in den Bestimmungen, welche Alexander III. für die geistlichen Mitglieder des Ordens von Santiago traf, doch wohl ebenfalls unter Anerkennung des Brauches, den der Kardinallegat Hyazinth tatsächlich vorgefunden hatte.

Als vornehmster Beruf der Ordenskleriker nämlich, die mit ihrem Aufenthalt nicht an die Ordenshäuser gebunden sein sollen, sondern auch andernwärts in Städten und Ortschaften leben dürfen, wird die Erziehung der Söhne der Ordensritter hingestellt, welche sie in den Wissenschaften unterweisen sollen. Dafür erhalten sie den Zehnten von den Ordenseinkünften zu ihrem Unterhalt, müssen davon jedoch auch die nötigen Bücher und kirchlichen Gerätschaften beschaffen. Unter diesen Umständen nahm die Ordensgeistlichkeit sowohl wie der Orden selbst zu dem Prälaten eine andere Stellung ein als Hospitaliter und Templer. Es ist in dieser Hinsicht bemerkenswert, daß der Papst den Orden nicht bloß auffordert, mit der Geistlichkeit und insbesondere mit den beiden großen geistlichen Ritterorden in gutem Einvernehmen zu stehen, sondern ihm ausdrücklich zur Pflicht macht, den Prälaten Ehrfurcht zu erweisen. Wo der Orden, dem die den Sarazenen abgenommenen Gebiete zu eigen verbleiben, eine Stadt in seinen Besitz bringt, welche Sitz eines Bischofs ist, soll alles, was diesem an Zehnten und anderen Einkünften und Gütern zusteht, sorgsam aufgezeichnet und ausgeschieden werden, um dem Bistum zu verbleiben, und nur das übrige an den Orden kommen. Insbesondere betont Alexander III., er wolle nicht dulden, daß die Diözesanbischöfe gegenüber den von dem Orden erworbenen Pfarrkirchen betrügerischerweise in ihren Rechten gekürzt werden.[1]) Die Bemerkung läßt erkennen, wie die Kurie schon damals mit Klagen angegangen sein muß über die Ausschreitungen der großen geistlichen Ritterorden auf diesem Gebiete. Nur in bisher unbewohnten oder den Ungläubigen entrissenen Gebieten sollten die Ritter von Santiago zur Errichtung von Kirchen volle Freiheit haben. Es scheint danach doch, als ob der spanische Episkopat entweder in dem Kardinaldiakon Hyazinth einen rücksichtsvolleren Unterhändler gefunden oder aber seine Rechte energischer zu wahren gewußt habe. Aller-

---

[1]) ... *in parochianis eclesiis, quas habetis, episcopos jure suo nolumus fraudari.*

dings kehrt auch hier die Bestimmung wieder, daß der Orden und seine Glieder nur durch einen Legaten des Papstes mit Interdikt oder Bann belegt werden können, und daß er die Weihe der Ordensgeistlichen und der Altäre usw. zwar zunächst bei dem Ordinarius nachsuchen soll, jedoch, wenn dieser sie verweigert, auch von jedem anderen anerkannt katholischen Bischof vornehmen lassen darf. Aber es war doch die Entstehung ganzer eximierter Gemeinden um Ordenshäuser und Ordenskirchen hier von vornherein ausgeschlossen durch die Beschränkungen, welche dem Orden von Santiago in dieser Hinsicht auferlegt wurden. Bethäuser nämlich sollte er zwar an den Orten zu errichten befugt sein, wo vier oder mehr Brüder verweilten, damit diese mit ihren Angehörigen, aber nur diese, dort die Messe hören und begraben werden könnten. Hier ist also Konflikten, wie sie anderwärts immer von neuem entbrannten, ein Riegel vorgeschoben: Gegenüber der nationalen Geschlossenheit der spanischen Kirche, der die politische Vielteilung der Pyrenäischen Halbinsel keinen Abbruch tat, konnte der Orden von Santiago trotz der im sonst von Alexander III. gewährten Freiheiten niemals zu einer kirchlichen Sonderstellung aufsteigen, wie die an keine nationalen Schranken gebundenen Templer und Hospitaliter sie anderwärts teils erschlichen, teils ertrotzten und dann selbst gegen den Willen der Kurie behaupteten. Neben der Pflicht des Kampfes gegen die Ungläubigen wurde dem Orden durch Alexander III. übrigens auch noch die der Pflege bedürftiger Pilger auferlegt, wie er diese gleich bei seiner Gründung übernommen hatte.

Entsprechend seiner Entstehung und Bestimmung ist der Orden von Santiago mit seiner Tätigkeit auf die spanischen Reiche beschränkt geblieben. An den Kämpfen gegen die Ungläubigen und der allmählichen Ausbreitung der christlichen Herrschaft hat er ruhmreichen Anteil genommen, seit 1182 zu diesem Zwecke mit dem Orden von Calatrava durch ein Bündnis geeinigt.[1]) Auch auf ihn scheinen sich die Reformpläne erstreckt zu haben, die gegen Ende des dreizehnten Jahrhunderts von der römischen Kurie in betreff der geistlichen Ritterorden überhaupt erwogen wurden. Vielleicht haben auch Bestimmungen damit zusammengehangen, die Nikolaus IV. für ihn traf, Bonifaz VIII. aber am 20. Juli 1295 widerrief, ohne daß wir von ihrem Inhalt Kunde erhielten.[2]) Die Krisis, die mit der Katastrophe der Templer über das gesamte geistliche Rittertum hereinbrach, scheint auch den Orden von Santiago erschüttert und viele seiner Glieder veranlaßt zu haben, das Gewand abzulegen und

[1]) Rades y Andrada, Fol. 16, Col. 2 ff.

[2]) *Régistres de Boniface VIII.*, Nr. 872, S. 132.

in die Welt zurückzukehren. Am 21. Dezember 1307 untersagt Clemens V. allen Erzbischöfen, Bischöfen usw. die Aufnahme solcher Ritter sowie jede Gemeinschaft mit ihnen; vielmehr sollen sie dem Meister und seinen Boten tatkräftig beistehen, um solche zur Rückkehr zum Orden zu bewegen, und dazu nötigenfalls die Hilfe der weltlichen Gewalt anrufen.[1]) In der Geschichte Castiliens hat er als eine reiche und durch ihre Verflechtung mit dem hohen Amt mächtige Korporation eine hervorragende Rolle gespielt, ohne jedoch, so weit wir sehen, jemals ein politisch ausschlaggebender Faktor oder der Entwickelung des Staates gefährlich zu werden. Für das Königtum aber war es von Wichtigkeit, die großen finanziellen und militärischen Mittel, über die er verfügte und die nach der Beendigung des Kampfes gegen die Ungläubigen stiftungsmäßige Verwendung nicht mehr fanden, in seine Hand zu bekommen und zugleich sich einen Weg zu öffnen, um die Adelsopposition niederzuhalten. Dieser politische Gesichtspunkt war es, von dem aus die katholischen Könige die Würde eines Großmeisters auch dieses Ordens mit der Krone vereinigten. Was das bedeutete, beweist die Tatsache, daß der Orden damals noch 400 Schwerbewaffnete und 1000 Lanzen aufzubringen vermochte und sein Jahreseinkommen auf 60000 Dukaten geschätzt wurde. Noch zu Beginn des sechzehnten Jahrhunderts zählte er 84 Komtureien und 200 kleinere Niederlassungen.

Dabei war damals der ehemalige portugiesische Zweig längst endgültig von dem Ordensstamme gelöst. Frühzeitig nämlich hatte sich auch der Orden von Santiago nach Portugal ausgebreitet.[2]) Dort hatte ihm namentlich König Sancho II. (1185–1211) seine Gunst zugewandt und am 28. Oktober 1186 eine Reihe von Burgen und Ortschaften, darunter das wichtige Alcacer do Sol, geschenkt. Eine Erweiterung des Besitzes erfuhr der Orden von ihm dann zum Lohn für seine Mitwirkung bei der Eroberung von Algarve, indem ihm dort Ländereien zugewiesen wurden. Auch die üblichen kirchlichen und weltlichen Freiheiten erhielt der Orden. Sein Haupthaus war zuerst das Kloster Santos o Velho bei Lissabon, wohin, wenn die Ritter ins Feld zogen, ihre Frauen und Töchter in Sicherheit gebracht wurden. Später war es in Alcacer do Sol, dann in Mertola und schließlich in Palamella. Infolge der schärferen Sonderung Portugals von den übrigen spanischen Reichen ergaben sich aber aus der Unterordnung der Ordensglieder und Ordensgüter daselbst unter den in Castilien residierenden Ordensgroßmeister mancherlei Übelstände, zumal wenn das oberste Haupt der ritterlichen Genossen-

---

1) Registrum Clementis papae V., Nr. 2589.

2) Vgl. Schäfer, Geschichte Portugals, S. 114ff. u. 347ff.

schaft immer wieder längere Zeit von den Ordensangelegenheiten in Portugal und Algarve in Anspruch genommen und so seinem eigentlichen Wirkungskreise ferngehalten wurde: Die Kurie klagte, in geistlicher sowohl wie in weltlicher Hinsicht leide der Orden dadurch Schaden.[1]) Andererseits erschien dann wieder der Ordenszweig in Portugal um des castilianischen Stammes willen vernachlässigt: Er verfiel und wurde durch Verschleuderung seiner Güter benachteiligt. Ausschlaggebend aber wurden schließlich politische Momente: Der König von Portugal war der Hilfe des Ordens nicht jederzeit gewiß; nicht selten wurden die Ordensritter, wenn er sie nötig hatte, nach Leon und Castilien berufen; das geschah sogar, wenn diese Reiche mit Portugal im Krieg lagen, um gegen dieses zu fechten. Dazu kam endlich, daß der Ordensmeister gelegentlich portugiesische Ordensburgen an Castilien vertauschte. Im Interesse der Sicherheit seines Reiches bemühte sich daher König Diniz bei Papst Nikolaus IV. um die Trennung des portugiesischen Ordenszweiges von dem castilianischen, und durch eine Bulle vom 16. September 1288,[2]) die er am 15. Mai 1290 wiederholte, erteilte dieser den Rittern von Santiago in Portugal und Algarve nicht bloß die Erlaubnis, sondern die ausdrückliche Weisung, aus ihrer Mitte einen Provinzialmeister zu wählen, der sich der Glieder und der Güter des Ordens in geistlichen sowohl wie in weltlichen Angelegenheiten annehme.[3]) Daß die castilianischen Ordensbrüder diese Neuerung heftig bekämpften, ist begreiflich; auch werden sie dabei von seiten der Krone unterstützt worden sein. Obgleich Papst Cölestin V. die Anordnung seines Vorgängers 1296 bestätigte, gelang es ihren Bemühungen dennoch, Bonifaz VIII. zu ihrer Aufhebung zu bestimmen, und durch Androhung der Exkommunikation erzwang er schließlich Gehorsam. Nach seinem Tode aber wählten die portugiesischen Ritter wiederum einen Provinzialmeister. Durch eine Bulle vom 17. April 1317 befahl Johann XXII. abermals die Wiederunterordnung des portugiesischen Zweiges unter den Meister von Castilien, fand damit aber keinen Gehorsam, zumal König Diniz die Opposition des Ordens unterstützte. So konnte sich der 1316 gewählte Don Pedro Escacho als Meister von Portugal behaupten und wurde schließlich auch vom Papste anerkannt. Damit wurde der Orden von Santiago in Portugal endlich selbständig und erblühte von neuem.

[1]) Schäfer, S. 348, Anm. 3.

[2]) Ebd. S. 250/51. Die Urkunde fehlt bei Potthast.

[3]) Potthast, *RP*, Nr. 23277.

Viertes Kapitel.

Der Deutsche Orden.

Nicht bloß durch seine in ihrer Art einzige spätere Entwickelung und deren großartige Ergebnisse, sondern auch nach seinen Anfängen nimmt der Orden der Deutschen Herren zu St. Marien eine in mehr als einer Hinsicht bevorzugte Stellung ein. Mit den spanischen Ritterorden teilt er die Beschränkung auf eine Nation, ist aber dennoch wie Hospitaliter und Templer nicht auf ein Land und ein Volk beschränkt geblieben, sondern hat in der Fremde als Träger der deutschen Kultur schöpferisch gewirkt. Zu der Entwickelung der spanischen Ritterorden steht die seine dagegen insofern in einem Gegensatz, als diese sozusagen in die Monarchie ausmündete, indem ihr Meistertum schließlich mit der Krone verbunden und ihre militärischen und finanziellen Mittel zur Verfügung des nationalen Königtums gestellt wurden, er aber gleich bei seiner Errichtung in engster Verbindung stand mit dem die Weltherrschaft erstrebenden deutschen Königtum. Aber auch insofern war seine Stellung von jeher eine besondere, als er zu einer Zeit ins Leben trat, wo das geistliche Rittertum bereits zur höchsten Blüte entfaltet und das System von Freiheiten und Rechten, in denen die Unabhängigkeit der Orden von Staat und Kirche wurzelte, bereits völlig ausgebildet und nicht ohne eine gewisse Spitzfindigkeit bis in die letzten Konsequenzen durchgeführt war. Daher ist die Entwickelung des Deutschen Ordens in ihrem ersten Stadium so überraschend schnell verlaufen: Mühelos kam er in kurzer Zeit in den Besitz all der Vorrechte, die seine beiden älteren Brüder nur allmählich erworben und zur Anerkennung gebracht hatten. Dennoch hat er entsprechend den besonderen Umständen, die bei seiner Gründung obwalteten, trotz aller ihm von der römischen Kurie erwiesenen Gunst mit dieser doch nie in einem so engen Verhältnis gestanden wie jene. Obenein sahen diese in ihm einen Nebenbuhler, dessen Aufkommen sie zu hindern suchten.

Eine Handhabe dazu bot den Hospitalitern anfangs die Abhängigkeit, in der das einst zu Jerusalem bestehende deutsche Hospital von ihrem Meister gestanden hatte.[1]) Doch sind sie damit nicht durchgedrungen, kamen aber trotzdem darauf zurück, als die politischen Verhältnisse ihnen günstigere Aussichten erschlossen. Obgleich sie eines ähnlichen Scheines von Recht dem Deutschen Orden gegenüber entbehrten, haben sich auch die Templer an diesem gerieben, zumal er durch seine Kaisertreue in einen scharfen Gegensatz zu ihnen trat. Wenigstens in Nebendingen haben sie ihm Schwierigkeiten bereitet. Davon zeugt der wiederholt erneute Streit um den den Deutschen Herren gewährten weißen Mantel, den sie als ausschließlich ihnen zustehend in Anspruch nahmen. Wirklich verbot Innocenz III. am 27. August 1210 dem Deutschen Orden zunächst dessen Gebrauch, beauftragte jedoch gleichzeitig den Patriarchen von Jerusalem mit der Untersuchung und Entscheidung der Sache.[2]) Diese fiel dahin aus, daß die Deutschen Herren den weißen Mantel, der ihnen von früheren Päpsten gestattet war, auch fernerhin tragen, sich dazu jedoch nur der nach dem Herstellungsorte Stanford genannten Art von Tuch bedienen sollten.[3]) Dennoch haben die Templer ihren Einspruch wiederholt, unbeirrt durch mehrfache päpstliche Abweisung. So mußte noch Honorius III., der dem Deutschen Orden das Recht zum Tragen des weißen Mantels am 9. Januar 1220 bestätigt hatte,[4]) durch einen Erlaß vom 17. April 1222 die Templer zurechtweisen und ermahnen, ihren Widerspruch gegen eine von ihnen ehrfurchtsvoll anzuerkennende Verfügung von Kaisern und Päpsten fallen zu lassen, der um so mehr Befremden errege, als ja die Verschiedenheit der auf den Mänteln angebrachten Abzeichen jede Verwechselung der Orden ausschlösse.[5]) Aber selbst das hatte keinen dauernden Erfolg: Vielmehr mußte noch Gregor IX. den Templern am 15. September 1230 untersagen, den Deutschen Orden seiner Tracht wegen zu beunruhigen.[6]) Selbstverständlich war die hartnäckige Opposition der Templer in einer solchen Äußerlichkeit nur der Ausfluß der Feindschaft, die sie gegen den jüngeren Orden hegten und die neue Nahrung erhielt durch den Kampf zwischen Kaisertum und Papsttum: Diesem eng verbunden, ihm politisch und vermutlich auch finanziell unentbehrlich und daher von ihm mit Gunsterweisen überschüttet, sah der Templerorden in den

[1]) Vgl. oben S. 62 u. 65.
[2]) *Tabulae Ordinis Theutonici ed. Strehlke,* Nr. 299, 300 u. 301, S. 269/70.
[3]) Innocenz III., 28. Juli 1211: ebd. Nr. 301, S. 270.
[4]) Ebd. Nr. 308, S. 280.
[5]) Ebd. Nr. 368, S. 322.
[6]) Ebd. Nr. 449, S. 349.

Deutschen Herren, den Lieblingen Friedrichs II., besonders gefährliche Feinde, die er am sichersten zu Fall zu bringen hoffen durfte, wenn der gewaltige Staufer entthront und das Kaisertum gedemütigt wurde. So kam es in Palästina schließlich zwischen beiden Orden zu einem förmlichen Kriege: 1241 verjagten die Templer die Deutschen Herren aus fast allen ihren Besitzungen, verfolgten ihre Anhänger unbarmherzig und duldeten selbst ihre Geistlichen nicht mehr in den Kirchen. Der Deutsche Orden erhob Klage bei dem Kaiser und den Fürsten: Er wies auf das Ärgernis hin, das dadurch der Christenheit gegeben würde, daß eine Genossenschaft, die zur Bekämpfung der Sarazenen mit Einkünften gleichsam gemästet werde, ihre Mittel nicht nur gegen Christen, sondern sogar gegen ihre eigenen Brüder anwende.[1])

Diese Feindschaft wurde von der anderen Seite redlich erwidert, mit gutem Grunde insbesondere von Kaiser Friedrich II. selbst. Diesem galt der Deutsche Orden als das besondere Werk seiner großen Vorfahren.[2]) Wenn er aber unter den Wohltätern desselben seinen Großvater Friedrich I. nennt, so findet das durch die vorhandenen Urkunden freilich keine Bestätigung. Jedenfalls kann es sich dabei nicht um Gnadenerweise gehandelt haben, die Friedrich I. dem Hospital zugewandt hätte, das während der Belagerung von Accon errichtet wurde. Vielmehr wird man, will man in jenen Wendungen mehr sehen als bloß Blüten des Kanzleistils, dabei nur an Verleihungen denken dürfen, welche der Kaiser dem bis 1187 in Jerusalem bestehenden deutschen Hospital gewährt hatte. Auch von Heinrich VI. liegen Urkunden zugunsten des Deutschen Ordens nicht vor. Daß dieser sich aber seiner besonderen Gunst erfreut hat, wird angenommen werden dürfen im Hinblick auf den Schutzbrief, den Clemens III. der Kirche der Deutschen Brüder zu St. Marien von Jerusalem am 6. Februar 1191 gewährte,[3]) und auf die Urkunde, durch die Cölestin III. am 21. Dezember 1196 der neuen Genossenschaft ihre Besitzungen bestätigte und die ersten Rechte und Freiheiten verlieh.[4]) Denn beide Erlasse werden wohl durch kaiserliche Fürsprache erwirkt sein. Die besondere Bestimmung, zu der der Orden bei seiner Errichtung als Stütze der deutschen Vorherrschaft im Morgenlande berufen zu sein schien, brachte ihn von Anfang an zu Hospitalitern und Templern in einen Gegensatz, welcher der nur allzu entwickelungsfähige Keim ihrer späteren bitteren Verfeindung wurde. Fielen solche Entwürfe mit dem Tod

---

[1]) Matthäus Paris IV, S. 167/68. Vgl. S. 286.

[2]) *„structura specialis"* (Dezember 1222), *Tabul. Ord. Theut.*, Nr. 258, S. 241.

[3]) Ebd. Nr. 295, S. 263.

[4]) Ebd. Nr. 296, S. 264/65.

Heinrichs VI. zunächst auch in sich zusammen, so änderte doch der Übergang der Krone an einen Welfen nichts an dem intimen Verhältnis des Ordens zu dem deutschen Königtum. Nachdem König Philipp ihn am 20. Mai 1206 in seinen Schutz genommen und ihm die für die Entwickelung seines Besitzstandes wichtige Erlaubnis zur Erwerbung auch von reichslehnbaren Gütern gegeben hatte,[1]) ist die erste auf uns gekommene königliche Bestätigung seiner Güter im Reiche und die Gewährung besonderen Schutzes die von Otto IV. vom 10. Mai 1212.[2])

Glänzende Aussichten eröffneten sich dem Orden mit dem Regierungsantritt Friedrichs II. Es scheint, als ob dieser ihn in ähnlicher Weise zur besonderen Stütze seiner Herrschaft zu machen dachte, wie die römische Kurie sie in den beiden anderen Orden gewonnen hatte. Der Ordensmeister Hermann von Salza hat im Rate Friedrichs lange Zeit den ersten Platz eingenommen und auf seine Politik der Kirche gegenüber einen Einfluß geübt, den auch die Päpste als verdienstlich anerkannten. Diese Stellung seines Hauptes kam dem Orden zugute: Dem Meister seinen Dank für seine Dienste zu beweisen gewährte Friedrich diesem nicht bloß am Hofe, sondern auch im Reiche und bald so weit seine Macht reichte, auch innerhalb der Reichskirche, ebenfalls eine bevorzugte Stellung, von der aus er seine beiden älteren Brüder bald in mancher Hinsicht überflügelte.

Dies Verhältnis fand seinen Ausdruck in gewissen Äußerlichkeiten. Am 23. Januar 1216[3]) verlieh Friedrich dem Orden das Recht, daß seine Glieder, wenn sie am Hofe erschienen, als dem königlichen Haushalt angehörig betrachtet und demgemäß gehalten werden sollten. Damit sie aber die Angelegenheiten ihrer Genossenschaft daselbst wirksamer betreiben könnten, gestand er ihnen ferner als Lehen das Recht zu, daß der den Ordensgütern in Deutschland vorgesetzte Meister, kam er an den Hof, dem kaiserlichen Hofstaat zugezählt und ihm sowie seinem Kumpan *(socius)* für ihre Person und für sechs Pferde alles Nötige reichlich gewährt werden sollte. Auch sollten, um am Hofe Almosen zu sammeln, zwei Ordensbrüder einander dort regelmäßig ablösen und samt drei Pferden für jeden unterhalten werden. In ähnlicher Weise also, wie die geistlichen Ritterorden an der römischen Kurie in ihren Prokuratoren ständige Geschäftsführer hatten, erhielt der Orden solche an dem königlichen Hofe, für dessen Glieder durch die dauernde Anwesenheit eines Kollektors immer neuer Antrieb zu

[1]) Hennes, *Cod. dipl. Ord. Theut. I*, Nr. 7, S. 7.

[2]) *Tab. Ord. Theut.*, Nr. 252, S. 239.

[3]) Ebd. Nr. 254, S. 237.

Zuwendungen an die dem Herrscher so nahe verbundene Genossenschaft gegeben wurde. Diese Verleihung ist dann durch Friedrichs II. Sohn, König Heinrich VII., am 27. März 1227[1]) bestätigt und dahin erweitert worden, daß der Orden alle Privilegien und Bestätigungen von solchen ohne Kosten, d. h. ohne Entrichtung der üblichen Kanzleigebühren, ausgefertigt erhalten sollte. Das bedeutete eine finanzielle Erleichterung und stand in einem bemerkenswerten Gegensatz zu dem Brauche der römischen Kurie, wo die Orden in dergleichen Fällen sehr beträchtliche Aufwendungen an Taxen und Sporteln nötig hatten.

Demgegenüber wollten Verleihungen wenig bedeuten, die zunächst den einzelnen Ordensbrüdern und erst mittelbar der Genossenschaft als solcher zugute kamen, zugleich aber anderer Rechte schädigten und dadurch Anstoß gaben. Dahin gehört es, wenn Friedrich II. im Dezember 1222 bestimmte,[2]) es sollte niemand, der dem Orden beigetreten, für Schulden, die er vor Anlegung des Ordensgewandes gemacht, belangt und zur Zahlung angehalten werden dürfen; vielmehr hätten für solche Schulden diejenigen aufzukommen, auf die jener Besitz übergegangen wäre, selbst dann, wenn diese beim Eintritt einen Teil davon dem Orden zu eigen gegeben hätten.[3]) Es wäre zu verwundern, wenn das nicht manchen verschuldeten Edelmann veranlaßt haben sollte, sich seiner Gläubiger auf einfache Weise zu entledigen. Jedenfalls war sie vom privatrechtlichen Standpunkte aus anfechtbar und kann dem Orden kaum Freunde erworben haben. Ebenso mußte es als eine unbillige Bevorzugung empfunden werden, wenn Friedrich II., als er im April 1221[4]) dem Orden seine Güter bestätigte und ihn in Schutz nahm, ihm auch noch Freiheit verlieh von allen innerhalb des Reiches für Wege zu Land und zu Wasser zu entrichtenden Abgaben, so daß er seine Herden unentgeltlich weiden und tränken konnte.

Eine noch größere Durchbrechung des geltenden Rechts zugunsten des Ordens, und zwar auf einem Gebiete, wo daraus dem Königtum selbst Nachteile erwachsen konnten, enthielten Friedrichs II. Frei-

---

[1]) *Tab. Ord. Theut.*, Nr. 262, S. 242.

[2]) Ebd. Nr. 258, S. 241.

[3]) Ein Beispiel dafür gibt die Urkunde des Landgrafen Heinrich von Thüringen v. 13. Oktober 1234 bei Hennes, *Cod. dipl. ord. S. Mariae Theut. I*, Nr. 90, S. 101, worin dieser seinem in den Orden eintretenden Bruder Konrad eine Rente von 300 Mark Silber verspricht und sich verpflichtet zur Tilgung der Schulden desselben 3000 Mark, zahlbar in jährlichen Raten von 400 Mark, auf seine Güter anzuweisen.

[4]) *Tab. Ord. Theut.*, Nr. 257, S. 240.

briefe vom 5. September 1214[1]) und vom 10. April 1221[2]). Während die geistlichen Ritterorden ursprünglich von der Erwerbung im Lehensverbande stehender Güter ausgeschlossen waren, diese Bestimmung für die spanischen auch in Geltung geblieben[3]) und von Templern und Hospitalitern nur allmählich durchbrochen ist, bestimmte Friedrich damals in Wiederholung einer den Deutschen Herren bereits von König Philipp gewährten Freiheit,[4]) jeder, der ein Reichslehen innehatte, sollte dem Deutschen Orden davon so gut wie von seinem Eigen etwas verleihen dürfen. Damit wurde der Kreis der Begüterungen, die der Orden zu erwerben die Möglichkeit hatte, beträchtlich erweitert. Eine Benachteiligung des Reiches stand freilich davon so lange nicht zu befürchten, als der Orden mit dem Träger der Krone in so enger Verbindung stand wie damals. Dennoch werden Fälle nicht ausgeblieben sein, wo der Orden auf nicht völlig rechtmäßige Weise in den Besitz von Reichsgütern kam. Als Rudolf von Habsburg daran ging, die während des Interregnums dem Reiche entfremdeten Güter zurückzunehmen, wies er die von ihm dazu bestellten Kommissare an, ihre Untersuchung nicht eher auf den Deutschen Orden auszudehnen, als er sie ausdrücklich dazu auffordern würde, diesen vielmehr zunächst ruhig im Besitze ehemaliger oder angeblicher Reichsgüter zu belassen, da er ihm keine Beunruhigung bereitet sehen wolle.[5])

Weiter noch ging Friedrich II. in bezug auf die Kirchen, über die ihm als Reichsoberhaupt das Patronat zustand. Im März 1223[6]) erneute er die dem Orden am Tage seiner Krönung auf Bitten der römischen Kirche verliehene Berechtigung, den Ertrag derjenigen Kirchen, die ihm zum Besten der im Heiligen Lande kämpfenden Brüder überlassen waren, für Ordenszwecke zu verwenden, nachdem er die an ihnen fungierenden Vikare mit dem versehen habe, was zu ihrem Unterhalt und zu den dem Bischof zu leistenden Abgaben nötig war. Gleichzeitig gestattete er ihm, von allen Kirchen sowohl im Reiche wie in seinem Erbreiche, für die ihm – Friedrich – das Patronat oder das Präsentationsrecht zustand, im Falle ihrer Erledigung den während der Vakanz dem Reiche zufallenden Teil der Einkünfte ebenfalls zu Ordenszwecken zu verwenden und nach gebührender Versorgung der Geistlichen sogar Jahr und Tag zu beziehen. Damit trat der Orden in

[1]) *Tab. Ord. Theut.*, Nr. 253, S. 239.
[2]) Ebd. Nr. 255, S. 240.
[3]) Vgl. oben S. 86.
[4]) Vgl. oben S. 104.
[5]) *Tab. Ord. Theut.*, Nr. 266, S. 243.
[6]) Ebd. Nr. 260, S. 241.

all den hierher gehörigen Fällen geradezu an die Stelle des Kaisers und Königs, im Reiche nicht bloß, sondern auch in Neapel und Sizilien. Er gewann eine Stellung, an der, auch wenn er sie mit der größten Mäßigung geltend machte, die Kirche allen Grund hatte, Anstoß zu nehmen und die ihm die Feindschaft namentlich der Weltgeistlichkeit zuziehen mußte.

Die ihm von Friedrich II. eingeräumte bevorzugte Stellung hat der Orden in der Folge ungeschmälert behauptet. Denn auch die späteren Könige sahen in ihm einen Rückhalt und erwiesen ihm gleiche Gunst. Zusammenfassende Bestätigungen der ihm von seinem ersten großen Gönner verliehenen Privilegien liegen vor von dessen Sohn König Konrad IV. (Juni 1242, Hagenau)[1]), dem König Richard (28. November 1257, Neuß)[2]), Rudolf von Habsburg (11. Februar 1273, Köln)[3]), Adolf von Nassau (23. Mai 1293, Boppard)[4]) und Albrecht von Österreich (22. September 1298, Gebefeteln bei Rothenburg)[5]). Wenn die den Deutschen Herren darin verbrieften Rechte eine Erweiterung nicht erkennen lassen, mochte auch ihr Besitz im Reiche im Laufe der Zeit beträchtlich vermehrt sein, so ist das wohl zunächst daraus zu erklären, daß der Schwerpunkt der Tätigkeit des Ordens außerhalb des eigentlichen Reiches oder doch in dessen östlicher Grenzmark festgelegt war. Seit der Begründung seines Staates in Preußen hatte der Orden an seinen deutschen Begüterungen nur noch ein verhältnismäßig untergeordnetes Interesse. Trotz der nominellen Zugehörigkeit Preußens zum Reiche und seiner praktisch bereits illusorischen Unterordnung unter die Autorität seines Oberhauses erfreute er sich in dem Land an Weichsel und Pregel einer Stellung, die ihm auch in seinen deutschen Besitzungen selbst ohne besondere königliche Verleihung eine stolze Selbstherrlichkeit sicherte. Als Haupt eines in seiner Art einzig dastehenden Militär- und Beamtenstaates, der territorial in sich geschlossen war und dem Reiche viel mehr Schutz gewährte, als daß er seines Schutzes bedurft hätte, brauchte er zu weiterem Gedeihen kaum noch besondere Gunstbeweise des in seiner Macht schon so beschränkten Königtums. Auch war er unerreichbar für die Reformentwürfe, die gegen Ende des 13. Jahrhunderts in bezug auf die geistlichen Ritterorden erörtert wurden. An Anfeindungen aber hat es auch ihm nicht gefehlt: Nur befand er sich ihnen gegenüber in günstigerer

[1]) *Tab. Ord. Theut.*, Nr. 263, S. 242.

[2]) Ebd. Nr. 264, S. 243.

[3]) Ebd. Nr. 265, S. 243.

[4]) Ebd. Nr. 267, S. 244.

[5]) Ebd. Nr. 268, S. 244.

Lage als Templer und Hospitaliter. Um dieselbe Zeit, wo erstere ein furchtbares Verhängnis traf, letztere aber durch die Wiederaufnahme des statutenmäßigen dauernden Kampfes gegen die Ungläubigen von Rhodos aus ihre Existenzberechtigung von neuem zu erweisen suchten, erneute Heinrich VII. von Luxemburg, der an die großen Traditionen des staufischen Zeitalters anknüpfe, dem Deutschen Orden den Freibrief Rudolfs von Habsburg und nahm ihn samt seinen Untertanen und Gütern in seinen besonderen Schutz (6. März 1309, Speier)[1]). Eben damals wurde der stolze Bau des Ordensstaates in Preußen vollendet: Die Erwerbung Pommerellens mit dem wichtigen Danzig schloß ihn territorial ab und stellte die bisher fehlende Verbindung mit dem Mutterlande her, während die Verlegung des hochmeisterlichen Sitzes nach der Marienburg den Schlußstein einfügte in den merkwürdigen Bau, zu dem Hermann von Salza den Grund gelegt hatte.

Aber auch als Landesherr und Staatsoberhaupt hat der Deutsche Orden die Pflichten, welche ihm die päpstlicherseits bestätigte Regel auferlegte, unverändert weiter geübt. Doch nahm diese Seite seiner Tätigkeit, die einst sein Wesen ausgemacht hatte, jetzt natürlich viel geringeren Raum ein und hatte weniger sachliche als bloß formale Bedeutung. Denn es handelte sich dabei hinfort eigentlich doch nur um die Beobachtung eines ehrwürdigen alten Brauches, in dem die Bedeutung der Genossenschaft, wie sie sich nunmehr gestaltet hatte, kaum noch recht zum Ausdruck kam, der ihr aber die erwünschte Möglichkeit bot, die überkommenen Formen mit einem neuen Inhalt zu erfüllen und die auf die berechneten Organe mit neuen, wesentlich höheren Funktionen auszustatten. Für die Zeitgenossen seiner Errichtung war er zunächst den älteren Ritterorden im Grunde ganz gleichgeartet gewesen. Das Neue und Besondere an ihm fanden diese nur darin, daß er die von jenen beiden anfangs gesondert geübten Tätigkeiten alsbald vereinigte und demgemäß sofort mit Einrichtungen ins Leben trat, die bei jenen erst im Fortgang ihrer Entwickelung getroffen worden waren. Die Hospitaliter waren ursprünglich nur zur Pflege kranker und armer Pilger bestimmt gewesen, die Templer zur Bekämpfung der Ungläubigen. Dann hatten jene das Beispiel dieser nachgeahmt und wiederum diese sich dem Vorbild jener angepaßt. So erst waren die Stiftungen Gerards und Hugos de Payns zu geistlichen Ritterorden geworden, wobei an den Templern als das epochemachende Neue die An- und Einfügung eines Ordensklerikates hervorgehoben

[1]) *tab. Ord. Theut.*, Nr. 269, S. 244.

wurde. Der Deutsche Orden entlehnte nun von den Templern diese eigenartige Verbindung von Klerikat und Rittertum, von den Hospitalitern die einst ihr Wesen ausmachende Armen- und Krankenpflege und stellte sich so gewissermaßen dar als eine Vereinigung und vervollkommnete Wiederholung beider, obgleich die Hospitaliter damals längst militärische Pflichten übten und die Templer auch für Arme und Kranke sorgten.[1]) Es war daher eigentlich nur natürlich, daß der neuen Genossenschaft, welche gleichmäßig die Haupttätigkeiten der beiden älteren übte, auch gleichmäßig in beiden Richtungen Vorschub geleistet und sie daher in bezug auf die Rechte und Freiheiten, die ihr die Erfüllung ihres doppelten Berufes erleichtern sollten, jenen beiden völlig gleichgestellt wurde. Ihr Streben war natürlich von Anfang an darauf gerichtet, und auch dabei wird ihr die enge Verbindung mit Friedrich II. und dessen kraftvolle Fürsprache bei der päpstlichen Kurie zugute gekommen sein. Am Ziele aber war der Deutsche Orden, als Honorius III. ihm am 9. Januar 1221[2]) alle Freiheiten, Immunitäten und Indulgenzen verlieh, die Hospitalitern und Templern bisher von der Kirche gewährt worden waren. Die damit vollzogene Gleichstellung der drei Orden hat freilich die Fortdauer der Eifersucht und das zeitweilige Entbrennen erbitterten Streites zwischen ihnen nicht hindern können. Denn wie die Dinge einmal lagen, hat es an Anlässen dazu eigentlich niemals gefehlt, und unter dem Einfluß der allgemeinen kirchlichen und politischen Lage, die auch ihr Verhältnis zum Papsttum bedingte, hat eine gewisse Nebenbuhlerschaft zwischen ihnen dauernd bestanden. Sie wurde gesteigert, wenn gelegentlich der eine Orden dem anderen in Rom sozusagen den Rang ablief und sich die Bewilligung neuer Rechte auswirkte. Wenn Gregor XI. durch eine am 16. Juni 1376 zu Avignon ausgestellte Bulle[3]) dem Deutschen Orden alle den Hospitalitern zustehenden Rechte und Freiheiten einräumt und sich dabei auf den Vorgang Alexanders IV. beruft, so darf daraus geschlossen werden, daß die Deutschen Herren um die Mitte des 13. Jahrhunderts sich gegen die

[1]) Diese Auffassung tritt auch in den älteren päpstlichen Bestätigungen deutlich zutage. In seiner Bulle vom 19. Januar 1199 (*Tab. Ord. Theut.*, Nr. 297, S. 266) bestätigt Innocenz III. auch *„ordinationem factam in ecclesia vestra juxta modum Templariorum in clericis et militibus, et ad exemplum Hospitalariorum in pauperibus et infirmis"*, und Honorius III. bestätigt 8. Dezember 1216 (ebd. Nr. 303, S. 272) *„ordinationem factam in ecclesia vestra juxta modum Templariorum in clericis et militibus et aliis fratribus et ad exemplum Hospitalariorum in pauperibus et infirmis, sicut provide facta est et a vobis recepta et hactenus observata."*

[2]) *Tab. Ord. Theut.*, Nr. 309, S. 281.

[3]) Ebd. Nr. 685, S. 433.

Hospitaliter benachteiligt gefühlt und bei Alexander IV. (12. Dezember 1254 bis 25. Mai 1261) eine ausdrückliche Gleichstellung mit ihnen durchgesetzt hatten. Später scheint das gleiche auf der anderen Seite eingetreten zu sein, denn am 11. Dezember 1389 gewährt Bonifaz IX.[1]) den Hospitalitern all die Privilegien, die der Deutsche Orden bisher von der Kirche erhalten hatte. Übrigens möchte man annehmen, Honorius' III. Bulle vom 9. Januar 1221 betreffend die rechtliche Gleichstellung des Deutschen Ordens mit dem der Hospitaliter habe für ersteren zunächst mehr einen theoretischen als eigentlich praktischen Wert gehabt. Wesentlich neue Rechte in bezug auf seine Stellung zur Kirche dürften ihm dadurch kaum eingeräumt sein, wohl aber die bisher erworbenen und geübten endgültig gegen Anfechtung von einer Seite geschützt worden sein, welche die ehemalige Unterordnung des Deutschen Hospitals zu Jerusalem wiederholt zu benutzen suchte, um auch den neuen Orden ihrer Autorität zu beugen.[2])

Das älteste der dem Deutschen Orden bewilligten päpstlichen Privilegien – denn der Schutzbrief Clemens' III., für die Kirche S. Maria von Jerusalem der Deutschen Brüder vom 6. Februar 1191[3]) kommt hier nicht in Betracht – ist das Cölestins III. vom 21. Dezember 1196.[4]) Auch darin handelt es sich noch nicht eigentlich um den Orden, sondern nur um das in Accon zur Pflege deutscher Pilger errichtete Hospital, doch bezeichnet es einen wichtigen Fortschritt in dessen Entwickelung zum Orden. Demselben werden die an verschiedenen Orten erworbenen Güter, die ihm bisher verliehenen Freiheiten und Immunitäten und der von seinen Gliedern in ihrem gemeinsamen Leben beobachtete Brauch bestätigt unter gleichzeitiger Verleihung des Rechtes, ihren Vorsteher selbst zu wählen. Außerdem erhält es Zehntenfreiheit für die von ihm urbar gemachten Ländereien sowohl wie für diejenigen, die es zu eigenem Bedarf oder auf eigene Kosten bebaut. Die Erteilung des Chrisma und des geweihten Öles, die Weihe seiner Kirchen, Altäre und Begräbnisplätze sowie derjenigen Brüder, die Priester werden, ist bei den Diözesanbischöfen nachzusuchen, sofern diese katholisch und in der Gnade des römischen Stuhles sind.[5]) Die zu seinen Gunsten getroffenen letztwilligen Verfügungen derer, die auf seinen Kirchhöfen begraben zu wer-

[1]) *Tab. Ord. Theut.*, Nr. 686, S. 484.

[2]) Vgl. oben S. 100.

[3]) *Tab. Ord. Theut.*, Nr. 295, S. 263.

[4]) Ebd. Nr. 296, S. 264/65.

[5]) Die gelegentliche Beibehaltung der ursprünglichen Praxis in diesem Punkte lehrt Hennes I, Nr. 361, S. 378.

den wünschen, sollen respektiert werden, doch ist dabei jede Verletzung des Rechtes der Kirchen zu vermeiden, deren Sprengel die Verstorbenen angehören. Endlich wird die Unantastbarkeit der Häuser und Niederlassungen des Hospitals und damit das ihm zustehende Asylrecht anerkannt. Auch für die rechtliche Stellung des geistlichen Ritterordens, der bald danach auf Anregung der deutschen Fürsten, die als Vorläufer Heinrichs VI. in Palästina erschienen waren, aus dem Hospital hervorging, hat dieses Privileg Cölestins III. die Grundlage gegeben: Enthielt es doch den Keim zu all den Freiheiten, die demselben nach dem Vorbild der Templer und Hospitaliter und im Wettbewerb mit beiden zuteil wurden. Die ihm von den Päpsten in der Folge bewilligten Verleihungen sind eigentlich nur Wiederholungen und Erweiterungen der hier getroffenen Bestimmungen. Von besonderer Wichtigkeit in der Reihe der hierher gehörigen Urkunden ist nächst der Innocenz' III. vom 19. Februar 1199,[1]) in welcher der inzwischen konstituierte Orden zuerst bezeichnet wird als beruhend auf einer Kombination der Regeln der Templer und der Hospitaliter,[2]) der umfängliche Freibrief, den am 8. Dezember 1216[3]) Honorius III. den Deutschen Herren bewilligte und den man als deren *Magna Charta* bezeichnen möchte. Wichtig für die Entwickelung des Ordens war es, daß darin das Deutsche Hospital zu Accon ausdrücklich als das Haupt der gesamten Genossenschaft und als allen anderen Häusern derselben übergeordnet anerkannt wurde.[4]) Auch findet sich hier entsprechend den Bestimmungen, die ursprünglich für all diese Orden maßgebend waren, das ausdrückliche Verbot des Eingehens von lehensrechtlichen und verwandten Verpflichtungen, welche die Brüder zu Treueiden und ähnlichen Gelöbnissen nötigen würden. Es ist unter dem Einfluß der Verhältnisse auch hier bald außer Wirksamkeit gesetzt worden. Auch hier nahmen Bischöfe und Pfarrer besonders Anstoß an dem Begräbnisrecht des Ordens, das ihm Legate zuwandte, die andernfalls sie selbst für ihre Kirchen zu hoffen gehabt hätten. Häufig forderten sie infolgedessen einen Anteil von solchen dem Orden zufallenden Vermächtnissen, nach einem von Honorius III. am 16. Januar 1221[5]) erlassenen Verbot ein Drittel, während ihnen nach dem damaligen Brauch nur ein Viertel zustand, bei dessen Berechnung Pferde und Waffen des Verstorbenen nicht einbezogen werden durften.[6]) Nicht minder

---

[1]) *Tab. Ord. Theut.*, Nr. 297, S. 266.

[2]) Vgl. oben S. 109.

[3]) *Tab. Ord. Theut.*, Nr. 303, S. 272.

[4]) Ebd. S. 273.

[5]) Ebd. Nr. 316, S. 287. Vgl. Nr. 335, S. 301, und Nr. 363, S. 319.

[6]) Ebd. Nr. 413, S. 338.

aber empfanden Bischöfe und Pfarrer als finanzielle Schädigung, daß dem Orden – wie auch Templern und Hospitalitern – die Abhaltung von Kollekten in ihren Kirchen gestattet war. Sie suchten denselben allerlei Hindernisse zu bereiten, u. a. indem sie an demselben Tage, an dem die Almosen heischenden Ordensbrüder erscheinen sollten, ihrerseits ähnliche Sammlungen zu anderen frommen Zwecken oder zum Besten anderer Brüderschaften veranstalteten. Daher kehren unter den dem Orden gewährten päpstlichen Erlassen solche besonders häufig wieder, worin die Bischöfe zur Respektierung dieses Ordensrechtes ermahnt und angewiesen werden, auch ihre Pfarrer dazu anzuhalten.[1]) Gleich häufig erging an diese die Mahnung, sich jeder Verletzung der Zehntenfreiheit des Ordens zu enthalten. Denn diese wurde auch hier die Quelle immer wieder erneuten Streites, weil sie von seiten des Ordens – genau so, wie das von Templern und Hospitalitern geschah – weit über ihren ursprünglichen Geltungsbereich hinaus beansprucht und durchgesetzt wurde. Denn sie blieb wiederum nicht beschränkt auf die von dem Orden erst urbar gemachten Grundstücke und die von ihm zu eigenem Bedarf oder auf eigene Kosten bebauten, für die sie ihm ursprünglich allein zugestanden worden war, sondern sollte ohne Unterschied allen in den Besitz des Ordens gekommenen Ländereien zugute kommen. Die Klagen hierüber, welche die Bischöfe deswegen gegen die beiden älteren Orden erhoben hatten, waren bereits unter Alexander III. auf dem Laterankonzil von 1179 mit verwandten Beschwerden zur Sprache gebracht worden, ohne daß die darüber gefaßten Beschlüsse Abhilfe geschafft hätten: Sie wurden nicht durchgeführt, da der Papst die Orden ausdrücklich vor den nachteiligen Wirkungen schützte und die von ihnen beobachtete Praxis weiter duldete. Ähnliches wiederholte sich nach dem Laterankonzil von 1215: Honorius III. verfügte im Hinblick auf dessen den Orden nachteilige Beschlüsse am 18. Januar 1228,[2]) es dürfe auch von den durch den Orden erst nach dem Konzil erworbenen und in Bebauung genommenen und unmittelbar benutzten Ländereien ein Zehnter nicht erhoben werden. Außerdem (21. Januar 1221)[3]) verbot er überhaupt, die Deutschen Herren auf Grund der Beschlüsse jenes Konzils irgendwie zu beunruhigen, da sie nächst Gott in dem römischen Bischof ihren vornehmsten Beschützer hätten und die ihnen verliehenen Freiheiten zu deuten ausschließlich demjenigen zustehe, der sie verliehen

[1]) Honorius III., 16. Januar 1221 *Tab. Ord. Theut.*, Nr. 319, S. 289 und Alexander IV., 15. Mai 1260, Nr. 611, S. 408.

[2]) Ebd. Nr. 328, S. 296.

[3]) Ebd. Nr. 342, S. 306.

habe.[1]) Unter solchen Umständen entbrannte der Streit zwischen dem Orden und dem Episkopat von Zeit zu Zeit immer wieder und wurde durch das Einschreiten der Kurie stets nur für einige Zeit beschwichtigt.[2])

Natürlich galt, was der Orden in bezug auf den eigentlichen kirchlichen Zehnten als Recht zur Anerkennung brachte, schließlich auch in bezug auf außerordentliche kirchliche Auflagen. Nikolaus IV. befreite ihn am 1. März 1290 von dem Drittel des Zehnten, das er dem König von Sizilien für den Krieg gegen Aragonien bewilligt hatte,[3]) und Bonifaz VIII. wiederholt diese Exemtion am 9. Februar 1296.[4]) Auch von dem sogenannten Zwanzigsten, den die Prälaten unter Umständen für Kriegszüge und Wachtdienste von den ihnen unterstellten Kirchen und geistlichen Genossenschaften erheben durften, war der Orden frei, wie bereits Honorius III. am 19. Januar 1221[5]) anerkannt hatte. Eine Folge davon war seine Befreiung auch von dem den Prälaten zu leistenden Kriegsdienst. Honorius III. motiviert sie mit dem für den Orden geltenden Verbot des Kampfes gegen Christen.[6]) Weiterhin war der Orden daher auch nicht gehalten, den Prälaten zur Errichtung von Befestigungen Hilfe zu gewähren.[7]) Auf einem anderen Gebiete waren die Rechte der Prälaten dadurch beschränkt, daß sie die Leute des Ordens nicht mit Geldstrafen belegen durften.[8]) Ebenso galt für sie nicht das übliche Herbergsrecht gegenüber den Ordenshäusern: Honorius III. begründete diese Bestimmung am 16. Januar 1221, allerdings zu einer Zeit, wo auch die Deutschen Herren durch den unglücklichen Ausgang des Kampfes um Damiette ihre Hilfsmittel erschöpft sahen, mit dem Hinweis darauf, daß sie zunächst ihr ganzes Vermögen an den Glaubenskampf setzen sollten.[9]) Alexander IV. befreite den Orden dann am 11. Juli 1256 auch von den Aufwendungen für Gesandte der römischen Kirche.[10]) Auch galt ihm gegenüber nicht das Recht der Prälaten und der päpstlichen Gesandten zur Erhebung von Prokurationen in barem Gelde: Diese bereits von Honorius III.[11]) anerkannte Freiheit ist durch

[1]) Ein weiteres Verbot des Zehntennehmens erließ Honorius III. 8. Februar 1221 *Tab. Ord. Theut.*, Nr. 356, S. 314. Vgl. Nr. 407, S. 335.

[2]) Alexander IV. 15. März 1260, ebd. Nr. 611, S. 408.

[3]) Ebd. Nr. 665, S. 426.

[4]) Ebd. Nr. 670, S. 428.

[5]) Ebd. Nr. 322, S. 300. Vgl. Nr. 334, S. 301 und Nr. 345, S. 307.

[6]) Ebd. Nr. 401, S. 332.

[7]) Ebd. Nr. 345, S. 307.

[8]) Ebd. Nr. 337 u. 349, S. 303/4.

[9]) Ebd. Nr. 317, S. 288.

[10]) Ebd. Nr. 535, S. 377.

[11]) Ebd. Nr. 402, S. 333.

Alexander IV.,[1]) Clemens IV.[2]) und Cölestin V.[3]) bestätigt worden. Doch konnte ihm nach des letztgenannten Papstes Erlaß in einzelnen Fällen durch ausdrücklichen päpstlichen Befehl die Zahlung von Geldprokurationen zur Pflicht gemacht werden. Auch auf die Übung des später entwickelten Rechtes zur Erteilung von Provisionen, d. h. Anwartschaften auf erst später zur Erledigung kommende geistliche Stellen und Pfründen, haben die Päpste dem Orden gegenüber im wesentlichen verzichtet, da in jedem einzelnen Falle die Zustimmung des Ordens erforderlich sein sollte.[4])

Handelte es sich in den bisher berührten Fragen um eine ausnahmsweise Befreiung des Ordens von Zahlungen und Leistungen, zu denen geistliche Genossenschaften der Kirche gegenüber sonst verpflichtet waren, so waren beinahe von noch höherer Bedeutung für sein finanzielles Gedeihen und seine fortschreitende Exemtion von den ordentlichen kirchlichen Autoritäten die positiven finanziellen Rechte, die er genoß, da sich aus deren trotz allem Widerstande durchgesetzter Übung Konsequenzen ergaben, die ihn der Kirche gegenüber eine ähnliche Unabhängigkeit gewinnen ließen, wie sich deren die beiden anderen Orden erfreuten. Der Zehntenfreiheit des Ordens stand gegenüber sein Recht, seinerseits Zehnten zu erwerben. Es war ihm durch Honorius III. in der Bulle vom 15. Dezember 1220 zuerkannt, unter der Voraussetzung, daß die Erwerbung mit Zustimmung des betreffenden Bischofs geschah.[5]) Am 22. November 1258 wies Alexander IV. die Bischöfe an, den Orden auf seinen Wunsch zu unterstützen bei der Einziehung des Zehnten und anderer Gefälle, die ihm als Kirchenpatron zustanden, sowie beim Ankauf neuer Zehnten.[6]) Derselbe Papst gestattete dem Orden am 16. November 1260, insbesondere in Deutschland, auch in fremden Pfarreien Zehnten, die in Laienhand gekommen, unter dem gleichen Vorbehalt und nach Sicherung der Rechte der betreffenden Kirchen an sich zu bringen.[7]) Dabei durfte er, während sein eigenes Neuland von jeher zehntenfrei war, seinerseits Zehnten auch von solchem innerhalb der Pfarrsprengel seiner Kirchen erheben kraft einer Entscheidung Innocenz' IV.[1])

---

[1]) 11. Juni 1258. *Tab. Ord. Theut.*, Nr. 583, S. 397.

[2]) 28. Mai 1266. Ebd. Nr. 643, S. 418.

[3]) 17. November 1294. Ebd. Nr. 668, S. 427.

[4]) Vgl. die Erlasse Alexanders IV. vom 8. März 1257 ebd. Nr. 538, S. 380, und 8. August 1257 Nr. 563, S. 389, und 5. November 1257 Nr. 574, S. 393.

[5]) Ebd. Nr. 306, S. 275.

[6]) Hennes I, Nr. 184, S. 166.

[7]) *Tab. Ord. Theut.*, Nr. 613, S. 409.

Einen besonders wichtigen Platz aber muß in dem finanziellen Haushalt auch dieses Ordens der Ertrag der Kollekten eingenommen haben, die er regelmäßig durch ausgesandte Brüder vornehmen durfte. Das geht daraus hervor, daß er gerade dieses Recht sich am häufigsten von den Päpsten hat bestätigen lassen und diese immer wieder Veranlassung fanden, den Prälaten und Pfarrern seine Respektierung einzuschärfen und dagegen Handelnde mit Strafe zu bedrohen.[2]) Ersteren war dieses Recht des Ordens besonders anstößig, weil mit seiner Übung eine Schmälerung ihrer geistlichen Autorität verbunden war. Nach dem Vorbild der älteren Orden verlieh Honorius III. dem Deutschen am 16. Januar 1221, um die ihm zur Befreiung des Heiligen Landes zur Verfügung stehenden Mittel zu vermehren, das Privileg, es sollten beim Erscheinen der von ihm zum Einsammeln von Almosen ausgeschickten Brüder in interdizierten Orten zur Feier von deren Ankunft, zu Ehren des Deutschen Hospitals und aus Respekt vor den Brüdern einmal im Jahr die Kirchen geöffnet werden dürfen, um unter Ausschluß der Exkommunizierten und namentlich Interdizierten Gottesdienst zu halten. Bei dieser Gelegenheit finden wir deutliche Spuren davon, daß die eigentümliche Anschauung, die wir bei den Anfängen des Hospitaliterordens kennen gelernt und als besonders wirksam für dessen Ausbreitung zunächst in der Pyrenäischen Halbinsel hervorgehoben haben,[3]) in bezug auf den Deutschen Orden auch damals noch geherrscht und, von der Kurie selbst anerkannt und geltend gemacht, dem Wachstum desselben und der Vermehrung seiner Mittel zugute gekommen ist. Nach den Worten nämlich, deren die päpstliche Kanzlei sich bedient, galt jeder, der dem Orden etwas zur Förderung seiner Zwecke zur Verfügung stellte, als dessen Genosse und wurde als Glied der ihn umgebenden Konfratria, d. h. selbst als Konfrater gewisser kirchlicher Vorteile und geistlicher Segnungen teilhaftig, in diesem besonderen Falle des Erlasses des siebenten Teils der ihm jährlich auferlegten kirchlichen Bußen[4]) und der Sicherheit kirchlichen Begräbnisses, außer wenn er exkommuniziert oder als Wucherer bekannt war. Gleichzeitig mit der Gewährung des Kollektenrechtes am 20. Januar 1221[5]) richtete Honorius III. an die Prälaten

[1]) *Tab. Ord. Theut.*, Nr. 529, S. 374.

[2]) Vgl. die Erlasse Honorius' III. 15., 16. u. 19. Januar und 20. Februar 1221 ebd. Nr. 312, 314, 315, 331 u. 367.

[3]) Vgl. oben S. 22/23.

[4]) *Tab. Ord. Theut.*, Nr. 321, S. 291.

[5]) Ebd. Nr. 341, S. 305.

die eindringliche Mahnung, den Orden in dessen Übung nicht zu hindern, indem sie an den dafür bestimmten Tagen in ihren Kirchen zum Besten anderer Brüderschaften Sammlungen veranstalteten: Vielmehr sollten sie dafür sorgen, daß die Gläubigen sich dem Orden möglichst zahlreich anschlössen. Auch hier also erscheint der eigentliche Orden umgeben von einem Kreise ihm nur locker Verbundener, die vermöge der ihm gemachten Zuwendungen mit ihm der Autorität der Pfarrer und der Bischöfe in gewissen Punkten entrückt sind: Der Deutsche Orden hat infolgedessen auch seinerseits zur Lockerung der kirchlichen Verbände beigetragen.

Im Vergleich mit dem Ertrage, der dem Orden aus diesen Quellen zufloß, werden die Summen allerdings gering gewesen sein, die er aus anderen ihm von der Kurie erschlossenen zu ziehen nur von Zeit zu Zeit Gelegenheit hatte. Dahin gehört es, wenn Alexander IV. am 9. August 1257 ihm erlaubte, von dem Gut, das von dem unrechtmäßigen Erwerber auf kirchliches Gebot wieder herausgegeben werden mußte, dem darum gebrachten rechtmäßigen Eigentümer aber nicht mehr zugestellt werden konnte, sowie von dem Erlös, der aus dem Rückkauf unerfüllbar gewordener Gelübde gezogen wurde – es hat sich dabei wohl namentlich um solche von Pilgerfahrten gehandelt, die zu machen die Betreffenden verhindert wurden –, eine Summe bis zu 1000 Pfund für seine Zwecke jenseits des Meeres zu verwenden.[1])

Wichtiger und folgenreicher für die Entwickelung des Ordens sowohl wie für die der kirchlichen Verhältnisse überhaupt wurden auch hier die positiven Rechte, die den Deutschen Herren auf Grund der geistlichen Eigenschaft ihrer vollberechtigten Mitglieder von der Kirche eingeräumt wurden. Es wiederholt sich da im wesentlichen der Vorgang, durch den ihre anfänglich beschränkte Zehntenfreiheit allmählich in immer weiterem Umfang zur Anerkennung gebracht wurde. Sehr genau umgrenzte Rechte, die dem Orden die Erfüllung auch der geistlichen Seite seines Berufes erleichtern sollten, sind allmählich immer weiter gedeutet und dank der Gunst der Kurie trotz des Widerstandes der Bischöfe und Pfarrer zur Anerkennung gebracht worden. Während Honorius III. in dem großen Freibrief vom 8. Dezember 1216[2] dem Orden nur erlaubte, in den ihm übertragenen und von ihm angebauten Ländereien zum Bedarfe der Passanten, außerdem aber nur derjenigen, die seinen Tisch teilten, Kapellen zu errichten und Kirchhöfe anzulegen unter dem ausdrücklichen Vorbehalt, daß dadurch kein

[1]) *Tab. Ord. Theut.*, Nr. 564, S. 390. Vgl. Nr. 597, S. 403.

[2]) Ebd. Nr. 303, S. 273 und die Wiederholung vom 19. Januar 1221, Nr. 336, S. 302.

fremdes Recht gekränkt würde, und mit der Begründung, es sei unziemlich und gefährlich, die Ordensbrüder beim Kirchgange sich unter die Menge der Männer und Weiber mischen zu lassen, so konnte dagegen von seiten der Geistlichkeit ebensowenig ein Einwand erhoben werden wie gegen die Bestimmung desselben Papstes, wonach der Orden berechtigt sein sollte, in den den Sarazenen abgenommenen Gebieten, wo er Städte und Burgen gründen durfte, auch Kirchen aufzuführen, die unmittelbar unter dem Papste stehen sollten.[1]) Tatsächlich aber hat der Orden das Recht zum Bau von Kirchen und zur Anlegung von Kirchhöfen weit über das ihm gestattete Maß geübt und vermöge der dabei beanspruchten und durchgesetzten eximierten Stellung die kirchliche Ordnung vielfach gestört und durchbrochen. Denn diesen Ordenskirchen standen schließlich tatsächlich die gleichen Rechte zu wie den Pfarrkirchen, ohne daß Pfarrern und Bischöfen das gleiche geleistet worden wäre wie von jenen. Es wurden dort alle geistlichen Handlungen vorgenommen, und zwar nicht bloß für die Passanten und die Tischgenossen des Ordens. Denn bereits Honorius III. hatte am 4. Januar 1223[2]) verfügt, die Angehörigen der Pfarreien dürften nicht gehindert werden, die Ordenskirchen zu besuchen, den Orden zu unterstützen und sich des Begräbnisses auf seinen Kirchhöfen zu versichern. Die Ordenskirchen wurden infolgedessen zu Mittelpunkten von Gemeinden, deren Angehörige häufig gar nicht in ihrem Sprengel wohnten, sondern über die benachbarten Kirchensprengel zerstreut waren, sich daher den ihnen eigentlich dort obliegenden kirchlichen Pflichten entzogen. Wenn Honorius III. am 5. Februar 1221 dem Orden die Erlaubnis gegeben hatte, an den Türen seiner Häuser ausgesetzte oder geborene Kinder zu taufen, allerdings unter Benutzung allein eines unscheinbaren Beckens,[3]) so dürfte auch diese Beschränkung bald nicht mehr beachtet worden sein. Von weit größerer Bedeutung aber wurde für den Orden, augenscheinlich besonders durch die Menge der Zuwendungen, die ihm infolgedessen gemacht wurden, das Recht, unter Umständen auch solche, die ihm nicht unmittelbar angehörten, auf seinen Friedhöfen zu begraben. Dies hatte bereits den Brüdern des Deutschen Hospitals zugestanden nach der Bulle Cölestins III. vom 21. Dezember 1196 in bezug auf diejenigen, die in ihrem letzten Willen die entsprechende Bestimmung getroffen hatten, sofern sie nicht exkommuniziert oder interdiziert waren, und zwar unter ausdrücklichem Vorbehalt der Rechte der Kirchen, bei denen diese Leute eigentlich hätten

---

[1]) *Tab. Ord. Theut.*, Nr. 410, S. 337 und Nr. 415, S. 340.

[2]) Ebd. Nr. 369, S. 323.

[3]) Ebd. Nr. 350, S. 310.

beigesetzt werden müssen.[1]) Augenscheinlich aber ist dieser Vorbehalt von den Deutschen Herren ebensowenig respektiert worden wie von Templern und Hospitalitern und infolgedessen die Art, in der sie das Begräbnisrecht übten, ebenfalls frühzeitig der Gegenstand des Streites zwischen ihnen und Bischöfen und Pfarrern geworden. Auch hier nämlich wurde der Begriff der Konfratrie möglichst weit ausgedehnt, so daß bereits jeder, der den zum Kollektieren erscheinenden Ordensbrüdern eine milde Gabe zuwandte, daraufhin im weiteren Sinn des Wortes als Konfrater angesehen und zum Mitgenuß der einem solchen zustehenden Vorrechte zugelassen wurde. Das Begräbnis auf den Kirchhöfen des Ordens wurde aber auch solchen gewährt, die nicht einmal in dieser lockeren Verbindung mit ihm gestanden hatten, sondern erst auf dem Sterbebette durch ein ihm ausgesetztes Legat diese Gunst erkauften. Über dies Verfahren erhoben Prälaten und Pfarrer immer wieder Beschwerde, sahen sich aber in Rom regelmäßig abgewiesen.[2]) Hatte der Orden zunächst, wie es scheint, nur diejenigen seiner Konfratres auf seinen Kirchhöfen begraben dürfen, denen kirchlicherseits aus irgendeinem Grunde – mit Ausnahme der Exkommunikation und des Interdiktes – das Begräbnis versagt wurde,[3]) so änderte sich das durch die allmählich üblich werdende Praxis schließlich vollständig, und die infolgedessen dem Orden immer reichlicher zufließenden Legate wurden der Gegenstand heftigen Streites zwischen ihm und den Prälaten. Wesentlich trug dazu bei, daß auch dieser Orden und seine Angehörigen gegen Bann und Interdikt der Bischöfe gesichert waren.

Aber noch in anderer Weise sahen die Prälaten ihre Autorität den Ordenskirchen gegenüber empfindlich gekürzt. Rücksichtlich der Weihe von Kirchen und Altären sowie des heiligen Öles und der Priester war das Deutsche Hospital durch Cölestin III.[4]) auf die betreffenden Diözesanbischöfe angewiesen, sofern diese gut katholisch und seine Bitte zu erfüllen bereit waren. Andernfalls durfte es sich damit an einen andern Bischof wenden, ebenso wie vermutlich auch dann, wenn der darum Angegangene die Erfüllung des Gesuches nicht unentgeltlich zugestehen wollte: denn der Deutsche Orden wird da mit Templern und Hospitalitern gleichgestanden haben. Wenn ein Prälat, nachdem er eine solche Bitte des Ordens erfüllt hatte, hinter-

[1]) *Tab. Ord. Theut.*, Nr. 296, S. 264 und Nr. 298, S. 266ff.

[2]) Vgl. die Erlasse Honorius' III., vom 16., 18. u. 19. Januar und vom 5. Februar 1221 und vom 4. Januar 1223 ebd. Nr. 315, 329, 331, 336, 348 u. 369, S. 286ff. Vgl. auch Nr. 409, S. 336.

[3]) Honorius III., 5. Februar 1221, ebd. Nr. 349, S. 310.

[4]) Ebd. Nr. 296, S. 264.

her das Recht des Ordens auf die betreffende Kirche anzufechten versuchen sollte, so war er nach einer Bestimmung Honorius' III. damit ohne weiteres abzuweisen und der Orden im ungestörten Besitz der betreffenden Kirche zu lassen.[1]) Dieses ganze Verhältnis wurde dadurch besonders verwickelt und für die Geistlichkeit noch in anderer Hinsicht unbequem und nachteilig, daß auch dem Deutschen Orden ein zahlreicher Klerikat zuwuchs, welcher mit seiner geistlichen Tätigkeit nicht auf die Kirchen und Kapellen bei den Ordenshäusern beschränkt blieb, sondern ein Recht geltend machte auf die vom Orden gehörigen und die ihm als Patron unterstellten Kirchen, schließlich aber auch noch auf andere, dem Orden in keiner Weise verbundene hinübergriff. Ursprünglich dem Diözesanbischof unterstellt, sind diese Geistlichen wie die der beiden anderen Orden auf Grund der exemten Stellung des Ordens und seiner Kirchen der Autorität der Ordinarien bald völlig entwachsen, Honorius III. hatte dem Orden durch ein Privileg vom 15. Dezember 1220[2]) zunächst nur erlaubt, zum Zweck geordneter Verwaltung der Sakramente ehrbare Kleriker und Gott wohlgefällige Priester, wo sich ihm die Gelegenheit dazu bieten würde, aufzunehmen und in seinen Häusern und auf seinen Gütern zu halten, falls sie nicht schon einem andern Orden verpflichtet wären: Kämen sie aus der Nachbarschaft, so sollte er die Zustimmung des ihnen vorgesetzten Bischofs dazu erbitten. Aber auch, wenn dieser die Erlaubnis verweigerte, sollte er sie bei sich behalten dürfen kraft ihm erteilter Vollmacht der römischen Kirche; ungeeignet befundene war er berechtigt, durch Spruch des Kapitels wieder zu entfernen und durch geeignete zu ersetzen, die, in einem Probejahr bewährt, den Prozeß ablegen und im Gehorsam gegen den Meister zu dauerndem Dienst in den Orden aufgenommen werden sollten, ohne jedoch einen Anteil zu erhalten an dessen inneren Angelegenheiten.[3]) Die Bestimmung wurde dann bereits am 18. Januar 1221 wiederholt.[4]) Dieselbe deckt sich durchaus mit der für die Hospitaliter und Templer getroffenen. Wie bei den beiden älteren Orden, so scheint auch hier der durch diese Neuerung entstandene Bedarf an Geistlichen bei der großen Zahl der Ordenshäuser und Ordenskirchen nicht gleich haben gedeckt werden zu können. Im Besitz einer ausgiebigen Pfründe befindliche Geistliche mögen Bedenken getragen haben, diese aufzugeben, ohne dauernder Versorgung im Orden

[1]) *Tab. Ord. Theut.*, Nr. 359, S. 316.
[2]) Ebd. Nr. 306, S. 275.
[3]) Ebd. S. 277.
[4]) Ebd. Nr. 329, S. 298.

sicher zu sein. So läßt wenigstens die Verfügung Honorius' III. vom 9. Februar 1221[1]) vermuten, nach der Geistliche unter Beibehaltung ihrer Pfründe dem Orden ein bis zwei Jahre dienen dürfen. Alexander IV. hat dann durch eine Bulle vom 28. Juli 1257[2]) die herkömmliche einjährige Probezeit für Kleriker nicht bloß, sondern auch für Laien überhaupt aufgehoben: Kleriker sowohl wie Laien konnten hinfort ohne solche alsbald als Brüder aufgenommen werden, durften den Orden dann auch nicht wieder verlassen.

Die dadurch entstandenen verwickelten Kompetenzverhältnisse wurden nun noch komplizierter, weil auch der Deutsche Orden im Laufe der Zeit als Kirchenpatron eine einflußreiche Stellung gewann und bei der Übung der ihm daraus erwachsenen Rechte begreiflicherweise zunächst die ihm angehörigen Geistlichen berücksichtigte. Auch hier sehen wir ihn beschränkte Rechte, durch die Bischöfe und Pfarrer nicht weiter geschädigt wurden, allmählich immer weiter ausdehnen und dem gesteigerten Widerspruch gegenüber erfolgreich üben. Nach einer Urkunde des Erzbischofs Siegfried von Mainz vom 19. November 1219[3]) bedurfte der Orden ursprünglich zur Erwerbung des Patronates über eine Kirche der Zustimmung des Metropoliten, in dessen Diözese dieselbe lag. Andererseits finden wir ihn aber auch in teilweisem Besitze von Kirchenpatronaten, so daß das Präsentationsrecht ihm in Gemeinschaft mit anderen zusteht.[4]) Das Bestätigungsrecht aber, das den Diözesanbischöfen in ihrem Sprengel in bezug auf die vom Orden für die Ordenskirchen präsentierten Geistlichen ursprünglich zustand, wurde ziemlich illusorisch, seit Honorius III. die Prälaten für verpflichtet erklärte, die Bestätigung zu erteilen, sobald die Präsentierten geeignet wären und dem Bischof das ihm Gebührende leisteten.[5]) Bald kam auch dieser Vorbehalt in Wegfall, und Alexander IV. erklärte aus Anlaß der vom Orden erhobenen Beschwerden am 22. Oktober 1258[6]) die Bischöfe schlechtweg für gehalten, die vom Orden für die Kirchen seines Patronates präsentierten Geistlichen zu bestätigen. Diese Entscheidung ist dann durch Urban IV. am 4. Oktober 1263[7]) und durch Nikolaus IV. am 2. April 1289[8]) bestätigt worden, durch

---

[1]) *Tab. Ord. Theut.*, Nr. 362, S. 318.

[2]) Ebd. Nr. 560, S. 387.

[3]) Hennes I, Nr. 40, S. 42.

[4]) Ebd. I, Nr. 14, S. 12 u. 13; Nr. 47, S. 48 und Nr. 48, S. 49.

[5]) 16. Januar 1221. *Tab. Ord. Theut.*, Nr. 318, S. 288; vgl. Nr. 327, S. 295.

[6]) Ebd. Nr. 593, S. 400.

[7]) Ebd. Nr. 631, S. 414.

[8]) Ebd. Nr. 664, S. 424.

letzteren unter Ausdehnung des Rechts des Ordens auch auf die Kirchen, die erst nach dem Erlaß Alexanders IV. unter sein Patronat gekommen wären. Die bischöfliche Bestätigung war also auch hier nur noch eine Formalität. Anfangs nun sind die so bestellten Vikare und Pfarrer der Ordenskirchen in geistlichen Dingen dennoch dem Bischof des betreffenden Sprengels zweifellos so untergeordnet gewesen, wie in weltlichen dem Orden.[1]) Zu Klagen aber gab wiederum bald der Mißbrauch Anlaß, daß manche Vikare die geistlichen Funktionen an der ihnen zugewiesenen Kirche nicht selbst wahrnahmen, sondern sich darin durch einen von ihnen bestellten Vikar vertreten ließen, den sie dafür durch einen Teil ihrer Pfründe entschädigten. Hiergegen sah sich bereits Honorius III. mit einem Verbot vom 20. Februar 1221 einzuschreiten genötigt.[2]) Streitigkeiten mit den Bischöfen entstanden ferner über die Frage, wem die Einkünfte erledigter Ordenskirchen bis zu ihrer Wiedervergebung zustünden. Auch hier hatte bereits Honorius III. am 5. Februar 1221[3]) zugunsten des Ordens entschieden, indem er ihm das Recht zusprach, solche Kirchen zwanzig Tage lang einzubehalten und ihre Einkünfte für seine Zwecke zu verwenden, während die Bischöfe diese für sich verlangten und deshalb die Wiederbesetzung der betreffenden Stellen möglichst hinauszögerten. Doch herrschte auch bei dem Deutschen Orden hier nur das finanzielle Interesse. Honorius III. hat dem noch Vorschub geleistet, indem er ihm erlaubte, die Einkünfte seiner Kirchen, soweit sie nicht für die standesgemäße Versorgung der Vikare und die Leistung des den Bischöfen Gebührenden aufgingen, in seinem Interesse anderweitig zu verwenden.[4]) Die Unabhängigkeit der vom Orden bestellten Geistlichen den Bischöfen gegenüber, soweit es sich nicht um rein kirchliche Angelegenheiten handelte, hat bereits Honorius III. – wohl im Interesse des Friedens zwischen dem Orden und den Prälaten – dadurch zu sichern gesucht, daß er den Bischöfen ausdrücklich verbot, von den Kaplänen der dem Orden gehörigen Kirchen die Leistung von Treue und Gehorsam zu fordern.[5]) Daß die Bischöfe ihre Rechte nicht ohne weiteres preisgaben, sondern in jedem einzelnen Falle zu behaupten und bei erster Gelegenheit wieder zu gewinnen suchten, ist begreiflich genug, doch trat ihnen dabei wiederum regelmäßig die Kurie entgegen und nahm

[1]) Gregor IX. bezeichnet sie am 22. Mai 1237 (*Tab. Ord. Theut.*, Nr. 466, S. 354) ausdrücklich als „*sibi* (den Bischöfen) *de spiritualibus et vobis de temporalibus responsuros*".

[2]) Ebd. Nr. 338, S. 304.

[3]) Ebd. Nr. 347, S. 309.

[4]) Ebd. Nr. 408, S. 336.

[5]) Ebd. Nr. 406, S. 335.

für den Orden Partei. Ein Erlaß Alexanders IV. vom 8. April 1256[1]) verbot den Prälaten ganz allgemein, auf diesem Gebiete Neuerungen zu versuchen und den Ordenskirchen gegenüber andere Rechte zu beanspruchen, als ihnen bisher anerkanntermaßen zugestanden hätten. Wie aber trotzdem der Friede da immer wieder gestört wurde, indem der Episkopat gelegentlich gewaltsam vorging, können wir daraus vermuten, daß Alexander IV. verfügte, die Bischöfe dürften Ordenskirchen, die durch den Fortgang der für sie bestellten Vikare erledigt wären, nicht in Besitz nehmen, sondern hätten die vom Orden dafür präsentierten Geistlichen binnen längstens vierzig Tagen in ihren Besitz zu setzen.[2]) Der Einfluß des Ordens auf diesem Gebiete wurde noch gesteigert und die schon so arg gekürzte Autorität der Bischöfe über die in ihrem Sprengel fungierenden Ordensgeistlichen noch weiter gemindert dadurch, daß das Präsentationsrecht des Ordens seit Alexander IV., der mit der betreffenden Bestimmung aber wohl nur eine bereits herrschende Gepflogenheit bestätigt haben dürfte, nicht auf Ordenskleriker beschränkt war, sondern auch zugunsten von Weltgeistlichen geübt werden konnte.[3]) Mußte schon die verhältnismäßige Unabhängigkeit, in der die Ordensgeistlichen und die von dem Orden an den Kirchen seines Patronates angestellten Weltgeistlichen sich den kirchlichen Oberen gegenüber befanden, auf die Geistlichkeit überhaupt eine gewisse Anziehungskraft ausüben und sie veranlassen, den Dienst des Ordens zu suchen, so kam dazu als ein noch besonders starkwirkendes Motiv die Sicherheit, deren die Ordensglieder und Ordensleute, Geistliche sowohl wie Laien, sich vor Bann und Interdikt erfreuten. In dieser Hinsicht hatte wiederum bereits Honorius III. den Prälaten jede Gewalt über die dem Orden Angehörigen abgesprochen: Nur der römische Bischof selbst, so hieß es in dem Privileg vom 1. Oktober 1218,[4]) könne gegen diese Bann und Interdikt verhängen, und die Bischöfe haben, falls sie sich oder ihre Leute durch den Orden beschwert fühlen, sich klagend nach Rom zu wenden, um durch die Kurie zu ihrem Rechte zu kommen. Dabei blieb es auch in der Folge: Nur durch den Papst selbst oder auf Grund einer von ihm gegebenen direkten Weisung konnten gegen den Orden Bann und Interdikt ausgesprochen werden.[5]) Damit wurden auch diejenigen, mit denen der

[1]) *Tab. Ord. Theut.*, Nr. 534, S. 376; wiederholt 24. Mai und 22. November 1258 ebd. Nr. 580 u. 596, S. 396 u. 402.

[2]) Ebd. Nr. 617, S. 410.

[3]) Ebd. Nr. 581, S. 397.

[4]) Ebd. Nr. 305, S. 275.

[5]) Ebd. Nr. 405, S. 334 und Nr. 542, S. 382.

Orden in dauernder Lebensgemeinschaft stand und daher notgedrungen verkehren mußte, vor diesen schwersten kirchlichen Zensuren geschützt und die Prälaten an dem Gebrauche der wirksamsten Waffe gehindert. Alexander IV. verfügte demgemäß am 22. Februar 1259, auch diejenigen dürften nicht exkommuniziert oder interdiziert werden, welche die Mühlen und Backöfen des Ordens benutzten oder mit ihm durch Kauf und Verkauf verkehrten[1]): denn wenn sie aus der Kirchengemeinschaft ausgeschlossen werden konnten, wäre der Orden durch die Berührung mit ihnen ohne weiteres dem gleichen Schicksale verfallen gewesen. Durch eine solche Bestimmung wurde auch hier die Strafgewalt der Bischöfe weiten Kreisen gegenüber geradezu matt gesetzt, und dabei konnten diese Kreise jeder Zeit auf sehr einfache Weise weiter ausgedehnt werden. Eigentlich war die Exemtion des Ordens und aller ihm irgendwie Zugehörigen von der Gewalt der Ordinarien schon ohnedies eine vollendete Tatsache. Ebenso nämlich wie früher die auf Konzilien gemachten Versuche, die Zehntenfreiheit des Ordens auf die ihr ursprünglich angewiesenen Grenzen zu beschränken, mißlungen waren, kam auch eine Konstitution Innocenz' IV. ihm gegenüber nicht zur Geltung, durch welche die Unabhängigkeit der Exemten den Ordinarien gegenüber gekürzt und der letzteren Autorität wenigstens zum Teil wiederhergestellt werden sollte. Vielmehr nahm Innocenz IV. selbst den Orden am 6. März 1252 davon ausdrücklich aus[2]) und erklärte am 10. Februar 1254, daß seine Stellung dadurch in keiner Hinsicht verändert sei. Infolgedessen brauchte der Orden auch nicht, wie das andere exemte Korporationen damals mußten, seine Privilegien den Ordinarien zur Bestätigung vorzulegen.[3])

Bei der Menge der Streitpunkte, die sich aus den dem Orden verliehenen Vorrechten und den Angriffen der Prälaten darauf immer von neuem ergaben, konnte das Verhältnis der Deutschen Herren zu den Bischöfen nur dauernd ein gespanntes sein und mußte stets wieder durch mehr oder minder scharfe Konflikte gestört werden. In diesen aber sehen wir die Päpste regelmäßig auf der Seite des Ordens, dem die Verfechtung seiner Ansprüche bereits von Honorius III. dadurch erleichtert worden war, daß er ihm am 5. Februar 1221 das Recht der Appellation an den päpstlichen Stuhl ausdrücklich zuerkannte für alle die Fälle, wo die Sache eine solche überhaupt zuließ und sie nicht schon durch eine spezielle päpstliche Verfügung ausgeschlossen

---

[1]) *Tab. Ord. Theut.*, Nr. 603, S. 404.

[2]) Ebd. Nr. 523, S. 371.

[3]) 9. August 1257. Ebd. Nr. 566, S. 390.

war.[1]) Im übrigen war natürlich auch der Deutsche Orden durch seine Vertreter in Rom unausgesetzt tätig, um sich immer wieder neue Bestätigungen seiner allgemeinen und speziellen Privilegien auszuwirken und sich des päpstlichen Schutzes für die Zukunft zu versichern. Die lange Reihe dieser Urkunden beginnt mit der Bulle Innocenz' III. vom 27. Juni 1209,[2]) die dann bereits am 18. Februar 1215[3]) wiederholt wurde. Besonders zahlreich sind die zugunsten des Ordens ergangenen Verfügungen der Art unter Honorius III., der gleich zu Beginn seines Pontifikates, am 8. Dezember 1216,[4]) den Orden unter Bestätigung seiner Güter und Rechte in seinen besondern Schutz genommen hatte. Eine umfängliche Tätigkeit im Interesse des Ordens entwickelte die päpstliche Kanzlei dann zeitweise besonders unter Gregor IX.: Massenhafte Bestätigungen früherer Privilegien erfolgten im Juli und August 1227,[5]) wohl unter dem Einfluß des guten Verhältnisses, das damals zwischen Gregor IX. und Friedrich II. bestand. Der Kaiser bereitete seinen Kreuzzug vor, bei welchem den Deutschen Herren naturgemäß eine hervorragende Rolle zufallen mußte. Aber eben infolge seiner engen Verbindung mit dem Staufischen Hause konnte auch der leidenschaftliche Kampf, der zwischen Friedrich II. und dem Papsttum entbrannte, nicht ohne störende Einwirkung bleiben auf die Beziehungen des Ordens zu der römischen Kurie. Ihren Spuren begegnen wir in dem Erlasse Gregors IX. vom 12. Januar 1240, worin auf Grund einer Klage der kaiserfeindlichen Hospitaliter deren Ansprüche wieder aufgenommen wurden auf die Unterordnung des deutschen Hospitals zu Accon, anerkanntermaßen des Haupthauses des Deutschen Ordens, und damit dieses selbst unter die Hospitaliter.[6]) Unter Hinweis auf die mehrfach erwähnte Urkunde Cölestins II.[7]) und ihre Bestätigung durch Hadrian IV.[8]) wurde der Orden vorgeladen, bis zum nächsten Michaelistage vor dem Papste zu erscheinen und sich wegen der widerrechtlichen Lösung jenes Abhängigkeitsverhältnisses zu verantworten. Doch hat es sich dabei wohl nur um eine aus politischer Berechnung erfolgte Drohung gehandelt, die keine weiteren Folgen hatte. Sowohl Innocenz IV.[9]) wie

---

1) *Tab. Ord. Theut.*, Nr. 352, S. 311.

2) Ebd. Nr. 298, S. 266.

3) Ebd. Nr. 302, S. 270.

4) Ebd. Nr. 303, S. 272; vgl. Nr. 411, S. 337.

5) Ebd. Nr. 425 ff., S. 344 ff.

6) Ebd. Nr. 468, S. 354.

7) *Cartulaire*, Nr. 154/55, I, S. 123/24.

8) Vgl. oben S. 63.

9) 15. April 1247. *Tab. Ord. Theut.*, Nr. 511, S. 368.

Alexander IV.[1]) haben dem Orden ihre Gunst durch Neubestätigung seiner Privilegien und Güter bewiesen. Der letztere erlaubte ihm am 3. Mai 1257 ausdrücklich auch die Aufnahme solcher, die als Anhänger Friedrichs II., Konrads IV. und Manfreds gebannt waren, nach vorheriger Absolution durch einen Ordenspriester.[2])

Fast dauernd finden wir die Kurie bemüht, das Verhältnis zwischen dem Orden und den Prälaten zu bessern. Immer von neuem empfiehlt sie ihn eindringlich dem Wohlwollen der Erzbischöfe und Bischöfe: Sie sollen auf die ihrer Obhut Befohlenen zu seinen Gunsten einwirken und sie zu Spenden an ihn veranlassen.[3]) Mit gesteigertem Nachdruck geschah das, als die Bedrängnis des heiligen Landes wuchs und auch der Deutsche Orden mit seinen Mitteln den dort an ihn gestellten Ansprüchen zu genügen außerstande war. Clemens IV. wies am 11. Januar 1267 die Kreuzprediger an, in diesem Sinne ihre Zuhörer zu beeinflussen.[4]) Doch gelang es der päpstlichen Autorität nicht, den Frieden dauernd aufrechtzuerhalten: Ihre Mahnungen fanden bei der hohen Geistlichkeit nicht das gewünschte Gehör, vielmehr suchte diese, wie es scheint, trotz der so oft erneuten päpstlichen Privilegien ihre Ansprüche dem Orden gegenüber bei jeder günstigen Gelegenheit durchzusetzen. Bereits Honorius III. mußte den Prälaten Achtung einschärfen vor den Privilegien des Ordens und den sie begründenden päpstlichen Erlassen und sie ermahnen, daß sie die Eingesessenen ihrer Sprengel von Verletzungen der Ritter und ihrer Güter abhielten.[5]) Dennoch sah er sich später genötigt, sie in strengen Worten anzuweisen, die betreffenden Erlasse aufmerksam zu lesen und für ihre genaue Verfolgung Sorge zu tragen.[6]) Er begründet das damit, daß sonst Kleriker und Laien sich immer mehr gegen den Orden herausnehmen würden. Wenn derselbe Papst ein anderes Mal es den Prälaten zur Pflicht macht, dem Orden, falls er Recht bei ihnen zu suchen veranlaßt sei, dieses nicht vorzuenthalten,[7]) so wird dadurch das Bild nur bestätigt, welches sich uns aus all diesen einzelnen Zügen von

[1]) 5. März 1257. *Tab. Ord. Theut.*, Nr. 537, S. 379.

[2]) Ebd. Nr. 540, S. 381.

[3]) Honorius III., 8. Februar 1221 und 3. Februar 1223 ebd. Nr. 357 u. 389, S. 314 u. 328. Eine Ausnahme bildet, wie es scheint, die Haltung des Erzbischofs Dietrich von Trier, der am 27. Februar 1241 alle diejenigen bannte, die dem Ordenshospital zu Koblenz gemachte Schenkungen diesem vorenthalten aber rechtswidrig okkupieren. Hennes I, Nr. 105, S. 113.

[4]) *Tab. Ord. Theut.*, Nr. 647, S. 419.

[5]) 16. Januar 1221. Ebd. Nr. 314, S. 283.

[6]) 31. Januar 1223. Ebd. Nr. 383, S. 326.

[7]) Ebd. Nr. 409, S. 336.

dem schlechten Verhältnis und den fast unausgesetzten Streitigkeiten zwischen dem Orden und den Prälaten ergibt. Dementsprechend sind denn auch solche päpstlichen Erlasse häufig, worin die Geistlichkeit angewiesen wird, gegen diejenigen mit kirchlichen Zensuren und selbst mit Bann und Interdikt vorzugehen, die den Orden belästigen, seine Brüder niederwerfen und seine Güter und Häuser verletzen.[1]) Hier und da scheint demnach auch zwischen diesem Orden und seinen geistlichen Gegnern ein förmlicher kleiner Krieg geherrscht zu haben.

Dank der Gunst der Kurie erlangte der Orden so schließlich eine Stellung, in der er sich ähnlich wie Hospitaliter und Templer auch der höchsten kirchlichen Autorität in vielen Stücken entziehen konnte und einer Unabhängigkeit erfreute, welche dieser selbst vielfach unbequem wurde, ohne daß sie sie zu kürzen oder gar aufzuheben vermocht hätte. Denn auch hier haben die Päpste sich und ihren Nachfolgern gewissermaßen die Hände gebunden und ein Einschreiten gegen Mißbräuche und Auswüchse selbst unmöglich gemacht. So hat bereits Honorius III. am 15. Januar 1221 es ausdrücklich als Recht des Deutschen Ordens anerkannt, daß er päpstlichen Verfügungen, welche ihm früher erteilten Privilegien zuwiderliefen, keine Folge zu geben brauchte.[2]) Alexander IV. erklärte weiterhin päpstliche Erlasse für den Orden nicht verpflichtend, wenn er darin nicht ausdrücklich als mit davon betroffen genannt wäre.[3]) Clemens IV. erstreckte dies am 31. Mai 1265 auch auf die von der Kurie ergehenden allgemeinen Vorladungen.[4])

Das Gesamtergebnis der Entwicklung des Deutschen Ordens auf diesem Gebiete kann demnach nur dahin zusammengefaßt werden, daß auch er durch stetige Erweiterung der ihm eingeräumten Ausnahmestellung der Autorität der Kirche sich in einem Maße entzog, wie es ursprünglich sicherlich nicht in der Absicht der ihn begünstigenden Päpste gelegen hatte. Sind allerdings die letzten Konsequenzen daraus nur in Preußen gezogen worden, wo der Orden es innerhalb seines Staates zur Bildung einer Landeskirche brachte, die sich unbeschadet der Oberhoheit des römischen Bischofs einer weitgehenden Selbständigkeit erfreute und von ihm als dem Landesherrn bis zuletzt

---

[1]) Honorius III., 16. Januar 1221: *Tab. Ord. Theut.*, Nr. 322, S. 291; 8. Februar 1221: Nr. 358, S. 315; 9. Februar: Nr. 361, S. 318; 16. Januar 1223: Nr. 379, S. 325. Vgl. Nr. 403, S. 332 und Nr. 414, S. 339.

[2]) Ebd. Nr. 311, S. 283; vgl. Nr. 404, S. 334.

[3]) Ebd. Nr. 618, S. 411.

[4]) Ebd. Nr. 638, S. 417.

in straffer Dienstbarkeit gehalten wurde. Dort hat er es daher auch wagen können, gegen ihn ergangenen päpstlichen Strafmandaten offen zu trotzen und hat selbst die Verhängung des Interdikts über das Land für ihn keine von den üblen Folgen gehabt, die sie anderwärts hervorzubringen pflegte. Doch läßt sich nicht verkennen, daß auch hier mit dem Wachstum der Unabhängigkeit des Ordens von den kirchlichen Autoritäten gewisse Wandelungen in seinem Innern gleichen Schritt hielten, die seine Gesamtentwickelung ungünstig beeinflußten und ähnliche Mißstände herbeiführten, wie sie sich bei Templern und Hospitalitern haben. Wenn das hier später und vielleicht für weitere Kreise weniger auffällig geschah, so wird der Grund davon einmal darin zu suchen sein, daß die Deutschen Herren zu St. Marien der ursprünglich im Mittelpunkte auch ihres Berufes stehenden Verpflichtung zum Kampf für den Glauben in Preußen länger und noch zu einer Zeit nachkommen konnten, wo die übrigen Ritterorden die Möglichkeit dazu längst verloren hatten, und weiter darin, daß sie infolge ihrer Beschränkung auf den Adel deutscher Nation weniger häufig und weniger gründlich als jene von fremden Beobachtern in ihrem Leben und Wirken verfolgt und beurteilt werden konnten. Die auch ihm von altersher obliegende Pflicht zur Armenpflege freilich hat der Orden auch dort noch gewissenhaft erfüllt: Noch in späterer Zeit hielt er an dem Brauch fest, daß vor Antritt eines Kriegszuges in jedem einzelnen Ordenshause eine feierliche Speisung der Armen stattfand.[1]) Doch lassen auch hier schon ältere päpstliche Verfügungen einzelne Punkte als solche erkennen, wo eine auf das Innere des Ordens nachteilig wirkende Entwickelung einsetzen konnte oder bereits eingesetzt hatte und durch Gegenmaßregeln der Kurie aufgehalten werden sollte. Es handelt sich dabei zumeist um Neuerungen, welche die alte strenge Zucht im Orden zu lockern geeignet waren, indem sie minderwertigen Elementen allzu freien Zugang erschlossen. Dahin gehört in erster Linie die Beseitigung der älteren Vorschriften, welche die Würdigkeit neu zugelassener Genossen hatten verbürgen sollen. Insbesondere kam die durch die Ordenssatzungen gebotene Probezeit allmählich in Wegfall. Bereits Honorius III. hatte am 16. Januar 1221 dem Orden erlaubt, jeden Kreuzfahrer, soweit nicht ein besonders kanonisches Hindernis bei ihm vorlag, ohne weiteres in die Zahl seiner Brüder aufzunehmen,[2]) Alexander IV. aber gestattete ihm am 28. Juli 1257 – zu einer Zeit, wo die

[1]) U. Klein, Die zentrale Finanzverwaltung im Deutschordensstaat Preußen. S. 32.
[2]) *Tab. Ord. Theut.*, Nr. 320, S. 290.

Bedrängnis der dürftigen Reste der christlichen Herrschaft im heiligen Lande besonders arg und daher auch das Bedürfnis nach möglichst rascher Vermehrung der Zahl der dorthin zu entsendenden Ritter besonders dringend war – sowohl Kleriker wie Laien alsbald als Brüder aufzunehmen und verbot den so Aufgenommenen den Wiederaustritt.[1]) Daß man es in solchen Zeiten mit der Prüfung der moralischen Qualitäten der Aufzunehmenden nicht allzu streng nahm, ist begreiflich: war doch den Templern zur Zeit der bescheidenen Anfänge ihres Ordens die Aufnahme selbst von gebannten Rittern nach vorheriger Absolution durch den Diözesanbischof ausdrücklich gestattet gewesen und später noch durch Alexander III. dem Orden von Montjoie in Aragonien die gleiche Freiheit gewährt worden.[2]) Daher kann es nicht wundernehmen, wenn auch dem Deutschen Orden dieser Weg zur Vermehrung seiner Genossen freigegeben wurde, zumal er die Möglichkeit bot, um weltlicher Händel willen mit der Kirche zerfallene Edelleute mit dieser zu versöhnen. Schon Honorius III. erlaubte dem Orden am 18. Januar 1221 auch solche Ritter aufzunehmen, die früher Gewalttaten gegen andere Ordensleute oder Geistliche begangen hätten, nachdem sie auf Grund ihrer Erklärung, in den Orden eintreten zu wollen, von dem Bischof der betreffenden Diözese absolviert wären[3]) – das Verfahren entspricht also ganz dem seinerzeit für ähnliche Fälle bei den Templern eingeführten.[4]) Für geringere Vergehungen dagegen bedurfte es schon damals der bischöflichen Intervention nicht: Die solcher Schuldigen konnten nach einer Bestimmung Honorius' III. nach der Aufnahme von den Ordensgeistlichen Absolution erhalten.[5]) Am 15. März 1255 machte dann Alexander IV. dem Orden auf diesem Gebiete eine weitere Konzession, die wohl gewisse da gelegentlich entstandene Schwierigkeiten heben sollte. Weil es nämlich häufig vorkam, daß Ritterbrüder, die sich durch früher begangene Raubtaten und Brandlegungen in ihrem Gewissen beunruhigt fühlten, die Erlaubnis nachsuchten, aus Preußen und Livland in die Heimat zurückkehren, um den einst durch sie Geschädigten Genugtuung zu geben, so sollten diese, da sie im Kampf gegen die Ungläubigen nicht wohl zu entbehren wären, von den Ordensgeistlichen beschwichtigt und auf Grund der bewiesenen Reue absolviert und so zum Verzicht auf ihr

[1]) *Tab. Ord. Theut.*, Nr. 560, S. 387.

[2]) Vgl. oben S. 92.

[3]) *Tab. Ord. Theut.*, Nr. 326, S. 294.

[4]) Vgl. oben S. 26/27.

[5]) *Tab. Ord. Theut.*, Nr. 400, S. 332.

Vorhaben bestimmt werden, zumal sie ja infolge der Ablegung des Gelübdes der Armut über die Mittel zu nachträglichem Erlaß des von ihnen angerichteten Schadens gar nicht verfügten.[1]) Wie die Praxis des Ordens sich gelegentlich jedoch auch anders gestaltete, zumal ihm dann neue Mittel für seine nächsten Zwecke zuflossen, geht daraus hervor, daß Alexander IV., als er am 18. Mai 1258 den Ordenspriestern ganz allgemein Vollmacht gab, Ordensbrüder für Brandlegung und Raub, die sie vor Annahme des Gewandes begangen, zu absolvieren, gleichzeitig dem Orden gestattet, die Bußen, welche Ordensbrüder zur Entlastung ihres Gewissens für frühere Vergehungen derart zahlten, zum Besten des Kampfes gegen die Ungläubigen im heiligen Lande, Livland und Preußen zu verwenden, wenn die einst Geschädigten nicht mehr zu ermitteln wären. Auf diese Weise wird denn freilich im Laufe der Zeit doch wohl mancher Ritter aufgenommen sein, der, von dem den Orden ursprünglich erfüllenden idealen Sinn unberührt, in ihm vielmehr nur eine Zuflucht suchte, um sich vor den üblen Folgen eines früheren wüsten Lebens zu bergen. Wandelten solche ihre Denkweise doch wohl nicht gleich mit dem Eintritt von Grund aus, so fehlte es auch für die, welche keine so üble Vergangenheit hinter sich hatten, nicht an Interessen, die sie an die Welt und ihr Leben darin knüpften. Dahin gehört es, wenn Innocenz IV. am 18. Mai 1254 den Ordensbrüdern in Deutschland ihr Erbrecht sicherte, abgesehen von demjenigen, was ihnen als Lehen zugestanden haben würde.[2]) Früh hat also auch der Deutsche Orden darauf verzichtet, von denen, die den weißen Mantel mit dem schwarzen Kreuz anlegten, eine so vollständige Lösung von allem Wesentlichen zu fordern, wie das ursprünglich im Sinn seiner Satzungen lag. Es bedurfte einer solchen gar nicht, um zum Mitgenuß der mancherlei Vorteile zugelassen zu werden, die er seinen Angehörigen gewährte. Derselbe erhielt infolgedessen schon früh etwas von der Anziehungskraft, die ihn nachmals zu einer Art von Versorgungsanstalt für die jüngeren Söhne deutscher Fürsten- und Adelshäuser hat werden lassen.[3]) Deshalb suchte man sich die Aufnahme wohl auch durch unerlaubte Mittel zu erschließen und machte sich so der Simonie schul-

[1]) *Tab. Ord. Theut.*, Nr. 532, S. 375.

[2]) Ebd. Nr. 528, S. 373. Hierher gehört auch der Erlaß Alexanders IV. vom 1. Juni 1258, der speziell den Brüdern des Ordenshauses zu Koblenz erlaubt, was ihnen durch Erbschaft oder sonst von Rechts wegen zufällt, anzunehmen und zu behalten. Hennes I., Nr. 179, S. 163.

[3]) Wie auch Eltern durch Schenkungen an den Orden ihrem Sohne für später die Aufnahme zu sichern suchten, lehrt Hennes I, Nr. 174, S. 160.

dig. Darin wird man später um so weniger gefunden haben, als im Gegensatz zu der strengen älteren Auffassung der geistlichen Ritterorden, nach der die Simonie zu den schweren, mit dem Verlust des Ordensgewandes zu büßenden Vergehen gehörte, Alexander IV. am 22. Oktober 1258 den Ordensgeistlichen zu absolvieren.[1])

Unter solchen Umständen wird denn allerdings auch das Leben der Brüder in manchen Konventen nicht einwandfrei gewesen sein. Streitigkeiten, die gelegentlich zu Raufereien führten, waren so wenig etwas Ungewöhnliches, daß Innocenz IV. am 4. Januar 1246 die Ordensprioren bevollmächtigte, die Brüder zu absolvieren, die sich solcher schuldig gemacht hätten.[2]) Nach einer Bestimmung Alexanders IV. vom 11. Juli 1257 brauchten die Ordensbrüder sich überhaupt bloß bei ungewöhnlich schweren Vergehen nach Rom zu wenden und konnten in allen anderen Fällen von den Ordenspriestern absolviert werden.[3]) Da es den minderwertigen Leuten, die sich Aufnahme zu verschaffen gewußt hatten, hinterher begreiflicherweise in dem Orden auf die Dauer nicht gefiel, suchten sie durch den Austritt sich seinen Fesseln wieder zu entziehen. Das war allerdings streng genommen durch den Sinn des bei der Aufnahme abgelegten Gelübdes sowie durch ausdrückliches päpstliches Verbot zum voraus ausgeschlossen. Dennoch wurde unter Umständen die Ablegung des Gewandes gestattet, sei es zum Zweck des Übertrittes in einen anderen Orden, sei es, um zum weltlichen Leben zurückzukehren. Doch bedurfte es dazu der Erlaubnis des Meisters, wie das bereits Honorius III. am 1. Februar 1223 anerkannt hatte.[4]) Einmal kam es sogar vor, daß infolge schwerer Konflikte mit den Brüdern, die jede ersprießliche Wirksamkeit für die Zukunft ausschlossen, der bisherige Meister Gerhard von Malberg den Orden verließ und auf Grund besonderer Erlaubnis Innocenz' IV. vom 16. Januar 1245 zu den Templern übertrat.[5]) Doch wurde dabei ausdrücklich anerkannt, damit solle kein Präjudiz zum Nachteil des Ordens erfolgt sein, seinen Gliedern vielmehr der Übertritt zu den Templern nach wie vor verboten bleiben (17. Januar 1245).[6]) Nicht wenige von denen, die in dem Orden die gehoffte Befriedigung nicht fanden oder sich in den dort gesuchten Vorteilen getäuscht sahen, haben sich eigenmächtig des Gewandes entäußert und sind zu dem

[1]) *Tab. Ord. Theut.*, Nr. 594, S. 401.

[2]) Ebd. Nr. 497, S. 365.

[3]) Ebd. Nr. 538, S. 386.

[4]) Ebd. Nr. 385, S. 327.

[5]) Ebd. Nr. 483, S. 361; vgl. Nr. 486, S. 362.

[6]) Ebd. Nr. 488, S. 363.

ungebundenen weltlichen Leben zurückgekehrt. Daran nahm der Orden begreiflicherweise besonders schweren Anstoß, da solche Leute nur zu geeignet waren, sein Ansehen zu schädigen und ihn in der öffentlichen Meinung herabzusetzen. Gegen sie rief er daher immer wieder die Autorität der Kirche zu Hilfe, und immer von neuem ergingen päpstliche Erlasse, die es den Prälaten zur Pflicht machten, gegen diese Abtrünnigen und ihre Beschützer mit kirchlichen Zensuren einzuschreiten und im Notfall Bann und Interdikt zu verhängen.[1])

Erfreute sich nach alledem der Orden von seiten der Geistlichkeit nicht allzugroßer Gunst, da diese bei den Versuchen zur Durchsetzung ihres Rechtes ihm gegenüber fast regelmäßig auf den Widerstand der römischen Kurie stieß, so hatten auch die Laien mehr als einen Grund, ihn mit Übelwollen anzusehen, da er sozusagen auf ihre Kosten auch mancherlei weltliche Vorteile genoß, die ihm die Päpste eingeräumt hatten und die ihn in einzelnen Hinsichten von dem gemeinen Recht ausnahmen und Lasten, die er zu tragen verpflichtet gewesen wäre, auf andere abwälzten. Ein bestimmtes System tritt darin allerdings nicht zutage, vielmehr scheinen die hierhergehörigen Exemtionen des Ordens dadurch entstanden zu sein, daß in einzelnen Streitfällen zu seinen Gunsten ergangene päpstliche Entscheidungen in der bei der Kurie beliebten Weise generalisiert wurden. Nach einem Privileg Alexanders IV. vom 22. Februar 1259 z. B. sollte der Orden nicht verantwortlich gemacht werden dürfen für Schaden, den seine Diener angerichtet hatten, wenn diese dafür von ihm entlassen waren.[2]) Ungerechter noch mußte manchem die Freiheit erscheinen, die ihm Honorius III. am 18. Januar 1221 gewährt[3]) und Alexander IV. am 22. Oktober 1258 bestätigt hatte,[4]) indem er ihn von der Entrichtung der Abgaben entband, die sonst von Leuten, Lebensmitteln, Kleidern, Vieh usw. zu entrichten waren: Wer dennoch solche von ihm zu erheben versuchte, sollte dafür von den Prälaten mit Bann und Interdikt belegt werden. Auch von den Beiträgen, welche zur Ausbesserung von Mauern, Brücken und Wällen sowie zu ähnlichen öffentlichen Leistungen erhoben wurden, war der Orden durch Honorius III. am 5. Februar 1221 befreit,[5]) und Urban IV. schärfte das durch einen Erlaß vom

[1]) Honorius III., 19. Dezember 1216, ebd. Nr. 304, S. 274; 20. Januar 1221, Nr. 340, S. 304; 5. Februar 1221, Nr. 353, S. 312 und 9. Februar, Nr. 360, S. 317; vgl. Nr. 419, S. 338; Gregor IX. Nr. 428, S. 345 und Nr. 439, S. 347.

[2]) Ebd. Nr. 604, S. 405.

[3]) Ebd. Nr. 330, Nr. 298.

[4]) Ebd. Nr. 594, S. 401.

[5]) Ebd. Nr. 351, S. 311.

23. August 1264 von neuem ein.[1]) Nicht minder hatte die Gunst der römischen Kurie dem Orden der weltlichen Rechtspflege gegenüber eine bevorzugte Stellung geschaffen, die ihm bei Prozessen vor seinen Gegnern beträchtliche Vorteile gewährte. Nach einem Privileg Innocenz' IV. vom 17. April 1247 brauchte er in Sachen, die vor das geistliche Gericht gehörten, Ladungen eines weltlichen Gerichtes überhaupt nicht Folge zu leisten.[2]) Eine Abweichung von dem für geistliche Genossenschaften der Art sonst geltenden Rechte war es, wenn Honorius III. ihm am 17. Januar 1221 erlaubte, seine Brüder in seinen eigenen Angelegenheiten als Zeugen auftreten zu lassen,[3]) und weiterhin am 5. Februar 1221 als Rechtsnorm einführte, es sollten dem Orden zugewiesene Legate und Schenkungen bereits durch die Aussage von zwei oder drei Zeugen als geschehen und verbindlich erhärtet werden können.[4]) Um sich ein ungefähres Bild von den Wirkungen zu machen, die solche Ausnahmebestimmungen in der Praxis hervorriefen, darf nicht vergessen werden, wie weit die geistlichen Ritterorden den Begriff des Bruders auszudehnen pflegten: Er umfaßte nicht bloß auch die eigentlichen Konfratres, sondern ebenso die ihnen in lockerer Anlehnung verbundenen weiteren Konfratrien[5]) und dann sogar die ihnen untertänigen und dienenden, ja selbst die mit ihnen bloß durch Handel und Verkehr in regelmäßiger Verbindung stehenden Leute. Weiter noch kam dazu der Schutz, den der Orden auch ihm völlig Fremden gewähren konnte vermöge des Asylrechts, das seinen Häusern zustand[6]) und dessen Respektierung unter Umständen durch kirchliche Zensuren zu erzwingen die Prälaten bereits durch Honorius III. angewiesen waren.

Wenn demnach auch der Deutsche Orden vermöge der ihm durch die Kirche eingeräumten Ausnahmestellung nicht bloß die althergebrachte kirchliche Ordnung vielfach durchbrach, sondern auch dem gemeinen weltlichen Recht in manchen Stücken entzogen war und dadurch hier und da die staatliche Ordnung aufhob, so hat das doch nicht so weithin zersetzend gewirkt wie bei Templern und Hospita-

[1]) *Tab. Ord. Theut.*, Nr. 633, S. 415. In dem gleichen Sinne entschied nach Hennes I, Nr. 122 Innocenz IV. am 11. Januar 1254, und demgemäß verzichtete die Bürgerschaft von Koblenz auf den anfangs von dem dortigen Ordenshause zu dem Bau der Stadtmauer geforderten Beitrag. Ebd. Nr. 153/54, S. 145/46.

[2]) Ebd. Nr. 510, S. 367.

[3]) Ebd. Nr. 325, S. 294; wiederholt von Gregor IX. am 21. August 1227. Ebd. Nr. 437, S. 347.

[4]) Ebd. Nr. 354, S. 313.

[5]) Vgl. oben S. 20/21.

[6]) *Tab. Ord. Theut.*, Nr. 296, S. 264.

litern, da der Schauplatz seiner Tätigkeit, abgesehen von Preußen, das bald eine ganz eigenartige Sonderstellung einnahm, entsprechend seinem nationalen Charakter auf Deutschland beschränkt blieb. Auf die Einzelheiten der dadurch entstandenen verschiedenartigen Verhältnisse kann hier füglich nicht eingegangen werden: So reich das vorliegende Material für einzelne Bezirke sein mag, es genügt doch nicht, um von allen Teilen des deutschen Besitzes des Ordens ein gleich genaues Bild zu entwerfen, und läßt uns für manche Fragen überhaupt im Stich. Nur einige allgemeine Gesichtspunkte werden mit Sicherheit festgestellt werden können. Von Preußen, das geradezu eine Welt für sich bildete, muß dabei abgesehen werden, weil allein die dort gegebenen Bedingungen, die sich sonst nirgends wiederholten, dem Orden die Möglichkeit gewährten, die in seiner Organisation enthaltenen Ansätze zu einem höheren staatlichen Dasein auch wirklich zu entwickeln und so der Schöpfer eines politischen Gebildes zu werden, dem im Mittelalter nichts an die Seite gesetzt werden kann und das uns dabei, obgleich seine Wurzeln tief in der Kultur und dem Geistesleben der Kreuzzugszeit eingebettet liegen, und trotz der strengen Wahrung der dadurch bedingten Formen durch deren Inhalt und den ihn belebenden Geist überraschend modern anmutet. Denn noch bevor bei den westeuropäischen Kulturvölkern ein Königtum entstand, das als bewußter Repräsentant des Staates und seines Rechtes die wichtigsten Zweige des öffentlichen Lebens nach staatlichen Gesichtspunkten organisierte, hat eben dies der Deutsche Orden in Preußen in einem unübertroffenen und in mancher Hinsicht geradezu vorbildlichen Maße geleistet. Die Möglichkeit zu straffer Zentralisation auch in bezug auf die Verwaltung, und zwar insbesondere auf die der Finanzen, welche die Übertragung der Ordensverfassung auf das neugewonnene und mit einer aus allen Teilen Deutschlands herangezogenen Kolonistenbevölkerung besetzte Land an Weichsel, Pregel und Memel darbot, ist von ihm meisterhaft benutzt worden zur Errichtung eines für jene Zeit in seiner Art einzigen Beamtenstaates, für den allerdings in den den Ordenszwecken ganz hingegebenen Brüdern dank ihrer streng hierarchischen Gliederung ein unvergleichliches Personal gegeben war.

Für die Entwickelung, welche die weltliche Stellung des Ordens in Deutschland durchmachte, wurde zunächst bestimmend, daß er dort überall mit zwei konkurrierenden Mächten zu rechnen hatte, dem durch den Kaiser und König vertretenen Reiche und dem Landesfürstentum in den einzelnen Territorien. Beider Interessen gingen auseinander, ja standen in mancher Hinsicht einander feindlich gegenüber. Ferner verfügte in Deutschland die Mehrheit der Erzbischöfe und Bischöfe, die aus kirchlichen Gründen den geistlichen Ritterorden überall wenig geneigt waren, über landesherrliche Rechte, die sie leicht in den Dienst ihrer Gegnerschaft gegen den Orden stellen konnten, so daß diesem hier größere Hindernisse als anderwärts entgegentraten. Daraus erklärt sich der Mangel an Gleichartigkeit oder gar Einheitlichkeit in der Stellung des Ordens in den einzelnen Teilen des Reiches, wie ja auch Templer und Hospitaliter in Deutschland niemals zu einem so reichen Besitz und zu einer solchen Machtstellung gelangt sind wie in Frankreich und England. Die besonderen lokalen und persönlichen Verhältnisse, die obenein im Laufe der Zeit mancherlei Wechsel erfuhren, ließen hier auch den Deutschen Orden trotz der Einheitlichkeit der von seinen Leitern verfolgten Politik nicht entfernt so große Erfolge gewinnen, wie sie jenen da beschieden waren, wo diese Schwierigkeiten wegfielen. So hat er in einzelnen Landschaften eine sehr bedeutende Rolle gespielt, während er in anderen nie recht aufkommen konnte. Inwieweit dazu das unverhältnismäßige Schwergewicht beigetragen haben mag, das gerade in Deutschland der ohnehin schon so zahlreiche und einflußreiche ritterliche Adel in die Wagschale zu legen hatte, muß dahingestellt bleiben. So hat der Orden, der seine Laufbahn im engsten Anschluß an das der Weltherrschaft zustrebende Staufische Königtum begonnen hatte, innerhalb Deutschlands eine seinen vielverheißenden Anfängen entsprechende Entwickelung nicht durchmessen: Der Sturz der ihn schützenden kaiserlichen Macht ist dafür entscheidend geworden, und er durfte es wohl geradezu als ein Glück ansehen, daß es ihm gelang, noch rechtzeitig seinen Frieden mit der Kirche zu machen und die verhängnisvollen Folgen abzuwenden, die seine anfängliche Intimität mit den Staufern zu haben drohte.

Von den zwölf Balleien,[1]) welche der Besitz des Ordens in Deutschland umfaßte, sind die meisten während der ersten zwei Jahrzehnte des 13. Jahrhunderts entstanden im Anschluß an die allmähliche Vermehrung der in den einzelnen Landschaften von ihm erworbenen Güter und Rechte. Verhältnismäßig späten Ursprungs sind die Balleien Sachsen und Westfalen. In Sachsen hat der Orden sich erst seit 1223 infolge einer Schenkung Heinrichs des Erlauchten von Meißen eingebürgert. Auch ist sein Besitz dort immer gering geblieben. In Westfalen ist er gar erst um die Wende des 13. und 14. Jahrhunderts heimisch geworden. Man möchte diese immerhin auffallende Erscheinung damit in Verbindung bringen, daß dort die herzogliche Gewalt seit dem Sturze Heinrichs des Löwen und der Zerschlagung

[1]) Vgl. Joh. Voigt, Geschichte des Deutschen Ritter-Ordens in seinen zwölf Balleien in Deutschland. 2 Bände, Berlin 1857–59.

der westlichen Macht den Erzbischöfen von Köln zustand, die schon als Kirchenfürsten ein Interesse daran hatte, eine mit so vielen kirchlichen Exemtionen ausgestattete Genossenschaft in ihrem Machtgebiet nicht aufkommen zu lassen.

Für die älteste Ballei galt Thüringen. Ihre Errichtung ging hervor aus der Schenkung eines zu Halle an der Saale bestehenden Hospitals an den Orden durch Erzbischof Ludolf von Magdeburg im Jahr 1200.[1]) Sie zählte nachmals fünf Komtureien, von denen die zu Halle und Altenburg die wichtigsten waren. Auch erwarb der Orden hier das Patronat über Pfarrkirchen selbst in bedeutenderen Orten bis weit hinaus über die Grenzen des eigentlichen thüringischen Landes, wie z. B. in Plauen und Reichenbach[2]) so gut wie in Erfurt, Weimar und Saalfeld. Die nächst Thüringen älteste Ballei war Hessen mit dem Hauptsitze Marburg. Hier siedelte der Orden sich an, als ihm nach dem Tode der Landgräfin Elisabeth im Jahr 1231 entsprechend deren letztwilliger Verfügung das Hospital überwiesen wurde, das sie 1227 dort gegründet hatte. Die erste Landschenkung in Hessen hatte er bereits 1207 durch die Grafen von Ziegenhagen erhalten. An Umfang übertraf alle Balleien die Ballei Österreich. Ihre Entstehung knüpft sich an eine Zuwendung des Erzbischofs Eberhard von Salzburg vom Jahr 1203, welche den Anlaß gab zur Errichtung der Komturei Friesach. Durch spätere reiche Schenkungen der Landesfürsten ansehnlich vermehrt, lag der Ordensbesitz dort weit zerstreut über das ganze Gebiet von der Donau bis zur südlichen Grenze Illyriens. Die wichtigsten Komtureien waren die von Wien, Neustadt, Graz und Laibach. Die rheinländischen Besitzungen des Ordens, der sich dort zuerst 1216 in Wiesbaden niederließ, waren später in der Ballei Koblenz zusammengefaßt. Auch in dieser Stadt hatte, wie offenbar häufig, die Tätigkeit des Ordens an ein ihm übergebenes älteres, angeblich schon 1110 entstandenes Krankenhaus angeknüpft. Sitze von Komtureien waren Köln und Mainz. Diese rheinischen Begüterungen waren für den Orden besonders wichtig durch den Ertrag, den die ihren wertvollsten Bestandteil ausmachenden Weinberge lieferten. Er diente einmal dem sicherlich sehr bedeutenden Bedarf des Ordens selbst – es handelte sich dabei ja nicht bloß um den Konsum in den zahlreichen Ordenshäusern der anderen Balleien und das zur Krankenpflege Nötige, sondern auch um die Versorgung der Konvente in Preußen –, dann aber auch vermutlich um gewinnbringenden Weinhandel. Den oberrheinischen Gebieten gehörten an die Ballein Elsaß und Burgund, seit 1214

[1]) Hennes, *Cod. dipl. Ord. S. Mariae Theut. I*, Nr. 5, S. 5.

[2]) Ebd. Nr. 8 u. 11, S. 8 u. 10.

allmählich entstanden, mit Komtureien in Straßburg, Mühlhausen, Freiburg, Bern u. a. Auf den Nordwesten des Reiches entfiel zunächst die Ballei Alten-Biesen, zu der Graf Wilhelm von Jülich durch die Schenkung der Burg Berenstein bei Aachen, eines ehemaligen Reichslehens, 1219 den Grund gelegt hatte[1]) und welche die Komtureien in Aachen, Romersdorf und Mastricht enthielt, und weiter die Balleien Lothringen und Utrecht, von denen die Anfänge der ersteren bis auf das Jahr 1208 zurückgehen, während der Grund zu der letzteren 1218 im Lager von Damiette durch eine Schenkung des Kreuzfahrers Sweder von Dingebe gelegt worden war.[2]) Im Süden war seit 1215, wo Friedrich II. dem Orden die Kirche zu Schlanders in Südtirol schenkte, die Ballei Bozen oder an der Etsch entstanden mit den Komtureien Langmoos, Schlanders, Bozen, Sterzing und Trient.

Weitaus die bedeutendste von den zwölf Balleien des Deutschen Ordens im Reiche war die fränkische, ohne daß die über ihren reichen Besitzstand Auskunft gebenden Urkunden mit Sicherheit erkennen ließen, welchen besonderen Umständen so umfängliche Erwerbungen des Ordens gerade in diesen Gebieten zuzuschreiben sein dürften. Vielleicht darf man darauf, daß die Ballei Franken auch einen guten Teil schwäbischen Landes umfaßte, die Vermutung gründen, es sei hier dem Orden die enge Verbindung mit dem schwäbischen Herrscherhause besonders zugute gekommen. Zählte doch die Ballei Franken nicht weniger als einige zwanzig Komtureien. Wir finden solche in Nürnberg, Würzburg und Regensburg, aber auch in Ellingen an der schwäbischen Rezat und in Heilbronn und ferner in Speier, in Sachsenhausen, Schweinfurt und Rothenburg a. b. T. so gut wie in Donauwörth und Öttingen. Die Ballei umfaßte also nicht bloß eigentlich fränkische und rheinfränkische, sondern auch schwäbische und bayerische Gebiete. Vom ihrem Reichtum gibt die Tatsache einen Begriff, daß noch in späterer Zeit, für die man bereits einen beträchtlichen Rückgang des Besitzstandes wird annehmen dürfen, allein der Komtur von Nürnberg vier Ämter mit 96 Dörfern unter seiner Verwaltung hatte.[5]) Überhaupt scheint das Haus des Ordens in der Hauptstadt Frankens als einer der Zentralpunkte für die gesamte Tätigkeit der Deutschen Herren eine hervorragende Stellung eingenommen zu haben und dementsprechend das dortige Ordenshospital durch seine Größe und den Umfang der in ihm geübten Werke der Barmherzigkeit ausgezeichnet gewesen zu sein.

---

[1]) Hennes, *Col. dipl. Ord. S. Mariae Theut. I,* Nr. 42, S. 44.

[2]) Ebd. Nr. 35, S. 37.

[3]) Voigt, a.a.O. I, S. 244.

Auch ihm hatte angeblich eine ältere Stiftung derart, die in den Besitz des Ordens kam, als Grundlage gedient, auf der dank namentlich der Gunst Friedrichs II. bald eine ungewöhnlich große Anstalt erwachsen war. Im Jahr 1274, so hören wir, war die Zahl der dort zu verpflegenden Kranken so groß, daß die vorhandenen Mittel nicht ausreichten und, zumal auch die Baulichkeiten reparaturbedürftig waren, ein Notstand eintrat, dem Bischof Heinrich von Trient einigermaßen abzuhelfen suchte, indem er dem Orden die Abhaltung einer außerordentlichen Kollekte gestattete.[1]) Außerdem besaß der Orden in Nürnberg durch eine Schenkung König Ottos IV. die Jakobskirche[2]) und infolge einer Zuwendung Friedrichs II. auch die Kapelle auf der Burg einschließlich aller ihr zustehenden geistlichen und weltlichen Gerechtsame.[3]) Besonderen Rufes scheint sich ferner von den in dieser Ballei gelegenen Hospitälern des Ordens das zu Ellingen erfreut zu haben, zu dem ebenfalls die Freigebigkeit Friedrichs II. den Grund gelegt hatte.[4]) Von den hierhergehörigen Komtureien hat endlich bekanntlich nachmals die zu Mergentheim insofern besondere Bedeutung erlangt, als sie nach der Säkularisation des Ordens und der Verwandlung seines Staates in Preußen in ein weltliches Herzogtum der Sitz des an der alten Form festhaltenden und geistlich bleibenden Zweiges des Ordens wurde.

So reich demnach der Besitz des Ordens in den verschiedenen Teilen Deutschlands auch gewesen sein mag, nirgends sind seine einzelnen Teile auf weitere Strecken einander in der Weise benachbart gewesen, daß sie einen größeren territorialen Zusammenhang und ein einigermaßen geschlossenes Gebiet gebildet hätten. Auch die größten von seinen Güterkomplexen waren doch immer nur Inseln inmitten der sie umgebenden Gebiete der geistlichen und weltlichen Reichsfürsten. Daraus ergab sich für den Orden bei der territorialen Vielteilung des Reiches insofern eine Schwierigkeit, als der Verkehr zwischen seinen einzelnen Häusern und deren Versorgung mit den Bedarfsartikeln, die in ihrem Bezirke nicht zu beschaffen waren, durch die Menge der Zollstätten behindert wurde, die auf dem Wege von einem zum andern passiert werden mußten. Wenn bereits Friedrich II. in dem großen Freibrief vom 10. April 1221[5]) dem Orden Freiheit gewährt hatte von allen Abgaben, die innerhalb des Reiches für die Benutzung von Land-

[1]) Voigt, a.a.O., S. 261.

[2]) Hennes, Nr. 13, S. 12.

[3]) Ebd. Nr. 21, S. 21.

[4]) Voigt, a.a.O. I, S. 36ff.

[5]) *Tab. Ord. Theut.*, Nr. 256, S. 240; vgl. Nr. 257, S. 240.

und Wasserwegen erhoben wurden,[1]) so kann es sich dabei füglich nur um die von Reichs wegen, d. h. für die kaiserliche Kasse erhobenen Zahlungen der Art gehandelt haben, nicht aber um Wegezölle, die Reichsfürsten von den ihr Gebiet durchziehenden Personen und Warentransporten forderten. Daher ist der Orden bemüht gewesen, zur Erleichterung und Entlastung des Verkehrs zwischen seinen Häusern sich von den einzelnen Reichsfürsten die gleiche Freiheit auszuwirken. Das geschah entweder durch allgemeine, für ein ganzes Herrschaftsgebiet geltende Privilegien oder durch seine Befreiung von den Abgaben, die an einzelnen Zollstätten erhoben wurden, wobei er dann gelegentlich auch mit einzelnen Edelleuten zu paktieren hatte, welche in der damals üblichen Weise günstige örtliche Verhältnisse benutzten, um von ihrer die Gegend beherrschenden Burg aus den Verkehr zu ihrem Vorteil zu besteuern. Ein Beispiel dafür liegt wohl vor in der Urkunde vom 20. Mai 1241, wonach der niederländische Ritter von Lekke dem Orden gestattete, wenigstens einmal im Jahr ein Schiff unentgeltlich an seiner Zollstätte vorbeifahren zu lassen, wobei statt des Zolls dem Deutschen Haus zu Utrecht ein Faß Wein gegeben werden sollte.[2]) Für die Zollfreiheit des Deutschen Ordens innerhalb eines ganzen Reichsfürstentums gibt ein Beispiel das Privileg des Landgrafen Ludwig von Thüringen aus dem Jahr 1224, durch das er nicht bloß auf all die Rechte Verzicht leistete, die ihm in bezug auf die in seinem Gebiete gelegenen Ordensbesitzungen zustanden, sondern auch die Ordensbrüder und ihre Leute von allen Wegezöllen und Marktabgaben befreite, die sonst in seinem Lande erhoben wurde.[3]) Ferner ist es wohl hierher zu rechnen, wenn Erzbischof Werner von Mainz am 11. Juli 1265 seine Zollbeamten am Rhein und Main anweist, die Schiffe des Ordens mit allem, was auf dessen Eigentum gewachsen war, zollfrei passieren zu lassen.[4]) Im allgemeinen aber scheint sich die bevorzugte Stellung, die der Orden späterhin auch auf diesem Gebiete genoß und die nicht bloß dem Verkehr zwischen seinen Häusern, sondern auch den von ihm getriebenen mannigfachen Handelsunternehmungen zugute kam, in der Weise entwickelt zu haben, daß er durch sukzessive Erwerbung der Zollfreiheit an den einzelnen Zollstätten allmählich wenigstens gewisse wichtigere Wegstrecken für seinen Verkehr überhaupt freimachte. Von Erzbischof Engelbert von Köln wurde ihm bereits im August 1224 zugestanden, daß er jährlich ein Schiff mit 100

[1]) Vgl. oben S. 105.

[2]) Hennes I, Nr. 106, S. 113.

[3]) Ebd. Nr. 68, S. 73.

[4]) Ebd. Nr. 205, S. 181.

Fässern Wein oder einer anderen deren Wert gleichkommenden Fracht ohne Zahlung an den kölnischen Zollstätten vorbeiführen dürfte.[1]) Später hat er sich dann auch in den Gebieten weiter rheinabwärts die gleiche Vergünstigung ausgewirkt. Eine ihm bereits von seinem Vater erteilte Freiheit derart erweiterte König Wilhelm als Graf von Holland und Seeland am 25. Oktober 1252 dahin, daß die dem Orden für 100 Fässer Wein jährlich zu Ammers und Niemansfrient zugestandene Zollfreiheit auch in Geerfliet gelten sollte.[2]) Ein entsprechendes Privileg hatte ihm Bischof Otto von Utrecht am 24. Dezember 1240 gewährt,[3]) und das gleiche Zugeständnis machte ihm 1242 Graf Dietrich von Cleve für seine Zollstätten am Rhein.[4]) Diese verschiedenen Zollfreiheiten ließ sich der Orden dann zugleich mit anderen, die Graf Gerhard von Geldern und etliche Edle im Kölner und Utrechter Gebiet ihm gewährt hatten, am 27. Juni 1257 noch durch Papst Alexander IV. bestätigen,[5]) so daß für ihn der Weintransport auf dem Niederrhein in dem angegebenen Umfange überhaupt frei gewesen sein wird. Auf ein ähnliches Verfahren werden wir schließen dürfen, wenn am 30. April 1247 der Reichstruchseß Werner von Boland seinen Zöllnern und Beamten zu Sternberg und anderwärts befiehlt, sich jeder Belästigung der Mitglieder und der Güter des Deutschen Ordens zu enthalten.[6]) und Pfalzgraf Otto bei Rhein dem Orden 1251 Zollfreiheit zu Fürstenberg und Bacharach verleiht,[7]) König Wilhelm aber am 26. Dezember 1253 ihm die seinen Schiffen schon früher gewährte Zollfreiheit zu Oppenheim, Wesel und Boppard bestätigt.[8]) Später wiederholt am 3. Oktober 1283 Graf Eberhard von Katzenelnbogen diese Befreiung für Boppard, und zwar nicht bloß für das, was auf den Ordensgütern weiter rheinaufwärts gewachsen war, sondern für alles, was zur Verproviantierung der Ordenshäuser diente.[9]) Von Zeit zu Zeit freilich mußten solche Exemtionen wieder in Erinnerung gebracht werden, da Veränderungen im Besitz der einzelnen Zollstätten, die Geldbedürftigkeit der Nachfolger der ersten Verleiher und die Habgier der Beamten sie nicht selten in Frage stellten.

Neben diesen dem Orden insgesamt zugute kommenden Zoll-

[1]) Hennes I, Nr. 66, S. 72.
[2]) Ebd. Nr. 144, S. 140.
[3]) Ebd. Nr. 104, S. 112.
[4]) Ebd. Nr. 109, S. 115.
[5]) Ebd. Nr. 165, S. 153.
[6]) Ebd. Nr. 122, S. 125.
[7]) Ebd. Nr. 142, S. 139.
[8]) Ebd. Nr. 148, S. 142.
[9]) Ebd. Nr. 293, S. 257.

befreiungen wurden solche auch einzelnen Ordenshäusern verliehen mit Rücksicht auf die besonderen Verhältnisse in den Nachbargebieten, einmal, um ihnen die Herbeischaffung der verschiedenen Bedürfnisse, dann aber auch die Ausfuhr und Verwertung der Produkte zu erleichtern, die sie von den ihnen gehörigen Ländereien gewannen. Ein besonders anschauliches Bild von diesen Verhältnissen gewähren uns die Urkunden der Ballei Koblenz, die schwer gelitten haben würde, wenn ihr Verkehr in seinem ganzen Umfange zu den Rheinzöllen herangezogen worden wäre. Daher war ihr, wie wir aus einer Bestätigung durch den Reichskämmerer Philipp von Hohenfels vom 31. Mai 1241 erfahren, durch kaiserliches Privileg zollfreier Verkehr rheinauf- und abwärts für ihre Schiffe gewährt worden.[1]) Am 16. Januar 1245 weist dann auch Erzbischof Siegfried von Mainz seine Rheinzolleinnehmer an, die Güter des Koblenzer Hauses frei passieren zu lassen.[2]) Diese Verfügung wurde von seinem Nachfolger, Erzbischof Christian, am 15. Oktober 1249[3]) und nochmals durch Erzbischof Gerhard am 1. September 1253 wiederholt.[4]) Dennoch mußte der Reichstruchseß Philipp von Hohenfels am 8. Mai 1260 seinen Beamten von neuem verbieten, in Trechlingshausen, Oberwesel und Boppard von den Schiffen des Koblenzer Hauses Zoll zu erheben.[5]) Den gleichen Befehl erteilen am 27. April 1261 der Edle Gottfried von Eppenstein und sein Sohn ihren Beamten zu Braubach.[6]) Von anderen Hindernissen wurde der Verkehr des Koblenzer Hauses auf dem Rhein befreit, als am 18. Februar 1262 Graf Dietrich von Katzenelnbogen dasselbe von den Zöllen zu St. Goar und Rheinfels eximierte.[7]) Das gleiche geschah durch den Rheinpfalzgrafen Ludwig am 5. März 1290 in betreff der Zollstätten zu Fürstenberg und Bacharach[8]) und wurde durch Pfalzgraf Rudolf am 12. Juli 1294 bestätigt.[9]) Übrigens scheinen die Fürsten, die dem Orden solche Verkehrserleichterungen gewährten, doch in ihrem Interesse auch darauf gesehen zu haben, daß damit nicht Mißbrauch getrieben wurde, und auch der Orden scheint die ihm gezogenen Grenzen respektiert und in Fällen, wo ihm das wünschenswert war, ihre ausnahmsweise Erweite-

[1]) Hennes I, Nr. 131, S. 133.
[2]) Ebd. Nr. 118, S. 121.
[3]) Ebd. Nr. 135, S. 134.
[4]) Ebd. Nr. 146, S. 141.
[5]) Ebd. Nr. 188, S. 169.
[6]) Ebd. Nr. 193, S. 172.
[7]) Ebd. Nr. 195, S. 173.
[8]) Ebd. Nr. 319, S. 279.
[9]) Ebd. Nr. 329, S. 290.

rung nachgesucht zu haben. Wenigstens erteilt am 3. Oktober 1272 Graf Dietrich von Cleve dem Orden freies Geleit für Schiffe, die mit 300 Fässern auf Ordensland gewachsenen Wein rheinabwärts gehen sollen, und erklärt, für sie sich mit dem gewöhnlichen Zoll begnügen zu wollen.[1])

In ähnlicher Weise haben sich auch städtische Gemeinden, denen ein in ihren Mauern befindliches oder benachbartes Ordenshaus mancherlei Vorteile gewähren konnte, mit dem Orden verständigt und die an ihn und seine Leute zu stellenden Ansprüche durch Vertrag beschränkt. So bezeugt am 17. April 1256 die Stadt Mainz, daß sie die Deutsch-Ordensherren in den Schutz des Friedens aufgenommen habe, den sie mit anderen Städten geschlossen, und weist alle an, ihre Personen und Güter ungestörten Frieden genießen zu lassen.[2]) Nach einer anderen Seite hin eröffnet uns einen Einblick in dieses Gebiet der Vertrag, den die Stadtgemeinde Frankfurt a. M. am 2. August 1291 mit dem Orden dahin abschloß, daß die Güter, die der Orden resp. das Ordenshaus in Sachsenhausen zurzeit besaß, gegen einen jährlichen Beitrag von zwei Mark kölnischer Denare zum Bau und zur Unterhaltung der Mainbrücke von allen städtischen Steuern und Leistungen frei, künftig erworbene dagegen steuerpflichtig sein sollten. Zugleich wurde die Steuerpflicht derjenigen Frankfurter geregelt, die sich dem Orden ergaben und im Bezirk seines Sachsenhausener Hauses niederließen: Auch sie blieben abgabenfrei, sofern sie nicht Handel und Gewerbe trieben.[3]) Dieser Vorbehalt erklärt sich daraus, daß auch dem Deutschen Orden Handwerker und Krämer sich gern anschlossen, um der ihm zustehenden kirchlichen Exemtionen teilhaftig zu werden.[4])

---

[1]) Hennes I, S. 325, S. 286.

[2]) Ebd. Nr. 159, S. 149. Vgl. auch die Urkunde vom 12. Mai 1301, wonach die Bürgerschaft von Koblenz verspricht, die Deutschordensbrüder als ihre Mitbürger in allem zu schützen und zu schirmen. Ebd. Nr. 353, S. 312. Nach einer anderen Urkunde vom 19. September 1303, ebd. Nr. 355, S. 321, bekennen Ritter, Schöffen und Gemeinde der Stadt, von dem Ordenshause daselbst 200 Mark geliehen erhalten zu haben, die sie bis Weihnachten übers Jahr zurückzuzahlen versprechen.

[3]) Ebd. Nr. 323, S. 283.

[4]) Voigt, a.a.O. I,S. 334.

Fünftes Kapitel

Entwickelung und Wesen der exemten Stellung des Hospitaliterordens.

Ist das Hospital des heiligen Johannes zu Jerusalem auch nicht der älteste geistliche Ritterorden, weil es entstand als ein Verband zur Armen- und Krankenpflege unter den Pilgern, die Pflicht zum Kampf gegen die Ungläubigen aber erst nach dem Beispiel der jüngeren Templer hinzufügte, so sind seine Anfänge doch für die Ausgestaltung des geistlichen Rittertums überhaupt vorbildlich geworden. Denn was ihm gleich im Entstehen das charakteristische Gepräge gab, ist nicht bloß von dem Verbande, der sich um Hugo de Payns sammelte, sondern auch von allen ähnlichen Genossenschaften übernommen worden. Diese haben die eigenartige Organisation, die Gerard seiner Bürderschaft gegeben hatte, im wesentlichen nachgebildet. Daher haben auch alle die Bestimmungen, durch welche die Kirche sein Wachstum zu fördern und seine Leistungsfähigkeit zu steigern suchte, auf jene Anwendung finden können. Infolgedessen wurde die exemte Stellung, zu der zuerst die Hospitaliter aufstiegen, auf die Templer und weiterhin auf alle später entstandenen mönchisch-ritterlichen Genossenschaften zur Anwendung gebracht. Damit vollzog sich eine folgenreiche kirchenrechtliche Neubildung, die zur Entstehung eines neuen Rechtssystems führte. Konsequent weitergebildet, geriet dieses mit den Prinzipien, aus denen es abgeleitet war, in Widerspruch und durchbrach sie am Ende und drohte sie außer Wirksamkeit zu setzen. Diese Richtung im Ausbau der exemten Stellung der geistlichen Ritterorden hat sich früh bemerkbar gemacht und führte zu ernsten Streitigkeiten innerhalb der Kirche und zu wachsender Verstimmung des Episkopates und der Weltgeistlichkeit gegen ihr Oberhaupt. Wenn wir dieses solchem Andrang immer nur vorübergehend weichen, sonst aber eigentlich stets die Sache der Rittermönche verfechten sehen, so werden wir schon daraus einen Schluß ziehen dürfen auf die Bedeutung, welche den geistlichen Ritterorden zukam und die Päpste nötigte, mit ihnen als für sie unentbehrlichen Mächten zu rechnen.

Unwillkürlich drängt sich uns daher gleich hier die Frage auf, worin denn bereits zur Zeit ihrer Anfänge die Bedeutung dieser Genossenschaften für die Kirche eigentlich beruhte und was sie ihr gegenüber so schnell zu einer fast gebietenden Stellung gelangen ließ. Aus ihrem ursprünglichen Wesen, wie es durch ihre Bestimmung bedingt war, wird sich diese jedenfalls nicht allein erklären lassen. Gewiß war es für das Papsttum zur Behauptung der weltumfassenden Autorität, die ihm Urban II. gewonnen hatte, als er die Leitung der unabhängig von ihm entstandenen Bewegung der abendländischen Völker zur Befreiung der heiligen Stätten in die Hand nahm, vom höchsten Wert, wenn die Begeisterung und Tatenlust jener Tage auch lebendig erhalten und so nicht bloß die geistigen und sittlichen Kräfte, sondern auch die materiellen Mittel des Abendlandes dauernd zu seiner Verfügung gestellt wurden. Eben das verhießen die geistlichen Ritterorden zu leisten, indem sie immer wieder auf die im Morgenlande gestellte Aufgabe hinwiesen und durch ständige Agitation ihre Lösung vorbereiteten. Noch wichtiger aber war für die Kirche die weltumfassende Organisation, mit der diese Genossenschaften nicht bloß das Abendland, sondern auch einen großen Teil des Ostens umspannten: Dadurch machten sie der Kurie eine Vertretung der Interessen der Kirche möglich in Gebieten, die ihr bisher verschlossen gewesen waren. In dieser Hinsicht konnte sich damals keiner der Mönchsorden mit den Hospitalitern und Templern vergleichen, welche dabei trotz ihrer ungeheuren räumlichen Ausbreitung und trotz der Verschiedenheit der Verhältnisse, die sie in den einzelnen Ländern umgaben, ihre innere Einheit festhielten und – was für jene Zeit nicht unterschätzt werden darf – zwischen den entlegensten Gebieten eine regelmäßige Verbindung herstellten. So boten sie der römischen Kurie gewissermaßen den Rahmen für die Übung ihres weltumfassenden Einflusses: Je mehr sie die Orden in den Stand setzte, diese Stellung auszufüllen, um so mehr durfte sie glauben, ihre eigene Herrschaft auch in den fernsten Ländern zu sichern. Vor den erst im 13. Jahrhundert entstandenen Franziskanern und Dominikanern ist von den geistlichen Genossenschaften des Mittelalters keine durch ihre ursprüngliche Organisation ähnlich auf Universalität des Wirkens angelegt gewesen wie das Hospital des heiligen Johannes: Gelöst von allen nationalen Schranken und unabhängig von allen politischen Sonderungen, war es hervorragend geeignet, ein Organ der Universalkirche zu werden und ihr auch in weltlichen Angelegenheiten zu dienen. Nur erzeugte der Inhalt, welcher, zum Teil durch die Kirche selbst, in diese die Welt umspannende Form gegossen wurde, allmählich zwischen den darin organisierten Kräften und der römischen Kurie einen Gegensatz, unter dessen Einfluß Stellung und Bedeutung der geistlichen Ritterorden einen folgenreichen Wandel erfuhren. Gerade beim Hospitaliterorden läßt sich dieser Prozeß durch seine verschiedenen Stadien verfolgen in der Art, wie die ihm verliehenen, zunächst eng begrenzten Freiheiten erweitert und zu einem sorgfältig ausgebauten System von kirchlichen Exemtionen zusammengefügt wurden. Das schuf zugleich den Boden, in dem die später entstandenen gleichartigen Genossenschaften um so schneller und üppiger gediehen.

Am einfachsten förderte die Kirche die Bestrebungen der von Gerard gestifteten Genossenschaft, indem sie deren Mittel dadurch vermehrte, daß sie ihrerseits auf Zahlungen verzichtete, die sie von ihr beanspruchen konnte. Dies galt zunächst von dem Zehnten von den Ordensgütern. Auf diesen verzichtete für seinen Sprengel bereits der zweite lateinische Patriarch von Jerusalem Arnulf am Tage seiner Weihe 1112.[1]) Seinem Beispiel folgte (18. Juli 1112) Erzbischof Euremat von Cäsarea.[2]) Daß Bischof Herbert von Tripolis und sein Nachfolger Pontius die gleichen Bestimmungen zugunsten des Hospitals getroffen haben, lehrte ihre Bestätigung durch Papst Kalixt II. vom 19. Juli 1119.[3]) Im Sprengel von Nazareth befreite Bischof Bernhard das Hospital am 20. Oktober 1125 ebenfalls von der Zehntenpflicht.[4]) Dagegen tat dies Johannes, der erste lateinische Bischof von Accon, am 30. April 1135 nur gegen die Zusage, daß die Brüderschaft ihrerseits ihm in dem Streite, der zwischen ihnen über den nördlichen Eingang der der Kathedrale benachbarten Kirche zum heiligen Kreuz schwebte, keine Schwierigkeiten mehr bereiten würde.[5]) Wenn demnach die Zehntenfreiheit des Hospitals damals nur auf dem Wege der Verleihung durch die Bischöfe der einzelnen Sprengel festgestellt werden konnte, hat es in jener Zeit genereller Zehntenfreiheit, wie sie das Oberhaupt der Kirche für deren ganzes Gebiet bewilligen konnte, sich augenscheinlich noch nicht erfreut.[6]) Sie wird ihm erst 1135 oder später eingeräumt worden sein, und zwar galt sie auch da zunächst nicht unbedingt, son-

---

[1]) *Cartulaire*, Nr. 25 (I, S. 25).

[2]) Ebd. Nr. 29 (I, S. 28).

[3]) Ebd. Nr. 48 (I, S. 40), vgl. auch *Revue de l'Orient Latin III*, S. 96, Nr. 315.

[4]) Ebd. Nr. 71 (I, S. 68).

[5]) Ebd. Nr. 112 (I, S. 94).

[6]) Delaville Le Roulx, *Les Hospitaliers en Terre Sainte*, S. 33 irrt, wenn er die allgemeine Zehntenfreiheit des Ordens bereits 1113 gelten läßt.

dern nur von den Ländereien, welche die Brüder selbst und zu eigenem Unterhalt bebauten.[1]) Das spricht Innocenz II. aus in dem großen Privileg, das er dem Orden am 7. Februar 1137 bewilligte.[2]) Doch wurde die Zehntenfreiheit bald weiter gedeutet. Dadurch veranlaßte Mißbräuche zu beseitigen und die Kirche vor finanzieller Schädigung zu bewahren, erließ Hadrian IV., wie sich aus späterer Bezugnahme darauf ergibt, eine Deklaration, wonach die geistlichen Genossenschaften verliehene Zehntenfreiheit nur gelten sollte von den Ländereien, welche sie selbst bebauten oder auf ihre Kosten bewirtschaften ließen oder erst urbar gemacht hätten, sowie von dem Ertrage des Anbaus von Futter für ihre Tiere und vor ihren Gärten, denjenigen Grundstücken also, auf die sie mit ihrem Unterhalt zunächst angewiesen waren. Von den Ländereien dagegen, die sie nicht selbst benutzten, sondern gegen Zins oder Dienst austaten, sollte der Zehnte entrichtet werden. Zweifellos hat diese Einschränkung auch für die Hospitaliter gegolten. Aber bereits Alexander III. erließ Hospitalitern, Templern und Cisterziensern ganz allgemein den Zehnten von den von ihnen bewirtschafteten Grundstücken,[3]) und brachte das den Prälaten durch eine Bulle vom 4. Juli 1171, 1172, oder 1180 in ungewöhnlich scharfen Worten in Erinnerung.[4]) Auch hier hat der Orden sein Stück augenscheinlich erst allmählich durchgesetzt, indem er die nur für gewisse Arten seiner Güter geltende Zehntenfreiheit auch auf andere ausdehnte und so vollendete Tatsachen schuf, die in Rom schließlich anerkannt wurden und die er dann durch Ableitung eines Rechtsgrundsatzes zu seinen Gunsten benutzte. Lehrreich ist dafür der Streit über eine Frage derart zwischen ihm und den Kanonikern der heiligen Grabeskirche, in dem Alexander III. selbst noch eine andere Stellung einnahm als in jenem späteren Erlaß. Zugleich läßt das deshalb ergangene päpstliche Schreiben erkennen, daß die Praktiken des Ordens in solchen Fällen gelegentlich recht bedenklich waren. Auf eine Beschwerde der Kanoniker, die wirklich nach Rom gelangen zu lassen diese zwei der Ihrigen dorthin sandten, zumal es zugleich Klage zu führen galt über den Mißbrauch, den der Orden mit den ihm in bezug auf interdizierte Kirchen verliehenen Vorrechten trieb, hatte der Papst noch am 15. Februar 1168 entschieden, der Orden sei nicht berechtigt, im Sprengel von Jerusalem die Zehntenfreiheit über die herkömmlichen Grenzen zu erweitern und dürfe

[1]) Vgl. *Revue de l'Orient Latin II*, S. 51, Nr. 46 und ebd. S. 96, Nr. 318.

[2]) *Cartulaire*, Nr. 122 (I, S. 102).

[3]) Ebd. Nr. 276 (I, S. 207).

[4]) Ebd. Nr. 428 (I, S. 296).

über andere Fragen entstandene Streitigkeiten nicht als Vorwand benutzen, um die Zahlung des Zehnten von bisher dazu verpflichteten Grundstücken zu verweigern. Am Schluß werden die Kanoniker bevollmächtigt, das päpstliche Schreiben selbst dem Orden vorzulegen, falls dieser den in dem gleichen Sinne an ihn ergangenen Erlaß des Papstes verheimlichte oder die darin enthaltenen Weisungen unbeachtet ließ.[1])

Sonst aber sind Erlasse, in denen die Kurie Übergriffen des Ordens entgegentritt, eine Seltenheit. Auch hatten sie meistens keinen oder nur vorübergehenden Erfolg und gerieten bald in Vergessenheit. So scheint schließlich die Zehntenfreiheit, die dem Orden nur für gewisse Arten seines Landbesitzes zustand, auf alle ausgedehnt zu sein, sogar auf solche, die Zehnten bezahlt hatten, ehe sie in seinen Besitz übergingen. Das ist sicherlich nicht immer auf dem Weg einer besonderen Verleihung geschehen, wie sie mit Rücksicht auf die Opfer, die der Orden im Interesse der Christenheit brachte, durch Alexander IV. 1254 für all die Ordensgüter erfolgte, die im Gebiete des Kurdenschlosses, heute Kala'at-el-Hösn, lagen und eine für die Verteidigung des tripolitanischen Gebiets wichtige Grenzmark bildeten,[2]) und wie sie ihm derselbe Papst am 8. April 1255 für Kerak oder Montroyal zugestand.[3]) Vielmehr wird der Orden die Zehntenpflicht, die auf den durch ihn neuerworbenen Ländereien lastete, allmählich abzustreifen gewußt haben, obgleich Clemens IV. ihm am 24. Oktober 1265 – im Widerspruch mit dem in der Ordensregel enthaltenen Verbot der Eingehung derartiger Abhängigkeitsverhältnisse – ausdrücklich gestattete, Güter anzunehmen selbst unter der Bedingung der Zahlung des bisher darauf lastenden Zinses.[4]) Wenn dann 1274 das Konzil zu Lyon die Zehntenfreiheit der Güter geistlicher Genossenschaften, weil sie zum Nachteil der kirchlichen Finanzen allzuweit erstreckt war, zum Besten des hilfsbedürftigen heiligen Landes einzuschränken suchte, so wurde der Orden davon wieder nicht getroffen, da Gregor X. ihn und alle seine Glieder am 23. Oktober 1274 davon ausnahm mit Rücksicht auf die besonderen Gefahren, denen er bei der Verteidigung Palästinas ausgesetzt sei.[5]) Wo der Orden aber mit derartigen Ansprüchen nicht durchdrang, schlug er den von seinen kirchlichen Gegnern wohl gern angenommenen Weg des Vergleichs ein, indem er die kirchlichen Ansprüche auf Zehnten durch eine ein-

---

[1]) *Cartulaire*, Nr. 395 (I, S. 270).

[2]) Prutz, Kulturgeschichte der Kreuzzüge, S. 247.

[3]) *Cartulaire*, Nr. 2727 (II, S. 777).

[4]) Ebd. Nr. 3189 (III, S. 125).

[5]) Ebd. Nr. 3555 (III, S. 313).

malige Zahlung abkaufte.[1]) In ähnlicher Weise verständigte sich 1226 der Komtur von Antiochien mit dem Erzbischof von Mamistra dahin, daß er von den durch seine Bauern bestellten Ländereien Zehnten zahlte, davon aber befreit sein sollte, sobald der Orden das Exemtionsprivileg würde beibringen können.[2])

Weniger üblich als bei den übrigen geistlichen Ritterorden und insbesondere bei den Templern war bei den Hospitalitern die Vermehrung ihrer Mittel durch Erwerbung von Zehnten, soweit sie nicht mit der des Patronatsrechtes über Zehnten beziehende Kirchen zusammenfiel. Auch ist in den ihnen verliehenen päpstlichen Privilegien allgemeinen Inhalts von dieser Befugnis nicht ausdrücklich die Rede. Sicher hat das Hospital in älterer Zeit, wenn es Zehnten an sich bringen wollte, dazu der Zustimmung des dem betreffenden Sprengel vorgesetzten Prälaten bedurft, wie eine Urkunde des Erzbischofs von Arles aus der Zeit zwischen 1118 und 1126 erweist.[3])

Wie die Päpste die Zehntenfreiheit der Ordensgüter auch gegen berechtigten Widerspruch durchsetzten, so nahmen sie sich ihres Günstlings auch an, wo es sich um andere kirchliche Abgaben handelte, den Vierten, den Zwanzigsten usw., wie sie von den dem Hospital zugewandten Schenkungen oder Legaten die Ordinarien beanspruchen. Bereits Honorius III. billigte die durch seine Legaten verfügte Befreiung des Ordens in den Diözesen Reims und Bourges von dem zum Zweck eines Kreuzzuges gegen die Albigenser ausgeschriebenen Zwanzigsten im Jahr 1221 und 1222.[4]) Solche Forderungen untersagte den Prälaten überhaupt Gregor IX. durch einen Erlaß vom 20. November 1228.[5]) Speziell für Deutschland, Mähren, Böhmen und Polen eximierte dann am 28. Juli 1249 Innocenz IV. den Orden von dem Zwanzigsten, der durch päpstliche Legaten zum Besten des heiligen Landes erhoben wurde.[6]) Gregor X. aber verbot am 6. April 1275 den Kollektoren ganz allgemein, den Orden mit derartigen Zumutungen zu belästigen.[7]) Es galt schließlich geradezu der Grundsatz, allgemeine Erlasse, durch welche geistlichen Körperschaften irgendwelche finanzielle Lasten auferlegt wurden, fänden auf den Orden keine Anwendung, wenn er darin nicht ausdrücklich als mit darunter begriffen genannt

---

[1]) *Revue de l'Orient Latin III,* S. 61, Nr. 235.

[2]) Ebd. Nr. 228.

[3]) *Cartulaire,* Nr. 42 (I, S. 36).

[4]Ebd. IV, S. 273–74 (Nr. 1741 u. 1746).

[5]) Ebd. Nr. 1929 (III, S. 390).

[6]) Ebd. Nr. 2505 (II, S. 980).

[7]) Ebd. Nr. 3569 (III, S. 320).

wäre: ihn hat Clemens IV. am 18. Mai 1265 festgestellt.[1]) Das war aber doch nur die Konsequenz aus einer Entscheidung, die Innocenz IV. am 23. August 1250 getroffen hatte, wenn der Orden sich auf ein ihn eximierendes Privileg berufen könnte, sollte selbst aus seiner ausdrücklichen Nennung in dem päpstlichen Erlaß nichts zu seinem Nachteil gefolgert werden dürfen.[2]) Das Prinzip der kirchlichen Steuerfreiheit des Ordens wird auch dem König von England gegenüber durch Nikolaus IV. in einem Schreiben vom 14. Mai 1290 nachdrücklich vertreten.[3]) Das blieb so auch noch, als die geistlichen Ritterorden immer heftiger angefeindet und Pläne zu ihrer Reform gemacht wurden: Am 4. Januar 1306 befreite Clemens V. die Hospitaliter von dem Zehnten, der den geistlichen Gütern zugunsten Karls von Anjou auferlegt war,[4]) und am 1. April 1308 von dem, den er für zwei Jahre in dem Lande Philipps von Savoyen, des Herzogs von Achaia, in Romanien und in den Diözesen von Aix, Arles, Embrun, Vienne und Lyon ausgeschrieben hatte.[5])

Ein Rechtstitel für derartige Exemtionen lag aber eigentlich doch nur vor, wo es sich um Leistungen für das heilige Land handelte, dem die Tätigkeit des Ordens ohnehin geweiht war. Daher wurde er auch nicht herangezogen zu Auflagen, die zum Zweck von Kreuzzügen und ähnlichen Unternehmungen durch die Päpste ausgeschrieben wurden.

In bezug auf die Unterstützung des lateinischen Kaisertums erklärte das Innocenz IV. am 20. Juni 1245.[6]) Auch weist er dementsprechend am 15. Juli 1246 seinen Legaten Eudes von Chateauroux, Kardinalbischof von Tusculum, an, den Zwanzigsten, der Ludwig IX. zu seinem Kreuzzug von den kirchlichen Gütern Frankreichs bewilligt war, von den Hospitalitern so wenig wie von den Templern, Cisterziensern und Karthäusern und dem Orden von Fontrevault einzufordern.[7]) Gemäß dem damit anerkannten Grundsatz entscheidet Alexander IV. am 8. April 1255, der Orden brauche die ihm zugemuteten Abgaben für die Unterhaltung des Schlosses Kerak oder Montroyal nicht zu zahlen,[8]) und erklärt am 9. Februar 1256 ihn zugleich mit den Templern und Cisterziensern für nicht betroffen von dem Zehnten, den die Prälaten

[1]) *Cartulaire*, Nr. 3134 (III, S. 101).

[2]) Ebd. Nr. 2532 (II, S. 695).

[3]) Ebd. Nr. 4098 (III, S. 564).

[4]) Ebd. Nr. 4709 (IV, S. 124).

[5]) Ebd. Nr. 4794 (IV, S. 170).

[6]) Ebd. Nr. 2478 (II, S. 635).

[7]) Ebd. Nr. 2409 (II, S. 644). Vgl. Nr. 2411.

[8]) Ebd. Nr. 2727 (II, S. 777).

der Diözese Antiochien drei Jahre hindurch dem Patriarchen zur Befestigung von Kaláat-ez-Zair zahlen sollen.[1])

Schließlich verzichtete die Kirche überhaupt auf jede finanzielle Beihilfe des Ordens. Ganz allgemein weist Innocenz IV. am 11. Mai 1247 die Prälaten an, Unterstützung für die Kirche von ihm nicht zu fordern.[2]) Als Alexander IV. im August 1255 den Erzbischof von Arborea bevollmächtigt, den Klerus Sardiniens zu Beiträgen zur Befestigung von Gropella heranzuziehen, nimmt er mit den Cisterziensern, Templern und dem Orden von Altopasso die Hospitaliter davon aus.[3]) Das gleiche tut am 19. März 1265 Clemens IV. in bezug auf den Zehnten, der in Frankreich zugunsten Karls von Anjou, des Königs von Neapel, auf alle geistlichen Güter gelegt war.[4]) Derselbe verfügt am 24. Oktober 1264, der Meister und die Brüder des Ordens dürften von kirchlichen Autoritäten so wenig wie von weltlichen irgendwie ungebührlich besteuert werden. Es scheint sich dabei um Güter zu handeln, die den Brüdern persönlich gehörten: Danach hätte es der Orden mit der Armut seiner Glieder, d. h. ihrer persönlichen Besitzlosigkeit nicht mehr allzu genau genommen.[5])

Nur in Ausnahmefällen zog die Kurie auch diesen Orden finanziell für ihre Zwecke heran. Am 10. Oktober 1268 weist z. B. Clemens IV. seinen Legaten, den Kardinalbischof von Albano, Rudolf de Chevrières, an, wie von den anderen eximierten Orden auch von den Hospitalitern den noch ausstehenden Rest des Zehnten einzutreiben, der zur Unterstützung des Königs von Neapel ausgeschrieben war, und das eingehende Geld zunächst zur Befriedigung der Gläubiger der Kurie in Siena, Florenz und Rom zu verwenden.[6]) Nikolaus IV. aber ersucht den Orden am 22. August 1291, ihm zum Unterhalt seiner Galeeren die Summe zur Verfügung zu stellen, die er sonst jährlich auf die Unterstützung des nun verlorenen christlichen Besitzes im Osten verwendet habe.[7]) Dabei hatte er am 20. September 1290 anerkannt, die drei großen geistlichen Ritterorden seien zu finanziellen Beihilfen für die Kirche nicht verpflichtet, indem er bat, sie möchten ihr aber angesichts ihrer Geldnot freiwillig Unterstützung gewähren.[8]) Anders gestaltete sich, wie es

---

[1]) *Cartulaire,* Nr. 2788 (II, S. 804).
[2]) Ebd. Nr. 2441 (II, S. 655).
[3]) Ebd. Nr. 2754 (II, S. 791).
[4]) Ebd. Nr. 3122 (III, S. 97).
[5]) Ebd. Nr. 3188 (III, S. 124).
[6]) Ebd. Nr. 3318 (III, S. 189).
[7]) Ebd. Nr. 4168 (III, S. 598).
[8]) Ebd. Nr. 4116 (III, S. 571).

scheint, später die Sache, wo Abgaben in Frage kamen, welche die Päpste weltlichen Herrschern von den geistlichen Gütern in ihrem Gebiete zu bestimmten, von der Kirche geförderten Zwecken bewilligten. Am 12. Mai 1297 z. B. befahl Bonifaz VIII. den Präzeptoren der Hospitaliter in Frankreich, obgleich er anerkannte, daß der Orden für den geplanten Zug gegen Sizilien schon schwer belastet sei, sie möchten sich über den auch von ihnen geforderten Zehnten mit dem König verständigen.[1])

Jedenfalls waren die Summen, auf welche die Kirche nach alledem zugunsten des Ordens verzichtete, sehr beträchtlich. Dazu kam, daß die Kurie ihm gegenüber auch noch von der Übung gewisser Rechte absah, welche die ihm für seine besonderen Zwecke zur Verfügung stehenden Mittel verkürzt haben würde. Auch er war eigentlich verpflichtet, Prälaten, namentlich päpstlichen Gesandten, auf ihren Reisen in seinen Häusern Herberge und Unterhalt zu gewähren. Vielleicht haben diese Herren dabei gelegentlich Mißbrauch getrieben, indem sie mit großem Gefolge und zahlreichen Reittieren einherzogen, sich länger als geboten aufhielten oder sonst besondere Ansprüche erhoben. Auf Beschwerden darüber nimmt sich Honorius III. am 11. Dezember 1220 des Ordens energisch an: Er soll nicht mehr zu leisten gehalten sein, als auf dem Laterankonzil (1215) durch Festsetzung der den Prälaten erlaubten Zahl von Reittieren und Dienern für solche Fälle bestimmt war.[2]) Doch war mit dem Übelstand nicht abgeholfen, wie vielfach laut werdende Klagen zeigen.[3]) Deshalb erneute Gregor IX. am 1. Dezember 1228 jenes Verbot: Er könne nicht dulden, bemerkt er dabei, daß dem Orden unter seinem Pontifikate bisher nicht übliche Lasten aufgelegt würden.[4]) Dennoch blieb die Sache zunächst noch streitig: Schließlich aber drang der Orden auch hier durch. Am 25. Oktober 1266 erklärte Clemens IV. ihn ganz im allgemeinen für eximiert von dem Herbergerecht der Prälaten, und zwar auch in den Fällen, wo seiner nicht ausdrücklich Erwähnung getan würde.[5]) Hinfort wurde einzelnen mit Gesandtschaften betrauten Prälaten vom Papst ausnahmsweise das Recht verliehen, auch in den Häusern der Hospita-

---

[1]) *Régistres de Boniface VIII.*, Nr. 1830 (I, S. 691).

[2]) Ebd. Nr. 1696 (II, S. 297). Vgl. den Erlaß Clemens' IV. vom 23. Januar 1267. Ebd. Nr. 3242 (III, S. 149). Bonifaz VIII. erneut die Vorschrift 31. Januar 1297. *Régistres de Boniface VIII.*, Nr. 1880 (I, S. 714).

[3]) Vgl. Malteser Urkunden, Nr. 22.

[4]) *Cartulaire*, Nr. 1931 (II, S. 391).

[5]) Ebd. Nr. 3233 (III, S. 144).

liter Aufnahme zu fordern.[1]) Doch muß die eximierte Stellung des Ordens der Kurie selbst gelegentlich unbequem geworden sein, da sie die Führung der Geschäfte erschwerte und lästige Ausgaben veranlaßte. In solchen Fällen ging sie darüber hinweg, vielleicht nicht immer in so milder Form wie Nikolaus IV., der am 22. Juni 1290 den Orden anwies, seinem Legaten Benvenuto, Bischof von Gubbio, der nach Dalmatien, Bosnien, Steiermark und Kärnten gehe, nach Kräften behilflich zu sein.[2]) Da die zur Forderung von Herberge berechtigten Prälaten befugt waren, statt derselben auch Geld anzunehmen, war der Orden natürlich auch von solchen Zahlungen befreit. Alexander IV. autorisiert ihn am 11. Juli 1286, sie zu verweigern: Nur die Kardinäle sollten sie beanspruchen dürfen: Die für die Armenpflege bestimmten Mittel des Ordens sollten möglichst unverkürzt bleiben.[3]) Aber auch Kardinälen gegenüber scheint der Orden nur ausnahmsweise zur Gewährung dieser *procuratio pecuniaris* angehalten worden zu sein und sich ihrer für gewöhnlich in der ihm eigenen lärmenden Art erwehrt zu haben: Wenigstens teilt ihm Nikolaus IV. unter dem 4. Oktober 1290 mit, obgleich er die Prokuration zum Unterhalt päpstlicher Legaten zu zahlen verpflichtet sei, habe er den Patriarchen Nikolaus von Jerusalem angewiesen, als Legat darauf zu verzichten, „um Ärgernis zu vermeiden".[4]) Ebenso untersagt Clemens V. dem als Legat nach Romanien gehenden Erzbischof von Kreta, vom Orden pekuniäre Beihilfe zu fordern.[5])

Die Bereitwilligkeit der Kurie, den Orden von finanziellen Verpflichtungen zu befreien, die seine Leistungsfähigkeit im Morgenlande beeinträchtigen oder durch seinen Widerstand dagegen ihr selbst unliebsame Weiterungen veranlassen konnten, macht es begreiflich, daß sie ihm auf diesem Gebiete gelegentlich auch auf anderer Leute Kosten gefällig war und ihn auch von weltlichen Lasten freimachte. Bereits Alexander III. wies die Prälaten an, den Orden gegen die Erhebung des Zwanzigsten zu schützen, den die Großen in manchen Gebieten zu militärischen Zwecken beanspruchten.[6]) Lucius III. eximierte ihn am 17. Dezember 1184 von all den Auflagen, die zu

[1]) *Cartulaire*, Nr. 2055 (II, S. 454), Nr. 3819 (III, S. 440), Nr. 3929 (III, S, 489) und Nr. 4086 (III, S. 558).

[2]) Ebd. Nr. 4105 (III, S. 569).

[3]) Ebd. Nr. 2821 (II, S. 820).

[4]) Ebd. Nr. 4118 (III, S. 572).

[5]) Ebd. Nr. 4878 (IV, S. 223).

[6]) Ebd. Nr. 420 (I, S. 291).

Arbeiten von öffentlichem Nutzen erhoben wurden.[1]) Diese Vergünstigung ist am 5. September 1256 durch Alexander IV. wiederholt worden.[2]) Am 17. März 1267 weist Clemens IV. den Prior von St. Amand zu Rodez an, die Konsuln und die Behörden der Städte und Schlösser der Provence zu hindern, daß sie von dem Orden seinen Privilegien widersprechende Auflagen fordern.[3]) Es entsprach der darin zutage tretenden hierarchischen Vorstellung von der Überordnung der Kirche über alle weltlichen Autoritäten und dem daraus abgeleiteten Anspruch auf Befreiung aller Geistlichen von dem für Weltliche geltenden Recht, wenn ebenfalls Lucius III. am 20. Januar 1185 verbot, daß der Orden in Prozessen zur Führung eines Beweises durch gerichtlichen Zweikampf genötigt würde: Man sollte sich ihm gegenüber unter allen Umständen mit dem einfachen Zeugenbeweis begnügen.[4])

Konnte man zugunsten dieser Bestimmung anführen, daß dem Kampf für den Glauben geweihte Ritter nicht anderen Fährlichkeiten ausgesetzt werden sollten, so ließ sich das doch nicht geltend machen für das Asylrecht, dessen die Ordenshäuser in Palästina genossen. Dorthin flüchtende Übeltäter waren nicht bloß der weltlichen Gerechtigkeit entrückt, sondern auch für die strafende Gewalt der Kirche nicht erreichbar. Daraus ergaben sich Übelstände, die auf eine Beschwerde des Patriarchen von Jerusalem selbst Innocenz III. nicht in Abrede stellen, aber nach seinem eigenen Geständnis auch nicht beseitigen konnte.[5]) Aus dem Fehlen entsprechender Urkunden ist wohl zu schließen, daß den Häusern des Hospitals im Abendlande das Asylrecht nicht zugestanden hat. Wenn es später einzelnen in Frankreich von den Königen bestätigt wurde und bis ins 17. Jahrhundert gegolten hat, so scheint es sich dabei um den Übergang eines Privilegiums der Templer auf ihre Erben und Rechtsnachfolger zu handeln.[6]) Dagegen war es nur die Konsequenz der Ausnahmestellung, die dem Orden zunächst in einzelnen Beziehungen eingeräumt war, wenn er und infolgedessen auch alle seine Leute der weltlichen Gerichtsbarkeit schließlich nicht mehr unterstellt sein wollten. Seine Exemtion von dieser sowohl in sachlicher wie in persönlicher Hinsicht ist am 2. Januar 1257 von Alexander IV. anerkannt worden.[7])

---

[1]) *Cartulaire*, Nr. 707 (I, S. 464).
[2]) Ebd. Nr. 2829 (II, S. 823).
[3]) Ebd. Nr. 3248 (III, S. 152).
[4]) Ebd. Nr. 537 (I, S. 475). Vgl. Nr. 736.
[5]) Ebd. Nr. 1249 (II, S. 63).
[6]) Vgl. Curzon, *La maison du Temple de Paris*, S. 278.
[7]) *Cartulaire*, Nr. 2849 (II, S. 835).

Wenn der Hospitaliterorden nach dem Vorbild der Templer immer mehr Gewicht auf die kriegerische Tätigkeit legte, also das Rittertum dem Mönchtum überordnete, so beweist das nur, wie günstig der Zug der Zeit dem geistlichen Rittertum war. Doch entsprach das nicht den Absichten Alexander III. Ob dieser besorgte, durch die starke Betonung der kriegerischen Seite seines Doppelwesens werde er in der Erfüllung seiner alten sozialen Pflichten gehindert werden, oder ob er davon eine dem heiligen Lande nachteilige Konkurrenz zwischen Hospitalitern und Templern befürchtete, muß dahingestellt bleiben. Jedenfalls richtete er an Meister Roger des Moulins zwischen 1178 und 1180 ein Schreiben, worin er ihn ermahnte, die Mittel des Ordens gemäß der Regel Raimunds du Puy vornehmlich auf die Armen- und Krankenpflege zu verwenden und ihn nur dann die Waffen ergreifen zu lassen, wenn durch Erhebung des Banners des heiligen Kreuzes zur Verteidigung des Königreichs Jerusalem aufgerufen oder eine Burg der Ungläubigen zu belagern sei.[1]) Doch haben die Hospitaliter ihre kriegerische Tätigkeit nicht auf diese Fälle beschränkt, sondern in weit größerem Umfange geübt und in dem fast ununterbrochenen Kampf gegen die Ungläubigen eine hervorragende Rolle gespielt. Es war daher gerechtfertigt, wenn man ihnen auch die Beschaffung all desjenigen nach Möglichkeit erleichterte, dessen sie zur Erfüllung dieses doppelten Berufes bedurften. Nur sind auch derartige Freiheiten bald über das ursprüngliche und sachlich berechtigte Maß hinaus erweitert und so dem Orden Vorteile zugewandt worden, die mit seinem kriegerischen Beruf nichts zu tun hatten. Am 19. Dezember 1216 untersagte z. B. Honorius III. dem Erzbischof von Arles, von dem Holze, das der Orden zum Bau von Schiffen aus seinem Gebiet ausführte, Zoll zu erheben. Das sollte überhaupt von allem gelten, was der Orden von dort nach dem heiligen Lande versandte, und zur Gewährung der gleichen Vergünstigung an ihn sollte der Erzbischof geistliche und weltliche Große seines Sprengels nötigenfalls durch kirchliche Zensuren anhalten.[2]) Am 5. Januar 1266 eximiert Clemens IV. den Orden in Deutschland von jeder Zahlung, die Grafen, Barone oder Schloßherren von ihm fordern würden.[3]) Am 21. Dezember 1267 befiehlt er dem Bischof von Olmütz, unter Androhung des Bannes dafür zu sorgen, daß in seinem Sprengel der Orden so wenig wie dessen Leute zu irgendwelchen Abgaben von Lebens-

---

[1]) *Cartulaire*, Nr. 527 (I, S. 360).

[2]) Ebd. Nr. 1518 (II, S. 203).

[3]) Ebd. Nr. 3204 (III, S. 130).

mitteln, Kleidern oder Vieh oder anderen seinem Unterhalte dienenden Dingen herangezogen werde, wogegen die Stadt Olmütz sowie der Bischof und seine Zolleinnehmer verstoßen hatten.[1])

Wenn die Kurie die grundsätzliche Freiheit des Ordens von allen finanziellen Leistungen an geistliche und weltliche Große entschieden vertrat, konnte sie ihm die Übernahme solcher Lasten zu ihren eigenen Gunsten füglich nicht zumuten, sondern mußte da auf seine Beihilfe verzichten. Daher befreit ihn Alexander IV. am 9. Januar 1261 von der Zahlung der Auflagen, welche die gegen die Anhänger der Staufer in Waffen gerufenen Großen Siziliens mit seiner Zustimmung ausgeschrieben hatten, obgleich er in der betreffenden Bulle nicht ausdrücklich als eximiert genannt war,[2]) und Clemens IV. verbietet am 31. Mai 1265 ganz allgemein den Grafen und Edlen, von dem Orden irgendwelche Zahlungen zu verlangen. Ja am 19. Februar 1266 autorisiert derselbe den Orden zur Verweigerung der Abgaben, die Edle und Prälaten von ihm zu erheben versuchen.[3]) Am 25. März 1267 nimmt er ihn gegen alle derartige Zumutungen von seiten der weltlichen Gewalt in Schutz.[4]) Im Einklang damit schreitet am 11. August 1275 Gregor X. gegen den Seneschall von Navarra ein, der obenein versucht hatte, den Orden vor dem weltlichen Gericht aburteilen zu lassen.[5])

Wurde dem Orden schon durch diese Exemtionen eine Menge von Ausgaben erspart, die andere geistliche Körperschaften zu leisten hatten, so erschlossen ihm andere päpstliche Gunsterweise bedeutende Einnahmen. Am ertragreichsten war da wohl das Recht, durch ausgesandte Brüder in allen Kirchen Kollekten für seine Zwecke abhalten zu lassen, bei denen nicht bloß Geld, sondern auch Waffen usw. gegen Gewährung kirchlicher Vorteile dargebracht wurden. Bereits der von Gerard nach Spanien geschickte Pelagius hatte von Paschalis II. die Erlaubnis zum Einsammeln von Almosen erhalten.[6]) Kalixt II. erteilte sie den Boten des Raimund du Puy.[7]) Doch scheint es sich noch nicht um eine förmliche Organisation des Kollektenwesens für das Hospital gehandelt zu haben. Eine solche läßt erst die Bulle Innocenz' II. vom 7. Februar 1137 erkennen, welche die Einsammler milder

---

[1]) *Cartulaire,* Nr. 3287 (III, S. 168).

[2]) Ebd. Nr. 2977 (III, S. 2).

[3]) Ebd. Nr. 3211 (III, S. 134).

[4]) Ebd. Nr. 3244)III, S. 150). Vgl. den Erlaß vom 6. März 1267, wiederholt am 3. September 1267, Nr. 3244 u. 3245 (III, S. 150/51).

[5]) Ebd. Nr. 3583 (III, S. 330).

[6]) Ebd. Nr. 31 (I, S. 30). Vgl. oben S. 22.

[7]) Ebd. Nr. 47 (I, S. 39).

Gaben für das Hospital, deren Spender demselben hinfort als *fratres*, nachmals *confratres* zugezählt wurden, unter den Schutz St. Peters stellte, so daß sie überall besonderen Friedens genossen. [1]) Diese Kollektoren, die vom Ordensmeister ausgeschickt wurden und die z. B. Anastasius IV. am 24. Oktober 1154 allen Prälaten zur Befürwortung ihres Anliegens bei den Gläubigen empfiehlt,[2]) haben in der Agitation zugunsten des Hospitals eine bedeutende Rolle gespielt, sowohl zum Zweck der Beschaffung von Mitteln für dasselbe, wie zur Erweiterung und Steigerung seines Einflusses: waren sie doch auch für Laienkreise, die mit dem Orden sonst in keiner Verbindung standen, die Träger kirchlicher Vergünstigungen. Die Art, wie der Orden dabei verfuhr, hat freilich oft den Unwillen der Geistlichkeit hervorgerufen. Einmal bot sie auch Schwindlern Gelegenheit, sich widerrechtlich zu bereichern, indem sie mit dem Ordensgewand angetan den Frommen betrügerischerweise milde Gaben abnahmen, wie das auch zum Nachteil anderer Genossenschaften vorkam. Das veranlaßte später das teilweise Verbot solcher Kollekten.[3]) Auch das Aufstellen von Sammelbüchsen in den Kirchen[4]) stieß auf Widerstand bei der Geistlichkeit: In Bordeaux mußte Clemens V. den Domherren, die sie entfernt hatten, ihre Wiederaufstellung befehlen.[5])

Die Ausgestaltung des Kollektenwesens für das Hospital brachte für Bischöfe und Pfarrer noch andere Nachteile mit sich, zumal der Orden auch hier Freiheiten, die bei einer jungen hilfsbedürftigen Stiftung am Platze gewesen waren, in der Folge mit seiner gesteigerten Macht entsprechendem gesteigerten Nachdruck geltend machte. Das Erscheinen kollektierender Ordensbrüder in ihren Sprengeln war Bischöfen und Pfarrern daher nie besonders erfreulich, schon weil die Mildtätigkeit ihrer Pfarrkinder für die von ihnen selbst empfohlenen frommen Werke beeinträchtigt wurde. Sie verweigerten daher wohl ihre Aufnahme, wiesen sie aus ihren Kirchen oder machten ihre Zulassung abhängig von der Überlassung eines Teils von dem Ertrage der Kollekte. Bereits Alexander III. befahl den Bischöfen, ihre Pfarrer bei Verlust des Amtes und der Pfründe *(sub pena officii et beneficii)* von so „unverschämter" Hinderung des Liebeswerkes der Hospitalbrüder abzuhalten.[6]) Ganz besonders beschwert fühlen aber mußten sich die

---

[1]) *Cartulaire*, Nr. 122 (II, S. 101).
[2]) Ebd. Nr. 227 (I, S. 175).
[3]) *Régistres de Boniface VIII.*, Nr. 4149 (III, S. 587).
[4]) *Cartulaire*, Nr. 4808 (IV, S. 182).
[5]) Ebd. Nr. 4869 (IV, S. 217).
[6]) Ebd. Nr. 356 (I, S. 246).

Geistlichen durch das dem Orden eingeräumte Recht, daß seine Kollektoren, kamen sie in einen interdizierten Ort, einmal im Jahr die Kirchen öffnen und unter Ausschluß der Exkommunizierten Gottesdienst halten lassen durften,[1]) namentlich seitdem letztere Einschränkung nicht mehr beachtet wurde und es auch nicht bei der einmaligen Öffnung im Jahre und bei dem Ausschluß der Gebannten blieb,[2]) ja die Suspension des Interdiktes benutzt wurde, um inzwischen Verstorbene kirchlich zu begraben.

Abgesehen von diesen Kollekten, die auch den Templern[3]) und Deutschen Herren[4]) zustanden, bei ihnen jedoch eine ähnlich hohe Bedeutung nicht gewonnen haben, wurden die Prälaten bereits von Innocenz II. angewiesen, ihre Diözesanen Almosen für das Hospital sammeln zu lassen:[5]) Sie sollten dieselben zur Annahme der Brüderschaft, d. h. zum Anschluß an die den eigentlichen Orden umgebende weitere Genossenschaft ermuntern. Man begreift, daß die Geistlichkeit diese Begünstigung des Ordens mit wachsendem Mißbehagen sah, dieser dagegen ganz besonderes Gewicht darauf legte, da sie ihm nicht bloß eine ergiebige Einnahmequelle erschloß, sondern auch einen Einfluß sicherte, den er, unabhängig von den Bischöfen, gleichmäßig in allen Diözesen geltend machen konnte. Mit Recht sah er darin eines der Fundamente sowohl seiner finanziellen wie seiner kirchlichen Machtstellung und trug daher für seine regelmäßige Anerkennung und Erneuerung eifrigst Sorge. Kein anderes päpstliches Privileg hat er sich so häufig bestätigen lassen wie Innocenz' II. Bulle *Quam amabilem:*[6]) Sie hat für ihn ähnliche Wichtigkeit gehabt wie Alexanders III. großer Freibrief *Omne datum optimum* für den Templerorden. Wirksam gefördert wurde das im großen Stil organisierte Kollektenwesen zugunsten des Hospitals dadurch, daß diejenigen, die ihm einen Beitrag gewährten, besondere kirchliche Vorteile genossen. Bereits Innocenz II. bewilligte ihnen den Erlaß des siebenten Teils der ihnen jährlich auferlegten

---

[1]) Vgl. die Bestimmung in dem Privileg Anastasius' IV. Ebd. Nr. 174, S. 126.

[2]) *Cartulaire,* Nr. 4029 (III, S. 531): Die Beschlüsse der Synode von Cahors, Rodez und Tull stellen das alte Recht, das der Orden willkürlich geändert hatte, 1289 in diesem Sinne wieder her.

[3]) Malteser Urkunden, Nr. 1.

[4]) Strehlke, *Tab. Ord. Theut.,* Nr. 321.

[5]) 7. Mai 1139 oder 1140. *Cartulaire,* Nr. 130 (I, S. 107).

[5]) Solche liegen vor durch Hadrian IV. vom 19. November 1155, 27. April 1156 und 11. Februar 1157, 58 u. 59, ebd. Nr. 239, 243, 254 (I, S. 181, 189, 193), durch den Gegenpapst Viktor IV. vom 29. November 1159, Nr. 281 (I, S. 209), und durch Alexander III. vom 15. Mai 1166, 67, 78, 79 und 19. September 1173, 74, 76, Nr. 352 u. 449 (I, S. 248 u. 311).

Kirchenbußen[1]) und versicherte die in einem interdizierten Gebiet verstorbenen Konfratres des kirchlichen Begräbnisses. Beides wurde durch Alexander III.[2]) und Clemens IV. bestätigt.[3]) Dennoch setzte die Kurie wiederholt noch andere Mittel in Wirksamkeit, um die Mitgliederzahl und die Mittel des Hospitals zu vermehren. So gewährte z. B. Honorius III. am 21. Januar 1217 allen Ablaß, die reuig und beichtend während der Fastenzeit eine Ordenskirche besuchten und dem Orden etwas zuwendeten,[4]) und verhieß am 13. September 1226 einen zwanzigjährigen Ablaß den Besuchern der Kirche des Hospitals zu Jerusalem, namentlich um die Zeit des Johannisfestes.[5]) Das wiederholte Clemens IV. am 22. Juni 1265.[6]) Was dem Orden daraufhin an Zuwendungen gemacht wurde, wird nicht unbedeutend gewesen sein, da mancher es sich gern etwas kosten ließ, eines kirchlichen Begräbnisses versichert zu sein. Bischöfe und Pfarrer aber waren damit gar nicht einverstanden: Wie von dem Ertrag der Kollekten zugunsten des Ordens in ihren Kirchen verlangten sie auch an diesen Einnahmen desselben einen Anteil. Dagegen bestimmte bereits Alexander III., von den dem Orden zufließenden milden Gaben hätten die Prälaten gar nichts, von den ihm ausgesetzten Legaten nur den vierten Teil zu beanspruchen.[7]) Letzteres verbot Alexander IV. am 15. Oktober 1256 in bezug auf solche Legate, die dem Orden von den auf seinen Kirchhöfen Beerdigten ausgesetzt wurden.[8]) Übrigens unterschied ein im Juni 1270 unter Meister Hugo Revell gehaltenes Generalkapitel streng zwischen solchen Legaten, die den Kranken und solchen, die dem Orden im allgemeinen zugewandt wurden: Erstere unterstanden der Verwaltung des Spittlers (*hospitalarius*), letztere der des Großpräzeptors, der als Schatzmeister die Ordensfinanzen leitete.[9])

Nun scheint aber gerade diese sozusagen finanzielle Konkurrenz Prälatur und Pfarrgeistlichkeit gegen den Orden besonders aufgebracht zu haben. Es ergaben sich daraus fast unausgesetzte Reibereien und gelegentlich erbitterte Streitigkeiten, besonders seit der Orden infolge des Wandels seiner Stellung Armen- und Krankenpflege nur

[1]) *Cartulaire*, Nr. 130 (I, S. 107).
[2]) Ebd. Nr. 365 (I, S. 250).
[3]) Ebd. Nr. 3153 (III, S. 107).
[4]) Ebd. Nr. 1535 (II, S. 210).
[5]) Ebd. Nr. 1840 (II, S. 357).
[6]) Ebd. Nr. 3163 (III, S. 112).
[7]) Ebd. Nr. 360 (I, S. 248).
[8]) Ebd. Nr. 2836 (II, S. 829).
[9]) Prutz, Kulturgeschichte der Kreuzzüge, S. 615, Art. 124.

noch als eine durch einen ehrwürdigen Brauch gebotene Nebensache trieb, den Schwerpunkt seiner Wirksamkeit aber in anderen, nicht immer gemeinnützigen Unternehmungen suchte und daher auch nur noch einen verhältnismäßig geringen Teil seiner Einnahmen auf die Bekämpfung der Ungläubigen verwendete. In einem Erlaß Nikolaus' IV. vom 20. Februar 1291 wird erwähnt, es sei dafür der dritte Teil des Jahreseinkommens vom Orden verbraucht worden.[1]) Diesem Zwecke sollten nach päpstlicher Bestimmung insbesondere die Summen dienen, die ihm aus dem Rückkauf unerfüllbar gewordener Kreuzzugsgelübde zuflossen,[2]) desgleichen das, was infolge kirchlicher Bußen als Schadenersatz für Diebstahl und Wucher gezahlt wurde. Bei ihm eingegangene Gelder derart wurde der Bischof von Fermo durch Alexander IV. am 15. Dezember 1258 angewiesen, dem Orden auszuliefern,[3]) wie derselbe bereits am 4. Mai 1257 die Prälaten Frankreichs und namentlich die Bischöfe von Cambrai, Verdun und Metz ermahnt hatte, zur Unterstützung des heiligen Landes ausgesetzte Legate auch wirklich dazu zu verwenden, dabei aber jede Verletzung der Rechte der Hospitaliter und der Templer zu vermeiden.[4]) Am 19. Dezember 1286 erlaubt Honorius IV. dem Orden, auch solche Gelder anzunehmen, die aus Wucher oder Diebstahl oder anderem unehrlichen Erwerb stammen.[5]) Wie wenig genau aber es mit der Verwendung solcher Einnahmen genommen wurde, beweist die dem Orden von Alexander IV. am 7. Oktober 1255 erteilte Erlaubnis, das aus dem Rückkauf von Kreuzzugsgelübden stammende Geld statt zugunsten des heiligen Landes zur Tilgung seiner Schulden zu verwenden.[6])

So erschloß die Kurie dem Orden immer neue Einnahmequellen, mochten auch die Interessen anderer kirchlicher Körperschaften dadurch geschädigt werden. Schließlich gab es für ihn überhaupt kaum noch eine Art des Erwerbes, die ihm nicht erlaubt gewesen wäre. Obenein war der Gebrauch, den er von seinen Befugnissen auf diesem Gebiete machte, zuweilen nur allzu geeignet, Anstoß zu erregen. Es mußte zu bedenklichen Konsequenzen führen, wenn Innocenz IV. am 5. August 1243 ihm die Erlaubnis erteilte zum Erwerb auch derjenigen beweglichen und unbeweglichen Güter, die seinen

[1]) *Cartulaire,* Nr. 4147 (III, S. 586).
[2]) Erlaß Innocenz' IV., 18. März 1251. Ebd. Nr. 2555 (II, S. 706).
[3]) Ebd. Nr. 2906 (II, S. 864).
[4]) Ebd. Nr. 2894 (II, S. 848).
[5]) Ebd. Nr. 3952 (III, S. 498).
[6]) Ebd. Nr. 2772 (II, S. 797).

Konfratres zugefallen sein würden, wenn sie im weltlichen Stande verblieben wären.[1]) Das hieß eigentlich ihn zu einer förmlichen Jagd nach Besitz antreiben, ähnlich wie sie der Volksmund den Templern nachsagte. Eine solche aber mußte ihm immer neue Feinde erwecken, da er dabei mit Hilfe seiner kirchlichen Vorrechte weltliche Ziele, und zwar oft recht bedenkliche, verfolgte. Es war doch ein Mißbrauch der kirchlichen Autorität, wenn, wie am 24. April 1289, Nikolaus IV. in den Diözesen Köln, Mainz und Münster verfügte, die auf den Ländereien des Ordens sitzenden Leute sollten zur Zahlung des rückständigen Zinses durch kirchliche Zuchtmittel angehalten werden.[2]) Ähnliches wird in den über das ganze Abendland verstreut liegenden Begüterungen des Ordens auch sonst geschehen sein: Die Folge der Verschiebung der Grenzen zwischen den verschiedenen Rechtssphären, die dadurch herbeigeführt wurde, mußte eine steigende Verwirrung sein. Diese störte und zersetzte die bisher geltende Ordnung durch Untergrabung der privaten, wirtschaftlichen und gesellschaftlichen Verhältnisse. Der Gegensatz zwischen einer reicher als Könige begüterten Körperschaft, die von der höchsten kirchlichen Autorität eigentlich über alles kirchliche Recht erhoben gestellt war, da es kaum noch etwas gab, was sie nicht durch irgendein päpstliches Privileg je nachdem als ihr erlaubt oder als ihr nicht geboten hätte erweisen können, und der großen Masse all derjenigen, Geistlicher und Weltlicher, Hoher und Niedriger, Reicher und Armer, die sich der Ausbeutung durch sie preisgegeben sahen, mußte die Krisis beschleunigen, in welche die mittelalterliche Welt auf allen Gebieten des Lebens bereits eingetreten war, zumal bei dem internationalen Charakter dieser Genossenschaft von ihr ausgehende Wirkungen derart räumlich nicht beschränkt und an politische Grenzen nicht gebunden waren, sondern sich ziemlich gleichmäßig auf alle Länder der Christenheit erstreckten.

Empfindlicher aber noch als die kirchlichen Vorrechte des Ordens, welche sie finanziell schädigten, trafen Bischöfe und Pfarrer diejenigen, welche ihre geistliche Autorität kürzten und in gewissen Rücksichten geradezu aufhoben. Gelang es dem Orden doch, vermöge der konsequent von ihm verfolgten Politik dank der Fügsamkeit und Langmut der Kurie Rechten und Freiheiten, die ihm zur Zeit seiner bescheidenen Anfänge eingeräumt waren, und damals auch mit der bestehenden kirchlichen Ordnung sich hatten in Einklang bringen

---

[1]) *Cartulaire,* Nr. 2299 (II, S. 605).

[2]) Ebd. Nr. 4037 (III, S. 535).

lassen, durch planmäßige Erweiterung einen Inhalt zu geben, von dem dies nicht mehr zutraf, schon wegen der großen Menge der Fälle und des ungeheuren Gebietes, wo nun als geltendes Recht anerkannt war, was früher nur eine Ausnahme gewesen war. Freilich gewann der Orden dadurch auch größere Anziehungskraft. Hoch und niedrig, reich und arm drängte sich zum Anschluß an ihn, um zum Mitgenuß der kirchlichen Vorteile zu gelangen, die dem einzelnen daraus erwuchsen. In den niederen sozialen Schichten wiederholte sich Ähnliches wie in den Kreisen des ritterlichen Adels, welcher den Eintritt in den Orden vielfach als die einfachste Versorgung für seine jüngeren Söhne ansah und es sich daher gern etwas kosten ließ, ihnen denselben zu ermöglichen, zumal manche Prioren gern die Hand dazu boten, so daß Alexander IV. durch einen Erlaß vom 18. März 1257 dagegen einzuschreiten für nötig fand.[1]) Auch bestimmte deshalb im Jahr 1312 ein Generalkapitel im Hinblick auf die übergroße Zahl der Ritterbrüder und adligen Donaten, ohne Erlaubnis des Meisters sollte hinfort kein Prior solche aufnehmen, ausgenommen in Spanien, wo der Kampf mit den Ungläubigen möglichste Stärke des Ordens wünschenswert machte, wie denn aus dem gleichen Grunde auch der Großpräzeptor „jenseits des Meeres" die Befugnis erhielt, Aufnahmen zu erlauben.[2])

Hierher gehört zunächst das Recht auf kirchliches Begräbnis auch zur Zeit des Interdikts, das bereits Innocenz II. allen Brüdern des Hospitals zugestanden hatte.[3]) Welchen Wert man ihm beimaß, ergibt sich schon daraus, daß Raimund du Puy seine Verleihung den Brüdern in Aragonien alsbald besonders kund zu tun eilte in der Erwartung, daß sich ihm nun erst recht viele anschließen würden. Auch der Papst betont, indem er den Prälaten aufgibt, die Gläubigen zu Almosen an das Hospital aufzufordern, gerade diese demselben gewährte Gunst besonders.[4]) Gewiß galt sie ursprünglich nur für die Brüder des Hospitals, das Wort in dem den damaligen Verhältnissen entsprechenden weiteren Sinn genommen. Daß aber die Geistlichkeit früh eine unerlaubte Erweiterung dieses Vorrechtes befürchtete, lehrt eine Urkunde des Erzbischofs von Arles aus den Jahren 1118–26, worin an die Schenkung einer Kirche an das Hospital die Bedingung geknüpft wird, auf dem zugehörigen Friedhof dürften bloß solche begraben werden, die an dem gemeinsamen Leben des Hospitals auf

---

[1]) *Cartulaire*, Nr. 2864 (II, S. 843).
[2]) Prutz, Kulturgeschichte der Kreuzzüge, S. 618, Art. 162.
[3]) *Cartulaire*, Nr. 226 (I, S. 174). Ebd. Nr. 122 (I, S. 101).
[4]) Ebd. Nr. 123 (I, S. 102).

dessen Kosten teilnähmen.[1]) Dennoch galt dies Vorrecht nach dem strengeren ordensmäßigen Abschluß der Genossenschaft auch für die Konfratres und Donaten oder Oblaten, obgleich sie nicht durch ein Gelübde gebunden waren.[2]) Aber gerade deshalb werden Leute jedes Standes sich dem Hospital in dieser lockeren Weise angeschlossen haben, um sich des kirchlichen Begräbnisses zu versichern. Die Autorität der Bischöfe und der Pfarrgeistlichkeit litt aber doch Schaden, wenn das von ihnen ausgesprochene Interdikt nicht bloß für einzelne, sondern größere Gruppen wirkungslos blieb. Nun wurden aber diese und ähnliche Vorteile im Laufe der Zeit sogar auf alle die Leute ausgedehnt, die auf Ländereien des Ordens saßen oder sonst in einem Abhängigkeitsverhältnis zu ihm standen, mochte auch nur der Schein eines solchen dadurch erzeugt werden, daß sie ihm eine kleine Abgabe entrichteten.[3]) Schließlich wird es hier ebenso gegangen sein wie beim Templerorden, der auf diese Weise ganze Ortschaften und Gemeinden der ihnen vorgesetzten kirchlichen Autorität entzog. Dementsprechend wuchs im Laufe der Zeit die finanzielle Bedeutung des Begräbnisrechtes für den Orden. Die Personen, welche sich das Recht auf kirchliche Bestattung auf den Ordensfriedhöfen sicherten, haben ihm den Dank nicht immer bloß durch Vermächtnisse von Waffen, Betten und Kleidern[4]) betätigt, sondern meist durch reichere Zuwendungen. Jedenfalls hat der Orden hier früh eine Praxis geübt, die dem ursprünglichen Sinn der päpstlichen Verleihung nicht entsprach, aber gegen den Protest der Geistlichkeit in einzelnen Gebieten schließlich zur Anerkennung gebracht, indem er auch solche auf seinen Friedhöfen bestattete, die im Banne gestorben waren. Bereits Alexander III. mußte den Erzbischof Richard von Canterbury anweisen, das zu hindern.[5]) Als dieser damit nicht durchdrang, gab er ihm am 23. März 1175 den Auftrag, Hospitaliter und Templer, welch letztere sich der gleichen Ausschreitung schuldig gemacht hatten, durch Bedrohung mit dem Bann zu nötigen, die auf ihren Kirchhöfen begrabenen Exkommunizierten wieder auszugraben.[6]) Derselbe Papst mußte dem Ordenspräzeptor von St. Gilles verbieten, denjenigen kirchliches Begräbnis zu gewähren, die unter dem Banne des Bischofs von Béziers gestorben waren. Dabei handelte es sich um einen vom Orden

[1]) *Cartulaire*, Nr. 42 (I, S. 36).
[2]) Ebd. Nr. 365 (I, S. 250).
[3]) Ebd. Nr. 961 (I, S. 609).
[4]) Erlaß Alexanders IV. vom 15. Oktober 1256. Ebd. Nr. 2836 (II, S. 229).
[5]) Ebd. Nr. 273 (I, S. 205).
[6]) Ebd. Nr. 476 (I, S. 327).

vielfach geübten Mißbrauch, durch den er seine Verachtung gegen die kirchliche Disziplin betätigte.[1]) Bedenkt man, in welchem Maße damals Südfrankreich von ketzerischen Gemeinden durchsetzt war und welche Rolle der Kampf gegen diese im ersten Viertel des 13. Jahrhunderts spielte, so begreift man die Erbitterung der Geistlichkeit über die Art, wie die geistlichen Ritterorden ihr die wirksame Anwendung des gefürchteten Strafmittels unmöglich machten. Denn auch ohne daß es ausdrücklich bezeugt ist, darf man annehmen, daß das Begräbnisrecht der Hospitaliter und Templer gerade in jenen Gegenden vielfach auch Albigensern zugute gekommen ist. Denn sicherlich haben die Orden diejenigen, die sich unter ihren Schutz stellten oder in Abhängigkeit von ihnen traten, nicht vorher auf ihre kirchliche Rechtgläubigkeit geprüft. Wurden solche Klagen doch auch in Gebieten laut, wo Ketzereien nicht so verbreitet waren. Am 13. August 1235 weist Gregor IX. den Bischof von Viterbo an, er solle Hospitaliter und Templer hindern, denjenigen seiner Diözesanen kirchliches Begräbnis zu gewähren, die der Ketzerei verdächtig oder überführt seien.[2]) Dennoch setzte der Orden auch in diesem Punkte eine Befugnis, die ihm nur für bestimmte Fälle erteilt war und so geübt, anderer Rechte nicht kränkte, vermöge vielfacher eigenmächtiger Übung schließlich in beträchtlich erweitertem Umfange durch.

In der Bulle vom 7. Februar 1137, an die auch hier die Entwickelung anknüpft, hatte Innocenz II. dem Hospitale nämlich die Erlaubnis erteilt, die Brüder sollten, würden ihnen unbewohnte Orte geschenkt, dort nicht bloß Dörfer anlegen, sondern auch Kirchen bauen und Kirchhöfe einrichten dürfen zum Bedarf der Einwohner. Würden ihnen aber bebaute oder noch unbebaute Ländereien zugeeignet, so sollten sie daselbst Kapellen aufführen und Kirchhöfe anlegen dürfen zum Gebrauche allein der Brüder und der ihren Tisch teilenden Genossen.[3]) Es sollte also unterschieden werden zwischen städtischen oder in Dörfern beschlossenen Gemeinden und solchen, die über mehrere Feldmarken verstreut waren. Letztere waren in kirchlicher Hinsicht ursprünglich wohl der Pfarrei des nächstbenachbrten Ortes zugeteilt, so daß ihre Bewohner in bezug auf ihre kirchlichen Bedürfnisse, Rechte und Pflichten dorthin gehörten und nur die unter ihnen lebenden Ordensbrüder eine kleine exemte Gemeinde bildeten. Diese Bestimmung wurde zunächst in bezug auf die Konfratres durchbrochen, wenn

[1]) *Cartulaire*, Nr. 494 (II, S. 294).

[2]) Ebd. IV, S. 279 (Nachtrag zu Nr. 2119).

[3]) Ebd. Nr. 122 (I, S. 101).

die Geistlichen, denen sie unterstanden, ihnen aus irgendeinem Grunde das kirchliche Begräbnis verweigerten. Lucius III. autorisierte den Orden am 7. September 1183, solche in den Ordenskirchen zu bestatten und die Zuwendungen anzunehmen, die ihm daraufhin gemacht würden. Es handelte sich also auch hier nicht bloß um eine Minderung des Ansehens der Geistlichkeit, sondern auch um ein finanzielles Interesse, das beiden Parteien gleichmäßig am Herzen lag. Wenn aber die Prälaten da Abhülfe zu schaffen dachten, indem sie neuen Ordenskirchhöfen, die kirchliche Weihe verweigerten, so wurde auch das durch die Kurie um seine Wirkung gebracht. Denn Lucius III. erlaubte dem Orden, wenn seine Bitte darum von dem Bischof der betreffenden Diözese abgeschlagen würde, die Weihe eines neuangelegten Kirchhofes durch jeden andern katholischen Bischof vornehmen zu lassen, es sei denn, daß jener für seine Weigerung triftige Gründe anzuführen hätte.[1]) In einzelnen Sprengeln aber schwebte diese Streitfrage, an der übrigens noch andere Orden beteiligt waren, auch in der Folge, und hier und da trug der Episkopat schließlich doch den Sieg davon. Wenigstens erteilt Innocenz IV. am 5. Juni 1247 dem Konstanzer Bischof Heinrich von Tann-Waldburg (1233–48) Vollmacht, sowohl die Hospitaliter wie die Deutschen Ritter und die Brüder vom Hl. Geist an dem Mißbrauch ihres Rechtes zu hindern.[2]) und am 15. Oktober 1248 benachrichtigt er dessen Nachfolger, Eberhard von Waldburg (1248–74), die drei geistlichen Ritterorden und die Lazaristen seien in seinem Sprengel fernerhin nicht berechtigt, während des Interdikts Gottesdienst zu halten und zu begraben.[3]) Doch scheint es sich dabei nur um einen Ausnahmefall gehandelt zu haben.

Denn auch hier befanden sich die Bischöfe bei Verteidigung ihrer Rechte dem Orden gegenüber in übler Lage, da die Kurie ihnen den Gebrauch von Bann und Interdikt unmöglich gemacht hatte: Sie durften Ordensbrüder nicht exkommunizieren und Ordenskirchen nicht interdizieren. Es muß dahingestellt bleiben, ob der Ursprung dieses Verbots auf einen ähnlich einfachen, in den anfänglichen Verhältnissen des Ordens begründeten Ansatz zurückzuführen ist, wie wahrscheinlich bei den Templern, die des gleichen Vorzugs genossen. Es hatte sich dabei zunächst nur darum gehandelt, der jungen Genossenschaft zum Anschluß einer größeren Zahl von kriegserfahrenen Männern zu ver-

[1]) *Cartulaire*, Nr. 657 u. 658 (I, S. 442/43).
[2]) Ebd. Nr. 2416 (II, S. 660).
[3]) Ebd. Nr. 2487 (II, S. 676).

helfen. Doch wird, als Honorius III. am 20. Dezember 1225 dem Meister des Hospitals erlaubt, mit Gebannten zu verkehren, eine ältere Bestimmung derart nicht erwähnt.[1]) Dagegen verbot bereits Innocenz II. bei Bestätigung der Privilegien des Hospitals am 16. Juni 1135 den Diözesanbischöfen, Kirchen des Ordens mit dem Interdikt zu belegen.[2]) Das wiederholte Eugen II. am 29. Juni 1153[3]) und Anastasius IV. in seinem großen Freibrief vom 21. Oktober 1154.[4])

Gerade in jene Zeit gehört nun ein schwerer Konflikt des Ordens mit dem Patriarchen Foucher von Jerusalem, dessen Ausgang für seine Stellung zum Episkopate überhaupt entscheidend wurde. Denn der Sieg, den er davontrug, löste die zwischen ihm und den Bischöfen schwebenden Streitfragen zu seinen Gunsten: Was der höchste Würdenträger der Kirche des heiligen Landes mit Hilfe seiner sämtlichen Suffragane nicht durchzusetzen vermocht hatte, konnten in der Folge auch die Erzbischöfe und Bischöfe des Abendlandes nicht erreichen, weil durch die in jenem Fall von der römischen Kurie gefällte Entscheidung ihren Ansprüchen präjudiziert war. Leider haben wir von dem Verlauf dieses Streites im einzelnen keine genauere Kenntnis, und was wir davon wissen, stammt aus einer entschieden parteiischen Quelle, dem Berichte des Erzbischofs Wilhelm von Tyrus,[5]) des verdienten Geschichtsschreibers der Kreuzzüge, der jedoch die Erbitterung seiner Standesgenossen gegen die ihrer Autorität entzogenen Rittermönche in dem Maße teilt, daß er ihr bei jeder Gelegenheit in leidenschaftlichen Worten Ausdruck gibt. Doch fehlt es nicht ganz an Zeugnissen weniger voreingenommener Berichterstatter. Geben diese auch keine nähere Auskunft über die von dem Erzbischof angeführten Anlässe zu dem Streite, so lassen sie doch keinen Zweifel darüber, daß der Orden, wenn er auch sachlich vielleicht im wesentlichen im Rechte war und sich unbegründeter Ansprüche des Patriarchen zu erwehren hatte, doch zur Erlangung des Sieges bedenkliche Mittel gebrauchte, denen die bedrängte Lage des päpstlichen Hofes den Erfolg sicherte.

Die Beschwerden, welche nach Wilhelm von Tyrus Patriarch Foucher gegen die Hospitaliter erhob, lassen zunächst erkennen, daß es

---

[1]) *Cartulaire*, Nr. 1825 (II, S. 344).

[2]) Ebd. Nr. 113 (I, S. 95).

[3]) Ebd. Nr. 217 (I, S. 167).

[4]) Ebd. Nr. 226 (I, S. 174).

[5]) *Guilelm. Tyr. Lib.* 18, c. 8. (*Historiens des croisades: Occidentaux I*, S. 820 ff.) Vgl. Delaville Le Roulx, *Les Hospitaliers en Terre Sainte*, S. 54 ff., der entschieden für den Orden Partei nimmt. Reuter, P. Alexander III., III^2, S. 599.

sich um einen Gegensatz handelte, der, seit Jahren vorhanden, durch die ihm entsprungenen täglichen Reibereien und Schikanen zwischen beiden Teilen eine leidenschaftliche Erbitterung erzeugt hatte. Für den Orden handelte es sich um die Behauptung der ihm bisher eingeräumten kirchlichen Freiheiten oder vielmehr um die Durchsetzung der Deutung, die er ihnen über den eigentlichen Sinn hinaus gegeben hatte, Foucher aber im Interesse seiner Kirche bekämpfte. Denn in diesem Punkte wird Wilhelm von Tyrus trotz seiner Voreingenommenheit Glauben verdienen. Dabei scheinen wie gewöhnlich finanzielle Interessen eine hervorragende Rolle gespielt zu haben, indem der Orden, für den eine generelle Befreiung von den kirchlichen Zehnten bisher nicht erfolgt war, dennoch auf Grund der Zehntenfreiheit, die ihm in einzelnen Diözesen Palästinas eingeräumt war,[1]) solche auch in dem dem Patriarchen unmittelbar untergebenen Gebiete zur Geltung bringen wollte. Fouchers Widerstand dagegen scheinen die Rittermönche durch herausfordernde Feindseligkeiten beantwortet zu haben. Nach Wilhelm von Tyur sollen sie durch die Baulichkeiten, die sie auf ihrem Grundstücke neben der Heiligengrabeskirche aufführten, diese geflissentlich umstellt und gedrückt haben. Auch sollten sie durch das Geläut ihrer Glocken den dort gehaltenen Gottesdienst stören, daß der die Messe zelebrierende Patriarch mit seiner Stimme dagegen nicht aufkommen konnte. Vielleicht hatte es sich noch um eine weitere Ausschreitung der Hospitaliter gehandelt, insofern sie zwar auch zur Zeit des Interdiktes in ihren Kirchen Gottesdienst halten durften, dabei aber das Läuten der Glocken unterlassen sollten. Auch waren sie, vom Patriarchen durch Akte gesteigerter Feindseligkeit gereizt, schließlich vor der Anwendung von Waffengewalt nicht zurückgeschreckt. Über dem Portal der Heiligengrabeskirche will der Geschichtsschreiber der Kreuzzüge selbst noch ein Bündel Pfeile hängen sehen, welche die Ritter damals gegen die Kirche abgeschossen haben sollten. Doch kann es sich dabei auch um eine tendenziöse lokale Legende handeln, da für die Herkunft jenes Pfeilbündels auch noch eine andere sagenhafte Erklärung umlief.[2]) Ob der Patriarch die Sache bereits in diesem Stadium an die Kurie gebracht hat, wissen wir nicht: Unerträglich aber mußte seine Situation werden, als Anastasius IV. durch die Bulle vom 21. Oktober 1154 die Stellung des Ordens noch weiter befestigte, indem er ihn in den besonderen Schutz des römischen Stuhles nahm, ihm sämtliche Güter, Rechte und Freiheiten bestätigte und durch die

[1]) Vgl. oben S. 144.

[2]) Delaville Le Roulx, *Les Hospitaliers en Terre Sainte,* S. 54, Anm. 2.

Errichtung eines Ordensklerikates ihn von der Autorität der Ordinarien vollends emanzipierte. Wohl mußte Foucher nun fürchten, jeden Einfluß auf den Orden zu verlieren und ihn zu einem doppelt gefährlichen Widersacher werden zu sehen. Dies abzuwenden, machte er sich im Frühjahr 1155 in Begleitung der Bischöfe von Accon, Sidon, Lydda, Sebaste und Tiberias auf den Weg nach Rom, um die Zurücknahme der Bulle Anastasius' IV. bei dessen Nachfolger Hadrian IV. auszuwirken. Der Kriegszustand jedoch, den er nach der Landung in Otranto bei der Ankunft in Brindisi zwischen dem deutschen König Friedrich I. und den Griechen vorfand, nötigte ihn zu mehrfachen Umwegen, und als er endlich Rom erreichte, hatte der Papst es inzwischen verlassen. Er mußte ihm nach Ferentino folgen, dort aber in Erfahrung bringen, daß im Kardinalkollegium seine Sache nur vereinzelte Anwälte besaß: Augenscheinlich hielt dasselbe den Orden für die Kirche in ihrer damaligen kritischen Lage für unentbehrlich und trug kein Bedenken, die Rechte des Patriarchates von Jerusalem dem Vorteil der Gesamtheit zu opfern. Wenn Wilhelm von Tyrus darin eine Wirkung des Goldes erblickt, das die Vertreter des Hospitals mit vollen Händen ausstreuten, so wird das durch die Angabe eines der Zeit nach den Ereignissen noch näher stehenden Berichterstatters bestätigt, eines solchen freilich, den wir auch sonst als scharfen Kritiker der römischen Kurie und ausgesprochenen Feind der geistlichen Ritterorden kennen. Geroh von Reichersberg[1]) behauptet mit einer Bestimmtheit, die genaue Sachkenntnis vermuten läßt, der Orden habe durch Aufwendung großer Summen, angeblich 3000 Mark Silber, es dahin gebracht, daß der Spruch des Papstes gegen den Patriarchen ausfiel, indem er ihn als diesem nicht unterstellt anerkannte und allein dem römischen Bischof unterordnete. Eine urkundliche Fassung dieses Urteils liegt nicht vor: Daß es ergangen ist, beweist die Unabhängigkeit, in der wir das Hospital hinfort von den Ordinarien finden. Das ergibt sich schon daraus, daß die von Foucher angefochtene Bulle Anastasius' IV. von Hadrian IV. nicht zurückgenommen, sondern bestätigt wurde. Denn wenn der Orden der Autorität des Patriarchen von Jerusalem entzogen blieb, so folgte das gleiche für alle Diözesanbischöfe. Die Prälaten hatten daher von ihrem Standpunkte aus wohl Grund, in der Entscheidung des Papstes eine Zerstückelung des Patriarchates zu beklagen, deren Folgen bald auch sie treffen mußten. Foucher kehrte daher tief enttäuscht im Herbst 1155 mit seinen Begleitern nach dem heiligen Lande zurück.

---

[1]) *De investigatione Antichrist:* Archiv für österr. Geschichtsquellen 20, S. 170.

Es mag dahingestellt bleiben, ob die Beschuldigung, die Geroh von Reichersberg bei dieser Gelegenheit gegen den Orden sowohl wie gegen die römische Kurie vorbringt, in ihrer Allgemeinheit begründet ist: Die Hospitaliter hätten von dieser gegen Geld immer weitergehende Rechte und Freiheiten erkauft – die augenscheinlich dauernd sehr engen finanziellen Beziehungen zwischen beiden mögen den Schein eines Handels hervorgerufen haben, der wenigstens nicht in diesem Umfange bestanden hat. Auch bedarf es nicht der Annahme eines solchen, um die fortschreitende Exemtion des Ordens von der Autorität der Ordinarien und seine Unterstellung unmittelbar unter den römischen Bischof zu erklären. Vielmehr erscheint diese nur als die Fortbildung einzelner besonders entwicklungsfähiger Rechte, die dem Orden in seinen Anfängen verliehen waren. Die Sicherheit der Ordenskirchen vor dem bischöflichen Interdikt z. B. stellt sich dar als Konsequenz aus dem dem Orden im Interesse seiner Kollekten eingeräumten Rechte, beim Erscheinen seiner Almosen sammelnden Brüder in interdizierten Orten einmal jährlich die Kirche zu öffnen und unter Ausschluß der Exkommunizierten und der namentlich Interdizierten bei geschlossenen Türen und ohne Glockengeläut Gottesdienst zu halten. Das hatte bereits Eugen III. im Anschluß an die Bestimmungen Innocenz' II. vom 7. Februar 1137 in seiner Bulle vom 29. Januar 1153[1]) festgestellt und bestätigte Anastasius IV. zugleich mit den anderen dem Orden bisher gewährten Rechten in seinem großen Freibrief vom 21. Oktober 1154.[2]) Daher erlaubte Honorius III. am 22. November 1224 insbesondere die Abhaltung von Gottesdienst in dem Ordenshause zu St. Gilles zur Zeit eines dort tagenden Generalkapitels, auch wenn die Stadt und die Abtei interdiziert sein sollten, sogar wenn das durch den Papst selbst geschehen sein würde.[3]) Wie leicht das zu Konflikten mit der Strafgewalt der Bischöfe führen konnte, besonders wo der Kampf gegen die Ketzerei in deren Tätigkeit eine bedeutende Rolle spielte, liegt auf der Hand. Daher ermahnt Honorius III. am 20. Dezember 1225 den Orden, zur Zeit des Interdiktes bei gottesdienstlichen Feiern die gebotenen Vorsichtsmaßnahmen gewissenhaft zu beobachten und alles zu vermeiden, wodurch er selbst dem Interdikt verfallen könnte.[4]) Noch nach einer anderen Seite hin sicherte Innocenz IV. das Ordenshaus zu St. Gilles, das vornehmste im Abendland, indem er am 5. April 1251

[1]) *Cartulaire*, Nr. 217 (I, S. 167).

[2]) Ebd. Nr. 226 (I, S. 174).

[3]) Ebd. Nr. 1297 (II, S. 326).

[4]) Ebd Nr. 1328 (II, S. 344).

bestimmte, selbst päpstliche Legaten und Subdelegaten sollten das Interdikt darüber nur auf Grund eines ausdrücklichen päpstlichen Befehls verhängen dürfen, in dem obenein der dem Orden hierin gewährten Ausnahmestellung Erwähnung getan sein müßte.[1]) Wie die Strafmittel der Kirche für den Orden schließlich überhaupt nicht mehr vorhanden waren, lehrt ein Erlaß Clemens' IV. vom 29. Oktober 1266: Er enthob die Ordensbeamten der Verpflichtung, der Kirche bei der Anwendung derselben irgendwie Hilfe zu leisten. Falls nämlich vom päpstlichen Stuhle delegierte Richter dem Meister oder den Prioren des Ordens schriftlich den Auftrag geben sollten, Leute, denen der Orden als Wohltätern verpflichtet war, oder Ordenshäusern benachbarte Burgen, Städte oder Gemeinden als von ihnen exkommuniziert zu verkündigen, so sollten die Ordensbeamten dem nicht nachzukommen brauchen, damit das friedliche Verhältnis des Ordens zu seinen Nachbarn, das zu seinem Gedeihen unentbehrlich sei, nicht gestört werde.[2])

Derartige Privilegien des Ordens erschwerten Bischöfen und Pfarrern die Aufrechterhaltung der kirchlichen Zucht in den dem Orden verbundenen Kreisen, zumal mit seinem Territorialbesitz die Zahl derer wuchs, die an den ihm gewährten Freiheiten teilnahmen. Dadurch erbittert, scheint die Geistlichkeit nicht leicht eine Gelegenheit unbenutzt gelassen zu haben, um ihr älteres Recht in Erinnerung zu bringen. Auch bot der Orden ihr dazu häufig eine willkommene Handhabe durch die Art, wie er sowohl den Geltungsbereich der päpstlichen Freibriefe zu erweitern als auch ihren Inhalt über das ursprünglich zugestandene Maß hinaus zu erstrecken suchte. Statt einmal im Jahr suchten seine Kollektoren manchen Sprengel in einem Jahre wiederholt auf, öffneten wiederholt die interdizierten Kirchen, ohne die gebotenen Vorsichtsmaßregeln zu beobachten, und bestatteten dann wohl auch die unter dem Interdikt Verstorbenen mit kirchlichen Ehren.[3]) Auf der anderen Seite taten auch die Prälaten, wo sie es irgend konnten, dem Orden Schaden. Jeder von beiden Teilen hatte so über den andern fast unausgesetzt Klage zu erheben, und die Kurie dauernd mit der Untersuchung derartiger Streitfälle zu tun. Dabei aber war der Orden meistens im Vorteil, da seine Prokuratoren die Gegner nicht bloß in Geschäftserfahrung und juristischer Gewandtheit übertrafen, sondern auch reichlicher mit den Mitteln ausgestattet waren, die in Rom am sichersten zum Ziele führten. Jedenfalls

---

[1]) *Cartulaire*, Nr. 272 (I, S. 205).

[2]) Ed. Th. Wright, London 1850 (*Camden Society*). *Distinctio I*, c. 23 (S. 36).

[3]) Anspielung auf Vergil, *Eclog. 10*, B 69: *Omnia vincit Amor* usw.

stellte sich die Kurie meistens auf die Seite des Ordens und seiner Ansprüche gegenüber dem Klerus, wobei sie diesen oft mit strengen und gelegentlich mit drohenden Worten zur Fügsamkeit mahnte. Namentlich geschah das mehrfach unter Alexander III.,[1]) der ja dem Orden finanziell besonders verpflichtet und daher genötigt war, ihm zu Willen zu sein. Für Bischöfe und Pfarrer aber wurde dies vollends unerträglich, da auch den Templern und zum Teil den Cisterziensern ähnliche Vorrechte eingeräumt wurden, die Zahl der ihrer Autorität Entzogenen also unaufhaltsam wuchs. Die Erbitterung darüber kam auf dem Laterankonzil im März 1179 zum Ausbruch. Unterstützt von der Klostergeistlichkeit, die den Ritterorden um nichts freundlicher gesinnt war, rangen die Bischöfe Alexander III. dort Zugeständnisse ab, die dem Orden den Mißbrauch seiner Privilegien wenigstens in einigen Punkten unmöglich machen sollten. Doch war der Erfolg nicht von Dauer: Was die Bischöfe erreicht hatten, kam schnell wieder außer Geltung.

Von diesen Vorgängen und ihrem Einfluß auf das Verhältnis des Ordens zum Episkopat auf der einen und zur römischen Kurie auf der anderen Seite entwirft uns ein lehrreiches Bild der englische Geistliche Walter Mapes, ein ausgezeichneter Welt- und Menschenkenner: Die Beobachtungen, die er in intimer Stellung am englischen Hofe gemacht hatte, hat er gegen Ende der Regierung König Heinrichs II. (1154–89) nicht ohne satirische Tendenz aufgezeichnet in seinem Werk „*De nugis curialum*".[2]) Er ist voll des Lobes für die Anfänge des Ordens und rühmt seine Verdienste um die Armen- und Krankenpflege: Einst sei sein Haus in Wahrheit als eine „Wohnung der Barmherzigkeit" erschienen. In der Folge aber habe sich das geändert: Der massenhafte Zustrom von solchen, die an seinem Gott wohlgefälligen Wirken teilhaben wollten, und die überreichen Zuwendungen haben ihm nicht wohlgetan. Insbesondere haben die Brüder nach Höflingsart an der päpstlichen Kurie sich Privilegien ausgewirkt, die mit den Satzungen der Kirche nicht vereinbar sind. Deshalb sei auf dem Laterankonzil der Klerus in den Papst gedrungen, daß er da Abhilfe schaffe. Nur habe er damit nicht viel erreicht. Solange das Konzil tagte, haben die Hospitaliter freilich geschwiegen, hinterher aber habe „Frau Börse" *(domina bursa)*, welche, „obgleich sie nicht die Liebe sei, in Rom dennoch alles besiege",[3]) die „Falten ihres Mundes geöffnet" und die Geistlichkeit sei wieder die

[1]) *Cartulaire*, Nr. 272 (I, S. 205).

[2]) Ed. Th. Wright, London 1850 (*Camden Society*). *Distinctio I*, c. 23 (S. 36).

[3]) Anspielung auf Vergil, *Eclog.* 10, B 69: *Omnia vincit Amor* usw.

Beute des Ordens geworden, dessen Privilegien nun erst recht wirksam bestätigt worden seien.

Die Beschlüsse des Laterankonzils, auf die Walter Mapes anspielt, sollten den Übergriffen der geistlichen Ritterorden, die für Bischöfe, Pfarrer und Klostergeistlichkeit unerträglich waren, Einhalt tun, indem sie die willkürliche Ausdehnung und eigenmächtige Deutung der Privilegien durch authentische Interpretation unmöglich machten. Es wurde darüber geklagt, daß die Orden sich namentlich gegen die Autorität der Bischöfe viel herausnähmen, was den Gläubigen Ärgernis geben und ihr Seelenheil gefährden könnte. Sie nähmen Kirchen von Laienhand in Empfang, ließen Interdizierte und Exkommunizierte zum Gottesdienst und kirchlichen Begräbnis zu, setzten an ihren Kirchen Geistliche ein und ab, suchten durch ihre Kollektoren denselben Sprengel mehrmals im Jahr heim, öffneten dabei interdizierte Kirchen wiederholt und beerdigten unter dem Interdikt Verstorbene und setzten durch die von ihnen errichteten Brüderschaften auf Grund willkürlicher Deutung ihrer Privilegien die bischöfliche Autorität außer Wirksamkeit. Allerdings geschähe das alles wohl weniger nach Absicht und Willen der oberen als infolge von Unbedachtsamkeit der unteren Ordensbeamten.[1]) Bei dem letzten Beschwerdepunkte handelte es sich, wie die vom Konzil gefaßten Beschlüsse lehren, um den Anspruch, den der Orden auf Grund seiner Exemtion von der bischöflichen Strafgewalt erhob, daß die Exkommunikation, die gegen ihm irgendwie Verbundene verkündet wurde, oder die Interdizierung ihm unterstehender Kirchen zunächst unwirksam bleiben sollte, wenn er auf Grund seiner Privilegien dagegen Einsprache erhob. Das Konzil verwarf dies und bestimmte, in solchem Falle sei das bischöfliche Strafmandat trotz der eingelegten Berufung zunächst als zu Recht bestehend zu befolgen, die von ihm Betroffenen also als exkommuniziert oder interdiziert zu erachten, und es seien daher Kirchen, die sie trotzdem besuchen würden, ohne weiteres dem Interdikt verfallen. Jeder dagegen fehlende Geistliche, so verfügte das Konzil, sollte alsbald der Suspension und Exkommunikation unterliegen. Würde trotz des Interdiktes jemand kirchlich begraben, so sollte das Interdikt so lange auf der ganzen betreffenden Pfarrei lasten, bis die Leichen ausgegraben und außerhalb des geweihten Bezirkes verscharrt wären. Diejenigen aber, die das Begräbnis vorgenommen oder veranlaßt hätten, sollten im Bann bleiben, bis sie mit einem Schreiben ihres Bischofs zur Leistung gebührender Genugtuung vor dem Papste

[1]) Mansi, *Collect. concil. ampl. XXII*, S. 222/23.

erschienen. Auf Grund dieser Bestimmung des Laterankonzils fällte bereits im November 1179 der Erzbischof von Narbonne Ponce d'Arsace gegen Häretiker ein entsprechendes Urteil.[1]) Danach scheint die Mißachtung, die der Hospitaliterorden in bezug auf Bann und Interdikt der Autorität der Bischöfe erwies, namentlich den ketzerischen Genossenschaften Südfrankreichs zugute gekommen zu sein. Ist doch den Hospitalitern selbst der Vorwurf nicht erspart geblieben, manche von ihnen seien mit Grund der Ketzerei verdächtig, wie Papst Gregor IX. 1238 dem Hochmeister schrieb.[2])

Doch haben die Beschlüsse des Laterankonzils von 1179 weder allgemeine noch lange Geltung genossen. Zwar ermahnt Cölestin III. am 9. Mai 1194 im Sinn derselben den Prior und die Brüder des Hospitals zu Arles, ihre Privilegien nicht zu mißbrauchen und das von dem Erzbischof über die Stadt verhängte Interdikt nicht dadurch unwirksam zu machen, daß sie alle diejenigen als Konfratres in Anspruch nehmen und ihre kirchlichen Freiheiten mitgenießen lassen, die dem Orden bloß jährlich etwas zahlen, tatsächlich aber ihm gar nicht angehören und auch sein Gewand nie tragen: Der Orden bringe sich damit in den üblen Ruf, um Geld zur Unterdrückung der Gerechtigkeit die Hand zu bieten.[3]) Am 21. Januar 1201 untersagt Innocenz III. auf eine Klage der Kanoniker von Reims dem Orden die Abhaltung von Gottesdienst in dem Gebiete der mit dem Bann belegten Herren Nikolaus de Rumigny und Roger de Rozoy mit Rücksicht auf das hohe Ansehen der Reimser Kirche.[4]) Doch nahm die Kurie in derartigen Fällen im Widerspruch mit den Beschlüssen des Laterankonzils auch oft gegen die Bischöfe Partei, die ihr Recht zur Verhängung von Interdikt und Bann üben wollten, wie z. B. Clemens IV. am 9. Februar 1268[5]) und Gregor X., der dem Ordenam 17. November 1274 mitteilt, er habe den Diözesanbischöfen verboten, sich dieser Waffe gegen ihn zu bedienen.[6])

Mit der Disziplinargewalt über den Orden büßten die Bischöfe schließlich überhaupt das Recht zur Aufsicht über ihn ein, wie das auch der Patriarch von Jerusalem getan hatte.[7]) Ihm nahm bereits Alexander III. ausdrücklich das Recht, den Orden und seine Leute zu

---

[1]) *Cartulaire,* Nr. 572 (I, S. 388).

[2]) Potthast, *RP,* Nr. 10537.

[3]) *Cartulaire,* Nr. 961 (I, S. 609).

[4]) Ebd. Nr. 1137 (II, S. 4).

[5]) Ebd. Nr. 3299 (III, S. 178).

[6]) Ebd. Nr. 3559 (III, S. 315).

[7]) Vgl. oben S. 164–65.

bannen. Bei Erneuerung dieses Erlasses, den auch schon Honorius III. und Innocenz III. wiederholt hatten, führt am 4. Februar 1256 Alexander IV. als Grund dafür an den Unwillen seines Vorgängers darüber, daß der Patriarch gegen Priester und Laien, die dem Orden teils unentgeltlich, teils gegen Lohn dienten, die Exkommunikation verhängt habe und den Orden, weil er den Verkehr mit ihnen fortsetzte, ebenfalls als ihr verfallen habe angesehen wissen wollen, während derselbe doch durch die Gnade des päpstlichen Stuhles das Vorrecht besitze, daß er und seine Leute nur durch den Papst selbst oder durch einen von ihm ausdrücklich dazu Bevollmächtigten exkommuniziert oder interdiziert werden könnten: Das gelte auch von jenen Klerikern und Laien, solange sie im Dienst des Ordens stünden, und eine von anderer Seite gegen sie ergangene Sentenz derart sei null und nichtig. Der Papst fordert den Orden geradezu auf, wenn der Patriarch trotzdem weiter so gegen seine Leute vorgehen würde, den Kirchenbesuch und die Teilnahme am Gottesdienst nicht einzustellen.[1]) Dadurch wurde allerdings das Schreiben entwertet, worin derselbe Papst am 18. Februar 1256 den Orden angewiesen hatte, dem Patriarchen zu gehorchen trotz etwa gegen seine Verfügung geltend zu machender Privilegien.[2]) Man sieht, wie hart gelegentlich die Kurie zwischen den von ihr begünstigten Ansprüchen des Ordens und den alten Rechten der Bischöfe ins Gedränge kam und wie sie sich durch die Schwierigkeiten, die daraus entstanden, weder besonders ehrlich, noch besonders glücklich hindurchzuwinden suchte. Dafür fehlt es gerade auf diesem Gebiet auch sonst nicht an Beispielen. Nur hat sich der Orden bei den daraus entspringenden halben Maßregeln nicht beruhigt, bestand vielmehr auf einer unzweideutigen Anerkennung seiner exemten Stellung und ruhte in wichtigeren Fällen nicht, bis die Konsequenzen daraus auch tatsächlich gezogen waren. Daher kassierte Alexander IV. am 21. Oktober 1256 die von Diözesanbischöfen gegen den Orden ergangenen Urteile auf Exkommunikation[3]) und wiederholte aus Anlaß eines neuen Streites zwischen dem Hospital und dem Patriarchen von Jerusalem am 11. Januar 1261 die Exemtion des Ordens und seiner Leute von der Exkommunikationsbefugnis der Bischöfe ohne ausdrücklichen päpstlichen Befehl.[4]) So wurde auch für den Hospitaliterorden der Grundsatz

---

[1]) *Cartulaire*, Nr. 2787 (II, S. 803), wiederholt 26. September 1258, ebd. Nr. 2901 (II, S. 858).

[2]) Ebd. Nr. 2797 (II, S. 806).

[3]) Ebd. Nr. 2837 (II, S. 830).

[4]) Ebd. Nr. 2978 (III, S. 4).

zur Anerkennung gebracht, sein Bischof sei der Papst selbst und er könne nur von diesem mit kirchlichen Zensuren belegt werden. Er machte den Bischöfen die Aufrechterhaltung der Kirchenzucht in gewissen Fällen unmöglich, zumal bei der Ausdehnung des Ordensbegriffes auf immer weitere Kreise. In welchem Maße das geschah und wie sogar rein geschäftliche Beziehungen genügten, um die Betreffenden zum Mitgenuß der Ordensprivilegien zuzulassen und den ordentlichen kirchlichen Autoritäten zu entziehen, lassen spätere päpstliche Verfügungen erkennen. Honorius III. untersagte am 8. Januar 1221 den Prälaten Frankreichs, von dem Orden beschäftigte Arbeiter zu exkommunizieren oder zu interdizieren.[1]) Das wiederholt Innocenz IV. am 18. Mai 1245.[2]) Am 10. Dezember 1227 erläßt Gregor IX. das gleiche Verbot in betreff derjenigen, die ihr Getreide in Mühlen des Ordens mahlen oder ihr Brot in dem Orden gehörigen Backöfen backen lassen.[3]) Ganz allgemein untersagt Clemens IV. am 24. Oktober 1265 den Prälaten den Bann gegen die „Freunde des Ordens" in der Absicht, damit diesen zu treffen.[4]) Danach scheinen die Bischöfe versucht zu haben, den ihrer Strafgewalt entrückten Orden auf einem Umwege zu treffen, da er durch den Verkehr mit Gebannten den streng kirchlich Denkenden als selbst dem Banne verfallen erscheinen mußte.[5]) Das läßt einen Schluß ziehen auf die Erbitterung, die beim Episkopate gegen den Orden herrschte. Auch wird diese begreiflich aus den Konsequenzen, die sich aus der Beschränkung der bischöflichen Disziplinargewalt gegenüber all denen ergaben, die irgendwie mit dem Orden in Verbindung standen. In einer Bulle vom 31. Januar 1297 konstatiert Bonifaz VIII. als in dieser Hinsicht geltendes Recht, bannen und interdizieren dürfen die Prälaten nicht die Brüder, die Kapläne, die Leute – und zwar Männer und Weiber –, die Diener und Wohltäter des Ordens sowie die, welche ihr Getreide in Ordensmühlen mahlen oder ihr Brot in Backöfen des Ordens backen lassen, sowie alle, die durch Kauf und Verkauf oder sonst irgendwie mit dem Orden in Verbindung stehen.[6])

Die meisten Streitigkeiten zwischen dem Orden und den Bischöfen entstanden über die Abgrenzung des Kreises, in dem die dem Orden

---

[1]) *Cartulaire*, Nr. 2359 (II, S. 630).

[2]) Ebd. Nr. 1704 (II, S. 280), vgl. Erlaß Clemens' IV. vom 9. Februar 1268 Nr. 3299 (III, S. 178).

[3]) Ebd. Nr. 1894 (II, S. 376).

[4]) Ebd. Nr. 3187 (III, S. 124).

[5]) Vgl. die erwähnte Urkunde Honorius' III., die dem Ordensmeister den Verkehr mit Gebannten erlaubte, ebd. Nr. 1825 (II, S. 344).

[6]) *Régistres de Boniface VIII.*, Nr. 1928 (I, S. 736).

verbundenen Personen diesem zuzurechnen und zum Mitgenuß seiner kirchlich-exemten Stellung zuzulassen waren. Der Episkopat wollte das nur für die eigentlichen Ordensbrüder gelten lassen, die das Ordensgelübde abgelegt hatten und das Ordenskleid trugen. Der Orden dagegen begriff darunter alle, die ihm nur irgendwie lockerer verbunden waren, nicht bloß die Konfratres und Donaten, sondern auch Schutzbefohlene, Grundsassen und Zinsleute, und beanspruchte für sie alle Exemtion von der Jurisdiktion der Ordinarien. Von dieser hatte bereits Innocenz IV., wie er am 18. März 1251 nach Sens meldete, den Orden eximiert,[1]) was Alexander IV. am 21. Juni 1255 bestätigte. Handelte es sich um Aburteilung eines Vergehens oder um einen Prozeß aus Anlaß eines Vertrages, die ihn berührten, brauchte der Orden nicht bei dem Ordinarius des betreffenden Sprengels Recht zu nehmen, sondern konnte sich damit wenden, wohin er wollte.[2]) Es liegt auf der Hand, zu welcher Verwirrung es führen mußte, wenn das auch für alle diejenigen galt, die ihm nur irgendwie verbunden waren. Gelegentlich ging der Orden in der Bemessung dieses Kreises selbst der Kurie zu weit. Bereits Urban III. hatte am 10. März 1186 oder 87 den Prälaten untersagt, Leuten des Ordens, die sich des Ehebruchs oder anderer Vergehen schuldig gemacht, Bußen aufzuerlegen.[3]) Infolgedessen maßte der Orden sich die entsprechende kirchliche Gerichtsbarkeit an und übte gegenüber „seinen Leuten" auch die Sittenzucht auf seine Art. Das lehrt ein Erlaß Alexanders IV. vom 26. März 1256, der sich auch an die Templer und andere eximierte Orden in Frankreich wendet.[4]) Danach entzogen diese auch die ihnen als Gäste (*hospites*), Donaten oder Oblaten nur locker verbundenen, ja schließlich sogar solche, die ihnen nur einen geringen Zins zahlten, durch ihre vom päpstlichen Stuhle zum Schutz ihrer Rechte bestellten Konservatoren auch im Falle von Diebstahl, Ehebruch usw. der Jurisdiktion ihrer kirchlichen Ordinarien. Ja sie verhängten über diese Leute für gewisse Vergehungen bestimmte Strafen und brachten dadurch auch geheime Sünden unnötiger- und nachteiligerweise zur Kenntnis weiterer Kreise. Deshalb verfügte der Papst, es sollten alle, die solchen exemten Genossenschaften locker verbunden wären, sich ihnen aber nicht ausdrücklich ergeben hätten, also im vollen Besitz ihres Eigentums geblieben wären, in derartigen Fällen dem Urteil ihrer Bischöfe

[1]) *Cartulaire*, Nr. 2556 (II, S. 706).

[2]) Ebd. Nr. 2742 (II, S. 784).

[3]) Ebd. Nr. 789 (I, S. 497).

[4]) Ebd. Nr. 2815 (II, S. 811).

unter keinen Umständen entzogen werden, sondern diese über sie die Disziplin wie über alle ihre anderen Pfarrkinder üben und die Ordenskonservatoren dagegen nicht einschreiten.

Alle diese widerrechtlichen Erweiterungen seiner ohnehin schon so reich bemessenen Freiheiten erklären die lebhaften Antipathien, die unter den Prälaten gegen den Orden herrschten. Entzog der Orden den Bischöfen, was ihnen gebührte, so vergalten diese, wo es möglich war, gleiches mit gleichem. Wenn später darüber geklagt wird, aus Feindschaft gegen den Orden begünstigen die Bischöfe den Übertritt der Brüder zu anderen Orden, und wenn Innocenz IV. am 12. September 1244 ihnen das untersagt,[1]) so wird man auf die Vermutung geführt, frühere päpstliche Erlasse ähnlichen Inhalts seien unter gleichen Umständen entstanden. Einen solchen haben wir, eine bestimmte Persönlichkeit betreffend, von Alexander III. an den Erzbischof von York.[2]) Am 30. Januar 1209 verbietet Innocenz III. den Hospitalitern in Portugal, das Ordenskleid abzulegen und den Genüssen der Welt nachzugehen.[3]) Honorius III. aber erteilt am 13. Dezember 1216 den Ordensoberen Vollmacht zur Hinderung der Ordensritter, die den Orden verlassen und zu anderen Genossenschaften übertreten wollen,[4]) und weist am 26. Januar 1217 die Prälaten Englands an, diejenigen Brüder zu bannen, die das dennoch tun,[5]) während er am 28. Januar 1217 an die Ordensbrüder im allgemeinen eine entsprechende Verwarnung richtet.[6]) Es scheint Zeiten gegeben zu haben, wo die Verhältnisse manchen das abgelegte Gelübde bereuen ließen, so daß er sich den übernommenen Verpflichtungen zu entziehen suchte. Außerdem aber hat es in einer so großen Gemeinschaft, die viele Tausende von Mitgliedern zählte, zu keiner Zeit an bedenklichen Elementen gefehlt: Diese werden zugenommen haben mit der fortschreitenden Lockerung der ritterlichen und kirchlichen Zucht. Sie scheinen unter Umständen bei den Feinden des Ordens Rückhalt gefunden zu haben. Wenigstens verbietet Gregor X. am 23. Oktober 1274, den abtrünnigen oder gegen ihre Vorgesetzten aufsässigen Brüdern Hilfe oder Vorschub zu leisten.[7]) Gelegentlich kamen auch Veruntreuungen von Ordensgeldern vor. Nach einem Erlaß Martins IV. vom 5. Februar 1285

---

[1]) *Cartulaire*, Nr. 2337 (II, S. 621).
[2]) Ebd. Nr. 271 (I, S. 205).
[3]) Ebd. Nr. 1322 (II, S. 100).
[4]) Ebd. Nr. 1504 (II, S. 199).
[5]) Ebd. Nr. 1538 (II, S. 212).
[6]) Ebd. Nr. 1539 (II, S. 212).
[7]) Ebd. Nr. 3555 (III, S. 313).

an den Großprior des Hospitals in Frankreich hatte der Ordensbruder Jean d'Isca im Erzbistum Rouen gesammelte Zehnten im Betrage von 12 000 Livres veruntreut, die der Orden ersetzen sollte.[1])

War der Orden durch die bisher besprochenen Privilegien aller finanziellen Verpflichtungen so gut wie entledigt, die Genossenschaften seiner Art der Kirche gegenüber sonst zu tragen hatten, und weiterhin nicht bloß vor der Disziplinargewalt der Bischöfe gesichert, sondern überhaupt deren richterlicher Befugnis entzogen, so wurde er durch andere päpstliche Gunsterweise dem Einfluß der Kirche in wesentlichen Stücken überhaupt entrückt und in den Stand gesetzt, unter Umständen auf sie und ihre Angelegenheiten Einfluß zu üben. Das geschah einmal durch die Entstehung eines zwar nicht eigentlich zum Orden gehörigen, aber ihm eng verbundenen Ordensklerikates, das zu seiner Verfügung stand, und dann durch die Erwerbung des Patronatsrechtes über zahlreiche Kirchen, deren Pfarrer in Abhängigkeit von ihm kamen, aus der Verbindung mit dem Bischof ihrer Diözese gelöst und daher auch den Interessen der Gesamtkirche leicht entfremdet wurden. Soweit allerdings wie bei dem Templerorden, dessen anfängliche Einrichtungen auf diesem Gebiete die des Hospitals nachbildeten, ist diese Entwicklung hier nicht gegangen. Daher hat sie auch nicht zu den Konsequenzen geführt, die dort eingetreten sind. Doch liegt der Grund dafür nicht in dem Wesen der neuen Einrichtung, sondern in der Verschiedenheit der Politik der beiden Orden, die sich wiederum aus den Verhältnissen eines jeden erklärt. Doch war auch der Hospitaliterorden in der Lage, sich der kirchlichen Aufsicht zu entziehen und durch Einsetzung ihm genehmer und ergebener Pfarrer auf deren Gemeinden kirchlich einzuwirken. Auch der Deutsche Orden hat ähnliche Rechte genossen, nur sind die Konflikte mit der Kirche, die davon kaum zu trennen waren, bei ihm weder so regelmäßig noch in der Schärfe eingetreten wie bei jenen, weil ihm die territoriale Geschlossenheit des von ihm beherrschten Gebietes die Ausbildung einer Art von Ordenslandeskirche ermöglichte. Davon konnte für die Hospitaliter nicht die Rede sein, weil ihr Landbesitz, so umfänglich er war, nirgends Landesherrschaft wurde und über das Gebiet der gesamten abendländischen Christenheit verstreut lag.

Grundlegend für die Zukunft des Ordens wurde die Bulle *Christianae fidei religio* Anastasius' IV. vom 21. Oktober 1154,[2]) auf der auch seine Unabhängigkeit von den Ordinarien durch die Sicherung vor Bann und Interdikt beruhte. Um ihm alles zu gewähren, was zum

[1]) *Cartulaire*, Nr. 3890 (III, S. 473). Vgl. Nr. 3807.

[2]) Ebd. Nr. 226 (I, S. 174).

Seelenheil seiner Mitglieder notwendig sei, und ihm dazu namentlich den Genuß der Sakramente und die Abhaltung des Gottesdienstes unter allen Umständen zu gewährleisten, erlaubte der Papst, daß der Orden hinfort Kleriker und Priester, nachdem er sich so weit als möglich durch briefliche Erkundigung oder glaubwürdige Zeugen ihrer Ehrbarkeit und rechtmäßigen Ordination versichert hätte, woher immer sie kommen möchten, sowohl in seinem Haupthause als auch in dem ihm untergebenen Gebieten aufnähme und bei sich behielte, vorausgesetzt, daß sie nicht schon einer anderen Genossenschaft durch ein Gelübde verpflichtet wären. Nur sollte er, kämen sie aus benachbarten Sprengeln, ihre Überlassung von den ihnen vorgesetzten Bischöfen erbitten. Wurde dieser verweigert, so sollte der Orden kraft der Autorität der römischen Kirche sie dennoch aufnehmen und bei sich behalten dürfen. Solche Geistlichen sollten außer dem Kapitel des Ordens nur dem Papste unterstehen. Diese Bestimmung entzog, in größerem Maßstab durchgeführt, die Seelsorge nicht bloß im Orden, sondern auch in den Gemeinden der unter dem Patronat des Ordens stehenden Kirchen den Diözesanbischöfen und deren Pfarrgeistlichkeit. Daran änderte es nichts, daß auf päpstliche Weisung, gewissermaßen als Gegenleistung des Ordens, der sich zu seiner Unterstützung bei der Krankenpflege hinfort auch dienstwilliger Laien bedienen durfte, die Unlösbarkeit des Gelübdes der Ordensbrüder eingeführt wurde. Auch gewährte es den Bischöfen keine Bürgschaft für die Aufrechterhaltung der beschränkten Autorität, die ihnen dem Orden gegenüber noch blieb, wenn ihnen im Einklang mit dem, was in diesem Punkt bereits nach den ältesten Klosterprivilegien zwischen Mönchen und Bischöfen rechtens war,[1]) die Weihe der Ordenskirchen[2]) und der Altäre darin und die unentgeltliche Erteilung der Weihen an die zu ordinierenden Kleriker im Dienst des Ordens vorbehalten wurde. Denn wenn diese von dem zunächst dazu berufenen Bischof verweigert wurde, sollte der Orden sich an einen anderen katholischen Bischof wenden dürfen, der alsdann sein Verlangen kraft päpstlicher Vollmacht erfüllen konnte. Welche Bedeutung der Orden dieser Bulle beimaß, zeigt die große Zahl der Bestätigungen, die dafür nachgesucht und bewilligt wurden.[3])

---

[1]) Vgl. Werminghoff, Geschichte der Kirchenverfassung Deutschlands im Mittelalter I, S. 95.

[2]) Vgl. *Cartulaire*, Nr. 204 (I, S. 158).

[3]) Es liegen solche vor von Hadrian IV. vom 12. Januar 1155, Nr. 233 (I, S. 178), Alexander III. vom 1. August 1165, Nr. 347 (I, S. 241), 20. Juni 1167, Nr. 378 (I, S. 209),

Mit der Durchführung dieser Einrichtung, die ihn auch in bezug auf die Kirchen der auf seinem Grund und Boden sitzenden Gemeinden von den Diözesanbischöfen unabhängig machte, stieß der Orden bei dem Episkopate auf heftigen Widerstand, zumal er sich wieder gelegentlich offenbarer Übergriffe schuldig machte: Er berief Geistliche, gegen deren Würdigkeit berechtigte Einwendungen erhoben werden konnten oder die mit ihrem Bischof zerfallen waren. Mit der drohenden Bemerkung, wer solche Freiheiten, wie sie dem Orden verliehen seien, überschreite, verdiene sie zu verlieren, rügt es Honorius III. am 26. März 1224, daß der Orden in der Diözese Arras in seinen Kapellen exkommunizierte Geistliche Gottesdienst halten lasse.[1]) Am 11. April 1226 dagegen erklärt derselbe, so wenig wie zur Annahme von Almosen und zu Begräbnissen auf seinen Kirchhöfen bedürfe der Orden zur Aufnahme von Priestern in seinem Hause zu Messina päpstlicher oder bischöflicher Vollmacht.[2])

Noch anders gestaltete sich die Sache, als die in den Orden getretenen Priester autorisiert wurden, den Brüdern Beichte zu hören und Absolution zu erteilen. Veranlaßt wurde das, wie es scheint, durch den Wunsch, dem dem Orden ohnehin abgeneigten Klerus jeden Einblick in sein Inneres zu verwehren. Am 15. April 1226 bevollmächtigt Honorius III. auf ihre Bitte die Vorsteher der Ordenshäuser in Frankreich, Ordensrittern, die gegeneinander Gewalttaten verübt hätten, Absolution zu erteilen.[3]) Danach scheint es in den Konventen nicht immer friedlich hergegangen zu sein. Als dann am 15. Februar 1228 Gregor IX. erlaubt, daß die Ordensritter in betreff privater und in der Verborgenheit begangener Verstöße den Ordensgeistlichen beichten dürfen, begründet er das mit der Bemerkung, es sei unziemlich und widerspreche dem Wesen des Ordens, wenn die Ritter in solchen Fällen fremde Geistliche aufsuchten: Er will durch die Neuerung des Ordens Frieden und Ehrbarkeit fördern. Sollten aber, so bestimmt er weiter, die von den Brüdern gebeichteten Verirrungen so schwer sein, daß der Ordensgeistliche sich bei anderen Geistlichen Rat zu erholen für nötig halte, so solle er das tun unter Verschweigung des Namens des Beichtenden.[4]) Es

---

10. Januar 1169, Nr. 406 (I, S. 280), und vom 9. Februar 1179, Nr. 425 (I, S. 294), Der auf die Aufnahme von Klerikern bezügliche Passus ist wiederholt von Urban III. 5. Juli 1186, Nr. 810 (I, S. 505).

[1]) *Cartulaire*, Nr. 1783 (II, S. 319).

[2]) Ebd. Nr. 1844 (II, S. 354).

[3]) Ebd. Nr. 1845 (II, S. 355).

[4]) Ebd. Nr. 1906 (II, S. 380).

handelte sich demnach um Verirrungen, die im Interesse des Ordens geheim bleiben sollten. Doch wurde dieser Gesichtspunkt in der Folge aus dem Auge verloren, und es ging in diesem Falle wie in so vielen anderen: Das Privileg, im Hinblick auf ein besonderes Bedürfnis und nur zu dessen Befriedigung erteilt, wurde verallgemeinert und auch da, wo es ursprünglich nicht hatte gelten sollen, geltend gemacht und schließlich auch durchgesetzt. Am 14. Oktober 1250 erlaubt Innocenz IV. dem Großprior und den Brüdern des französischen Ordenszweiges, ohne jede Einschränkung bei den Ordenspriestern zu beichten, und bevollmächtigt diese, sie zu absolvieren. Ob die Brüder aber von dieser Erlaubnis Gebrauch machen oder sich an andere, dem Orden nicht angehörige Geistliche wenden wollten, blieb ihnen überlassen.[1]) Für ersteres spricht die Bitte des Ordens an Nikolaus IV. um Lösung einer Schwierigkeit, die sich gelegentlich aus der neuen Beichtpraxis ergab. Da nämlich manchen Ordenshäusern ein nicht zum Priester geweihter Bruder vorstand und dann etwa 20 Brüder unter sich hatte, darunter auch einen Priester, der die Beichte der übrigen hörte und ihnen die entsprechenden Bußen auferlegte, waren Zweifel darüber entstanden, ob letzterer dazu berechtigt sei, da er jenen doch nicht als Leiter *(rector)* übergeordnet sei. Die päpstliche Entscheidung vom 22. September 1288 besagte, es dürften dazu qualifizierte Ordenspriester, die von den Prioren und den erfahreneren Brüdern der betreffenden Häuser dazu berufen wurden, im Bedarfsfalle die Beichte der übrigen hören und ihnen unter Auferlegung angemessener Buße Absolution erteilen, ausgenommen die Fälle, wo es sich um Verfehlungen handelte, über die an den päpstlichen Stuhl berichtet werden mußte.[2])

Gerade in diesem Punkte liegt ein Vergleich nahe mit den entsprechenden Bräuchen des Templerordens, für dessen Entwicklung erst das Recht und dann die Verpflichtung der Brüder zur Beichte bei den Ordensgeistlichen besondere Bedeutung erlangt hat. Man mag zweifeln, ob das Beichtprivileg nicht ursprünglich nur in dem Sinne gemeint war, daß die Ordensbrüder, abgesehen von den Fällen, wo die in der Bulle Gregors IX. berührten Rücksichten auf den Ruf des Ordens Platz griffen, ihre Zuflucht zu Ordensgeistlichen nur dann nehmen sollten, wenn, wie z. B. in entlegenen Grenzburgen oder im Felde, andere Geistliche nicht erreichbar waren. Bei den Templern ist schließlich die Beichte bei anderen als dem Orden angehörigen Geistlichen den Brüdern ausdrücklich verboten gewesen, mit der charakteristi-

[1]) *Cartulaire,* Nr. 2538 (II, S. 697).

[2]) Ebd. Nr. 4019 (III, S. 523).

schen Begründung, einem Ordenskaplan stehe infolge päpstlicher Verleihung in bezug auf die Absolution größere Machtvollkommenheit zu als selbst einem Bischof.[1]) Soweit ist es bei den Hospitalitern nicht gekommen, obgleich nicht ausgeschlossen ist, daß bei ihnen auch ohne statutarische Festsetzung tatsächlich die gleiche Praxis geherrscht habe. Beachtenswert ist ferner, daß die beiden angeführten päpstlichen Erlasse sich nicht an den ganzen Orden, sondern nur seinen französischen Zweig wenden. Handelte es sich etwa um eine Vollmacht, die zunächst nur den französischen Hospitalitern gegeben wurde? Weiter führt der Eingang der Bulle Gregors IX. auf die Vermutung, es habe dadurch eine augenfällige Ungleichheit zwischen den beiden Orden in Frankreich beseitigt werden sollen, damit die Hospitaliter in den Augen von Klerus und Laien nicht in einer ihr Ansehen schädigenden Weise hinter den Templern zurückständen. Beruht nämlich Alexanders III. großer Freibrief für letztere, die Bulle *Omne datum optimum* vom 18. Juni 1163, im wesentlichen auf der Anastasius' IV. vom 21. Oktober 1154 für das Hospital und stellt sie sich dar als eine Wiederholung und Erweiterung derselben, so haben die größeren Rechte, die der jüngere Orden von ihr aus gewann, in der Folge wieder auf die dem älteren eingeräumten Befugnisse eingewirkt und zu deren entsprechender Erweiterung geführt. Doch scheint der Ordensklerikal des letzteren an Bedeutung dem der Templer nachgestanden zu haben. Er hatte weder innerhalb des Ordens eine so große Autorität, noch nach außen hin ein so hohes Ansehen. Der Grund lag in der Verschiedenheit der Ordenssatzungen.

Diese Verhältnisse wirkten auch auf die Stellung ein, die Ordensgeistliche als Pfarrer an Kirchen einnahmen, die unter dem Patronate des Ordens standen. Hier entsprang die Feindschaft, von der wir die Weltgeistlichkeit gegen den Orden erfüllt finden. Sie sah sich durch ihn einmal finanziell geschädigt, dann aber auch in ihrem Einfluß auf die Laien und damit in ihrem Ansehen beeinträchtigt. Klagt doch der wohlunterrichtete Walter Mapes[2]) geradezu, durch die Art, wie der Orden sein Patronatsrecht übe, sei die Weltgeistlichkeit von den Pfarrstellen, die doch eigentlich für sie bestimmt seien, so gut wie ausgeschlossen und finde immer schwerer gebührende Versorgung. Wie dieser Zustand, der auch für die Kirche schädlich war, allmählich eingetreten ist, läßt sich ziemlich deutlich verfolgen. Der Orden erscheint auch da nicht in günstigem Licht, hat sich da vielmehr offenbar häufig wirklich des Eigennutzes schuldig gemacht, den Walter

---

[1]) Prutz, Entwicklung und Untergang des Tempelherrn-Ordens, S. 46/47.

[2]) *De nugis curialium, Distinct. I,* c. 23 (S. 36). Vgl. oben S. 169.

Mapes ihm nachsagt. Zwar führt dieser die Erfolglosigkeit des Ansturms, der auf dem Laterankonzil von 1179 gegen die geistlichen Ritterorden unternommen war, nicht allein zurück auf die von den Hospitalitern an der Kurie geübte Bestechung, sondern schreibt sie zum guten Teil dem größeren Ansehen zu, welches das Ordensgewand und der einheitliche Ordenswille gegenüber dem geistlichen Kleid und der ungenügenden Vertretung der Weltgeistlichkeit einzusetzen hatten, aber es steht für ihn doch fest, daß der Orden immer wächst, die Weltgeistlichkeit dagegen immer mehr herunterkommt. Die eigentlich für sie bestimmten und ihnen einst auch verliehenen Pfründen bleiben, so klagt er, den Klerikern jetzt versagt: Erwerb suchen dürfen sie nicht, also können sie betteln gehen. Denn fast alle Altäre und damit die Unterhalt gewährenden Pfründen befinden sich in den Händen von Ordensleuten, nur vereinzelte in denen von Weltgeistlichen, deren es ohnehin schon viel mehr gibt als Altäre. Insbesondere verdrängen gerade die Hospitaliter sie aus den Kirchen. Denn wenn ritterliche Herren, denen das Patronat über eine Kirche zusteht, in Verlegenheit sind und bei den Templern oder Hospitalitern um Hilfe nachsuchen, erhalten sie die Antwort, Mittel dazu seien nicht vorhanden, doch könne der Orden sie nur seinen Brüdern zuwenden. Die Bittsteller möchten also sich ihm anschließen und dabei eine Zuwendung machen: Dann solle ihnen geholfen werden. In dieser Lage bringen die notleidenden Herren in Ermangelung eines anderen Besitzes dem Orden die Kirchen auf ihren Gütern dar, und dieser erlangt so das Recht, für sie hinfort als Patron die Pfarrer zu bestellen.

Auf den ersten Blick können die Angaben des Walter Mapes übertrieben erscheinen, sie finden aber aus den Kreisen des Ordens selbst Bestätigung. Obenein gehört das Aktenstück, welches die von Mapes erhobenen Klagen fast zahlenmäßig bestätigt, gerade der Zeit des Laterankonzils an. Im Mai 1179 richtete der Vorsteher des Hospitals zu Jerusalem mit seinem Konvent an alle Christen geistlichen und weltlichen Standes die Bitte um Zuwendung von Waffen, Silber, Gold und Gebrauchsgegenständen aller Art. Den Spendern verhieß er dagegen die Abhaltung von tausend Seelenmessen täglich. Damit aber niemand an der Möglichkeit einer solchen Arbeitsleistung zweifele, bemerkt er, der Orden könne das, da er – die 130 Ordenskonventen angehörigen Kapläne ungerechnet – über nicht weniger als 14000 Priester verfüge.[1]) Diese

[1]) Dieses merkwürdige Stück ist von v. Lang, *Regesta Boica I*, S. 305 verzeichnet und dann bei v. Hormayer, Die Bayern im Morgenlande, S. 33, Anm. 17 gedruckt. Eine Angabe über seine Provenienz macht keiner von beiden. Die Echtheit ist nicht zu

Angabe eröffnet uns einen überraschenden Blick in die numerischen Verhältnisse der Ordensgeistlichkeit und läßt des Walter Mapes Klagen über die Verdrängung der Weltgeistlichkeit aus dem Genuß der Pfründen durch diese als begründet erscheinen. War das so aber schon zu Ende des 12. Jahrhunderts, so haben sich die Verhältnisse weiterhin sicherlich nicht zugunsten der Weltgeistlichkeit geändert.

Ursprünglich hatten auch hier einfache und klare Verhältnisse vorgelegen. Sie entsprangen einerseits dem besondern Beruf des Ordens zur Verteidigung des heiligen Landes und dann seiner Eigenschaft als Großgrundbesitzer. Erst die Anwendung der ihm in ersterem zustehenden kirchlichen Privilegien auf letztere hat die spätere abnorme Entwicklung ermöglicht und gefördert. Innocenz II. hatte dem Orden das Recht gewährt zum Kirchenbau und zur Anlegung von Kirchhöfen nur in ihm zugefallenen unbewohnten Orten, während er anderwärts für den Bedarf der auf den betreffenden Landgütern weilenden Brüder nur Kapellen errichten durfte. Es sollten also augenscheinlich die Bewohner dieser Ordensgüter in den betreffenden ordentlichen kirchlichen Verbänden belassen und nicht zu besonderen Gemeinden vereinigt werden. Wenn die Errichtung von Ordenskirchen in Orten an der Grenze des christlichen Gebietes erst spät und nur selten wieder zur Sprache kommt, so hat das seinen Grund wohl darin, daß die kirchliche Organisation des christlichen Palästina mit ihren kleinen Sprengeln und auf ihre Rechte eifersüchtigen Bischöfen zu kirchlichen Anlagen des Ordens unabhängig von seinen Häusern weder Anlaß noch Raum bot. Das geschah erst, als sie mit dem Verfall der Kreuzfahrerstaaten und dem Vordringen der Ungläubigen teilweise vernichtet wurde. Demgemäß erlaubte am 27. Januar 1207 Innocenz III. dem Orden, daß er in bisher wüst liegenden Ortschaften in der Nachbarschaft der Sarazenen, die er wieder aufbaut, für die Ansiedler Kirchen baue und Friedhöfe anlege, jedoch nur, wenn in der Gegend nicht schon eine Abtei oder die Niederlassung eines anderen Ordens vorhanden wäre, die dadurch gestört werden könnte.[2]) In erweiterter Fassung wiederholte am 3. Januar 1217 Honorius III. diesen Erlaß, indem er dem Orden überhaupt gestattete, in den durch die Christen den Ungläubigen entrissenen Gebieten,

---

bezweifeln gegenüber der Wendung, wonach die heilige Stadt zur Zeit der Abfassung kläglich daniederlag („*quae modo omnimodis jacet desolata*", vgl. Röhricht, Geschichte der Kreuzzüge, S. 119) und der Angabe „*per manum Rogerii, summi magistri*", d. h. des Hochmeisters Roger des Moulins, vom Oktober 1177 bis zum 1. Mai 1187. Der Ausstellungsort „Caraco" ist auf Kerak oder Krak zu deuten.

[1]) *Cartulaire*, Nr. 1247 (II, S. 33).

soweit sie rechtmäßig in seinen Besitz kämen, ebenso wie in den von ihm selbst eroberten dies Recht zu üben.[1]) Doch müssen sich über die Stellung solcher Ordenskirchen Zweifel erhoben haben und die von Innocenz III. gestellte Bedingung bei ihrer Errichtung nicht immer eingehalten worden sein, wenn Gregor IX. jene Erlaubnis am 25. Juni 1227 erneut mit der Beschränkung auf solche Gebiete, wo der christliche Kultus überhaupt noch nicht herrscht, dann aber mit dem wichtigen Zusatz, daß solche Ordenskirchen unmittelbar unter dem Papst stehen sollen.[2])

Anders lagen die Dinge bei den Kirchen in den vom Orden als Grundbesitzer erworbenen Gebieten und denen, über die er, ohne Grundbesitzer zu sein, das Patronat an sich gebracht hatte. Denn da handelte es sich nicht um exemte Gebiete, wohl aber war auch da der Orden konsequent bestrebt, diese Kirchen als exemte zur Anerkennung zu bringen und auch in bezug auf sie seine Privilegien gegen Bischöfe und Pfarrer durchzusetzen. Das hat ihn mit diesen vielfach in Streit gebracht. Bereits vor dem Laterankonzil, durch eine zum 12. Mai der Jahre 1166–79 gehörige Bulle, ermahnte ihn Alexander III., in der Geltendmachung seiner Exemtionen den Bischöfen gegenüber behutsam zu verfahren, namentlich bei der Bestellung von Geistlichen für seine Kirchen, damit nicht Streit entstehe und er wegen Verletzung der bischöflichen Rechte belangt werden müsse.[4]) Auf dem Laterankonzil von 1179 wurde als einer der Mißbräuche, durch die der Orden die bischöfliche Autorität schädige und sein Seelenheil gefährde, an erster Stelle der Empfang von Kirchen aus Laienhand angeführt. An ihnen setze er Pfarrer eigenmächtig ein und ab.[5]) Im Zusammenhang damit ermahnt ihn Alexander III. im Hinblick auf den Tadel, den er sich sonst zuziehe, und den Schaden, den er seinem Rufe zufüge, als Kirchenpatron solle er Pfarrer nicht anders bestellen als unter Mitwirkung des betreffenden Bischofs und die bischöflichen Rechte auch sonst gewissenhaft respektieren.[6]) Danach stand dem Orden in solchen Fällen doch nur ein Präsentationsrecht zu, während die Bestallung des Präsentierten Sache des Diözesanbischofs war. Da

[1]) *Cartulaire*, Nr. 1528 (II, S. 207).

[2]) Ebd. Nr. 1867 (II, S. 367).

[3]) Vgl. oben S. 181.

[4]) Sehe Kehr, Papsturkunden usw. in den Nachrichten der K. Gesellschaft der Wissenschaften zu Göttingen, Phil. Hist. Klasse 1899, S. 398, Nr. 24.

[5]) Mansi, *Coll. concil. ampl. XXII*, S. 222.

[6]) *Cartulaire*, Nr. 277 (I, S. 207).

nun aber der Orden solche Pfarreien offenbar nicht bloß benutzte, um ihm dienende Geistliche, die eigentlich keinem Diözesanverbande mehr angehörten und wohl gar gegen den Willen des Bischofs sich ihm angeschlossen hatten, zu versorgen, sondern auch andere, von ihm aus irgendwelchem Grunde begünstigte präsentierte, so entstanden Schwierigkeiten, indem die Bischöfe solche als Pfarrer nicht zuließen, während der eintretenden Vakanz die Einkünfte der Kirchen einzogen und schließlich, wenn die Kirchen nach Ablauf der vom Laterankonzil festgesetzten Frist noch ohne Pfarrer waren, solche ihrerseits ernannten. Dagegen richtet sich ein Erlaß Honorius' III. vom 16. Januar 1217 an die Prälaten Englands.[1]) Aus ihm erfahren wir, daß über die Würdigkeit der Vorgeschlagenen von dem Bischof und dem Orden gemeinschaftlich ernannte Gutachter zu befinden hatten. Mögen zu diesen Differenzen auch die Wirren noch beigetragen haben, die England damals zerrütteten,[2]) so sind doch ähnliche Streitigkeiten auch anderwärts nicht ausgeblieben. Am 21. Juni 1217 richtet Honorius III. an die Prälaten überhaupt eine Verwarnung, weil viele von ihnen die ihnen vom Orden präsentierten Geistlichen zu den vakanten Pfarreien ohne triftigen Grund nicht zuließen, diese vielmehr ausschließlich an solche gegeben sein wollten, die in einem Ordenshause als Mitglieder des Konvents gelebt hätten, mochten sie auch weniger geeignet sein.[3]) Die Prälaten mochten eben nicht Leute zu Pfarrern bestellen, die unter Berufung auf die exemte Stellung des Ordens sich ihnen alsbald entzogen und nur das Ordenskapitel und den Papst selbst als ihnen übergeordnet gelten ließen. Auch hatte noch Alexander III. die Präsentation von Weltgeistlichen, die in Ordenshäusern gelebt hatten, davon abhängig gemacht, daß dabei jede Kürzung der bischöflichen Rechte vermieden würde.[4]) Dagegen wurden die außerhalb der Ordenshäuser mit der Seelsorge betrauten Brüder des Hospitals in Frankreich durch Honorius III. am 8. Dezember 1220 von der Beitragspflicht zu kirchlichen Abgaben und Kollekten befreit.[5]) Anderwärts wird wohl die gleiche Bestimmung gegolten haben. Tatsächlich waren die Geistlichen, die von dem Orden als Patron ihm gehörigen Kirchen vorgesetzt waren, wenn sie ihre exemte Stellung,

[1]) *Cartulaire*, Nr. 1529 (II, S. 507/8).

[2]) Auf sie spielt wohl die Wendung an: *unde cum satis guerrarum turbinibus agitati pro eo quod ventus validus veniens a regione deserti quatuor angulos Angliae jam concussit.*

[3]) Ebd. Nr. 1532 (II, S. 209).

[4]) 13. April 1166–79, Kehr a.a.O., S. 397, Nr. 22.

[5]) *Cartulaire*, Nr. 1695 (II, S. 276).

auf Grund der Ordensprivilegien gegenüber dem Bischof ihres Sprengels zur Anerkennung brachten, für diesen gewissermaßen verloren, da sie sich seiner Autorität nicht fügten und zu den finanziellen Bedürfnissen seiner Kirche nicht beitrugen.

Dem Orden als solchem aber war wenig daran gelegen, durch die von ihm ernannten Geistlichen für die betreffenden Pfarreien eine geordnete Seelsorge verbürgt zu sehen, vielmehr schätzte er vornehmlich die Einkünfte, die er daraus bezog. Auch hat selbst die römische Kurie gelegentlich auf dieses sozusagen fiskalische Moment den Hauptnachdruck gelegt. So bestätigt z.B. Bonifaz VIII. am 23. März 1299 dem Orden das Patronat über die Kirchen zu Kiston und Horkstow in der Diözese Lincoln in der Weise, daß er mit Rücksicht auf die schweren Opfer an Menschen und Gütern, die er noch jüngst im Kampfe gegen die Ungläubigen gebracht, ihre Einkünfte für seine Bedürfnisse soll aufwenden können: Scheiden ihre dermaligen Pfarrer aus dem Amt oder sterben sie, so soll der Orden von beiden Kirchen Besitz ergreifen, ohne dazu des Diözesanbischofs oder sonst jemandes Zustimmung nötig zu haben, und von ihren Einkünften nur so viel abgeben, als zur Versorgung der für sie zu bestellenden Vikare nötig ist.[1]) Überhaupt hat der Orden an seinen Kirchen mit der Wahrnehmung der unbesetzt gelassenen Pfarren Vikare betraut, um einen Teil ihrer Mittel für sich einzubehalten. Diese Vikare aber ließen sich gelegentlich wieder durch andere, natürlich noch dürftiger bezahlte Geistliche vertreten: Dies zu hindern und die Vikare an den Ordenskirchen zur persönlichen Leistung des übernommenen Dienstes anzuhalten, mahnt Clemens IV. die Bischöfe am 27. Juni 1265.[2]) Das kirchliche Leben sowohl wie das Ansehen der Geistlichkeit konnte durch das hier gerügte Verfahren allerdings nur geschädigt werden. In jedem Fall aber ergab sich aus der Art, wie der Orden sein Patronatsrecht übte, eine fortschreitende Durchsetzung der bischöflichen Diözesen mit exemten, der bischöflichen Autorität entzogenen Kirchen und um sie gesammelten Gemeinden, die von dem Orden zum Mitgenuß seiner bevorzugten kirchlichen Stellung zugelassen wurden.

Nur den weitern Fortgang dieses Prozesses hat die Kurie schließlich aufzuhalten gesucht, indem sie dem Orden den Neubau von Kirchen und Kapellen auf nicht exemtem Gebiet ohne die ausdrückliche

[1]) *Cartulaire*, Nr. 4451 (III, S. 760).

[2]) Ebd. Nr. 3165 (III, S. 113). Wie die Kurie auch hier dem Orden zu Willen war, lehren die Erlasse Clemens' V. *Cartulaire*, Nr. 4796 u. 4818 (IV, S. 171 u. 193).

Zustimmung des betreffenden Bischofs untersagte. Die scharfe Wiederholung des Verbotes, das Alexander IV. am 26. März 1256 erließ,[1]) bereits am 17. März 1257 erneute[2]) und am 22. Juni 1260 in Erinnerung brachte,[3]) durch Clemens IV. am 3. November 1266[4]) läßt vermuten, der Orden habe auch in diesem Punkte sich über den Willen der römischen Kurie nach Möglichkeit hinweggesetzt.

Daher blieb sein Verhältnis zur Pfarrgeistlichkeit ein feindseliges. Von der höchsten Stelle der Kirche im Stich gelassen, versuchte letztere mehrfach, sich selbst zu helfen, sah sich aber auch dabei gehindert durch die Parteinahme des Papsttums für den Orden. So beschloß z. B. 1261 eine Provinzialsynode im Mainzer Sprengel, Ordensleuten dürfe ein Kirchenpatronat durch Weltliche nicht übertragen werden: Geschehe es dennoch, so solle der Übertragende seines Rechtes auf die betreffende Kirche verlustig gehen und dieses an den Diözesanbischof kommen. Nur wo das Patronat dem betreffenden Weltlichen von einem anderen zu Lehen aufgetragen war, sollte es an diesen als Lehnsherrn zurückfallen. Auf die Beschwerde jedoch, die der Orden gegen diesen Beschluß erhob, wurde er am 9. Oktober 1261 durch Urban IV. autorisiert, denselben einfach als nicht vorhanden zu betrachten, auch in Zukunft Kirchenpatronate von Laien anzunehmen und die sich daraus ergebenden Rechte zu üben.[5]) Andererseits machte die Kirche es dem Orden zur Pflicht, für erledigte Pfarreien seines Patronates den Bischöfen nur wirklich geeignete Geistliche zu präsentieren, damit die betreffende Kirche in bezug auf den Gottesdienst nicht Schaden litte. Wenn die Mahnung hinzugefügt wurde, diese Geistlichen sollten die bischöflichen Rechte gewissenhaft achten und trotz ihrer Zugehörigkeit zum Orden dem Diözesanbischof genauso untergeordnet sein wie die anderen Kirchen des Sprengels vorgesetzten Weltgeistlichen,[6]) so wird das eine Änderung in der Praxis des Ordens wohl kaum herbeigeführt haben. Doch suchte die Kurie die Bischöfe zu bestimmen, daß sie dem Orden die Übung seines Präsentationsrechtes durch wohlwollendes Entgegenkommen erleichterten.

Jedenfalls war bei der Abgrenzung der beiderseitigen Rechte und Pflichten der Orden gegenüber Bischöfen und Pfarrern durchaus im Vorteil, und die Kirche sah überhaupt ihre Autorität über ihn immer

---

[1]) *Cartulaire*, Nr. 2805 (II, S. 811).

[2]) Ebd. Nr. 2863 (II, S. 842).

[3]) Ebd. Nr. 2961 (II, S. 891).

[4]) Ebd. Nr. 3235 (III, S. 145).

[5]) Ebd. Nr. 2994 (III, S. 14).

[6]) Ebd. Nr. 3023 (III, S. 29).

mehr entschwinden. Sie konnte sie schließlich nur noch geltend machen, wenn ihr Oberhaupt selbst dazu in Aktion trat. Aber auch das war nur noch ausnahmsweise möglich, da der Orden dafür Sorge getragen hatte, daß ihm auch da, wo in dem kunstreichen Gewebe seiner ineinander greifenden Privilegien doch einmal eine Lücke geblieben war, Anforderungen gegenüber, welche direkt zurückzuweisen ihm die Mittel augenblicklich fehlten, die Möglichkeit eines Entweichens oder wenigstens eines Aufschubes blieb. Alexander IV. verdankte er das dafür wichtige Recht (21. Februar 1256), daß auch Privilegien, von denen er lange Zeit keinen Gebrauch gemacht hatte und die infolgedessen in Vergessenheit geraten waren, Gültigkeit behielten.[1]) Diese Bestimmung wurde durch Gregor X. am 31. Oktober 1274[2]) und durch Martin IV. am 1. Juni 1282 erneut: Nur ausdrücklicher Widerruf sollte solche Privilegien unwirksam machen. Ferner verpflichteten von der Kurie ergehende allgemeine Ladungen den Orden nicht, vielmehr hatte er nur solchen Folge zu leisten, die ausdrücklich als auch für ihn verbindlich bezeichnet waren. Es war also selbst der obersten kirchlichen Instanz schwer gemacht, auf ihn einen Zwang auszuüben und ihn unter ihren Willen zu beugen: Wenn sie seiner durchaus bedurfte, mußte sie suchen, ihn zur Erfüllung ihrer Wünsche zu gewinnen. Der Preis dafür aber war doch immer wieder die Anerkennung der ihr selbst die Hände bindenden Ordensprivilegien und nicht selten ihre Erweiterung zu noch größerem Umfang.[3]) Auch die Hospitaliter haben, auf die ihnen bisher gewährten Exemtionen pochend, neue ertrotzt. Was aber eigentlich die Kurie so an den Orden band und nötigte, ihm gegenüber eine Langmut zu üben, die vielen als unwürdige Schwäche erschien und ihr eigenes Ansehen minderte, vermögen wir nicht sicher zu ergründen. Vermutlich aber ist der Schlüssel zu diesem Verhältnis wie zur Zeit Alexanders III. in finanziellem Gebiete zu suchen: Je mehr die Kurie mit ihrer Politik weltliche Interessen verfolgte, um so unentbehrlicher waren ihr die Geldmittel, die der Orden vermöge seiner die ganze Christenheit umspannenden Organisation ihr zur Verfügung stellen konnte. Es läßt doch auf eine enge Verbindung dieser Art zwischen beiden schließen, wenn Bonifaz VIII. nach der Vermittlung des Friedens zwischen Karl II. von Neapel und Jakob von Aragonien, der durch die Vermählung des letzteren mit des ersteren Tochter Blanca besiegelt werden sollte, für die der Braut zugesicherte Mitgift von

[1]) *Cartulaire,* Nr. 2799 (II, S. 807).
[2]) Ebd. Nr. 3558 (III, S. 214).
[3]) Vgl. Reuter, P. Alexander III., III², S. 899.

75000 Mark Silber persönlich die Bürgschaft übernahm und dafür die Güter der Hospitaliter und der Templer in Aragonien, Valencia und Barcelona verpfändete, wie er durch eine Urkunde vom 2. Juli 1295 tat.[1])

Im Verhältnis zu den oft erbitterten Streitigkeiten, in die wir den Orden mit Bischöfen und Pfarrern verstrickt sehen und die die vermittelnde und richterliche Tätigkeit der Kurie fast unausgesetzt in Anspruch genommen haben müssen, sind solche päpstliche Erlasse eine Seltenheit, die nicht die Partei des Ordens ergreifen, sondern zugunsten seiner Gegner einschreiten. Doch scheint nach den vorliegenden Stücken der Art dem Orden gegenüber ein weniger scharfer Ton angeschlagen zu sein, als wenn es sich um die Sicherung seiner Rechte vor den Prälaten handelte. Am 10. Oktober 1275 ermahnt Alexander IV. die Hospitaliter der Provinz Toledo, die Rechte der Bischöfe nicht zu verletzen.[2]) Urban III. richtet die gleiche Aufforderung an sie und die Templer in betreff der Kirche von Acqui, deren Pfarrkinder die Orden weder zu öffentlicher Buße[3]) noch zum Begräbnis auf ihren Friedhöfen annehmen sollen, weil der Papst selbst sich dadurch beschwert fühlen müßte und es nicht ungestraft hingehen lassen könnte. (12. Februar 1186.)[4]) Einen überraschenden Einblick in die Art, wie der Orden unter Umständen auf Grund seiner exemten kirchlichen Stellung auch seine weltlichen Rechte zu erweitern wußte und dadurch mit der kirchlichen Ordnung zugleich die staatliche untergrub, eröffnet uns ein Erlaß Gregors IX. vom 23. April 1236, der schon durch seinen scharfen Ton und die Androhung strenger Maßnahmen erkennen läßt, daß da eine außerordentliche und geradezu gefährliche Ausschreitung des Ordens vorgelegen haben muß.[5])

Höchst unangenehm erklärt der Papst darin berührt zu sein durch die unausgesetzt von vielen Seiten an ihn gebrachten Klagen über das Ärgernis, das der Orden in der Diözese von Saintes und den benachbarten Sprengeln der Kirchenprovinzen Bordeaux und Tours durch die Art gebe, wie er die päpstlichen Privilegien und sonstigen Freibriefe, die zu seinem Schutz bestimmt seien, boshafterweise mißbrauche, um andere zu beschweren und zu kränken. Er lasse, so werde berichtet, durch seine Konservatoren und Richter mit ganz allgemeiner Voll-

---

[1]) *Régistres de Boniface VIII.*, Nr. 212, S. 80.

[2]) *Cartulaire*, Nr. 485 (I, S. 334).

[3]) Vgl. oben S. 174.

[4]) *Cartulaire*, Nr. 785 (I, S. 496).

[5]) Ebd. Nr. 2189 (II, S. 499).

macht versehene Anwälte (*citatores generales*) bestellen und durch diese jeden, der ihm oder seinen Leuten in Wort oder Tat irgendwie entgegen sei, zur Verantwortung ziehen, und zwar bald an diesem, bald an jedem weit entlegenen Ort, wohin man oft nur unter großen Gefahren gelangen könne. Habe der Orden oder einer seiner Freunde etwas gegen jemand, so lade er diesen zuweilen durch die Brüder irgendeines anderen Ordenshauses vor verschiedene Ritter an verschiedene Orte und bereite ihm dadurch große Beschwerden und Verlegenheiten. Auch nehme er gegen Entrichtung eines Zinses Geistliche und Laien unter seinen Schutz und gehe dann gegen diejenigen, die ihm diese Leute als ihre Feinde bezeichneten, auf Grund seiner Privilegien vor, als ob sie ihm selbst Unrecht zugefügt hätten, indem er sie nach Möglichkeit schikaniere und zur Verantwortung ziehe vor weit entfernt wohnenden, oft des Rechts unkundigen und zu seinen Gunsten befangenen Richtern, wobei dann irgendeiner seiner Freunde die Rolle des Klägers übernehme. Dann würden den Beklagten so kurze Fristen gestellt, daß sie nicht rechtzeitig erscheinen könnten, um hinterher gegen sie als Rechtsverweigerer in ihrer Abwesenheit zu verfahren. Wenn aber gar jemand von den so Geladenen Zweifel äußere an der Echtheit des richterlichen Siegels auf dem betreffenden Schreiben – dieses ließen die Ordensleute sich immer sofort wieder zurückgeben – oder Anstoß nehme an dem Mangel eines solchen und deshalb zu dem Termine nicht erscheine, so werde er dafür gestraft durch eine andere Ladung, die ihm eine Reise von sieben oder acht Tagen auferlege und Kosten und Mühe bereite. Derartige Rechtshändel erklärt der Papst für unvereinbar mit der Würde des Ordens, besonders schlimm aber sei es, daß Kleriker und Laien das damit gegebene üble Beispiel nachahmten, indem sie auf Grund päpstlicher Briefe ebenso verführen und dadurch das päpstliche Ansehen schädigten. Denn dafür machten viele das Oberhaupt der Kirche selbst verantwortlich, indem sie behaupteten, nur durch die übermäßige Begünstigung, die es dem Orden zuteil werden lasse, sei dergleichen überhaupt möglich geworden. Der Orden mache sich dadurch bei vielen verhaßt, und der Papst könne daher dergleichen ohne schweres Ärgernis nicht länger dulden: Er verlangt gründliche Abhilfe, damit nicht erneute Klagen ihn zu strengem Einschreiten nötigten.[1])

---

[1]) Eine Anspielung auf diese Praxis der Hospitaliter ist wohl in Art. 3 der Deutschordensregel zu finden in der Mahnung, die eximierte Stellung nicht ähnlich zu mißbrauchen: *„non ex proposito maliciose et indebite vexent eos, quos conveniunt, et ab aliis conventi non dolosa vel capciosa querant subterfugia."*

Daß Mißbräuche, wie sie hier geschildert werden, allein im Sprengel von Saintes vorgekommen sein sollten, läßt sich kaum annehmen. Die von dort nach Rom gebrachte Klage wird nur den Anlaß gegeben haben, einem auch anderwärts lästig empfundenen Verfahren ernstlich nachzugehen. Denn dieses beruhte auf einem System, das klug erdacht war. Der Hospitaliterorden war eben – wie die Templer – stets bestrebt, seine grundherrlichen Befugnisse über ihm nicht untertänige Leute auszudehnen und ihnen möglichst den Charakter von Herrschaftsrechten zu geben. Wie weit er damit kam, hing von dem Widerstand ab, den er von seiten des Staates fand, auf dessen Kosten er seine Macht zu erweitern suchte. Daher sind die Verhältnisse in dieser Hinsicht in den Ordensprovinzen verschieden gewesen und haben in den einzelnen wohl auch zu verschiedenen Zeiten gewechselt. Namentlich in Frankreich hat die Autorität des Staates derartigen Bestrebungen des Ordens schließlich Halt geboten. Das Pariser Parlament sprach z. B. am 11. November 1260 die Vasallen des Ordens frei von der Zahlung der ehemals üblichen Abgabe von jedem Herd oder Rauchfang *(fouage)*, die der Orden, obgleich sie durch den König davon befreit waren, noch forderte.[1]) Am 24. Mai 1265 weist dasselbe den Anspruch zurück, den der Orden gegen den Abt von Clugny auf die Gerichtsbarkeit in Escuroles erhob.[2]) Hierher gehört auch seine Entscheidung vom 16. Mai 1266, nach der in der Normandie die Untertanen des Ordens nicht durch dessen, sondern durch des Königs Sergeanten vorzuladen waren.[3]) Gelegentlich brachte der Orden die Gerichtsbarkeit in ganzen größeren Bezirken durch Kauf an sich. Am 8. Juni 1299 kassiert Bonifaz VIII. einen Vertrag der Art, nach dem König Jacob II. von Aragonien die Gerichtsbarkeit in den Schlössern und Dörfern Onda, Gallour und Avenionet in Katalonien, die sein Vorgänger Peter III. sich bei einem Abkommen ähnlicher Art mit dem Orden ausdrücklich vorbehalten hatte,[4]) dem Orden gegen 15 000 Denare überlassen hatte, mit Rücksicht auf die zu niedrige Bemessung des Preises und die Art, wie der Orden die Notlage des Königs ausgenutzt hatte: Der Orden hatte dadurch in jenem seinem Haupthaus Amposta benachbarten Gebiete die Rechtsprechung in Zivil- und Kriminalsachen an sich bringen wollen, d. h. die seinige an die Stelle der königlichen setzen. Versuche ähnlicher Art werden auch anderwärts nicht gefehlt haben. Solchen waren

[1]) *Cartulaire*, Nr. 2967 (II, S. 894).
[2]) Ebd. Nr. 3137 (III, S. 102).
[3]) Ebd. Nr. 3230 (III, S. 139).
[4]) Ebd. Nr. 3735 (III, S. 399).

selbst geistliche Territorialherren ausgesetzt. Nach einem Erlaß Bonifaz' VIII. vom 16. Februar 1296 hatten die Hospitaliter von Pleicorant in dem Gebiet des Bischofs von Poitiers sich die Gerichtsbarkeit angemaßt und Galgen errichtet, auch Wegegelder erhoben und die Ortseingesessenen veranlaßt, das von dem Bischof deshalb über den Ort verhängte Interdikt nicht zu beachten. Auf erhobene Klage verfügt der Papst strenges kirchliches Einschreiten gegen den Orden und befiehlt diesem, binnen zwei Monaten sich durch einen mit den nötigen Vollmachten versehenen Vertreter vor ihm in Rom zur Verantwortung zu stellen.[1])

Andere Eigenmächtigkeiten des Ordens, mit denen er über die Grenzen der ihm eingeräumten Freiheiten hinausgriff, lernen wir aus den Akten des Provinzialkonzils von Riez im Jahre 1285 kennen.[2]) Dort wurde nicht bloß über die Mißachtung geklagt, womit der Orden sich über kirchliche Strafurteile hinwegsetzte, indem er von solchen Getroffene als Konfratres aufnahm und so der kirchlichen Disziplin entzog, sondern auch darüber, daß er die Häuser anderer Orden und Klöster in Besitz nahm,[3]) gelegentlich sogar gewaltsam. Diejenigen Ordensleute, die dergleichen begangen und nicht binnen acht Tagen wieder gutmachten, sollen, so erklärt das Konzil, ohne weiteres exkommuniziert sein: denn solange der Orden den Prälaten nicht die schuldige Ehrfurcht erweise, sei auch von diesen nicht zu verlangen, daß sie ihrerseits seine Privilegien achten und schützen, vielmehr müsse er mit dem Maße gemessen werden, das er anzuwenden für gut finde. Demgemäß wird bestimmt, die Angehörigen einer anderen Genossenschaft, die zu einer solchen Übertragung ihres Konvents an das Hospital Hilfe leisten oder sie selbst betreiben, sollen ausgestoßen und auf Lebenszeit eingeschlossen werden.

Aber auch in den Kreisen der Laien finden sich früh Spuren der Feindschaft gegen den Orden, und die Abneigung des Volkes gegen ihn scheint sich gelegentlich in Gewalttaten Luft gemacht zu haben. Bereits Alexander III. wies die Prälaten an, diejenigen zu exkommunizieren, die einen Hospitaliter festhielten, vom Pferde würfen oder

---

[1]) *Régistres de Boniface VIII.*, Nr. 1053 (I, S. 359).

[2]) Martène, *Thes. Anecdot. IV, col. 195, can. 12.*

[3]) Beispiele für solche „Incorporationen": 30. Januar 1297 betreffend das Kloster Alberano als besonders geeignet *ad nutriendos equos,* der der Orden zur Verteidigung Cyperns nötig hat, z. B. aber aus Spanien nicht beziehen kann: *Rég. de Boniface VIII.*, Nr. 1784 (I, S. 676); 22. September 1297, das Kloster *ord. S. Benedicti S. Angelo* in Talatio (ebd. Nr. 2137, I, S. 819) und 28. Januar 1298, das Benediktinerkloster zu Venusia: ebd. Nr. 2398 (II, S. 9).

sonst vergewaltigen,[1]) und Honorius III. gab am 21. Januar 1217 den Geistlichen den Befehl, diejenigen von ihren Pfarrkindern, die im Verdacht stünden, einen solchen geschlagen zu haben, zur Leistung des Reinigungseides anzuhalten.[2])

In auffallendem Mißverhältnis zu alledem steht nun die kaum übersehbare Reihe päpstlicher Gunsterweise an den Orden, die bis zum Ausgang der Kreuzzüge nicht abreißt und zeitweise förmlich zu Wellen anschwillt. Es handelt sich dabei nicht bloß um die immer wieder erneute Bestätigung der grundlegenden Freibriefe Innocenz' II. und Anastasius' IV., sondern auch um Erlasse zu seinen Gunsten in minder wichtigen Dingen, Vermahnungen der ihm abgeneigten Prälaten und für ihn eintretende Verfügungen in einzelnen Streitfällen mit geistlichen und weltlichen Großen. Die Prokuratoren, die er erst zeitweilig und dann dauernd bei der Kurie beglaubigte, haben eine unermüdliche Tätigkeit entfaltet, deren Spuren uns namentlich im Beginn eines neuen Pontifikates und dann während der Vorbereitung eines Kreuzzuges in der päpstlichen Kanzlei auch zahlenmäßig entgegentreten. So liegen z. B. von Honorius III. aus der Zeit vom 1. Januar bis zum 5. März 1217 nicht weniger als neunundvierzig für den Orden ergangene Breven und Bullen vor.[3]) Entsprechend groß ist die Zahl der ganz allgemein gehaltenen päpstlichen Erlasse, die ihn dem Wohlwollen der Prälaten empfehlen oder diese zur Verhängung des Bannes gegen diejenigen auffordern, die ihn schädigen oder in seinem Besitz kränken – Begriffe, denen der Orden allmählich eine Deutung gab, wie sie ursprünglich von der Kurie damit nicht verbunden gewesen sein wird. Aber selbst in diesen päpstlichen Schreiben findet doch zuweilen die üble Nachrede einen Widerhall, die gegen den Orden umlief. Honorius III. erwähnt am 24. November 1218 die ungünstigen Berichte, die aus Palästina Heimkehrende über seine dortige Wirksamkeit erstatteten, und meint, danach würde auch er Übles denken müssen, hätte der Orden nicht gerade in der letzten schweren Zeit sich wieder so glänzend bewährt.[4]) Besonders häufig scheinen allgemeine päpstliche Mahnungen zugunsten des Ordens nach Frankreich ergangen zu sein. Innocenz IV. richtet solche am 11. November 1250 an die dortigen Prälaten im Interesse des französischen Ordenszweiges.[5]) Bereits am 24. März 1251 wiederholt er

[1]) *Cartulaire*, Nr. 429 (I, S. 297).
[2]) Ebd. Nr. 1533 (II, S. 210).
[3]) Ebd. Nr. 1527ff.
[4]) Ebd. Nr. 1632 (II, S. 253).
[5]) Ebd. Nr. 2543 (II, S. 700).

sie: Die Prälaten sollten Ordensleute nicht vor ihr Gericht laden und zurückgeben, was sie dem Orden widerrechtlich entzogen haben.[1]) Noch Martin IV. hat das am 1. Juni 1282 Klerikern und Laien in Frankreich zu sagen.[2]) Nicht bloß auf Frankreich beschränkt blieb die Agitation zugunsten des Ordens, die Clemens V. ins Leben rief, indem er am 8. August 1309 verfügte, die Brüder der Orden der Prediger und Minoriten sollten in ihren Predigten und bei der Beichte allen Gläubigen getreulich und sorgsam die den Hospitalitern gewährten Indulgenzen auseinandersetzen und sie zu ihrer Unterstützung durch Almosen und andere Zuwendungen veranlassen.[3]) Es scheint danach, als ob das Interesse an dem Orden, der hinfort allein die Christenheit im Osten zu vertreten hatte, damals nachgelassen habe. Dazu mögen nicht bloß die Reformpläne beigetragen haben, mit denen die römische Kurie sich in betreff der beiden großen Orden seit Jahrzehnten trug, sondern es wird darauf auch von Einfluß gewesen sein, was aus Anlaß der Unterdrückung des Templerordens über die dabei erfolgten Enthüllungen zur Kenntnis weiter Volkskreise gekommen war. Der Eifer, mit dem Clemens V. um jene Zeit in Gemeinschaft mit dem Hospitalitermeister Foulques de Villaret einen neuen Kreuzzug betrieb und sich um dessen Förderung auch durch Philipp IV. von Frankreich bemühte, genügt zur Erklärung der Art, wie der Papst die öffentliche Meinung zugunsten der Hospitaliter in Bewegung zu setzen trachtete. Besondern Erfolg hat er damit freilich nicht gehabt, und namentlich in Frankreich hat der Orden die Geltung nicht behaupten können, deren er sich ehemals erfreut hatte.

Um so entschiedener trat Clemens V. für ihn ein: Es scheint fast, er habe für ihn ähnlich verhängnisvolle Verwicklungen befürchtet, wie die Templer eben solchen erlegen waren. Am 17. April 1309 eximiert er den Orden nochmals, und zwar in feierlicher und umfassenderer Weise, als das bisher geschehen war, ganz allgemein von der Jurisdiktion der Ordinarien: Seine Häuser, Kirchen, Kapellen usw. und alle ihm gehörigen Ortschaften mit ihren sämtlichen Einwohnern erklärt er für ausgenommen von der richterlichen Autorität der Gesamtheit der Patriarchen, Erzbischöfe und Bischöfe sowie von der jedes einzelnen von ihnen.[4]) Die Maßregel erscheint um so bedeutsamer, als Clemens V. kurz danach am 22. Mai im Gegensatz dazu den Bischöfen in ganz Frankreich ausdrücklich Vollmacht erteilte, die Untersuchung gegen

[1]) *Cartulaire*, Nr. 2558 (II, S. 707).
[2]) Ebd. Nr. 3792 (III, S. 431).
[3]) Ebd. Nr. 4876 (IV, S. 222).
[4]) Ebd. Nr. 4858 (IV, S. 210).

die Templer zu führen und dazu jede Art von Erhebung anzustellen.[1])

So wurde der Hospitaliterorden um dieselbe Zeit, wo die durch Philipp IV. niedergeworfenen Templer dem Haß ihrer zahlreichen geistlichen Widersacher ausgeliefert wurden, in ihrer kirchlichen Unabhängigkeit von den Bischöfen feierlich vollends sichergestellt und damit eine Entwicklung von vielen Jahrzehnten abgeschlossen.

[1]) *Reg. Clement. V.*, Nr. 5062 (III, S. 453).

Sechstes Kapitel

Das Verhältnis des Templerordens zu Kirche und Papsttum in seiner geschichtlichen Entwickelung.

Versucht man, so, wie es im Anschluß an ein reiches urkundliches Material für den Hospitaliterorden geschehen konnte, das Verhältnis des Templerordens zu Kirche und Papsttum in seiner geschichtlichen Entwickelung zu verfolgen, so entspricht das sich ergebende Bild in den Grundzügen begreiflicherweise dem dort gewonnenen. Die Entwickelung des Templerordens hat sich im wesentlichen in denselben Formen vollzogen wie die der Hospitaliter. Handelt es sich dabei doch um dieselben Probleme und um dieselben Mittel zu deren Lösung. Doch tritt in manchen Punkten zwischen beiden eine Verschiedenheit zutage, weil jeder Orden, so gleichartig sie waren, die ihnen gemeinsame Grundidee in seiner besonderen Weise verwirklichte und in der Erfüllung seines Berufes zum Ausdruck brachte. Die gleiche Form hat bei ihnen nicht auch den gleichen Inhalt geborgen, vielmehr hat da frühzeitig gewissermaßen eine Differenzierung stattgefunden, infolge deren ihre Wege innerlich bald mehr auseinander gingen als äußerlich. Daraus erklärt sich die Verschiedenheit ihrer Entwickelung und ihres schließlichen Ausgangs. Da aber beide in demselben Boden wurzelten, in ihrem Wachstum von denselben Bedingungen abhingen und in ihrer Tätigkeit auf dem Schauplatze, wo sie für die Welt am augenfälligsten wurde, sich vielfach berührten und ergänzten, so hat zwischen ihnen eine Wechselwirkung stattgefunden, ohne daß wir in jedem einzelnen Fall zu sagen vermöchten, von welchem sie ausgegangen und wie der andere dadurch beeinflußt ist.

Trügt das Bild nicht, das wir von den Anfängen beider Orden gewannen, so hat schon in dem ersten Stadium ihrer Entwickelung insofern eine Verschiedenheit zwischen beiden obgewaltet, als die Hospitaliter ihrem Ursprung entsprechend während des ersten Menschenalters vornehmlich das mönchische Element betonten und erst seit etwa 1140 das ritterliche als gleichberechtigt hinzufügten, welches das Wesen des andern von Anfang an bestimmt hatte. Im Hinblick hierauf ist es bemerkenswert, daß der große Gönner der Templer, Papst Alexander III., mit der Übernahme kriegerischer Pflichten durch die Hospitaliter nicht einverstanden war, darin vielmehr eine Abweichung von ihrem ursprünglichen Berufe sah.[1]) Der Templerorden hatte eine eigentliche Regel nicht erhalten und hat die Vorteile dieser Autonomie auch in der Folge auszunutzen verstanden. Trifft die Vermutung zu, die Templer hätten vor allem die Unterordnung unter den Patriarchen von Jerusalem von sich abzuwehren gesucht, außerdem aber ihre reichen Mittel nicht den fränkischen Fürsten ohne weiteres zur Verfügung gestellt sehen wollen, so möchte man es damit in Verbindung bringen, wenn eben um jene Zeit die bisher auf Armen- und Krankenpflege beschränkte Tätigkeit der Hospitaliter auf den Kampf gegen die Ungläubigen erstreckt wurde. Wenige Jahre nach König Balduins II. Versuch, mit Hilfe des heiligen Bernhard den Templern eine ihm genehme Regel zu geben.[2]) 1137[3]) sehen wir die Hospitaliter zuerst auch militärisch tätig. Dachten die fränkischen Großen vielleicht, was sie ursprünglich von den Templern geleistet zu sehen gewünscht, aber nicht erlangt hatten, durch die Hospitaliter geleistet zu bekommen und dazu deren noch dem Patriarchen unterstellte Genossenschaft nach dem Vorbild jener militärisch organisieren zu lassen? Rückwirkend hat das wiederum den Templerorden beeinflußt, insofern er zu dem Kampf gegen die Ungläubigen auch die Pflicht der Armen- und Krankenpflege übernahm. Denn es entspricht der Geistesrichtung jener Zeit und dem Wesen der sie beherrschenden Kirche, daß solche Verbände ihre Daseinsberechtigung auch durch Werke der Barmherzigkeit erwiesen. Das würde zugleich sehr einfach den heftigen Konflikt erklären, der später zwischen dem Hospital und dem Patriarchen entbrannte. Für ersteres handelte es sich um Abschüttelung einer Hoheit, welche der Templerorden, dem es nun wesensgleich war, entgegen den zu Troyes von den Prälaten gehegten Absichten von sich abgewandt hatte. So waren die Glieder beider Orden zugleich Mönche und Ritter, aber sie waren nicht beides in dem gleichen Grade. Im allgemeinen hat der Templerorden die mönchische Seite, obgleich er sie erst später angenommen hatte, stärker betont und auch auf die Entwickelung seiner darin wurzelnden kirchlichen Stellung größern Nachdruck gelegt. In ihm hat sich allezeit der hierarchische Geist, der seinen großen Gönner

---

[1]) Vgl. oben S. 43 u. 153.

[2]) Vgl. oben S. 28.

[3]) Vgl. S. 37.

Alexander III. erfüllt hatte, lebendig erhalten und konsequent betätigt, nicht bloß gegenüber den weltlichen Gewalten, sondern auch der Kirche selbst.

Während es dem Hospital nicht gelang, den Einfluß des weltlichen Fürstentums, zunächst der fränkischen Herren Palästinas, auszuschließen, entzogen sich die Templer durch die Emanzipation von dem Patriarchen zugleich auch der Einwirkung der fränkischen Fürsten und damit des weltlichen Fürstentums überhaupt. Zwar hat später in dieser Hinsicht nicht zwischen allen Ordensprovinzen Gleichheit bestanden. Das Hospital hat der weltlichen Gewalt auf die Ernennung und Tätigkeit der Ordensbeamten gelegentlich Einfluß einräumen müssen. Ein solcher ist in England in Formen erkennbar, nach denen es sich dabei um ein Recht des Königs und um eine Verpflichtung des Ordens gehandelt haben muß. Die höheren Ordensbeamten müssen dort einer Anerkennung oder Bestätigung durch den König bedurft haben, wenn Eduard I. dem Großprior Wilhelm von Tothale, der mit der Verwaltung der Ordensgüter in Schottland und Wales beauftragt war, am 10. April 1302 erlaubt, sich ein Jahr lang durch Robert von Sommerby vertreten zu lassen.[1]) Diese Vollmacht erneuert er am 10. März 1307,[2]) und das gleiche tut Eduard II. am 7. November 1308.[3]) Daher werden die englischen Könige auch auf die Besetzung der Ordensämter in ihrem Reiche mit ihnen genehmen Persönlichkeiten haben einwirken können. Daß der Großprior Wilhelm von Tothale für Eduard I. eine solche war, läßt ein Schreiben des Königs vom 8. Februar 1307 an den Hochmeister Fulco von Villaret erkennen.[4]) Anders lagen die Dinge bei den Templern: Prinzipiell war da jeder Einfluß weltlicher Fürsten auf die Besetzung der Ordensämter ausgeschlossen und jede Verfehlung dagegen mit schwerer Strafe bedroht. In der sogenannten Regel von Troyes findet sich eine solche Bestimmung begreiflicherweise nicht, auch nicht in den später entstandnen Satzungen, welche die Stellung des Ordens inmitten der ihn nachmals umgebenden ebenso großartigen wie verwickelten Verhältnisse in Einklang bringen sollten mit seinem alten Brauch. Wir kennen sie nur aus ihrer Erneuerung, die nötig wurde, weil sie in Vergessenheit geraten war, also weltliche Fürsten auf die Besetzung von Ordensämtern eingewirkt hatten. Bei den Hospitalitern war das später nichts Ungewöhnliches, und ein Verbot ist dagegen nicht

[1]) *Cartulaire*, Nr. 4560 (IV, S. 28).

[2]) Ebd. Nr. 4739 (IV, S. 140).

[3]) Ebd. Nr. 4827 (IV, S. 196).

[4]) Ebd. Nr. 4738 (IV, S. 131).

ergangen. Empfiehlt doch z. B. der Rat von Florenz am 25. Februar 1309 dem Großprior von Pisa einen Bruder zum Komtur eines erledigten Ordenshauses.[1]) Wenn dagegen beim Templerorden Erschleichung der Aufnahme durch Simonie für das schwerste Verbrechen galt und mit dem Verlust des Gewandes, Ausstoßung, bestraft werden sollte,[2]) so stand es damit nur im Einklang, wenn auch diejenigen hart bestraft wurden, die auf unrechtmäßige Weise zu einem Ordensamt zu gelangen suchten. Insbesondere sollte dabei jede Einwirkung weltlicher Fürsten ausgeschlossen sein. Dennoch ist später dagegen gefehlt worden, und zwar nicht bloß mit Zustimmung, sondern mit ausdrücklicher Billigung und sogar auf Veranlassung der Kurie, ja diese übte auf den Orden einen Druck aus, um ihn in einem solchen Falle einem mächtigen Fürsten gefügig zu machen.

Wenn Clemens IV. am 22. April 1267,[3]) um dem Orden den inneren Frieden zu sichern, das in Vergessenheit geratene Verbot der Empfehlung von Ordensbrüdern zu Ordensämtern durch weltliche Fürsten erneut unter Berufung auf seinen Vorgänger Alexander, so wird damit Alexander III. gemeint sein. Die Verhältnisse, unter denen dieser den Bund des Papsttums mit dem Orden begründete, mußten den Wunsch erzeugen, diesen für alle Zeit gegen den Einfluß des weltlichen Fürstentums abzuschließen. Welches Gewicht Alexander III. darauf legte, läßt die harte Strafe erkennen, die er den Übertretern seines Verbotes androhte: Der Ordensbruder, der sich von Königen, Fürsten und anderen weltlichen Großen Empfehlungsschreiben an die Ordensoberen auswirkte, um zum Vorsteher eines Ordenshauses oder einer Ordensprovinz ernannt zu werden, sollte dem Banne verfallen und daraus nur vom Papste selbst gelöst werden können. Wenn als Grund dafür angeführt wird, die Nichtbeachtung solcher Empfehlungen habe dem Orden von seinen der weltlichen Fürsten, die ihm ohnehin nicht wohl wollten, allerlei Anfechtungen und Feindseligkeiten zugezogen, so mag das für Clemens IV. bestimmend gewesen sein, bei Alexander III. aber, dem Urheber des Verbotes, werden höhere Gesichtspunkte den Ausschlag gegeben haben. Als der Orden aber aus einem gefügigen Diener ein anspruchsvoller Günstling der Kirche geworden war, der seine Ausnahmestellung auch ihr gegenüber rücksichtslos geltend machte, hatte auch die Kirche kein Interesse mehr daran, ihm jeden Einfluß der welt-

---

[1]) *Cartulaire*, Nr. 4850 (IV, S. 207).

[2]) Vgl. die Ausgabe der sog. Regel von Troyes nach der Münchener Handschrift von Knöpfler in dem Historischen Jahrbuch der Görresgesellschaft VIII (1887), S. 611 ff.

[3]) Ferreira, *Memorias da celebre Ordem des Templarios II*, S. 915/16.

lichen Fürsten fernzuhalten. konnte es ihr sogar erwünscht sein, in wichtige Ordensämter Männer zu bringen, die sich der Gunst auch ihr wohlgeneigter Fürsten erfreuten. In solchen Fällen hat die Kurie selbst den Wünschen weltlicher Fürsten bei den Ordensoberen ihre Fürsprache geliehen, obgleich sie damit einem Verfahren Vorschub leistete, das mit strenger Strafe bedroht war.

Ein Beispiel dafür liegt vor aus der Zeit Ludwigs IX. von Frankreich. Zum Präzeptor der französischen Ordensprovinz wünschte dieser den ihm befreundeten und auch bei Papst Urban IV. wohlangesehenen Amaury de la Roche erhoben zu sehen und empfahl ihn wiederholt dem Ordenskapitel. Als das keinen Erfolg hatte, wandte er sich an den Papst, damit dieser seine Autorität bei dem Orden zugunsten seines Kandidaten einsetzte. Wirklich richtete Urban IV. an den Meister und das Kapitel am 14. März 1264 einen Erlaß, in dem er an die Verdienste erinnerte, die Ludwig sich um den Orden erworben hätte, und auf die Vorteile hinwies, welche diesem die Erfüllung des königlichen Wunsches sichern würde. Er empfahl den auch von ihm hochgeschätzten Amaury de la Roche und schloß mit der Weisung, das Patent über dessen Ernennung zu dem in Rede stehenden Amte sei ihm binnen zwei Monaten einzusenden.[1]) Obenein aber instruierte er am 15. März 1264 seinen Legaten in Frankreich, er möge energisch auf den Orden einwirken, damit ihm binnen längstens vierzehn Tagen nach der betreffenden Eröffnung das Dekret über die Ernennung Amaurys de la Roche vom Orden zugestellt würde.[2])

So ging man in Rom, wenn es der eigene Vorteil erforderte, über die feierlichen Bestimmungen hinweg. Gewiß wird das nicht bloß dies eine Mal geschehen. So bevollmächtigte z. B. Clemens V. den Visitator von Frankreich, Hugo de Peraud, der von dem Ordensmeister und dem Generalkapitel nach Cypern zurückgerufen war, in Frankreich zu bleiben und sich jenseits des Meeres wie bisher vertreten zu lassen.[3]) Solche Vorgänge machen die Haltung des Ordens der Kurie gegenüber begreiflich sowie die Energie, mit der er für seine Privilegien eintrat. War er doch durch Alexander III. dem Papsttum besonders nahe verbunden worden: Die Fülle der ihm verliehenen Freiheiten hatte ihn zunächst zum Vorkämpfer des hierarchischen Papsttums befähigen sollen. Aber er hat den hierarchischen Geist, zu dessen Gefäß ihn sein großer Gönner gemacht hatte, nicht bloß im Interesse der Kirche

---

[1]) *Régistres d'Urbain IV.*, II, Nr. 768 (S. 369).

[2]) Ebd. S. 370.

[3]) *Reg. Clement V.*, Nr. 1540 (II, S. 5).

gegenüber der weltlichen Gewalt betätigt, sondern je länger, je mehr auch gegenüber der Kirche selbst. Daher hat er auch die kirchlichen Waffen, welche die Päpste ihm in die Hand gaben, geschickter, folgerichtiger und rücksichtsloser und daher erfolgreicher geführt als das Hospital.

Andere Verschiedenheiten zwischen beiden Orden offenbaren sich bereits in der beide betreffenden Überlieferung. Für die älteste Zeit des Hospitals liegt uns eine so reiche Fülle von Urkunden vor, daß wir uns ein Bild von den verschiedenen Stadien machen konnten, die seine Entwickelung durchlaufen hat. Für den Templerorden verfügen wir nicht über ein solches Material. Er tritt uns gleich als in sich abgeschlossene Bildung entgegen, von deren Anfängen wir eine klare Anschauung nicht gewinnen. Wie er recht zu dem weitverzweigten, blühenden und mächtigen Verband wurde, als den wir ihn alsbald vor uns sehen, vermögen wir nicht zu erklären. Es liegen uns da nur Tatsachen vor: Die Kräfte, die sie hervorriefen, bleiben uns verborgen. Jenen Prozeß verständlich zu machen, sind wir auf Vermutungen angewiesen: Für solche aber bietet die geringe Zahl der auf uns gekommenen älteren Templerurkunden nur dürftiges Material. Denn erst von dem großen Freibrief Alexanders III., der Bulle *Omne datum optimum* vom 18. Juni 1163, wächst die Zahl der Templerurkunden. Die Ursache davon läßt sich nicht mit Sicherheit angeben. Es können dabei Zufälligkeiten obgewaltet haben, wie solche auch anderwärts über Erhaltung oder Untergang historischer Dokumente entschieden haben. Es kann aber auch daher kommen, daß an der Erneuerung der Urkunden, die während der ersten Jahrzehnte seines Bestehens für den Orden ergangen waren, niemand mehr ein Interesse hatte, seit er zu existieren aufgehört hatte, zumal die ihn beerbenden Hospitaliter die darin verbrieften Rechte und Freiheiten ohnehin schon besaßen. Doch kann die Seltenheit templerischer Urkunden, die älter wären als die Bulle *Omne datum optimum,* auch herzuleiten sein aus der Unklarheit und Unfertigkeit der Verhältnisse, worin der Orden sich bis auf Alexander III. befand. Diese erschwerten einen so planmäßigen Ausbau, wie er dem Hospital früh zuteil wurde, um so mehr, als bei dem Fehlen einer eigentlichen Regel hier sogar gewisse prinzipielle Fragen noch ihrer Lösung harrten.

Deutlich erkennbar dagegen ist auch hier die Opposition, auf die der Orden sowohl bei Geistlichen wie bei Laien stieß. Sie bezeugen die alsbald einsetzenden päpstlichen Erlasse, die ihn gegen Anfeindung schützen und seine Widersacher begütigen oder im Zaum halten sollen. Immer wieder erhebt die Kurie ihre Stimme gegen Räubereien und

Gewalttaten, womit er heimgesucht wurde, und ermahnt die Bischöfe, dagegen einzuschreiten. Das tat bereits Eugen III. am 9. November 1145–46.[1]) Besonders häufig sind solche Mahnungen unter Alexander III.[2]) Sie kehren wieder unter Lucius III.,[3]) Cölestin III.[4]) und Innocenz III.[5]) Wenn Lucius III. am 12. März 1182/83 insbesondere die Erzbischöfe von Arles, Narbonne und Tarragona zum Einschreiten gegen diejenigen anweist, die sich Ordensbesitz anmaßen,[6]) so scheint auch danach gerade in Südfrankreich die Gegnerschaft gegen den Templerorden besonders lebhaft gewesen zu sein. Eingeschüchtert aber wurden des Ordens Widersacher durch all diese Mahnungen nicht. Noch Urban IX. mußte am 6. Februar 1262 Bischöfen und Pfarrern aufgeben, diejenigen zu bannen, die den Orden in seinem Besitze störten.[7]) Dabei handelte es sich nicht immer um generelle Äußerungen der päpstlichen Fürsorge für den Orden, vielmehr sind häufig bestimmte Gegner des Ordens und bestimmte Streitfälle als Anlaß erkennbar. So weist z. B. Alexander III. am 31. Januar 1171/72 den Erzbischof von Reims an, zwei namentlich genannte Ritter anzuhalten, dem Orden die ihm entrissenen Güter zurückzugeben.[8]) Ein Erlaß Clemens' IV. vom 22. April 1265 soll dem Orden in der Provence zur Wiedererlangung von Einkünften verhelfen, die ihm infolge eines zwar formell korrekten Verfahrens, aber doch zu Unrecht entzogen waren.[9]) Gerade wieder in der Provence scheint der Orden gegen Ende des 13. Jahrhunderts besonders häufig Anfechtungen erfahren zu haben. Am 30. August 1282 weist Honorius IV. den Bischof von Toulouse an, ihn gegen Räubereien zu schützen durch kirchliche Bestrafung der Schuldigen, und zwar erstreckt er die dem Prälaten erteilte Vollmacht dazu gleich auf die nächsten drei Jahre.[10]) Eine ähnliche Weisung ergeht von ihm am 23. Juli 1285 an den Propst von Orange.[11]) Gleichartige Erlasse besitzen wir von Benedikt XI. an den Bischof von Nimosia vom

---

[1]) Prutz, Entwickelung und Untergang des Tempelherrenordens: Papstregesten, Nr. 2 (S. 259).

[2]) Jaffé, *RP*², Nr. 11817 u. 11973, und Kehr, a.a.O. S. 397, Nr. 20.

[3]) Malteser Urkunden, Nr. 28.

[4]) Ebd. Nr. 33 u. 34.

[5]) Prutz, a.a.O. Nr. 49 u. 63.

[6]) Ebd. Nr. 26.

[7]) Malteser Urkunden, Nr. 312.

[8]) Jaffé, *RP*², Nr. 11973.

[9]) Malteser Urkunden, Nr. 322.

[10]) Prutz, a.a.O. Nr. 207.

[11]) Ebd. Nr. 208.

6. Februar 1304[1]) und vom 5. Juni desselben Jahres an den Bischof von Bologna.[2])

Die Häufigkeit solcher päpstlichen Kundgebungen lehrt, daß die von Zeit zu Zeit ergehenden generellen Empfehlungen des Ordens bei den Empfängern die beabsichtigte Wirkung nicht hatten. Ihre lange Reihe beginnt mit einem Ausschreiben Lucius' II. vom 15. Mai 1144.[3]) Häufig bringen sie die Rechte des Ordens nur in besonderen Punkten den Prälaten in Erinnerung.[4]) Aus späterer Zeit bieten Urkunden Gregors IX. vom 25. September 1227[5]) und Urbans IV. Beispiele dafür, welch letzterer einen entsprechenden Erlaß Innocenz' III. vom 26. Juni 1205 am 29. Juni 1263 erneut.[6]) Wie die Prälaten solche päpstlichen Erlasse um ihre Wirkung brachten, lehrt die von Honorius III. am 27. Oktober 1227 erhobene Klage, manche von ihnen unterließen es, dieselben ihren Untergebenen gebührend zu erläutern.[7]) Nicht selten aber gingen Bischöfe sogar aggressiv gegen den Orden vor. Das beweisen häufige Verwarnungen, die auf Klage der Templer die Kurie an solche richtet. So erläßt Innocenz III. am 1. Juli 1198 an sie insgesamt die Aufforderung, die Privilegien des Ordens zu respektieren,[8]) und Alexander IV. macht ihnen am 8. Dezember 1255 zur Pflicht, die zur Empfehlung des Ordens ergangenen päpstlichen Erlasse vorschriftsmäßig bekannt zu geben und zu erläutern.[9]) Offenbar haben die geistlichen Herren den Sinn der dem Orden gewährten Privilegien zuweilen nicht verstehen wollen. So erhielten die Päpste immer neuen Anlaß, sich des Ordens gegen sie anzunehmen. Ausschreiben dieses Inhalts liegen z. B. vor von Innocenz III. vom 22. Juli und vom 9. September 1199.[10]) Gerade um jene Zeit scheint das Verhältnis zwischen Templern und Prälaten besonders übel gewesen zu sein: sonst würde dieser Papst sich doch kaum veranlaßt gesehen haben, die gleiche Mahnung in kurzen Zwischenräumen am 9. Dezember 1199, am 6. April 1201 und am 18. Dezember 1210 zu wiederholen.[11]) Doch haben die Friedens-

[1]) Prutz, a.a.O. S. 33, Anm. 4.
[2]) Ebd. Anm. 5.
[3]) Kehr, a.a.O. S. 388, Nr. 2. Vgl. S. 313, Nr. 3.
[4]) Vgl. Prutz, a.a.O. Nr. 4 u. 6 und S. 31, Anm. 11.
[5]) Ebd. Nr. 121.
[6]) Ebd. Nr. 170.
[7]) Prutz, a.a.O. S. 271, Nr. 124.
[8]) Malteser Urkunden, Nr. 52.
[9]) Potthast, *RP*, Nr. 6108.
[10]) Prutz, a.a.O. Nr. 59 u. 64.
[11]) Ebd. Nr. 65, 76 u. 87.

bemühungen der Kurie immer nur vorübergehenden Erfolg gehabt. Das wird auch mit denen nicht anders gewesen sein, die Innocenz IV. am 6. März 1257[1]) und Urban IV. am 8. Juli 1263[2]) ergehen ließen. Besonders lebhaft scheint der Streit zwischen Templern und Prälaten damals wieder in Südfrankreich gewesen zu sein. Denn am 9. Dezember 1199 ergeht von Innocenz III. an den Erzbischof von Narbonne die eindringliche Mahnung, sich jeder Schädigung des Ordens zu enthalten,[3]) und sie muß der Papst am 12. Juni 1205 auch an den Erzbischof von Arles und seine Suffragane richten.[4])

Wie die Feindschaft der Prälaten gegen den Orden sich äußerte, wird nicht gesagt. Wo ihre Motive zu suchen sind, kann nicht zweifelhaft sein. Die Geistlichkeit nahm Anstoß daran, daß die Templer, obgleich sie trotz ihres Mönchsgelübdes Laien waren und bleiben, auf kirchliche Angelegenheiten einzuwirken berechtigt sein wollten. Johann von Salisbury, der literarische Freund Alexanders III., beklagt es als eine Verirrung, daß sie gegen das göttliche Gebot, nach dem Laien sich unter keinen Umständen in kirchliche Dinge mischen sollen, in solchen zu verfügen sich unterfangen: Er sieht darin einen Beweis dafür, daß ihr Orden kein richtiger geistlicher Orden sei.[5]) Die Bischöfe erbitterte die Beeinträchtigung ihrer Autorität durch die exemte Stellung des Ordens, zumal diese auf immer weitere Kreise erstreckt wurde. Dazu kam die finanzielle Einbuße, die sich für sie daraus ergab. Wie sich hier die Streitfragen wiederholen, die zwischen ihnen und den Hospitalitern erbitterte Feindschaft erzeugt haben, so sind auch hier Differenzen weltlicher und kirchlicher Natur ineinander übergegangen. Aber auch hier darf man aus der immer erneuten Parteinahme der Kurie für den Orden nicht schließen, dieser sei in allen sie veranlassenden Streitfällen im Recht gewesen und seinerseits von der Geistlichkeit angefeindet worden. Vielmehr war die Kurie, wollte sie es mit dem für sie unentbehrlichen Orden nicht verderben, zu einer solchen Haltung gezwungen, weil sie sich durch Zugeständnisse, die denselben eigentlich über alles Recht stellten, die Hände gebunden hatte und ihre Aktionsfreiheit nicht wiedererlangen konnte, ohne mit sich selbst in Widerspruch zu geraten. Der Zug rücksichtslosen Eigennutzes, den die Überlieferung an den Templern hervorhebt, wird nicht bloß durch zahlreiche Einzelfälle beglaubigt, sondern sogar von einem Zeugen

[1]) Prutz, a.a.O. Nr. 154.
[2]) Ebd. Nr. 172.
[3]) Ebd. Nr. 66.
[4]) Ebd. Nr. 79.
[5]) *Policrat*, VII, 22.

anerkannt, der sicher als ein klassischer gelten darf. Kein geringerer als der letzte Ordensmeister, Jakob von Molay, hat ausdrücklich zugegeben, manche von den Ordensleuten seien in der Verteidigung der Rechte des Ordens gegen die Prälaten allzu schneidig vorgegangen.[1]) Ein anderer Templer erklärt in dem Prozeß, der Orden habe auf Grund seiner Privilegien viele schikaniert und ihnen Dinge abgenötigt, zu denen sie nicht verpflichtet waren,[2]) und ein dritter, ein achtzigjähriger und seit fast einem halben Jahrhundert dem Orden angehöriger Bruder, gibt zu, viele Templer seien übermütig gewesen und hätten Unterdrückung und Erpressung geübt durch Mißbrauch der päpstlichen Freibriefe und auf andere Weise.[3]) König Heinrich II. von Cypern macht für die Übergriffe, die der Orden frühzeitig auch gegen die weltliche Gewalt begangen, das Übermaß seiner kirchlichen Freiheiten verantwortlich.[4]) Eine Anspielung auf den üblen Ruf, worin die Templer in dieser Hinsicht standen, möchte man in der Art sehen, wie in der Regel des Deutschen Ordens, wie sie in einer nach 1244 entstandenen Aufzeichnung vorliegt, die betreffenden Bestimmungen gefaßt sind. Es wird den Deutschen Herren zur Pflicht gemacht, die päpstlichen Privilegien nicht zu benutzen, um in Rechtsstreitigkeiten sich schikanöserweise dem Recht zu entziehen.[5]) Bei der sonst so genauen Anlehnung der Deutschordensregel an den Brauch der Templer wird diese Wendung nur verständlich, wenn man sie mit dem in Verbindung bringt, was den Templern nachgesagt wurde. Wo der Grund für diese Haltung derselben gelegen habe mag, ist nicht zu ermitteln. In den Ordensinstitutionen als solchen kann er nicht gesucht werden. Von den Persönlichkeiten aber, deren Einfluß möglicherweise dafür verantwortlich gemacht werden könnte, wissen wir nichts. Vielleicht kommen dafür zwei Momente in Betracht, in denen dieser Orden anders gestellt war als Hospitaliter und Deutsche Herren. Das ist einmal das Fehlen einer Regel, die unter Mitwirkung der höchsten kirchlichen Autorität entstanden und durch deren Bestätigung als unantastbare Norm anerkannt gewesen wäre. Was an Entwürfen dazu in Troyes vorgelegen hatte, war Entwurf geblieben und hatte nur die Bedeutung eines ehrwürdigen Denkmals der bescheidenen Anfänge des Ordens. Es war für den Orden vollends unannehmbar geworden angesichts des glänzenden Erfolges, den die von Troyes

---

[1]) *Procès des Templiers I*, S. 33.

[2]) Ebd. I, S. 199.

[3]) Ebd. II, S. 8.

[4]) Dupuy, *Traites de l'abolition des Templiers*, S. 92/93 (Nr. 26).

[5]) Die Statuten des Deutschen Ordens, herausgegeben von Perlbach, S. 30/31.

ausgehende Anregung namentlich in den von Hugo de Payns bereisten westlichen Landen hatte. Die neue Genossenschaft erhielt dadurch sofort einen internationalen Charakter und wuchs weit hinaus über den für ihr Wirken ursprünglich vorgesehenen Rahmen. Ihre dadurch begründete Autonomie bestand zunächst allerdings nur tatsächlich und entbehrte der ausdrücklichen Anerkennung von der entscheidenden Stelle, bis sie, von kirchlicher und weltlicher Seite vergeblich angefochten, durch Alexander III. anerkannt und für alle Zeit festgestellt wurde. Gleichzeitig gewährte dieser in der Bulle *Omne datum optimum* vom 18. Juni 1163 dem Orden durch die Einfügung eines Klerikats ein Mittel, um seine Unabhängigkeit von den kirchlichen Instanzen, die zwischen ihm und dem Papst als seinem Bischof standen, bis in die letzten Konsequenzen auszubilden. Mit diesem großen Freibrief Alexanders III., der eine ganz neue kirchliche Bildung ins Leben rief und für die weitere Gestaltung des Ordenswesens überhaupt epochemachend geworden ist, schließt die Vorgeschichte des Templerordens.

Überblickt man die Rechte und Freiheiten, die der Orden bis dahin erworben hatte, so wird die Feindschaft begreiflich, mit der die Geistlichkeit ihn bereits damals verfolgte. Es stand ihm nämlich bereits die Erwerbung von Kirchen zu: Die älteste Schenkung einer solchen gehört in das Jahr 1137.[1]) Alexander III. verfügte am 3. Juli 1160, die Bischöfe sollten sich hüten, die ihm gehörigen Kirchen und die ihm dienenden Priester mit ungerechten Ansprüchen zu behelligen.[2]) Danach scheint der Besitz des Ordens an Kirchen bereits beträchtlich gewesen zu sein. Zu den Kirchen gehörten aber auch Kirchhöfe. Hier entsprang das Recht des Ordens zum Bau von Kirchen und zur Anlegung durch Eugen III. am 7. April 1145 erlaubt worden.[3]) In beiden Punkten die Ordensrechte zu respektieren, hatte Hadrian IV. den Prälaten am 18. Juni 1155 eingeschärft.[4]) Da der Orden aber eigene Geistliche damals noch nicht hatte, durfte er Geistliche sowohl für den Bedarf seiner Häuser wie auch als Pfarrer seiner Kirchen in Dienst nehmen. Daß ihm die Annahme von Schenkungen jeder Art gestattet war, ist selbstverständlich, und wenn Alexander III. dies am 2. Mai 1162 noch besonders konstatierte,[5]) so geschah das wohl nur, weil die Geistlichkeit auch hier ihm vielfach entgegentrat und für ihn bestimmte

---

[1]) Tardif, *Monuments historiques I,* Nr. 434.

[2]) Malteser Urkunden, Nr. 3

[3]) Prutz, Entwickelung usw. Papstregesten Nr. 1.

[4]) Ebd. Nr. 6.

[5]) Ebd. Nr. 11.

Zuwendungen hintertrieb oder einbehielt. Es lag gewiß ausreichender Anlaß vor, wenn derselbe am 14. September 1160 unter Hinweis auf die großen Wohltaten, welche der Orden den Armen gewähre, und auf seinen beständigen Kampf für den Glauben jenseits des Meeres die Prälaten ermahnte, den Beeinträchtigungen desselben entgegenzutreten und die zu seinen Gunsten ergangenen päpstlichen Erlasse, die viele nicht einmal recht gelesen zu haben schienen, sorgsam zu studieren und genau zu befolgen, nicht minder aber die Gläubigen anzuhalten, daß sie dem Orden mit der schuldigen Ehrfurcht begegneten, die Widerstrebenden aber durch kirchliche Strafen zum Gehorsam zu zwingen.[1]) Ferner war der Orden frei von gewissen finanziellen Leistungen an die Kirche, zu denen solche Genossenschaften verpflichtet waren. Insbesondere befreite ihn Alexander III. am 6. September 1160 von Geldzahlungen an päpstliche Legaten, Kardinäle ausgenommen.[2]) Eugen III. hatte ihm am 16. Juli 1145 oder 46 die Aussicht auf einen noch viel reicheren Ertrag der Kollekten, zu denen auch er Brüder aussandte, eröffnet, indem er ihm erlaubte, durch seine Kollektoren in interdizierten Orten einmal im Jahr die Kirche zu öffnen und Gottesdienst halten zu lassen unter Ausschluß der Exkommunizierten.[3]) Wie einst zugunsten des Hospitals,[4]) wurde auch hier der Antrieb zu Zuwendungen an den Orden in weiten Kreisen dadurch gesteigert, daß diejenigen, die ihm jährlich solche machten, als Glieder der ihn umgebenden weiteren Brüderschaft galten und den siebenten Teil der verwirkten kirchlichen Bußen erlassen erhielten.[5]) Auch sonst griffen die Privilegien des Ordens über den Kreis seiner Glieder hinaus und kamen den ihm als Diener usw. verbundenen zugute. So verfügte Alexander III. am 3. Juli 1160, über Leute des Ordens dürften von den Prälaten Geldbußen nicht verhängt werden.[6]) Aber auch Gerechtsame standen dem Orden bereits zu, deren Geltendmachung nicht möglich war ohne Schädigung der weltlichen Rechte anderer. So durften die Brüder in des Ordens eigener Sache vor Gericht Zeugnis ablegen, wie aus einer Urkunde Alexanders III. vom 18. März 1160 hervorgeht.[7]) Wenn die späteren Klagen über die Art, wie die Templer auch unbegründete Ansprüche mit Hilfe der päpstlichen Freibriefe in den Formen des Rechts durchzusetzen verständen, begründet

---

[1]) Malteser Urkunden, Nr. 6.

[2]) Ebd. Nr. 5 Vgl. Nr. 45.

[3]) Ebd. Nr. 1. Vgl. *Cartulaire*, Nr. 130 (I, S. 107).

[4]) Vgl. oben S. 20.

[5]) Malteser Urkunden, Nr. 1.

[6]) Ebd. Nr. 3.

[7]) Ebd. Nr. 2.

sind, so wird dabei diese Befugnis eine Rolle gespielt haben: Dafür spricht ihre häufige Erneuerung.[1]) In Konflikten anderer Art gab das Asylrecht Anlaß, das den Häusern des Ordens zustand.[2])

Besonders entwickelungsfähig waren von diesem dem Orden schon im ersten Menschenalter seines Bestehens zuteil gewordenen Rechten das zum Halten von Gottesdienst auch in interdizierten Orten zur Zeit der für ihn veranstalteten Kollekten und die Unverletzlichkeit seiner Häuser. Denn wenn die zum Kollektieren ausgesandten Brüder, kamen sie in einen interdizierten Ort, einmal im Jahr die Kirche öffnen und Messe lesen lassen durften, so lag darin mittelbar das Anerkenntnis, der Orden werde von der Strafgewalt der Bischöfe nicht berührt, und es war eine Konsequenz daraus, wenn schließlich für ihn der Grundsatz galt, er könne von den Bischöfen überhaupt nicht exkommuniziert oder interdiziert werden, die Befugnis dazu stelle allein dem Papste als seinem Bischof zu. Von der Anerkennung dieses Grundsatzes führte die Entwickelung dann zu seiner feierlichen Proklamierung durch die römische Kurie. Das Asylrecht des Ordens, das bereits Alexander III. bezeugt,[3]) und noch Clemens IV. am 31. Mai 1265 zu gewissenhafter Respektierung empfiehlt,[4]) entsprang aus seiner Eigenschaft als geistliche Genossenschaft und der seiner Häuser als geweihter Stätten. Wer mit seiner Habe dort Schutz suchte, sollte vor jeder Gewalt sicher sein. Daran werden sich freilich in einem an Fehden so reichen Zeitalter nicht alle gebunden haben. Innocenz III. weist auf Klage des Ordens die Prälaten an, die gewaltsame Fortführung solcher Flüchtlinge zum Zweck der Erpressung eines Lösegeldes zu hindern, wenn nötig, durch Exkommunikation der Schuldigen.[5]) Das ist fast von allen Päpsten bestätigt worden. Welche Übelstände aber aus dem Asylrecht erwuchsen, lehrt die von Innocenz IV. am 3. März 1244 an den Orden gerichtete Mahnung, er möge seine Freiheit nicht benutzen, um Verbrecher der Gerechtigkeit zu entziehen.[6]) Außerdem aber hat sich von da aus bald die Vorstellung entwickelt, schon das Verweilen auf dem Orden gehörigem Grund und Boden habe die gleiche Wirkung und erst recht müsse eine solche Exemtion für diejenigen eintreten, die irgendwie, wenn auch nur locker, dem Orden selbst verbunden wären. Daher haben frühzeitig nicht bloß die eigentlichen Konfratres, Donaten usw.,

[1]) Malteser Urkunden, Nr. 46, 110, 198, 248, 326 u. 334.

[2]) Vgl. Prutz, Entwickelung und Untergang, S. 31, Anm. 11.

[3]) Ebd. Anm. 12.

[4]) Malteser Urkunden, Nr. 329.

[5]) Dugdale, *Monasticon Anglicanum* (Ausg. von 1830) VI, 2, S. 818.

[6]) Curzon, *La maison du Temple de Paris*, S. 276/77.

sondern auch diejenigen, die auf Grund der Zahlung eines jährlichen Beitrages der den Orden umgebenden weiteren Konfratrie angehörten, die gleiche Sicherheit vor jeder weltlichen Gewalt genossen wie die Ordensbrüder selbst, sondern diese ist auch auf alle Leute, Diener und Hörige des Ordens ausgedehnt worden und schließlich sogar auf diejenigen, die mit ihm irgendwie in geschäftlicher Verbindung standen, auf seinen Mühlen mahlen und in seinen Backöfen backen ließen oder auch nur durch Kauf und Verkauf mit ihm verkehrten. Demnach konnten durch Eingehen einer solchen Verbindung mit dem Orden immer weitere Kreise ihren ordentlichen kirchlichen Oberen und ihren weltlichen Herren entzogen werden, so daß die kirchliche Organisation durchbrochen, die weltlich administrative aber in der Ausübung gehindert wurde.

Aber selbst im Vergleich mit diesen vielversprechenden Anfängen erscheint der Fortschritt als epochemachend, den der Orden der Gunst Alexanders III. verdankte. Es zeugt von richtiger Schätzung der dem Papsttum sich hier bietenden Möglichkeiten, wenn nach dem Bericht eines jüngeren Zeitgenossen Alexander III. zu sagen pflegte, von allen geistlichen Genossenschaften liebe er drei ganz besonders und wolle ihre Zukunft durch reichliche Privilegien sicherstellen, die Templer, Hospitaliter und Cisterzienser.[1]) Wirklich verdanken diese drei Orden, von denen Templer und Cisterzienser auch in einem besonders engen Freundschaftsverhältnis gestanden haben.[2]) Alexander III. ihren Aufschwung zu einer großartigen Stellung. Sein Werk ist die förmliche Konstituierung des seit einem Menschenalter bestehenden Ordens: er verlieh ihm das Grundgesetz, dessen Feststellung infolge des Widerstreits der dabei konkurrierenden Interessen bisher nicht hatte gelingen wollen. Jetzt erfolgte sie in einem Geiste, der nicht den längst vergessenen bescheidenen Anfängen des Ordens entsprach, sondern der Stellung, die er inzwischen erlangt hatte. Aber Alexanders III. Freibrief wurde nicht bloß die Grundlage für die Größe und Macht des Ordens, sondern auch die Quelle seines schließlichen Verhängnisses, indem er ihm die Möglichkeit bot, sich der Kirche je länger, je vollständiger zu entziehen. Natürlich entsprang dies nicht den Bestimmungen, die Alexander III. bei aller Vorliebe für den Orden doch weniger um dieses willen als im Interesse der durch ihn zu vertretenden Kirche getroffen hatte, sondern der willkürlichen und vielfach über des Papstes Absichten hinausgehen-

---

[1]) *Giraldi Cambrens. Specul. ecclesiast. Dist. III, c 12, in Mon. Germ. hist. SS.* 27, S. 418.

[2]) Vgl. oben S. 26.

den Deutung, welche der Orden ihnen gegeben und trotz mannigfachen Widerstandes zur Anerkennung gebracht hat.

Als Vorlage für die am 18. Juni 1163 zu Sens erlassene Bulle *Omne datum optimum*[1]) ist in der päpstlichen Kanzlei die Anastasius' IV. für den Hospitaliterorden vom 21. Oktober 1154 benutzt worden.[2]) Um so bedeutsamer sind die Abweichungen, die sich zwischen beiden finden, und um so mehr wird man für sie eine bestimmte Absicht vorauszusetzen haben. Speziell auf die Templer ist gleich der Anfang berechnet: Er weist darauf hin, wie manche Brüder nach wildem Leben in der Welt zu Streitern Gottes berufen wurden und, geschmückt mit dem Zeichen des Kreuzes, nur das eine Ziel kennen, im Kampf gegen die Ungläubigen für ihre Brüder das Leben zu lassen. Das erinnert einmal an das begeisterte Lob, das der heilige Bernhard der neuen Ritterschaft gespendet hatte,[3]) und dann daran, daß von den ersten Genossen manche bis zu ihrem Eintritt wegen früherer wilder Taten im Bann der Kirche gelegen hatten. Weiter werden die Ritter ermahnt, darin eifrig fortzufahren und nicht bloß die Kirche zu schützen, sondern auch die noch unter der Herrschaft der Ungläubigen seufzenden christlichen Lande zu befreien. Im Hinblick auf die Verhältnisse, unter denen Alexander III. diese Aufforderung ergehen ließ, wird die Berufung des Ordens zum Verteidiger der Kirche besondere Bedeutung gehabt haben: Das enge Bündnis zwischen beiden hat hier seinen Ursprung genommen. Es darf dabei nicht übersehen werden, daß der Orden gerade in Frankreich damals schon besonders fest Wurzel geschlagen und Ansehen und Einfluß gewonnen hatte. In jener kritischen Zeit gewissermaßen zum Vorkämpfer der Kirche bestellt, wurde er über alle andern Genossenschaften seiner Art erhoben, was auf seine weitere Entwickelung natürlich von Einfluß werden mußte. Wurde er dadurch doch über seine nächste Bestimmung hinaus zu einer kirchlich-politischen Rolle berufen. Infolgedessen erhielten auch die Freiheiten, die ihm mit den übrigen Orden und namentlich mit den Hospitalitern gemein waren, eine weiterreichende Bedeutung, da er sowohl auf die kirchlichen wie auf die weltlichen Verhältnisse einzuwirken nicht bloß befugt, sondern eigentlich verpflichtet sein sollte. Daher wurde bei ihm der Inhalt des geistlichen Rittertums ein wesent-

---

[1]) Jaffé, *RP*², Nr. 10897. Vgl. Prutz, a.a.O. S. 23, Anm. 6 u. 7. Gedruckt ist die Bulle bei Ferreira, *Memorias o noticias da Celebre Ordem des Templarios* (Lissabon 1735) II, S. 474, und Rymer, *Foedera etc. I*, S. 10 und danach bei Wilcke, Geschichte des Templerordens I, S. 441 ff.

[2]) Vgl. oben S. 167.

[3]) Vgl. oben S. 27.

lich anderer, als dessen Form sonst zu bergen pflegte. Um ihn zur Erfüllung seiner nächsten Aufgabe zu befähigen, bestimmte Alexander III., was er den Ungläubigen entreißen würde, sollte er, ohne irgend jemand einen Anteil einräumen zu müssen, ganz nach Gutdünken für seine Zwecke verwenden können. Unter den besonderen Schutz des apostolischen Stuhles wird das Ordenshaus zu Jerusalem gestellt einschließlich aller seiner Besitzungen und Güter sowie der bisherigen und zukünftigen Schenkungen von Päpsten, Königen, Fürsten und anderen. Wie bisher sollen die Brüder gemäß dem von ihnen abzulegenden Mönchsgelübde in ehelosem und besitzlosem Leben Gott dienen in Gehorsam gegen den Meister und die ihnen von diesem als seine Vertreter gesetzten Oberen. Als Haupt- und Vorort aller Ordenshäuser wird das in der heiligen Stadt anerkannt, wo die Wiege des Ordens gestanden hat, also dieselbe straffe Zentralisation durchgeführt, welcher der Hospitaliterorden sein schnelles Wachstum verdankte. Sie war hier um so wichtiger, als dieser Orden als anerkannter Verbündeter des hierarchischen Papsttums zum Wirken auch auf politischem Gebiete bestimmt war. Daher läßt sich bei ihm mehr noch als bei den Hospitalitern früh eine Ordenspolitik erkennen, die unabhängig von dem Wechsel der Ordensbeamten gleichmäßig dasselbe Ziel im Auge hatte und die wachsenden Machtmittel des Ordens planmäßig und kraftvoll für seine Erreichung einsetzte. Dafür war wichtig auch die Bestimmung, zum Meister des Ordens dürfe nur ein Ritter gewählt werden. Dadurch wurde der Laiencharakter des Ordens wirksamer gesichert, als das bei den Hospitalitern möglich war, wo jeder Prior die Weihen empfangen haben mußte. Wenn ferner von dem zum Meister zu Wählenden gefordert wurde, daß er das Ordensgelübde abgelegt habe, so war dabei wohl die Absicht, Mißbräuche auszuschließen, wie sie anderwärts eingerissen sind, indem Leute vornehmer Abkunft, namentlich jüngere Söhne mächtiger Fürsten, in den Orden erst eintraten auf Grund der ihnen zugesicherten Berufung an seine Spitze, wie das nicht bloß bei den spanischen Ritterorden vorkam, sondern zu Ende des 15. und im Anfang des 16. Jahrhunderts auch im Deutschen Orden geschah: Es braucht nur an die Wahl Albrechts von Brandenburg im Jahr 1511 erinnert zu werden. Seine Unabhängigkeit zu gewährleisten wurde dem Orden ferner die Eingehung von Treuverhältnissen und Lehensverpflichtungen verboten, wie sie weltliche Leute auf sich zu nehmen pflegten. Das schloß ihn aus von der komplizierten Stufenfolge von Abhängigkeitsverhältnissen, auf der die staatliche und gesellschaftliche Ordnung beruhte. Es offenbart sich hier derselbe Geist, dem die ebenfalls von Alexander III. herrührende Bestimmung entsprang, jeder Bruder, der sich durch einen weltlichen Fürsten zu einem Ordensamt empfehlen ließe, sollte dem Bann verfallen.[1]) Von einer Ordensregel aber ist auch hier nicht die Rede. Die Autonomie des Ordens ist von Alexander III. nicht gekürzt worden, vielmehr ausdrücklich das Recht des Meisters anerkannt, in Gemeinschaft mit dem Kapitel die Gesetze und Gewohnheiten festzustellen, nach denen man leben wollte, ohne daß es irgend einer Instanz außerhalb des Ordens erlaubt sein sollte, etwas daran zu ändern. Auch durfte der Orden eine Zeitlang von ihm beobachtete Vorschriften der Art, selbst wenn sie aufgezeichnet waren, aufheben und durch neue ersetzen. Vielleicht wegen der ihm gewährten bevorzugten Stellung wurde er jetzt schärfer abgegrenzt gegen alle ähnlichen Genossenschaften durch die Erneuerung der von Eugen III. am 17. März 1151 erlassenen Vorschrift,[2]) niemand, der einmal in ihn eingetreten sei, dürfe zu einem andern übergehen. Welche Wichtigkeit der Papst ihr beimaß, zeigt die sie begründende Ansprache an die Ritter: Sie weist hin auf das Mißfallen, welches die durch den Wiederaustritt betätigte Unbeständigkeit bei dem ewigen und unwandelbaren Gott erwecken müßte. Weiterhin wird dem Orden Zehntenfreiheit, und zwar für seine beweglichen Güter gewährt und gestattet, kirchliche Zehnten zu erwerben, da er als Verteidiger der Kirche auch den Anspruch erheben dürfe, Kirchengut zu seinem Unterhalt zu verwenden.

Alle diese Bestimmungen aber finden in den Grundgesetzen der übrigen geistlichen Ritterorden ihr Seitenstück: Sie können an sich die Entwickelung dieses Ordens nicht so abweichend von der der übrigen gestaltet haben. Wenn das auch in einigen der hier berührten Punkte der Fall war, so wird das darauf zurückzuführen sein, daß die früh scharf ausgeprägte Eigenart des templerischen Geistes die auch anderwärts bestehenden Institute eigenartig ausbaute und anwandte. Veranlaßt aber hat das an erster Stelle die eigentümliche Weiterbildung des Ordens durch Einführung eines eigenen Ordensklerikates.

Damit für das Seelenheil der Brüder besser gesorgt und Sakrament und Gottesdienst für sie bequemer wahrgenommen werden können, sollen die Templer befugt sein, Kleriker und Priester, deren rechtmäßiger Weihe sie sicher sind, aufzunehmen, woher immer sie kommen mögen, und sowohl im Haupthause wie in allen anderen Niederlassungen bei sich zu behalten, sofern sie sich nicht schon einer andern Genossenschaft gelobt haben. Daß dadurch die Seelsorge in den Templerhäusern besser als bisher gesichert wurde, liegt auf der Hand.

---

[1]) Vgl. oben S. 198.

[2]) Prutz, a.a.O. Nr. 4.

Denn abgesehen von der Beichte der Verstöße gegen die Ordensregel, die jeder Bruder im Kapitel abzulegen hatte, um nach Leistung der auferlegten Buße von dem Oberen absolviert zu werden, waren die Templer in bezug auf die kirchlichen Handlungen und insbesondere auf Messe und Abendmahl auf die Bischöfe und die Geistlichen der Kirchen angewiesen, in deren Sprengeln oder Pfarrbezirken ihre Häuser lagen. Es scheint nun, als ob diese ihnen dabei gelegentlich Schwierigkeiten bereitet hätten, namentlich bei Annahme von Priestern für den kirchlichen Dienst in den Ordenshäusern. Bereits Hadrian IV. hatte am 18. Juni 1155 die Prälaten deshalb vermahnt.[1]) Vermutlich werden die Bischöfe ihr Aufsichtsrecht über die dem Orden dienenden Geistlichen in einer Weise zu üben versucht haben, welche die Unabhängigkeit des Ordens in Frage stellte. Die dem Orden dienenden Geistlichen nämlich waren insofern in übler Lage, als sie nicht durch eine bestimmte Pfründe versorgt wurden, sondern vom Orden nur Kleidung und Kost erhielten, weil ihre Tätigkeit für ein um Gottes willen übernommenes Werk der Barmherzigkeit galt. Alexander III. hob ihre Abhängigkeit von dem betreffenden Bischof auf, indem er bestimmte, die in den Dienst des Ordens tretenden Geistlichen sollten dazu der Erlaubnis des Bischofs nicht bedürfen. Verweigerte dieser seine Zustimmung, die für die benachbarten Diözesen angehörigen Geistlichen zunächst nachgesucht werden sollte, so sollte der Orden die Geistlichen dennoch auf die Autorität der römischen Kirche hin bei sich behalten dürfen. Das bedeutete jedenfalls eine Minderung der bischöflichen Rechte. Da es sich nun aber hier, wie früher bei den Hospitalitern, darum handelte, eine verhältnismäßig große Zahl von Geistlichen sofort für den Dienst des Ordens zu gewinnen, man also, um den Bedarf zu decken, zunächst von einer genauen Prüfung der Qualifikation der einzelnen absehen mußte, so bevollmächtigte der Papst das Ordenskapitel, von diesen diejenigen, die sich nach Ablegung des Professes nicht bewährten oder gar als störend erwiesen, wieder zu entfernen, jedoch unter Freigebung des Übertritts zu einer anderen Genossenschaft. Diejenigen aber, die statt dieser berufen würden, sollten eine einjährige Probezeit durchmachen und erst danach das Ordensgelübde ablegen, und zwar indem sie auf dem Altar eine schriftliche Erklärung deponierten, durch die sie sich zu Seßhaftigkeit, reinem Wandel und lebenslänglichem Dienste Gottes unter der Leitung des Ordensmeisters verpflichteten, ohne dessen Erlaubnis sie insbesondere auch nicht predigen durften. Doch sollte ein Vorbehalt hinzugefügt werden zugunsten des Rechts ihres Bischofs auf

[1]) Prutz, a.a.O. Nr. 6.

Zehnten, Oblationen, Begräbnisse usw. So bestätigt sich auch hier die Abneigung des Ordens gegen klerikalen Einfluß. Ihr trug auch Alexander III. Rechnung, indem er den Ordensgeistlichen eine untergeordnete Stellung anwies und sie von den Ordensoberen, also Laien, in einem Maße abhängig machte, das unvereinbar war mit den Ansprüchen, die für die Träger des geistlichen Gewandes sonst erhoben wurden. Die Geistlichen wurden nicht vollberechtigte Mitglieder des Ordens. Teilten sie mit diesen Lebensweise und Kleidung – letztere mit dem Unterschied, daß sie das Gewand oben geschlossen trugen – und hatten sie bei den Mahlzeiten ihren Platz neben dem Vorsteher ihres Hauses und einen Becher, wie ihn dieser gebrauchte, so waren sie doch von jedem Anteil an den Ordensgeschäften ausgeschlossen. Die Weihen sollen die Ordenskleriker nicht gehalten sein bei dem Bischof der betreffenden Diözese nachzusuchen, sondern sich von jedem beliebigen Bischof erteilen lassen dürfen, sofern derselbe sich nur in der Gemeinschaft des römischen Stuhles befand. Dies bedeutete wieder eine Durchbrechung des Diözesanverbandes und eine Minderung der bischöflichen Rechte. Besonders anstößig aber konnte die Abhängigkeit erscheinen, in welche die Ordenskleriker von den Ordensoberen gebracht wurden. Der von ihnen gelobte Gehorsam gegen den Ordensmeister stellte sie ebenso unter dessen Disziplinargewalt wie die Laienbrüder. Die Satzungen des Ordens, die im Anschluß an die sogenannte Regel von Troyes entstanden, geben im wesentlichen den um die Mitte des 13. Jahrhunderts herrschenden Brauch wieder. Danach konnte der Meister gegen die Ordensgeistlichen im Fall von Verfehlungen genauso wie gegen die Ritterbrüder die vorgesehene Strafe verhängen, bis zur Legung in Ketten und zur Einkerkerung auf Lebenszeit. Rücksicht auf das geistliche Gewand wird nur in den Bestimmungen erkennbar, die den Vollzug gewisser entehrender Strafen an Geistlichen wenigstens der Öffentlichkeit entrücken, in der er, waren die Schuldigen Laienbrüder, erfolgte, wie z. B. das Essen auf der Erde oder die Geißelung in der Kirche.[1]) Auf die Stellung der Geistlichen im Orden wirft ein merkwürdiges Licht auch die Bedrohung derjenigen Laienbrüder, die sich zu Geistlichen weihen lassen, mit dem Verlust des Gewandes, der Ausstoßung aus dem Orden.

Vielleicht war diese ungewöhnliche Mißachtung der geistlichen Würde die Ursache, daß die Zahl der Geistlichen, die sich auf solche Bedingungen hin dem Orden anschlossen, noch weit zurückblieb hinter der, die dem Hospitaliterorden zuströmte. Während der Meister des letzteren sechzehn Jahre nach dem Erlaß der Bulle *Omne*

---

[1]) *Règle*, Art. 468–73 u. 493–95.

datum optimum sich rühmen konnte, mehr als 14000 Geistliche zur Verfügung zu haben,[1]) läßt das Vorkommen immer nur vereinzelter Priester unter den 1307 verhafteten und später an verschiedenen Orten gefangen gehaltenen Templern darauf schließen, daß ihre Zahl überhaupt gering war. Zu höheren kirchlichen Würden aufgestiegene Templerkleriker kommen nur ganz vereinzelt vor.[2]) Auch bedurfte der Orden nicht ihm angehöriger Geistlicher zur Besetzung der unter seinem Patronat stehenden Pfarreien, da er in solche auch andere Geistliche berufen konnte. Trotzdem hat der Templerklerikat, numerisch unbedeutend und innerhalb des Ordens ursprünglich schlecht gestellt, im Laufe der Zeit beträchtliche Autorität gewonnen und auf die Entwickelung des Ordens bestimmend eingewirkt. Mit seiner Hilfe ist es ihm gelungen, in kirchlicher Hinsicht eine Unabhängigkeit zu gewinnen, wie sie keine andere Genossenschaft besaß, indem er den Organen der Kirche die Einwirkung auf sein inneres Leben sowohl wie auf den Wandel seiner Glieder entzog. Das war allerdings wohl gerade das Gegenteil von dem, was Alexander III. hatte bewirken wollen. Denn an den Angelegenheiten des Ordens sollten die Geistlichen nur teilnehmen, wenn sie ausdrücklich dazu berufen wurden, und selbst die seelsorgerische Tätigkeit nur auf ausdrückliches Verlangen üben.

Auffallend sind gewisse Abweichungen der hier getroffenen Bestimmungen von denen Anastasius' IV. für die Geistlichen des Hospitaliterordens. Für die Templer wurde die Aufnahme Geistlicher abhängig gemacht allein von ihrer Überzeugung von deren rechtmäßiger Ordination, während den Hospitalitern noch ein besonderes Informationsverfahren vorgeschrieben war: durch briefliche Erkundigung oder Vernehmung von Zeugen sollten diese die Rechtmäßigkeit der Ordination ermitteln. Vielleicht hatte sich dies in der Praxis nicht bewährt, da solche Erkundigungen viel Zeit kosteten und in manchen Fällen unmöglich waren. Es scheint sich hier nur um eine Übergangsbestimmung gehandelt zu haben, die den Orden in den Stand setzen sollte, den Bedarf an Geistlichen möglichst rasch zu decken. Daher durfte er auch die unbrauchbar befundenen wieder entfernen. Da Anastasius IV. für die Hospitaliter eine Anordnung derart nicht getroffen hatte, haben vielleicht die von diesen gemachten üblen Erfahrungen die neuen Bestimmungen Alexanders III. veranlaßt, wie für den

[1]) Vgl. oben S. 181.

[2]) So in einer Urkunde vom 15. Mai 1272, Accon: *Humbertus, ordinis militiae Templi, Paneadensis episcopus. Bulletin de la Société nationale des Antiquaires de la France* 1891, S. 327–29.

Deutschen Orden nachmals die gleiche Ordnung galt. Andererseits haben die Bischöfe begreiflicherweise des Ordens Recht bestritten, ihnen unterstellte Geistliche ohne ihre Zustimmung aufzunehmen. Dieses hat aber Alexander III. am 6. Juli 1171 oder 72 ausdrücklich bestätigt und zugleich bestimmt, unter welchen Umständen Geistliche, die sich nicht bewährten, wieder entfernt werden könnten.[1]) Dementsprechend war auch in den später entstandenen Ordenssatzungen eine sehr summarische Art vorgesehen für die Beseitigung solcher nicht gut tuenden Priester.[2]) Während ferner die Kleriker des Hospitals außer dem Ordenskapitel niemandem untertänig sein sollen als dem römischen Bischof, wird für die des Tempels auch zugunsten des letzteren von Alexander III. eine Ausnahme nicht gemacht. Ob da eine Ungenauigkeit des Ausdrucks oder eine Absicht vorliegt, ist nicht zu entscheiden: Aber auch wenn es sich um erstere handelte, würden die Templer nicht versäumt haben, das auszubeuten. Einige andere Abweichungen zwischen beiden Privilegien können nicht zufällig sein. Den Hospitalitern war durch Anastasius IV. die Verpflichtung auferlegt, die Weihe von Altären und Kirchen sowie die Ordination der Geistlichen und die übrigen Sakramente von dem Diözesanbischof nachzusuchen, sofern er ein katholischer und ihre Bitte unentgeltlich und ohne unziemliche Gegenforderung zu erfüllen bereit war; weigerte er sich, so sollte der Orden sich an jeden andern katholischen Bischof wenden dürfen. Dagegen spricht Alexander III. bloß von der Ordinierung der zu höheren Weihen zu befördernden Geistlichen, läßt aber Altäre und Kirchen unerwähnt und autorisiert den Templerorden, sich in solchen Fällen an jeden beliebigen Bischof zu wenden, ohne zunächst den Diözesanbischof anzugehen. Demnach stand der Templerorden den Diözesanbischöfen von Anfang an unabhängig gegenüber. Vielleicht entsprang diese Bestimmung der Rücksicht auf die Verbreitung des Ordens in weit entlegene Lande und sollte ihm überall ein geordnetes kirchliches Leben ermöglichen. Erlaubte Alexander III. doch den Templern, überall bei ehrbaren und gut katholischen Priestern zu beichten und die Sakramente zu empfangen, damit sie in bezug auf die Segnungen der Kirche nie Mangel litten.

Schließlich bestätigt der große Freibrief das Recht des Ordens, beim Erscheinen seiner Kollektoren in interdizierten Orten einmal im Jahr die Kirche öffnen und unter Ausschluß der Exkommunizierten Gottesdienst halten zu lassen, sowie das zur Anlegung von Friedhöfen und zur Bestattung seiner Angehörigen auf denselben. Weiter erneut er

---

[1]) Prutz, a.a.O. Nr. 16.

[2]) *Règle*, Art. 271.

die Bestimmung, daß denen, die durch einen jährlichen Beitrag Glieder der ihn umgebenden weiteren Brüderschaft geworden sind, ein Siebentel der kirchlichen Bußen erlassen sein soll.[1]) Auch darf ihnen, sind sie nicht namentlich exkommuniziert, das kirchliche Begräbnis nicht versagt werden. Wie zur Begründung dieser Bestimmung heißt es am Schluß der Bulle, weil in Christus alle eins seien und vor Gott kein Unterschied der Person gelte, sollten sowohl die Sündenvergebung wie die anderen kirchlichen Wohltaten und der apostolische Segen, die dem Orden gewährt seien, allen ihm irgendwie Verbundenen und seinen Dienern zugute kommen. Galt diese Erstreckung der dem Orden gewährten Freiheiten über den Kreis der eigentlichen Ordensbrüder hinaus zunächst auch nur auf kirchlichem Gebiet, so griff sie doch bald auch in bezug auf seine weltlichen Freiheiten Platz.

Die Bulle *Omna datum optimum* ist die Grundlage geworden für die in ihrer Art einzige Stellung, die der Templerorden in der Folge gewann. Man darf sie als seine *Magna Charta* bezeichnen, auch insofern, als sie nicht all die Rechte aufzählt und verbürgt, die er bisher eingeräumt erhalten hatte, wohl aber die wichtigsten davon und diejenigen, die am entwickelungsfähigsten waren, weil sie allgemeine Grundsätze aufstellten, aus denen weitergehende Folgerungen gezogen werden konnten, als ihre Urheber vorhergesehen oder gar beabsichtigt hatten. Bestätigt wird diese Auffassung der Bulle durch ihre Wiederholungen, obgleich diese, von denen Abschriften sicherlich in keinem Ordenshause fehlten, nur zu einem kleinen Teil auf uns gekommen sein dürften. Von Alexander III. selbst liegt noch eine solche vor vom 16. Oktober 1165,[2]) dann von Lucius III., der auch sonst mit Gunstbeweisen gegen den Orden besonders schwierig war, vom 15. Januar 1182[3]) und vom 18. April 1183.[4]) Weiterhin ist sie durch Urban III. am 1. August 1186[5]) und von Cölestin III. am 26. Mai 1194 wiederholt worden.[6]) Die Reihe der Bestätigungen schließt für uns mit denen Innocenz' III. vom 15. Juli 1198 und vom 25. September 1206.[7]) Spätere liegen nicht vor: Das kann Zufall sein, seinen Grund aber auch darin haben, daß in den nahezu fünfzig Jahren, die seit dem Erlaß der Bulle verflossen waren, die Stellung des Ordens sich über die ihm darin

[1]) Vgl. oben S. 206.
[2]) Rymer, *Foedera I*, S. 27.
[3]) Malteser Urkunden, Nr. 20.
[4]) *Migne* 201, S. 1195.
[5]) Prutz, a.a.O. Nr. 31.
[6]) Ebd. Nr. 44.
[7]) Ebd. Nr. 48 u. 82.

gewährte weit hinaus entwickelt hatte und die von ihm erlangten größeren Freiheiten durch die inzwischen zu seinen Gunsten ergangenen päpstlichen Spezialerlasse besser begründet und sicherer gewährleistet schienen als durch die ursprünglichen Bestimmungen seines großen Gönners, deren Deutung obenein angefochten werden konnte. Deshalb mag der Orden an der Wiederholung der Bulle *Omna datum optimum* in späterer Zeit kein Interesse mehr gehabt haben. Besonders lehrreich ist es nun, die allmähliche Erweiterung der Rechte des Ordens auf einzelnen Gebieten zu verfolgen, insbesondere die Art, wie er sein Patronatsrecht übte. Über die ihm zugewandten Kirchen nämlich verfügte der Orden nicht bloß als Patron, sondern es kamen ihm auch deren Einkünfte, soweit sie nicht kirchlichen Bedürfnissen dienten, für seine Zwecke zugute. Außerdem war er ja auch zum Bau von Kirchen und zur Anlegung von Friedhöfen berechtigt. Durch Alexander III. erneut, ist dies durch Lucius III. am 5. März 1182 oder 83[1]) und von Innocenz III. am 8. September 1199 bestätigt.[2]) Ferner ersehen wir aus einer Bulle Clemens' IV. vom 8. Juni 1265,[3]) daß dem Orden durch Alexander III. auch das Recht verliehen war, in den von ihm den Ungläubigen entrissenen Gebieten Kirchen zu errichten, die unmittelbar unter dem Papste standen. Also werden die übrigen Ordenskirchen diesen Vorzug ursprünglich nicht genossen, sondern dem Bischof der Diözese unterstellt gewesen sein. Auch hier handelt es sich in den Streitigkeiten des Ordens mit Bischöfen und Pfarrern vorzugsweise um seinen Anspruch, nicht nur seine Brüder, sondern auch die ihm bloß locker verbundenen, wie Untertanen, Schutzbefohlene usw., auf seinen Kirchhöfen zu bestatten.[4]) Dabei flossen wieder finanzielle Interessen und solche der kirchlichen Disziplin ineinander. Hier lag nämlich für den Orden eine wichtige Quelle für Zuwendungen aller Art und bot sich ihm ein wirksames Mittel zur Gewinnung von Einfluß auf die Bevölkerung der den Ordenshäusern und -gütern benachbarten Landschaften. Denn sich der kirchlichen Bestattung zu versichern, waren hoch und niedrig und arm und reich gleich bestrebt: Man tat das auf einem Ordenskirchhof durch Aussetzung eines Legates oder gar nur durch eine kleine Zahlung an den Orden. Darin sahen Bischöfe und

[1]) Prutz, a.a.O. Nr. 25.

[2]) Ebd. Nr. 72.

[3]) Malteser Urkunden, Nr. 331.

[4]) Vgl. die Aufzählung der gegen den Orden erhobenen Auflagen in dem Erlaß Innocenz' III. an den Visitator der abendländischen Ordensprovinzen vom 13. September 1208. Prutz, a.a.O. S. 111.

Pfarrer eine Kränkung ihrer Rechte. Deshalb fochten sie solche Zuwendungen an oder machten ihre Anerkennung davon abhängig, daß sie wenigstens einen Anteil daran erhielten. Mit den daraus entstehenden Streitigkeiten hat die Kurie immer wieder zu tun gehabt. Alexander III. wies die Ansprüche der Bischöfe und Pfarrer wiederholt zurück.[1]) Doch mußten auch Urban III.,[2]) Innocenz III.[3]) und Honorius III.4) dagegen einschreiten. Mit welcher Erbitterung solche Streitigkeiten geführt wurden, ersehen wir daraus, daß Alexander III. am 21. Juli 1170 den Erzbischof von Reims anweist, dafür zu sorgen, daß ein auf Grund eines solchen Legates auf einem Templerfriedhof Bestatteter, den die Geistlichkeit hatte ausgraben lassen, wieder an der früheren Stelle beigesetzt würde.[5]) Derartige Konflikte wurden verschärft, wenn dabei Fragen der kirchlichen Zucht mitspielten, weil die Geistlichkeit durch das Recht des Ordens ihre kirchliche Strafgewalt gekürzt sah. Am 20. Juli 1188 aber erging eine Bulle Clemens' III., wonach der Orden jeden ihm irgendwie Angehörigen auf seinen Friedhöfen feierlich bestatten durfte mit Ausnahme allein der namentlich Exkommunizierten.[6])

Auf das Verhältnis des Ordens zur Geistlichkeit wirkte namentlich auch die Art ein, wie er seine Rechte als Kirchenpatron übte. Zwar scheint die Zahl der ihm unterstellten Kirchen lange nicht so groß gewesen zu sein wie bei den Hospitalitern und auch die der zu ihm gehörigen oder in seinen Dienst getretenen Geistlichen nicht die Höhe erreicht zu haben wie bei jenen. Aber die Klagen, die auf dem Laterankonzil von 1179 erhoben wurden, galten gleichmäßig beiden Orden. Beide trafen auch die dort gefaßten Beschlüsse. Auch die Templer sollten die Kirchen wieder herausgeben, die ihnen erst „neuerdings" durch Laien zugewandt und von ihnen der Autorität der Ordinarien entzogen waren. Aber wie bereits Alexander III. für die Hospitaliter, so schwächte für die Templer Urban III. die Wirkungen des Konzilbeschlusses dadurch ab, daß er am 28. April 1186 den Ausdruck „neuerdings" (*moderne tempore*) dahin deutete, es sei darunter die Zeit vor dem Laterankonzil bis zu zehn Jahren rückwärts zu verstehen.[7]) Der Orden behielt sowohl an Zehnten wie an Kirchen, was er bis 1169 erworben hatte.

---

[1]) Kehr, a.a.O. S. 399, Nr. 12.

[2]) Prutz, a.a.O. Nr. 30, und Malteser Urkunden, Nr. 30.

[3]) Prutz, a.a.O. Nr. 69, und Malteser Urkunden, Nr. 55.

[4]) Ebd. Nr. 89 u. 119.

[5]) Jaffé, *RP*², Nr. 11821.

[6]) Malteser Urkunden, Nr. 31.

[7]) Ebd. Nr. 29.

Ferner hatte der Orden ursprünglich die Geistlichen für seine Kirchen dem Diözesanbischof zu präsentieren.[1]) Doch hat er seine Exemtion, die eigentlich nur für die an den Kirchen von Ordenshäusern fungierenden Geistlichen galt, auch auf diejenigen ausgedehnt, welche, ohne Ordensbrüder zu sein, ihm dienten und von ihm an Kirchen seines Patronats zu Pfarrern bestellt wurden. Auch in den Streitigkeiten darüber finden wir die Kurie regelmäßig auf der Seite des Ordens. Seine Rechte in bezug auf seine Kirchen zu respektieren, ermahnt Innocenz III. die Prälaten am 29. Dezember 1204,[2]) und Alexander IV. untersagt ihnen am 9. März 1257, von den Ordenskirchen mehr zu fordern, als sie ihnen bisher geleistet hätten.[3]) Was die Templer trotz erhobenen Widerspruchs an Befugnissen einmal ausgeübt hatten, wurde hinterher als die Norm anerkannt und durfte nicht mehr angetastet werden. So geriet der ursprüngliche kirchenrechtlich begründete Brauch, für den vor Gewährung seines großen Freibriefes an den Orden selbst Alexander III. eingetreten war,[4]) allmählich in Vergessenheit. Die Bischöfe hatten die von dem Orden für seine Kirchen ernannten Geistlichen einfach zu bestätigen, wenn sie nicht bestimmte Einwendungen gegen ihre Qualifikationen vorbringen konnten. In diesem Sinn haben Cölestin III. am 8. Februar 1192,[5]) Innocenz III. am 29. Mai und am 1. Juli 1198[6]) und Honorius III. am 15. Februar 1217[7]) entschieden. Voraussetzung allerdings war nach Erlassen Innocenz' III. vom 10. März 1200[8]) und Honorius' III. vom 1. Februar 1217,[9]) daß von seiten des Ordens der Unterhalt der betreffenden Geistlichen gesichert und für die Leistung desjenigen gesorgt war, was dem Bischof der Diözese gebührte. Veranlaßt scheint der Widerstand der Bischöfe gegen diese Praxis dadurch zu sein, daß die Geistlichen der Templerkirchen dem Ordinarius zwar im allgemeinen zu geistlichem Gehorsam verbunden waren, von ihm aber nicht in der Abhängigkeit standen wie die von ihm bestellten Pfarrer oder Vikare.[10]) Daher suchten die Bischöfe und ihre Offiziale solche Kirchen, wenn sie erledigt wurden, in ihre Gewalt zu bringen und ver-

---

[1]) Jaffé, *RP*², Nr. 13960.
[2]) Malteser Urkunden, Nr. 88.
[3]) Ebd. Nr. 287.
[4]) Vgl. oben S. 183.
[5]) Malteser Urkunden, Nr. 35.
[6]) Ebd. Nr. 49 u. 52.
[7]) Prutz, a.a.O. Nr. 102.
[8]) Malteser Urkunden, Nr. 67.
[9]) Prutz, a.a.O. Nr. 99.
[10]) Malteser Urkunden, Nr. 59.

zögerten die Bestätigung der vom Orden dafür präsentierten Geistlichen, für die ihnen Innocenz III. am 29. Dezember 1204 deshalb eine Frist von vierzig Tagen stellte.[1]) So suchte die Geistlichkeit sich denn auf eigene Hand zu helfen: Ein Provinzialkonzil zu Paris bestimmte 1212, die Kanoniker der beiden Ritterorden sollten für die Kirchen geeignete Kapläne bestellen und verbot diesen bei Strafe des Bannes die Überschreitung ihrer Privilegien.[2]) Nach alledem wird auch für die Templer bei ihrem Besitz an Kirchen das finanzielle Interesse überwogen haben gegen das der Seelsorge. Dazu stimmt es, wenn Alexander IV. am 10. Dezember 1255 dem Orden erlaubte, erledigte Kirchen fünfzig Tage unvergeben zu lassen:[3]) Ihre Einkünfte kamen während dieser Vakanz ihm unmittelbar zugute. Von den Übelständen, welche diese Behandlung der Kirchen bloß als Renten gewährende Besitzstücke ergab, sehen wir die Kurie nur einen bekämpfen, gegen den sie auch bei den Hospitalitern einschritt.[4]) Am 13. Oktober 1223 verfügte Honorius III., kein an einer Templerkirche fungierender Vikar dürfe ohne Erlaubnis des Meisters sich durch einen andern vertreten lassen.[5])

Die Feindschaft, der wir den Orden ausgesetzt sehen, beschränkte sich aber nicht auf die Geistlichkeit, vielmehr hatte er auch bei den Laien lebhafte Antipathien gegen sich. Ihn gegen deren tätliche Äußerung zu schützen, fand die Kurie immer neuen Anlaß. Am 24. Februar 1160 oder 61 forderte Alexander III. die Prälaten zur Bestrafung derjenigen auf, die Templer niederwürfen oder sonst schädigten.[6]) Wiederholt noch hat er diejenigen mit Exkommunikation bedroht, die sich der Vergewaltigung oder Beraubung des Ordens oder eines seiner Glieder schuldig machten.[7]) Die erstaunlich häufige Wiederholung dieser Verfügung[8]) läßt erkennen, wie weite Kreise der Orden gegen sich hatte: Hier und da scheint zeitweilig eine Art von Kriegszustand gegen ihn geherrscht zu haben, dem alle päpstlichen Friedensmahnungen und Strafandrohungen nicht Einhalt taten.

Die Gründe für diese Unbeliebtheit des Ordens sind nicht erkennbar. Wohl aber wird über seinen Übermut und seine Rücksichtslosigkeit

---

[1]) Malteser Urkunden, Nr. 88.

[2]) Martène u. Durand, *Thes. anecd. VII*, S. 105.

[3]) Malteser Urkunden, Nr. 280.

[4]) Vgl. oben S. 183.

[5]) Prutz, a.a.O. S. 116.

[6]) Malteser Urkunden, Nr. 4.

[7]) Kehr, a.a.O. S. 394, Nr. 14 und 397, Nr. 20.

[8]) Malteser Urkunden, Nr. 15, 18, 24, 26, 27, 40, 75, 85, 91, 94, 107, 123, 126, 134, 153, 168, 180, 194, 253, 277, 289, 293, 296, 300.

geklagt. Johann von Salisbury urteilt über ihn abfälliger als nachmals seiner erbittertsten Feinde, wenn er behauptet, er fälsche das Evangelium, verkündige es nicht um Gnade, sondern um Geld und sei dem Sinnengenuß ergeben.[1]) Sein Landsmann Walter Mapes aber sagt von ihm, er habe die Fürsten von seiner Unübertrefflichkeit und Unentbehrlichkeit völlig zu überzeugen gewußt und sich bei ihnen in höchste Gunst eingeschmeichelt.[2]) Allerdings wird man dabei nicht annehmen dürfen, Johann von Salisbury habe seine Charakteristik auf eine genaue Kenntnis des Ordens in allen seinen Teilen gegründet. Vielmehr wird sie aus dem abstrahiert sein, was er von den Templern Englands und namentlich Frankreichs gesehen und erfahren hatte. Im allgemeinen war die Unbeliebtheit des Ordens doch nur das Ergebnis der bevorzugten Stellung, die er der Gunst der Päpste verdankte und deren unausgesetzte Erweiterung ihm immer neue Feinde machte. Insbesondere gab Anstoß die Art, wie seine kirchlichen Freiheiten auch auf das weltliche Gebiet hinübergriffen und da Ungleichheiten erzeugten, die auch dem gemeinen Mann in die Augen fielen und seinen Unmut erregten. So durfte z. B. für Lebensmittel, Kleider, Vieh usw. von dem Orden keine Art von Abgabe erhoben werden. Die betreffende Bestimmung Lucius' III. vom 28. März 1182 oder 83[3]) ist durch Cölestin III. am 20. September 1191[4]) und durch Innocenz III. am 11. März 1209[5]) wiederholt worden. Das lief doch auf eine wirtschaftliche Bevorzugung des Ordens und seiner Leute hinaus. Denn wenn dabei zunächst die Absicht nur gewesen war, daß der Orden von den betreffenden Artikeln, soweit sie seinem eigenen Bedarf dienten, nichts zahlen sollte – wie z. B. eine Befreiung derart durch Innocenz IV. am 27. Oktober 1253 ihm in Aquitanien gewährt wurde in bezug auf das von ihm gebrauchte Getreide –,[6]) so werden sie in der Praxis nicht darauf beschränkt geblieben sein, sondern gelegentlich auch Handelszwecken gedient haben. Waren dem Orden doch hier und da geradezu kommerzielle Vorteile eingeräumt, die Streitigkeiten mit den dadurch Geschädigten veranlaßten. Ein Beispiel bietet eine Urkunde Honorius' III. vom 10. Januar 1217. Sie bestätigt eine Entscheidung Innocenz' III., wonach die Templer von dem in ihren Weinbergen gewonnenen Wein, wenn sie

[1]) *Opera ed. Giles IV*, S. 171 u. 176.
[2]) *De nugis curialium, Dist. V*, c. 20, S. 32.
[3]) Malteser Urkunden, Nr. 25.
[4]) Prutz, a.a.O. Nr. 42.
[5]) Ebd. Nr. 83.
[6]) Malteser Urkunden, Nr. 243.

ihn in Compiègne zu Markt brachten, dem dortigen Kloster die Abgabe nicht zu entrichten brauchten, die andere zu zahlen hatten.[1]) Noch auf anderen Gebieten führte die bevorzugte kirchliche Stellung des Ordens zur Einräumung auch weltlicher Vorteile an ihn. Nach einer Verfügung Innocenz' III. vom 24. September 1206 z. B. durften Leute, die sich auf eine bestimmte Zeit verpflichtet hatten, dem Orden zu dienen, vor deren Ablauf nicht zurücktreten.[2]) Sie ist von Gregor IX. am 2. März 1228 wiederholt.[3]) Ferner durften Leute des Ordens nicht herangezogen werden zur Teilnahme an Fehden und ähnlichen Kämpfen gemäß einem Erlaß Innocenz' III. vom 4. Juli 1198,[4]) den Honorius III. am 22. November 1222 wiederholte.[5]) Hierher gehört ferner die auch für die Hospitaliter geltende Bestimmung, daß Leute des Ordens insbesondere nicht von den Prälaten gegen ihren Eid zum Kampf gegen Christen genötigt werden dürfen, die in einer Ausfertigung durch Honorius III. vom 2. Januar 1222 vorliegt.[6]) Die Vorschrift, Leute des Ordens sollten nicht zum Kampf gegen die Ungläubigen gezwungen werden, die Innocenz III. am 5. Dezember 1198 erließ,[7]) wird durch die Verhältnisse Palästinas veranlaßt sein und den Zweck gehabt haben, Konflikte abzuwenden, wie sie dort entstanden, wenn die Orden den Mohammedanern gegenüber ihre eigene, von der der fränkischen Fürsten abweichende Politik verfolgten.[8])

Auch in das Gebiet der weltlichen Rechtspflege griffen die Freiheiten des Ordens hinüber und gewährten seinen Leuten Vorrechte, die andere bei der Verfolgung ihres Rechts ihm gegenüber oft lästig empfinden mußten. Das war schon der Fall, wenn nach einer Bestimmung Alexanders III. vom 3. Juli 1160 die Prälaten Leute des Ordens so wenig wie den Orden selbst mit Geldstrafen belegen durften.[9]) Diese Bestimmung, die sich auch bei dem Deutschen Orden und den Hospitalitern findet, ist am 24. Oktober 1223 von Honorius III. wiederholt worden.[10]) Ebenfalls gemeinsam mit den beiden anderen Orden war den Templern durch Verleihung Alexanders III. vom

---

[1]) Potthast, *RP,* Nr. 25734.

[2]) Prutz, a.a.O. Nr. 81.

[3]) Malteser Urkunden, Nr. 184.

[4]) Ebd. Nr. 51.

[5]) Prutz, a.a.O. Nr. 109.

[6]) Ebd. Nr. 111.

[7]) Ebd. Nr. 50.

[8]) Vgl. oben S. 46–47.

[9]) Malteser Urkunden, Nr. 3.

[10]) Prutz, a.a.O. Nr. 118.

18. März 1160[1]) das Recht, in Prozessen ihre Brüder als Zeugen auftreten zu lassen. Wie hoch es geschätzt wurde, bezeugt die mehrfache Wiederholung der betreffenden Urkunde.[2]) Das gleiche gilt von der dem Orden durch Innocenz III. am 10. April 1206 erteilten Erlaubnis, daß die Vorsteher seiner Häuser in Italien in Rechtsstreitigkeiten selbständig vorgehen und Prozesse beginnen dürften, ohne bei ihren Oberen anzufragen.[3]) Auch ist diese Vollmacht wohl nicht auf Italien beschränkt geblieben, sondern wird für alle Ordensprovinzen Geltung gewonnen haben. Daraus ergab sich dann aber auch hier, daß kein Ordenshaus für ein anderes haftbar gemacht werden konnte, wie Honorius III. am 14. Dezember 1219 feststellte.[4]) In anderer Hinsicht konnte es als bedenklich erscheinen, wenn Alexander IV. am 1. August 1255 dem Orden erlaubte, von den ihm Beitretenden bewegliche und unbewegliche Güter nach Belieben anzunehmen.[5]) Denn damit entstand die Gefahr einer Käuflichkeit der Aufnahme, die unter Umständen von der mit Ausstoßung bedrohten Simonie kaum zu unterscheiden gewesen sein dürfte. Auch sonst sind die für die Aufnahme geltenden Bestimmungen päpstlicherseits modifiziert worden. So gestattete am 13. Dezember 1219 Honorius III. die Aufnahme überhaupt jedes Kreuzfahrers, bei dem nicht kanonische Hindernisse vorlägen.[6]) Da die Bestimmung einer Zeit angehört, wo auch dieser Orden durch die furchtbaren Verluste während der unglücklichen ägyptischen Expedition arg zusammengeschmolzen war, wird dabei wohl beabsichtigt gewesen sein, durch Erleichterung der Aufnahme die Zahl der Mitglieder schnell wieder zu vermehren. Andererseits war die Kurie bemüht, ihre Verminderung zu hindern: Schon Eugen III. hatte am 17. März 1151 die Prälaten angewiesen[7] und Clemens III. bestimmte am 20. Februar 1189, dieselben sollten den Übertritt von Templern zu anderen Orden sowie ihre Rückkehr zum weltlichen Leben hindern.[8]) Nach einer Bulle Innocenz' IV. vom 27. September 1244 traf der Bann diejenigen, die das Ordenskleid eigenmächtig ablegten.[9]

Besonders lästig aber empfanden Bischöfe und Pfarrer die viel-

[1]) Malteser Urkunden, Nr. 2.
[2]) Ebd. Nr. 39. Prutz, a.a.O. Nr. 96. Potthast, *RP*, Nr. 8129.
[3]) Potthast, *RP*, Nr. 2740.
[4]) Prutz, a.a.O. Nr. 108.
[5]) Ebd. Nr. 149.
[6]) Ebd. Nr. 106.
[7]) Ebd. Nr. 4.
[8]) Ebd. Nr. 107.
[9]) Malteser Urkunden, Nr. 221.

fachen finanziellen Exemtionen des Ordens. Zunächst nämlich genoß derselbe die übliche Zehntenfreiheit und wird es wie die Hospitaliter verstanden haben, sie über die ursprüngliche Grenze hinaus immer weiter zur Geltung zu bringen. Anfangs galt sie auch hier nur für Ländereien, die erst durch Rodung für die Kultur gewonnen waren, und dann für diejenigen, auf denen der Unterhalt der Viehherden des Ordens beruhte: In diesem beschränkten Sinn bestätigte sie Alexander III.[1]) In bezug auf das Neuland wiederholte sie Cölestin III. am 10. August 1196.[3]) Wenn spätere Päpste unter Bezugnahme auf bestimmte Arten des Grundbesitzes darauf zurückkommen, so wird das veranlaßt sein durch die besonderen Streitfälle, welche die Erneuerung des Privilegs wünschenswert machten. Honorius III. z. B. bestätigt die Zehntenfreiheit des Ordens am 1. Februar 1217 in bezug speziell auf die Ländereien, die er selbst bebaute, und auf seine Obstgärten.[3]) Gregor IX. spricht sie am 28. Januar 1228 nicht bloß dem Neuland zu, sondern allem dem Orden bewirtschafteten Land.[4]) Zur Verteidigung des Ordensrechts beauftragte bereits Alexander III. die Prälaten, diejenigen, die Zehnten von ihm einzutreiben versuchen würden, wären sie Laien, zu bannen, wären sie Geistliche, unter Wegfall der Appellation zu suspendieren. Wenn hinzugefügt wird, wer an einen Templer Hand anlegte, solle gebannt werden und nur vom Papst selbst wieder losgesprochen werden können.[5]) so zeugt das wiederum von der Erbitterung, mit der die Gegner des Ordens ihren Mut gelegentlich an einzelnen Brüdern kühlten.

Von der Ausdehnung dieser Exemtion, die ursprünglich bloß von dem Orden gehörigen Ländereien galt, auf solche, die anderen gehörten und ihm nur zur Benutzung überlassen waren, bietet ein Beispiel Innocenz' IV. Erlaß vom 28. Februar 1245,[6]) wonach der Orden auch von den außerhalb seiner Ländereien gehaltenen Herden einen Zehnten nicht zu entrichten hatte. Alexander IV. dehnte dies auf solche aus, die er auf gemieteten oder ihm unentgeltlich überlassenen Ländereien hielt.[7]) Hierher gehört es ferner, wenn Clemens IV. am 8. September 1265 in Wiederholung von Privilegien Innocenz' III. und Alexanders IV. den Orden von der Zahlung des

---

[1]) Malteser Urkunden, Nr. 10.

[2]) Prutz, a.a.O. Nr. 46.

[3]) Ebd. Nr. 100. Vgl. Nr. 125.

[4]) Malteser Urkunden, Nr. 183. Vgl. Prutz, a.a.O. Nr. 137.

[5]) Kehr, a.a.O. S. 401, Nr. 34.

[6]) Malteser Urkunden, Nr. 224.

[7]) Ebd. Nr. 228.

Strafgeldes befreit, das die Besitzer von Herden zu erlegen hatten, die auf fremdem Land weidend betroffen wurden.[1]) Überhaupt haben offenbar gerade Herden einen wichtigen Bestandteil des Ordensbesitzes ausgemacht. Bereits Eugen III. hatte nach einer Urkunde Alexanders III. vom 5. Februar 1171 oder 72 verfügt, die mit dem Zeichen des Templerordens versehenen Rinder und ihre Hirten samt deren Eigentum sollten auf dem Wege von und zu ihren Weideplätzen unter besonderem päpstlichen Schutz stehen.[2]) Für ihren Viehstand genossen die Templer auch sonst allerlei Vorteile. Innocenz IV. z. B. weist am 8. August 1253 den Erzbischof von Arles an, den Orden zwar für den Schaden, den sein Vieh auf fremdem Lande weidend angerichtet hat, zum Ersatz anzuhalten, sonst aber nicht weiter dafür haftbar zu machen.[3])

Man begreift die Unzufriedenheit der Geistlichkeit mit der immer weiter erstreckten Zehntenfreiheit des Ordens, für die der Papst gegen Eingriffe der Bischöfe immer wieder eintreten mußte. Dazu kam als Anlaß zu ähnlichen Streitigkeiten die häufige Erwerbung kirchlicher Zehnten durch den Orden, die ihm durch Alexander III. gestattet war, aber durch den Umfang, in dem sie geschah, von der Geistlichkeit als Beeinträchtigung empfunden und bekämpft wurde. Die Beschlüsse des Laterankonzils von 1179 änderten daran nichts Wesentliches. Die dem Orden von diesem auferlegte Herausgabe der „neuerdings" erworbenen Zehnten wurde von Alexander III. durch eine Bulle vom 15. Juli 1180 wesentlich abgeschwächt, da sie nur in bezug auf die während der letzten zehn Jahre erworbenen Zehnten durchgeführt werden sollte:[4]) Wer aber den Orden zur Zahlung von Zehnten anzuhalten versuchen würde, solle, je nachdem er geistlichen Standes oder Laie war, suspendiert oder exkommuniziert werden. Daß der Orden dennoch in diesem Teil seines Besitzes immer von neuem beunruhigt wurde, lehrt die lange Reihe von Wiederholungen dieses Mandates.[5])

Nicht so unbedingt fest dagegen stand seine Freiheit von den außerordentlichen Zehnten, welche die Päpste gelegentlich von den geistlichen Gütern erheben ließen. Vielleicht bedurfte es in solchen Fällen ursprünglich einer besonderen Ausnahme zu seinen Gunsten.

---

[1]) Malteser Urkunden, Nr. 341.

[2]) Prutz, a.a.O. Nr. 15.

[3]) Ebd. Nr. 147.

[4]) Ebd. Nr. 22.

[5]) Malteser Urkunden, Nr. 21. Vgl. Nr. 24, 26, 27, 42, 93, 101, 102, 104, 110, 254, 272, 328, und Prutz, a.a.O. Nr. 27.

Wenigstens verkündet am 14. Juni 1265 Clemens IV. in Wiederholung früherer Bestimmungen, die Templer seien nicht gehalten, die zugunsten des heiligen Landes ausgeschriebenen Abgaben eines Zwanzigsten und eines Hundertsten zu entrichten.[1]) Dasselbe tut am 14. Oktober 1274 Gregor X. in bezug auf den von ihm zu gleichem Zweck ausgeschriebenen Zehnten.[2]) Besonders aber scheint die Zehntenfreiheit des Ordens nicht ohne weiteres gegolten zu haben, wenn die Kurie einem weltlichen Fürsten erlaubte, die geistlichen Güter seines Reiches zu bestimmten staatlichen Zwecken ausnahmsweise heranzuziehen. Als z. B. Benedikt XI. Philipp IV. von Frankreich, um ihm die Durchführung der eingeleiteten Münzreform zu ermöglichen, die erste Jahreseinnahme aller zur Zeit erledigten französischen Pfründen überließ, nahm er im Juli 1304 den Orden davon ausdrücklich aus.[3]) Dieser Vorgang läßt zugleich erkennen, wie damals die Ordensämter ihren ursprünglichen Charakter bereits verloren hatten und als Pfründen, d. h. als Versorgung für die Inhaber angesehen wurden. Daß diese Auffassung auch bei den Templern Platz griff und eine entsprechende, dem Geist der Ordenssatzungen zuwiderlaufende Praxis einriß, ist anderweitig erwiesen. So bestätigt Bonifaz VIII. am 27. November 1296 dem Templer Johann Fernandez, seinem Kämmerer, drei in den Diözesen von Compostella, Leon und Lucca gelegene Balleien, die der Hochmeister Jakob von Molay auf einem Generalkapitel zu Arles unter Zustimmung der obersten Ordensbeamten ihm mit allen zugehörigen Rechten auf Lebenszeit verliehen hatte, zum Lohn für die Hingebung, mit der er die Geschäfte des Ordens wahrgenommen hatte.[4]) Andererseits aber hat die römische Kurie, wenn sie Geld brauchte, kein Bedenken getragen, auch die Templer zu belasten. Am 5. Mai 1298 bekundet Bonifaz VIII., zum Kriege gegen die Colonna habe er wohl oder übel den Orden mit 10000 Goldflorins einschätzen müssen: Da bei der Kürze der Zeit eine schriftliche Mitteilung darüber an den Hochmeister nicht mehr möglich sei, ersucht er den Generalprokurator des Ordens, Peter von Bologna, die Summe einstweilen auf seine Verantwortung durch Aufnahme einer Anleihe bei gewissen italienischen Bankhäusern aufzubringen.[5]) Danach scheint es sich in diesem Falle eigentlich um

---

[1]) Prutz, a.a.O. Nr. 81 u. 175.

[2]) Potthast, *RP*, Nr. 20942.

[3]) *Régistres de Bénoit XI*, Nr. 901.

[4]) *Régistres de Boniface VIII.*, Nr. 1508 (S. 547).

[5]) Ebd. Nr. 2250 (II, S. 103): Peter von Bologna spielt nachmals in dem Templerprozeß eine Rolle (vgl. *Procès I*, S. 36, 65, 100, 108, 113 usw.; II, S. 345): er war Priester.

eine Art von Zwangsanleihe gehandelt zu haben. Wenigstens hatte Bonifaz VIII. in einer Bulle vom 7. April 1300 die Freiheit des Ordens von jeder Art von Zehnten auch seinerseits anerkannt.[1]) Es steht damit im Einklang, wenn Clemens IV. am 4. September 1265, indem er Erklärungen seiner Vorgänger wiederholt, den Orden ganz im allgemeinen freispricht von der Verpflichtung, zu irgend welchen Kollekten etwas beizutragen.[2])

Eine solche generelle Befreiung mußte nun aber um so anstößiger erscheinen, als der Orden andererseits das Recht besaß, seine Mittel zu vermehren und davon einen nicht minder umfangreichen Gebrauch machte wie die Hospitaliter. Auch gegen ihn konnte der Vorwurf erhoben werden, er mache anderen kirchlichen Stiftungen und Veranstaltungen schädliche Konkurrenz. Das veranlaßte weitere Händel mit seinen geistlichen Widersachern. In seinen Anfängen hatten so zusammengebrachte Spenden für den Orden Bedeutung schon wegen der Ausbreitung seines Einflusses, die damit verbunden war. Daher spielt die Mahnung an die Geistlichkeit, ihm dazu zu verhelfen, in den päpstlichen Erlassen damals eine beträchtliche Rolle, und nicht selten werden die Gläubigen dazu ermuntert durch die Aussicht auf besondere kirchliche Vorteile.[3]) Doch finden sich auch schon Strafandrohungen gegen diejenigen, die dem Orden zugedachte Spenden zurückhalten.[4]) Alexander III. muß am 2. Mai 1162 daran erinnern, daß Schenkungen von Pilgern und anderen an den Orden nicht gehindert werden dürfen.[5]) Was die Kollekten betrifft, zu denen Ordensbrüder von Ort zu Ort und von Kirche zu Kirche gingen, so sind diese wie bei den Hospitalitern förmlich organisiert gewesen. Auch hier haben sich die Pfarrer diesen Sendboten oft feindlich entgegengestellt, welche die Mittel ihrer Pfarrkinder ihren Kirchen entzogen. Deshalb bestimmte Innocenz III. am 4. Januar 1199, Pfarrer, die zum Kollektieren erscheinende Templer hinderten oder austrieben, sollten auf einen Monat suspendiert werden.[6]) Ein Erlaß Urbans IV. vom 13. September 1263 richtet sich gegen diejenigen, welche sich die milden Gaben aneignen, die während des Gottesdienstes in templerischen Kapellen geopfert wurden.[7]) Übrigens scheint der Orden mit dem Recht des Kollektierens auch

[1]) *Régistres de Boniface VIII.*, Nr. 3517 (II, S. 663).

[2]) Malteser Urkunden, Nr. 340.

[3]) Prutz, a.a.O. Nr. 4 u. 6 und S. 31, Anm. 11. Malteser Urkunden, Nr. 2.

[4]) Kehr, a.a.O., S. 396, Nr. 18.

[5]) Prutz, a.a.O. Nr. 11.

[6]) Malteser Urkunden, Nr. 58.

[7]) *Régistres d'Urbain IV.*, II, Nr. 14 (S. 52).

Mißbrauch getrieben zu haben, indem er einen Teil des Ertrages den Kollektoren, die also wohl nicht immer Ordensbrüder waren, als Lohn überließ. Es wird sich doch wohl kaum um einen ganz vereinzelten Fall handeln, wenn nach einer Urkunde von 1245 der Präzeptor von Lucca einen gewissen Albertino di Pontremoli mit Kollekten beauftragt, der dann wieder einen gewissen Aliotto als Unterkollektor bestellt unter der Bedingung, daß er vom Juni bis zu den nächsten Fasten für den Orden, dann aber vom Beginn der Fasten bis acht Tage nach Ostern zu seinem eigenen Vorteil kollektieren soll.[1]) Das läßt auf eine Organisation des Kollektenwesens schließen, die von dem Ablaßhandel späterer Zeit nicht allzu verschieden war.

Diese finanzielle Seite des Rechts zum Kollektieren war aber von verhältnismäßig geringer Bedeutung im Vergleich mit den Konsequenzen, die sich daraus für die Stellung des Ordens zur bischöflichen Disziplinargewalt ergaben. Von dieser war der Orden dadurch so gut wie eximiert, so daß Bann und Interdikt der Bischöfe ihn nicht treffen konnten. Die Entwickelung, welche dazu geführt, ist die gleiche gewesen wie bei den Hospitalitern und ging ebenfalls aus von dem Kollektenrecht. Wenn sie in interdizierten Orten erschienen, durften die templerischen Kollektoren einmal im Jahr die Kirche öffnen und unter Ausschluß der namentlich Exkommunizierten und ohne Glockengeläut bei geschlossenen Türen Gottesdienst halten lassen. Daraus entsprang auch hier die Vorstellung, die von ihnen vertretene Genossenschaft sei für Bann und Interdikt der Ordinarien überhaupt nicht erreichbar. Etliche Einzelfälle zeigen, daß die Templer in dieser Hinsicht den Hospitalitern bereits zu einer Zeit gleichstanden, aus der eine urkundliche Anerkennung dieses Rechts durch die Kurie noch nicht vorliegt. Am 15. Dezember 1199 weist Innocenz III. den Patriarchen Heinrich von Jerusalem und den Bischof von Accon an, den Bann aufzuheben, den der Bischof von Sidon gegen den Orden und seine Anhänger ausgesprochen hatte, und verfügt die Suspendierung der Schuldigen.[2]) Dann untersagt am 1. Oktober 1216 Honorius III. die Verhängung von Bann und Interdikt gegen den Orden und seine geistlichen und weltlichen Diener von seiten des Patriarchen von Jerusalem.[3]) Von ihm ergeht am 20. Januar 1217 das gleiche Verbot an die Prälaten überhaupt.[4]) Weiterhin bestimmt er am 13. November 1219 unter Berufung auf Erlasse Alexanders III. und Inno-

[1]) Bini, *Dei Tempieri in Toscana* (Lucca 1845), S. 401 u. 439ff.

[2]) Potthast, *RP,* Nr. 905.

[3]) Prutz, a.a.O. Nr. 88.

[4]) Ebd. Nr. 95.

cenz' III., niemand, auch der Patriarch von Jerusalem nicht, dürfe ohne päpstliche Vollmacht über den Orden den Bann aussprechen.[1]) Er wiederholt dies Verbot am 4. Dezember desselben Jahres in bezug auf die geistlichen und weltlichen Diener des Ordens.[2]) Trotz alledem haben die Bischöfe immer wieder versucht, ihre Rechte als Träger der Kirchenzucht dem Orden gegenüber in dem alten Umfang geltend zu machen. Immer aber ist ihnen dabei die Kurie entgegengetreten. Am 26. September 1227 stellt Gregor IX. von neuem fest, kein Bischof sei befugt, gegen Kirchen oder Geistliche des Ordens den Bann auszusprechen,[3]) und Clemens IV. knüpft an die Wiederholung dieser Vorschrift am 8. Juni 1275 die Mahnung an die Bischöfe, in Streitsachen mit dem Orden sich jedes Versuchs zur Selbsthilfe zu enthalten und sich Klage führend an die Kurie zu wenden.[4]) Am nächsten 4. September erklärt er Bann und Interdikt, ohne ausdrückliche päpstliche Vollmacht über den Orden verhängt, zum voraus für ungültig.[5]) Bei der Übereinstimmung, die zwischen der Entwickelung der beiden Orden besteht, darf man annehmen, daß damit die Sicherheit vor dem strengsten kirchlichen Zuchtmittel auch bei den Templern über den Kreis, für den sie zunächst gegolten hatte, hinaus ausgedehnt worden ist und schließlich für alle gegolten hat, die dem Orden überhaupt irgendwie verbunden waren. Verbietet doch am 27. Oktober 1246 Innocenz IV. die von manchen Pfarrern ausgesprochene Exkommunikation derjenigen, die ihr Getreide auf dem Orden gehörigen Mühlen mahlen lassen, weil durch den Verkehr mit denselben der Orden selbst dem Bann verfallen könnte, den über ihn zu verhängen allein der Papst berechtigt sei. Der Orden aber zog aus alledem, wie es scheint, die weitere Konsequenz, daß er auch nicht gehalten sei, das gegen andere verhängte Interdikt seinerseits zu respektieren. Am 18. September 1212 beantwortet Innocenz III. eine Anfrage des Bischofs und des Kapitels von Tripolis dahin, diese hätten, auch wenn die Templer das über die Stadt verhängte Interdikt mißachteten, darum doch nicht das Recht, das gleiche zu tun, da die Ausschreitungen jener ihnen nicht die Befugnis zu ebensolchen gäben.[6])

Überblickt man die Gesamtheit der dem Orden von den Päpsten verliehenen Privilegien, so ergibt sich, wie bei den Hospitalitern, daß er

[1]) Malteser Urkunden, Nr. 141.
[2]) Prutz, a.a.O. Nr. 104.
[3]) Ebd. Nr. 122.
[4]) Malteser Urkunden, Nr. 330.
[5]) Ebd. Nr. 340.
[6]) Potthast, *RP*, Nr. 598.

der Autorität der Ordinarien völlig entzogen war. Darauf liefen, einander ergänzend und ineinander eingreifend, all die verschiedenen Exemtionen hinaus, die ihm den Bischöfen gegenüber zustanden. Zum Überfluß erkannte Alexander IV. am 11. Juli 1255 die Exemtion des Ordens als auch in den Fällen gültig an, in denen andere eximierte Körperschaften der ordentlichen kirchlichen Gerichtsbarkeit unterstanden.[1]) Auch Bonifaz VIII. hat am 7. April 1300 die Exemtion der Templer von jeder Gerichtsbarkeit der Diözesanbischöfe nochmals proklamiert.[2]) Trotz alledem hat auch dieser Orden, wie es scheint, von Mißtrauen gegen die Kurie erfüllt und infolge übler Erfahrungen im Zweifel darüber, ob sie sich seinen Widersachern unter allen Umständen entgegenstellen würde, dafür Sorge getragen, daß die Gültigkeit seiner Privilegien noch besonders verbürgt und den Päpsten selbst jede Abweichung davon unmöglich gemacht würde. Auch er hat dazu durch Alexander IV. am 18. Januar 1256 den Grundsatz aufstellen lassen, Privilegien, von denen die Ordensbeamten aus Unkenntnis längere Zeit keinen Gebrauch gemacht hätten, seien dadurch in ihrer Gültigkeit nicht beeinträchtigt, sondern blieben unverändert in Kraft.[3]) Die Bestimmung ist von demselben Papst speziell in bezug auf die Zehntenfreiheit der Templergüter in Frankreich am 8. April 1258 dahin gedeutet worden, daß, auch wenn die Vorsteher französischer Ordenshäuser von einem Gut vierzig und mehr Jahre irrtümlicherweise Zehnten gezahlt haben sollten, eine Verpflichtung des Ordens für die Zukunft daraus nicht abgeleitet werden könne.[4]) Die allgemeine Bestimmung hat Honorius IV. am 23. Oktober 1285 wiederholt.[5]) Weiterhin dienten der Sicherung der exemten Stellung des Ordens Festsetzungen wie die Honorius' III. und Innocenz' IV., päpstliche Erlasse allgemeinen Inhalts gälten für den Orden nur dann, wenn er ausdrücklich als mit darunter begriffen darin genannt wäre.[6]) Sie ist von Innocenz IV. am 9. Juni 1250 wiederholt.[7]) Endlich fehlen auch hier nicht Vorsichtsmaßregeln, wie wir sie bei den Hospitalitern gefunden haben, die eigentlich darauf hinausliefen, daß die Päpste nicht nur sich selbst, sondern auch ihren Nachfolgern dem Orden gegenüber die Hände banden. Am 14. Februar 1190 setzt Clemens III. fest, daß seinen Privi-

---

[1]) Potthast, *RP*, Nr. 255.

[2]) *Régistres de Boniface VIII.*, Nr. 3515 (II, S. 662).

[3]) Potthast, *RP*, Nr. 16194.

[4]) Malteser Urkunden, Nr. 294.

[5]) Ebd. Nr. 349.

[6]) Ebd. Nr. 210.

[7]) Prutz, a.a.O. Nr. 145.

legien zuwiderlaufende päpstliche Erlasse überhaupt unwirksam sind.[1]) Auch hier wird man aus der häufigen Erneuerung einer solchen Bestimmung auf den Wert schließen dürfen, den der Orden ihr beimaß. Die Bestätigungen liegen vor von Innocenz III. vom 25. November 1198,[2]) vom 22. Juni 1199[3]) und vom 8. September 1200,[4]) sowie von Alexander IV. vom 2. März 1253[5]) und vom 31. Januar 1256[6]). Doch scheint unter dem Pontifikat des letzteren, wie das bereits bei der Entwickelung des entsprechenden Verhältnisses bei den Hospitalitern zu konstatieren war,[7]) in Rom selbst ein Zweifel aufgestiegen zu sein an der Haltbarkeit dieses Grundsatzes und an seiner Vereinbarkeit mit der päpstlichen Autorität. Denn am 23. August 1256 beschränkt Alexander IV. seine Geltung auf die nächsten zehn Jahre. Danach scheint damals die Absicht bestanden zu haben, nach deren Ablauf nicht mehr daran festzuhalten, daß irgendwo und irgendwie erlassene päpstliche Privilegien den Rechten des Ordens unter keinen Umständen präjudizieren könnten.[8]) Tatsächlich aber ist eine Änderung des bisher geltenden Rechts nicht eingetreten, vielmehr hat nach Alexander IV. selbst unter Bestätigung der betreffenden Verfügungen seiner Vorgänger am 6. März 1257 sich ausdrücklich zu dem von diesem aufgestellten Satze bekannt, daß den Ordensprivilegien widersprechende päpstliche Erlasse keine verbindliche Kraft haben.[9]) Das ist von ihm noch zweimal geschehen.[10]) Die gleiche Stellung in dieser Frage nahm nach einer Bulle vom 25. Februar 1262 Urban IV. ein.[11]) Damit aber war den Päpsten eigentlich die Möglichkeit genommen, die ungemessene Freiheit des Ordens überhaupt irgendwie einzuschränken und dem Mißbrauch entgegenzutreten, den er damit trieb. Während die allzuweit bemessenen Freiheiten anderer exemter Genossenschaften gegenüber der Gerichtsbarkeit der Ordinarien teilweise widerrufen wurden, ist das bei den Templern nicht geschehen: Ihre Ausnahmestellung wurde vielmehr anerkannt und dadurch befestigt. Infolgedes-

[1]) Prutz, a.a.O. Nr. 39.
[2]) Malteser Urkunden, Nr. 56.
[3]) Prutz, a.a.O. Nr. 58.
[4]) Prutz, a.a.O. Nr. 78.
[5]) Malteser Urkunden, Nr. 244 u. 245.
[6]) Vgl. oben Nr. 187.
[7]) Prutz, a.a.O. Nr. 153.
[8]) Malteser Urkunden, Nr. 286.
[9]) Prutz, a.a.O. Nr. 135. Malteser Urkunden, Nr. 388.
[10]) Prutz, a.a.O.
[11]) Malteser Urkunden, Nr. 388.

sen hatte der Orden schließlich eigentlich eine geradezu unantastbare Stellung, und Reformpläne, wie sie die Kurie später in bezug auf die geistlichen Ritterorden erörterte, waren ihm gegenüber von vornherein aussichtslos. Gegen ihn ließ sich nur auf einem Wege vorgehen, der mehr oder minder auf eine Art von kirchlichem Staatsstreich angelegt sein mußte. Das darf auch bei dem schließlich eingetretenen Konflikt nicht übersehen werden, will man die ihm gegebene Lösung richtig verstehen und gerecht beurteilen. Mit allen seinen anderen Freiheiten hat der Orden auch diese besonders wichtige bis an das Ende seiner Laufbahn behauptet. Denn auch die Privilegien, welche die Ungültigkeit der seinen Freiheiten zuwiderlaufenden päpstlichen Erlasse proklamierten, waren doch mit einbegriffen unter den letzten allgemeinen Bestätigungen aller seiner Freiheiten und Rechte durch Benedikt XI. vom 6. Februar 1304[1]) und durch Clemens V. am 28. Januar 1306.[2]) Damals also hat offenbar dem letzteren nichts ferner gelegen als ein Einschreiten gegen den Orden.

Doch ist das Verhältnis des Ordens zum Papsttum nicht ungetrübt geblieben, vielmehr hat die Kurie wiederholt notgedrungen versucht, auf dem abschüssigen Weg einzuhalten, den sie hier früh eingeschlagen hatte. Sie hat, wie der Fortgang lehrt, fast wider ihren Willen einen Anlauf genommen zu energischem Einschreiten gegen die übermütige und aufsässige Genossenschaft, bald aber auf die Fortsetzung der Aktion verzichtet und gewissermaßen klein beigegeben, da sie von seiten des Ordens auf einen Widerstand stieß, den zu überwinden Maßnahmen nötig gewesen wären, die den Konflikt zu sehr unliebsamer Bedeutung erhoben haben würden. Frühzeitig scheint an ihr die Einsicht geherrscht zu haben, griffe man die Sache des Templerordens überhaupt einmal an, so könnte sie leicht unberechenbare Dimensionen annehmen und für die Kirche selbst nachteilige Konsequenzen haben. Auch hätten, wie die Dinge lagen, diejenigen nicht unrecht gehabt, die von den Templern gesagt hätten, was nachmals von den Jesuiten gesagt sein soll: *„Sint, ut sunt, aut non sint."* Rom war dem Orden gegenüber eben zu weit gegangen, als daß es zurückgekonnt hätte, ohne eine große Krisis herbeizuführen, deren erschütternde Wirkungen die Kirche selbst treffen mußten. Denn nicht bloß das Übermaß der Freiheit, das dem Orden gewährt und immer wieder feierlich verbrieft worden war, kam dabei in Betracht, vielmehr hätte es sich, wurde die Sache einmal ernstlich in die Hand genommen, augenscheinlich

[1]) Prutz, a.a.O. Nr. 211.

[2]) Ebd. Nr. 312.

auch um gewisse Mißbräuche gehandelt, welche von dem Standpunkt strenger Kirchlichkeit nur zum Teil entschuldbar waren, aber unter dem Schutze jener Freiheit beibehalten wurden, wenn sie auch nicht die Billigung der Kirche gefunden hatten, wohl aber von dieser gekannt und geduldet wurden. Die Schwierigkeit lag für die Kurie darin, daß sie die Bundesgenossenschaft des Ordens, den Alexander III. zu ihrem berufenen Verteidiger bestellt hatte, nicht entbehren konnte, in keinem Falle aber es dahin kommen lassen durfte, daß er einmal gegen sie Partei ergriff. Das aber geschah bereits in dem Augenblick, wo der Orden in einer wichtigen politischen Frage der Kurie den Gehorsam aufkündigte, den von ihr vorgeschriebenen Weg nicht gehen wollte und sich weigerte, ihr seine Mittel zur Verfügung zu stellen. Gerade von einem Falle dieser Art haben wir Kunde, und zwar so eingehende und urkundlich beglaubigte, daß von ihm aus auf die hier in Betracht kommenden Verhältnisse überhaupt ein helles Licht fällt und die eigenartige Natur der Beziehungen zwischen dem Orden und dem Papsttum klar erkennbar wird. Der Verlauf dieses einen Konfliktes macht manches spätere Vorkommnis begreiflich, läßt auch die Haltung der Kurie bei der schließlichen Katastrophe besser verstehen. Dabei war es nicht das erstemal, daß der Orden allen Ernstes mit der Einziehung seiner Privilegien bedroht wurde. Vielmehr war dies schon ein halbes Jahrhundert früher aus einem Anlaß geschehen, der dem Gebiet seines kirchlichen Lebens angehörte und ihn im Konflikt zeigt, wenn nicht mit der Lehre, so doch mit dem Brauch der Kirche.

Am 13. September 1208 nämlich richtete Innocenz III. an den Visitator der abendländischen Ordensprovinzen, Wilhelm Oeil de Boeuf, ein Schreiben[1]) über die Klagen, die von Erzbischöfen und Bischöfen gegen den Orden vorgebracht waren, weil er Ärgernis gebe, die Seelen der Gläubigen in Gefahr bringe und sich selbst Schaden bereite. Er sollte von Gott abgefallen und seiner ehemaligen Lauterkeit entfremdet sein, ja voll sündhaften Übermuts entehre er die Kirche, die ihn mit Wohltaten überhäuft habe. Es handelte sich um Mißachtung des Interdiktes und des Bannes bei den üblichen Kollekten und in den Kirchen seines Patronats. Wer ihm einen geringen Geldbetrag spende, so sollte er sich rühmen, sei als Glied seiner Brüderschaft dem Interdikt unerreichbar und kirchlichen Begräbnisses sicher: Leute, denen die Kirche solches verweigere, wie Ehebrecher, Wucherer usw., würden auf den Ordenskirchhöfen begraben wie gute katholische Christen. Das

---

[1]) *Innocentii III. Opera ed. Baluze II,* S. 68 (Ep. 121). Vgl. Prutz, Entwickelung und Untergang, S. 111.

seien „dämonische Lehren": Indem die Templer dadurch Seelen für sich zu fangen suchten, lockten sie diejenigen ins Verderben, die ihnen Glauben schenkten. Unter dem Schutz des Ordenskleides, heißt es ferner, fröhnten die Ritter weltlichen Lüsten. Aber es waren gegen den Orden noch schwerere Anklagen im Umlauf, auf die der Papst nur hindeutet mit der inhaltschweren Wendung, andere Übelstände wolle er nicht berühren, weil er sonst gleich jetzt mit strengen Strafen vorgehen, möglicherweise sogar dem Orden seine Privilegien entziehen müsse, die er schnöde mißbrauche. Also selbst Innocenz III. hielt es im Interesse der Kirche für geboten, über gewisse Dinge, die er von dem Orden wußte, zu schweigen, doch wohl, weil er von einem Einschreiten Ärgernisse und Verwirrungen fürchtete, um die eine Besserung des Ordens zu teuer erkauft schien. Noch charakteristischer ist das Zurückweichen des Papsttums in dem politischen Konflikt mit dem Orden zur Zeit des Einschreitens gegen die Staufer.

Im Mittelpunkt desselben stand Stephan von Sissy, der Präzeptor von Apulien und Ordensmarschall und als solcher der Vertreter des Meisters Thomas Berard. Im Orden selbst ist die Erinnerung an den Vorgang verloren gegangen, vielleicht absichtlich zurückgedrängt, da sie in Rom nur Unmut gegen den Orden erzeugen konnte. Der lange in Tyrus heimische Templer, der von ihm überarbeitete ältere Aufzeichnungen über die Geschichte des Königreichs Jerusalem, welche die beiden ersten Teile der *Gestes des Chiprois* bilden, für die zweite Hälfte des 13. Jahrhunderts als jüngerer Zeitgenosse fortsetzte, weiß von Stephan von Sissy nur zu berichten,[1]) er habe bei einem Zusammenstoß mit den Ungläubigen bei Tiberias – gemeint ist die unglückliche Schlacht im Jahr 1260 – seine Pflicht nicht getan und sei deshalb aus dem Orden gestoßen, habe aber später bei Papst Gregor X. seine Wiederaufnahme erwirkt.

In das Romanhafte wird die Sache da gespielt durch die Angabe, Stephan von Sissy habe die Niederlage der Christen veranlaßt aus Haß gegen Johann von Ibelin, den Herrn von Beirut, der ihm bei einer von ihnen beiden umworbenen Dame den Rang abgelaufen hätte. Richtig ist davon nur, daß der Marschall durch ein päpstliches Strafdekret zum Verlust des Gewandes verurteilt und durch Gregor X. wieder in dessen Besitz gesetzt worden ist. Über das, was dazwischen lag und diese Wendung herbeigeführt hat, geben einige der päpstlichen Kanzlei entstammende Aktenstücke überraschenden Aufschluß.

Als Urban IV. (21. August 1261 – 2. Oktober 1264), der vor seiner

[1]) *Gestes des Chiprois, ed. Raynaud,* Nr. 305, S. 163.

Erhebung Patriarch von Jerusalem und daher mit den Verhältnissen des Ostens aus eigener Anschauung bekannt war, zur Niederwerfung des durch Manfred zu neuem Glanz erhobenen staufischen Königtums in Sizilien rüstete, verweigerte Stephan von Sissy die Teilnahme an dem zur Unterstützung Karls von Anjou vorbereiteten Kreuzzug. Weshalb, wird nicht gesagt, doch werden es kaum allgemein politische Gründe, sondern besondere Interessen seines Ordens gewesen sein, die ihn dazu bestimmten. Wohl konnte ihm der für den Herrn der Provence in Aussicht stehende Machtzuwachs bedenklich erscheinen im Hinblick auf die Stellung der Templer gerade in Südfrankreich. Diese Lossagung von der päpstlichen Politik fand nun Urban IV. so gefährlich, daß er mit unerhörter Strenge durchgriff: Er erklärte den Marschall seines Amtes für unwürdig und verlangte von ihm, der trotzig vor ihm erschien, den Verzicht darauf und die Abgabe des Amtssiegels. Stephan aber erklärte, das Siegel werde er nur dem ausliefern, von dem er es erhalten hätte, und ließ sich zudem dahin vernehmen, es sei unerhört, daß der Papst sich eines solchen Eingriffes in die Besetzung der Ordensämter unterfange, die ausschließlich Sache des Meisters und des Generalkapitels sei. Damit verließ er den päpstlichen Hof.[1]) Da hielt es Urban IV. denn doch für geboten, die Autorität des Papstes als des Bischofs des Ordens, die, soweit wir sehen, bisher immer nur zu dessen Gunsten geltend gemacht war, endlich einmal gegen denselben in Wirksamkeit zu setzen: Er entsetzte Stephan von Sissy seines Amtes und sprach den Bann gegen ihn aus. Gleichzeitig befahl er dem Vorsteher der französischen Ordensprovinz und den Vorstehern und Brüdern des Pariser Tempels denselben bei seiner Ankunft zu verhaften und bis auf weitere Ordre in sicherm Gewahrsam zu halten. Für den Fall des Ungehorsams drohte er mit dem Widerruf der dem Orden verliehenen Privilegien und der Unterstellung desselben unter die Jurisdiktion der Ordinarien.[2]) Das Außerordentliche dieser auf dem Wege der Provision ergriffenen Maßregel veranlaßte den Papst, sich in einem Schreiben auch noch an den Ordensmeister selbst zu wenden und ihn zu gehorsamer Hinnahme der getroffenen Verfügung zu ermahnen. Nachsicht in diesem Falle, meint er fast entschuldigend, würde dem Orden selbst nachteilig sein und des Meisters Ruf schaden, zumal dadurch der

[1]) So berichtet nachmals bei Prutz, a.a.O., S. 280, Clemens IV. Vgl. ebd. S. 99/100 und Lea, *History of the Inquisition III*, S. 242 und Bini, *Die Tempieri in Toscana* (Lucca 1845), S. 458–55, sowie Delaville Le Roulx, *Documenta concernant les Templiers* (Paris 1882), S. 39.

[2]) *Régistres d'Urbain IV., ed. Guiraud II*, Nr. 336, S. 151.

Schein erweckt werden könnte, als ob er für den Marschall Partei nähme – eine Wendung, nach der man vermuten möchte, in der den Streit veranlassenden Frage seien der Meister und sein Stellvertreter nicht einig gewesen.[1]) Die Sache nahm aber einen ganz andern Verlauf, als Urban IV. erwartet hatte. Zunächst fand kein Haftbefehl gegen Stephan de Sissy bei den französischen Ordensbeamten keinen Gehorsam, angeblich weil der Marschall sich alsbald von dort entfernte und nach dem Osten ging. Damit wenigstens entschuldigten die französischen Templer sich, als der Papst den Bischof von Paris beauftragte, gegen die Brüder des dortigen Hauses und der übrigen im Sprengel von Sens wegen Ungehorsams ein Verfahren einzuleiten, indem sie gleichzeitig Berufung an die Kurie einlegten. Mag sich das wirklich so verhalten haben oder mögen die Pariser Templer nur eine Ausrede gebraucht und Stephan von Sissy nach wie vor als ihren Marschall angesehen und demgemäß unbehelligt gelassen haben: Sicher ist, daß Urban IV. die Entschuldigung gelten ließ und unter dem 13. August 1263 den Bischof von Paris anwies, den Prozeß gegen den Orden nicht anzustrengen oder, wenn es schon geschehen sein sollte, niederzuschlagen.[2]) Die Angelegenheit scheint zunächst in der Schwebe geblieben zu sein. Der Orden aber wird nicht unterlassen haben, sein Recht an der Kurie mit Nachdruck zu verfechten. Auch gelang es ihm, als nach dem Tode Urbans IV. der Provenzale Guido Legros, bisher Erzbischof von Narbonne, als Clemens IV. den päpstlichen Stuhl bestieg, diesen versöhnlich zu stimmen. Ihm lag augenscheinlich daran, mit dem Orden seinen Frieden zu machen. In dem Schreiben, das er dazu an Thomas Berard richtete, verurteilte er natürlich das Verhalten Stephans von Sissy und vertat die Rechtmäßigkeit der von seinem Vorgänger getroffenen Verfügung, da eine solche Insolenz nicht habe ungestraft bleiben können. Wären die Templer der Anfänge und des Wachstums ihrer Genossenschaft und der Förderung, die sie von der Kirche als ihrer gütigen Mutter erfahren hätten, recht eingedenk, so würden sie sich nie so überhoben haben und nicht denken, sie könnten tun und lassen, was sie wollten, und könnten in allen Stücken nach Gutdünken handeln. „Hat etwa Gott – so fragt der Papst –, als er dem heiligen Petrus die Himmelsschlüssel übergab und seine Herde zu weiden befahl, die Templer davon ausgenommen und seiner Herrschaft nicht unterstellt?" Der Orden wird an all das erinnert, was die Kirche für ihn getan, und – augenscheinlich im Hinblick auf die von Urban IV. ausge-

[1]) Prutz, a.a.O. Nr. 17, S. 289.

[2]) *Régistres d'Urbain IV.*, II, Nr. 336, S. 151.

sprochene Drohung – als eine besondere Gunst hervorgehoben, daß sie ihn der Gewalt der Bischöfe entzogen und um seinetwillen die Kirche geradezu gekürzt und benachteiligt habe. Es wird ihm zu Gemüt geführt, wie er der Feindschaft der weltlichen Fürsten und dem Ansturm der Bischöfe erliegen würde, sobald die Kirche ihre schützende Hand von ihm abzöge. Deshalb müsse er um seines eigenen Vorteils willen ihr die schuldige Ehrfurcht erweisen und mit ihr in Frieden und Freundschaft leben. Er möge nicht glauben, die Kirche habe über ihn nicht ebenso gut zu verfügen wie über alle anderen Orden, bloß weil sie bisher keinen Gebrauch von ihrem Recht gemacht hätte. Es liege also in seinem Interesse, sich der Kirche nicht trotzig entgegenzustellen, sondern durch Gehorsam sich ihres ferneren Wohlwollens zu versichern. Den Eindruck dieser begütigenden Worte zu steigern und sich ihrer gebührenden Aufnahme bei dem Orden zu vergewissern, läßt Clemens IV. dann durchblicken, er wisse mehr von dem Orden, als dieser glaube, und sei unter Umständen in der Lage, ihn noch um anderer Gründe willen schwer zu treffen. Auch deshalb, so fährt er fort, müsse derselbe sich das Wohlwollen des obersten Bischofs zu erhalten bestrebt sein, damit dieser und die Kirche die Übelstände im Orden, die sie bisher nachsichtig ignoriert und geduldet hätten, nicht einmal durch seine Unbotmäßigkeit herausgefordert, näherer Erörterung unterzögen. Denn es werde sich alsdann kein Rechtstitel dafür finden lassen und die Kirche dieselben nicht länger dulden können, ohne ihr Gewissen zu belasten. Das Gewicht dieser Worte recht zu würdigen, muß in Betracht gezogen werden, daß der Papst, der sie schrieb, ein geborener Provenzale war, aus St. Gilles stammte und als Bischof von Puy und Erzbischof von Narbonne mit den Verhältnissen jener Gegenden, in denen die Templer besonders begütert und einflußreich waren, vertraut war und sicherlich auch den Orden und dessen innere Zustände besser kannte als sonst jemand. Um so beachtenswerter ist es und wirft ein um so helleres Licht einerseits auf die Unentbehrlichkeit des Ordens für die Kurie und andererseits auf die Folgen, die ein Einschreiten der Kirche gegen die mit ihrem Wissen im Orden herrschenden Übelstände zu haben drohte, wenn Clemens IV. schließlich erklärte, so sehr er nach dem Geschehenen Grund habe, dem Meister sowohl wie dem Marschall zu zürnen, wolle er dennoch Gnade für Recht ergehen lassen und Stephan von Sissy vom dem Banne lösen, und zwar ohne ihm irgendeine Buße aufzuerlegen: Er überließ es dem Meister und dem Kapitel, eine angemessene Strafe auszusprechen. Das Schreiben schließt mit der Mahnung, der Orden möge ähnliche Verirrungen in Zukunft vermeiden und sich bemühen, der Gunst und Gnade auch ferner würdig zu sein, die ihm der römische Stuhl bisher in so reichem Maße habe zuteil werden lassen. Er möge aus der ihm gewährten Straflosigkeit nicht etwa den Antrieb zu neuen Ausschreitungen entnehmen, sondern den zu gründlicher Besserung seines Wandels. Tue er das nicht, so werde der päpstliche Stuhl, der jetzt begangenes Unrecht mit dem Schleier des Vergessens bedecke, in der Übung von Recht und Gerechtigkeit sich strenger erweisen, als ihm lieb sein würde. Besondern Eindruck scheint die päpstliche Gnade so wenig wie die sie begleitende Mahnung und die hinzugefügte Drohung gemacht zuhaben. Der schließliche Ausgang des ganzen Handels wird nur als empfindliche Niederlage des Papsttums und Triumph des Ordens aufgefaßt werden können. Sehen wir doch um dieselbe Zeit Clemens IV. bemüht, den Orden, der ebenso wie die Hospitaliter und die Cisterzienser den Zehnten zur Unterstützung Karls von Anjou verweigerte, durch zahlreiche Bestätigungen und Erweiterungen seiner Privilegien zu beschwichtigen.[1]) Aber der Sieg des Ordens sollte noch vollständiger werden: Eine Bestrafung Stephans de Sissy, durch den Orden erfolgte nicht, und als nach dreijähriger Sedisvakanz, im September 1271, der Archidiakonus Theobald von Lüttich, ein Sprößling der Visconti von Piacenza, der damals als Legat im heiligen Lande weilte, als Gregor X. Papst wurde, setzte es Stephan sogar durch, daß auch seine Ausstoßung aufgehoben und ihm das Gewand zurückgegeben wurde.[2])

Dieser Vorgang ist höchst lehrreich und wirft ein helles Licht auf die Verschiedenheit der Entwickelung, welche die beiden großen geistlichen Ritterorden durchlaufen haben, obgleich sie von den gleichen Grundlagen ausgingen. Wenn aber die den Templern von der Kirche eingeräumten Freiheiten sich in allen wesentlichen Stücken mit den den Hospitalitern zugestandenen deckten, so wird für diese Ungleichheit der Entwickelung beider Orden die Erklärung anderwärts zu suchen sein. Auszugehen ist dabei von dem, worin der Templerorden in bezug auf sein Wesen und dessen Bestätigung nachmals dennoch von dem der Hospitaliter verschieden erscheint. Da aber kann nach dem, was die gegen ihn geführten Prozesse ergeben haben, nicht zweifelhaft sein, daß das Übermaß der Freiheit ihm ermöglicht hat, sein inneres Leben auf einem wichtigen Gebiet dem Einfluß der Kirche zu entziehen. Er gestaltete es auf diesem in einer Weise, die mit der Entwickelung, welche die kirchlichen Institutionen und die ihnen zugrunde liegenden dogmatischen Anschauungen nahmen, je länger, je

[1]) Lea a.a.O., III, S. 242.

[2]) *Gestes des Chiprois,* S. 163.

mehr in Widerspruch geriet. Das führte schließlich zu einem Konflikt, der ohne Selbstaufgabe für keinen von beiden Teilen gütlich lösbar war. Wie das gekommen ist, läßt sich zwar nicht in allen Einzelheiten nachweisen, doch ist der Gang der Entwickelung wenigstens in den Hauptpunkten und auf einem besonders wichtigen Gebiete mit einer Sicherheit erkennbar, die uns erlaubt, auch in betreff anderer einen entsprechenden Schluß zu ziehen. Freilich liegt urkundliches Material hierfür nur wenig vor: doch reicht es aus, um im Zusammenhange mit den Ordensstatuten und mit der Entwickelung des Brauches und der Lehre der Kirche ein Bild zu geben von den Wandlungen, die sich da vollzogen haben, und von den Widersprüchen, die daraus hervorgingen, ohne daß ein sicherer Anhalt für ihre Lösung gegeben gewesen wäre.

Überblicken wir zunächst das urkundliche Material, welches über die Stellung der Kleriker im Templerorden[1]) Auskunft gibt, so gewinnen wir daraus nur eine sehr unvollkommene Anschauung von den einschlägigen Verhältnissen. Selbst wenn man annimmt, es seien von den hierher gehörigen päpstlichen Erlassen viele verloren gegangen, weil sie für die die Templer beerbenden Hospitaliter kein praktisches Interesse mehr hatten, so gewinnt man doch den Eindruck, daß es sich hier um ein nicht fest umgrenztes Gebiet und innerhalb desselben um Fragen gehandelt hat, die zu verschiedenen Zeiten verschieden beantwortet wurden, nicht um Aufstellung und Durchführung eines Prinzips, sondern um die Befriedigung zeitweise auftauchender Bedürfnisse und um die Beseitigung gelegentlich in der Praxis entstehender Schwierigkeiten. Nirgends wird ein einheitliches, von bestimmten Grundsätzen ausgehendes und sie durchführendes System erkennbar. Wenn z.B. Alexander III. am 6. Juni 1171 oder 72 den Templern erlaubt, Geistliche, die keinem anderen Orden verpflichtet sind, mit Zustimmung des betreffenden Bischofs aufzunehmen, unter Umständen aber auch wieder zu entfernen,[2]) so wird das im Hinblick auf die in dem großen Freibrief getroffene Einrichtung eines eigenen Ordensklerikates nur zu erklären sein durch die Annahme, der Bedarf des Ordens an Geistlichen sei bis dahin nicht gedeckt gewesen, und deshalb sei die in jener Bulle getroffene Übergangsbestimmung[3]) erneut und ihre Gültigkeit verlängert worden. War das aber der Fall, so liegt die Vermutung nahe, die Stellung, welche den Ordensklerikern von

---

[1]) Vgl. oben S. 211 ff.
[2]) Prutz, a.a.O. Nr. 16.
[3]) Vgl. oben S. 177.

dem großen Gönner der Templer angewiesen war, habe für die Geistlichen nichts Lockendes gehabt und daher den Anschluß nur weniger bewirkt. Wenn dann den Ordenskaplänen von Innocenz III. am 25. Juli 1213 verboten wird, Priestern die Absolution zu erteilen, welche unter Verheimlichung der empfangenen Weihen, also indem sie sich für Laien ausgaben, in den Orden Aufnahme gefunden hatten,[1]) und das gleiche Verbot von Clemens IV. am 23. Oktober 1265 in bezug auf diejenigen Templer ergeht, die sich an Geistlichen vergriffen hatten und daher der Exkommunikation verfallen waren,[2]) von der sie nach den Bestimmungen des Laterankonzils von 1139 nur durch den Papst selbst gelöst werden konnten, so wird man annehmen dürfen, derjenige Punkt, in dem die Befugnisse der Templerkleriker verschieden bemessen wurden, sei das ihnen als Beichtigern zustehende Recht der Absolution gewesen. Ein Wechsel der Auffassung in dieser Hinsicht, der Kontroversen entstehen ließ und zu deren Beseitigung das Eingreifen der päpstlichen Autorität nötig machte, wird bestätigt, wenn einerseits Gregor IX. am 7. Juni 1238 den Ritterbrüdern erlaubte, daß sie, in mohammedanische Kriegsgefangenschaft gefallen, auch bei Brüdern des Minoritenordens, die ja als Missionare auch in dem Gebiet der Ungläubigen vielfach anzutreffen waren, beichten dürften,[3]) und andererseits Alexander IV. am 1. September 1260 die Ordenskapläne bevollmächtigt, den Leuten des Ordens *(familia)*, d. h. seinen Dienern, Pächtern, Hintersassen, Hörigen usw. Beichte zu hören und die Sakramente zu spenden.[4]) Nimmt man dazu, daß bei dem Einschreiten gegen den Orden Clemens V, in der Bulle *Faciens misericordiam* vom 8. August 1308 an die Spitze der von seinen Kommissaren zu untersuchenden Anklagen die Behauptung stellt, die Templer glaubten und beanspruchten als ihr Recht, ihren Oberen, dem Meister, den Visitatoren und den Präzeptoren stehe den Brüdern gegenüber die Befugnis zur Erteilung der Absolution zu, so wird man ebenfalls auf diesen Punkt als denjenigen geführt, wo Auffassung und Praxis des Ordens von der Kirche angefochten wurden. Natur und Verlauf dieses Konflikts wurden in erster Linie bedingt durch das, was in dem Orden in bezug auf Beichte und Absolution herkömmlich war, weiterhin aber durch das, was die Kirche über Beichte und Absolution lehrte und was zu üben ihre Diener demnach einerseits verpflichtet, andererseits

[1]) *Migne*, 216, S. 891.
[2]) Prutz, a.a.O. Nr. 197.
[3]) Potthast, *RP*, Nr. 10615.
[4]) Prutz, a.a.O. Nr. 160.

berechtigt waren. Geht man der Sache näher nach,[1]) so ergibt sich, daß Lehre und Übung der Kirche in bezug auf Beichte und Absolution im Laufe der Zeit Wandlungen erfuhren, welche den von ihr zugelassenen Ordensbrauch in einem bedenklichen Licht erscheinen lassen mußten, und daß unter ihrem Einfluß eben dieser Brauch des Ordens eine Umgestaltung erfuhr, die seinem ursprünglichen Sinn nicht entsprach und eine mit dem alten Geist des Ordens unvereinbare Deutung zur Herrschaft brachte.

Die Satzungen, nach denen das dem Dienste Gottes mit Waffen und im Gebet geweihte Leben der Templer in bezug auf ihre weltliche Tätigkeit sowohl wie auf ihre kirchlichen Übungen geregelt war, beruhten auf der Regel des Cisterzienserordens. Durch diese aber geht auch der Templerorden auf die dem abendländischen Mönchswesen überhaupt zugrunde liegende Benediktinerregel zurück. Daher treffen die Vorstellungen, die wir in der älteren Zeit in bezug auf Beichte und Absolution bei ihm finden, mit den in jener erkennbaren insofern zusammen, als sich darin keine Spur findet von der Anerkennung des sakramentalen Charakters der Beichte, wie ihn die Kirche später ausgebildet hat. Die Benediktinerregel enthält keine Bestimmung darüber als die ganz allgemeine, der Sünder solle seinem Abte oder einem älteren Bruder beichten und deren Rat einholen. Von der Absolution wird überhaupt nichts gesagt. Es war hier also der Brauch beibehalten, der bereits vor dem heiligen Benedikt bei dem Mönchtum überhaupt üblich gewesen war, nämlich öffentliche Beichte der einzelnen Brüder in den täglichen Versammlungen der Klostergenossen. Dabei aber konnte es sich doch nur um das Bekenntnis handeln von Verstößen gegen die vorgeschriebene Ordnung des täglichen Arbeitens und Lebens. Bei den Cisterziensern war dieser einfache alte Brauch bereits weiter entwickelt und zu feierlicherer Form ausgestaltet. Täglich nach der Messe sollen sich die Brüder, so bestimmt da die Regel, zum Kapitel vereinigen. Von jedem, der sich einer Schuld bewußt ist, wird erwartet, daß er sie da beichte und Verzeihung erbitte. Tut er das nicht, so ist jeder Bruder, der um seine Verfehlung weiß, gehalten, als Ankläger aufzutreten, und nach Anhörung seiner Verteidigung soll dem Sünder von den versammelten Brüdern das Urteil gesprochen werden. Lautet dieses auf Verhängung der Disziplin, d. h. Geißelung, so hat der Schuldige alsbald seinen entblößten Rücken den Streichen darzubieten, bis der Abt Einhalt tut.

---

[1]) Ich folge hier im wesentlichen der scharfsinnigen Untersuchung von Henry Charles Lea, *The absolution formula of the Templars* in den *Papers of the American Society of Church History*, Bd. V, S. 37 ff.

Nachdem dieser dann noch die private Beichte der Brüder über ihre geheimen Verfehlungen entgegengenommen hat, verkündet er auch dafür unter Auflegung entsprechender Buße Absolution. Als Sakrament im späteren Sinn der Kirche ist demnach die Beichte auch bei den Cisterziensern noch nicht angesehen worden. Denn selbst auf dem Sterbebett sollte ein solcher nur entweder mit dem einen Wort *Confiteor* ein ganz allgemeines Sündenbekenntnis ablegen oder seine Brüder bitten, sie möchten für ihn zu Gott beten um Vergebung der von ihm begangenen Sünden.

Diesem alten Cisterzienserbrauch entsprach der des Templerordens in betreff der Beichte. Diese ist auch bei ihm nicht eine kirchliche Handlung, sondern eine innere Angelegenheit des Ordens, zu der er der Kirche und ihrer Diener nicht bedarf. Auch bei ihm handelt es sich daher nicht um ein Sakrament, sondern um einen Akt, der zu dem inneren Leben des Ordens gehört, dementsprechend gestaltet ist und in bestimmter Richtung förderlich werden soll. Daher erfolgt er wie bei den Cisterziensern im Kapitel. Kapitel aber sollen überall da gehalten werden, wo mindestens vier Brüder beieinander sind, und zwar allsonntäglich, die drei hohen Feste ausgenommen, an deren Vorabenden die Versammlungen stattfinden. Sie sind religiöse Zusammenkünfte, geschlossene Andachtübungen zu erbaulichen und erziehlichen Zwecken. Beim Eintritt hat jeder Bruder sich dreimal zu bekreuzen und ein Vaterunser zu beten, worauf er seinen Platz einnimmt. Nachdem dann der vorsitzende Obere eine erbauliche Rede gehalten, soll jeder die Schuld bekennen, die er auf sich geladen hat. Unterläßt einer dies, so kann auch hier jeder andere, der seine Schuld kennt, ihn zur Beichte auffordern. Bestreitet er den Tatbestand, so wird die Sache unter Vernehmung von Zeugen förmlich verhandelt. In Abwesenheit des Beschuldigten bestimmt danach das Kapitel die Strafe, die, wenn sie auf Geißelung lautet, von dem Vorsitzenden sogleich vollzogen wird. Doch gab es entsprechend der Mannigfaltigkeit der Verstöße, die in einem so peinlich bis ins kleinste geregelten täglichen Leben vorkommen konnten, eine lange Reihe von Abstufungen der zu verhängenden Bußen. Später, als der Orden ihm angehörige Geistliche zur Verfügung hatte, konnte das Kapitel in leichteren Fällen von der Verhängung einer Buße absehen und deren Festsetzung dem Kaplan des Ordenshauses überlassen. Den Schluß des Kapitels bildete wiederum ein Gebet des Vorsitzenden, der dann alle Anwesenden absolvierte und warnend darauf hinwies, daß diejenigen, die nicht gebeichtet hätten, von dem Mitgenuß der Verdienste und Wohltaten des Ordens ausgeschlossen seien. Demnach waren die Kapitel der Templer nicht gottesdienstliche Versammlungen, sondern nur bestimmt zur Ablegung der Schuldbekenntnisse der Brüder, die sich einer Verfehlung gegen die Regel bewußt waren oder durch ihre Genossen einer solchen überführt wurden. Daher wurden beim Eintritt in den Kapitelraum alle ermahnt, ihr Gewissen zu prüfen, ob sie irgendwie schuldig geworden seien und zur Reinigung ihres Gewissens und zur Wiedergewinnung ihres Seelenfriedens etwas zu büßen hätten. Jedenfalls hat es sich danach in den Kapiteln nur um eine interne Angelegenheit des Ordens gehandelt, um eine Einrichtung, die der Aufrechterhaltung der Zucht und der Läuterung der Brüder dienen sollte, also um einen Akt der Seelsorge. Daher ist dabei auch nicht die Rede von einer Absolution im kirchlichen Sinne, wie sie der Priester dem Beichtenden erteilt, indem er ihn von ganz bestimmten, in der Beichte bekannten Sünden losspricht und der göttlichen Vergebung und Gnade versichert. Vielmehr läßt die noch ganz allgemein gehaltene Absolutionsformel,[1]) deren der das Kapitel leitende Bruder sich bedient, mit Sicherheit erkennen, daß er, indem er sie aussprach, nicht den Anspruch erhob, eine kirchliche Handlung zu vollziehen und ein priesterliches Recht zu üben, sondern daß man die begangene Schuld nach den Gesetzen des Ordens für gesühnt ansah und durch die willige Erduldung der von den Brüdern für angemessen erachteten Strafe von seiten des Sünders: Mit diesem meinte man, danach der göttlichen Verzeihung sicher sein zu können.

Beichte und Buße sind demnach in jener Zeit vom Templerorden in Übereinstimmung mit der damaligen Lehre der Kirche nicht als Sakramente betrachtet und behandelt worden. Daher bedurfte man dazu nicht eines Priesters als des besonders geweihten und bevollmächtigten Vermittlers. Während die Kirche später die Fähigkeit, diese Vermittlung zwischen Gott und dem Sünder auszuüben, ausschließlich dem Priester zuerkannte, war damals auch nach ihrer Auffassung die Kraft zu binden und zu lösen, wie in den Klöstern den Äbten, so in dem Orden dem Meister und denen zuerkannt, welche ihn in den einzelnen Konventen vertraten und die Kapitel leiteten. So wenig aber wie als gottesdienstliche Versammlungen wurden die Kapitel angesehen als Gerichtshöfe, welche über die irgendwie schuldig gewordenen Genossen nach dem Strafgesetzbuch des Ordens das Urteil zu fällen hatten. Sie waren nichts als brüderliche Vereinigungen, die unter frommen Übungen das Seelenheil jedes einzelnen Genossen fördern und ihm die Gewißheit der Erlösung gewinnen helfen sollten. Daher darf man auch die Strafen, auf die sie erkannten, nicht als solche auffassen. Denn es

[1]) Vgl. *Procès I*, S. 390/91; 398, 413, II, S. 208.

handelte sich dabei nicht darum, daß dem Buchstaben des Gesetzes Genugtuung verschafft würde, sondern um eine Bußübung, durch deren freiwillige und demütige Erduldung der Sünder den inneren Frieden wiedergewinnen und so durch den Akt sittlicher Läuterung, den er unter Beihülfe seiner Brüder vollzog, wieder fähig und würdig werden sollte, an den Segnungen teilzunehmen, die der Orden seinen Gliedern gewähren konnte. Das Verfahren in den Kapiteln bezweckte nicht die Stärkung der Zucht im Orden, sondern sollte die Seele des Sünders retten.[1]) Nicht um der Gemeinschaft willen wurde die Übertretung der Ordenssatzungen bestraft, und nicht der Strafe, in so demütigenden Formen sie oft vollzogen wurde, sollte der Sünder sich schämen, sondern der Sünde, durch die er sie sich zugezogen hatte.[2]) Das kam auch bei dem Vollzug der Strafe, wenn er gleich im Kapitel erfolgte, zum Ausdruck. Während der Geißelung des Schuldigen sollten alle an dem Kapitel teilnehmenden Brüder Gott bitten, daß er ihm vergebe, darauf sollten alle ein Vaterunser beten und, wenn ein Kaplan anwesend war, sollte dieser die feierliche Handlung durch ein Gebet beschließen.[3]) Hatte das Kapitel auf eine längere Zeit dauernde Strafe erkannt – wie den zeitweiligen Ausschluß von der täglichen Lebensgemeinschaft oder den gemeinsamen Mahlzeiten u. a. m. – so bestimmte es auch ihr Ende, und bei dem Wiedereintritt des nun gewissermaßen entsühnten Bruders in das Kapitel sollten alle niederknien und Gott bitten, er möge jenen in Zukunft vor Sünde bewahren.[4]) Der religiöse und nicht bloß disziplinare Charakter der Strafe, wird auch dadurch bestätigt, daß, wo sie nicht sofort durch den Oberen vollstreckt wurde, dies nachträglich durch den Ordenskaplan geschehen sollte, und daß späterhin, als der Einfluß der Ordenspriester gewachsen war, manche geradezu die Ansicht vertraten, die Strafe müsse immer durch einen Priester und dürfe nicht durch den Meister oder Präzeptor vollstreckt werden. So erscheint auch noch unter den veränderten Verhältnissen späterer Zeit die Strafe, die das Kapitel über einen Bruder verhängte, nicht als solche, sondern als ein Akt der Seelsorge.

Diesen altüberkommenen Brauch, der ebenso tief in dem gesamten Wesen des Mönchtums wurzelte, wie er im Einklang stand mit der damals in der Kirche herrschenden Auffassung von Beichte und Buße, hat Alexander III. nicht angetastet, sondern aufrecht erhalten sehen wollen. Deshalb verbot er den Geistlichen, die der Orden sich hinfort

---

[1]) *Règle*, Art. 412.

[2]) Ebd. Art. 415, 494 u. 539.

[3]) Ebd. Art. 502.

[4]) Ebd. Art. 520.

beigesellen durfte, jede Einmischung in die Ordensangelegenheiten, soweit sie nicht durch den Oberen aufgefordert wurden, daran teilzunehmen. Damit waren die Ordenspriester ausgeschlossen auch von der in den Ordenskapiteln ausgeübten Seelsorge. Obgleich der Orden nun ihm als Glieder zugehörige Priester zur Verfügung hatte, wurde es mit der Beichte und der Vollstreckung der Bußen doch so gehalten, wie bisher. An dem inneren Leben des Ordens hatten die Ordenspriester zunächst keinen Anteil. Ihre Wirksamkeit den Brüdern gegenüber begann erst da, wo die den Oberen zustehende Macht zu binden und zu lösen ihre Grenze hatte, d. h. wo es sich nicht mehr handelte um Übertragung der Ordenssatzungen, sondern um einem andern Gebiet angehörige Verschuldungen, wo daher zur Versöhnung des Sünders mit Gott und der diesen vertretenden Kirche die höhere priesterliche Autorität unentbehrlich war. So wurde durch die Schaffung des Ordensklerikats an dem inneren Leben des Ordens zunächst nichts geändert, wohl aber nahm er hinfort der Kirche gegenüber eine andere und zwar wesentlich unabhängigere Stellung ein. In bezug auf die Feier der Messe, die Erteilung des Abendmahles und andere, schon nach der damaligen Kirchenlehre sakramentale Handlungen war er nun nicht mehr auf die Bischöfe und ihre Pfarrgeistlichkeit angewiesen, auch da nicht, wo es sich um die Seelsorge unter den Einsassen seiner Begüterungen und die Bestellung von Pfarrern für die unter seinem Patronat stehenden Kirchen handelte. In allen diesen Fällen standen ihm jetzt die Ordensgeistlichen zur Verfügung, soweit deren Zahl gegenüber dem vermutlich sehr beträchtlichen Bedarf ausreichte, was allerdings nicht durchweg der Fall gewesen zu sein scheint. Jedenfalls läßt die Art, wie Alexander III. die Stellung des Ordensklerikates regelte, darüber keinen Zweifel, daß die Kirche auch jetzt gegen den althergebrachten Beicht- und Bußgebrauch des Ordens irgend welche Einwendungen nicht erhob und an seiner ferneren Übung Anstoß zu nehmen keinen Anlaß sah.

Dies entspricht durchaus dem, was wir noch zu Ende des zwölften Jahrhunderts anerkannte theologische Autoritäten als Lehre der Kirche von der Beichte und Buße vertreten sehen. Zunächst waren doch die Templer nach der Auffassung jener Zeit nicht schlechtweg Laien, sondern trotz ihres weltlichen Lebens Mönche und genossen dementsprechend nicht bloß in den Augen der großen Menge, sondern auch in denen der Kirche selbst die solchen zustehenden Rechte und Befugnisse. Den Mönchen aber erkannte das Mittelalter einen gewissermaßen geistlichen Charakter zu. Daher haben weder Laien noch Geistliche damals Anstoß genommen, wenn Mönche Handlungen vornahmen, die streng genommen nur von geweihten Geistlichen hätten vollzogen werden dürfen. Zu diesen gehörten namentlich Beichte hören und Absolution erteilen, die demgemäß damals nicht den Priestern vorbehalten waren. Denn die Gewalt der Schlüssel war noch nicht so scharf umgrenzt wie später. Vielmehr hat es noch langer gelehrter theologischer Erörterungen bedurft, bis auf Grund der in einem anderen, neuen Sinne gefaßten Kirchenlehre hier auch ein neuer Brauch in der kirchlichen Praxis zu allgemeiner Anerkennung gelangte. Wohl gestand nun schon damals in bezug auf die Vermittlung zwischen Gott und den Gläubigen dem Priester eine höhere und daher wirksamere Autorität zu als dem Laien, aber auch der Laie entbehrte nicht ganz des Vermögens dazu. Anders als später, wo man dem Priester freiwillig eine höhere Macht zuerkannte, als er früher irgend beansprucht hatte, konnte zu Ende des zwölften Jahrhunderts auch ein Laie die Beichte eines anderen hören und ihm auf Grund von Reue und Buße Absolution erteilen, d. h. ihn seiner Überzeugung von der ihm gewährten göttlichen Verzeihung versichern und dadurch in dem tröstenden Glauben an diese befestigen. Daher sind damals auch die Absolutionsformeln so gefaßt, daß der Priester damit nicht den Anspruch erhebt, er verheiße kraft einer ihm innewohnenden besonderen höheren Macht dem Beichtenden die Vergebung der Sünden, sondern daß er vielmehr, indem er sie aussprach, nur Gott bat, er möge den Reuigen schützen und ihm seine Sünden vergeben. Mit dieser Anschauung steht es im Einklang, wenn die Kirche des zwölften Jahrhunderts es ruhig zuließ, daß auch Mönche, die zwar nicht Priester, aber doch mit einem dem priesterlichen ähnlichen Charakter bekleidet waren, diese Handlungen vornahmen und insbesondere den Beichtenden die Absolution erteilten.[1]) Sogar die gelehrten Theologen hatten dagegen nichts einzuwenden, wo es durch das Herkommen sanktioniert war. Petrus Cantor, der die Erteilung der Absolution im allgemeinen als Vorrecht des Priesters in Anspruch nimmt und so als einer der ersten für den sakramentalen Charakter der Beichte eintritt, konstatiert doch selbst, daß in einigen Konventen ein Mönch seinen Brüdern die Beichte höre und Buße auferlege, und findet darin nichts Unerlaubtes.[2]) Weiter noch geht Lanfranc, indem er den Satz aufstellt, das Bekenntnis geheimer Sünden könne überhaupt vor jedem Kleriker abgelegt werden, vom Priester herab bis zum Türhüter, wenn solche aber nicht zu erreichen seien, auch vor jedem ehrenwerten Laien, welcher dann die Seele von Sünde zu reinigen vermöge. Andere Autoren

[1]) *Règle*, Art. 539.
[2]) Lea a.a.O., S. 42.

erklären, in Abwesenheit eines Priesters sei die Beichte bei einem Laien ebenso wirksam. Dieser Satz ist sogar von Gratian in seine Sammlung der Kirchengesetze aufgenommen und von dem streng orthodoxen Petrus Lombardus gebilligt worden. Auch steht diese Auffassung im Einklang mit den herrschenden Vorstellungen von der Art, wie Beichte und Buße wirken sollen. Selbst nachdem das Laterankonzil von 1213 den Gläubigen die Verpflichtung auferlegt hatte, im Jahr wenigstens dreimal bei ihrem Pfarrer zu beichten, lehren die hierher gehörigen Geschichten, die Cäsarius von Heisterbach seiner vielgelesenen Sammlung von erbaulichen Anekdoten einverleibt hat, daß man die Wirksamkeit der Beichte allein in der Beichthandlung selbst fand, ohne Rücksicht auf den Charakter der Person, vor der sie abgelegt wurde, und auch damals ließen noch die Theologen die Beichte bei einem Laien wenigstens in Fällen der Not als Ersatz zu für die bei einem Priester. Dementsprechend wurde auch verfahren, wie das Beispiel Joinvilles zeigt, der angesichts des Todes, der ihm und seinen Gefährten in der Gefangenschaft der Ungläubigen drohte, seinem Schicksalsgenossen Guido von Ibelin beichtete und dessen Beichte hörte, worauf sie sich gegenseitig Absolution erteilten. Selbst als die Lehre von der Beichte als einem Sakrament die Herrschaft gewonnen hatte, machte Thomas von Aquino der älteren Anschauung doch noch das Zugeständnis, in Fällen der Not trete Gott selbst an die Stelle des Priesters und die von einem Laien erteilte Absolution erlange eine Art von sakramentaler Kraft: Der so Absolvierte sei mit Gott versöhnt und könne in seinem Gewissen ruhig sein, aber er bedürfe doch noch der Versöhnung mit der Gott auf Erden vertretenden Kirche und solle daher, wenn möglich, die Beichte bei einem Priester wiederholen und sich von ihm nochmals absolvieren lassen. Die Kirche ging hier sogar noch weiter, indem sie gestattete, wenn jemand den zunächst zuständigen Priester zur Entgegennahme seiner Beichte für ungeeignet halte und doch die Erlaubnis zur Beichte bei einem anderen von ihm nicht erhalte, so brauche er sich überhaupt nicht an einen Priester zu wenden, sondern dürfe einem Laien beichten.

Von diesen Wandelungen der kirchlichen Auffassung und Praxis in bezug auf Beichte und Absolution ist nun auch der Templerorden nicht unberührt geblieben. Mochte er theoretisch und in manchen Konventen auch praktisch die überkommene Beichte im Kapitel festhalten, so mußte deren Bedeutung und Wesen nun allmählich doch geändert werden. Wenn einige Jahre nach der Auflösung des Ordens, um 1317, ein gelehrter italienischer Theologe, für dessen Heimat Asti gilt, bei Erörterung aller auf die Beichte bezüglichen Fragen gerade die nach der

Beichte und Absolution durch Laien eingehender als sonst irgendein anderer behandelt, so möchte man vermuten, diese sei dem Interesse der Theologen eben damals durch einen besonderen Anlaß näher gerückt, und diesen Anlaß in den Enthüllungen finden, die der Prozeß des Templerordens unlängst gebracht hatte. Der Betreffende kommt denn auch zu dem Schluß, die Beichte bei einem Laien habe nicht sakramentalen Charakter und bewirke keine Absolution.[1]) Erledigt freilich war die Kontroverse damit nicht. So entschieden die Kirche den sakramentalen Charakter von Beichte und Buße betonte, so gab es doch immer Umstände, unter denen die Gläubigen sich trotzdem der Absolution auf andere Weise zu versichern suchten. Noch zu Anfang des fünfzehnten Jahrhunderts hat Prierias in Übereinstimmung mit Thomas von Aquino geurteilt, auf dem Sterbebett könne ein Exkommunizierter auch bei einem Laien beichten und von diesem in die Gemeinschaft der Kirche aufgenommen werden. Erst das Konzil von Trient hat 1551 als Lehre der Kirche verkündet, ausschließlich Bischöfe und Priester seien berechtigt, das Sakrament der Beichte zu verwalten und Absolution zu erteilen. Trotzdem lehrt nicht lange danach der spanische Theologe Azpilcueta, es sei keine Todsünde, wenn jemand glaube, Laien könnten einem Sterbenden die Beichte hören und Absolution erteilen, indem er dabei konstatiert, tatsächlich komme das gelegentlich noch immer vor. Im siebzehnten Jahrhundert muß es noch ein Theologe für unzulässig, weil wirkungslos erklären, obgleich auch damals noch die Laienbeichte von Seeleuten in Lebensgefahr beim Schiffbruch geübt wurde.

Im Widerspruch jedoch mit dem, was im Einklang mit seinen Satzungen als Brauch des Ordens erwiesen ist, im Widerspruch aber auch mit den Bestimmungen, durch die Alexander III. eine Einwirkung des Ordensklerikates auf das innere Leben der eigentlichen ritterlich-mönchischen Genossenschaft hatte ausschließen wollen, und endlich nicht minder im Widerspruch mit der Beschuldigung, die Clemens V. an die Spitze der Anklage gegen die Templer stellte, steht nun die durch spätere Ordenssatzungen und auf diese bezügliche päpstliche Erlasse erwiesene Tatsache, daß die Templer später nur bei dem Orden angehörigen Geistlichen beichten und nur von solchen die Absolution erhalten durften. Erweist sich dieser Widerspruch bei näherer Betrachtung allerdings als ein nur scheinbarer, so eröffnet er doch einen Einblick in die auch sonst widerspruchsvolle Entwicklung des Ordens und hilft manche darin zutage tretende befremdliche Erscheinung erklären und den schließ-

[1]) Lea, a.a.O. S. 43/44.

lichen Ausgang besser verstehen. Begünstigt ist die Entwickelung des Ordens gerade auf diesem Gebiete zunächst durch die Unklarheit, die in bezug auf subtile dogmatische Unterscheidungen in den Kreisen der Ordensritter begreiflicherweise herrschte. Sie verleitete dazu, daß man voneinander wesentlich verschiedene kirchliche Handlungen wegen ihrer äußeren Ähnlichkeit einander gleichsetzte. An die sich daraus ergebenden Konsequenzen aber hielt man sich um so eifriger, je mehr sie die Unabhängigkeit des Ordens von jedem fremden Einfluß zu gewährleisten schienen.

Wenn in den Ordensstaaten, wie sie um die Mitte des dreizehnten Jahrhunderts aufgezeichnet sind, geboten wird, kein Templer dürfe bei einem anderen als bei einem Ordenspriester beichten,[1]) so hat diese Vorschrift ursprünglich natürlich nur von solchen Verschuldungen gegolten, die nicht bloß einfache Verstöße gegen die Ordensregel und als solche öffentlich im Kapitel zu beichten und zu büßen waren. Das schließt jedoch nicht aus, daß dieser Vorschrift in der Praxis eine andere Deutung gegeben wurde. Vielmehr würde dies nur dem Verfahren entsprechen, das wir den Orden in so vielen Fällen üben sahen, indem er ihm verliehene Privilegien in einem weiteren Sinne deutete und anwandte, als sie gemeint waren. Für diese Annahme spricht auch die gewissermaßen großsprecherische Motivierung, die jener Vorschrift nachmals gegeben wurde durch die Behauptung, in bezug auf die Absolution sei den Ordenskaplänen vom Papste größere Machtvollkommenheit verliehen, als selbst einem Erzbischof zustehe.[2]) Gewiß trifft die hieran geknüpfte scharfsinnige Vermutung das Richtige,[3]) diese Absolutionsbefugnis der Ordenskapläne habe sich ursprünglich bezogen auf das Privileg Honorius' III. vom 27. Januar 1223,[4]) das den Kaplänen des Haupthauses einer jeden Provinz solche Templer zu absolvieren erlaubte, die sich der Mißhandlung eines Geistlichen schuldig gemacht hatten. Denn eigentlich waren Fälle der Art nach den Beschlüssen des Laterankonzils von 1139 dem Papste vorbehalten, welcher allein die dadurch verwirkte Exkommunikation aufheben konnte.[5]) Mit Rücksicht aber auf die häufigen Streitigkeiten, die in den Konventen vorkamen und bei strenger Durchführung des Konzilsbeschlusses eine nicht abreißende Wanderung dem Bann verfallener Mönche nach Rom zur

[1]) *Règle*, Art. 269.

[2]) Ebd. Art. 269 und 542.

[3]) Lea, a.a.O. S. 54.

[4]) Prutz, a.a.O. Nr. 115.

[5]) Vgl. oben S. 240.

Folge haben mußte, erlaubte Honorius III. den Vorstehern der Konvente, in solchen Fällen die Schuldigen zu absolvieren. Die Templer hatten in Rom die Erstreckung dieses Privilegs auf ihre Genossenschaft nachgesucht, und eben infolgedessen gab Honorius III. den Kaplänen des Haupthauses jeder Ordensprovinz Vollmacht, durch derartige Verfehlungen der Exkommunikation verfallene Brüder wieder in die Gemeinschaft der Kirche aufzunehmen. Sie ist 1265 durch Clemens IV. auf zehn Jahre verlängert worden.[1]) Nur in diesem beschränkten Sinn also hatten die Ordenskapläne wirklich größere Machtbefugnis als Bischöfe und Erzbischöfe, standen darin aber doch nur gleich mit dem Abte jedes Klosters. Des Ursprungs und der darin begründeten Beschränkung dieser ihren Kaplänen erteilten Vollmacht auf den einen bestimmten Fall sind die Templer aber sicherlich nicht eingedenk geblieben, vielmehr werden sie derselben die für sie bequemere allgemeine Deutung gegeben haben. Denn es stand damit ja auch die Bestimmung eigentlich nicht im Widerspruch, die dem Kaplan die Absolution derjenigen Brüder verbot, die einen Christen getötet, einen Bruder blutig geschlagen, einen Geistlichen vergewaltigt und durch Verleugnung der empfangenen Weihen die Aufnahme in den Orden erschlichen hatten, in welchen Fällen die Erteilung der Absolution dem Bischof, Erzbischof oder Patriarchen des betreffenden Landes vorbehalten war.[2]) Wenn nach den Bestimmungen Alexanders III. die Ordensgeistlichen den Brüdern gegenüber als Beichtiger zu fungieren nur da berufen waren, wo es sich um Verfehlungen handelte, die nicht in der Regel vorgesehen waren und demgemäß im Kapitel gebeichtet und gebüßt werden sollten, so mag die nach der Zeit ihrer Entstehung nicht näher bestimmbare Vorschrift, daß die Brüder andere vor die Autorität der Kirche gehörige Verschuldungen nur bei Ordensgeistlichen beichten sollten, zunächst veranlaßt sein durch die Rücksicht auf den guten Ruf des Ordens und den Wunsch, den diesem ohnehin so abgeneigten Geistlichen nicht einen Einblick in Dinge zu gestatten, welche ihre Gegnerschaft noch steigern konnten. Demnach würden die Motive dafür dieselben gewesen sein, wie die, welche die Einführung dieses neuen templerischen Brauches bei den Hospitalitern zunächst Frankreichs veranlaßten.[3]) Um welche Zeit die Verpflichtung der Templer, ausschließlich bei Geistlichen ihres Ordens zu beichten, eingeführt worden ist, vermögen wir nicht zu sagen. Eine sie einführende oder bestätigende päpstliche Bulle liegt nicht vor. Daß

---

[1]) Prutz, a.a.O. Nr. 197.

[2]) *Règle*, Art. 272/73. Vgl. Lea, S. 55/56.

[3]) Vgl. oben S. 178/79.

der Orden von sich aus diese Einrichtung getroffen habe, ist nicht anzunehmen, da es sich dabei um ein Gebiet handelte, auf dem er trotz seiner Autonomie zu gesetzgeberischen Akten nicht kompetent war. Man möchte daher annehmen, es handele sich auch hier um einen im Laufe der Zeit durch regelmäßige tatsächliche Übung zu gesetzlicher Geltung gelangten Brauch. Doch muß dieser schon im Jahr 1238 bestanden haben und auch von seiten der Kirche anerkannt gewesen sein, da am 7. Juni dieses Jahres Gregor IX. denjenigen Templern, die in mohammedanische Kriegsgefangenschaft geraten waren, erlaubte, auch bei Minoriten zu beichten.[1]) Eine wörtliche Durchführung der neuen Ordnung, so daß Tempelritter hinfort wirklich nur bei Geistlichen ihres Ordens gebeichtet hätten, ist nicht erkennbar: Sie dürfte an der geringen Zahl der Ordensgeistlichen gescheitert sein. Wahrscheinlich aus diesem Grunde wurde die den Ordensgeistlichen von Alexander III. erteilte Vollmacht durch Alexander IV. am 23. August 1260 erweitert auf solche Geistlichen, die dem Orden zwar nicht angehörten, aber befreundet und als Tischgenossen, d. h. als ständige Gäste in einem Ordenshause nahe verbunden waren. Wenn auch solche den Ordensrittern Beichte hören, Absolution erteilen und die Sakramente spenden durften,[2]) so war damit trotz des Bestehens eines besondern Ordensklerikates für viele Fälle wieder ein ähnlicher Zustand hergestellt, wie er vor dem Erlaß der Bulle *Omna datum optimum* bestanden hatte. In Übereinstimmung damit heißt es denn auch in einem Kommentar zu den Ordensstatuten, dessen Entstehung zwischen die Jahre 1244 und 1266 gehört, wenn die Brüder auf Aufforderung des Kaplans im Kapitel ihre Sünden bekannt und gebüßt hätten, solle der Kaplan allen Absolution erteilen, „wie es ihm gut scheine und wie es im Orden Brauch sei."[3])

Diese Bestimmung läßt – und deshalb ist sie von besonderem Interesse – zuerst eine Vermischung der beiden Arten der Beichte erkennen, die es nunmehr für die Ordensbrüder gab. Offenbar nämlich ist für den Urheber dieser Aufzeichnung der Kaplan ganz in die Funktionen eingetreten, die ursprünglich dem das Kapitel leitenden Ordensoberen zugestanden hatten. Er fordert die Brüder auf, ihre Verfehlungen zu bekennen und spricht sie von der Sünde los „in der im Orden üblichen Form". Nimmt man die Worte genau, so wird aus diesem letzten Ausdruck zu folgern sein, daß, wer ihn gebrauchte, sich einer Verschiedenheit des Brauches des Ordens von dem der Kirche bewußt

[1]) Potthast, *RP,* Nr. 10615.
[2]) Prutz, a.a.O., Nr. 159.
[3]) *Règle,* Art. 42.

war. Weiter bleibt dann die Frage, ob es sich auch bei der hier besprochenen Beichte nur um Verstöße gegen die Regel oder um Vergehungen handelt, die von jeher nicht im Kapitel, sondern vor einem Priester zu bekennen gewesen waren. War ersteres der Fall, so verstieß das hier vorgeschriebene Verfahren gegen die Ordenssatzungen, traf letzteres zu, so war es mit den kirchlichen Vorschriften, wie sie nunmehr galten, nicht in Einklang zu bringen.

An Gegnern der Art, wie sie ihre kirchlichen Bedürfnisse befriedigten und ihre kirchlichen Pflichten erfüllten, hat es den Templern schon im zwölften Jahrhundert nicht gefehlt. Johann von Salisbury macht es ihnen zum Vorwurf, daß sie, obgleich Laien, sich doch anmaßen, über Kirchen zu verfügen und, indem sie bei den unter ihrem Patronat stehenden Geistliche bestellen, sich wenigstens mittelbar herausnehmen, den Gläubigen die Sakramente zu spenden. Er findet dies um so anstößiger, als ihr Beruf ein kriegerischer sei und sie zum Blutvergießen verpflichte.[1]) Wie alle Mönche, so trifft nach dem Urteil dieses scharfen Kritikers auch sie ferner der Vorwurf, daß sie, indem sie Beichte hören, sich widerrechtlich die Macht der Schlüssel aneignen und gleichsam Hand anlegen an eine auf fremdem Acker gewachsene Ernte. Danach scheint auch Johann von Salisbury die geringe Zahl der Templerkleriker gekannt und an dem dadurch veranlaßten Festhalten an dem alten Brauch der Laienbeichte im Kapitel Anstoß genommen zu haben. Tatsächlich war die Geistlichkeit, soweit sie nicht dem Orden befreundet, also mehr oder minder abhängig von ihm oder parteiisch eingenommen für ihn war, von der Seelsorge im Orden so gut wie ausgeschlossen, während diese doch, wie Alexanders III. Neuerung bewies, in den Kapiteln allein nicht ausreichend wahrgenommen werden konnte. Für die Kirche ergab sich daraus die Unmöglichkeit einer dauernden Kontrolle des Ordens und einer Einwirkung auf den ihn erfüllenden Geist. Je mehr dieser im Laufe der Zeit sank und hier und da bis zur Zuchtlosigkeit entartete, um so näher lag auch die Gefahr, daß die beiden nunmehr im Orden üblichen Arten der Beichte sich gegenseitig aufhöben und die eine die andere um die rechte Wirkung brächte. In Kapiteln, wo der Geist der Verweltlichung die Oberhand gewonnen hatte, verflüchtigte sich die öffentliche Beichte zu einer leeren Formalität, da es manchem Bruder jetzt erst recht schwer ankommen mußte, sich selbst anzuklagen, und je mehr sich sein Stolz gegen die demütigende Buße auflehnte, die er vor den Augen der Brüder an sich vollziehen lassen sollte. Daher wird später darüber geklagt, viele Ordensbrüder hätten es vorge-

[1]) Lea, a.a.O. S. 46.

zogen, ihre Schuld zu verschweigen.[1]) Wer das tat, konnte nun ja sein Gewissen damit beruhigen, was im Kapitel vor sich ging, sei doch eigentlich keine richtige Beichte, keine sakramentale Handlung. Wer es aber mit diesen Dingen ernst nahm, dem blieb immer noch die Beichte auch der Verstöße gegen die Ordensregel vor einem Ordenspriester. Das war nach der kirchlichen Auffassung, wie sie jetzt sich entwickelt hatte, obenein der legalere Weg. Dieser gewann noch größere Anziehungskraft dadurch, daß die Beichte bei dem Ordenspriester geheim blieb.

Die damit eingerissene Umgehung des alten Ordensbrauches, gegen welche die Kirche kaum etwas einzuwenden haben konnte, scheint im Laufe der Zeit immer allgemeiner in Aufnahme gekommen zu sein. So veralteten die ursprünglichen Bußbestimmungen, die für das Kapitel bei der Sühnung der von ihm bekannten Verfehlungen maßgebend gewesen waren, der auf alle denkbaren Fälle berechnete Strafkodex geriet in Vergessenheit und der die Beichte hörende Ordenspriester begnügte sich damit, dem Schuldigen eine leichte Buße aufzuerlegen. Dem mag noch ein anderer Umstand Vorschub geleistet haben, zumal ja die Ordensgeistlichen den Ordensoberen unbedingt untergeben waren und schon deshalb wohl häufig mit dem widerspenstigen Sinn mancher Ritter zu rechnen hatten, von denen viele nur noch dem Äußeren nach Mönche waren. Es bedingt nämlich die Wirksamkeit der von dem Beichtiger dem Beichtenden auferlegten Buße, daß dieser sich mit ihr einverstanden erklärt und bereit ist, sie auf sich zu nehmen. Gerade diese Freiwilligkeit der Buße macht nach der Lehre der Kirche ihr Wesen als Sakrament aus. Glaubt der Beichtende, zu hart behandelt zu sein, so darf er die Annahme der ihm auferlegten Buße verweigern, indem er es vorzieht, seine Verfehlung dereinst im Fegefeuer abzubüßen. Deshalb dringen die Theologen des Mittelalters darauf, daß der Beichtiger es zu solchen Äußerungen des Trotzes nicht kommen lasse: Lieber soll er die Absolution erteilen, auch wenn der Beichtende nur eine ganz leichte Buße, wie etwa das Beten eines Vaterunsers, auf sich zu nehmen bestimmt werden kann. Hier scheinen zum guten Teil Mißstände entsprungen zu sein, die nach den Ergebnissen des Prozesses während der letzten Menschenalter seines Bestehens in bezug auf Beichte und Buße im Orden geherrscht haben und schuld gewesen sein werden an dem Verfall der alten Zucht. Die Beichte vor dem Kapitel war mehr und mehr außer Übung gekommen, die Absolutionsformel aber scheint allmählich umgewandelt zu sein in eine Ver-

[1]) *Procès I*, S. 398; vgl. Lea, a.a.O. S. 54.

gebung derjenigen Sünden, welche die einzelnen aus Scham oder aus Furcht vor Strafe verheimlichten. Doch hat es auch damals noch im Orden Kreise gegeben, die an dem alten Brauch festhielten und die aufgekommene Neuerung geradezu verantwortlich machten für den vielfach zutage tretenden sittlichen Verfall. Ihnen gehörte Giraud de Villiers an, der Visitator von Frankreich, der es den Ordenspriestern zum Vorwurf macht, sie hätten es mit der Erteilung der Absolution den Ordensbrüdern gegenüber allzuleicht genommen. Wären, so urteilt er, Beichte und Absolution im Kapitel durch die Ordensoberen vorgenommen worden, dann würden sich wohl nicht so viele Brüder am Eigentum des Ordens vergriffen und andrer Schändlichkeiten schuldig gemacht haben. So aber hätten die Priester ihnen Absolution erteilt gegen Überlassung eines Teiles von dem, was sie dem Orden gestohlen hatten.[1]) Andrerseits aber fehlt es auch nicht an Beispielen, welche zeigen, daß in einzelnen Konventen die alte strenge Zucht aufrecht erhalten blieb und nach dem alten Ordensbrauch gebeichtet wurde, unter Anpassung allerdings an die neue kirchliche Beichtpraxis, welche entsprechend der Entwicklung der Lehre von der Beichte als Sakrament im Laufe des dreizehnten Jahrhunderts die Herrschaft gewonnen hatte. So erzählt der Kommentar zur Ordensregel einen Vorfall im Konvent zu Jaffa. Ein Ritter hatte sich an einem anderen vergriffen. Vor dem Kapitel bekannte er seine Schuld und bat um Verzeihung. Darauf wurde er außerhalb des Kapitels vom Kaplan absolviert, „weil dieser die Gewalt dazu besaß". Nachdem er dann vor dem Kapitel nochmals um Verzeihung gebeten hatte, wurde er zu lebenslänglicher Einkerkerung verurteilt und nach dem Pilgerschloß abgeführt.[2]) Hier ist also zwischen dem alten Brauch des Ordens und dem neuen Brauch der Kirche eine Art von Vermittlung durchgeführt und beide werden, ineinandergreifend und einander ergänzend, wie zusammengehörig geübt. Man darf wohl annehmen, dies sei nicht nur in dem Konvent zu Jaffa und nicht nur dies eine Mal geschehen. Zusammen mit den Angaben des Giraud de Villiers lehrt der Vorgang jedenfalls, daß in bezug auf wichtige Fragen innerhalb des Ordens Verschiedenheit herrschte und daß von einer Uniformität nicht die Rede war. Dazu mögen auch die Wandelungen mitgewirkt haben, die sich in der Stellung der Kirche zu den betreffenden Problemen vollzogen hatten. Insbesondere ist die vom Priester bei der Absolution zu brauchende Formel *„Ego te absolvo"* erst 1240 in Aufnahme gekommen, stieß aber zunächst auf so viele Bedenken, daß

[1]) *Procès I,* S. 448.

[2]) *Règle,* Art. 593, vgl. 591.

Thomas von Aquino vom Dominikanerorden ersucht wurde, sie zu verteidigen. Obgleich der gefeierte Kirchenlehrer in der betreffenden Schrift angibt, die Pariser Universität, also die höchste wissenschaftliche Instanz, habe sich dahin erklärt, ohne jede Worte gebe es keine Absolution, so blieben neben dieser doch noch andere im Gebrauch, und zu Ende des Jahrhunderts lehrt Duns Scotus, jene Formel sei zwar besonders zweckentsprechend, dennoch aber kein Priester verpflichtet, nur sie zu gebrauchen. Daher konnte auch der Brauch der Templer wohl zu den erlaubten Abweichungen gezählt werden.

Nur scheint eben die ihm gewährte Freiheit auf den Orden nachteilig eingewirkt zu haben, insofern mit dem Zunehmen der sittlichen Lockerheit und der steigenden Geltung weltlicher Interessen die Brüder in den einzelnen Konventen sich an diejenige Art der Beichte hielten, welche ihnen die größere Freiheit gewährte und die leichtere Buße sicherte. Der Geist im Orden konnte dadurch freilich nur immer mehr Schaden leiden.

Siebentes Kapitel.

Verbreitung, Besitzstand und rechtliche Stellung des Hospitaliterordens.

Die gebietende Stellung zu gewinnen, in der wir die geistlichen Ritterorden bald nach ihrer Gründung finden, befähigte dieselben namentlich ihre eigenartige Organisation, die ihnen trotz der Zerstreuung ihres Besitzes eine innere Einheit verlieh und eine Konzentration ihrer Kräfte ermöglichte, wie sie damals kein Staat und selbst die Kirche nicht immer aufzuweisen hatte. Hier vornehmlich entsprang die Überlegenheit dieser mönchisch-ritterlichen Genossenschaften gegenüber der staatlichen Bildungen der Zeit, die durch das Lehnswesen mehr auseinander getrieben als zusammengehalten wurden, nicht minder auch die Unabhängigkeit, die sie, obgleich selbst kirchliche Institutionen, der Kirche gegenüber gewannen. Wie sie infolgedessen unberührt blieben von den Gegensätzen, die innerhalb der Kirche trotz ihrer Einheit dauernd miteinander rangen, so wurden sie auch nicht betroffen von den Konflikten, in welche die zunehmende Verschärfung der nationalen und der politischen, der ständischen und der wirtschaftlichen Gegensätze den mittelalterlichen Staat verwickelte.

Fast in höherem Maße noch als der Kirche ist ihnen daher ein ausgeprägt internationaler Zug eigen. Er findet seinen Ausdruck auch darin, daß ihre gesamten Güter in den nach ihren wirtschaftlichen und Kulturverhältnissen so ungleichen Ländern durch eine ebenso einfache wie wirksame Verwaltungstechnik zusammengefaßt und als einheitliche Besitzmasse zusammengehalten wurden, nicht minder aber auch darin, daß die in den Ordensgeschäften verwendeten Brüder ohne Rücksicht auf ihre Zugehörigkeit zu dieser oder jener Nationalität je nach Bedarf und Bewährung bald in diesem, bald in jenem Lande zu wirken berufen wurden. Das war möglich, eben weil überall, wenigstens den Grundzügen nach, die gleiche Technik der Verwaltung Platz griff und auf die gleichen Ziele hinarbeitete. Früher als irgendein Staat des Mittelalters und konsequenter und daher erfolgreicher als die Kirche haben die geistlichen Ritterorden ein wirkliches Beamtentum ausgebildet. Dieses hat sich glänzend bewährt, solange es freigehalten wurde von dem Einfluß der von der Feudalität nun einmal untrennbaren privatrechtlichen Anschauung, welche das Amt betrachtete als ein seinem Inhaber gewisse nutzbare Rechte verbürgendes Besitztum und daher sein Wesen weniger in den dem Inhaber dadurch auferlegten Pflichten sah als in den ihm damit eingeräumten Rechten. Daher hat denn auch allein ein geistlicher Ritterorden einen wirklichen Beamtenstaat auszubilden vermocht: Als einen solchen stellt sich, und zwar in ungewöhnlicher Vollkommenheit, zur Zeit seiner Blüte der Staat des Deutschen Ordens in Preußen dar. Ermöglicht wurde das diesem allerdings erst durch die territoriale Abschließung, zu der er in bezug auf das größte und wichtigste Stück seines Besitzes durch die Eroberung des Landes jenseits der Weichsel gelangte. Weil ihnen eine solche versagt blieb, haben Hospitaliter und Templer es zur Bildung eines Ordensstaates nicht gebracht, obgleich ihnen vermöge ihrer Organisation zur Regierung eines solchen weder das Personal, noch die Verwaltungstechnik gefehlt haben würde. Doch haben auch sie in einzelnen Gebieten, wo die günstige Gestaltung ihrer Besitzverhältnisse und die militärische und politische Lage das Bedürfnis danach hervorrief, den Versuch dazu gemacht. Zum Ziel jedoch sind sie damit nirgends gekommen. Wohl aber scheint der Versuch, das, was dem Deutschen Orden in Preußen gelungen war, anderwärts zu wiederholen, ihnen neue Gegner erweckt und das weltliche Fürstentum mit Sorge erfüllt zu haben. Dieses sorgte dafür, daß die Orden Hoheitsrechte sich nicht weiter anmaßen konnten und, wo ihnen solche zustanden, sie streng in den vorgeschriebenen Grenzen oder gar nicht mehr übten. So lückenhaft die Überlieferung über diese Reaktion der fürstlichen Gewalt gegen die Orden ist, so rechtfertigt sie doch die Annahme, die wachsende Feindschaft der weltlichen Fürsten, von der wir die geistlichen Ritterorden seit dem Ende des 13. Jahrhunderts bedroht sehen, habe vorzugsweise auf diesem Gebiet ihren Ursprung gehabt. Auf der anderen Seite aber ergab sich daraus, daß diesen Orden die Konstituierung eigener Ordensstaaten nicht gelang, im Laufe der Zeit eine folgenreiche Wandlung in dem Charakter der Ordensämter. Wie bei den unter gleichen Verhältnissen fortbestehenden spanischen Ritterorden wurden dieselben immer häufiger wie Pfründen vergeben, weniger zur Wahrnehmung der damit verbundenen Pflichten im Interesse der Genossenschaft als zum Genuß der damit verbundenen Rechte, namentlich der finanziellen. Bei den Hospitalitern finden wir diese Entwickelung zu Anfang des 14. Jahrhunderts bereits so weit vorgeschritten, daß der Meister über Ordenshäuser und -balleien zugunsten einzelner Brüder verfügt. Urkundliche Zeugnisse dafür liegen namentlich aus der Zeit Foulques' von Villaret vor.[1])

Als der älteste und infolge seiner engen Verknüpfung mit dem Pilger- und Wallfahrtswesen früh am weitesten verbreitete hat der Orden der Hospitaliter diese Organisation auch zuerst ausgebildet und diejenigen Momente darin zur Geltung gebracht, durch welche die zunächst von ihr nachgeahmte Organisation der eigentlichen Mönchsorden den von den neuen Genossenschaften verfolgten besonderen Zwecken angepaßt wurde. Seine Verfassung wurde das Vorbild für die aller geistlichen Ritterorden, welche, abgesehen von der Benennung gewisser Ämter, sie in allen Stücken wiederholt haben. Wie in der Entwickelung des abendländischen Mönchstums überhaupt erwiesen sich auch hier die zunächst auf kleine Verhältnisse berechneten Formen als außerordentlich dehnbar und auch großen Verhältnissen gegenüber brauchbar.

Zur Zeit seiner größten Verbreitung und nach Abschluß der durch sie bedingten Organisation zerfiel der Hospitaliterorden in acht Provinzen oder Zungen. Die Rangordnung derselben bestimmte ihr Alter, da die jüngeren durch Abzweigung von übergroß gewordenen älteren entstanden. Für die älteste Ordensprovinz galt die Provence. Ihr folgten die Auvergne, Frankreich, Italien, Aragonien, England, Deutschland und Castilien. Diese territoriale Teilung wurde später mit der obersten Leitung und der zentralen Verwaltung des Ordens so in Verbindung gebracht, daß die Vorsteher der acht Ordensprovinzen, die in älterer Zeit gewöhnlich als Großkomture bezeichnet wurden, später aber Piliers oder Baillis conventuaux hießen und von dem Konvent der Großwürdenträger gewählt wurden, zusammen mit etlichen anderen hohen Ordensbeamten als Kapitel den ständigen Beirat des Hochmeisters in der Ordensregierung bildeten. Dazu fand später eine Verteilung der verschiedenen Ressorts der Zentralverwaltung unter sie statt: Der Vorsteher der Provence fungierte als Großkomtur, der der Auvergne als Großmarschall, der von Aragonien als Großdrapier und der von England als Großturkopolier. Selbstverständlich hatten damals diese Beamten nicht mehr den Wirkungskreis, der ihnen ihrem Titel nach unter den einfacheren Verhältnissen der älteren Zeit im hei-

[1]) *Cartulaire*, Nr. 4749 u. 4800 (IV, S. 143 u. 172).

ligen Lande zugestanden hatte. In den Benennungen der Ämter lebte auch hier die Erinnerung fort an den einstigen besonderen Beruf des Ordens, selbst als Armen- und Krankenpflege und der Kampf gegen die Ungläubigen nur noch als ehrwürdige Formalitäten geübt wurden. Dazu kamen als neue Ämter in der Zentralverwaltung die des Großbaillis und des Großkanzlers, die den Vorstehern der deutschen und der castilischen Zunge gebührten. Doch hatten auch sie nur einen gewissermaßen dekorativen Wert, insofern sie auch den Brüdern dieser beiden Ordensprovinzen in der obersten Leitung des Ordens eine Vertretung schaffen sollten.

Die einzelnen Ordensprovinzen zerfielen je nach ihrem Umfange und der Verteilung des Ordensbesitzes auf diesen wieder in Großpriorate, deren jedem ein zunächst dem Provinzialmeister untergeordneter Großprior vorstand. Entsprechend der Vermehrung des Ordensbesitzes in den einzelnen Ländern, die natürlich ungleichmäßig vor sich ging, und den Änderungen, die sonst darin eintraten, hat diese Teilung sich erst allmählich so klar gestaltet, wie Änderungen der bisherigen Verwaltungsorganisation nötig wurden, weil das Wachstum des Ordensbesitzes in einer Provinz eine Teilung der zu großen Bezirke nötig machte. Daher änderte sich im Laufe der Zeit auch die Zahl der Komtureien, die unter den einzelnen Großprioraten begriffen waren, d. h. der Sitze von Komturen, die an der Spitze eines Konvents von einem größeren Ordenshause aus die zugehörigen Güter verwalteten und die dem Orden zustehenden Rechte übten, gleichzeitig aber auch die der Genossenschaft obliegenden Pflichten namentlich in bezug auf Armen- und Krankenpflege zu erfüllen hatten.

Ganz ausgebildet ist diese Organisation und der auf ihr beruhende umfängliche Verwaltungsapparat erst um das Jahr 1310. Damals führte die Verlegung des Ordenssitzes nach Rhodos und die Übernahme desjenigen, was von den den Hospitalitern zugesprochenen Gütern der Templer schließlich wirklich in deren Besitz kam, eine wichtige Änderung in der gesamten Lage des Ordens herbei. Zwar hat die Zentralverwaltung in Rhodos auch in der Folge noch Umgestaltungen erfahren. Ihre Träger waren späterhin vier Räte. Der „Oberste Rat" war zur Erledigung der Geschäfte der laufenden Verwaltung bestimmt, der „Geheime Rat" bearbeitete die Staats- und Strafsachen, der „Große Rat" (*conseil complet*) bildete die Berufungsinstanz gegen die von den beiden ersten Körperschaften gefällten Entscheidungen und der „Rat der Schatzkammer" leitete das gesamte Finanzwesen.

Diese Organe der Zentralverwaltung der späteren Zeit, in der die Bedingungen für die Wirksamkeit des Ordens von Grund aus gewandelt waren, können an dieser Stelle ein Interesse nicht beanspruchen. Wohl aber ist es für die Beurteilung der Wirksamkeit des Ordens in seiner Blütezeit und die Einschätzung des Einflusses, den er auf Staat und Kirche und auf die Gestaltung der gesellschaftlichen und wirtschaftlichen Verhältnisse ausübte, von Wichtigkeit, eine Anschauung zu gewinnen von der Stellung, die er auf Grund seines Besitzes in den einzelnen Ländern einnahm. Dann erst wird man sich ein Bild machen können von der Art, wie er die übrigen ihn umgebenden Faktoren des öffentlichen Lebens beeinflußte oder seinerseits von ihnen beeinflußt wurde, Dazu ist es freilich nicht nötig, an der Hand der Urkunden sämtliche Ordensbesitzungen zusammenzustellen. Auch ist das insofern unmöglich, als das einschlägige Material trotz seines Reichtums doch keineswegs vollständig ist. Außerdem aber fehlen vielfach die Mittel, um die urkundlich vorkommenden Ortsnamen sicher zu identifizieren. Ist doch eine große Menge der betreffenden Siedelungen – es handelt sich oft nur um einzelne Gehöfte – oft spurlos verschwunden. Dennoch würde sich für einige französische Landschaften, für die ein sehr reiches und bis in die neuere Zeit herüberleitendes Material vorliegt, auf dem Wege topographischer Spezialuntersuchung eine Anschauung gewinnen und kartographisch darstellen lassen von der Dichtigkeit, in der die Hospitalitergüter dort beieinander lagen, so daß sie kaum noch anderen Begüterungen dazwischen Platz ließen. Für unseren Zweck wird es genügen, wenn für die einzelnen Zungen ein ungefähres Bild von dem Besitzstand des Ordens gegeben wird. Denn schon danach wird sich die Bedeutung ermessen lassen, die ihm für die Gestaltung der Verhältnisse in diesen Gebieten zuzuerkennen ist. Im allgemeinen wird dabei festzuhalten sein, daß die Abgrenzung kleiner Territorien zu besonderen Verwaltungsbezirken auf das Vorhandensein eines reicheren Besitzstandes schließen läßt, da, wo der Orden weniger begütert war, naturgemäß größere Bezirke administrativ zusammengefaßt werden konnten.

Eine besondere Stellung unter den Ordensprovinzen nahm in dieser Hinsicht die Auvergne ein, da sie allein von allen nicht weiter geteilt war, sondern nur ein Großpriorat enthielt. Das erklärt sich wohl daraus, daß diese Landschaft, wo der Ordensbesitz sich besonders glänzend entwickelt hatte, erst um die Mitte des 13. Jahrhunderts als selbständige Provinz konstituiert ist, bis dahin aber dem Großpriorat von St. Gilles unterstanden, also einen Teil der Ordensprovinz Provence ausgemacht hatte. Diese war die älteste und angesehenste, einmal weil dort zuerst im Abendlande das Hospital festen Fuß gefaßt hatte, und dann, weil die Tradition dorthin die Heimat seines Stifters verlegte, dessen Grab bis zur Revolution in Manosque gezeigt wurde, wohin seine Gebeine 1283 aus dem Morgenlande gebracht waren,[1]) vermutlich, um sie bei dem bevorstehenden Verlust der letzten christlichen Besitzungen nicht in die Gewalt der Ungläubigen fallen zu lassen. Ursprünglich ganz Frankreich umfassend, zerfiel sie, infolge des Wachstums des Ordensbesitzes auf die Provence beschränkt, nachmals in die beiden Großpriorate St. Gilles und Toulouse. Die dritte Ordensprovinz, Frankreich, gliederte sich in die drei Großpriorate Frankreich im engeren Sinn, Aquitanien und Champagne. Die eigentümlichen politischen Verhältnisse Italiens werden die Zerlegung dieser Ordensprovinz in sieben Großpriorate veranlaßt haben, die Lombardei, Rom, Venedig, Pisa, Capua, Barletta und Messina. Die Pyrenäische Halbinsel zerfiel in zwei Provinzen, Aragonien und Castilien, von denen die erste drei Großpriorate enthielt, Amposta, für das die alte Bezeichnung Kastellanei festgehalten war, Catalonien und Navarra, die letzte zwei, nämlich das eigentliche Castilien mit Leon und dann Portugal. Die Provinz England zerfiel in zwei Großpriorate, das eigentliche England und Irland. Dem Umfang nach übertraf alle die Provinz Deutschland, denn zu ihr gehörten außer dem Großpriorat Deutschland im engeren Sinn und der Ballei Brandenburg auch noch Böhmen, Ungarn und Dänemark als Großpriorate.[2])

I. Frankreich

Der gesamte Besitz der Hospitaliter innerhalb der Gebiete, die nachmals zu dem französischen Staate zusammenwuchsen, zur Zeit der Entstehung und der Blüte des Ordens aber nur ein lockeres Gefüge bildeten und zum Teil erst mittelbar, zum Teil überhaupt noch nicht unter der französischen Krone standen, hat ursprünglich eine Verwaltungseinheit gebildet, insofern alle dazu gehörigen Begüterungen gleichmäßig dem Prior von St. Gilles unterstellt waren. Jedoch wurde diesem für einzelne Landschaften frühzeitig ein speziell den dortigen

[1]) Delaville Le Roulx, *Les Hospitaliers en Terre Sainte,* S. 39.

[2]) Die nachfolgende Zusammenstellung beruht auf der Übersicht, welche Delaville Le Roulx über den Bestand der französischen sowohl wie der ausländischen Archive an Hospitaliterurkunden gegeben hat in der Einleitung zu seinem „*Cartulairs*", und deren Resultate derselbe bereits kurz zusammengefaßt hat in seinem schon mehrfach angeführten Werke „*Les Hospitaliers en Terre Sainte et à Chypre*", wo er S. 407ff. ein Bild von der Zentralverwaltung und S. 414ff. eine kurze Darstellung der Verwaltungsorganisation in den einzelnen Ordensprovinzen gegeben hat.

Ordensgütern vorgesetzter Gehilfe beigegeben. Das Wachstum des Ordensbesitzes aber machte die Aufrechterhaltung dieser Einheit unmöglich, und es erfolgten wiederholt Abzweigungen neuer Verwaltungsbezirke, so daß schließlich die Gesamtheit des französischen Ordensbesitzes in drei Provinzen oder Zungen zerlegt war, die Provence, die Auvergne und Frankreich.

Daß das Hospital am frühesten in der Provence und den benachbarten Landschaften Südfrankreichs festen Fuß faßte, wird daraus zu erklären sein, daß viele Tausende von den alljährlich ostwärts ziehenden Pilgern ihren Weg nach den Häfen, wo sie sich einschifften, durch diese Gebiete nahmen, wo damals insbesondere der später verfallene Hafen von St. Gilles eine Bedeutung hatte, die erst allmählich durch das Aufsteigen von Marseille herabgedrückt worden ist. Diese Verhältnisse schon bestimmten St. Gilles zum Vorort der vom Orden in den Gebieten provenzalischer Zunge erworbenen Besitzungen und zum Sitz der für ihre Verwaltung nötigen Organe. Wohl im Hinblick darauf hatte Gerard gerade dort eine Zweigniederlassung errichtet: Sie wird bereits in der Bulle Paschalis' II. vom 15. Februar 1113[1]) unter den Häusern genannt, welche dem Haupthaus für alle Zeiten untertan sein sollen.

Die ältesten Schenkungen an das Hospital in Südfrankreich reichen bis in den Anfang des 12. Jahrhunderts zurück. Sie müssen also gemacht sein unter dem Eindruck des Erfolges des ersten Kreuzzuges und in Würdigung der hohen praktischen Bedeutung der Stiftung Gerards. Mitgewirkt wird dabei wohl der Umstand haben, daß gerade die Provenzalen an dem ersten Kreuzzuge besonders lebhaft Anteil genommen und unter Raimund von Toulouse nicht bloß militärisch dabei Hervorragendes geleistet, sondern auch zur Erweckung und Erhaltung schwärmerischer Glaubensbegeisterung wesentlich beigetragen hatten. Waren doch gerade sie vor den übrigen Teilnehmern ausgezeichnet gewesen durch religiöse Schwärmerei, die sie nicht selten geradezu gehindert hatte, den militärischen und politischen Anforderungen der harten Wirklichkeit gerecht zu werden. Diese auch in ihrer Heimat andauernde schwärmerische Richtung wird dort den Bestrebungen Gerards und seiner Gehilfen besonders entgegengekommen sein. Tatsächlich betreffen die ältesten Zuwendungen an das Hospital Besitzungen verschiedener Art in dem Gebiete von Toulouse. Bereits in den ersten Jahren des 12. Jahrhunderts wird ihm die dem hl. Martin geweihte Kirche zu Gap (*Vapnicum*) geschenkt, deren Einkünfte Gerard

[1]) *Cartulaire*, Nr. 30 (I, S. 29). Vgl. oben S. 16/17.

und seinen Genossen für ihre Pilgerherberge zur Verfügung gestellt wurden.[1]) Ebenfalls ausdrücklich zur Verwendung für das Hospital in Jerusalem und die Pilger, die dort verpflegt würden, bestimmten fromme provenzalische Große mancherlei Zuwendungen, die sie durch Vermittlung des Bischofs Isarnus von Toulouse (1072–1105) der neuen Genossenschaft zukommen ließen. Dazu gehörten verschiedene Ländereien bei Pexiora in der Nähe von Toulouse. Jene Schenkung der Martinskirche zu Gap und diese Gaben, welche Weinberge und Felder so gut wie bare Einkünfte und Pferde und Waffen betrafen, haben Gerard die Errichtung einer Ordensniederlassung in Gap ermöglicht, so daß die nachmals dort befindliche Komturei wohl als die älteste in Südfrankreich überhaupt wird angesehen werden müssen.[2]) Selbst die nachmals so wichtige Niederlassung zu St. Gilles ist erst um 1113 von einem der Komturei Gap angehörigen Bruder Etienne eingerichtet worden. Über den Charakter solcher Schenkungen und die ihnen zugrunde liegenden Motive gibt Aufschluß eine Urkunde Papst Paschalis' II. von 1113, worin gemeinsam mit Daimbert, dem Patriarchen von Jerusalem, und Gerard, „dem Diener des Hospitals", die Gewährung eines Ablasses an die Wohltäter bezeugt wird.[3]) Die Einholung einer päpstlichen Bestätigung alles dessen, was der Orden in jener Gegend bisher erworben hatte, in demselben Jahre berechtigt zu der Annahme, sein dortiger Besitzstand müsse schon damals zu beträchtlichem Umfange angewachsen sein. Aber auch noch in anderer Weise leisteten die provenzalischen Großen den Bestrebungen Gerards wirksam Vorschub. So befreite im Jahr 1114 Graf Raimund Berengar III. von Provence und Barcelona das Hospital zu St. Gilles für den Transport aller ihm gehöriger Gegenstände von den üblichen Schiffahrtsabgaben auf der Durance.[4]) Dann verlieh Bischof Amelius von Toulouse (1106–39) am 19. September 1121 dem Hospital für seinen Sprengel das Recht, durch Schenkungen der Gläubigen alle Arten von Gütern zu erwerben, und räumte ihm dabei das wichtige Privileg ein, daß seine Leute von Bann und Interdikt nicht getroffen werden sollen, soweit sie nicht wegen persönlichen Verschuldens damit belegt würden. Das wird immer neue Schenkungen an das Hospital veranlaßt haben. Dessen Besitzungen müssen in dem

[1]) *Cartulaire,* Nr. 4 (I, S. 4).

[2]) Ebd. Nr. 6 (I, S. 9ff., und Delaville Le Roulx in der *Bibliothèque de l'École des chartes* 43 (1882), S. 219ff. Im Besitz des Ordens finden wir dort frühzeitig namentlich auch Kirchen: vgl. *Cartulaire,* Nr. 11, 12, 13 u. 14 (I, S. 14–16).

[3]) Ebd. S. 11.

[4]) Ebd. Nr. 30 u. 31 (I, S. 29/30).

Gebiete von Toulouse damals schon so angewachsen sein, daß zu ihrer Verwaltung ein eigener Vorsteher nötig wurde. Denn Bischof Amelius überantwortet seine Zuwendung zunächst an Girald, „den derzeitigen Prior des Hospitals in diesem Lande", und durch dessen Vermittlung dem damals bereits verstorbenen Gerard, „welcher der Urheber dieser Unternehmung gewesen ist".[1]) Auch in dem Gebiete von Arles erwarb das Hospital früh Besitzungen. Einen Teil davon verdankte es dem Bischof von Arles, Gibelin de Sabran (1090–1112),[2]) welcher 1107 von Papst Paschalis II. nach Palästina geschickt war und dort das Bistum Bethlehem eingerichtet hatte. So mag für ihn den Anstoß zur Freigebigkeit gegen die neue Genossenschaft der Einblick gegeben haben, den er im Haupthause in ihre segensreiche Wirksamkeit erhalten hatte. Jedenfalls aber war der Vorsteher der Güter des Hospitals im Gebiete von Toulouse dem allen französischen Besitzungen desselben vorgesetzten Prior von St. Gilles untergeordnet. Ein solcher kommt bereits um jene Zeit vor.[2]) Zum Jahr 1123 ist bezeugt, daß ihm ein Kapitel zur Seite stand.[4]) Vom Jahr 1143 an läßt sich dann auf Grund der Urkunden eine fast vollständige Liste der die Provinz Provence leitenden Prioren von St. Gilles zusammenstellen.[5]) Diese nahmen unter den abendländischen Prioren den ersten Platz ein, wie das Haus von St. Gilles als der Besitz des Ordens jenseits des Meeres zusammenschmolz, als das vornehmste und der eigentliche Sitz des Ordens angesehen wurde.

Das Wachstum des Ordensbesitzes in dem Gebiete des späteren Frankreich machte nun aber frühzeitig seine Belassung unter diesem einen Priorate unmöglich. Um eine geordnete Verwaltung der über einen so weiten Raum verteilten Begüterungen zu sichern, mußten Teilungen vorgenommen werden, durch welche der übermäßig groß gewordene Amtsbezirk des Priors von St. Gilles entsprechend verkleinert wurde. Trotzdem umfaßte das Priorat von St. Gilles noch zu Anfang des 14. Jahrhunderts das ganze Gebiet zwischen dem Mittelländischen Meere und dem Atlantischen Ozean und von den Alpen und Pyrenäen bis zur Garonne und zum Rhone. Im Laufe der folgenden Jahrhunderte ist der Besitzstand des Ordens auch hier durch Krieg, Mißwirtschaft und auf andere Weise kläglich reduziert worden, und die fünfzig Komtureien, welche die Hospitaliter dort noch im 18. Jahrhun-

---

[1]) *Cartulaire,* Nr. 56 (I, S. 46).

[2]) Ebd. Nr. 50 (I, S. 43).

[3]) Ebd. Nr. 42, 54 u. 64–66.

[4]) Ebd. Nr. 69.

[5]) Delaville Le Roulx, *Les Hospitaliers en Terre Sainte,* S. 415/16.

dert besaßen, stellten sicherlich nur einen elenden Rest ihres ehemaligen Reichtums dar.

Unübersehbar groß aber wurde trotz der bisher erfolgten Abtrennungen der dem Prior von St. Gilles zur Verwaltung übergebene Ordensbesitz, als ihm nach der Auflösung des Templerordens, der in Südfrankreich ebenfalls besonders reich begütert gewesen war, dessen dortige Güter einverleibt wurden. Wie dabei im einzelnen verfahren ist, wissen wir nicht: Vermutlich wird man auch hier, wie es von der Auvergne bezeugt ist, im allgemeinen den bestehenden Hospitaliterkomtureien die ihnen zunächst gelegenen Templerhäuser mit ihrem Besitz hinzugefügt haben, gelegentlich aber auch letztere selbständig haben fortbestehen lassen. Jedenfalls war der bisherige Verwaltungsapparat der nunmehr gestellten Aufgabe nicht gewachsen und bedurfte einer Umgestaltung. Deshalb wurde der westliche Teil des Priorates St. Gilles zu einem neuen Priorate gemacht, dessen Vorsteher von Toulouse aus die Ordensgüter in dem oberen Languedoc, in Guyenne, Gascogne, Bigorre, Biscaya und Foix unter sich hatte. Seine Konstituierung gehört in das Jahr 1315, fand aber erst 1330 durch ein zu Montpellier gehaltenes Generalkapitel ihren Abschluß. Da der Orden sich am frühesten in dem Gebiet von Toulouse eingebürgert hatte, enthielt das Priorat eine Anzahl der ältesten Ordenshäuser, wie das zu Toulouse selbst, das zu Pexiora (bei Carcassonne am Kanal du Midi),[1]) Frouton und Béziers (nördlich von Toulouse, nahe bei Monrauban), deren Gründung in das erste Viertel des 12. Jahrhunderts gehört. Andere, die im Laufe des nächsten Jahrzehnts entstanden waren, wie Le Burgaud, Garidech (der Name mutet eigentümlich westgotisch an) und Caignac, sind nicht mehr nachweisbar. Auch hier aber werden die 29 Komtureien, welche noch 1768 – ungerechnet die fünf Hospitaliterinnenhäuser zu Beaulien, Fieux, Martel, Béziers und Toulouse – im Besitz des Ordens nachweisbar sind, den traurigen Rest seiner ehemaligen glänzenden Ausstattung in jenem Gebiete dargestellt haben. Im südlichen Teil desselben zog sich ehemals eine Reihe von Ordenskomtureien längs des Nordabhanges der Pyrenäen hin, zu denen die von Bayonne, Morlas (in Béam) und Bordère, (in Bigorre) gehörten. Auch in Bordeaux bestand eine solche. In dem hierher gehörigen Gebiet von Périgord, wo wir urkundlich nur eine Komturei Condat kennen, erhalten wir aus einer Bulle Bonifaz' VIII. vom 16. Februar 1296[2]) Kenntnis von dem Versuche des Ordens, sich in einem Teil des der weltlichen Hoheit des Bischofs

[1]) Vgl. oben S. 263.

[2]) *Régistres de Boniface VIII.*, Nr. 1053, S. 359.

vor Poitiers unterstellten Gebietes landesherrliche Rechte anzumaßen, indem er die hohe Gerichtsbarkeit übte, Galgen zur Exekution der Verbrecher errichtete, Zölle erhob und die Einwohner zur Nichtbeachtung des von dem Bischof verhängten Interdiktes aufreizte. Der Papst verlangt, daß er diese Übergriffe binnen zwei Monaten rückgängig mache und Vertreter zur Verantwortung nach Rom sende.

Die nach der späteren Rangordnung zweite Provinz des Ordens war nach der Auvergne benannt, obgleich sie sich nicht damit deckte. Von dem Priorat von St. Gilles, das ursprünglich ja ganz Frankreich umfaßte, scheint sie um die Mitte des 13. Jahrhunderts getrennt zu sein. Während nämlich noch 1229 der Prior von St. Gilles in die Verwaltung von Ordenskomtureien eingreift, die nachmals der Auvergne angehörten,[1]) bezeichnet die Inschrift auf dem Grabe des Bertrand des Barres in der Hospitaliterkapelle zu Montbrison diesen, der am 21. Januar 1245 gestorben ist, als Prior der Auvergne.[2]) Die Errichtung dieser Ordensprovinz fiel demnach zwischen die Jahre 1229 und 1245. Zu ihr gehörten außer der eigentlichen Auvergne, dem Gebiete um den zentralen Gebirgsstock der Cevennen und den Jura, die Landschaften Belay, Manche, Forez, Vivaraos, Savoyen, Grévandan, Viennois, Bugey, Bresse, Dombes, Beaujolais, Lyonnais, Franche Comté, Bourbonnais und Limousin und ein Stück von Berry. Eine Teilung dieses Priorates in Unterbezirke fand nicht statt, vielmehr bewahrte es seine Einheit, hat aber später doch auch territoriale Einbußen erlitten. Der Hauptort war in älterer Zeit Lureuil im Departement Indre. Wenn noch später nicht weniger als 77 Komtureien als dazugehörig nachweisbar sind, so scheinen die Ordensgüter hier besonders dicht beieinander gelegen oder aber besondere Umstände den Hospitalitern eine bessere Erhaltung ihres Besitzstandes als anderwärts ermöglicht haben. Später war der Sitz des Priors in Bourgneuf, wo der noch heute erhaltene stattliche Bau des Ordensschlosses, das zugleich als starke Festung und fürstliche Residenz erscheint, einen hohen Begriff gibt von der Stellung des Ordens und dem Ansehen seines Vertreters. Zeitweise residierte der Prior auch in Montferrand bei Clermont, der alten Hauptstadt der Auvergne. Im Jahre 1580 endlich wurde sein Sitz nach Lyon verlegt, wo er sich anfangs in dem ehemaligen Templerhause, dann in einem neuaufgeführten Palais befand. Noch um die Zeit des Untergangs des Ordens wurden von dort aus nicht weniger als 56 Komtureien geleitet, für welche die zugehörigen Güterkomplexe von zum Teil sehr beträcht-

[1]) *Cartulaire,* Nr. 1934 (II, S. 933).

[2]) Delaville Le Roulx, *Les Hospitaliers en Terre Sainte,* S. 371.

lichem Umfang und reichem Ertrage nachweisbar sind. Aber auch hier bezeichnet den wichtigsten Abschnitt in der Entwicklung des Ordensbesitzes die Einverleibung des templerischen Besitzes im Jahre 1313. Dabei wurden die Templergüter immer derjenigen Hospitaliterkomturei hinzugefügt, in deren Gebiet sie lagen. Daraus erklärt sich die Ungleichheit des Umfanges der Verwaltungsbezirke der einzelnen Komtureien. Doch kam auch hier lange nicht der gesamte Besitz der Templer an die Hospitaliter. Denn einmal war er während der Jahre, wo er unter Sequester stand, von den ihm vorgesetzten Beamten vielfach ausgeraubt und durch schlechte Wirtschaft entwertet, und dann scheinen pflichtvergessene Komture diese Zeit benutzt zu haben, um sich Stücke davon anzueignen. Dagegen erließ Papst Johann XXII. im Juni 1318 eine Bulle, welche die Entfremdung von alten sowohl wie von neuen Ordensgütern verbot, ausgenommen den Fall, daß der Erlös zu Zwecken des hl. Landes verwendet werden sollte.

Die größte Einbuße an seinem ursprünglichen Umfange erlitt das Priorat von St. Gilles durch die Konstituierung einer besonderen Ordensprovinz Frankreich. Ihr standen zeitweise Großkomture vor, doch sind solche in älterer Zeit nicht regelmäßig nachweisbar: Das Amt scheint mehrfach geruht zu haben und nur unter besonderen Umständen besetzt worden zu sein, wie auch sein Wirkungskreis manchen Wechsel erfuhr. Im wesentlichen enthielt diese Provinz die Ordensgüter, die nach der politischen Abgrenzung des Mittelalters dem eigentlichen Frankreich angehörten, griff aber mehrfach über dieses hinaus. Eingerichtet ist sie 1178–79, wo zuerst ein „Prior von Frankreich" erwähnt wird.[1]) Der Abgrenzung scheint der Gegensatz zwischen der Langue d'Oc und der Langue d'Oeil zugrunde gelegen zu haben. Demnach reichte dieses Priorat von der Loire im Süden bis zum Kanal im Norden. Im Westen wurde es vom Meer begrenzt, während es nach Osten auch noch fast ganz Belgien, nämlich Flandern, Hennegau, Brabant und Lüttich, umfaßte. Wie groß die Zahl der ihm unterstellten Komtureien war, vermögen wir nicht anzugeben. Doch scheint es an Reichtum alle anderen übertroffen zu haben, denn noch um das Jahr 1400 sind etwa 200 zu ihm gehörige Komtureien nachweisbar. Um 1500 ist ihre Zahl auf 115 gesunken, die dann im Laufe des 17. und 18. Jahrhunderts bis auf 53 zurückging. Um das Jahr 1771 wurden die Einkünfte des Ordens in Frankreich von diesen etwa 50 Komtureien auf rund 200 000 Livres geschätzt; zu Ende des 18. Jahrhunderts wird als der Ertrag von 58 Komtureien die Summe von 278 000 Livres ange-

[1]) Vgl. Delaville Le Roulx, a.a.O. S. 367.

geben.[1]) Wollte man diese Angaben zur Grundlage machen für eine ungefähre Schätzung des gesamten einstigen Ordensbesitzes, indem man annähme, auch in anderen Provinzen stellte die für das 18. Jahrhundert überlieferte Zahl der Komtureien etwa den vierten Teil dar von ihrer ehemaligen Zahl, so ergäbe das von dem Gesamtbesitz des Ordens innerhalb des alten eigentlichen Frankreich ein wahrhaft imponierendes Bild.

Aber noch nach einer anderen Seite hin sind die Verhältnisse der Provinz Frankreich lehrreich für die des Ordens überhaupt. Sie geben einen Anhalt für die Beurteilung der Wirkungen, welche die eximierte kirchliche Stellung des Ordens auf die Landeskirchen ausübte, indem sie deren Verbände durchbrach und ihre Organe in einem großen Teile der ihnen zugewiesenen Sprengel lahmlegte. Vermöge seiner dem Priorate Frankreich angehörigen Komtureien partizipierte der Orden an nicht weniger als 26 Bistümern, denen von Paris, Chartres, Orléans, Meaux, Reims, Troyes, Sens, Auxerre, Nevers, Evreux, Lisieux, Rouen, Sées, Bayeux, Coutances, Laon, Soissons, Noyon, Senlis, Beauvais, Amiens, Cambrai, Arras, Térouanne, Tournay und Lüttich, von denen einige politisch nur zum Teil Frankreich, zum andern dem Deutschen Reiche angehörten. In diesen 26 Diözesen wurde die bischöfliche Autorität in all den Fällen außer Wirksamkeit gesetzt, für die der Orden durch seine Privilegien von ihr ausgenommen war. Das aber galt auch hier nicht etwa bloß für die ihm wirklich Angehörigen, sondern für alle, die ihm sonst irgendwie verbunden waren, für seine Lehnsleute, die Inhaber und Pächter seiner Güter, seine Bauern und Hörigen sowie für die von ihm beschäftigten Handwerker und Tagelöhner und schließlich auch für die, welche durch Handel und Verkehr oder sonst irgendwelche Geschäfte mit ihm verknüpft waren. Vergegenwärtigt man sich die Fülle der vom Orden erworbenen kirchlichen Exemtionen, so gewinnt man eine Vorstellung von den geradezu zerstörenden Wirkungen, die deren Geltendmachung in diesen 26 Diözesen ausüben mußte.

Seinen Sitz hatte der Vorsteher dieser Ordensprovinz in dem bei Paris gelegenen Hospital zu Isle de Cobeil, das einer Schenkung der Dänin Ingeborg, der Witwe Philipps II. August, seine Entstehung verdankte und 1223 geweiht war. Seit 1311 residierte er im Pariser „Tempel", dem bisherigen Haupthause dieses Ordens. Dort ist bis zum Untergange des Ordens sein Sitz geblieben.

Später als in der Provence und den benachbarten Landschaften

[1]) Niepcè, *Le grand-prieuré d'Auvergne,* S. 362 u. 341.

Südfrankreichs haben die Hospitaliter in dem eigentlichen Frankreich Güter von solchem Umfang und Ertrag erworben, daß die Errichtung von Komtureien darauf gegründet werden konnte und die Organisation einer besonderen Verwaltung dafür notwendig wurde. Die ältesten Komtureien reichen hier nur bis gegen die Mitte des 12. Jahrhunderts zurück. Denn ob das Haupthaus des Ordens in Paris selbst wirklich seit 1130 bestanden hat, ist fraglich: Es lag im Süden, also gerade nach der dem „Tempel", dem Haupthaus der Templer, entgegengesetzten Seite und wird noch später einfach als das „alte" Hospital bezeichnet.[1]) Den Weg geebnet hat dem Orden hier König Ludwig VII., und zwar noch vor seinem Kreuzzuge. Durch eine Urkunde, die zwischen dem 1. August 1143 und dem 25. März 1144 ausgefertigt ist,[2]) bestätigt er dem Hospitals nicht bloß seine bisherigen Erwerbungen zu Cerny, sondern erlaubt ihm neue unter Vorbehalt der königlichen Rechte. Dabei gestattet er den Königsleuten, sich dem Hospital zu ergeben, aber nur mit der Hälfte ihres Hausgerätes, und bestimmt, daß die, welche sich seiner weiteren Brüderschaft anschließen, von der Entrichtung des landesüblichen Zinses nicht befreit werden. Seitdem machte die Entwickelung des Ordensbesitzes hier rasche Fortschritte, ebenso in den angrenzenden Landschaften, die der Krone damals nur als Lehen untergeordnet waren, wie einerseits der Bretagne, die sich unter eigenen Herzogen einer gewissen Selbständigkeit erfreute, andrerseits in dem Land zwischen Loire und Dordogne, Anjou und Maine, die tatsächlich im Besitz der englischen Könige waren, und weiter in der Champagne, dem nördlichen und östlichen Teil von Burgund und Lothringen. Auch in der Normandie war der Orden seit etwa 1140 begütert, wie eine Urkunde des Herzogs Gottfried aus den Jahren 1144 bis 1151 lehrt, worin ihm Schenkungen bestätigt werden.[3]) Als durch die Übergabe der Templergüter der Besitz des Ordens verdreifacht wurde und daher im Interesse einer geregelten Verwaltung eine Teilung geboten war, wurden die Bretagne, Anjou und Maine zu einem neuen Großpriorat Aquitanien, die Champagne mit Burgund und Lothringen zu einem Großpriorat Champagne zusammengefaßt. Trotzdem blieb das Großpriorat Frankreich eins der reichsten. Daher haben die Heimsuchungen, die im 14. Und 15. Jahrhundert das königliche Frankreich an den Rand des Untergangs brachten, den Wohlstand des Ordens schwer getroffen. Davon hat er sich nie wieder erholt, und der über ihm hereingebrochene Verfall ist nur noch für kurze Zeit aufge-

[1]) Curzon, *La maison du Temple de Paris,* S. 15.

[2]) *Cartulaire,* Nr. 151 (I, S. 122).

[3]) Ebd. Nr. 156 (I, S. 125).

halten worden. Die Änderungen aber, die infolgedessen in der bisher im allgemeinen bewährten Verwaltungsorganisation vorgenommen wurden, scheinen das Übel noch schlimmer gemacht zu haben. Der Orden verzichtete nämlich vielfach darauf, seine Güter selbst zu bewirtschaften und verpachtete ganze Komtureien. Andere gaben so geringen Ertrag, daß man es vorzog, sie zu unterdrücken, indem man die dazu gehörigen Liegenschaften anderen Komtureien einverleibte. Geholfen hat auch das nicht. Die großen Lasten, die der Orden infolge der unglücklichen auswärtigen Kriege und der Wirren im Innern auf sich nehmen mußte, bewirkten im 16. Jahrhundert ein weiteres Sinken seines Wohlstandes, dem auch die Niederlassung in Malta 1530 nur vorübergehend Einhalt tat. Dazu kam, daß die Reformation auch im Orden Anhänger fand und durch den Übertritt zu ihr manche Komturei für den Orden verloren ging. So zählte das Großpriorat Frankreich um 1790 im ganzen nur noch 53 Komtureien.

Von den zu Anfang des 14. Jahrhunderts auf seine Kosten neu geschaffenen beiden Großprioraten umfaßte Aquitanien neben der Bretagne, Anjou, und Maine noch Poitou, die Vendée, L'Aunis, Saintonge, die Tourraine und den südlichen Teil von Berry. Hauptort war Poitiers. Bekannt sind durch gelegentliche Erwähnung 35 Komtureien, doch dürfte ihre Zahl in der Blütezeit des Ordens beträchtlich größer gewesen sein. In dem anderen, das nach der Champagne benannt war und neben dieser Burgund und Lothringen umfaßte, hat die Zahl der Komtureien, wie es scheint, geschwankt, ist aber ebenfalls immer mehr zurückgegangen. Im 18. Jahrhundert gab es in Burgund nur noch 13 und in der Champagne und Lothringen nur noch je 7 Komtureien. Die lothringischen nahmen insofern eine eigentümliche, ihrem Ursprung nach nicht recht erklärbare Sonderstellung ein, als sie über ihre gesamten Einkünfte selbständig verfügten und die nach Abzug der Verwaltungskosten sich ergebenden Überschüsse nicht als sogenannte Responsionen an die Ordenskasse abführten. Der Sitz des Großpriors befand sich in Boulaine, einem im äußersten Osten der Provinz gelegenen Schlosse.

Um von der Stellung der Hospitaliter in den genannten Gebieten ein so erschöpfendes Bild zu gewinnen, daß wir ihre Verflechtung in die verschiedenen Zweige des öffentlichen Lebens und ihre Einwirkung darauf zu verfolgen vermöchten, reicht das vorliegende Material nicht aus. Doch läßt es darüber keinen Zweifel, daß der Besitz des Ordens gerade hier den des Königs und der weltlichen Großen vielfach umschloß und durchsetzte und vermöge der auf ihm ruhenden kirchlichen und weltlichen Freiheiten sowohl die kirchlichen wie die staatlichen Verbände zerriß und die betreffenden Autoritäten einschränkte oder gar lahmlegte.

Da Frankreich erst gegen Ende des Zeitalters, dem die Blüte des geistlichen Rittertums angehört, durch die fortschreitende Vereinigung der großen Lehen mit der Krone zu politischer Einheit gelangte, war auch die Stellung des Ordens in den einzelnen Teilgebieten nicht die gleiche, sondern trotz der Übereinstimmung in den allgemeinen Grundlagen verschieden gestaltet unter dem Einfluß der besonderen Verhältnisse der einzelnen Landschaften. Wohl aber werden ziemlich überall dieselben Übelstände und Schwierigkeiten erwähnt. Sie entsprangen den überall gleichen Bestrebungen des Ordens auf der einen und dem ebenfalls überall gleichen Gegenstreben der dadurch Geschädigten und Bedrohten auf der anderen Seite.

Denn trotz der Besonderheiten, welche die einzelnen Landschaften als Ergebnis ihres geschichtlichen Sonderlebens aufwiesen, war eine Gleichheit der Stellung des Ordens in allen schon durch seine überall gleichmäßig geltenden kirchlichen Exemtionen gegeben. Diese wirkten überall auch auf das staatliche Gebiet und führten da nicht selten zu weitgehenden Konsequenzen. Lag ihnen doch der Gedanke zugrunde, der Orden sollte alle Mittel unverkürzt seinem zwiefachen frommen Berufe zuwenden können, der Armen- und Krankenpflege und dem Kampf für das heilige Land. Auf diesen verwendete er noch später von dem Ertrage seiner abendländischen Besitzungen den dritten Teil.[1]) Hatte ihn deshalb die Kirche der finanziellen Verpflichtungen gegen sie selbst entledigt, so schien es nur recht und billig, wenn der Staat das gleiche tat und auf die Leistungen verzichtete, bis er von ihm zu beanspruchen hatte. Danach ist im allgemeinen bis in den Anfang des 14. Jahrhunderts verfahren worden: Von der Zahlung des Zehnten von allen kirchlichen Einkünften, den Clemens V. Karl II. von Anjou auf zwei Tage bewilligte, nahm er Hospitaliter und Templer durch eine Bulle vom 14. Januar 1306 aus,[2]) ebenso am 1. April 1308 von dem Zehnten, der auf die gleiche Dauer Philipp von Savoyen, dem Herrn von Achaia, in den Sprengeln von Aix, Arles, Embrun, Vienne und Lyon zum Kriege gegen die Griechen gewährt wurde.[3]) Unter Umständen freilich hat die Kurie aus politischen Rücksichten auch diesen Orden zu den Lasten herangezogen, die sie der französischen Kirche im Interesse der Krone auf-

---

[1]) *Cartulaire,* Nr. 4147 (III, S. 586). Vgl. Langois, *Rég. de Nicolaus IV.,* Nr. 4204 u. 4206.

[2]) *Cartulaire,* Nr. 4709 (IV, S. 124).

[3]) Ebd. Nr. 4794 (IV, S. 170).

erlegte. Am 4. Mai 1304 weist Benedikt XI. zugleich mit der gesamten französischen Geistlichkeit und den Templern die Hospitaliter an, den Zehnten von den Gütern zu entrichten, den er Philipp IV. zur Durchführung seiner Münzreform bewilligt hatte.[1]) Ist demnach auch die Abgabenfreiheit des Ordens staatlicherseits nie prinzipiell anerkannt worden, so ist sie ihm doch meistens bewilligt worden. Auch für die seinen Bedürfnissen dienenden Transporte hatte er weder Zölle noch Wege- und Schiffsgelder zu entrichten. Hier und da griffen die ihm kirchlicherseits eingeräumten Freiheiten der Art sogar auf privatrechtliches Gebiet hinüber, wie z. B. die zugunsten des Weiderechts seiner Herden.[2])

Andere Bestimmungen griffen, da es noch an einer scharfen Scheidung zwischen den Finanzen des Fürsten und denen des Staates fehlte, auf das staatliche Gebiet hinüber, beeinträchtigten die Staatseinkünfte und schädigten die Staatsautorität. Doch sind die Päpste auch für solche Rechte des Ordens mit den Strafmitteln der Kirche eingetreten. So wies z. B. noch Clemens V. am 3. April 1309 die Bischöfe von Viviers und von Valence an, die Herren von Montélimar und von La Garde durch Bedrohung mit dem Banne zu nötigen, daß sie das für die Galeeren des Ordens bestimmte Schiffsbauholz auf dem Rhone zollfrei durch ihr Gebiet passieren ließen.[3]) Noch bedenklicher war es, wenn derselbe Papst, am 29. Juli 1306 den Orden bevollmächtigt, falls der König von Cypern die Erlaubnis zur Armierung von Kriegsschiffen verweigern sollte, diese trotzdem vorzunehmen.[4]) Eigentlich landesherrliche Rechte aber hat der Orden nirgends besessen, mag er auch die ihm zustehenden grundherrlichen hier und da so ausgestaltet haben, daß sie von landesherrlichen nicht allzu verschieden waren, und in einzelnen Gebieten sich an Stelle der schwachen landesherrlichen Autorität gesetzt haben. Er tat das, wie einige besondere Fälle lehren, gewöhnlich durch planmäßige Erweiterung seiner gerichtsherrlichen Befugnisse.

Selbstverständlich waren in dem Ordensbesitz in Frankreich alle überhaupt denkbaren Besitzarten vertreten. Entsprechend mannigfaltig war auch die besondere Bestimmung der einzelnen dem Hospital gemachten Zuwendungen. Noch später knüpft sie gelegentlich an die bescheidenen Anfänge des Ordens an. So schenkt ihm am 2. Juli 1295 Bonifaz VIII. das Haus der „Büßenden Brüder" (*fratres poenitentiae Jesu*

---

[1]) *Cartulaire*, Nr. 4650 (IV, S. 83).

[2]) Vgl. oben S. 153.

[3]) *Cartulaire*, Nr. 4856 (IV, S. 209).

[4]) Ebd. Nr. 4727/28 (IV, S. 132/33).

Christi) in Tarascon als Herberge für die Brüder, die aus Frankreich, der Auvergne, England und Deutschland dem Meere zuzogen, um sich nach dem heiligen Lande einzuschiffen.[1]) Offenbar hat dieser Verkehr sich von altersher auf bestimmten Straßen nach St. Gilles bewegt. Einen wesentlichen Teil seines Besitzes machten natürlich auch hier die dem Orden zugewandten Kirchen aus, deren Zahl sich noch dauernd vermehrte, wenn auch nicht mehr, wie anfangs, durch Schenkungen von Bischöfen.[2]) Auch städtische Grundstücke kamen an den Orden; hier und da besaß er ganze Stadtteile. So gehörte ihm die Hälfte der Stadt Orange. Am 22. Oktober 1307 tauscht Karl II. von Anjou, König von Neapel, als Graf von Provence diese von ihm ein, indem er ihm dafür eine Anzahl von Schlössern überläßt.[3]) Bereits am 1. November weist er seine Bevollmächtigten an, davon Besitz zu ergreifen.[4]) Für das, was dem Orden in der Stadt noch blieb, erhielt er Abgabenfreiheit.[5]) Auf eine andere Art von städtischem Besitz des Ordens weist hin eine noch dem 12. Jahrhundert angehörige Urkunde Guys V. von Laval, worin ihm die Abhaltung eines dreitägigen Jahrmarkts gestattet wird mit der Bestimmung, daß die von den Verkäufern zu entrichtenden Platzgebühren zu einer Hälfte an ihn, zur anderen an den Stadtherrn fallen.[6])

Weitaus überwog aber unter dem Ordensbesitz auch in Frankreich der ländliche, der teils in einzelnen Gütern bestand, teils um die Komtureien zu großen Güterkomplexen und förmlichen Herrschaften zusammengefaßt war. Die Stellung, die der Orden da einnahm, war verschieden und steigt von der gewöhnlichen Lehnsabhängigkeit bis zu einer der Landesherrschaft ähnlichen Grundherrschaft. Während dem Templerorden das Eingehen lehnsrechtlicher Verpflichtungen und ähnlicher Verbindungen ursprünglich verboten war, bestand für die Hospitaliter diese Beschränkung nicht. Wir sehen sie zu allen Zeiten solche auf sich nehmen, gegenüber dem König sowohl wie seinen Vasallen. Dies beweist eine Entscheidung Philipps IV. vom 12. März 1310, wonach der Orden für das Schloß St. Maurice, das Herr Raymund Ganzelin von Uzès durch Tausch vom König erworben hat, diesem ebenso die Lehnshuldigung zu leisten verpflichtet ist wie bisher

---

[1]) *Régistres de Boniface VIII.*, Nr. 1028 (I, S. 337).
[2]) *Cartulaire,* Nr. 230 (I, S. 176).
[3]) Ebd. Nr. 4756 (IV, S. 146).
[4]) Ebd. Nr. 4766 (IV, S. 155).
[5]) Ebd. Nr. 4772 (IV, S. 158).
[6]) Ebd. Nr. 134. Vgl. Nr. 149/50 (I, S. 145).

dem König.[1]) Demgemäß war die Stellung des Ordens in den ihm zu Lehen aufgetragenen Besitzungen verschieden, je nachdem er dem König unmittelbar oder nur mittelbar verpflichtet war. Auch so fehlte es nicht an Anlässen zu lehensrechtlichen Streitigkeiten. Von einer solchen hören wir z. B. zwischen dem Orden und Graf Wilhelm IV. von Forez über Manosque:[2]) Sie wurde durch einen von Papst Eugen III. am 23. Oktober 1152 bestätigten bischöflichen Schiedsspruch erledigt.[3]) Später brachte der Orden den genannten Ort in seinen Besitz, indem ihm die Gräfin Adalasis von Forcalquier mit Zustimmung des Vicomte von Lautrec zur Tilgung einer Schuld von 25 Mark Silber ihre Rechte darauf abtrat.[4]) In ähnliche Verhältnisse trat er früh auch in anderen, von der französischen Krone nur mittelbar abhängigen Gebieten, wie in den Grafschaften Bermandois, wo bereits 1152–1157 ein Ordenshaus zu Etrépigny vorkommt.[5]) und Ponthieu, wo ihm Graf Johann I. 1154 Güter bestätigt.[6]) Wie bei Vermehrung seines Besitzes und mannigfaltigerer Gestaltung der Verhältnisse seine Stellung sich entwickelte, können wir am genauesten in der Provence verfolgen, wo er, früh eingebürgert, besonders reiche Besitzungen erwarb. Die Streitigkeiten zwischen ihm und dem Landesherrn, die sich daraus ergaben, machten schließlich eine Feststellung ihres Verhältnisses auf Grund des Herkommens nötig, die gleichzeitig durch endgültige Beilegung schwebender Besitzfragen den Frieden für die Zukunft sicherte. Der Vertrag wurde von Karl von Anjou, dem Sohn König Ludwigs IX., als Herrn von Provence und Forcalquier, unter Zustimmung seiner Gemahlin Beatrix mit dem damaligen Vorsteher des Ordens diesseits des Meeres, Ferraudus de Barracio am 28. Juli 1262 in Aix geschlossen.[7])

Zur Vermeidung von Streitigkeiten, wie sie bisher zwischen ihnen so oft entstanden – so heißt es in seinem Eingang –, habe auf den Wunsch des Ferraudus de Barracio eine gütliche Begleichung aller schwebenden Differenzen zwischen beiden Teilen stattgefunden. Diese betrafen insbesondere den Anspruch Karls von Anjou auf Stadt und Burg Manosque, den er gründete auf eine Schenkung des 1208 verstorbenen Grafen Wilhelm von Forcalquier an seinen 1209 verstorbenen

---

[1]) *Cartulaire,* Nr. 4891 (IV, S. 231).

[2]) Vgl. oben S. 261.

[3]) *Cartulaire,* Nr. 179 (I, S. 152).

[4]) Ebd. Nr. 211 (I, S. 162).

[5]) Ebd. Nr. 200 (I, S. 159).

[6]) Ebd. Nr. 205 (I, S. 159) und Nr. 221 (I, S. 170).

[7]) Ebd. Nr. 3035 (III, S. 36ff.)

Vater oder, falls der Orden sie nicht gelten lassen wollte, auf kaiserliche Verleihung. Ferner focht der Graf die Rechtsgültigkeit der Erwerbung verschiedener Güter durch den Orden an, weil sie ohne seine Zustimmung geschehen war. Dann verlangte er, daß der Orden ihm, wie früher seinem Vater, in gewissen Fällen Waffenhilfe, die sogenannte Cavalcata, leisten sollte. Der Orden klagte über vielfache Kränkung seiner Rechte in bezug auf Zölle und Abgaben, Weide- und Strafgelder und Störung des Vertriebs des in seinen Salinen gewonnenen Salzes. Die Besitzstreitigkeiten wurden beglichen, indem die betreffenden Burgen und Güter geteilt wurden und der Orden sich verpflichtete, für das ihm davon Verbleibende dem Landesherrn die schuldigen Dienste zu leisten. Dagegen erkannte der Graf die Abgabenfreiheit des Ordens an: Von den ihm gehörigen oder von ihm zu eigenem Bedarf gekauften Produkten wie auch von denen, die er anderen verkaufte, sollte derselbe in dem ganzen gräflichen Herrschaftsgebiet hinfort Abgaben nicht zu entrichten haben. Ferner wurde dem Orden das Recht zuerkannt, auf allen unmittelbar dem Grafen gehörigen Ländereien seine Herden ohne Entgelt weiden zu lassen. Eigentümlich sind die Bestimmungen über den Salzhandel des Ordens. Denn auf die Salinen des Ordens, in denen das Salz gewonnen wurde durch Verdunsten des in flache Bassins geleiteten Seewassers, war das Land mit seinem Bedarf an Salz angewiesen, so daß der Landesherr ein Interesse daran hatte, seinen Untertanen den Bezug dieses unentbehrlichen Artikels zu einem angemessenen Preise zu sichern. Deshalb sollte der Orden das für den Bedarf seiner Häuser zu St. Gilles, St. Thomas, Beaulien, Marseille, Aix usw. nötige Salz dorthin verführen können, den Rest aber dem Grafen zu dem landesüblichen Preis überlassen. Um aber auch einen heimlichen Betrieb des Salzhandels durch den Orden auszuschließen, sollte auf Verlangen des gräflichen Einnehmers der Salzsteuer (*gabelle*) vom Ordenskomtur oder von dem den betreffenden Transport leitenden Ordensbruder Bürgschaft dafür geliefert werden, daß das Salz wirklich zum Gebrauch des Ordens und nicht zum Verkauf bestimmt war.

Ferner wurde die rechtliche Stellung des Ordens in der Provence geregelt. Deswegen sollte hinfort jeder neue Prior von St. Gilles den Vertrag binnen vierzig Tagen nach Antritt seines Amtes beschwören. Glaubte sich aber ein Teil in den so erworbenen Rechten geschädigt, so sollte die Sache durch ein Schiedsgericht zum Austrag gebracht werden. Indem nun der Orden alles von ihm innegehabte Land, das nicht als einem anderen Herrn gehörig erwiesen war, als von dem Grafen abhängig anerkannte, beugte er sich sozusagen theoretisch dessen

Lehenshoheit und ordnete sich ihm und seinen Nachfolgern als seinen Oberherren unter. Dafür versprach der Graf, ihm gegenüber die Pflichten eines guten Herrn getreulich zu erfüllen und insbesondere sich nicht auf Kosten des Ordens zu bereichern: Weder von dem Eigengut noch von den Lehen desselben sollte er etwas erwerben dürfen, und falls er sich bereits von Leuten des Ordens hätte huldigen und Treue schwören lassen, sollte das hinfällig sein, wie auch etwa schon geschehene Erwerbungen von Ordensgut für ungültig erklärt wurden. Dafür übernahm der Orden in dem herkömmlichen Umfang die dem Lehensmann obliegende Leistung von Waffenhilfe, der sogenannten Cavalcata: Einmal im Jahr stellte er dem Grafen auf drei Wochen zuvor erfolgte Ansage für vierzig Tage zehn Ritter und hundert Fußknechte, was auch für mehrere kürzere Zeitabschnitte nacheinander bis zum Gesamtbetrag von vierzig Tagen verlangt werden konnte. Unter keinen Umständen durfte der Graf statt der Mannschaften Geld beanspruchen. Dagegen hatte der Orden für jedes nicht rechtzeitig gestellte Pferd 10 Livres tournois (d. i. 190 Franken dem Metallwert nach und 1520 Franken nach heutiger französischer Währung) zu erlegen, dasselbe dann aber noch nachträglich zu stellen. Wurde ein Jahr die Cavalcata nicht gefordert, so fand dennoch eine Prüfung der Leistungsfähigkeit und Kriegsbereitschaft des Ordens statt, wobei er für jedes fehlende Pferd 20 Livres tournois (d. i. 380 bzw. 3400 Franken) zu erlegen hatte. Ebenso sollte es in betreff der Fußknechte gehalten werden: Für jeden nicht Gleichgestellten zahlte der Orden je nachdem 20 oder 40 Sous tournois. Wollte der Graf eine Fehde *(bellum campale)* ausfechten oder eine Burg entsetzen, so hatten die Leute, d. h. die Untertanen, Hintersassen und Knechte des Ordens, zu Pferd und zu Fuß mitzuziehen. Im Fall eines plötzlichen Aufgebotes zur Landesverteidigung dagegen brauchten sie nur so weit mitzuziehen, daß sie noch an demselben Tage nach Hause zurückkehren konnten. Brauchte man ihre Hilfe für längere Zeit, so sollte diese auf die vierzig Tage der Cavalcata des betreffenden Jahres angerechnet werden. Während diese Bestimmungen auch gegenüber den Nachfolgern Karls von Anjou gelten sollten, wurde diesem persönlich auf Lebenszeit ein weitergehendes Zugeständnis gemacht. Erklärte er für eine Fehde eine Burg des Ordens nötig zu haben, so sollte sie ihm oder seinem Bevollmächtigten auf Vorweisung eines gräflichen Siegelbriefes überantwortet werden. Er durfte dann auf seine Kosten eine Besatzung hineinlegen, doch sollten zwei und unter Umständen auch mehr Ordensbrüder darin bleiben. Die Einkünfte, Gerichtsbußen usw. flossen nach wie vor an den Orden, dem auch die Gerichtsbarkeit verblieb. Dagegen sollte dem Nachfolger des Grafen gegenüber diese Verpflichtung nicht mehr bestehen. Wohl aber blieb der Orden gehalten, auf Verlangen die gräflichen Untertanen in seine Burgen aufzunehmen, wofür die Kosten jedoch der Graf zu tragen hatte. Den Widersachern desselben aber durfte er Zuflucht nicht gewähren. Vielmehr sollte er ihrer habhaft zu werden suchen und sie dem Grafen ausliefern.

Bezeichnend für die Stellung des Ordens ist es nun, daß seine Lehnspflicht dem Grafen gegenüber, die militärisch so scharf zum Ausdruck kommt, für die Rechtspflege praktische Konsequenzen nicht herbeiführte. Die Hospitaliter brauchten Ladungen des gräflichen Gerichtes nur Folge zu leisten in Besitzstreitigkeiten mit gräflichen Lehnsleuten, während ihre Untertanen auch in solchen allein vor den vom Orden bestellten Gerichten zu Recht zu stehen hatten. Nur falls der Orden ihnen ihr Recht verweigerte, sollte der Graf ihn zur Erfüllung seiner Pflicht anhalten dürfen, indem er seine beweglichen Güter mit Beschlag belegte. Das gleiche galt von der Aburteilung schwerer Vergehungen *(haute justice)*, wie des Straßenraubes und der Verletzung von Kirchen und Geistlichen. Sie stand dem Orden zu, doch sollte ihn auch da, wenn nötig, das gräfliche Hofgericht zur Erfüllung seiner Pflicht auffordern können. Schließlich entsagten beide Teile allen Ansprüchen, die sie auf ein oder das andere Stück des durch diesen Vertrag unter sie verteilten, bisher streitigen Besitzes etwa noch erheben könnten, sowie jedem Rechtsmittel, durch das der Vergleich nachträglich anzufechten war, und versprachen, auch die kirchliche Lossprechung davon weder nachzusuchen, noch, würde sie ihnen angeboten, anzunehmen. Der Orden brachte, wie bei solchen Geschäften gewöhnlich, für die Anerkennung seiner bisher bestrittenen Rechte nicht unbeträchtliche finanzielle Opfer, indem er dem Grafen 4000 Livres tournois (d. i. 76 000 bzw. 608 000 Franken) zahlte, von denen 3000 (d. i. 5700 bzw. 456 000 Franken) sofort bar erlegt wurden.

Dieser Vertrag blieb die Grundlage für die Stellung des Ordens in dem schönsten und reichsten Teil Südfrankreichs, auch als dieser an die Krone kam. Am 23. Oktober 1307 hat ihn Karl II. von Anjou, König von Neapel und Graf von Provence, bestätigt.[1]) Im einzelnen haben die dadurch geschaffenen Zustände noch Änderungen erfahren durch eintretenden Besitzwechsel – wie z. B. in betreff der Stadt Orange – oder durch neue Verleihungen an den Orden – wie z. B. die von Montagut, das ihm der König am 23. Oktober 1307 zu Lehen gab.[2]) Doch auch an

---

[1]) *Cartulaire*, Nr. 4759 (IV, S. 152).

[2]) Ebd. Nr. 4757 (IV, S. 150).

Streitigkeiten hat es nicht gefehlt, und zwar wieder vornehmlich um die Gerichtsbarkeit. Ebenfalls am 23. Oktober 1307 – wo demnach, wie es scheint, die zwischen dem Orden und dem Grafen schwebenden Differenzen schleunigst beglichen wurden, wohl im Hinblick auf das eben in Frankreich gegen die Templer Geschehene – erkennt der König das Recht des Ordens an auf die hohe Gerichtsbarkeit in dem Schlosse Puymoisson.[1]) Dagegen wird ein andermal eine Untersuchung eingeleitet gegen die Beamten des Priors von St. Gilles aus Anlaß von Übergriffen, die sie in Manosque begangen haben sollten.[2]) Wenn Karl II. dann am 4. Dezember 1307 auf Grund eines Abkommens mit dem Ordensmeister Fulco von Villaret seinen Beamten befiehlt, streng darauf zu sehen, daß in den als Lehen im Besitz des Ordens befindlichen Gebieten die ersten Appellationen den Gerichten des Ordens, die zweiten dagegen ausschließlich den königlichen vorbehalten bleiben,[3]) so zeigt das, welcher Art die zwischen dem Orden und dem Landesherrn schwebenden Streitigkeiten waren. Auch in der Grafschaft Anjou war die Gerichtsbarkeit über die Leute des Ordens zwischen diesem und Karl II. streitig: Am 1. März 1309 verfügt infolgedessen das Pariser Parlament die Wiederholung einer bereits früher vorgenommenen, aber ungenau geführten Enquête.[4])

Der sonstige Besitz des Ordens in Südfrankreich war zumeist in der Grafschaft Toulouse, die durch Ludwig VIII. an das königliche Haus kam und hinfort die Senechaussees Carcasonne und Beaucaire bildete. Dort begegnen wir zuerst der dann auch sonst angewandten Art der Sicherung des Ordensbesitzes durch Amortissement, d. h. förmliche, dem Landesherrn vollzogene Erklärung zum Besitz toter Hand. Sie gewährte Philipp IV. dem Orden im April 1301 gegen eine größere Zahlung für die Güter, die derselbe neuerdings in Toulouse erworben hatte.[5]) Wegen dieser pekuniären Gegenleistungen war das Amortissement von Ordensgütern für den König ein einträgliches Geschäft. Doch hat Philipp IV. auch die sonstigen Rechte und Freiheiten, welche die Hospitaliter den früheren Grafen von Toulouse verdankten, ungemindert gelten lassen: Am 29. Dezember 1304 weist er die Seneschalls von Toulouse, Cahors, Carcassonne, Beaucaire und Rodez an, sie zu respektieren.[6]) Streit gab es auch hier über den Umfang der Gerichtshoheit des Ordens. Am 1. März 1309 fällt das

[1]) *Cartulaire*, Nr. 4758 (IV, S. 151).
[2]) Ebd. Nr. 4732 (IV, S. 135).
[3]) Ebd. Nr. 4773 (IV, S. 158).
[4]) Ebd. Nr. 4855 (IV, S. 209).
[5]) Ebd. Nr. 4533 (IV, S. 17).
[6]) Ebd. Nr. 4579 (IV, S. 102).

Pariser Parlament ein Urteil, wonach die Gerichtsbarkeit zu Boulbonne im Amtsbezirk des Seneschalls von Toulouse nicht dem dortigen Ordenskomtur zusteht, sondern dem König und den Herren d'Ardignan.[1]) Ähnlichen Rechtshändeln begegneten wir in der Auvergne[2]) und in der Grafschaft Dreux.[3])

Nicht wesentlich anders geartet war die Stellung des Ordens in den schon in älterer Zeit unmittelbar unter der Krone stehenden Teilen Frankreichs. Nur gestalteten der Umfang, der Wert und die Mannigfaltigkeit seines Besitzes und der auf ihm ruhenden Rechte seine Beziehungen zur weltlichen Gewalt dort besonders vielseitig. Gerade dort schlug der Orden zur Sicherung seines Besitzes später mit Vorliebe den Weg des Amortissements ein, zu dem der geldbedürftige Philipp IV. gern die Hand bot. Das Verfahren dabei war verschieden je nach den Verhältnissen der zu amortisierenden Güter. Im allgemeinen scheint der Orden das Amortissement nur von Zeit zu Zeit für die neuerdings gemachten Erwerbungen nachgesucht zu haben, gelegentlich auch für solche, die schon seit Jahrzehnten in seinem Besitz waren, ohne bisher als Güter zur toten Hand anerkannt worden zu sein. Die Art, wie er sie erworben hatte, kam dabei nicht in Betracht. Die Amortisation betraf Liegenschaften so gut wie nutzbare Rechte aller Art, insbesondere auch solche lehnsrechtlichen Ursprungs, wie Dienste, Zinse usw. Für die Amortisation zahlte der Orden dem König eine nach dem Wert der betreffenden Güter bemessene Summe. Die Rechtshandlung selbst wurde durch königliche Beamte vorgenommen, die dazu mit besonderer Vollmacht versehen waren. So geschieht das nach einer Urkunde vom Februar 1293 durch den Bailli von Vitry in bezug auf das, was der Orden im Lauf der letzten 46 Jahre zu Reims erworben hatte, die von königlichen Lehen abhingen und einen Jahresertrag von wenigstens 4 Livres tournois brachten.[4]) Die dafür entrichtete Gebühr beträgt 11 Livres tournois. Solche Verträge bedurften der Bestätigung durch den König. Sie erteilte Philipp IV. im Oktober 1293 einem Abkommen, nach dem Renten, die dem Hospital während der letzten 47 Jahre zu Villedieux le Bailleul geschenkt waren, als Güter zur toten Hand anerkannt wurden gegen Zahlung von 36 Livres tournois.[5]) Im September 1301 geschah das gleiche gegen Erlegung einer entsprechenden Summe für die von

[1]) *Cartulaire*, Nr. 4852 (IV, S. 209).

[2]) Ebd. Nr. 4539 (IV, S. 10).

[3]) Ebd. Nr. 4788 (IV, S. 165).

[4]) Ebd. Nr. 4208 (II, S. 616).

[5]) Ebd. Nr. 4232 (II, S. 236).

dem Orden in Corbeil erworbenen Güter.[1]) In betreff des Ordensbesitzes insgesamt geschah das gleiche dann durch eine königliche Urkunde vom Februar 1304, in der zugleich auf Wunsch des Großpriors von St. Gilles die Rechte des Königs dem Orden gegenüber verzeichnet wurden.[2])

Ihre Bestimmungen sind merkwürdig, weil sie mit der Möglichkeit einer Beschlagnahme des Ordensbesitzes oder eines Teiles davon durch den König rechnen und dem Orden für diesen Fall Garantien bieten gegen rechtlose Ausraubung, wie sie einige Jahre später die Templer erlitten. Die beweglichen Güter des Ordens und der Ordensbrüder durften danach überhaupt nicht mit Beschlag belegt oder irgendwie haftbar gemacht werden. Falls seine unbeweglichen Güter einmal von Rechts wegen beschlagnahmt werden, dürfen sie nicht willkürlich ausgenutzt oder verschleudert werden: Jeden Versuch dazu verspricht der König zu hindern. Vielmehr soll alsdann in jede Burg und in jedes Manoir immer nur ein königlicher Beamter als Administrator eingesetzt und diesem zum Unterhalt ein bestimmter Sold angewiesen werden, bemessen nach den für die königlichen Beamten geltenden Gehaltssätzen und der königlichen Kasse zur Last fallend, wenn die zurzeit im Gang befindliche Münzreform bis dahin durchgeführt ist. Wo ein niedrigerer Sold ortsüblich ist, soll der Beamte auch nur diesen erhalten. Weiterhin wird ausdrücklich das Recht des Ordens anerkannt, sich der Zahlung derjenigen staatlichen Abgaben zu weigern, zu denen er nicht nachweislich verpflichtet ist. Von den bisher erworbenen Gütern hat er Zahlungen an den Staat nicht zu leisten, kann auch nicht angehalten werden, sich ihrer zu entäußern, d. h. eben, sie werden zu Gütern zur toten Hand erklärt. Das war für den Orden insofern ein Gewinn, als amortisierte Güter von staatlichen Abgaben frei waren. Doch diente diese Maßregel auch den Interessen des Staates und der Gesellschaft. Da die Güter zur toten Hand unveräußerlich waren, wurde dem Orden die Verwertung seines amortisierten Besitzes durch Tausch und Verkauf unmöglich gemacht und damit der Erweiterung seines Besitzes eine gewisse Grenze gesetzt. Was er neu erwarb, blieb zunächst mit all den Pflichten belastet, die bisher darauf gelegen hatten. So konnte das Amortissement auch dem Umsichgreifen des Ordens und namentlich der weiteren Verschiebung des ländlichen Grundbesitzes zu seinen Gunsten Einhalt tun. Denn da die dem Orden gewährten Exemtionen auf einen immer weiteren Kreis ausgedehnt waren, bedeutete jeder neue Landerwerb des Ordens für den Staat

[1]) *Cartulaire,* Nr. 4552 (IV, S. 24).

[2]) Ebd. Nr. 4633 (IV, S. 75/76).

einen Verlust an ihm unmittelbar untergebenen Leuten. Einbußen der Art erlitt er ohnehin fortdauernd, indem viele, namentlich Leute niederen Standes, sich irgendwie in den Schutz des Ordens begaben und ihm dadurch entzogen. Deshalb wurde jetzt auch bestimmt, der Eintritt königlicher Untertanen in den Schutz eines Ordenshauses sollte nicht mehr zugelassen und, wo er neuerdings erfolgt war, rückgängig gemacht werden.

Die weiteren Bestimmungen setzten der Autorität des Landesherrn dem Orden und seinen Besitzungen gegenüber ungewöhnliche Schranken und suchten deren Einhaltung in einer Weise zu sichern, die einerseits von lebhaftem Mißtrauen des Ordens zeugt, andrerseits lehrt, daß der Staat mit ihm als einer Macht rechnen mußte. Die königlichen Beamten und Richter durften in den der Gerichtsbarkeit des Ordens unterstellten Bezirken Amtshandlungen nicht vornehmen, auch darin Gerichtstage nicht gehalten werden, mit Ausnahme der Orte, wo solche von altersher üblich waren. Ferner waren die Hospitaliter in Rechtsstreitigkeiten, die sie nur persönlich angingen, vor einem weltlichen Gericht zu erscheinen, unter keinen Umständen gehalten, selbst dann nicht, wenn sie durch königliche Schreiben oder solche königlicher Beamten geladen wurden. Eidlich sind die königlichen Beamten zu verpflichten, die königlichen Befehle, welche den Orden und seine Häuser betreffen, willig und getreu zu vollstrecken. Erscheint ihnen das aus irgendeinem zwingenden Grunde einmal als unmöglich, so sollen sie sofort dem Könige berichten und gleichzeitig ihren Bericht dem Orden mitteilen, damit er weiß, ob sie die Sache auch wahrheitsgetreu dargestellt haben. Nur wenn diese Mitteilung an den Orden dem König oder dem Staate nachteilig werden kann, darf sie unterbleiben. Doch hat der Beamte dann auf seinen Diensteid zu versichern, daß er gegen den Orden weder Trug noch Bosheit üben wolle. Des weiteren wird dem Orden jede Art von Neuerwerbung in seinen Lehen und Zinsgütern freigegeben, auch solchen, wo er nicht das volle Recht der Grundherrschaft (*merum imperium*) besitzt, doch innerhalb der Grenzen, die das besondere Recht der betreffenden Landschaft vorschreibt. Als Beweis besonderer Gnade wird ihm endlich die Zusicherung gegeben, es solle, wenn von dem Spruch seiner Gerichtshöfe an das königliche Gericht Berufung eingelegt wird, die Sache von diesen an erstere, soweit sie als Appellationsinstanz zu urteilen befugt sind, oder an die vom Orden bestellten Richter für Berufungssachen zurückverwiesen werden. Den Schluß bildet eine leider nur in verderbter Fassung überlieferte Bestimmung, deren Inhalt dahin zu deuten scheint, daß dem Orden das Recht zugestanden wurde, sich und seine bewegliche Habe im Fall von Angriffen durch mäßige Anwendung von Waffengewalt zu verteidigen.

Die Stellung, die so auf Grund des Herkommens dem Orden eingeräumt wurde, geht in einigen Stücken über die hinaus, die ihm mehr als vierzig Jahre früher Karl von Anjou in der Provence zugestanden hatte. Die königliche Gewalt wurde in bezug auf die Rechtspflege wesentlich beschränkt: Die Gerichte des Ordens standen selbst in der Appelationsinstanz den königlichen gleich, so daß von ihrem Spruch nur noch die Appellation an das Pariser Parlament zulässig war, welches damals auch für die großen Kronlehen oberster Gerichtshof wurde. Auffallend ist besonders die Art, wie dem jungen königlichen Beamtentum seine Autorität dem Orden gegenüber verkürzt wurde. Wenn ein Herrscher wie Philipp IV., der von seiner Macht eine so hohe Vorstellung hatte und nur allzu geneigt war, sie rücksichtslos geltend zu machen, dem Orden so viel nachgab, so wird man daraus entnehmen dürfen, welchen Wert er darauf legte, mit ihm in Freundschaft zu leben. Sicher aber hat es sich dabei nicht um die Einführung einer neuen Ordnung gehandelt, sondern nur um die Anerkennung einer allmählich entwickelten und historisch gegebenen. Trotzdem hat es auch in der Folge an Streitigkeiten zwischen den königlichen Beamten und dem Orden nicht gefehlt. Auch da scheint es sich dabei zumeist um den Umfang der vom Orden beanspruchten Gerichtsbarkeit gehandelt zu haben. Daß der Orden sich gerade auf diesem Gebiete Übergriffe erlaubte, lehrt der Vorwurf, den Bonifaz VIII. aus Anlaß eines Streitfalles dieser Art im allgemeinen gegen ihn erhebt. Am 16. Februar 1296 weist er Geistliche in Périgord und Poitiers an, die gerichtsherrlichen Rechte des Bischofs von Poitiers gegen den Orden zu schützen. Die Brüder, sagt er, maßen sich die Gerichtsbarkeit an, errichten Galgen zur Bestrafung der Übeltäter, erheben widerrechtlich Zölle, d. h. also, sie suchen sich an Stelle des Landesherrn zu setzen, und veranlassen dann obenein noch die Bevölkerung des streitigen Ortes, das von dem Bischof verhängte Interdikt nicht zu beachten.[1]) Wiederholt hat in Streitigkeiten der Art das Pariser Parlament gegen den Orden entschieden. Am 1. März 1309 spricht es die Gerichtsbarkeit zu Garrigues dem dortigen Komtur ab und erkennt sie dem König zu.[2]) Am 21. März 1310 verbietet es dem Komtur zu Renneville die Übung jeglicher Art von Gerichtsbarkeit und erlegt ihm die Rückzahlung aller Einnahmen auf, die er seit 1282 daraus gezogen hat. Die

[1]) *Régistres de Boniface VIII.*, Nr. 1053 (I, S. 359).

[2]) *Cartulaire*, Nr. 4854 (IV, S. 208).

gleiche Entscheidung erging zu derselben Zeit in betreff der Gerichtsbarkeit der Komturei Boulbonne.[1])

II. Italien.

Wesentlich anders geartet als in Frankreich war die Stellung des Hospitaliterordens in der Apenninhalbinsel. Das erklärt sich aus deren besonderen politischen und wirtschaftlichen Verhältnissen. Die landschaftliche Vielteilung, welche die Entstehung zahlreicher kleinerer Zentren zur Folge hatte, und die hohe Geltung, welche die Kirche besaß, waren der Einbürgerung des Ordens wenig günstig. Daher ist er dort verhältnismäßig spät zu Bedeutung gelangt, und nie zu solchen, wie er anderwärts und namentlich in Frankreich besessen hat.

Von den sieben Großprioraten, in welche die italienische Zunge des Ordens später zerfiel – Lombardei, Rom, Venedig, Pisa, Capua, Barletta und Messina – reichen Capua und Messina wohl am weitesten zurück, sind aber vollständig organisiert auch erst in der zweiten Hälfte des 13. Jahrhunderts nachweisbar. Als Großpriorate begegnen uns am frühesten Pisa, die Lombardei und Venedig. Obgleich der Orden in der Halbinsel zeitig einige Stationen gewann, die für die Lösung seiner besonderen Aufgabe wichtig waren,[2]) so hat er doch erst zu Ende des 12. und zu Anfang des 13. Jahrhunderts dort weitere Verbreitung gefunden. Seine Besitzungen im Neapolitanischen, zu denen der Grund bereits 1119 gelegt war, und dann in Messina, wo er gar schon 1113 eine Niederlassung besaß, die 1136 und 1137 durch reiche Zuwendungen König Rogers vergrößert wurde, sind ziemlich lange vereinzelt geblieben. Erst mehr als hundert Jahre nach seiner Gründung war sein Besitz in Italien so groß, daß es zu einer Verwaltung einer besonderen Organisation bedurfte. Daher stammt die Teilung in Großpriorate ihren Grundzügen nach erst aus dem zweiten Drittel des 13. Jahrhunderts. Doch ist sie auch damals nicht gleich in der späteren Form durchgeführt, sondern hat noch mehrfache Änderungen erfahren, indem einzelne Bezirke zeitweilig wieder zusammengelegt wurden. So finden wir 1250 ganz Italien mit Ungarn und Österreich unter einem Großkomtur vereinigt.[3]) 1292 aber in ersterem die Großpriorate von Rom, der Lombardei und Venedig in einer Hand.[4])

Das jüngste von den italienischen Großprioraten war das von

[1]) *Cartulaire*, Nr. 4893/94 (IV, S. 232/33).

[2]) Vgl. oben S. 17.

[3]) *Revue de l'Orient Latin III*, Nr. 271, S. 88.

[4]) *Nuovo Archivio Veneto IV* (1892), S. 103.

Rom, dessen Vorsteher in dem berühmten Ordenshause auf dem Aventin seinen Sitz hatte. Als ordnungsmäßig konstituiert begegnet es uns aber erst um die Mitte des 14. Jahrhunderts. Es hat den Untergang des Ordens überdauert und fristet als dessen letztes Überbleibsel noch heute eine bescheidenere Existenz mit etwa 35 Komtureien, von denen freilich 11 als Fideikommisse – sogenannte Juspatronate – adliger Familien zur Versorgung ihrer Nachkommen dienen.

Das venezianische Großpriorat reicht mit seinen Anfängen bis in die Mitte des 12. Jahrhunderts zurück, erscheint aber als eigner Verwaltungsbezirk erst zu Ende desselben und zwar noch von Rom aus geleitet. Es hat bis zum Untergang des Ordens bestanden und 1839 eine Neubelebung erfahren durch Errichtung eines lombardo-venezianischen Priorates, das ehemalige Ordensgüter in Venezien, der Emilia, dem Herzogtum Ferrara und den Legationen sowie in den Herzogtümern Modena und Parma umfaßte, aber auch nur die Versorgung adliger Familien bezweckte. Eine Anschauung von dem einstigen Umfang des Ordensbesitzes in diesen Gegenden zu gewinnen, reicht das bisher zugängliche Material nicht aus. Von einer politischen Sonderstellung des Ordens in jenen Gebieten finden sich keine Spuren. Doch ist auch in Venedig nachmals das Hospital als Erbe der Templer zugelassen auf Grund einer Verfügung des Dogen Giovanni Soranzo. In seinem Besitz finden wir auch hier Kirchen, wie z. B. Santa Maria d'Arguada in der Diözese Padua. Dazu kamen dann solche aus dem Besitz der Templer, wie z. B. Santa Maria Maggiore in Bologna und Maria Magdalena in Parma. Auch die Kirche, welche die Templer in Venedig auf einem ihnen 1189 von dem Erzbischof Gerhard von Ravenna geschenkten Grundstück im Anschluß an ihr dortiges Hospital erbaut hatten, kam an die Hospitaliter.[1])

Das Großpriorat Pisa oder Toscana, das außer dieser Landschaft einen Teil des Kirchenstaates umfaßte, erscheint urkundlich zuerst 1236, hat aber seine Selbständigkeit später zeitweilig eingebüßt und war noch zu Ende des 13. und während der ersten Hälfte des 14. Jahrhunderts mit dem Großpriorate Rom vereinigt.

Auch das Großpriorat Lombardei, das später diese unter Ausschluß des Herzogtums Mantua, dann Piemont und Ligurien, jedoch ohne Savoyen und Genua umfaßte, kommt erst zu Anfang der zweiten Hälfte des 13. Jahrhunderts vor. Bis dahin steht den dortigen Ordensgütern ein Präzeptor vor, an dessen Stelle erst um 1300 ein Großprior tritt. Verhältnismäßig spät ist die Komturei in Genua entstanden.

---

[1]) *Nuovo Archivio Veneto IV* (S. 101 u. 103).

Im Auftrage des Hochmeisters Roger des Moulins (1173–87) errichtete sie ein aus dem Accon entsandter Bruder Wilhelm in einem bisher von den Kanonikern des heiligen Grabes innegehabten Hause. Die lange Zeit erhaltene Grabschrift rühmte ihn als freigebig, gültig, klug und barmherzig, einen Tröster der Armen und Vater der Geistlichen und bezeugte, daß er das Ordenshaus ausgebaut und die Kirche aufgeführt habe.[1])

Die wichtigsten von den italienischen Besitzungen des Ordens waren die in Unteritalien und Sizilien. Einmal scheint er dort reicher begütert gewesen zu sein als in den übrigen Teilen der Halbinsel. Dann verdankte er dort den Königen erst aus dem normannischen, dann aus dem staufischen Hause und schließlich den Anjous besondere Vorteile und größere Freiheiten, namentlich auf wirtschaftlichem Gebiete. War doch seine dortige Stellung auch besonders wichtig für die Verbindung mit dem syrischen Küstenlande. Dies fand noch später darin seinen Ausdruck, daß der Vorsteher der italienischen Zunge gleichzeitig die Würde eines Ordensadmirals bekleidete. Es wurde auch anerkannt, als Karl I. von Neapel 1275 den Orden aufforderte, er sollte durch den Vorsteher seines Hauses zu Brindisi, ebenso wie der Templerorden, einen Bruder beauftragen, den Neubau des dortigen Leuchtturms zu überwachen.[2]) Ferner waren bis 1291 die Besatzungen der Plätze an der syrischen Küste mit ihrer Verproviantierung und militärischen Ausrüstung zumeist auf die Zufuhr aus Unteritalien angewiesen. Das gleiche war dann mit Cypern und weiterhin mit Rhodos der Fall. Daher betreffen auch die dem Orden dort verliehenen königlichen Privilegien zumeist derartige Dinge, indem sie die seit Friedrich II. bestehenden Ausfuhrverbote zu seinen Gunsten erleichtern.[3]) Ferner scheinen dort, wie das auch anderwärts vorkam, Hospitaliter im Dienste der Könige gestanden und gelegentlich im königlichen Rate viel gegolten zu haben. So bestätigt z. B. Karl II. am 11. Februar 1299 dem Orden alle in seinen Staaten bisher erworbenen Freiheiten aus besonderer Liebe und Zuneigung zu dem Ordensmeister Wilhelm von Villaret, „seinem geliebten Rat und Freund".[4]) Ein anderes Mal finden wir einen Hospitaliter beauftragt mit der Aufsicht über die Einhaltung eines Vertrages, den der König in betreff des Abbaus der Eisenlager in seinem Reiche

[1]) Paciaudi, *De cultu S. Johannis, Antiq. christ.*, S. 291.

[2]) Yver, *Le commerce et les marchands dans l'Italie méridionale au XIII. et XIV. siècles*, S. 168. Paris 1902.

[3]) Ebd. S. 118 u. 140.

[4]) *Cartulaire*, Nr. 4443* (IV, S. 312).

mit Unternehmen geschlossen hatte, wonach von dem Ertrage zwei Drittel an jene kommen, ein Drittel dem König abgeliefert werden sollte.[1]) Auf Fürsprache Karls I. erlaubt am 14. September 1294 Cölestin V. dem Orden, in dessen Reich solche Güter in Besitz zu nehmen, die konfisziert oder von ihren dermaligen Inhabern zu Unrecht erworben sind, sobald die rechtmäßigen Eigentümer nicht mehr aufgefunden werden können, ebenso wie solche, über die zwar testamentarisch verfügt, aber doch nicht hinreichend genaue Bestimmung getroffen ist.[2]) Auch sollten alle innerhalb des Königreichs zum Besten des heiligen Landes ausgesetzten Leute ihm ausgehändigt werden. Dagegen scheint auch hier die Geistlichkeit solche Zuwendungen einbehalten zu haben, um selbst über sie zu verfügen. Wenigstens erlaubte König Robert von Neapel dem Hochmeister Fulco von Villaret, zur Durchsetzung des Rechtes des Ordens darauf die Hilfe der weltlichen Gewalt anzurufen.[3]) An Zeugnissen für die Feindschaft der Bischöfe gegen den Orden fehlt es hier auch sonst nicht, doch wird die strenge Aufrechterhaltung der Ordnung durch ein starkes Königtum ihrer Betätigung Schranken gesetzt haben. Aber am 28. September 1302 verfügt Karl II. die Untersuchung von Gewalttätigkeiten, die nach der Klage des Komturs von Salerno und Eboli der Bischof von Salerno gegen den Orden verübt haben sollte.[4]) Doch gaben auch die Hospitaliter durch Übergriffe Anlaß zu Beschwerden. Am 13. November 1305 befiehlt Karl II. dem Justitiar des Gebietes von Bari, die Einwohner von Andria gegen unberechtigte Ansprüche des Ordens zu schützen.[5]) Streng hielt der König auf Anerkennung seiner Gerichtshoheit und sorgte dafür, daß die Exemtionen des Ordens da nicht solchen zugute kamen, die ihm nicht wirklich angehörten. Am 30. Juli 1301 z. B. weist er den Justitiar von Terra di Lavoro an, die Untersuchung gegen einen wegen Totschlags Verhafteten weiterzuführen trotz des vom Orden dagegen erhobenen Einspruchs, wonach derselbe dessen Konfrater sein sollte.[6]) Andererseits wird demselben Beamten am 20. März 1306 befohlen, einen wegen Diebstahls gefangen Gesetzten, der ein Ordensbruder zu sein behauptete, dem Orden zur Befragung nach der Regel erst auszuliefern, wenn die Richtigkeit seiner Behauptung erwiesen wäre.[7]) Von einer

---

[1]) Yver, a.a.O. S. 78.

[2]) *Cartulaire*, Nr. 4267 (III, S. 648).

[3]) Yver, S. 14.

[4]) *Cartulaire*, Nr. 4672 (IV, S. 24).

[5]) Ebd. Nr. 4704 (IV, S. 120).

[6]) Ebd. Nr. 4542 (IV, S. 11).

[7]) Ebd. Nr. 4716 (IV, S. 107).

generellen Befreiung des Ordens von finanziellen Leistungen an den Staat war dort nicht die Rede. Am 28. April 1302 wird der königliche Schatzmeister angewiesen, von dem Hospitaliterprior von Barletta und von dem Vorsteher der Templerhäuser in Apulien zweihundert Unzen Gold in Empfang zu nehmen als Beihilfe zu der von Karl von Valois, dem Bruder Philipps IV. von Frankreich, vorbereiteten sizilianischen Expedition.[1])

Mehr erfahren wir von der Stellung des Ordens in dem wirtschaftlichen und kommerziellen Leben Unteritaliens. Wie andere religiöse Genossenschaften besaß er das Recht auf Freiheit des Getreidetransportes im Innern zu seinem eigenen Bedarf.[2]) Außerdem wurde ihm auch der Getreideexport nach seinen Besitzungen jenseits des Meeres wenigstens zeitweilig freigegeben. Ein Patent dieses Inhalts betreffend die Ausfuhr nach Cypern vom 28. September 1300 wurde von Karl II. nach einer Mitteilung an seinen Hafenmeister zu Neapel am 5. April 1301 erneuert.[3]) Wie streng er dabei aber beaufsichtigt wurde, lehrt die vom König am 9. Mai 1301 an den Hafenmeister von Apulien gerichtete Mahnung, darauf zu sehen, daß der Orden von der Erlaubnis zur Ausfuhr von Lebensmitteln mit Maß Gebrauch mache.[4]) Am 7. Juni 1301 bestätigt der König dann dem betreffenden Beamten zu Neapel, daß er dem Hochmeister die Ausfuhr von Getreide und Gemüse nach Cypern gestattet habe.[5]) Das gleiche geschieht am 26. Februar 1303.[6]) Daß es sich dabei aber nicht um die Gewährung zollfreier Ausfuhr überhaupt handelte, lehrt ein Erlaß vom 13. Juli 1303, der die Bedingungen festsetzt, unter denen dem Orden die Ausfuhr von Lebensmitteln nach Cypern gestattet wird.[7]) In einem anderen am 1. August 1304, der die Hafenmeister anweist, die Abgabefreiheit der dem Orden gehörigen Schiffe zu respektieren, werden als Ausfuhrartikel Roggen, Gerste, Gemüse, Wein, Öl und eingesalzenes Fleisch genannt.[8]) Doch hat es sich bei all diesen Zugeständnissen immer nur um vorübergehende Gewährungen gehandelt. Daher bittet am 29. Juli 1306 Papst Clemens V. den König, dem Orden die Ausfuhr von Lebensmitteln und Pferden zu gestatten.[9]) Auch die

---

[1]) *Cartulaire*, Nr. 4562 (IV, S. 29).
[2]) Yver, S. 119.
[3]) *Cartulaire*, Nr. 4535 (IV, S. 9).
[4]) Ebd. Nr. 4536 (IV, S. 9).
[5]) Ebd. Nr. 4538 (IV, S. 10).
[6]) Ebd. Nr. 4589 (IV, S. 49).
[7]) Ebd. Nr. 4605 (IV, S. 55).
[8]) Ebd. Nr. 4663 (IV, S. 90).
[9]) Ebd. Nr. 4726 (IV, S. 132).

Ordensschiffe genossen wohl nur auf ausdrückliche Bewilligung Freiheit von Hafengeldern. Wie diese gelegentlich nicht in Münze, sondern durch Überlassung dem König erwünschter Bedarfsartikel erlegt wurden, zeigt ein Erlaß vom 25. Juni 1303, der den Hafenmeistern verbietet, von den Ordensschiffen als Ein- und Auslaufgebühr Armbrüste zu verlangen.[1])

III. England.

Nach England ist der Hospitaliterorden ebenfalls schon zu der Zeit gekommen, wo seine Genossen noch ausschließlich der Armen- und Krankenpflege lebten. Ihm gehörige Güter sind dort bereits zu Anfang des 12. Jahrhunderts nachweisbar. Wenn es jedoch später hieß, seine nachmals wichtigste Niederlassung hart am Weichbild von London, Clerkenwell, sei bereits 100 durch Johann Briset errichtet,[2]) so fehlt dafür der Beweis. Vielmehr ist ihre Entstehung frühestens der Zeit König Heinrichs I. (1110–35), des Sohns des Eroberers, zuzuweisen. Ihre Bedeutung aber wird doch nur allmählich gestiegen sein, und zwar mit der Londons. Wurde doch der prächtige Neubau der zugehörigen Kirche erst gegen Ende der Regierung Heinrichs II. (1154–89) vollendet und am 10. März 1185 durch den Patriarchen Heraklius von Jerusalem geweiht.[3]) Thronstreit und Bürgerkrieg, die nach Heinrichs I. Tod das Reich zerrütteten, dürften der Ausbreitung des Ordens ohnehin nicht günstig gewesen sein. Auch scheint König Stephan mehr zu den Templern geneigt und ihnen besondere Gunst zugewandt zu haben. Denn eine verhältnismäßig große Zahl von englischen Templerhäusern führte ihren Ursprung auf ihn zurück, während von den Hospitaliterhäusern nur Shengay in Cambridgeshire seine Entstehung König Stephan verdankte.[4]) Vielleicht wurde dieser in dem Kampf um die Krone von den Templern unterstützt. Mit dem Plantagenet Heinrich II. trat ein Wandel zugunsten der Hospitaliter ein, deren Besitz in England und gleich nach der Eroberung auch in Irland nun schnell wuchs, wie die Vermehrung ihrer Häuser zeigt. Von den etwa 50 Komtureien, welche sie, die ehemals templerischen eingerechnet, später dort besaßen, sind in der Zeit Heinrichs II. entstanden Batisford in Suffolk, Carbroke in Norfolk, Little Maplestead in Essex, Chippenham in Cambridgeshire, Gosford in Oxfordshire, Mogshaw in

[1]) *Cartulaire*, Nr. 4604 (IV, S. 54).

[2]) Dugdale, *Monasticon Anglicanum VI*, 2, S. 804 ff.

[3]) Ebd. S. 805.

[4]) Vgl. Dugdale, a.a.O. S. 800 ff.

Buckinghamshire und Dalby in Leicestershire, letzteres als Stiftung Roberts de Bossin, des Earl von Leicester, und endlich noch das Haus von Hospitaliterschwestern in Buckland. So ist das Großpriorat England denn auch in jener Zeit konstituiert worden, indem ihm auch der Ordensbesitz in Schottland zugeteilt wurde.

Dort hatte der Orden ebenfalls bereits in der ersten Hälfte des 12. Jahrhunderts festen Fuß gefaßt. Größere Zuwendungen verdankte er wohl zuerst König David (1124–53): Auf ihn geht namentlich zurück das spätere Haupthaus Torphichen in Linlithgow.[1]) Davids Nachfolger, Malcolm IV. (1153–64), räumte dem Orden in jedem Ort des Reiches eine Wohnstätte ein[2]) und gewährte ihm, wie nachher auch Wilhelm der Löwe (gestorben 1214), Freiheiten aller Art. Dann erließ ihm Alexander II. (gestorben 1249) alle beim Kauf und Verkauf zu entrichtenden Abgaben und bestimmte, daß die Brüder sich von jeder durch Übertretung verwirkten Geldbuße einfach durch eine Elle weißen Zeuges, d. h. also durch eine symbolische Handlung, sollten freikaufen können. Dies wurde durch Alexander III. (gestorben 1286) am 17. Juni 1284 bestätigt.[3]) Wurde der Vorsteher der englischen Ordensprovinz durch Geschäfte auf längere Zeit nach Schottland gerufen, so bedurfte er eines Urlaubes von seiten des englischen Königs.[4]) Das erklärt sich wohl daraus, daß Schottland den Engländern zeitweise als Feindesland gelten mußte. Auch bedurften die in England für den Großprior bestellten Vertreter der Anerkennung durch den König.[3]) Als dann in dem großen nationalen Kampf zwischen den beiden Nachbarvölkern Eduard I. Herr Schottlands geworden zu sein schien, legte der Orden im März 1303 dem Parlament zu Westminster eine Petition vor um Bestätigung der ihm von den Königen von Schottland ausgestellten Urkunden sowie Erhaltung seiner dortigen Rechte und Freiheiten: Insbesondere sollten die königlichen Beamten ihm bei Einziehung seiner Einkünfte in Schottland behilflich sein. In betreff des ersten Punktes wurde er dahin beschieden, er möge die betreffenden Dokumente vorlegen, worauf der König das Nötige verfügen werde, während er sich wegen des zweiten an den Kanzler wenden sollte.[6]) Aber die Erhebung der Schotten gegen die englische Herrschaft und ihr erfolgreicher Befreiungskampf wurden für den

[1]) *Cartulaire I*, S. CLVII.

[2]) Ebd. Nr. 214* (IV, S. 313).

[3]) Ebd. Nr. 3889* (IV, S. 356), vgl. Nr. 2020.

[4]) Vgl. oben S. 197.

[5]) Vgl. ebd. Nr. 4739 (IV, S. 140) und Nr. 4827 (IV, S. 196).

[6]) Ebd. Nr. 4688 (IV, S. 112).

Besitzstand des Ordens verhängnisvoll. Ordensgüter sind in Schottland nicht weiter nachweisbar. Auch zahlten die schottischen Ordenshäuser, unter denen noch Torphichen den größten Namen hatte, 1328 keine Responsionen mehr an die Ordenskasse, hatten also von dem Ertrage ihrer Güter Überschüsse nicht aufzuweisen. Ihre Einkünfte wurden nochmals auf nur 200 Mark geschätzt.

Auch von den Verhältnissen des Großpriorates Irland haben wir nur dürftige Kenntnis. Durch die Gunst Heinrichs II. ist der Orden auch in dem neu eroberten Lande alsbald kräftig gefördert worden. Sein erstes Haus aber, Kilmaincan bei Dublin, verdankt seine Errichtung 1174 einer Schenkung Gilberts de Clair, des Grafen von Pembrole. Wann das Priorat Irland ins Leben trat, steht nicht fest: Als ersten Vorsteher finden wir um die Mitte des 13. Jahrhunderts Mont Fitzgerald. Nach einer Bestätigung seines Besitzes durch Innocenz III. vom 20. Juli 1212 hatte der Orden damals in Irland im ganzen 42 Kirchen, Lehen, Schlösser, Landgüter usw.[1]) Später war er in 23 Komtureien verteilt. Dabei scheinen Hospitaliter sowohl wie Templer bei dem städtischen Bürgertum auf eine Gegnerschaft gestoßen zu sein, wie sie auch anderwärts vorkam, weil die Städte solche Genossenschaften nicht gern in ihren Mauern sahen. Nach dem Stadtrecht, welches Johann als Herzog von Irland und Graf von Morton 1192 Dublin verlieh, durften die beiden geistlichen Ritterorden dort weder Grundstücke noch Untertanen erwerben.[2]) Nach einer Verfügung Eduards I. an den Justitiar von Irland vom 3. Juli 1303 wegen Veranstaltung einer Enquête über die Fischereigerechtigkeit Dublins und die vom Orden veranlaßten Änderungen[3]) daran hat es auch darüber Differenzen zwischen beiden gegeben. Auch dem irischen Episkopat gegenüber scheint der Orden infolge der Sonderstellung der irischen Kirche weniger selbstherrlich gewesen zu sein. Noch zu Anfang des 13. Jahrhunderts präsentiert er für eine Kirche seines Patronats den von ihm zum Pfarrer gewünschten Geistlichen dem Erzbischof von Dublin zur Ernennung,[4]) was er zur Entrüstung der Bischöfe sonst nirgends tat. Am 31. März 1257 befahl dann Papst Alexander IV., Veräußerungen von Gütern der Dubliner Kirche rückgängig zu machen, die zugunsten des Ordens vorgenommen worden waren.[5])

Viel reicher entwickelt war der Besitz des Ordens in dem ein besonderes Großpriorat bildenden eigentlichen England. Seine dorti-

[1]) Migne, Nr. 216, S. 646, vgl. Potthast, *RP*, Nr. 4565.

[2]) *Cartulaire*, Nr. 923* (IV, S. 269).

[3]) Ebd. Nr. 4600 (IV, S. 52).

[4]) Ebd. Nr. 1369* (IV, S. 272).

[5]) Ebd. Nr. 2876* (IV, S. 287).

gen umfänglichen Begüterungen sind schließlich an die englische Krone gekommen. Nachdem Heinrich VIII. bei seiner sogenannten Reformation 1540 ihre Konfiskation verfügt, dann Maria die Katholische 1558 ihre Rückgabe angeordnet hatte, sind sie unter Elisabeth endgültig für die Krone eingezogen worden. Da sie aber eine förmliche Auflösung des besitzlos gewordenen Ordens nicht aussprach, hat dieser die Fiktion von dem Fortbestehen seines englischen Zweiges festgehalten: Wie die anderen Zungen ist die englische in dem obersten Rate zu Malta, als ob sie noch bestände, durch bestimmte Großwürdenträger bis zuletzt vertreten geblieben. Wenn dann aber der Hochmeister Rohan 1780 gar eine englisch-bayerische Zunge errichtete, so war das ein leeres Spiel mit Namen. Denn mit England hatte diese nichts zu tun und blieb auf das bayerische Ordenshaus Ebersberg beschränkt. Der englische Besitz des Ordens muß noch zur Zeit Heinrichs VIII. sehr bedeutend gewesen sein. Im 14. Jahrhundert hatte die Zahl der englischen Ordenskomtureien, unter Einrechnung der von den Templern überkommenen, immer noch etwa 50 betragen.

Den Grund zu dieser Stellung des Ordens hat der erste Plantagenet gelegt.[1]) Auf seinen Nachfolger, König Johann, gehen zurück die Komtureien Austy in Wiltshire, und Beverley und Newland in Yorkshire und auf die Zeit Heinrichs III. Barrow in Cheshire und Brimpton in Berkshire.[2]) Die Komtureien waren nicht gleichmäßig über die Grafschaften verteilt. Am zahlreichsten finden wir sie in den nördlichen, Lincoln und York, und demnächst in Derby und Leicester. Weniger dicht lagen sie in den mittleren, wo Kent mit vier den ersten Platz einnimmt, während in Oxfordshire drei, in Norfolk, Suffolk und Cambridge je zwei nachweisbar sind, in den übrigen dagegen immer nur eine urkundlich vorkommt.

Die Reihe der königlichen Freibriefe beginnt mit dem Heinrichs II. vom Herbst 1155.[3]) In Gegenwart zahlreicher zu Winchester um ihn versammelter geistlicher und weltlicher Großer verkündet der König, um für das Seelenheil seines Großvaters Heinrichs I. sowie seiner Eltern und für sein eigenes und das seiner Gemahlin Eleonore und ihrer Kinder zu sorgen, habe er dem Orden bestätigt alle ihm bisher zugewandten Schenkungen an Land, Leuten und Häusern sowie an Kirchen und weltlichen Gütern jeder Art. Derselbe soll all dies zu eigen haben, einschließlich sämtlicher Rechte, welche die nur dem

---

[1]) Vgl. oben S. 288.

[2]) Dugdale, *Monast. Angl. VI*, 2, S. 800ff.

[3]) *Cartulaire*, Nr. 238 (I, S. 180).

König selbst untergeordneten Großen in ihren Gebieten genießen und die mit den altertümlichen angelsächsischen Formeln ausführlich aufgezählt werden. Der Orden stand also hinsichtlich seiner Rechte den Bewohnern seiner Ländereien gegenüber gleich mit den Inhabern der großen Kronlehen, den Thanen oder *tenentes in capite.* Er war frei von der Autorität der Grafschafts- und Hundertschaftsbeamten, brauchte zu den von diesen ausgeschriebenen Versammlungen nicht zu erscheinen und den Ladungen vor ihr Gericht nicht zu folgen. Er war frei von den herkömmlichen Abgaben, wie Schildgeld, Dänengeld u. a. m., und brauchte nicht beizutragen zu öffentlichen Lasten, wie der Befestigung von Burgen, der Unterhaltung von Wegen, der Herstellung von Brücken usw. Er war ferner befreit von Wege- und Brückengeldern und durfte zu keiner Art von weltlichem Dienst herangezogen werden. Die Einsassen seiner Güter unterstanden seiner grundherrlichen Gerichtsbarkeit, doch konnten die von ihm bestellten Richter weder auf Verstümmelung noch auf den Tod erkennen. Nach der Fassung des Freibriefs scheint es sich zwar um eine Bestätigung früherer Schenkungen, aber um eine Neuverleihung der aufgezählten Rechte gehandelt zu haben, die Gleichstellung mit den höchsten Kronvasallen also dem Orden erst jetzt gewährt worden zu sein. Ergänzend erlaubte Heinrich II. dem Orden dann noch, aus den königlichen Waldungen, die so streng gehegt und durch eine harte Gesetzgebung geschützt wurden, Holz zu seinem Bedarf zu entnehmen und auch in den ihm selbst gehörigen Forsten Rodungen auszuführen ohne vorherige Zustimmung der königlichen Forstaufseher.[1])

Dieser Freibrief, die Grundlage für den Reichtum und die Machtstellung des Ordens in England, ist von König Richard am 5. Januar 1194 unter eigentümlichen Umständen bestätigt und erweitert worden, als er zu Speyer vor Kaiser Heinrich VI. erschien und durch Annahme der ihm auferlegten demütigenden Bedingungen die Freiheit erkaufte.[2]) Die ungewöhnliche Fassung der Urkunde läßt vermuten, zu ihrer Gewährung sei der König in seiner damaligen Lage durch besondere Verpflichtungen gegen den Orden genötigt worden. Wenn er dem Lob dessen, was, wie alle Welt wisse, die Hospitaliter an Werken der Barmherzigkeit leisten, das Bekenntnis hinzufügt, er selbst habe diesseits und jenseits des Meeres ihrer Hilfe viel zu danken, so dürfte das nicht bloß auf die Förderung zu deuten sein, die ihm während des Kreuzzuges von ihnen zuteil geworden war, sondern also eine Anspielung auf Dienste

---

[1]) *Cartulaire,* Nr. 229* (IV, S. 313).

[2]) Ebd. Nr. 955 (I, S. 604).

anderer Art. Hat vielleicht der Orden aus seinen reichen Mitteln dem gefangenen König Hilfe gewährt und einen Teil der Summen geliehen, deren er zur Erlangung seiner Freiheit bedurfte? So bestätigt und schenkt Richard dem Orden jedes Recht und jede Art von Herrschaft, die ihm bisher zugestanden oder dereinst zustehen können, jede Gewalt und jede Freiheit, die er überhaupt zu verleihen berechtigt ist. Die Untertanen des Ordens sind frei vom Kriegsdienst zu Pferde und zu Fuß, von Wege- und Brückengeldern und ähnlichen Zahlungen sowie von allen Abgaben, von Kauf und Verkauf und eximiert von den ordentlichen Gerichten, von Hilfsgeldern, Kopfsteuern und öffentlichen Arbeiten. Der Orden erhält von neuem zugesichert die Gerichtsbarkeit über seine Leute, einschließlich aller Einkünfte daraus. Wird ein Untertan des Ordens straffällig und erkauft, um der Strafe zu entgehen, nach angelsächsischem Brauch die Gnade des Königs durch eine von diesem zu bestimmende Zahlung (*amerciamentum*), so soll diese nicht in den königlichen Schatz fließen, sondern dem Orden ausgehändigt werden. Diese Urkunde ist später durch König Philipp IV. von Frankreich als Herzog von der Normandie und Aquitanien im Januar 1305 bestätigt wurden.[1])

Das gute Verhältnis zwischen dem Orden und der englischen Krone scheint durch die Willkür König Johanns zeitweise eine Störung erlitten zu haben. Zwar bestätigte dieser gleich im ersten Jahr seiner Regierung am 30. August zahlreiche Schenkungen von Privaten sowohl wie von seinen Vorgängern,[2]) suchte dann aber den Übergang einiger dem Orden neuerdings zugewendeter Güter an ihn zu hindern, weil die betreffenden Privilegien noch nicht erneut seien. Es kommt zu einem Vergleiche, wonach der Orden für die Bestätigung 750 Mark erlegt und an die Schatzkammer 500 Mark für die Niederschlagung der Sache zahlt.[3]) Wenn wir dann aber in der Rechnung des königlichen Kanzlers auch für das dritte Jahr Johanns (1201–2) eine Schuld des Ordens im Betrag von 750 Mark eingetragen finden,[4]) so scheint es, der allezeit geldbedürftige König habe das gleiche Verfahren gelegentlich wiederholt. Von der Stellung des Ordens in den großen politischen Kämpfen unter Johanns Regierung haben wir keine nähere Kenntnis. Wohl aber scheint der König in seinen finanziellen Nöten zuweilen die Hilfe des Ordens in Anspruch genommen zu haben. Wenn er seine Krone und die Kronjuwelen mehrfach dem Gewahrsam

[1]) *Cartulaire,* Nr. 4582 (IV, S. 110).
[2]) Dugdale, *Mon. Angl. VI,* 2, S. 808/9.
[3]) *Cartulaire,* Nr. 1082* (IV, S. 271).
[4]) *Rotulus Cancellarii* 3, Johann, S. 102.

des Großpriors übergab,[1]) wird es sich nicht um eine einfache Sicherheitsmaßregel, sondern um ein Pfandgeschäft gehandelt haben.

Im Vollbesitz der königlichen Gunst finden wir den Orden unter Heinrich III. 1216–72). Am 20. Juli 1253 bestätigt dieser in wörtlichem Anschluß an das Privileg seines Großvaters unter Hereinziehung auch der von diesem dem Orden später verliehenen Berichtigung zur Entnahme von Holz aus den königlichen Forsten seine Güter und Freiheiten, indem er zugleich alle künftigen rechtmäßigen Erwerbungen einschließt. Seine Zollfreiheit wird ausgedehnt auch auf seine Untertanen und deren Waren. Die der Konfiskation verfallenen Güter der Leute des Ordens sollen hinfort nicht an den König, sondern an den Orden kommen, ebenso wie die durch dieselben verwirkten Lehen, in bezug auf welche der König auf das Recht verzichtet, sie Jahr und Tag einzubehalten, so daß der Orden sie sogleich wieder austun kann. Von allen diesen Rechten sollen auch diejenigen, von denen der Orden eine Zeitlang keinen Gebrauch macht, dennoch unverändert fortgelten. Die königliche Bestätigung wurde vorsichtigerweise selbst auf die ausgedehnt, welche darin nicht ausdrücklich genannt waren. Daß der König den Orden und seinen Besitz samt allen seinen Leuten in seinen besondern Schutz nahm, wurde endlich durch einen besonderen Erlaß allen seinen Dienern und Getreuen kundgetan mit dem Befehl, sich jeder Belästigung des Ordens zu enthalten und auch jedermann daran zu hindern, da eine solche einem Angriff auf des Königs eigenes Gut gleich geachtet werden würde. Auch wurde das Verbot wiederholt, den Orden vor die königlichen Richter zu laden.[2])

Die enge Verbindung, die zwischen dem Orden und Heinrich III. bestand, dauerte unter Eduard I. (1272–1307) fort, befestigt, wie es scheint, durch die finanziellen Dienste, welche jener dem König leistete, indem er ihm Kredit bei italienischen Bankhäusern und beim Templerorden verschaffte.[3]) Eduard I. bestätigte ihm den großen Freibrief seines Vaters am 8. Juni 1280[4] und sprach ihn im Mai 1293 auch noch von der Verpflichtung los, den Ladungen der königlichen Reiserichter Folge zu leisten.[5]) Auch scheint der Vorsteher der englischen Ordensprovinz, Wilhelm von Tothale, ein Vertrauensmann des Königs gewesen zu sein:[6]) Im Februar 1307 bittet Eduard den Hochmeister Fulco

[1]) *Cartulaire*, Nr. 1216 (II, S. 48) Nr. 1468 (II, S. 188).

[2]) Ebd. Nr. 3727 (II, S. 744).

[3]) Ebd. Nr. 3625* und Nr. 3726* (IV, S. 354 u. 56).

[4]) Ebd. Nr. 3726 (III, S. 395).

[5]) Ebd. Nr. 4216 (III, S. 619), vgl. 4210 (III, D. 617).

[6]) Vgl. oben S. 197.

von Villaret, den von ihm außer Landes berufenen Großprior möglichst bald zurückzusenden.[1]) Im April 1304 bestätigt er dem Orden seinen Besitz in Aquitanien zum Dank für die Hingebung, die der Prior von St. Gilles ihm betätigt hatte.[2])

Trotz alledem aber genoß der Orden in England nicht entfernt das Maß von Freiheit dem Staate gegenüber wie anderwärts. Seine kirchlichen Privilegien freilich galten auch hier unverkürzt, insbesondere wo es sich um außerordentliche Beiträge zum Besten des heiligen Landes handelte. Als Nikolaus IV. am 18. März 1291 Eduard I. dazu auf sechs Jahre den Zehnten von allen kirchlichen Einkünften in England, Schottland, Irland und Wales bewilligte, nahm er mit den Templern die Hospitaliter davon aus.[3]) Dagegen wurde der Orden zu den im Lehnsrecht begründeten Leistungen an den König so gut wie alle anderen Kronvasallen herangezogen. So erlaubt Eduard I. am 16. Mai 1306 dem Großprior von England, 200 Pfund Sterling, die er dem König geliehen hatte, auf den den Orden treffenden Betrag des Zwanzigsten zu verrechnen, der anläßlich der Erteilung des Ritterschlages an den Thronerben entrichtet wurde.[4]) Am 28. Juni 1301 befreit er den Orden von der Zahlung des ihm vom Parlament zu Lincoln bewilligten Fünfzehnten, um so 700 Mark zurückzuzahlen, die er „zur Abwickelung gewisser schwieriger Angelegenheiten" geliehen hatte.[5]) Endlich wurde auch in England das Amortissement neu erworbener Ordensgüter nur gegen besondere Zahlungen gewährt.[6]) Auch zu Naturalleistungen an den König war der Orden verpflichtet. Am 18. Dezember 1307 ergeht an Wilhelm von Tothale ein königlicher Befehl, sich am 26. Dezember in Westminster mit drei bespannten Wagen einzufinden, um des Königs Gerät nach Dover transportieren zu helfen, wobei der König das Geld für Führer und Pferde zu zahlen bereit ist.[7]) Ebenso fordert Eduard II. im Juni 1310 die Komture von Chippenham, Great Carbroke und Batisford auf, ihn zum Zuge nach Schottland nicht bloß mit Geld, sondern auch durch Lebensmittel, namentlich Vieh, zu unterstützen.[8]) Dagegen hatte derselbe das Jahr zuvor dem Hochmeister Fulco von Villaret erlaubt, Söldner, Pferde und anderes

[1]) *Cartulaire*, Nr. 4738 (IV, S. 139). Vgl. Nr. 4763 (IV, S. 154).
[2]) Ebd. Nr. 4645 (IV, S. 81).
[3]) Ebd. Nr. 4150 (III, S. 588).
[4]) Ebd. Nr. 4721 (IV, S. 130).
[5]) Ebd. Nr. 4540 (IV, S. 11).
[6]) Ebd. Nr. 4666, 4669 u. 4744 (IV, S. 91, 92, 142).
[7]) Ebd. Nr. 4776 (IV, S. 162).
[8]) Ebd. Nr. 4899 (IV, S. 235).

zum Kampf im Osten Nötige aus England auszuführen.[1]) Übrigens hat auch Eduard II. den großen Freibrief Heinrichs III. für den Orden am 22. September 1308 bestätigt.[2])

IV. Die Pyrenäische Halbinsel.

In mancher Hinsicht anders als in Frankreich, Italien und den britischen Inseln haben sich die Verhältnisse des Hospitaliterordens in den Reichen der Pyrenäischen Halbinsel gestaltet. Die Ursachen davon waren teils allgemeine, teils lagen sie in den besonderen Verhältnissen der dortigen Staaten. Hatte infolge des früh regen hochkirchlichen Sinnes ihrer Bevölkerung die Schöpfung Gerards im Süden der Pyrenäen besonders gute Aufnahme gefunden und zahlreichen Anhang gewonnen, so wurde sie durch die Übernahme des Kampfes gegen die Ungläubigen mit dem erwachenden nationalen Leben der sich dort bildenden Völker eng verbunden. Was dem Orden zugewendet wurde, kam dort der nationalen Sache und der Ausbreitung des christlichen Glaubens zugute. Daher erschien er dort weder den Bischöfen noch dem Adel als ein Fremdling oder gar als ein Eindringling, der Reichtümer aus dem Lande zog, um sie in der Ferne für einen Kampf zu verwenden, dem man gleichgültig gegenüberstand. Vielmehr war er hier ein wesentlicher Teil der sich fester zusammenschließenden Nation und ein wirksames Organ zur Vertretung ihrer Interessen. Das Außerordentliche, was ihm nach Ursprung, Bestimmung und Organisation eigen war und ihn anderwärts so oft in einen Gegensatz zu den konkurrierenden Gewalten brachte, wurde hier minder lästig empfunden, zumal er nicht die einzige ritterlich-mönchische Bildung war, sondern in den nationalen Ritterorden, wenn nicht ganz gleiche, so doch ihrem Wesen nach sehr ähnliche neben sich hatte.

Daraus ergab sich für die Stellung des dortigen Ordenszweiges zu dem gesamten Orden eine wichtige Folge. Haben die spanischen Hospitaliter auch allezeit an dem Kampf im Osten teilgenommen sowohl durch Entsendung von Ritterbrüdern als auch durch Überweisung eines Teils ihrer Einnahmen, so hat derselbe für sie doch nie die Bedeutung gehabt wie für die anderen Zungen. Da sie ferner bei ihrer Beteiligung an dem Glaubenskampf daheim den dort gegebenen politischen Verhältnissen Rechnung tragen mußten, war hier von einer besonderen Ordenspolitik nicht die Rede. Es konnte sich daher hier

---

[1]) *Cartulaire*, Nr. 4862 (IV, S. 214).

[2]) Ebd. Nr. 4822 (IV, S. 194).

auch die Gegnerschaft nicht entwickeln, die im Osten zwischen ihnen und den Königen sowie den Kreuzfahrerfürsten vielfach geherrscht hat. So fehlten in den Staaten der Pyrenäischen Halbinsel auch die Voraussetzungen für die feindliche Spannung, die anderwärts, besonders in Frankreich, in der zweiten Hälfte des 13. Jahrhunderts zwischen den Orden und dem erstarkenden nationalen Königtum entstand. Weder dem Königtum noch der Kirche gegenüber haben die Hospitaliter Spaniens eine ähnlich unabhängige Stellung eingenommen wie die Frankreichs. Daher finden wir dort auch nicht die steten Konflikte zwischen beiden und keine Spur von den Antipathien, die anderwärts gegen die Ritterorden herrschten. Von alledem war die Folge, daß der spanische Ordenszweig dem Gesamtorden gegenüber sich größerer Selbständigkeit erfreute und diese von der Zentralleitung anerkannt sah. Schon die geographische Isolierung der Pyrenäenhalbinsel und die Schwierigkeit und Umständlichkeit des Verkehrs mit dem Sitz der Ordensregierung nötigte diese, den dortigen Ordensbeamten größere Freiheit zu lassen. So ist denn auch die Errichtung von Großprioraten gerade dort am frühesten erfolgt und hat die territorialen Änderungen überdauert, die durch Teilung und Wiedervereinigung der verschiedenen Reiche herbeigeführt wurden.

Zur Zeit der Entstehung des Ordens bildeten die Pyrenäen weder eine politische noch eine nationale Scheidewand. Nördlich und südlich davon saßen nach Abstammung und Sprache zusammengehörige Völkerschaften, und weit in das Mittelalter hinein sind die Landschaften zu ihren beiden Seiten wiederholt auch unter einem Szepter vereinigt gewesen. Daher wurden die ersten Besitzungen, die das Hospital in Spanien erhielt, dem Ordenshause zu St. Gilles unterstellt. Bald aber machte das Wachstum des Ordensbesitzes im Süden der Pyrenäen die Schaffung eines eigenen Verwaltungszentrums dafür nötig. Dieses wurde zunächst die Komturei zu Amposta, dem wichtigsten Ordensschloß in Catalonien und noch später einem der vornehmsten Plätze im aragonischen Königreich. Die gleiche Entwickelung aber fand zu derselben Zeit in Navarra, Castilien und Portugal statt, wo zur Verwaltung der Ordensgüter ebenfalls Präzeptorate oder Priorate errichtet wurden. Im wesentlichen war diese Organisation des Ordens in der Pyrenäenhalbinsel bereits zu Beginn der zweiten Hälfte des 12. Jahrhunderts vollendet. Es gab also von Anfang an statt einer spanischen Ordensprovinz deren vier: Der Orden entbehrte daher hier der einheitlichen Leitung. Auch das wird dazu beigetragen haben, daß er hier weniger selbständig auftrat und sich mehr als anderwärts als dienendes Glied der staatlichen und kirchlichen Ordnung einfügte.

Das erschwerte dem Hochmeister und dem Generalkapitel die dauernde Geltendmachung ihrer Autorität gegenüber den spanischen Ordenszweigen, zumal diese bald ganz in dem dortigen Kampf gegen die Ungläubigen aufgingen. Sie fester an den Gesamtorden zu knüpfen, wurde zwischen 1160 und 1170 das Amt eines Großkomturs von Spanien (*magnus magister* oder *praeceptor in quinque regnis Hispaniae*) geschaffen, dessen Inhaber sämtlichen spanischen Ordensprovinzen gegenüber den Hochmeister dauernd zu vertreten und so dort die Einheit des Ordens aufrechtzuerhalten hatte. Doch hat das nicht die erwartete Wirkung gehabt, eher vielleicht die entgegengesetzte, insofern der Vorsteher aller spanischen Ordensprovinzen gegenüber dem Gesamtorden zum Vertreter von deren besonderen Interessen wurde, zumal diese Ordensprovinzen infolge ihrer Einfügung in die Feudalordnung der spanischen Teilreiche eine Stellung einnahmen, auf welche die für den Orden maßgebenden politischen Gesichtspunkte nicht durchweg paßten. Zu welch eigentümlichen Konsequenzen dies führte, lehrt die Geschichte des Fernandez de Heredia, welcher, zugleich Kastellan von Amposta und Prior von St. Gilles und von Castilien, seit der Mitte des 14. Jahrhunderts tatsächlich den Orden überhaupt regierte, wenn er auch erst 1376 zum Hochmeister erhoben wurde.

Zu Anfang des 14. Jahrhunderts bestand die spanische Ordenszunge demnach aus den Großprioraten Castilien, Portugal und Navarra und der im wesentlichen Aragonien umfassenden Kastellanei Amposta. Auch hier veranlaßte die Auflösung des Templerordens wichtige Änderungen. Zwar kamen in Portugal dessen Güter nicht an die Hospitaliter, und im Königreich Valencia büßten die Hospitaliter sogar ihre Besitzungen ein, da sie zusammen mit den bisher den Templern gehörigen zur Ausstattung des Ordens von Montesa verwendet wurden. In den übrigen Reichen der Pyrenäischen Halbinsel aber wurde das Hospital der Erbe des Tempels. Jedenfalls konnte die Kastellanei Amposta der ihr gestellten Aufgabe jetzt nicht mehr genügen. Sie wurde 1319 aufgelöst: Man teilte ihr Gebiet durch eine Linie, gebildet vom Lauf des Ebro und der Stadt Almancellas in Catalonien in der Provinz Lerida, dem Grenzort zwischen Catalonien und Aragonien. Was westlich davon lag, Aragonien und Valencia, blieb unter dem Kastellan von Amposta, während das östlich gelegene mit den Gütern in Majorca zu dem Großpriorat Catalonien vereinigt wurde. So ist es bis 1462 geblieben. Da wurde die spanische Zunge, als zu groß, in zwei Zungen geteilt, die castilische, welche die bisherigen Großpriorate Castilien und Portugal umfaßte, und die aragonische, der mit der Kastellanei von Amposta die bisherigen Großpriorate von Navarra und Catalonien zugewiesen wurden. Dieser Zustand hat bis zu dem Ende des Ordens gedauert, nur daß in Portugal, wo der Orden in späterem Mittelalter neben dem Christusorden eine größere Rolle nicht hatte spielen können, die Ordensgüter bereits 1789 durch Papst Pius VI. der Krone als Apanage für die Infanten zur Verfügung gestellt waren. In Spanien aber, wo Ferdinand der Katholische das Großmeistertum der drei nationalen Ritterorden mit der Krone vereinigt hatte, wurde im April 1802 Karl VI. von einem Generalkapitel zu Saragossa zum Großmeister auch der Hospitaliter gewählt. Die Stürme der folgenden Jahre haben die spanischen Hospitaliter endgültig um ihren Besitz gebracht, der in den Werte von immer noch fünf bis sechs Millionen Franken an den Staat kam.

Sehr bald nach seiner Organisation durch Gerard ist das Hospital in Aragonien und Catalonien heimisch geworden. Diese Landschaften scheinen damals ein bevorzugter Schauplatz seiner Tätigkeit gewesen zu sein, und vielleicht sind seine Genossen dort zuerst zur Führung der Waffen veranlaßt worden.[1]) Erschienen sie doch zu einer Zeit im Lande, wo der Kampf gegen die Ungläubigen unter König Pedro I. (gestorben 1105) mit Nachdruck aufgenommen war und zuerst zu bedeutenderen Erfolgen geführt hatte. Die Eroberung von Huesca sicherte den Bestand des aragonischen Reiches, und es ist daher bemerkenswert, daß der Orden später ebendort eine Komturei, San Juan de Huesca, besaß.[2]) Er wird bereits an den Kämpfen teilgenommen haben, durch die Pedros Nachfolger, Alfons I., der „Schlachtenlieferer" *(el batallador)* (1105–1134), das christliche Gebiet so erweiterte, daß die Zeitgenossen ihn zur Annahme des Titels eines „Kaisers von Spanien" als berechtigt ansahen. Nachdem er 1114 Tudela genommen hatte, eroberte er im Dezember 1118 Saragossa. Später trat ein Rückschlag ein: Während der Einschließung von Fraga, wo er im Juli 1134 dem Hospital die bisher im Lande erworbenen Güter bestätigte,[3]) wurde er von den Mohammedanern überfallen und geschlagen. Welche Bedeutung der Orden bereits für den Kampf gegen die Ungläubigen hatte, zeigt das im Oktober 1131 während der Belagerung von Bayonne aufgesetzte Testament des Königs,[4]) das ihn, die Templer und das Heilige Grab zu Erben von je einem

[1]) Vgl. oben S. 28 u. 30–32.
[2]) *Cartulaire I*, S. CXL.
[3]) Ebd. Nr. 105 (I, S. 90).
[4]) Ebd. Nr. 95 (I, S. 85).

Drittel seines Reiches einsetzte. Das hätte doch aber keinen Sinn gehabt, wäre der Orden nicht schon in einer Weise militärisch organisiert gewesen, die eine Bürgschaft dafür gab, er werde das ihm zugefallene Land auch gegen die Ungläubigen zu behaupten vermögen.

Zur Bildung eines Ordensstaates aber, auf die Alfons' Testament Aussicht eröffnete, ist es nicht gekommen, da die Großen des Reiches des Verstorbenen bisher im Kloster lebenden Bruder Ramiro II. auf den Thron beriefen. In den Besitz des ihm zugedachten Legates zu gelangen wurde für den Orden vollends unmöglich, als nach Ramiros Tod der Verlobte seiner unmündigen Tochter, Graf Raimund Berengar IV. von Barcelona, der Herr des benachbarten Catalonien, mit der Regentschaft in Aragonien betraut wurde. Doch ist das Testament Alfons' I. noch eine Reihe von Jahren der Gegenstand von Verhandlungen geblieben, die schließlich zu einem Vergleich führten. Am 16. September 1140 gab Meister Raimund du Puy das dem Orden vermachte Drittel des Reiches förmlich an Raimund Berengar IV. zurück,[1]) wie ein gleiches von seiten der Templer und des Heiligen Grabes geschah. Endgültig erledigt wurde die Sache erst, als am 24. Juni 1158 Papst Hadrian IV. den Verzicht des Ordens bestätigte.[2]) Doch ist die Verbindung zwischen Raimund Berengar (1137–67) und dem Orden, der bereits von jenes Vater in dem Gebiet der Durance Güter bekommen hatte,[3]) eng geblieben, obgleich der Graf in seinem Erblande bisher die Templer begünstigt hatte. Wenn berichtet wird, er habe nach deren Vorbild eine besondere Ritterschaft errichtet „zur Verteidigung der abendländischen Kirche und zur Bekämpfung der Mauren in Spanien", so ist das wohl bloß auf seine intime Verbindung mit Hospitalitern und Templern zu deuten und auf die Förderung, die er beiden zuteil werden ließ. Vereinigte er doch unter seiner Herrschaft die bereits von seinem Vater erworbenen südfranzösischen Gebiete von Besalu, Cerdagne, Conflans und Roussillon mit seinem Erbland Catalonien und dem durch die Ehe mit der Tochter Ramiros II. an ihn gekommenen Aragonien. Die Vereinigung der beiden spanischen Reiche wurde auch für die Entwickelung des Ordensbesitzes wichtig. In Catalonien hatte das Hospital bereits 1111 verschiedene Kirchen.[4]) Später hatte es dort eine stattliche Reihe von Komtureien. In der heutigen Provinz Barcelo-

---

[1]) *Cartulaire*, Nr. 136 (I, S. 111).

[2]) Ebd. Nr. 267 (I, S. 201).

[3]) Ebd. Nr. 33 (I, S. 31).

[4]) Ebd. Nr. 21, 22 u. 26 (I, S. 22, 23 u. 26).

na sind solche nachweisbar außer in der Hauptstadt selbst in Aviñonet und Villafranca de Panades, in der Provinz Lerida sowohl in der Hauptstadt wie zu Barbens, Cervera, Sosterres, Termens, Torres de Segre und Alguayre, wo 1250 ein Hospitaliterinnenhaus errichtet wurde. Nicht minder glänzend entwickelte sich der Besitz des Ordens im eigentlichen Aragonien. Dort finden wir in der heutigen Provinz Saragossa außer in der Hauptstadt selbst[1]) Komtureien in Almunia, Añon, Calatahut, Caspe, Castiliscar, Encimacorva und Mallen und in der Provinz Teruel solche zu Cantavieja, Castellote, Mirambel, Orrios, Samper de Calanda, Trouchon, Villarluengo und Villete, und endlich in der Provinz Tarragona zu Orta und Villalba. Mit diesen Namen ist aber nur ein kleiner Teil der Ordensbesitzungen festgelegt.

Namentlich der aragonische Ordenszweig läßt nun trotz des internationalen Charakters des großen Verbandes, dem er angehörte, früh einen nationalen Zug erkennen, indem er unbeschadet der Teilnahme an dem Kampf für das Heilige Land Kraft und Mittel doch vorzugsweise der Fortsetzung des Glaubenskampfes in der Heimat weihte. Das erklärt sein dauernd gutes Verhältnis zu den aragonischen Königen. Auch bei diesen haben Hospitaliter eine besondere Vertrauensstellung eingenommen, wie am 28. September 1302 Jakob II., indem er dem auf der Reise nach Spanien befindlichen Hochmeister Wilhelm von Villaret gute Aufnahme zusagt, denselben bittet, den Ordensbruder Raimund von Lampourdon zu ihm zu schicken.[2]) Vor allem wird diese Verbindung bezeugt durch die große Zahl der dem Orden von den aragonischen Königen bewilligten Privilegien. Ihre Reihe eröffnet eine Urkunde, durch die der Sohn und Nachfolger Raimund Berengars IV., Alfons II. (1162–96), am 29. September 1169 dem Orden zu Händen des Kastellans von Amposta, Fortun Cabeça, seine Güter in den von ihm abhängigen südfranzösischen Landschaften und in den Grafschaften Ripagorca, Pallas, Barcelona und Gerona bestätigt.[3]) Amposta, das Zentrum seines Besitzes in Aragonien und Catalonien, war mit beträchtlichen Gütern durch eine Schenkung Raimund Berengars IV. am 8. Januar 1149 an den Orden gekommen unter Zusage der Einräumung von Oropesa, sobald dies erobert sein würde.[4]) Da letzteres an der südlichen Grenze des

[1]) *Cartulaire*, Nr. 4811 (IV, S. 187).

[2]) Ebd. Nr. 5473 (IV, S. 35). Zu dem Folgenden vergleiche auch die Zusammenstellung von Delaville Le Roulx in dem Bericht über seine archivalischen Forschungen in Spanien *Nouvelles Archives des missions scientifiques IV*, S. 40 ff.

[3]) Ebd. Nr. 410 (I, S. 284).

[4]) Ebd. Nr. 181 (I, S. 141).

Reiches gegen das maurische Gebiet lag, ersehen wir daraus, daß die Hospitaliter damals dort die Grenzhut übernahmen. Doch müssen auch die Templer Rechte auf Amposta gehabt haben, denn am 4. November 1153 tritt Peter von Rovera, der Templermeister von Spanien, dieselben an die Hospitaliter ab, die dabei Joscelin von Aquilan, Prior von St. Gilles und Spanien, vertritt.[1]) Gewiß waren solche Zuwendungen häufig der Lohn für die Hilfe des Ordens gegen die Ungläubigen, wie z.B. Peter III. ihm während der Belagerung von Buriana am 15. Juli 1233 eine Bestätigung seiner Güter gewährte. Dabei mögen die Könige zuweilen im Drang der Umstände genötigt worden sein, Forderungen des Ordens zu erfüllen. Als dieser unter dem Kastellan von Amposta, Hugo von Forcalquier, 1229 Jakob I. bei der Eroberung von Majorca geholfen hatte, verlangte er die Überlassung eines Teiles der Insel, und der König mußte sie zugestehen: So wurde der Grund gelegt zu dem reichen Besitz des Ordens daselbst.[2]) Denn unerachtet seiner Lehnsabhängigkeit war der Orden dem König nicht zum Kriegsdienst verpflichtet und seine Untertanen durften nicht dazu aufgeboten werden, wie das Jakob II. am 11. Juni 1309 bei der Vorbereitung des Zuges gegen Granada anerkannte.[3]) Die Könige mußten daher die Hilfe des Ordens zuweilen durch besondere Belohnungen erkaufen, wie es 1280 Peter III. tat, um die Fortsetzung der Belagerung von Balaguer zu ermöglichen. Im Frühjahr 1283 wirbt der Infant Alfons um des Ordens Unterstützung gegen Philipp III. von Frankreich und Karl von Anjou, während ein gleichzeitiger Angriff des Emirs von Marokko auf Valencia demselben Gelegenheit bot, der Pflicht zum Kampf gegen die Ungläubigen zu genügen. Wenn dann 1285 in Erwartung eines französischen Angriffs Peter III. zugleich mit den Templern und den Rittern von Calatrava die Hospitaliter auffordert, eine Landung der Franzosen in Barcelona zu hindern, so bestätigt das seine Zugehörigkeit zu Staat und Volk: Er hatte seinen internationalen Charakter aufgegeben. Darum fehlten hier die politischen Gegensätze, wie sie anderwärts zwischen ihm und der Staatsautorität entstanden.

Dem entspricht denn auch das Bild, welches die königlichen Freibriefe von der Stellung des Ordens in Aragonien ergeben.[4]) Fast nirgends sonst finden wir das Königtum so bemüht um die Wahrung der demselben eingeräumten Vorrechte und Freiheiten. Die Hospita-

---

[1]) *Cartulaire*, Nr. 220 (I, S. 169).

[2]) Ebd. I, S. CLIII.

[3]) Ebd. Nr. 4866 (IV, S. 216).

[4]) Vgl. Delaville Le Roulx, a.a.O.

liter samt ihren Untertanen waren frei von kriegerischen Lehnspflichten, zahlten daher auch nicht die an die Stelle des Dienstes tretenden Abgaben. Sie waren ferner frei von fast allen sonst an die königliche Kasse geleisteten Zahlungen, insbesondere von denen für Benutzung der Land- und Wasserstraßen und vom Kleinvieh. Änderungen, die man zu seinem Nachteil darin herbeizuführen versuchte, mußten rückgängig gemacht werden. Durch Urkunden vom 11. November 1286 und vom 15. November 1289 wurde seine Abgabenfreiheit anerkannt. Daher wurde bei Anleihen, die er den Königen gewährte, ausdrücklich hervorgehoben, es handle sich um freiwillige Gaben, aus denen eine Verpflichtung für die Zukunft nicht abgeleitet werden könne. Auch war er nicht, wie alle übrigen Untertanen gehalten, seinen Bedarf an Salz aus den königlichen Salinen zu entnehmen. Sein Grundbesitz war auch hier zum größten Teil ein ländlicher, doch hatte er auch in einzelnen Ortschaften Marktrecht und verlieh solchen Stadtrecht. Von jeher aber waren ihm auch Menschen als Eigentum zugewandt worden, namentlich Juden und Sarazenen, welch letztere dann von den sonst an ihre Gemeindevorsteher zu entrichtenden Abgaben frei waren.[1]) So blieben eigentlich nur zwei Punkte, in denen die Hospitaliter den aragonischen Königen finanziell verpflichtet waren und wo es ihnen nicht gelungen ist, ihre eximierte Stellung durchzusetzen.

Der eine betraf die Auflage, welche die aragonischen Könige alle sieben Jahr dafür erhoben, daß sie sich einer Änderung des Münzfußes während dieser Zeit enthielten. Noch in der Bestätigung der Ordensprivilegien durch Peter III. vom 27. Oktober 1276, welche die Steuer- und Abgabenfreiheit des Ordens sonst vorbehaltlos anerkennt, wird diese Abgabe *(droit de monnayage)* bezeichnet als darin nicht mit einbegriffen, da sie zwischen dem Orden und dem König streitig sei.[2]) Am 13. Mai 1290 kam ein Vergleich zustande. Er regelte die Art der Einhebung dieser Steuer von den Untertanen des Ordens und bestimmte, daß von ihrem Ertrag nur die eine Hälfte an den König kommen, die andere aber dem Orden verbleiben sollte. So verrechnet denn auch König Jakob II. am 26. Juli 1301 den Ertrag dieser Abgabe auf eine Schuld, die er bei seinem Halbbruder Sancho aufgenommen hatte.[3])

Noch weniger glücklich war der Orden in dem Bemühen, Freiheit

[1]) *Cartulaire*, Nr. 86 (I, S. 79) und Nr. 4768 (IV, S. 156).
[2]) Ebd. Nr. 3613 (III, S. 343).
[3]) Ebd. Nr. 4541 (IV, S. 11).

von der Zahlung bewilligt zu erhalten, welche die Könige auf Grund des ihnen zustehenden Rechtes auf Quartier und Bewirtung in den Ordenshäusern (*droit de gîte; jus coenae*) erhoben, selbst wenn sie die entsprechenden Leistungen tatsächlich nicht in Anspruch nahmen. Der Ersatz der früher bei Reisen beanspruchten Aufnahme und Verpflegung durch eine jährlich zu entrichtende Abgabe traf die Untertanen überhaupt schwer, weil jenes Recht auch den Prinzen des königlichen Hauses zustand, was bei Festsetzung des Steuersatzes eine Steigerung desselben bewirkte. Wie diese Einrichtung daher im allgemeinen unbeliebt war, so haben auch die Untertanen des Ordens auf alle Weise versucht, sich ihr zu entziehen. Doch drang der Orden damit nicht durch, nur eine Erleichterung wirkte er sich schließlich aus. Ein Vergleich bestimmte, die Prinzen sollten für Aufnahme und Bewirtung nur den dritten Teil fordern dürfen von dem, was dem König gebührte, und zwar nur da, wo der König eine entsprechende Zahlung verlangte, und nur im Falle persönlichen Erscheinens, während dem Könige die Einhebung auch ohne dieses zustand. Landesherrliche Rechte hat der Orden auch hier also nicht gewonnen. Vielmehr legten die aragonischen Könige Wert darauf, ihm gegenüber ihre Hoheit streng zur Geltung zu bringen und sorgten namentlich dafür, daß die Ordensbeamten in ihrem Lande nicht zu Vertretern fremder Interessen wurden. Am 20. August 1293 gestattet Jakob II. dem Generalkomtur Bonifaz von Calamandracen mit seinem Gefolge und Heergerät den Eintritt in das Reich, verpflichtet ihn aber, zu Visitatoren nie jemand zu ernennen, der nicht als Untertan dem aragonischen Staatsverbande angehört.[1]) Wie die Könige sich die Interessen des Ordens angelegen sein ließen, lehrt eine Bestimmung vom 20. November 1296, wonach, falls bei Rechtsstreitigkeiten mit der Krone der Orden keinen Vertreter seiner Sache finden kann, durch diese selbst von Amts wegen ein solcher bestellt werden soll. Doch hat es auch hier Streit gegeben über die vom Orden beanspruchte Gerichtsbarkeit. Der Erwerbung der hohen Justiz durch den Orden scheint das Königtum jedoch hier nicht entgegen gewesen zu sein. Jakob II. verkaufte die ihm zustehende hohe Gerichtsbarkeit in einigen Orten bei Amposta um eine beträchtliche Summe an den dortigen Kastellan. Da aber der Erlös aus diesem Geschäft zur Bestreitung der Kosten dienen sollte, die ihm aus dem im Krieg um Sizilien geplanten Zuge nach Italien erwachsen mußten, erhob Papst Clemens V. Einspruch und annullierte den Vertrag, worauf der König seine Beamten zur Rück-

[1]) *Cartulaire*, Nr. 1423/24 (III, S. 603).

gabe der Kaufsumme bevollmächtigte, die der Orden bereits bei Bankhäusern in Valencia deponiert hatte.[1])

Dürftiger ist unsere Kenntnis von der Stellung des Ordens in Castilien. Durch eine unglückliche Verkettung der Umstände sind dort die älteren Urkunden über den Besitz und die Rechte des Ordens fast sämtlich verloren: Das wenige, was wir davon kennen, verdanken wir den knappen Verweisungen auf den einstigen Urkundenbestand, die sich in späteren Inventaren der Archive finden. Doch kann der Orden in Castilien füglich im wesentlichen nicht anders gestellt gewesen sein als in den benachbarten Reichen. Eine besondere castilische Ordenszunge gab es erst seit 1462. Sie zerfiel in die Großpriorate Castilien und Portugal, welch letzteres rücksichtlich der Jurisdiktion in Ordensangelegenheiten dem ersteren unterstellt war, also nicht ganz die den Großprioraten eigene Selbständigkeit genoß, ohne daß wir zu sagen vermöchten, wodurch diese Abweichung veranlaßt worden sein mag.

Das Großpriorat Castilien umfaßte außer dem eigentlichen Castilien das Gebiet des ehemaligen Reiches von Leon, das früh mit ersterem vereinigt worden war. Auch hier ist das Hospital im ersten Viertel des 12. Jahrhunderts heimisch geworden. Die besonderen Verhältnisse der nächsten Jahrzehnte leisteten seinem Wachstum Vorschub, indem sie ihm Gelegenheit boten, durch Parteinahme in den anfänglichen Thronstreitigkeiten und durch Leistungen in den Kämpfen gegen die Ungläubigen sich das Königshaus zu verpflichten. Wenn König Alfons VIII., der den Grund legte zu der Größe des castilischen Reiches, am 18. Oktober 1138 ihm die Schenkungen bestätigt,[2]) die ihm seine Mutter, Uraca, gemacht hatte,[3]) so muß es bereits im Frühjahr 1126 in Castilien begütert gewesen sein, da die genannte am 7. März 1126 starb.[4]) Vom 29. Juli 1126 datiert Alfons' VIII. erste eigene Schenkung an den Orden, ein Dorf betreffend.[5]) Auch finden wir schon um die Mitte des 12. Jahrhunderts Castilien als besondre Provinz konstituiert, wenn auch der Name eines sie leitenden Großpriors uns erst 1224 in Juan Sanchez begegnet. Ein genaueres Bild von dem Umfang und der Verteilung des Ordensbesitzes

---

[1]) *Cartulaire,* Nr. 4701 u. 4718 (IV, S. 119 u. 128).

[2]) Ebd. Nr. 125 (I, S. 104).

[3]) Vgl. *Cartulaire,* Nr. 61 (I, S. 50): 11. November 1122 schenkt Uraca dem Orden ein Dorf.

[3]) Vgl. Campomanes, *Prologo,* S. 4.-

[4]) *Cartulaire,* Nr. 78 (I, S. 73).

vermögen wir uns jedoch bei der Dürftigkeit des älteren Urkundenmaterials nicht zu machen.

Auch in Navarra, das nachmals ein besonderes Großpriorat bildete, gewann der Orden noch zu der Zeit Güter und Ansehen, wo er nur der Armen- und Krankenpflege lebte. Führten doch durch dieses auf beiden Abhängen der Pyrenäen gelegene Ländchen die Straßen, auf denen sich der Verkehr zwischen Südfrankreich und Spanien bewegte und die daher auch für den in beiden begüterten Orden wichtig waren. So haben die Könige von Navarra zu den ersten Förderern des Ordens gehört, was seiner Verbreitung sowohl im Süden wie im Norden der Pyrenäen zugute kam. Die älteste Schenkung in Navarra geht auf das Jahr 1129 zurück, und wenig mehr als zehn Jahre später finden wir das Großpriorat Navarra konstituiert. In das Jahr 1142 gehört eine Schenkung des Königs Garcia Raimundez IV., durch die der Orden in den Besitz einer Anzahl von Dörfern kam.[1]) Einzelne Komtureien in Navarra sind noch nachweisbar: Cachetas, Indurain, Leache, Villafranca, Viurran und Bargota. Bei der Kleinheit Navarras werden auch die Ordensgüter daselbst nur von geringem Umfang gewesen sein, wie die Art ihrer Bewirtschaftung und Verwertung bedingt gewesen sein wird durch die Natur des Gebirgslandes und die Lebensweise seiner Hirtenbevölkerung. Vielleicht ist damit auch in Verbindung zu bringen, daß allgemeine Privilegien für den Orden dort nicht vorliegen: Bei der Engheit und Einfachheit der Wirtschaftsverhältnisse mag ein Bedürfnis nach solchen nicht vorgelegen haben. Doch sind dem Orden auch hier wirtschaftliche Erleichterungen gewährt worden, wie am 13. Dezember 1307 der Sohn Philipps IV. von Frankreich, Ludwig, als König von Navarra seine Beamten anweist, die Hospitaliter in dem ihnen zustehenden freien Getreidehandel nicht zu beeinträchtigen.[2]) Durch den Übergang der Herrschaft auf das französische Königshaus erfuhr die Stellung des Ordens keine Änderung: Noch im November 1307 bestätigt König Ludwig ihm seine Rechte und Freiheiten.[3]) Was sonst an Urkunden erhalten ist, betrifft Schenkungen oder Tauschgeschäfte und die zeitweilige Erleichterung der Abgaben der Leute des Ordens wegen Kriegsnot oder anderer Bedrängnisse. Eigentümlich sind Navarra königliche Verleihungen der Freiheit an einzelne Leute und ihre Familien, von denen der Orden dann nur einen geringen jährlichen Zins und die Leistung einer beschränkten Herbergspflicht zu fordern

---

[1]) *Cartulaire,* Nr. 145 (I, S. 119).

[2]) Ebd. Nr. 4774 (IV, S. 157).

[3]) Ebd. Nr. 4764 (IV, S. 154).

hat. Sie kommen besonders häufig im ersten Drittel des zwölften Jahrhunderts vor.[1])

Was endlich Portugal betrifft, so hat der Orden dort zwar nicht die hervorragende Rolle gespielt wie die Templer, aber doch an der Entfaltung des nationalen Lebens im Kampf gegen die Ungläubigen reichen Anteil gehabt. Auch dort haben die Verhältnisse, die zur Zeit seines Erscheinens im Lande herrschten, ihn eng mit dem nationalen Königtum verknüpft, so daß sein Wachstum mit dem des Staates selbst gleichen Schritt hielt. Doch fehlt uns der Einblick in die Einzelheiten dieser Entwickelung, da über den davon zeugenden Urkunden der älteren Zeit auch hier ein Unstern gewaltet hat: Der Hauptmasse nach sind sie bereits in der ersten Hälfte des 18. Jahrhunderts nicht mehr vorhanden gewesen. Jedenfalls ist der Orden schon unter der Königin Therese, der Witwe des 1112 verstorbenen Grafen Heinrich von Burgund, des Gründers des portugiesischen Reiches, welche ihn bereits am 11. Februar 1114 beschenkte,[2]) in das Land gekommen und namentlich durch deren Sohn und Nachfolger Alfonso Henriquez mit Gütern und Rechten freigebig ausgestattet. Er wird sich also um diesen während des Unabhängigkeitskampfes gegen Castilien und in den Maurenkriegen verdient gemacht haben. Eine seiner ältesten Besitzungen scheint Leiça bei Oporto gewesen zu sein. Später nahm unter den Ordenshäusern das zu Crato den ersten Platz ein, weshalb das portugiesische Großpriorat wohl auch als das von Crato bezeichnet wurde. Seine Konstituierung erfolgte erst nach 1319, bis wohin Portugal unter dem Großprior von Castilien stand. An Komtureien sind später 21 nachweisbar. Bei Antritt seines Amtes hatte der Großprior dem König Treue zu schwören. Ein Gegensatz des Ordens zum Königtum war demnach hier ausgeschlossen. Vielmehr hat er sich der staatlichen Gemeinschaft dienend ein- und untergeordnet. Das geschah durch seine Teilnahme an dem Kampf gegen die Ungläubigen: Bereits im Juni 1122 wird er zur Erinnerung an die siegreiche Schlacht bei Albucaga von König Alfons, dem Sohn des Grafen Heinrich und der Königin Therese, beschenkt.[3]) Dieser wurde weiterhin der Begründer des Glückes des Ordens in Portugal. Am 30. März 1140 bestätigt er ihm in Gemeinschaft mit seiner Gemahlin Mafalda, d. i. Mathilde, der Tochter des Grafen Amadeus II. von Savoyen, zu Händen des Meisters Raimund du Puy und Arias',

[1]) *Nouvelles archives des missions scientifiques IV,* S. 72/73.

[2]) *Cartulaire,* Nr. 34 (I, S. 32).

[3]) Ebd. Nr. 63 (I, S. 49).

des Priors von Portugal und Galizien, die ihm bisher gemachten Schenkungen.[1]) Als Gegenstände derselben werden genannt Kirchen und Dörfer, Renten und Einnahmen anderer Art, Knechte und Mägde und die Bewohner der ihm zugewandten Güter. Die Ordensbesitzungen dürfen nicht geschädigt, seine Leute nicht gefangen oder sonst belästigt werden. Daß diesen keine Art von Buße auferlegt werden darf, beweist die Überlassung der grundherrlichen Gerichtsbarkeit an ihn. Für Totschlag, Diebstahl und Frauenraub dürfen seine Leute nur mit einer Geldstrafe belegt werden, die zwischen ihm und dem König geteilt wird. Besonders genannt ist von den Besitzungen nur Leiça. Ferner sind die Leute des Ordens frei von jeder Art von Dienst. Der Orden zahlt keine Abgabe von Kauf und Verkauf. Wer ihn schädigt, wird um 500 Solidi gebüßt, die halb an ihn, halb an den König kommen. Ihm gegenüber gilt kein Recht auf Pfändung, jeder einzelne Fall, wo ein solches gemacht werden soll, muß vor dem König verhandelt werden. Die den Orden betreffenden Rechtsstreitigkeiten sollen gütlich beglichen werden durch den Schiedsspruch von Vertrauensmännern beider Teile. Dieser Freibrief wurde von dem König im April 1157 wiederholt.[2])

V. Deutschland und die nördlich und östlich benachbarten Länder.

Die umfangreichste von den Zungen des Hospitaliterordens war die deutsche. Zu ihr gehörte nicht bloß das Deutsche Reich, sondern auch die ihm nördlich und östlich benachbarten und zur Zeit seiner größten Machtentfaltung zum Teil von ihm lehnsabhängigen Länder, im Osten Böhmen, Ungarn und Polen und im Norden Dänemark, Norwegen und Schweden.

Die Ausdehnung dieses Gebietes und die Ungleichartigkeit der darin vereinigten Bestandteile erklären die Lockerheit des Zusammenhanges der hier zu einem Verwaltungsbezirk verbundenen Großpriorate. Infolge ihrer Lage fehlte einigen von ihnen bald die Nötigung zur Pflege der Gemeinschaft mit dem fernen Ordenszentrum. Sie gingen bald ihre eigenen Wege und gehörten eigentlich nur noch dem Namen nach dem großen Verbande an, der fast die ganze abendländische Christenheit umspannte und einem und demselben Ziele dienen sollte. Infolgedessen hat der Orden in keinem von diesen Gebieten

[1]) *Cartulaire*, Nr. 134 (I, S. 109).

[2]) Ebd. Nr. 255 (I, S. 193).

eine hervorragende Rolle gespielt, und selbst in Deutschland trotz reichen Besitzes und mannigfacher Begünstigung nie eine Bedeutung erlangt, wie sie ihm anderwärts beschieden war. Auch ist er in Deutschland verhältnismäßig spät heimisch geworden. Seine ältesten Erwerbungen werden erst in die Zeit nach dem zweiten Kreuzzuge zu setzen sein. Bis dahin war Deutschland von der Bewegung ja überhaupt fast unberührt geblieben. Denn in dem Aufwogen einer rasch wieder verfliegenden Begeisterung bei den leicht erregbaren Lothringern und Rheinländern handelte es sich doch nur um Ausläufer des frommen Tatendranges, der sich in Frankreich so unwiderstehlich äußerte. Auch waren die Zustände Deutschlands damals nicht derart, um Adel und Volk zur Teilnahme an dem großen Abenteuer im Osten zu bestimmen. Von den halbfranzösischen Lothringern abgesehen, sind die deutschen Stämme demselben fremd geblieben. Auf sie konnten also auch die Anregungen nicht wirken, die von der Errichtung eines christlichen Reiches in Palästina auf die daran beteiligten Völker ausgingen. Insbesondere war der deutsche Adel, für welchen in dem noch andauernden Investiturstreit die größten Interessen auf dem Spiel standen, nicht in der Lage, Ideen verwirklichen zu helfen, wie sie dem geistlichen Rittertum zugrunde lagen. War dieses doch recht eigentlich ein Produkt des spezifisch romanischen Geistes, wie er bei den Kreuzfahrern und den ihnen nachfolgenden und sie ablösenden Franzosen, und zwar namentlich den Südfranzosen, großgezogen wurde. Zur Teilnahme an den Ereignissen, die sich in dem befreiten, aber bald wieder so schwer bedrohten heiligen Land abspielten, wurde der deutsche Adel erst durch den zweiten Kreuzzug veranlaßt, nachdem eine erste Regung dazu, welche die Kunde von der Eroberung Jerusalems hervorrief, alsbald wieder gründlich erstickt war durch den elenden Untergang, der den deutschen Heereszug nach Kleinasien 1102 getroffen hatte. So hat man in Deutschland auch den Hospitaliterorden erst kennen gelernt, als er aus einer Genossenschaft von Armen- und Krankenpflegern bereits zu einem geistlichen Ritterorden geworden war. Ihn gerade von dieser Seite besonders günstig zu beurteilen, hat allerdings auch der zweite Kreuzzug den daran beteiligten deutschen Fürsten kaum Gelegenheit geboten, während sie damals aus eigner Anschauung bekannt wurden mit der großartigen Übung von Werken der Barmherzigkeit in dem Haupthause zu Jerusalem. So sehen wir denn eben solche nach der glücklichen Heimkehr dem Orden die ersten Zuwendungen machen, und auch Kaiser Friedrich I. begründet noch später die Bestätigung solcher mit dem Hinweis auf den Eindruck, den die Tätigkeit des Ordens auf diesem

Gebiete ihm gemacht habe, als er als Teilnehmer an dem zweiten Kreuzzuge 1147 in der heiligen Stadt verweilte.[1])

So beginnt die Entwickelung des Ordensbesitzes in Deutschland und den mit ihm zusammengehörigen östlichen und nördlichen Ländern erst mit der Mitte des 12. Jahrhunderts, zu einer Zeit, wo die Menge der von ihm erworbenen Güter und Rechte in Frankreich und im Süden der Pyrenäen bereits eine umfassende Organisation der Verwaltung veranlaßt hatte. Als Großpriorat ist Deutschland erst hundert Jahre später, um 1250, eingerichtet worden. Vielleicht ist es aus dem Überwiegen des romanischen Elements im Orden zu erklären, wenn nachher bei der Durchführung der Teilung in Zungen der deutsche Zweig zunächst nicht als solche anerkannt wurde. Dies geschah erst 1422, wo ihm auch die entsprechenden Rechte und Ehren eingeräumt wurden, insbesondere in bezug auf die Besatzung von Rhodos und der Burg St. Pierre an der kleinasiatischen Küste. 1422 wurde dem Vorsteher der deutschen Zunge das Amt des Grand Bailli zugeteilt und so den Deutschen eine ständige Vertretung in der Zentralregierung eingeräumt. Diese Würde bekleidete hinfort immer der älteste Ritter der deutschen Zunge. Im Jahr 1548 erhob Karl V. den damaligen Großbailli Schilling von Cannstadt zum Reichsfürsten. Als „Fürsten von Heitersheim", ihrer gewöhnlichen Residenz, hatten er und seine Nachfolger auf der Fürstenbank des Reichstages Sitz und Stimme. Von den außerdeutschen Besitzungen, die dem Priorat Deutschland unterstanden hatten, war damals bereits ein beträchtlicher Teil verloren. Im Reiche selbst aber erlitt der Orden eben um jene Zeit die schwersten Verluste infolge der Reformation: In den protestantisch gewordenen Landen wurden die geistlichen Orden meist aufgehoben und ihre Güter eingezogen. Das damals begonnene Werk der Zerstörung haben dann die Stürme der Revolution vollendet: Durch den Reichsdeputationshauptschluß wurden die dem Orden verbliebenen Güter zum größten Teil zur Entschädigung der Fürsten verwendet, welche durch die Abtretung des linken Rheinufers an Frankreich Gebiet verloren hatten. Es handelte sich dabei im ganzen immer noch um etwa 30 Komtureien, die von Arnheim und Nymwegen bis nach Freiburg i. B. und Basel und in den Schweizer Aar- und Thurgau und von Aachen, Köln und Mainz bis nach Niedersachsen hinein zerstreut lagen. Denn es bestanden solche – um außer den bereits genannten nur die wichtigsten anzuführen – im Elsaß in Straßburg, Weißenburg, Kolmar und Mühlhausen, in

[1]) *Cartulaire*, Nr. 246 (I, S. 185): *… cum vere misericordie opera Christi pauperibus exhibere oculis meis conspexerim.*

Baden in Altbreisach, Bruchsal und Villingen, in Württemberg in Rottweil und Hall, in Bayern in Rothenburg a. T., Würzburg und Regensburg, in Hessen-Darmstadt in Mainz und Worms, in der preußischen Rheinprovinz in Köln, Trier und Wesel, in Hessen-Nassau in Frankfurt a. M. und Heimbach und in Westfalen in Münster, Herford und Steinfurt. Besonders dicht waren die Ordensniederlassungen demnach im Südwesten des Reiches vertreten, dem klassischen Lande deutscher Zerrissenheit und Kleinstaaterei.

Früher als in Deutschland scheint der Orden in Böhmen und Österreich Aufnahme gefunden zu haben. Dort führte ihn Herzog Wladislaw II. ein, nachdem er im heiligen Lande seine verdienstvolle Tätigkeit kennen gelernt hatte. Hier hören wir von der Schenkung eines frommen Edelmannes an ihn, die ebenfalls durch im Osten empfangene Eindrücke veranlaßt und zuerst durch König Konrad III. und dann am 17. September 1156 von Kaiser Friedrich I. bestätigt wurde, von letzterem einschließlich aller Besitzungen, die der Orden in den übrigen Teilen des Reichs erworben hatte.[1]) Seitdem hat der Orden in jenen südöstlichen Gebieten schnell eine bedeutende Stellung gewonnen, so daß wir ihn zu Anfang des 14. Jahrhunderts in den zu dem Großpriorat vereinigten Landschaften Österreich, Steiermark, Kärnten, Mähren, Schlesien und Polen im Besitz von Komtureien finden, von denen die meisten noch im 12. Jahrhundert entstanden waren. Der Sitz des Großpriors war in Prag, wo der Orden einer Schenkung des Kanzlers Gervasius vom Jahr 1156 das Marienkloster nebst der zugehörigen Kirche verdankte. Von den böhmischen Komtureien stammten aus dem 12. Jahrhundert Manetin (1169), Stribor a. d. Mies (1183), Kaaden (1183) und Pluskowitz (1188), von den mährischen Tisnow und Brezina (1168) und von den schlesischen Gröbnik (1183) und Groß-Tinz (1189). Die österreichische Komturei Mailberg, eben jene, für deren Güter eine Bestätigung Friedrichs I. vorliegt, reicht noch vor das Jahr 1156 zurück. Die übrigen Komtureien in den genannten Landschaften sowie die in Steiermark und Kärnten sind erst im 13. Jahrhundert errichtet. In Polen erhielt der Orden zu Anfang der zweiten Hälfte des 12. Jahrhunderts durch Heinrich, den Sohn Herzog Boleslaws III., zwei Dörfer mit den zugehörigen Ochsen und Pferden sowie den sie bewohnenden Bauern und einer Rinderherde samt den nötigen Hirten geschenkt:[2]) Das eine davon, Zagrost, war später Sitz einer Komturei. Im Posenschen wurde der Orden seit 1178 durch Schenkungen des

[1]) *Cartulaire,* Nr. 246 (I, S. 185).

[2]) Ebd. Nr. 213 (I, S. 164).

Bischofs von Posen und des Herzogs Miesco begütert. Ein Ordenshaus in Posen selbst begegnet uns zuerst 1218.

Auch die Ordenshäuser in Ungarn waren ursprünglich dem Großpriorat Böhmen zugeteilt. Ihre Lösung davon hat sich, wie es scheint, zwischen 1216 und 1225 vollzogen: Um 1250 ist sie eine Tatsache. Nach Ungarn gekommen war der Orden bereits in der zweiten Hälfte des 12. Jahrhunderts. Reiche Schenkungen verdankte er König Geisa II. (gest. 1161). Unter Bela III. (gest. 1196) entstand in der Krönungsstadt Stuhlweißenburg 1193 eine Komturei. Zu einem Großpriorat aber ist Ungarn erst hundert Jahre später erhoben. Sein Sitz wurde 1345 die ehemalige Templerburg Wrana, die König Ludwig I. dem Orden 1345 schenkte.

Eigentümlich gestalteten sich die Verhältnisse des Ordens in den Marken, der Ballei Brandenburg, die auch Sachsen, Pommern und die den Wenden entrissenen östlichen Grenzgebiete umfaßte. Dort schenkte ihm 1160 Markgraf Albrecht der Bär die Burg Werben an der Elbe. Offenbar sollte er dort teilnehmen an der Niederkämpfung der Wenden und der Ausbreitung der deutschen Kultur. Weiter siedelte ihn 1198 Herzog Grumislaw von Ostpommern im Gebiete von Stargard an, und 1200 berief ihn Graf Heinrich von Schwerin nach Mecklenburg, wo die Komtureien Goddin und Damik entstanden. Endlich zog ihn 1228 und 29 auch der Herzog von Sachsen in sein Land. Doch hat er im nordöstlichen Deutschland nur langsame Fortschritte gemacht, namentlich im Vergleich mit den Templern, die dort, besonders in der Neumark, schnell zu Einfluß und Reichtum gelangten. Von dieser nordöstlichen Ordensprovinz finden wir Komtureien in der Mark Brandenburg zu Werben, in Mecklenburg zu Mirow und Nemcrow und in Pommern zu Zachau, Copau, Schlawe und Schöneck.

Zu besonderen Verwickelungen führte dort die Berufung des Ordens zum Erben der Templer. Während er in den Diözesen Magdeburg und Halberstadt ohne weiteres als solcher zugelassen wurde, weigerte Markgraf Waldemar von Brandenburg der päpstlichen Bestimmung den Gehorsam, und erst 1318 kamen die Hospitaliter in Brandenburg, Stettin, Mecklenburg und dem Wendenland in den Besitz der ihnen zugedachten Güter, und zwar gegen Zahlung von 1250 Mark Silber an den Markgrafen. Diesem glückte also mehr als dem König von Frankreich den Templern gegenüber. Ja infolge des Tributes, durch den er die Zulassung zu dem Besitz der Templer hatte erkaufen müssen, galt der Orden hinfort als der Hoheit des Markgrafen untergeordnet, und diese wurde auch ferner geltend gemacht, indem die dortigen Komture nicht mehr vom Orden gewählt, sondern vom Landesherrn dem Hochmeister zur Ernennung präsentiert und dann bestätigt wurden. Gewöhnlich wurden sie aus den der Komturei Werben angehörigen Brüdern genommen. Nun war aber seit Ausgang des 13. Jahrhunderts den Komtureien in Sachsen, Brandenburg und dem Wendenland zu einheitlicher Leitung ihrer Verwaltung noch ein Vizepräzeptor als ständiger Vertreter des fernen Großpriors vorgesetzt. Um 1330 übte als solcher Gebhard von Bortefeld in jenen Gebieten seine Autorität selbständig und ohne Rücksicht auf den Großprior. Dadurch wurde die Verbindung der brandenburgischen Hospitaliter mit der obersten Leitung des Ordens gelockert. Diese Tatsache und das dadurch gesteigerte Sonderstreben der ersten fanden dann Ausdruck darin, daß der Nachfolger des Gebhard von Bortefeld, Hermann von Wereberge (1351–71), sich den Titel eines „Generalpräzeptors" beilegte und eine höhere Amtsbefugnis in Anspruch nahm. Die dadurch begründete Ausnahmestellung der Ordensprovinz Brandenburg fand schließlich offizielle Anerkennung durch einen Vertrag, der am 11. Juni 1382 zu Heimbach zwischen dem Großprior von Deutschland als Bevollmächtigtem des Hochmeisters und Bernhard von Schulenburg als Vertreter der brandenburgischen Ordensbrüder geschlossen wurde. Diese erhielten das Recht, sich ihren Vorsteher, Bailli oder Herrenmeister, selbst zu ernennen, so daß der Großprior von Deutschland ihn nur noch zu bestätigen hatte. Ferner durften sie über erledigte Komtureien verfügen und Veränderungen des Besitzstandes durch Veräußerung von Ordensgütern von ihren Provinzialkapitel vornehmen lassen. Aber auch in der Folge blieb es dabei, daß der Landesherr den Brüdern den von ihm gewünschten Kandidaten für das Herrenmeisteramt vorschlug, dessen Wahl eine leere Formalität blieb. Noch enger schlossen sich die brandenburgischen Hospitaliter, deren Haupthaus Sonnenburg war, dem Landesherren an, als auch sie der Mehrzahl nach sich der Reformation zuwandten. Das ergab für sie eine eigentümliche Zwitterstellung, insofern man die Wahl des Herrenmeisters zwar durch den Kurfürsten bestätigen ließ, gleichzeitig aber trotz des Glaubenswechsels aus den Überschüssen der Einkünfte die Responsionen nach Malta zahlte und auch sonst die Beziehungen zu der Ordensregierung aufrechterhielt. Die dem Orden angehörigen märkischen Edelleute bezogen ruhig ihre Pfründen aus dem Vermögen des Ordens weiter, ohne daß ihnen irgendwelche Pflichten als Gegenleistung auferlegt wären. Erst am 30. Oktober 1810 wurde, wie alle geistlichen Güter in Preußen, der Ordensbesitz für den Staat eingezogen. Der damalige Herrenmeister, Prinz August Friedrich von Preußen, der 81jährige Bruder Friedrichs des Großen, dem der fernere Genuß seiner Pfründe bis an sein Lebensende zugesichert wurde, verzichtete darauf, und im Januar 1811 gingen die Ordensgüter in das Eigentum des Staates über. Zur Erinnerung aber an die Wirksamkeit der Hospitaliter in seinen Staaten stiftete Friedrich Wilhelm III. am 23. Mai 1812 den preußischen Johanniterorden, der dann durch Friedrich Wilhelm IV. 1852 zu einer protestantischen Adelsgenossenschaft umgestaltet wurde, welche die von ihr aufgebrachten Mittel vorzugsweise der Krankenpflege widmet und dazu nicht bloß in Preußen, sondern auch an wichtigen Verkehrszentren des Auslands Krankenhäuser errichtet und sich während der letzten großen Kriege durch Fürsorge für die Verwundeten große Verdienste erworben hat.

Dem Großpriorat Deutschland sind ehemals auch die Niederlassungen des Hospitals in den nordischen Staaten zugeteilt gewesen, haben sich ihm aber mit dem Wachsen des Nationalgefühls und des Selbständigkeitsstrebens der skandinavischen Völker seit Anfang des 14. Jahrhunderts entzogen.

Früher und stärker als die Deutschen haben die Skandinavier an der Bewegung der abendländischen Völker nach dem heiligen Lande teilgenommen und gleich bei den ersten Kreuzzügen eine hervorragende Rolle gespielt. Daher haben die Hospitaliter dort noch um die Mitte des 12. Jahrhunderts Aufnahme gefunden, zuerst in Dänemark, dann in Schweden und Norwegen, welche drei Länder als Provinz Dacia zusammengesetzt wurden. Sitz des sie leitenden Priors war zu Anfang des 14. Jahrhunderts Andvordskow bei Stageln auf Seeland, ein um 1170 durch König Waldemar I. gegründetes Ordenshaus. Älter noch war das zu Wiborg, das um 1160 entstanden ist. Dazu kam etwa 1194 ein Hospitalschwesternhaus in Schleswig. Die Komturei Odense stammt aus dem Jahr 1247, während die sonst noch nachweisbaren erst im Lauf des 14. Jahrhunderts gegründet wurden. Der dänische Ordenszweig zeigt früh Streben nach einer gewissen Unabhängigkeit, wie ja der nationale Gegensatz zwischen Deutschen und Dänen im Laufe des 13. Jahrhunderts sich wesentlich verschärfte. So hat denn auch der Großprior von Deutschland ihm gegenüber seine Autorität bald eingebüßt, und seine Reklamationen wegen unterlassener Zahlung der Responsionen sind meist vergeblich geblieben.

In Norwegen hat der Orden nie recht Boden gewonnen, sondern seine Stellung ist stets unsicher und schwierig geblieben. Es scheint, als ob man ihn dort für einen Eindringling gehalten und bei erster Gelegenheit aus dem Lande zu schaffen gesucht habe. Daher bot zu

Anfang des 14. Jahrhunderts der König dem Orden an, seine norwegischen Güter gegen solche von gleichem Wert in Dänemark auszutauschen, und ging auf seine Weigerung gegen ihn mit Maßregeln vor, die auf seine Beraubung und Austreibung hinausliefen. Allerdings hat dann durch eine Bulle vom 4. September 1320 Johann XXI. unter Androhung des Bannes die Wiederherstellung des bisherigen Zustandes befohlen, doch wird nicht berichtet, daß er damit Erfolg gehabt habe. Vielmehr scheinen die Besitzungen des Ordens endgültig verloren gewesen zu sein, und wenn noch zu Ende des 14. Jahrhunderts ein Ordenshaus zu Wörne bei Christiania genannt wird, so hatte dies damals jedenfalls mit dem Orden nichts mehr zu tun, war vielmehr nur eine Art von Invalidenhaus zur Versorgung königlicher Diener, in dem Sorglosigkeit bei der Aufnahme arge Mißstände zur Folge hatte.

In Schweden kennen wir durch gelegentliche Erwähnung in einem Erlaß Papst Gregors IX. vom Jahr 1231 ein Ordenshaus in Eskistuna in Südermannland. Sonst fehlen über den dortigen Besitz und die Schicksale des Ordens alle Nachrichten. Offenbar hat er auch dort niemals größere Bedeutung gehabt und wird daher wohl ähnlich wie in Norwegen früh unterdrückt worden sein.

Eigentümlich ist dem Hospitaliterorden endlich die frühzeitige Angliederung eines weiblichen Ordenszweiges von Hospitalschwestern. Sie war eigentlich eine natürliche Konsequenz aus der ursprünglichen Bestimmung der Genossenschaft zur Armen- und Krankenpflege sowie aus der massenhaften Beteiligung des weiblichen Geschlechts nicht bloß an den alljährlich nach dem Osten strömenden Pilgerfahrten, sondern gelegentlich auch an den Kreuzzügen. Der Ursprung der Hospitaliterinnen hat daher ebenfalls in Jerusalem gelegen: Er knüpft sich an die Stiftung eines der heiligen Maria Magdalena geweihten Hospitals durch eine Frau vornehmer Abkunft, Aix oder Agnes, welches zur Pflege kranker Frauen bestimmt und der Aufsicht des Patriarchen unterstellt war. Seine verdienstvolle Tätigkeit hatte bald die Errichtung von Schwesteranstalten im Abendlande zur Folge. Besondere Bedeutung und langen Bestand erlangte von diesen das Hospitaliterinnenhaus Sigena in Aragonien, und es ist daher für die Entwickelung der ganzen Institution gewissermaßen typisch geworden. Den Ort seines Sitzes hatte nebst dem benachbarten Sena bereits Raimund Berengar IV. von Barcelona dem Orden geschenkt, aber erst 1187 erwirkte Königin Sancia von Castilien vom Prior von St. Gilles und von dem Kastellan von Amposta die Überlassung zur Errichtung eines Klosters für die Hospitaliterinnen in Aragonien und Castilien.

Die diesem gegebene Regel wurde 1188 vom Hochmeister bestätigt. Nach ihr lebten die Ordensschwestern nach Art der regulierten Kanonikerinnen des heiligen Augustin in klösterlicher Zurückgezogenheit unter einer von ihnen gewählten Priorin dem Gebete und frommen Werken. Sie standen unter der Aufsicht des Großpriors von Aragonien und weiterhin des Ordensmeisters. Jedenfalls ist Sigena eines der jüngeren Hospitaliterinnenhäuser. Denn um die Zeit seiner Gründung gab es deren in den übrigen Ländern des Westens bereits genug, um den durch die Katastrophe von 1187 obdachlos gewordenen Schwestern des Hauses in Jerusalem Zuflucht zu gewähren. Namentlich in England gab es solche in Hampton, Standon, Swingfild und Gosford: Sie wurden durch Heinrich II. 1180 aufgelöst und ihre Insassen in dem neu errichteten Haus zu Buckland in Somersetshire vereinigt. In der Pyrenäischen Halbinsel finden wir außer Sigena noch zwei gleiche Stiftungen, Crisen, in einem den Hospitalitern 1177 geschenkten Schloß, und in Alguayre in der katalonischen Provinz Lerida, welches an dem dem Orden seit 1186 gehörigen Ort 1250 errichtet wurde. Mit Sigena hat letzteres alle übrigen überdauert, von denen die meisten ihre Entstehung erst dem 15. Jahrhundert verdankten. Ferner gab es dort Hospitaliterinnenklöster in Tortosa und Sevilla und in Portugal zu Evora und Estremoz. In Italien finden wir solche zu Genua, Pisa und Penna in der Provinz Terano, die sämtlich im Laufe des 13. Jahrhunderts entstanden sind. Von denen in Frankreich dürfte das zu Martel (Dep. Lot), um 1200 errichtet, das älteste sein; das zu Beaulieu (Dep. Lot) stammt aus dem Jahr 1259, während das zu Fieux (Dep. Lot-et-Garonne), das dem Großprior von Auvergne unterstellt war, erst 1297 gegründet ist. Das böhmische Hospitaliterinnenhaus zu Manetin ist bereits durch eine Bulle Lucius' III. vom 23. Oktober 1183 bestätigt, das zu Prag im Jahr 1188. Im Norden finden wir ein solches in Schleswig zu Ausgang des 12. Jahrhunderts erwähnt.

Unter besonderen Umständen endlich wurde auch die Errichtung von Ordenshäusern zugelassen, in denen Brüder und Schwestern unter einem Dache leben: Solche gab es in den Niederlanden zu Kerkwerve und Wytwerd in der Provinz Groningen und dann in der Schweiz zu Hohenrein bei Luzern, Tobel im Thurgau und Biberstein im Aargau, von denen erstere bereits im 13. Jahrhundert bestanden, während letzteres dem 14. Jahrhundert angehört.

Achtes Kapitel.

Verbreitung, Begüterung und rechtliche Stellung des Templerordens im Abendlande.

Wenn um die Mitte des 13. Jahrhunderts der englische Chronist Matthäus Paris den Besitz des Hospitaliterordens auf 15000 Manoirs oder Ritterlehen schätzt, den der Templer aber nur auf 9000, so mag das für seine Zeit richtig sein, jedoch nicht für die zu Anfang des 14. Jahrhunderts gegebenen Verhältnisse. Damals nämlich ist der der Templer zweifellos der reichere gewesen, mag das seinen Grund vielleicht auch nur darin gehabt haben, daß sein finanzielles System nicht sowohl auf dem Ertrage seines Landbesitzes beruhte, als vielmehr auf die großartigen, Morgen- und Abendland umfassenden finanziellen Operationen gegründet war, in denen er als die erste Geldmacht der Zeit seine Mittel unausgesetzt gewinnbringend beschäftigte. Während die Hospitaliter bereits in der zweiten Hälfte des 13. Jahrhunderts über finanzielle Verlegenheiten klagten und ihre abendländischen Häuser die nach dem Osten zu sendenden Summen nur durch Anleihen aufbrachten, für die sie die Erträge ihrer Güter auf Jahre hinaus verpfänden mußten und deren Verzinsung sie schwer belastete, befanden sich die Templer noch zur Zeit ihres Ursprungs in einem außerordentlich günstigen Vermögensstande und verfügten namentlich über gewaltige Barmittel. Aber auch ihr Grundbesitz ist in der zweiten Hälfte des 13. Jahrhunderts bedeutend vermehrt worden, schon weil infolge der geringeren Aufwendungen im Osten größere Summen als bisher in Grund und Boden angelegt wurden. Jedenfalls war die Zahl ihrer Manoirs auf 10500 gestiegen, obgleich doch die morgenländischen verloren gegangen waren.[1]) Bestimmend aber für die Stellung, welche auf Grund seiner kirchlichen Privilegien der Orden in den abendländischen Staaten in politischer, wirtschaftlicher und sozialer Hinsicht einnahm, sind nicht diese späteren Erwerbungen gewor-

[1]) Prutz, Kulturgeschichte der Kreuzzüge, S. 282.

den, sondern die älteren, etwa bis zum Höhestand der Kreuzzugsbewegung gemachten, weil die für diese geschaffenen Verhältnisse auch für jenen Zuwachs maßgebend wurden. Ein Überblick über diese zeigt nun, daß auch bei den Templern trotz der Einheit des Ordens und der dadurch bedingten Gleichheit in der Entwickelung seiner einzelnen Zweige seine Stellung keineswegs überall die gleiche war, sondern manche Verschiedenheit aufwies. Das war der Fall schon deshalb, weil er die aus seiner kirchlichen Exemtion folgenden weltlichen Freiheiten doch nicht überall gleich konsequent ausgestalten konnte. Vielmehr war und blieb seine Stellung da eine andere, wo er von Anfang an und dauernd Gelegenheit fand, seinen eigentlichen Beruf durch Bekämpfung der Ungläubigen auszuüben, als da, wo er ohne dies nur Großgrundbesitzer, Rentenempfänger und Kirchenpatron war, mochte er auch einen Teil der ihm auf diese Rechtstitel hin zufließenden Einnahmen zur Verwendung im Interesse des Glaubenskampfes nach dem Osten abführen. Während er in letzterem Fall, besonders seit die Erfolge gegen die Ungläubigen ausblieben, in den Gebieten, aus denen er so reiche Mittel zog, die doch nicht alle seiner ursprünglichen Bestimmung dienten, immer in gewissem Sinn ein Fremdling blieb und von manchen als ein zu Unrecht bevorzugter Konkurrent angesehen wurde, trat er im ersteren mit den Fürsten und Völkern in eine wirkliche Lebensgemeinschaft, denen er als Waffengenosse zur Seite stand. Dort gestaltete sich dann auch sein Verhältnis zur Kirche günstiger als anderwärts, und die Bischöfe, deren Interessen mit den seinen zusammenfielen, hatten weniger Grund, an seinen kirchlichen Exemtionen Anstoß zu nehmen.

Von hier aus erklärt sich die auffallende Verschiedenheit zwischen der Stellung, in der wir den Orden in den Staaten der Pyrenäischen Halbinsel finden, und derjenigen, die er in den übrigen abendländischen Staaten einnahm. Die Folgen davon traten dort auch noch bei seinem schließlichen Ausgang zutage.[1])

Die Pyrenäische Halbinsel.

1. Portugal.

Schon früh ist der Templerorden in Portugal heimisch geworden, zu einer Zeit, wo er weder Reichtum noch Macht hinter sich hatte und

---

[1]) Eine Gesamtübersicht über den schließlichen Besitzstand des Ordens und seine geographische Verbreitung siehe auch Prutz, Entwicklung und Untergang des Tempelherrnordens, S. 72 ff.

auch zu seiner kirchlichen Ausnahmestellung erst die Anfänge vorhanden waren. Entsprechend dem Berufe, den Hugo de Payns und seine ersten Genossen durch die Verschmelzung mönchischen und ritterlichen Lebens sich erwählt hatten, trat er dort alsbald in den Kampf gegen die Ungläubigen ein, in dem der eben entstehende portugiesische Staat sein eigentliches Lebenselement fand. Daher stand er auch dem in diesem Kampf wurzelnden Königtum von Anfang an eng verbunden zur Seite, beanspruchte so wenig eine bevorzugte Stellung, wie ihm eine solche geboten wurde, sondern begnügte sich mit dem unter den gegebenen Verhältnissen möglichen Lohn, dessen Zweck es wieder war, seine Mittel zum Kampf gegen die Ungläubigen zu vermehren. So hat er sich hier auch der allmählich ausgestalteten staatlichen Ordnung eingefügt und in dem wachsenden staatlichen Organismus den ihm angewiesenen Platz als dienendes Glied selbstlos ausgefüllt. Er blieb hier in enger Fühlung mit dem nationalen Leben und wurde nicht, wie anderwärts, gewissermaßen ein Fremdling, dessen Sonderbestrebungen nicht selten mit der Wohlfahrt der Gesamtheit in Widerspruch gerieten. Wie er infolgedessen in Portugal mit der Kirche in Frieden lebte, so erfreute er sich auch der Gunst des Volkes, das seinem Anteil an den Glaubenskämpfen nicht vergaß. Wie anders geartet als anderwärts hier seine Beziehungen zum Staate waren und wie sein Verhältnis zum Königtum hier auch noch später ebenso aufgefaßt wurde wie zur Zeit seiner Anfänge, das läßt noch am Ausgang seiner Laufbahn die Haltung des Königs Diniz (1279–1325), erkennen, der Clemens V. das Recht absprach, über die Güter des Ordens zu verfügen, die vielmehr von Rechts wegen an die Krone zurückfallen müßten, weil sie ihm seinerzeit von den Königen gegeben wären als Lohn für die pflichtmäßige Hilfe gegen die Ungläubigen und unter der Bedingung der Treue gegen sie und ihr Haus. Eine daraufhin angeordnete Untersuchung über den Ursprung der Güter, Rechte und Freiheiten des Ordens in Portugal ergab denn auch die Richtigkeit dieses Standpunktes.[1])

Früher als sonst irgendwo im Abendlande ist der Orden in Portugal eingebürgert. Mögen auch gegen die Echtheit der eine Schenkung an ihn bezeugenden Urkunde vom Juni 1126[2]) Zweifel obwalten,[3]) so ist doch sicher, daß er bereits am 28. März 1128, also fast unmittelbar nach dem Konzil von Troyes (Januar 1128) von der Königin Therese

[1]) *Elucidario das palavras que em Portugal antiguamente se usaraon par J. de Santa Rosa (Lisboa 1798/99) II*, S. 846ff.

[2]) Brandào, *Mon. Lusit. III*, S. 82.

[3]) Campomanes, *Dissertaciones historicas del Ordem y Cavalleria de los Templarios* (Madrid 1747), S. 15.

unter Zustimmung ihre Sohnes Ferdinand beschenkt[1]) und diese Schenkung am 19. April desselben Jahres bestätigt wurde.[2]) Sie betrifft die Burg Soure und ihr Gebiet, die an den Orden kommen soll, wenn sie den Ungläubigen entrissen sein wird.[3]) Die genannte Burg, südlich von Coimbra zwischen diesem und Leiria gelegen, hatte bereits von Heinrich von Burgund 1111 Marktrecht (Foral) erhalten, muß dann aber wieder an die Ungläubigen verloren gegangen sein und sollte nun der Ausgangspunkt werden für die endgültige Eroberung und Christianisierung des benachbarten Gebietes. Das Beispiel der Königin scheint alsbald Nachahmung gefunden zu haben, indem auch Privatleute dem Orden Schenkungen zuwandten.[4]) Die Entwickelung dieser Anfänge wurde begünstigt durch die Teilnahme des Ordens an den inneren Wirren, welche die Entthronung der Königin Therese durch ihren Sohn aus erster Ehe, Alfonso Henriquez, herbeiführten. Bei der Vorbereitung dazu versicherte sich Alfonso der Hilfe des Erzbischofs von Braga: Wenn in dem Vertrag mit diesem vom 26. Dezember 1128, der dem Kirchenfürsten für die verheißene Unterstützung die Stadt Braga überließ, als Zeuge auch Berald – der Meister des Templerordens in Portugal – erscheint,[5]) so geht daraus einmal hervor, daß damals bereits der Anfang zur Organisierung einer portugiesischen Ordensprovinz gemacht war, und dann, daß der Orden in dem Thronstreit die Partei des rechtmäßigen Erben der Krone ergriff. Die dadurch begründete Verbindung zwischen ihm und dem jungen portugiesischen Königtum hat die ruhmreiche Regierung des Alfonso Henriquez (1129–85) überdauert. Dieser gab ihr noch dadurch einen besonders feierlichen Ausdruck, daß er nach Gewinnung des Thrones 1129 selbst der den Orden umgebenden weiteren Brüderschaft beitrat, wie er sagte, zum Beweis seiner herzlichen Liebe zu dem Orden.[6]) Auch entfalteten er und der Orden zur Erweiterung der Grenzen auf Kosten der Ungläubigen eine erfolgreiche Tätigkeit. Infolge derselben entstanden neue Templerburgen südlich von Source, von denen später namentlich Pombal wichtig wurde. Danebenher ging die Gründung von Kirchen und die Ansiedelung von Kolonisten in dem bisher wüst liegenden Lande. Dementsprechend wuchs auch der Besitz des Ordens, den auch vielfach Private beschenkten. Von Bedeutung für seine Stellung im Reich wurden aber erst, wie es

[1]) Ribeira, *Dissert. III, Append.* S. 89, Nr. 263.
[2]) Ebd. Nr. 263.
[3]) *Elucidario II,* S. 346.
[4]) Ebd. S. 349 ff.
[5]) Ebd. S. 351.
[6]) Schäfer, Geschichte Portugals, S. 73.

scheint, die Erwerbungen, die er um die Mitte des 12. Jahrhunderts machte. Von einem Edelmann erhielt er dessen an der Grenze von Estremadura gelegenes Schloß Mogadour:[1]) Er übernahm dort wohl die Grenzhut auf einem vorgeschobenen Posten. Als im März 1147 mit seiner Hilfe Santarem erobert wurde, erhielt er für die dabei geleisteten Dienste von Alfonso alle Besitzungen und Einkünfte der dortigen Kirchen zu eigen.[2]) Da die Stadt aber zu dem Sprengel des Bischofs von Lissabon, das noch in der Gewalt der Ungläubigen war, gehörte, so wurde für den Zeitpunkt, wo auch dieses genommen wäre, eine gütliche Auseinandersetzung zwischen dem Orden und dem Bischof vorbehalten. Lissabon wurde nun im Oktober 1147 mit Hilfe der als Teilnehmer des zweiten Kreuzzuges auf dem Wege nach dem Osten befindlichen niederländischen Kreuzfahrer erobert, der Vergleich über die Kirchen von Santarem aber stieß auf Schwierigkeiten. Der König überließ seine Herbeiführung dem Papste. Doch kam er erst 1159 zustande, und zwar auf Kosten des Königtums, auf das der Papst auch sonst zugunsten des Ordens einen Druck ausübte. Wenigstens erklärt Alfonso im Eingang des großen Freibriefes, den er diesem 1157[3]) verlieh, er habe dabei dem Verlangen des Papstes nachgegeben. Darin werden zunächst alle den Templern gehörigen Ortschaften, Kirchen, Güter und Untertanen für frei und immun erklärt und dem Orden und seinem Besitz Schutz versprochen gegen jede Beleidigung und Schädigung. Die Einsassen der Ordensgüter werden befreit von Abgaben an den König und zahlen von dem dem Orden gehörigen Teil ihres Besitzes keine Steuern. Sie werden ausgenommen von den Abgaben von Kauf und Verkauf und von Wegegeldern, Zöllen usw. Ihr Eigentum und ihre Wohnung darf niemand gegen ihren Willen betreten. Sie sind sicher vor Verhaftung und Strafgeldern. Die Templer selbst können nicht verhaftet und ihr Vermögen kann nicht mit Beschlag belegt werden, es sei denn, daß zuvor in Gegenwart des Königs der Grund der Verhaftung oder Beschlagnahme kundgegeben und als stichhaltig anerkannt ist. Rechtsstreitigkeiten mit anderen soll der Orden durch angesehene Männer als Schiedsrichter zum Austrag bringen lassen.

Erst durch diese Verleihung wurde der Orden wenigstens in einigen Hinsichten von der ordentlichen Staatsautorität eximiert und erhielt die Möglichkeit, für größere Güterkomplexe seine grundherrlichen Rechte landesherrlichen anzunähern. Diese Änderung scheint sich bald noch

[1]) *Elucidario II*, S. 353, Anm.

[2]) Ebd. S. 353.

[3]) Ebd. S. 266.

in anderen Richtungen bemerkbar gemacht zu haben. So wurde namentlich sein Verhältnis zu dem Bischof von Lissabon in bezug auf die Kirchen von Santarem nun endlich geordnet, und zwar, wie es scheint, indem König Alfonso ihn durch neue Zugeständnisse für diejenigen entschädigte, die er seinerseits dem Bischof machen mußte. Während er nämlich zugunsten des Bischofs auf alle Kirchen in Santarem verzichtete mit Ausnahme der St. Jakob geweihten, erhielt er vom König das Gebiet von Cera mit der Bestimmung, daß alle dort von ihm gegründeten Kirchen dem Lissaboner Bistum nicht unterstehen sollten.[1])

Dies Gebiet wurde zum Hauptsitz des Ordens in Portugal bestimmt. Dort errichtete auf dem linken Ufer des Flüßchens Tomar, wo einst das römische Nabonetum und später ein Kloster gestanden haben sollte, der Orden eine Kirche, S. Maria do Olival, und einen Konvent. Auf der Höhe aber westlich davon, rechts vom Tomar, wurde, wie eine noch lange erhaltene Inschrift bezeugte, am 1. März 1160 durch den Ordensmeister Galdin der Grundstein zu dem Haupthause der portugiesischen Ordensprovinz gelegt.[2]) Von dort aus entfaltete der Orden eine eifrige Tätigkeit für den Anbau und die Bevölkerung des Landes. Damit er dabei aber nicht den gleichartigen Bemühungen des Königs selbst unbequeme Konkurrenz machte, war bestimmt, er dürfe aus dem benachbarten königlichen Gebiet zwischen Mondego und Tejo Zuzügler nicht aufnehmen ohne besondere Erlaubnis und müsse die ohne sein Wissen doch dort Angesiedelten wieder entfernen.[3]) So wurde Tomar, das nachmals weithin berühmte Haupthaus des Ordens in Portugal, der Mittelpunkt einer rasch erblühenden Kolonie, und bereits 1162 konnte Meister Galdin dem dabei entstandenen Flecken Marktrecht verleihen.[4]) Eine lange Reihe von Schenkungen des dankbaren Königs vermehrte rasch den Besitz des Ordens und gewährte ihm die Mittel, durch den Bau von Burgen und Anlegung neuer und Herstellung zerstörter oder entvölkerter alter Orte seine militärische Stellung sowohl wie seine wirtschaftliche auszubauen. In den westlich benachbarten Bergen erhielt er 1165 Idanha velha, welches bereits 1170 als stark befestigt und gut bevölkert vorkommt, dann aber von den Mauren zerstört und erst 1187 durch König Sancho I. (1175–1211) dem Orden zurückgegeben wurde, der es mit ihm gemeinschaftlich zurückerobert hatte. Von den sonstigen Erwerbungen jener Zeit war später nament-

[1]) *Elucidario II*, S. 357.

[2]) Ebd. S. 359.

[3]) Ebd. S. 357.

[4]) *Memorias da Academia: Real de Lisboa VIII*, S. 109.

lich das feste Schloß Monsanto wichtig: Die zugehörige Ortschaft erhielt 1174 Marktrecht. Von der so gewonnenen Operationsbasis aus wandte der Orden seine Waffen südwärts zur Eroberung der Landschaften jenseits des Tejo. Von dem, was er dort mit dem König gemeinsam gewann, fiel ihm der dritte Teil zu, dessen Ertrag jedoch während der Dauer des Kriegs gegen die Mauren dem König zugute kam. An Ordensburgen, die auf Schenkungen Alfonsos I. zurückgehen, kommen noch vor Cardiga und Zezere, die ebenfalls von dem Provinzialmeister Galdin ausgebaut und 1174 mit Marktrecht begabt wurden. Als Grenzburg gegen das maurische Gebiet blieb Pombal, bis zur Errichtung von Tomar des Ordens Haupthaus, auch in der Folge wichtig. Ferner entstanden in den größeren Städten Ordenshäuser, wie solche in Evora, Cintra, Lissabon, Leiria, Santarem und anderwärts erwähnt werden. Einen gewissen Abschluß in der Entwickelung des portugiesischen Ordensbesitzes bezeichnet bald nach Alfonsos Tod im Beginn der Regierung Sanchos I. die durch Papst Urban III. 1186 vollzogene Bestätigung aller bisherigen Erwerbungen der Templer, die begründet wird durch Worte warmer Anerkennung für ihre Verdienste um die Besiedelung des den Ungläubigen entrissenen Landes.

Auch die rechtliche Stellung des Ordens scheint zu Ausgang des 12. Jahrhunderts im wesentlichen bereits abschließend entwickelt gewesen zu sein. Von der von ihm anderwärts eingenommenen unterschied sie sich dadurch, daß für sie aus der Fülle der kirchlichen Exemtionen in weltlicher und insbesondere politischer Hinsicht so weit gehende Konsequenzen nicht gezogen waren und die königliche Autorität ihm gegenüber besser gewahrt blieb. Von einer Gefahr für diese und einer Lockerung des Staatsverbandes durch die Vorrechte des Ordens und die Art ihrer Geltendmachung finden wir in Portugal kaum eine Spur. Denn entsprechend den besonderen Umständen, unter denen der Orden gleich nach dem Konzil von Troyes in das Land gekommen und von König und Volk freudig aufgenommen war, lag auch in der Folgezeit der Schwerpunkt seiner Tätigkeit in dem Kampfe gegen die Ungläubigen. Dadurch wurden die Gegensätze vermieden oder doch nicht zu voller Schärfe entwickelt, die sonst die Quelle wachsender Schwierigkeiten wurden. Auch wurde die Pflicht der Teilnahme an dem nationalen Krieg gegen die Mauren dem Orden nicht bloß bei königlichen, sondern auch bei Schenkungen von Privaten ausdrücklich auferlegt. Weil er durch solche eben zu diesem Zweck besonders ausgestattet war, hatte er auch die Kosten kriegerischer Unternehmungen derart selbst zu tragen und erhielt keinen Sold, mußte vielmehr dem König, seinen Söhnen und den Herren vom hohen Adel (Rios hombres) beim Durchzug durch sein Gebiet Quartier und Unterhalt gewähren. Auch bedurfte die Verwendung von Ordensmitteln zu einem anderen Zweck der königlichen Genehmigung. Das galt selbst für die Sendung von Mitteln nach Palästina, erst recht natürlich für die Veräußerung von Ordensgütern. Über diese konnte der König sogar unter Umständen seinerseits verfügen und sie seinen Söhnen oder verdienten Männern verleihen. Dem entsprach es, daß der Vorsteher der portugiesischen Ordensprovinz nur mit Zustimmung des Königs gewählt werden und das Reich nicht ohne ausdrückliche Erlaubnis desselben verlassen durfte, nicht einmal zum Zweck des Kampfes gegen die Ungläubigen in Palästina, Andalusien oder Granada oder zur Unterstützung des benachbarten Castilien. Erhielt er sie, so hatte er einen Stellvertreter zurückzulassen. Wurde ein Ausländer zum Provinzialmeister gewählt, so bedurfte er zum Antritt des Amtes sowie zum Betreten des portugiesischen Gebietes der Erlaubnis des Königs. Er hatte diesem und dem Thronerben zu huldigen und sich eidlich zu verpflichten, letzteren als Nachfolger anzuerkennen.[1]) Er durfte in den Orden nur Portugiesen aufnehmen und Provinzialkapitel nur an dem vom König dazu bestimmten Ort abhalten, und zwar in Gegenwart eines königlichen Bevollmächtigten weltlichen Standes. Auch in der Folge haben die portugiesischen Könige diese Rechte dem Orden gegenüber festgehalten, ja sie haben ihn seine Abhängigkeit gelegentlich fühlen lassen, indem sie ihm, hatten sie Grund, mit ihm unzufrieden zu sein, die eine oder die andere Burg wegnahmen und erst zurückgaben, wenn er für sein Wohlverhalten Bürgschaft gegeben hatte. Das ist namentlich von Alfonso II. (1211–23) bezeugt, und auch König Diniz hat so gehandelt, damit die königlichen Gerechtsame nicht in Vergessenheit gerieten. Infolgedessen ist das Verhältnis zwischen der Krone und dem Orden hier eigentlich stets ein gutes gewesen. Nur einmal wird über den Orden geklagt, weil er einen Ausländer an seine Spitze gerufen hatte.[2])

Zu alledem hat augenscheinlich auch die enge Verbindung beigetragen, die hier von Anfang an zwischen dem Orden und dem einheimischen Adel bestand, da fremde Edelleute von der Aufnahme ja überhaupt ausgeschlossen waren. Dort scheint es nämlich ganz besonders üblich gewesen zu sein, daß Private aus Anlaß dem Orden gemachter Schenkungen sich ihm als Freunde oder Familiengenossen (*frades, confrades quasifrades*) affiliierten und dadurch in ein ähnliches Verhältnis zu ihm traten wie sonst die Konfratres oder Donaten, nur daß diese

[1]) Henriquez, *Constitutiones ordinis Cisterciensis*, S. 478/70.

[2]) Schäfer, a.a.O. S. 356/57.

Verbindung hier weiter ausgebildet und zugleich freier gestaltet zu sein scheint. In ihr finden wir Männer sowohl wie Frauen, verheiratete sowohl wie unverheiratete, namentlich auch die Witwen von adligen Herrn (*fradas* oder *fratrissas*). Wer sie einging, überließ dem Orden einen Teil seines Vermögens, dessen Verwaltung derselbe beaufsichtigte, so daß ohne seine Erlaubnis nichts davon veräußert werden konnte. Beim Tod des Betreffenden wurde der Orden Eigentümer. Wo Kinder vorhanden waren, erhielten diese einen Teil. Dies Verfahren scheint in Portugal besonders gewöhnlich gewesen zu sein, so daß der Ordensbesitz dadurch dauernd vermehrt wurde. Im einzelnen war die Praxis dabei eine verschiedene. Gewöhnlich überließen die, welche sich so der Brüderschaft des Ordens anschlossen, diesem gleich ein Drittel ihres Vermögens, das übrige kam nach ihrem Tod an ihn. Zuweilen wurde ihm nur die bewegliche Habe abgetreten, die unbewegliche verblieb den Erben. Manche aber gaben ihm sofort all ihr Eigentum, indem sie sich zu ihrem Unterhalt nur den Nießbrauch vorbehielten. Auch die Bedingungen, auf die hin solche Verträge geschlossen wurden, waren verschieden. Bald sollen die „Familiaren" gehalten werden als „Mitbrüder des Ordens im Leben und Sterben", bald werden sie nur ganz allgemein unter den Schutz des Ordens gestellt, bald verspricht dieser, ihnen Kost und Kleidung wie den Brüdern zu gewähren, ihren Söhnen aber den nötigen Unterricht erteilen zu lassen und sie später auf Verlangen in den Orden selbst aufzunehmen. War das Verhältnis demnach im allgemeinen dem nachgebildet, das Lehensmann und Lehensherrn verband, so kam darin doch auch das besondere klösterliche oder mönchische Moment zur Geltung, insofern die „Familiaren" nicht bloß als Hausgenossen, sondern auch als Gebetsgenossen der Ordensbrüder galten.

2. Die übrigen spanischen Reiche.

Entsprechend der Ähnlichkeit der Verhältnisse finden wir die Templer in den übrigen spanischen Reichen im wesentlichen in der gleichen Stellung wie in Portugal. Die Verschiedenheiten erklären sich aus den Besonderheiten der Zustände in den einzelnen Reichen. Namentlich hat darauf die Tatsache eingewirkt, daß die Anfänge des Ordens im nördlichen Spanien, besonders in Aragonien, zunächst eng verknüpft waren mit denen in dem benachbarten Südfrankreich. Dadurch wurde hier ein Zusammenhang gegründet, den erst die fortschreitende nationale Sonderung der zu beiden Seiten der Pyrenäen wohnenden Stämme allmählich lockerte.

Hier wie dort nämlich verdankte der Orden die erste Förderung

Raimund Berengar III., dem Markgrafen von Barcelona, der die von seinem Geschlecht früher erworbenen Besitzungen in der Provence durch die Ehe mit einer reichen südfranzösischen Erbin erweiterte und auf die Auvergne ausdehnte. Wie er dort dem Orden in der Gegend von Aurillac, wo nachmals die Komturei Carlat entstand, eine Stätte bereitete, hat er ihn auch zuerst in der einstigen spanischen Mark heimisch gemacht. Am 17. Juli 1130 oder 31 überantwortete er sich mit Zustimmung seines Sohnes zu Handen des Hugo Rigault dem Orden als Konfrater, indem er ihm gleichzeitig eine Landschenkung zuwandte, bestehend in der Burg und dem Flecken Grañena, südlich von Huesca in der heutigen Provinz Lerida, Bezirk Cervera. In den Besitz des Ordens gingen nicht bloß die Einwohner dieses Gebietes über, sondern es traten auch die von dem bisherigen Inhaber lehensabhängigen Edelleute zu ihm in das gleiche Verhältnis.[1]) Zu dieser Schenkung soll Raimund Berengar III. durch Bischof Oldegar von Barcelona (gest. 1137) bestimmt sein, den wir auch sonst als Förderer des Ordens kennen: Er sicherte 1133 denjenigen besondere kirchliche Vorteile zu, die sich den Templern zum Kampf gegen die Ungläubigen anschließen würden, und bedrohte die sie Beunruhigenden mit kirchlichen Strafen.[2]) Auch das Schloß Barberanum verdankte der Orden Raimund Berengar: seine Herren wurden ebenfalls seine Vasallen und hatten ihm zu leisten, was sie bisher dem Grafen zu leisten verpflichtet gewesen waren. Der Orden gewann hier eine selbständige Herrschaft, da jede weltliche Hoheit über ihm ausdrücklich ausgeschlossen war.[3]) Auch von anderen Großen wurde der Orden zum Kampfe gegen die Mauren mit Gütern ausgestattet. Graf Hermengaud von Urgel trat ihm seine Rechte auf das feste Mas de Barbesan ab, welches dann Graf Raimund Berengar IV., der Sohn und Nachfolger seines ersten Gönners, ihm vollends zu eigen gab.

Das von seinem Vater überkommene gute Verhältnis zu dem Orden scheint auch keine Störung erfahren zu haben, als Raimund Berengar IV. demselben in einer wichtigen Frage entgegentrat. In dem benachbarten aragonischen Reiche, mit dem damals Navarra verbunden war, hatte sich König Alfons I. (*el batallador*) dem Orden als werktätiger Gönner erwiesen. Bereits in seinem im Oktober 1131 aufgesetzten Testament hatte er ihm sein Leibpferd und seine Waffen vermacht: Daher stammt vermutlich der Brauch der sogenannten Luctuosa (*Luytosa*), wodurch Leibpferd und Waffen der aragonischen Könige bei

[1]) Campomanes, S. 319/20.

[2]) Prutz, a.a.O. S. 16.

[3]) Vaissette, *Histoire de Languedoc VII*, S. 157/58.

ihrem Tod an die Templer kamen, an deren Stelle dann 1308 der Orden von Santiago trat.[1]) Bei seinem Tode setzte Alfons I. die Templer, die Hospitaliter und die Kirche vom heiligen Grab zu Erben von je einem Drittel seines Reiches ein. Die Bestimmung ist jedoch nicht ausgeführt worden, und man wird in den großen Zuwendungen die Raimund Berengar IV., der als Gatte von Alfons' I. Tochter Aragonien und die Markgrafschaft Barcelona vereinigte, dem Orden machte, die Entschädigung für das diesem entgangene Legat zu sehen haben. Im Jahre 1143 erhielt der Orden die Stadt Gerona mit der Burg auf dem benachbarten Mons Gaudii. Letztere machte er zum Haupthaus für Aragonien. In der heutigen Provinz Huesca in dem Bezirk Barbastro westlich von Lerida gelegen, in der Gegend also, wo der Orden schon beträchtliche Güter und eine militärisch wichtige Stellung inne hatte, ist Mongozei oder Monzon bis zu seinem Untergang der Sitz des Meisters von Aragonien und hat noch bei der Katastrophe als Zufluchtsort der aragonischen Templer eine Rolle gespielt. Gleichzeitig räumte Raimund Berengar IV. dem Orden durch eine Urkunde vom 17. November 1143 wichtige Rechte und Freiheiten ein. Nach dieser hatte er beabsichtigt, zur Bekämpfung der Mauren nach dem Vorbild der Templer einen eigenen Orden zu errichten, auch auf wiederholte mündliche und schriftliche Anfrage von deren Meister Robert und seinem Konvent die Zusage von Hilfe dabei erhalten. Schließlich begnügte er sich mit einer reicheren Ausstattung der im Lande bereits heimisch gewordenen Templer. Er schenkte ihnen außer Monzon noch etliche andere feste Plätze. Von allem Land, das man den Ungläubigen abnehmen würde, sollte der fünfte Teil an sie kommen. Von allen Einkünften des Königs sollten sie im Fall des Bedürfnisses den zehnten Teil für sich einheben dürfen, was auch für die Einkünfte aus den erst noch zu erobernden Gebieten gelten sollte. Das enge Bündnis zwischen dem Markgrafen und dem Orden sollte eben in erster Linie der Verdrängung der Ungläubigen dienen: In ihrem Interesse verzichtete Raimund Berenar IV. sogar auf einen Teil seiner landesherrlichen Rechte, indem er versprach, ohne Zustimmung des Ordens keinen Frieden mit den Ungläubigen zu schließen. Aus den Einnahmen von Huesca und Saragossa erhielt der Orden jährlich 1000 Solidi, an welcher Summe durch Verkauf oder Verpfändung königlichen Gutes nichts gemindert werden durfte, ohne daß Ersatz durch anderweitige Überweisungen geschafft wurde. Der Orden genoß im ganzen Reiche Abgabenfreiheit und zahlte von seinem Eigentum keine Art von Zoll

[1]) Campomanes, a.a.O. S. 199 u. 208/09.

oder Zins. Die Urkunde[1]), die mit einem Dank an Gott dafür schließt, daß er den Orden zur Verteidigung der Kirche erwählt und des Markgrafen Bitte nachzugeben vermocht habe, ist in Gegenwart des päpstlichen Legaten, Kardinaldiakon Guido, auf einer von diesem zu Gerona gehaltenen Synode ausgestellt und von zahlreichen geistlichen und weltlichen Großen unterzeichnet. Sie stellt den Vertrag dar, durch den die über das Testament Alfons' I. entstandenen Differenzen zwischen dem Orden und dem Markgrafen beglichen wurden. Im Zusammenhang damit wird auch die Bestimmung getroffen sein, in jedem Dorf von mehr als 20 Einwohnern sollte immer einer dem Orden dienstpflichtig sein.[2])

Wie sich der Besitz des Ordens in Aragonien weiter entwickelt hat, läßt sich bei der Dürftigkeit des vorliegenden Materials im einzelnen nicht verfolgen. Aus einer Bestätigung seiner Besitzungen, insbesondere der ihm durch Raimund Berengar IV. und seinen Sohn, König Alfons II. (1162–96), gemachten Schenkungen vom 5. September 1178 durch Papst Alexander III.[3]) erfahren wir die Namen einiger Ordensburgen neben Monzon: Auch sie scheinen der alten spanischen Mark um Lerida und Huesca angehört zu haben. Ebendort lagen die später an die Hospitaliter gekommenen Komtureien Ambel und Novillas (beide in der Provinz Saragossa, Bezirk Borja), Ascon (Provinz Tarragona, Bezirk Gandera), Miravete (Provinz Teruel, Bezirk Aliaga) und Templo de Huesca (Provinz Huesca), die noch im 12. Jahrhundert an den Orden gekommen zu sein scheinen.[4]) Dorthin gehören auch die später an die Hospitaliter gekommenen und deren katalonischem Großpriorat zugeteilten Templerkomtureien Barbera, Corbins, Espluga Calva, Garden – sämtlich im Gebiet von Lerida – und Valsogona im Gebiet von Tarragona.[5]) Doch verlor diese sich von Ost nach West erstreckende Kette von Burgen an militärischem Wert, als das Ebrotal aufhörte eine Grenzmark zu sein und das Gebiet dauernden Kampfes gegen die Ungläubigen immer weiter nach Süden vorgeschoben wurde.

Von Städten finden wir im Besitz des Ordens Borja und Tortosa. Über letzteres hat er sich wohl von der benachbarten Burg Mas de Barbesan aus allmählich der Herrschaft bemächtigt: 1165 gehörte ihm bereits in Fünftel davon. Mit der Bürgerschaft geriet er in Streit, weil

[1]) Campomanes, S. 221–24.
[2]) Vaissette, a.a.O. S. 157/58.
[3]) Prutz, a.a.O. Nr. 19, S. 261.
[4]) *Cartulaire I*, S. CXL.
[5]) Ebd. S. CL–CLI.

er die gesamte Gerichtsbarkeit über sie in Anspruch nahm. Zum Schiedsrichter von Papst Urban IV. bestellt, fällte der Bischof von Lerida das Urteil, daß die Gerichtsbarkeit in der Stadt allerdings dem Orden gebühre, von ihm jedoch geübt werden müsse nach Maßgabe des Rechtsgebrauches von Barcelona und des Lokalrechts von Tortosa. Der Streit dauerte jedoch fort. Am 22. April 1262 wurde der Bischof von Saragossa mit einer nochmaligen Untersuchung der Sache zum Zweck eines Vergleiches beauftragt. Aber erst am 29. Oktober 1268 bestätigte Clemens IV. den von dem Kardinal Gottfried vom Titel des h. Georg *ad velum aureum* gefällten Schiedsspruch.[1]) Der Orden scheint demnach auch hier namentlich die Erweiterung der Rechte erstrebt zu haben, die ihm als Gerichtsherrn zustanden. Das hat zu Konflikten auch mit dem Königtum geführt. Hören wir doch später von einem besonderen Vertrag, wodurch derartige Streitfragen erledigt wurden, vermutlich indem das Königtum Zugeständnisse machte. Wenigstens durften nach einer Urkunde des Templermeisters von Aragonien und Katalonien Arnold de Castro Novo vom 30. März 1272 königliche Beamte gegen Untertanen des Ordens, die sich des Totschlages oder der Körperverletzung schuldig gemacht hatten, erst dann einschreiten, wenn der Orden selbst vierzehn Tage hatte verstreichen lassen, ohne sie zu bestrafen.[2]) Doch konnte der Orden gegen sie nicht auf den Tod und nicht auf Verstümmelung erkennen.[3]) Eine andere Differenz zwischen dem Orden und dem Königtum betraf nach einem Schreiben Innocenz' IV. vom 20. April 1247, den Anspruch des Königs auf den fünften Teil der Beute, die der Orden den Mauren abnahm. Vielleicht hing es damit zusammen, daß der Papst am 18. März 1250 an die Templer die Mahnung richtete, dem König im Kampf gegen die Ungläubigen und die mit diesen verbündeten Christen tatkräftig Hilfe zu leisten. Im übrigen galt der in Aragonien wiederholt verkündete Landfriede besonders für sie.[4]) Charakteristisch für ihre Stellung in Aragonien ist ihr friedliches Einvernehmen mit den Landesbischöfen. Abgesehen von einem Streit mit dem Bischof von Lerida über die Johanniskirche zu Monzon[5]) finden wir keine Spur von der sonst fast überall herrschenden Feindschaft zwischen ihnen und den Prälaten.

Von dem Besitz und der Stellung der Templer in den übrigen

---

[1]) Prutz, a.a.O. S. 61.

[2]) Vgl. die ähnliche Bestimmung für die Hospitaliter in der Provence oben S. 277.

[3]) Prutz, a.a.O. S. 61.

[4]) Ebd. S. 60/61.

[5]) Ebd. S. 60.

spanischen Reichen haben wir noch weniger genaue Kunde. Sehr beträchtlich waren ihre Güter in Castilien. Auch dort war der Orden eng mit dem nationalen Kampf gegen die Ungläubigen verknüpft. Noch 1183 gab ihm König Ferdinand II. von Leon mit Zustimmung seines Neffen Alfons von Castilien die Burg Ucles zu eigen, um die Hauptstadt Toledo gegen die Ungläubigen zu verteidigen.[1]) Auch nahm er Anteil an der Besiedelung des Landes zur Hebung seiner wirtschaftlichen Kultur. Stadtgründungen gingen von ihm aus: Noch im Mai 1307 verleiht Don Rodrigo Yañez, der letzte Provinzialmeister für Castilien und Leon, dem Orte Ceregin das Stadtrecht von Alcaraz.[2]) Bei seiner Aufhebung soll der Orden in Castilien 24 Komtureien gezählt haben, die nur zum Teil nachweisbar sind. Mit Castilien war später Leon vereinigt, so daß auch die dort gelegenen Ordensgüter dem castilischen Ordenszweige zugerechnet werden müssen. Auf Grund eines angeblich im erzbischöflichen Archiv zu Toledo befindlichen Verzeichnisses führt der gegen Ende des 16. Jahrhunderts schreibende Jesuit Mariana[3] als dem damaligen Umfang Castiliens angehörig 16 bei der Auflösung des Ordens vom König eingezogene Komtureien an, mit dem Bemerken jedoch, daß ihre Zahl weit größer gewesen und die Aufführung aller ehemaligen Ordensgüter unmöglich sei. Landesherrliche Rechte hat der Orden auch dort nicht genossen. Das Gleiche gilt von seinem Besitz in Navarra, in Majorka und in den früher zu Aragonien gehörigen und dann an Frankreich gekommenen Gebieten von Roussillon, Cerdagne usw. Sein Versuch, in Navarra, wo uns nur eine Ordenskomturei bekannt ist, Alberin im Bezirk Estella im Tal der Solana,[4]) von den ihm gehörigen festen Plätzen aus größere Rechte zu gewinnen, mißlang, wie ein 1271 gefällter Schiedsspruch lehrt.[5]) In Majorka kam es mit König Jakob IV. zum Streit, als dieser auf Anstiften Philipps IV. das Ordenshaus Mas Deu besetzte, wie es scheint, weil er den darin liegenden Templern nicht traute. Wenigstens erbot sich der Orden bei seiner Beschwerde Nikolaus IV. gegenüber, den Platz, wenn er ihn zurück erhielte mit zuverlässigen Leuten zu besetzen, von denen auch der König nichts zu fürchten hätte.[6]) Auf ähnliche Differenzen weist ein Erlaß Nikolaus' IV. vom 28. Januar 1290 hin, wodurch der König ersucht wird, das Ordenshaus in

[1]) Prutz, a.a.O. S. 72, Anm. 4

[2]) Campomanes, a.a.O. S. 232/33.

[3]) Mariana, *Historia de rebus Hispan.* (Toledo 1592), S. 720.

[4]) *Cartulaire I,* S. CLIV.

[5]) Prutz, a.a.O. S. 61.

[6]) Ebd. S. 61/62.

Roussillon, das er dem Orden entzogen hatte, samt den zugehörigen Einkünften zurückzugeben, wenn ihm die Besetzung mit der römischen Kirche und ihm selbst getreuen Leuten seitens der Templer verbürgt würde.[1]) Übrigens ist der Besitz des Ordens in jenen Gebieten wohl nicht beträchtlich gewesen, jedenfalls geringer als man angenommen hat: Nicht die Hälfte des Landes gehörte ihm in Roussillon und Cerdagne, sondern nur vier Seigneurien mit verschiedenen Rechten und Renten und den Zehnten von im ganzen 70 Ortschaften, während z. B. die Abtei S. Michel de Casca 30 Seigneurien mit verschiedenen Gerechtsamen in 200 Orten besaß.[2])

Zu Beginn des 14. Jahrhunderts soll der gesamte Besitz des Ordens in der Pyrenäischen Halbinsel in zwölf Verwaltungsbezirke oder Komtureien geteilt gewesen sein, von denen zwei, Castel Marino und Tomar, auf Portugal entfielen. Von den übrigen sind nur noch fünf nachweisbar, in Aragonien Montalvan und Montesa (in dem ehemaligen Reich Valencia) und in Castilien S. Juan de Balladolid, S. Salvador de Toro und S. Juan d'Otero.[3]) Der Orden hat in den spanischen Reichen eben nie eine ähnliche Stellung gewonnen wie in England und Frankreich. Er blieb eng verbunden mit der Entwicklung von Stadt und Volk. Zudem wurde sein Ansehen durch das Aufkommen der nationalen Ritterorden von Calatrava, Santiago und Alcantara beeinträchtigt, die ihn sozusagen entbehrlich machten. Dennoch gingen seine Güter in Castilien, Aragonien, Navarra und Majorka fast vollständig auf die Hospitaliter über, trotz der Vorbehalte, die Clemens V. speziell für die spanischen Reiche gemacht hatte. Diese wurden infolge von Verhandlungen der Könige mit dem Papst schließlich in der Hauptsache beseitigt.[4])

II. Italien und Sizilien.

Der Besitz des Templerordens in der Apenninhalbinsel und auf Sizilien scheint im Vergleich mit dem in den anderen romanischen Ländern gering gewesen zu sein. Der Grund dafür wird wie bei den Hospitalitern[5] neben dem Übergewicht der Kirche, das für diese ritterlich-mönchischen Genossenschaften kaum noch Raum ließ, zu suchen

[1]) Potthast, *RP*, Nr. 23167 und Baluze, *Vitae pap. Avenion. II*, S. 12.
[2]) Lea, *History of the Inquisition III*, S. 251/52, Anm.
[3]) Münter, Statutenbuch, S. 424/25.
[4]) *Nouv. Archives des missions scientifiques IV*, S. 72/73.
[5]) Vgl. oben S. 283.

sein, in der politischen Vielteilung Italiens und der reichen Entwickelung des munizipalen Lebens. Zudem fand der Templerorden, als er nach Italien kam, die günstigsten Plätze bereits von dem Hospital besetzt und mit einer einheitlichen Organisation umspannt. Inmitten der zahlreichen alten, weithin berühmten Klöster konnten die Rittermönche neben den eigentlichen Mönchen nicht aufkommen, und bei der Menge der Bistümer hatten sie hier von Anfang an entsprechend viel mißtrauische Aufseher neben sich, die sich gegen jede Beeinträchtigung durch sie zu schützen wußten. In den städtischen Gemeinden aber und den von ihnen beherrschten Landschaften war für sie überhaupt kein Platz.

So hat der Templerorden nur in Sizilien und dem damit politisch zusammengehörigen südlichen Teil der Halbinsel größere Bedeutung erlangt, aber auch dort nie eine hervorragende Rolle gespielt. Heimisch geworden war er dort bereits vor 1150 durch die normannischen Könige. Daß er sein Haupthaus wie die Hospitaliter in Messina errichtete, erklärt dessen Wichtigkeit für den Verkehr mit dem Morgenlande. Außer Messina waren Sitze von Ordenskomtureien Palermo, Lentini, Butera, Syrakus und Trapani. Große Güterkomplexe besaßen die Templer namentlich um den Fuß des Ätna. Auch unter den Staufern haben sie ihre Stellung zunächst noch behauptet. Friedrich II. bestätigte ihnen ihren Besitz 1209. Später trat ein Umschlag ein infolge der leidenschaftlichen Parteinahme der Templer für das Papsttum, die während des Kreuzzuges Friedrichs II. sich bekanntlich bis zu verbrecherischen Anschlägen auf die Person des Kaisers verirrte. Das führte zur Konfiskation des templerischen Besitzes auf der Insel. Wie weit er später hergestellt ist, bleibt unklar. Jedenfalls hat der Orden in Sizilien auch späterhin und bis zu seinem Untergang größere Bedeutung nicht gehabt.

Anders gestalteten sich die Verhältnisse für ihn in dem festländischen Teil des ehemaligen Normannenreiches unter den Anjous von Neapel. Ob er dort durch Friedrich II. seinen Besitz oder einen Teil davon vorübergehend ebenfalls verloren hat, ist zweifelhaft, da nach der Konfiskation der sizilischen Güter der dortige Meister seinen Sitz nach Benevent verlegen konnte. Dort bestand ein Haupthaus bis 1307, neben dem Komtureien in Bari und Tarent vorkommen. Unter der französischen Herrschaft wird der templerische Besitz wieder hergestellt sein. Von der rechtlichen Stellung des Ordens zur Krone aber erfahren wir auch in dieser Zeit nichts Näheres. Doch scheint ein Gegensatz, wie er sich anderwärts entwickelte, dort nicht bestanden zu haben. Besondere Sympathien freilich wird man bei den Anjous für den Orden auch nicht voraussetzen dürfen, da deren ehrgeizige Pläne auf die Gewinnung auch des Königreichs Jerusalem gerichtet waren und nur im Gegensatz zu dem Orden verwirklicht werden konnten. Das lehrt die Art, wie diese Frage und in Verbindung damit die Entwürfe zur Reform der geistlichen Ritterorden überhaupt durch die französischen Publizisten zu Anfang des 14. Jahrhunderts erörtert wurden.

Auch von dem Besitz der Templer in den übrigen Teilen Italiens wissen wir sehr wenig. Für das Patrimonium Petri wird man schon aus dem verschwindend geringen Personalbestand, der sich bei Einleitung des Prozesses für den dortigen Ordenszweig ergab, auf einen entsprechend geringen Besitzstand und eine entsprechend kleine Zahl von Ordenshäusern schließen dürfen. Mittelbar bestätigt wird dies durch eine Schenkung Bonifaz' VIII. vom 20. Juli 1296: Sie betrifft ein Haus mit Garten und zugehörigem ländlichen Besitz in Anagni und wird damit begründet, daß die Templer in dem am Meer gelegenen Teil Campaniens bisher überhaupt keinen Unterkunftsort besessen hätten.[1]) In Rom freilich hat frühzeitig ein Ordenshaus bestanden. Im Gebiet von Toskana werden solche in Lucca und Perugia erwähnt. An der Heiligen Kreuz-Kirche der letzteren Stadt wies der Glockenturm noch späterhin templerische Bauzeichen auf, die ihn als ein Werk des Ordens erkennen ließen.[2])

In Oberitalien und besonders in der Lombardei war die stolze Entfaltung des städtischen Lebens und die Teilnahme auch des Landadels daran den Templern jedenfalls nicht förderlich. Doch wird bei Mailand schon um die Mitte des 12. Jahrhunderts eine Komturei bestanden haben: In der Nähe der zugehörigen Kirche zwischen der Porta Tosa und der Porta Romana lagerte Kaiser Friedrich I. 1158 während der verwüstenden Blockade der lombardischen Metropole. Auch in Verona finden wir den Orden heimisch. Eins seiner bedeutendsten Häuser scheint das in Bologna gewesen zu sein. In der dortigen Marienkirche sah man noch später die Gräber von Templern, darunter das Peters, des einstigen Generalprokurators des Ordens bei der Kurie, der nach der Inschrift am 22. Oktober 1302 gestorben war.[3]) Ebendort befand sich das marmorne Grabmal eines Templerpriesters Petrus de Rotis. Auch soll eine Glocke eine Inschrift tragen, nach der sie auf Veranlassung des erwähnten Generalprokurators Peter gegossen wäre.[4])

---

[1]) *Régistres de Boniface VIII.*, Nr. 1153 (S. 411).

[2]) Paciaudi, *Antiquitates sacrae* (Rom 1754), S. 300.

[3]) Ebd. S. 300.

[4]) Addison, a.a.O. S. 86–88.

III. Die übrigen Länder.

Auf den Besitzstand des Ordens in Deutschland und den diesem östlich und nördlich benachbarten Ländern näher einzugehen hat, obgleich das Material dazu etwas reichlicher vorhanden ist, doch bei den hier verfolgten allgemeinen Interessen keinen Zweck. Besonderheiten in der rechtlichen und wirtschaftlichen Stellung des Ordens ergeben sich dabei nicht. Er erscheint da weder so fest eingefügt in die auf dem Lehensrecht beruhende staatliche Ordnung, wie in den spanischen Reichen, noch vermöge seines Besitzes und seiner Rechte fähig oder bestrebt, den staatlichen Verband zu seinen Gunsten zu lockern wie in England und mehr noch in Frankreich. Sein Besitz war im Reiche nicht groß genug, um solche Gefahren herbeizuführen. Auch weist nichts darauf hin, daß er versucht hätte, seine Güter enthaltende größere Bezirke oder Gruppen von Untertanen und Schützlingen aus ihrem kirchlichen und staatlichen Verbande zu lösen.

Bezeichnend ist es übrigens, daß die Templer innerhalb des Reiches am frühesten in Lothringen heimisch wurden, dem Gebiet, dessen Bevölkerung von der zu Beginn der Kreuzzüge herrschenden Begeisterung am meisten ergriffen war und im Gegensatz zu den übrigen deutschen Stämmen an dem großen Abenteuer auch Anteil nahm. Ihre älteste Niederlassung des Ordens soll zu Metz unter Bischof Stephan von Bar schon 1123 gegründet sein.[1]) Auch scheint der Orden sich dort besonderer Beliebtheit beim Volke erfreut zu haben. Denn sein Name war dort auch noch später von einem gewissen Nimbus umgeben. Ihrer Herkunft nach unbekannte alte Bauwerke führte man auf ihn zurück, ähnlich wie anderwärts auf Römer und Schweden. Daraufhin sind dann allerdings in der Tradition manche Orte zu ehemaligen Templersitzen gemacht, die nachweislich mit dem Orden nie etwas zu tun gehabt haben. Als lothringische Komtureien kommen urkundlich vor Metz Pierrevillers, Hugney, Marbotte und Laigne in Burgund. Auf das gute Verhältnis, in dem der Orden hier wie auch sonst in Deutschland zu geistlichen und weltlichen Großen wie auch zu weiteren Volkskreisen stand, läßt es schließen, daß nach dem Übergang seiner Güter auf die Hospitaliter gelegentlich die auf einem solchen sitzenden Templer bis an ihr Lebensende ruhig dort belassen wurden.[2])

In den benachbarten Rheinlanden finden wir den Orden zu Anfang des 14. Jahrhunderts im Besitz von Komtureien in Mainz.

---

[1]) v. Hammerstein, Der Besitz der Tempelherren in Lothringen, in dem Jahrbuch der Gesellschaft für Lothringische Geschichte und Altertumskunde, 8. Jahrgang (1895), S. 1–29.

[2]) Ebd. S. 7.

Worms und Trier. In Niederdeutschland wird für die älteste Komturei Supplinburg zu gelten haben, das durch eine Schenkung Kaiser Lothars 1130 an ihn kam. Sie ist in seinem Besitz geblieben als Mittelpunkt umfänglicher Güter im Braunschweigischen. Denn sowohl Heinrich der Löwe wie auch die späteren Herzöge haben dem Orden vielfach Gunst bewiesen, wie auch einige Sprößlinge des welfischen Hauses ihm als Brüder angehört haben. Auch in dem Gebiet des Erzbistums Magdeburg hatte er einige Komtureien und beträchtlichen Landbesitz. Von dort verbreitete er sich während des 13. Jahrhunderts nach Norden und Osten und faßte in Brandenburg, Pommern und Schlesien festen Fuß. Selbst in Preußen gewann er einigen Besitz, dessen weitere Entwickelung jedoch die Herrschaft des Deutschen Ordens unmöglich machte.

Endlich hat er auch noch im Südosten Burgen und Güter erworben, zunächst in Ungarn und dessen Dependenzen. Dort war sein Hauptsitz Vanna zwischen Jadra und Sebenico in Dalmatien. Es wurde 1307 von der ungarischen Krone eingezogen. Den Grund zum Ordensbesitz in Ungarn hat wohl König Bela III. gelegt, vielleicht angeregt durch die Eindrücke, die er auf seiner Wallfahrt nach dem heiligen Lande empfangen hatte. Seiner Schenkung verdankte der Orden Stadt und Kirche St. Georg von Castellaz im Gebiet von Segna, die ihm Lucius III. am 22. November 1184 oder 85 bestätigte. Durch Tausch erwarb er von Bela IV. 1269 die Grafschaft Dubicza. Gegen Ende des 13. Jahrhunderts kommt eine Templerkomturei St. Martin vor, die in Kroatien oder Slavonien gelegen zu haben scheint.

Die Gliederung dieses weitverstreuten Besitzes zum Zweck der Verwaltung in verschiedene Ordensprovinzen hat im Laufe der Zeit mannigfachen Wechsel erfahren, wie er durch die Vermehrung oder Verminderung nicht bloß der Güter, sondern auch ihres Ertrages und durch andere dafür maßgebende Rücksichten, zuweilen wohl auch durch solche rein persönlicher Natur veranlaßt wurde. Anfangs selbständige Provinzen finden wir später mit anderen vereinigt, und zwar sind da mannigfaltige Kombinationen erkennbar, die jedoch in der rechtlichen Stellung des Ordens in den einzelnen Ländern so wenig wie in seiner allgemeinen kirchlichen Stellung eine Änderung zur Folge hatten.

IV. England.

Die Verschiedenheit der Stellung auch des Templerordens in den einzelnen Staaten entsprang der Verschiedenheit der staatlichen Organisation, der er gegenüberstand und die er zu lockern suchte, wo er sich durch sie behindert sah. Dabei war er gegenüber dem wenig festgefügten mittelalterlichen Staat im Vorteil, zumal die Autorität der Kirche dabei nicht selten zu seinen Gunsten eingesetzt wurde. Aber auch wo dies nicht der Fall war, sehen wir, wie die geistlichen Ritterorden überhaupt, so namentlich die Templer die staatlichen Schranken früh durchbrechen oder wenigstens weiter hinausschieben.

Selbst in England geschah das, dem Staate, wo durch die eigentümliche Verquickung der alten angelsächsischen Verfassung mit den Satzungen des straffen normannischen Lehnsrechts die in der Person des Königs verkörperte Staatshoheit eine Geltung bewahrt hatte wie sonst nirgends und wo die aus ihr fließenden Rechte des Königs in bezug auf die Kriegs-, Finanz- und Gerichtshoheit in einem sonst unbekannten Umfange galten, der auch durch die siegreiche ständische Erhebung gegen König Johann nicht wesentlich beschränkt, sondern nur gesetzlich festgelegt wurde. Nirgends sonst haben die Pflichten der Untertanen so fest gestanden und sind diese mittels alter Organisationen so unnachsichtig zu ihrer Erfüllung angehalten worden, wie in England. Wenn also dort, in einem Lande, das in mancher Hinsicht etwas vom Polizeistaat an sich hatte und wo bis zum Beginn des 13. Jahrhunderts auch die Kirche mehr als sonst irgendwo in politischer Dienstbarkeit stand, die Templer über dem für alle anderen geltenden Recht standen, so beweist das besonders schlagend die Wirksamkeit der Mittel, die sie zur Erreichung dieses Zieles anwandten.

Nach England gekommen ist der Templerorden bald nach dem Konzil zu Troyes: Hugo de Payns selbst hat auf seiner damals unternommenen Agitations- Und Werbereise nach den westlichen Staaten[1]) das Inselreich besucht. Auch scheinen die ältesten Güter des Ordens daselbst auf Schenkungen Heinrichs I. zurückzugehen. Ob aber die Tradition recht hat, wenn sie bereits die Errichtung eines für diese Ordensprovinz bestimmten Haupthauses zu Holborne bei London auf den ersten Meister zurückführt, muß bezweifelt werden. Sicher ist, daß dieser alte „Tempel" durch einen Neubau ersetzt worden ist, welcher, später in den Umfang der Hauptstadt gezogen, in deren Geschichte sowie in der des englischen Reiches eine hervorragende Rolle gespielt hat und, wenn auch innerlich und äußerlich mannigfach gewandelt, bis auf die Gegenwart erhalten ist. Besondere Gunst erfuhr der Orden durch König Stephan: In seine Zeit (1135–1154) fällt sein rasches Erblühen. Dazu mögen verschiedene Umstände zusammengewirkt haben. Einmal wird Stephan seiner französischen Abkunft entspre-

[1]) Vgl. oben S. 26/27.

chend einer Genossenschaft, deren Gründer und Leiter Franzosen waren, besondere Sympathie entgegengebracht haben. Dann erlangten die Ideen, in deren Dienst dieselbe sich stellte, durch die erneute Kreuzzugsbewegung auch in England damals größeren Einfluß: Eine englische Kreuzfahrerflotte trat, mit den flandrischen Geschwadern vereinigt, die Fahrt nach dem Morgenlande an und nahm, durch Unwetter an die Küste Portugals geführt, an der Eroberung von Lissabon teil. Ferner wird Stephan in seiner streng kirchlichen Gesinnung[1]) und in dem Bestreben, die Geistlichkeit zur Stütze für seinen Thron zu gewinnen, dem Orden freundlich entgegengekommen sein, der sich der besonderen Gunst der Kurie erfreute. So haben er und seine Gemahlin Mathilde, die Tochter Heinrichs I., den Templern beträchtliche Schenkungen gemacht.[2]) Ihr Beispiel fand bei den zu ihnen stehenden Großen Nachahmung.[3]) Unter den Wohltätern des Ordens finden wir Philipp de Harecourt sowohl als Dekan zu Lincoln wie seit 1142 als Bischof von Bayeur.[4]) Lehrreich für das Verhältnis König Stephans und seiner Anhänger zu dem Orden ist eine Urkunde, wonach Bernhard de Ballolio eine durch den König bestätigte[5]) Landschenkung an die Templer vollzogen hat auf dem acht Tage nach Ostern 1147 zu Paris gehaltenen Generalkapitel, dem mit Papst Eugen III. Ludwig VII. von Frankreich beiwohnte.[6]) Die Schenkungen an den Orden betreffen nicht bloß Güter und Ländereien, sondern auch Kirchen,[7]) obgleich der Orden damals noch nicht Geistliche zu Mitgliedern hatte. Bei der Zuwendung von solchen handelt es sich nur um die Vermehrung der ihm für seine Zwecke zur Verfügung stehenden Mittel und die Kirchen wurden nur als Besitzstücke vergeben, die eine Rente trugen.

Die Verbindung, die Stephan mit den Templern eingegangen war, ist von den Plantagenets sorgsam gepflegt worden. Heinrich II. bestimmte sogar in besonders feierlichen Formen, daß man ihn dereinst in dem „Tempel" begraben sollte, und das Gleiche verordnete seine Gemahlin Eleonore.[8]) Es muß dahingestellt bleiben, ob diese Verfügung des königlichen Ehepaares mit dem von dem Papste dem Orden in

[1]) Gneist, Engl. Verfassungsgeschichte, S. 192. Lappenberg, Gesch. Englands II, 301.

[2]) Vgl. Dugdale, *Monasticon Anglicanum VI,* 2, Nr. 21/22, S. 820; Nr. 41, S. 843, vgl. auch Nr. 25, S. 831, 933 u. 836.

[3]) Vgl. ebd. Nr. 28/29, S. 840, und Nr. 34, S. 841, auch Nr. 26, S. 839.

[4]) Ebd. Nr. 17/18, S. 820.

[5]) Ebd. Nr. 14, S. 820.

[6]) Ebd. Nr. 11, S. 819 und Nr. 14, S. 820.

[7]) Ebd. Nr. 16–18, S. 820.

[8]) Ebd. Nr. 1/2, S. 818, ausgestellt 19. Juli 1171 zu Gloucester. Vgl. Nr. 3, 5 u. 6, S. 818.

bezug auf das Begräbnis eingeräumten Vorrecht in Verbindung zu bringen ist. Von Richard Löwenherz liegen Urkunden für den Templerorden bisher nicht vor, doch hat auch er mit ihm in engen Beziehungen gestanden, die besonders durch des Königs Teilnahme an dem dritten Kreuzzuge gefördert wurden. Ihm überließ er gegen Geld Cypern, das er auf dem Wege nach dem heiligen Lande erobert hatte. Auch haben beide in den Streitigkeiten zwischen den Kreuzfahrerfürsten und den fränkischen Großen zusammengestanden. Die dadurch begründete Interessengemeinschaft hat auch im Abendlande fortgewirkt und ist unter König Johann der Stellung des Ordens zugute gekommen. Es entwickelte sich zwischen diesem und dem König, der sich bald von inneren und äußeren Schwierigkeiten bedrängt sah, eine Intimität, die auch politisch wichtig geworden zu sein scheint. Eine der ersten Urkunden, die Johann nach seiner Krönung ausstellte, war eine Bestätigung der bisher von den Templern in England erworbenen Güter und Rechte.[1]) Auch in der Folge erhielt der Orden von Johann mancherlei Schenkungen.[2]) Die politische Geltung, zu der wir ihn im Laufe dieser Regierung aufsteigen sehen, wird übrigens zu einem Teile in seiner finanziellen Machtstellung ihren Grund gehabt haben, indem er sich den König und gelegentlich auch dessen Gegner durch Geldhilfe zu Dank verpflichtete. Bereits im Jahr 1204 verpfändete Johann seine Kronjuwelen an ihn: denn so wird nach dem, was wir über die Natur derartiger vom Orden gemachter Geschäfte wissen, die scheinbar nur aus Gründen der Sicherheit vorgenommene Deponierung der genau aufgezählten und kurz beschriebenen Kostbarkeiten im Tempel zu London gedeutet werden müssen.[3]) Bei dem Vergleiche, den er 1215 mit den rebellischen Baronen abschloß, ging der König die Verpflichtung ein, die einzelnen von ihnen für ihre Burgen jährlich zu zahlenden Summen auf vier bis fünf Jahre voraus im Londoner Tempel niederzulegen.[4]) Als es sich um die Beilegung des ersten Konfliktes Johanns mit Innocenz III. handelte, vermitteln zwei Templerbrüder des Königs Zusammenkunft mit dem päpstlichen Legaten Pandulf.[5]) Dem entspricht es, daß Johann den Orden durch eine Reihe von Gunstbeweisen auszeichnete, die ihm in England nicht bloß die größte Freiheit in bezug auf sein Besitztum sicherten, sondern ihn auch zu einer ungewöhnlichen rechtlichen Stellung erhoben. In einem Freibrief vom 16. Juli 1199[1]) bestätigte er ihm

[1]) *Rotuli chartarum in Turi Londin.* (London 1837), S. 1.

[2]) Ebd. S. 101 u. 207 und Dugbal. VI, 2, Nr. 23, S. 821 und Nr. 87, S. 842.

[3]) *Rotuli chart. in turi Lond.*, S. 134.

[4]) Ebd. S. 208.

[5]) Addison, S. 152

nicht bloß alle bisher erworbenen Güter, sondern legte feierlich auch die Rechte fest, die ihm darin zustehen sollten, namentlich gegenüber ihren Einsassen: Der Orden wurde gelöst von den Schranken der Grafschafts- und Hundertschaftsverfassung und erlangte ihr gegenüber die eximierte Stellung, deren sich die Inhaber der großen Kronlehen erfreuten. Und damit nicht genug: Es eröffneten sich ihm für die Entwickelung der so gewonnenen Stellung günstige Aussichten durch die Meistbegünstigungsklausel, welche der König hinzufügte, indem er ihn zum voraus des Genusses auch aller über die ihm gewährten Rechte hinausgehenden Freiheiten versicherte, die möglicherweise einmal einem anderen Orden zuteil werden könnten. Demnach mußten die Templer, wurden einem anderen Orden weitergehende Rechte eingeräumt, derselben ohne weiteres ebenfalls teilhaftig werden. Johann selbst hat sie dann noch von allen Zahlungen an das Schatzamt befreit und ihnen den bevorzugten Gerichtsstand eingeräumt, wie ihn die großen Kronvasallen genossen, so daß sie bloß vor dem König selbst oder dessen obersten Richter belangt werden konnten.[2]) Daher haben bei Johann auch einzelne Templer besondere Gunst genossen und wohl auch in politischen Dinge Einfluß gehabt. Eine Schenkung an den Orden begründet Johann mit der besonderen Zuneigung, die er zu dem Templer Alanus Martell, „seinem lieben Getreuen", gefaßt habe.[3]) Selbstverständlich fand das Beispiel des Königs bei den englischen Großen Nachahmung. Unter seinen Wohltätern finden wir den Reichsmarschall Grafen Wilhelm von Pembroke, der ihm eine Kirche schenkt und eine augenscheinlich umfangreiche Landschenkung seines Vaters bestätigt.[4]) Ob dieser Zeit auch der edle Roger von Maubray angehört, der noch nach langen Jahren als einer der größten Wohltäter des Ordens gepriesen wurde, wie er auch den Hospitalitern ungewöhnliche Gunst erwiesen hatte, muß dahingestellt bleiben. Der Verfasser eines Verzeichnisses der Wohltäter des Hospitals aus dem Jahre 1434 berichtet, die Templer haben sich dem Genannten für die ihrem Orden erwiesene Hingebung in dem Maße verpflichtet gefühlt, daß sie einstimmig beschlossen hätten, ihn zum Danke ein ganz besonderes Vorrecht einzuräumen, nämlich daß er und seine Erben, wenn sie einen wegen eines Verstoßes gegen die Regel mit der Disziplin beleg-

[1]) *Rotuli chart. in Turi Lond.*, S. 1.

[2]) Addison, S. 152.

[3]) *Rotuli chart. in Turi Lond.*, S. 203, Vgl. S. 220 und Lappenberg II, S. 277 u. 351

[4]) Duchale VI, 2, Nr. 15, S. 820; Nr. 43/44, S. 843. Vgl. Nr. 31, S. 842 und Nr. 38–40, S. 842.

ten Templer träfen, befugt sein sollten, ihm die weitere Buße zu erlassen.[1]) Beruht diese Angabe nicht auf einem Mißverständnis, so würde es sich um eine Vorgang handeln, zu dem ein Seitenstück nicht zu finden sein dürfte und der ein ganz eigentümliches Licht fallen ließe auf die Art, wie der scheinbar so streng abgeschlossene Orden unter Umständen fremden Einfluß selbst in ganz internen Dingen zuließ. Vielleicht ist dieses dem Hause des Roger von Maubray eingeräumte Recht mit dem eigentümlichen Brauch in Verbindung zu bringen, der im angelsächsischen Recht als *„outfangenethief"* vorkommt und zu den Befugnissen gehörte, welche dem von dem Hundertschaftsverbande eximierten, im Besitz eigener Gerichtsbarkeit befindlichen Großgrundbesitzer gebührten: wer dies Recht besaß, durfte einen ihm in seinem Gebiet begegnenden Verbrecher, der zum Galgen geführt werden sollte, mit sich nehmen und der Strafe entziehen.[2])

Ist die Stellung des Ordens unter Johann aus dem Anteil herzuleiten, den er zugunsten des Königs an den ständischen Kämpfen genommen hat, so wird das gleiche auch für die Regierung Heinrichs III. gelten und in den reichen Gunsterweisen, mit denen dieser ihn überhäufte, der Dank zu sehen sein für die ihm während seiner durch schwere innere Kämpfe vielfach erschütterten Regierung erwiesenen Dienste. Es handelte sich dabei nicht bloß um eine Erweiterung des ländlichen Ordensbesitzes,[3]) die Vermehrung der Zahl der ihm zinsenden Kirchen[4]) und die Bestätigung der Zuwendungen von Privaten,[5]) sondern es sind der immer weiter um sich greifenden Tätigkeit des Ordens und seiner Leute durch diesen König neue Gebiet erschlossen worden. Er verlieh ihm nicht bloß das Recht, bei einigen seiner Niederlassungen Wochen- und Jahrmärkte zu halten, sondern gewährte ihm auch für seine Untertanen und deren Waren Freiheit von allen Wege-, Brücken- und Hafengeldern.[6]) Die Art, die Gründe und die Zwecke der engen Verbindung Heinrichs III. mit dem Orden waren wohl dieselben wie bei seinem Vater, dessen großen dem Orden gewährenden Freibrief[7]) er am 9. Februar 1227 zu Westminster bestätigte.[8]) Wenn Heinrich III. seine Kronjuwelen im Tempel zu Paris deponierte,[9]) so wird es sich

[1]) *Dugdale*, S. 838.

[2]) Philipps, Versuch einer Gesch. des angelsächsischen Rechtes, S. 93, Anm. 294.

[3]) Dugdale VI, 2, S. 836 u. 838.

[4]) Ebd. S. 835.

[5]) Ebd. Nr. 9, S. 819.

[6]) Ebd. S. 838.

[7]) Vgl. oben S. 838/39.

[8]) Dugdale VI, 2, Nr. 51, S. 844.

[9]) Rymer, *Foedera I*, S. 780, 878/79. Vgl. Addison, S. 180.

wiederum um eines der finanziellen Geschäfte gehandelt haben, durch die der Orden seine Reichtümer und zugleich seinen Einfluß zu vermehren verstand. Daß der letztere auch bei Heinrich galt, lassen verschiedene Umstände vermuten. Zwei Tempelrittern, Hugo von Stokton und Richard Ranger, war eine Zeitlang die Obhut über den königlichen Schatz anvertraut und ersterer mit der Zahlung des dem Grafen von Flandern ausgesetzten Jahrgeldes beauftragt.[1]) Im Jahr 1254 schickte Heinrich den Templer Robert von Stamford nach der Gascogne, um dort ausgebrochene Unruhen zu beschwichtigen.[2])

Auch unter Eduard I. scheint eine Änderung in der Stellung des Ordens zur englischen Krone nicht eingetreten zu sein. Wenn dieser König im Mai 1293 die Hospitaliter von der Verpflichtung befreite,[3]) den Ladungen seiner Reiserichter Folge zu leisten, so werden wir nach der Meistbegünstigungsklausel in dem Privileg Johanns und dessen Wiederholung durch Heinrich III. annehmen müssen, dieselbe habe damit auch für die Templer zu bestehen aufgehört. Angesichts der Bedeutung, welche das von Heinrich II. geschaffene Institut der Reiserichter für die Stärkung der königlichen Autorität und die straffere Anziehung des Staatsverbandes in England gehabt hat, taten mit einer solchen Exemtion die Bevorzugung der geistlichen Ritterorden und ihre Erhebung über das gemeine Recht einen weiteren Schritt vorwärts. Nun hatte damals der Verlust der letzten Reste der christlichen Herrschaft in Palästina (1291) die Bedingungen wesentlich geändert, von denen die Wirksamkeit der großen geistlichen Ritterorden abhing: Diese konnte in der bisherigen Weise nicht fortgesetzt werden, und damit fielen auch die Gründe weg, welche die ihnen eingeräumten Vorrechte gerechtfertigt hatten. Schneller und klarer als andere scheint Eduard I., als Prinz von Wales selbst einer der letzten Kreuzfahrer, die Konsequenzen übersehen zu haben, die sich aus dieser Änderung ergaben. Im Hinblick darauf, daß der Orden die Tätigkeit, für die er bestimmt war, nicht mehr erfüllen konnte, belegte er 1295 die Gelder mit Beschlag, die derselbe zur Unterstützung des heiligen Landes aufgebracht hatte: Er meinte, sie würden am besten für die Armen verwendet. Auf die Vorstellungen jedoch, die Papst Nikolaus IV. dagegen erhob, gab er sie frei und übersandte sie nach Cypern.[4]) Es darf dabei nicht außer acht gelassen werden, daß der Papst 1291 (18. März) dem König zum Besten des heiligen Landes den Zehnten von allen geistli-

[1]) Addison, S. 160.

[2]) Ebd. S. 279.

[3]) *Cartulaire,* Nr. 4216 (III, S. 619).

[4]) Rymer, *Foedera II, S. 683, Addison S.* 196.

chen Einkünften in England, Schottland, Irland und Wales auf sechs Jahre überlassen hatte mit Ausnahme der Einkünfte der Templer und der Hospitaliter.[1]) Solche Begünstigungen konnten unter den damaligen Umständen nur einen den geistlichen Ritterorden nachteiligen Eindruck machen und selbst in den ihnen sonst wohlgeneigten Kreisen die Kritik herausfordern. Der Widerspruch zwischen der ihnen eingeräumten stolzen Unabhängigkeit und dem Mangel jedes Erfolges war zu augenfällig, als daß er hätte übersehen werden können. Auch wo besondere Beschwerden gegen den Orden nicht vorlagen und Verdächtigungen, wie sie umliefen, nicht laut wurden, drängte sich den Zeitgenossen die Frage auf, ob er unter den so veränderten Umständen noch existenzberechtigt sei oder ob er nicht wenigstens durch eine Reform den nun gegebenen Verhältnissen angepaßt werden müsse.

Eine vollständige Übersicht über den Besitzstand der Templer in England zu gewinnen ist nicht möglich. Dazu sind die einschlägigen Urkunden, namentlich die über Schenkungen von Privaten, zu lückenhaft auf uns gekommen oder doch der Forschung noch nicht hinreichend zugänglich gemacht. Doch reicht das vorliegende Material aus, um eine allgemeine Anschauung von dem Umfange und dem Werte der templerischen Besitzungen zu gewinnen. Abgesehen nämlich von den urkundlichen Zeugnissen über die Schenkungen von Land, Wäldern, Mühlen, Kirchen und den verschiedensten nutzbaren Rechten, welche der Orden den Königen, geistlichen und weltlichen Großen und frommen Verehrern in minder hochstehenden Kreisen verdankte, kennen wir wohl die Mehrzahl der Präzeptoreien, die nach seinem Untergang an die Hospitaliter kamen und in deren Besitz verblieben, bis die Reformation auch diesen in England ein Ende machte. Zur Kontrolle kann eine Aufzeichnung dienen, welche im Jahre 1434 der Hospitaliter Johann Stillingflete von den Namen der Wohltäter seines Ordens gemacht hat unter Hinzufügung der Gegenstände ihrer Schenkungen und Hervorhebung derjenigen davon, die ursprünglich den Templern gemacht waren.[2]) Besonders wichtig aber für die Kenntnis des Besitzes der Templer in England ist das Inventar, welches der Templer Galfried bei Übernahme des Amtes als Provinzialmeister von England 1285 auf Grund einer sorgsamen Enquête hat aufnehmen lassen, um seinen Orden für die Zukunft gegen Besitzstörungen und Beeinträchtigungen anderer Art zu sichern.[3])

Es ergibt sich daraus ein Verzeichnis von nicht weniger als

---

[1]) *Cartulaire*, Nr. 4150 (III, S. 588).

[2]) Dugdale VI, 2, Nr. 25, S. 831 ff.

[3]) Ebd. Nr. 24, S. 821.

47 Templerpräzeptoreien und neben ihnen die Zahl von 23 kleineren Ordenshäusern im eigentlichen England.[1]) Diese sind über das Gebiet des Königreiches ungleich verteilt: Die meisten, nämlich 9 Präzeptoreien und 3 Ordenshäuser entfallen auf Lincolnshire und ebenfalls 9 Präzeptoreien auf Yorkshire; dann folgen Sussex mit 6 Präzeptoreien und 2 Häusern, Herefordshire und Bedfordshire mit je 3 Präzeptoreien und 1 Ordenshause, Norfolk, Warwickshire, Leicester, Nottinghamshire und Suffolk mit je 2 Präzeptoreien, deren in Kent, Essex, Sommersetshire, Herefordshire, Hampshire, Devonshire, Oxfordshire, Gloucestershire und Northumberland nur je eine nachweisbar ist. Von den Besitzungen des Ordens in Irland und Schottland haben wir keine genauere Kenntnis. In Schottland,[2]) wo die Templer sich besonderer Beliebtheit beim Volk erfreut haben sollen, wurde der Gesamtertrag der von ihnen auf die Hospitaliter übergegangenen Besitzungen nachmals auf 300 Mark Silber geschätzt.[3])

Einen Einblick in die Art, wie diese Güter bewirtschaftet und verwertet wurden, eröffnet uns die Denkschrift des Provinzialmeisters Galfried von 1285.[4]) Danach bestand derselbe zum größten Teil aus ländlichem Grundbesitz, je nachdem einzelnen Grundstücken, größeren Grundstückkomplexen und großen zusammenhängenden Begüterungen. Zumeist handelt es sich dabei um Ackerland, aber auch Wiesen und Weiden kommen vor sowie Wälder und Waldparzellen *(bosci)* in den eingehegten Forsten. Diese Ländereien hatte der Orden zu einem, und zwar dem kleineren Teile zur Befriedigung des eigenen Bedarfes selbst in Bewirtschaftung *(in dominio)*, der übrige war je nach dem Umfang und der Beschaffenheit des Bodens sowie der für seine Benutzung maßgebenden lokalen Verhältnisse auf Zeit verpachtet oder in Erbpacht gegeben oder als Lehen ausgetan. Auffallen kann, daß von einem nennenswerten städtischen Besitz des Ordens sich kaum eine Spur findet. Von großer Wichtigkeit dagegen waren die zahlreichen Mühlen. Ihr Wert beruhte darin, daß für die Umwohner der Mühlenzwang galt, d.h. dieselben ihr Getreide dort mahlen lassen und die dafür festgesetzte Gebühr in Geld oder Mehl entrichten müssen. Auch von den Mühlen betrieb der Orden nur eine kleine Zahl durch seine Knechte, die meisten wurden gegen einen Jahreszins Müllern zum Betrieb überlassen.

Einen wichtigen, weil recht ertragreichen Bestandteil seines Besitzes

---

[1]) *Cartulaire I*, S. CLVIII–CLX.

[2]) Dugdale, a.a.O. S. 335.

[3]) *Cartulaire*, a.a.O. S. 160.

[4]) Vgl. oben S. 342.

machten die ihm von fürstlichen oder hochadligen Wohltätern geschenkten Kirchen und Kapellen aus. Nach der Art, wie das Inventar des Provinzialmeisters Galfried von 1285 ihrer gedenkt und wie Johannes Stillingflete[1] diejenigen erwähnt, die nachmals an die Hospitaliter gekommen waren, handelte es sich dabei nur ausnahmsweise um solche, die im Interesse der Seelsorge unter den Ordensbrüdern und den Ordensleuten aller Art an dem Orden angehörige Kleriker vergeben wurden. Vielmehr übte der Orden sein Patronatsrecht einfach in der Weise, daß er die betreffenden Kirchen und Kapellen gegen eine Jahresabgabe Geistlichen überließ, sie also bloß als eine Rente tragende Bestandteile seines Besitzes behandelte. Für ihn waren dabei eben nur finanzielle, nicht kirchliche Gesichtspunkte maßgebend. Ein solches Verfahren mußte nicht bloß von der Pfarrstellen erstrebenden Weltgeistlichkeit als dauernde Benachteiligung empfunden werden, sondern auch dem kirchlichen Leben Abbruch tun, zumal diese Kirchen und die an ihnen fungierenden Geistlichen der kirchlichen Ausnahmestellung des Ordens teilhaftig waren: Sie waren der Autorität der Ordinarien entzogen und mit den zugehörigen Gemeinden namentlich gegen Bann und Interdikt gesichert. Fehlen uns auch Einzelangaben über die sich daraus ergebenden Mißstände, so wissen wir doch, daß dieselben von den Bischöfen und Pfarrern wiederholt bei der Kurie zur Sprache gebracht worden sind. Daher wird von den Templerkirchen in England dasselbe gelten, was später von denen der Hospitaliter berichtet wird. Im besondern werden auch die von den Templern gegen eine jährliche Abgabe einer ihrer Kirchen als Pfarrer vorgesetzten Geistlichen, da es sich auch für sie nur um ein Geldgeschäft handelte, es gelegentlich vorgezogen haben, statt persönlich die kirchlichen Obliegenheiten wahrzunehmen, Vikare zu bestellen und diesen die Arbeit zu überlassen.[2]) Jedenfalls standen demnach die dem Orden gehörigen Kirchen in den Augen der Leiter des Templerordens nicht wesentlich anders als die Ländereien und Grundstücke, welche sie gegen bestimmte Leistungen austaten.

Wie es mit diesen letzteren in England gehalten wurde, läßt wiederum das Inventar von 1285 erkennen. Es herrschte da selbstverständlich im ganzen die gleiche Praxis, wie sie im Morgenlande entwickelt und auch in den übrigen abendländischen Provinzen beibehalten war. Wo es sich nicht bloß um Geldleistungen an den Orden als Grundherrn handelt, kommen für dessen Hintersassen sowohl Naturalabgaben wie

---

[1]) Vgl. oben S. 342.

[2]) Vgl. Prutz, Die exemte Stellung des Hospitaliterordens in den S. B. d. Bayr. Akad. d. W., Philos.-philol. und hist. Klasse, 1904, Heft I, S. 172–178.

Dienstleistungen in Betracht. Häufig finden wir die beiden letzten mit ersteren kombiniert, zuweilen in der Weise, daß die Pächter usw. für ein bestimmtes Maß Land eine bestimmte Summe Geld oder eine bestimmte Anzahl von Hühnern u. a. m. zu entrichten haben. An Naturalabgaben derart kommen außer den am häufigsten erwähnten Hühnern Pfeffer und Lichte vor. An Diensten, welche die Pächter oder Hintersassen zu leisten hatten, finden wir häufig die Verpflichtung zu einer bestimmten Anzahl von Arbeitstagen zur Zeit des Heumachens und der Ernte, auch wohl während der Bestellung. In einzelnen Fällen hatte der Orden den Arbeitern ein gewisses Quantum von Nahrungsmitteln zu liefern. Von anderen Verpflichtungen der Ordensleute sind noch zwei bemerkenswert: Ein auf Ordensland geworfenes männliches Füllen darf nicht ohne des Ordens Erlaubnis verkauft werden und ebenso ist dessen Zustimmung nötig zur Verheiratung der Tochter von Hintersassen.[1])

Aber so wichtig dies alles für die wirtschaftliche Lage des Ordens sein mochte: für seine Stellung innerhalb des Staates, sein Verhältnis zum Königtum und dessen Organen waren doch erst die Freiheiten entscheidend, die ihn mit seinem Besitz von dem Verband der Hundertschaft ausnahmen und mit den Inhabern der großen Kronlehen gleichstellten. Denn auch für ihn ergab sich aus der negativen Seite dieses Vorzuges, der Befreiung von den staatlichen Diensten und Pflichten nach oben hin, eine ganze Reihe von Machtbefugnissen gegenüber den Einsassen seiner Besitzungen, infolge deren seine exemten Begüterungen den administrativen Zusammenhang und die gerichtliche Einheit der Hundertschaften unterbrachen. Das mußte für die Staatsautorität und damit für die Reichseinheit nachteilig wirken, wo die Ordensgüter[2]) besonders zahl- und umfangreich waren. Die Gesamtheit der hierher gehörigen Rechte verdankt der Orden König Johann.[3]) Der Freibrief, den ihm dieser im Beginn seiner Regierung verlieh, zählt in genauem Anschluß an die dafür in der angelsächsischen Zeit üblichen Ausdrücke all die Befugnisse auf, welche dem Orden als einem von der Hundertschaft eximierten Großgrundbesitzer zustehen sollten. Es wurde ihm innerhalb aller seiner Ländereien in Wald und Feld, in Wiese und Weide, in betreff von Wässern und Mühlen, Wegen und Pfaden, Sümpfen und Teichen usw., in geschlossenen Orten und außerhalb derselben verliehen, was das angelsächsische Recht als *saca et soca* bezeichnete, d. h. er erhielt die gleiche Stellung, wie sie dem König, der Geist-

[1]) Dugdale, a.a.O. S. 822 u. 826.

[2]) Vgl. oben S. 338/39.

[3]*Rotuli chart. in Turi Lond.*, S. 1.

lichkeit und dem hohen Adel zukam, und wurde unabhängig von der Gerichtsbarkeit der Hundertschaft, übte diese selbst aus.[1]) Daher fielen auch die Gebühren, die in gewissen Fällen in den Hundertschaften an die königlichen Beamten kamen (wie z. B. die bei einem Besitzwechsel zu entrichtende, *tol*[2]) sowie die Geldbußen, auf die für gewisse Vergehen und Pflichtversäumnisse erkannt wurde, an den Orden: Von letzteren werden unter anderem aufgezählt die „Wetten" für Rauferei mit Blutigschlagen *(blotwite)*, unerlaubten Gebrauch der Waffen *(fictwite)*, für Wegbleiben von der ausgeschriebenen Heerfahrt *(ferdwite)* u. a. m. Dem Orden stand auch zu das Recht zur Ergreifung und Aburteilung von Dieben und Räubern und die Ansetzung gerichtlicher Zweikämpfe, sowohl an den ordentlichen Gerichtstagen als auch zu jedem andern Zeitpunkt.[3]) Er war Herr über die durch sein Gebiet führenden Wege und konnte sie nach Belieben sperren *(forstal)*.[4]) Er befand sich also im Besitze einer weit gemessenen Immunität. Dazu kam die Exemtion von Hilfsgeldern und Abgaben aller Art sowie von den von den gewöhnlichen Grundbesitzern zu leistenden Wacht-, Spann-, Wegebau- und anderen Diensten. Im Hinblick auf das strenge Forstrecht, das auch die freien Grundbesitzer der Verfügung über ihr Eigentum an Wald beraubte, ist die Freiheit bemerkenswert, die dem Orden in dieser Hinsicht eingeräumt wurde: So wenig wie von dem Getreideertrag seiner Felder hatte er von den Holzbeständen seiner Forsten zu öffentlichen Bedürfnissen, wie z. B. dem Bau königlicher Burgen beizutragen und durfte daraus zu eigenem Bedarf nach Belieben Holz entnehmen. Er und seine Leute waren deshalb auch der Aufsicht der königlichen Forstbeamten nicht unterstellt und durften die ihnen gehörigen Waldparzellen abholzen und urbar machen. Des weiteren waren er und seine Leute frei von allen Abgaben, welche die Besucher von Märkten und Messen zu entrichten hatten, sowie von den Brücken-, Wege- und Hafengeldern. Ferner verzichtete König Johann den Ordensuntertanen gegenüber auf die finanziellen Vorteile, die ihm aus der Übung seiner Strafgewalt erwachsen konnten. Hatte ein Ordensuntertan Lebens- oder Leibesstrafe verwirkt, deren Vollziehung er sich durch die Flucht entzog, und wurde deshalb von Vermögenskonfiskation getroffen, so sollte das konfiszierte Vermögen nicht an den König fallen, sondern dem Orden verbleiben. Ebenso sollte, wenn einer der Vasallen des Ordens sein Lehen verwirkte, dieses vom Orden in Besitz genommen werden, obgleich solche

[1]) Vgl. Lappenberg, Engl. Gesch. I, S. 586. Vgl. Gneist, a.a.O. S. 74, 120/21, 139.

[2]) Phillips, S. 88, Anm. 283.

[3]) Vgl. Lappenberg, a.a.O. I, S. 605.

[4]) Phillips, a.a.O. S. 94, Anm. 294.

Lehen sonst auf Jahr und Tag dem König verblieben. Auch die Strafgelder, auf die der König kraft seiner diskretionären Strafgewalt von sich aus erkennen konnte und die eigentlich den Sinn hatten, daß der Schuldige vor einem förmlichen Verfahren die verwirkte königliche Gnade durch vorbehaltlose Unterwerfung sich auswirkte (*amerciamenta*), sollten die betreffenden Beträge zwar durch die königlichen Beamten eingehoben und an das Schatzamt abgeführt, von diesem aber dem Orden ausgezahlt werden. Vorbehalten blieb dem König demnach eigentlich nur die Gerichtsbarkeit in allen den Fällen, wo auf Tod oder Verstümmelung erkannt werden konnte. Es entspricht der Praxis der geistlichen Ritterorden, wenn gleich jetzt die mögliche Erweiterung der eben erlangten Freiheiten und Rechte angebahnt und Vorsorge getroffen wird, um in einem einzelnen vielleicht übersehenen Falle ihre Anwendung erstreiten zu können. Das geschah einmal durch den Zusatz, es sollten diese Bestimmungen auch da in Kraft treten, wo der Orden von ihnen aus irgendeinem Grunde bisher nicht Gebrauch gemacht hätte, und dann weiter durch die angefügte Meistbegünstigungsklausel, wonach auch alle etwa weitergehenden Freiheiten, die ein anderer geistlicher Ritterorden durch königliche Verleihung erhalten würde, auch für die Templer gelten sollten.[1])

Durch diese Verleihung König Johanns nahm der Orden dem Königtum gegenüber eine Stellung ein, unabhängiger als die des größten und reichsten Kronvasallen. Denn diese, hatten sie auch nach unten im wesentlichen die gleichen Rechte, blieben doch nicht bloß für ihre Person, sondern auch für ihre Lehensleute, Untertanen und Hintersassen und deren gesamte Begüterung dem Staate zu den schuldigen Leistungen verbunden. Der Orden dagegen trat aus dem Staatsverbande heraus, da er von den Lasten, die der Staat für die Wohlfahrt der Gesamtheit den einzelnen auferlegte, so gut wie frei war und das Königtum ihm gegenüber darauf verzichtete, seine diskretionäre Gewalt zu seinem eigenen Vorteil auszuüben, wie das sonst auch den mächtigsten Großen gegenüber oft geschah. Erweitert wurde diese Ausnahmestellung noch durch den Einfluß gewisser kirchlicher Privilegien. Die alte angelsächsische Anschauung, das Haus des freien Mannes sei unverletzlich und auch ein dorthin Geflüchteter dürfe nicht angetastet werden, galt selbstverständlich auch für den Orden, erhielt aber eine noch höhere Autorität durch die Ausdehnung des kirchlichen Asylrechts auf die Ordenshäuser. In den Zeiten bürgerlicher Unruhen scheint dem freilich nicht immer Rechnung getragen zu sein. Im März 1207 richtete Innocenz III. an die Prälaten Englands einen Erlaß, wonach diejenigen, welche sich

[1]) Vgl. oben S. 339.

an den in Templerhäusern Geflüchteten und deren Eigentum vergriffen, was nach den vom Orden erhobenen Klagen mehrfach vorgekommen sei, mit Exkommunikation belegt werden sollten.[1]) Einzelne Orte im Besitz der Templer scheinen schließlich ein weithin anerkanntes Asylrecht erlangt zu haben, das im Laufe der Zeit so fest wurzelte, daß es selbst nach dem Untergang des Ordens nicht außer Geltung kam. Das müssen wir aus einem Erlasse schließen, durch den 1320 der Herzog von Bedford als Pächter (*firmarius*), wie es scheint, eines größeren ehemals templerischen Güterkomplexes das Asylrecht ausdrücklich anerkennt, das dem privilegierten Orte Parish-Gardyn oder Wideflete oder St. Viles von altersher zustehe.[2])

Endlich darf, um die Stellung des Templerordens in England und ihre gleichsam zersetzende Wirkung auf die staatliche, gesellschaftliche und wirtschaftliche Ordnung richtig einzuschätzen, nicht übersehen werden, daß dem Orden und seinen Leuten noch auf anderen Gebieten Vorteile eingeräumt waren, die der gemeine Mann in Land und Stadt als Benachteiligung empfinden mußte. Nach dem Freibrief Johanns verfiel scheinbar herrenlos weidendes Vieh, das auf Ordensland betroffen wurde, ohne weiteres dem Orden, es sei denn, daß der Eigentümer ihm alsbald nachging und es zurückholte. In den handeltreibenden Kreisen mußten Verleihungen Unzufriedenheit erregen, wie die Heinrichs III., der dem Orden erlaubte, bei etlichen seiner Häuser nicht bloß Wochenmärkte, sondern auch mehrtägige Jahrmärkte und Messen zu halten,[3]) bei denen ihm die Zoll- und Abgabenfreiheit, die seinen und seiner Leute Waren eingeräumt war, noch besonders zugute kam. Es scheint, als ob die Templer in ihrer Betriebsamkeit früh bemüht gewesen seien, sich an dem erblühenden englischen Handel einen Anteil zu sichern. Das aber kam wiederum ihren Finanzen zugute und steigerte den Einfluß, den sie als Geldmacht ausübten. Ähnlich wie das Pariser Ordenshaus war auch der Tempel zu London ein großes Bankhaus, das nicht bloß mit der Regierung – z. B. durch Pfandnahme und Beleihung der Kronjuwelen –, sondern auch mit Privaten Geldgeschäfte machte.

Wenn der Gesamtbesitz des Ordens zu der Zeit seiner Katastrophe in England auf 16000 Ritterlehen veranschlagt wird, so liegt wohl Übertreibung vor. Selbst unter Einrechnung seines Besitzes in Schottland und Irland erscheint diese Zahl unerreichbar. In beiden Ländern war der Orden verhältnismäßig wenig begütert. Zu einem Teile erklärt

[1]) Dugdale, *Monast. Anglic. VI*, 2, S. 818/19, Nr. 7.
[2]) Ebd. Nr. 8.
[3]) Ebd. S. 888.

sich das aus dem Kriegszustande, in dem sich Engländer und Schotten lange Zeit befanden. Daher findet sich auch in dem Inventar, das der Hospitaliter Philipp de Tharme bei Antritt des Amtes als Prior der englischen Ordensprovinz 1338 aufnehmen ließ, die Bemerkung, von dem, was die Templer an Ländereien, Farmen, Einkünften, Diensten und Kirchen usw. einst in Schottland besessen und die Hospitaliter als deren Erben erhalten hätten, würden irgendwelche Einkünfte nicht mehr gezogen, da die betreffenden Grundstücke verwüstet und ausgeraubt seien.[1]) Immerhin muß der Besitz des Ordens in England sehr beträchtlich gewesen sein. Daher hat es dort auch nicht an Störungen öffentlicher und privater Rechte gefehlt, für die man den Orden verantwortlich machte. Es wird darüber geklagt, daß die an ihn gekommenen Ländereien den auf ihnen lastenden Diensten entzogen und diese so allmählich in Vergessenheit gebracht würden. Um sich die Vorteile zu verschaffen, die den Templern und den ihnen irgendwie Zugehörigen zustanden, entäußerten sich auch hier viele ihrer Freiheit und ergaben sich dem Orden, weil sie dadurch der Dienste entledigt wurden, die sie sonst anderen schuldeten.[3]) Eine Untersuchung hierüber, die – vielleicht schon unter Einfluß der dem Orden feindlichen Stimmung – unter Eduard II. angestellt wurde, ergab, daß das Königtum auf diese Weise bedenklich Schaden erlitten habe. Insbesondere werden auch hier Beschwerden laut über die Art, wie die Templer – ganz so, wie das von den Hospitalitern gesagt wurde – in Streitfällen ihre Gegner auf Grund päpstlicher Privilegien durch ein weitschweifiges und umständliches außerordentliches Gerichtsverfahren mit planmäßiger Schikane mürbe zu machen suchen.[4]) Dagegen weigern sie sich, auf Klagen zu antworten, die vor den ordentlichen Gerichten gegen sie erhoben werden.[5]) So sei der Orden, hieß es, geradezu ein Hindernis geworden für das gemeine Recht und richte die königliche Autorität zugrunde.[6]) Dennoch scheinen diese Übelstände sich in England nicht in dem Umfange und so störend bemerkbar gemacht zu haben, wie in Frankreich, wo sie, wurde nicht energisch dagegen eingeschritten, eine politische Krisis bedenklich nahe rückten. Eine solche scheint in England zu keiner Zeit gedroht zu haben, die Durchbrechung der staatlichen

---

[1]) *Report of Prior Philipp de Thame to the Grandmaster Elyan de Villanova a. 1338*, ed. Larking u. Kemble (Camden Society, 1857), S. 201.

[2]) *Rotul. Hundred I*, S. 87 u. 470.

[3]) Ebd. S. 110.

[4]) Ebd. S. 401.

[5]) Ebd. S. 376.

[6]) Ebd. S. 295: ... *impediunt communem justitiam et regiam potestatem subvertunt.*

Ordnung durch die privilegierte Genossenschaft nie so weit vorgeschritten zu sein, wie jenseits des Kanals. Die Gründe dafür lassen sich mehr vermuten als nachweisen. Es scheint dafür der Umstand entscheidend geworden zu sein, daß in England die Quelle der bevorzugten Stellung des Ordens, wie in den spanischen Reichen, in der einheitlichen Verleihung durch die königliche Gewalt lag, während sie anderwärts entsprungen war aus den Einzelverleihungen verschiedener Territorialfürsten, die auf Grund der immer weiter gedeuteten kirchlichen Privilegien für den Orden immer günstiger und für alle ihm gegenüberstehenden Kreise immer ungünstiger ausgelegt wurden, so daß die Rechtssphäre des Ordens an Umfang dauernd gewann. Auch blieb, wie einzelne Beispiele vermuten lassen, der Orden in England durch die Persönlichkeiten seiner Oberen der Krone enger verbunden und daher in höherem Maße von ihr abhängig als in Frankreich. Das Verhältnis scheint hier ein ähnliches gewesen zu sein wie in Portugal, obgleich wir von einem durch den Provinzialmeister dem König zu leistenden Treueid, wie er dort vorkommt,[1]) keine Kunde erhalten. Wohl aber hören wir, daß der Templermeister Robert de Turville, als er wegen Krankheit und häuslicher Verhinderungen sein Amt niederlegte, für den zu seiner Vertretung berufenen Ordensbruder die Bestätigung König Eduards I. einholte.[2]) Daß in England eine für den Staat so ungünstige Entwickelung, wie sie in Frankreich erfolgte, nicht eintrat, wird nur zu einem Teil aus der höheren Machtstellung des englischen Königtums zu erklären sein: blieb dieses doch trotz der Verfassungskämpfe im Besitz einer unantastbaren Prärogative und behauptete auch eine weitreichende diskretionäre Gewalt. Fast wichtiger noch war, daß die Grundlage der Rechtspflege und der Verwaltung nach wie vor die alte Hundertschaftsverfassung blieb: Sie hielt an dem Prinzip der Freiheit des gemeinen Mannes fest und ließ die lehnsrechtlichen Mißbräuche nicht aufkommen, die sonst im Feudalstaat einrissen und vielen Tausenden die freiwillige Unterordnung unter die Hoheit der geistlichen Ritterorden als einen willkommenen Ausweg erscheinen ließen, um sich aus ihrer drückenden Lage zu befreien.

---

[1]) Vgl. oben S. 324.

[2]) *Calendar of documents relating to Scotland II*, Nr. 331.

Neuntes Kapitel.

Der Templerorden in Frankreich.

Wenn nach einer in dem Prozeß gemachten Aussage sich unter den bei den Ordensandachten üblichen Gebeten neben der Fürbitte für den Papst, die Kardinäle, für die Kirche, das heilige Land, alle zur See fahrenden und alle Ordensleute auch eine solche für die Könige von Frankreich und von England befunden hat,[1]) so ist von seiten des Ordens auf seine Stellung in diesen beiden Staaten besonderes Gewicht gelegt worden. In Frankreich lag tatsächlich das Zentrum seiner Stellung im gesamten Abendland, wie ja auch der dort gegen ihn geführte Schlag sein Schicksal überhaupt entschied. Der Grund davon kann aber nicht allein in dem Umfang seines Besitzes gelegen haben, vielmehr müssen noch andere Momente dazugekommen sein.

Ist die Stellung des Ordens in Frankreich zunächst auch von der nicht wesentlich verschieden gewesen, die er in den übrigen Ländern einnahm, so war sie doch in mehrfacher Hinsicht eine andere. Denn weil dort die Gebiete, auf die er verteilt war, allmählich zu einem Staate zusammenwuchsen, erlangte schließlich auch der Besitz des Ordens dessen Oberhaupt gegenüber ein Schwergewicht, das um so größer und bedenklicher wurde, je verschwenderischer einst die Gunst der Herren der einzelnen Territorien den Orden mit Freiheiten ausgestattet hatte. Im Zusammenwirken mit seiner fortschreitenden Exemtion auch von der ordentlichen kirchlichen Gewalt hatten ihn diese in mancher Beziehung auch politisch unabhängig gemacht. Zumal da, wo seine Güter in größeren Komplexen beieinander lagen und er sich auch als wirtschaftliche Macht zur Geltung bringen konnte, wuchs er der aufstrebenden Staatsautorität gegenüber zu einem gefährlichen Konkurrenten heran. Dann wurde die Wirkung dieser Momente noch gesteigert durch seine finanzielle Machtstellung und die Abhängigkeit, in welche die Staatsverwaltung infolgedessen gelegentlich von ihm geriet.

---

[1]) *Procès I*, S. 391.

Daß der Orden sich in den Gebieten, die nachmals unter der französischen Krone vereinigt wurden, früh einbürgerte und großen Grundbesitz erwarb, wurde zunächst durch persönliche Momente veranlaßt. Sein Stifter und dessen erste Genossen waren Franzosen und haben ihre Familienbeziehungen und freundschaftlichen Verbindungen zugunsten ihrer Genossenschaft erfolgreich in Wirksamkeit gesetzt. Daher finden wir die ältesten Ordenshäuser in der Champagne und den ihr benachbarten Landschaften, wo Hugo de Payns geboren war. Das von ihm auf seinem Familiengut Payns errichtete hat bis zum Untergang des Ordens bestanden.[1]) Auch die zu Fontaine, Puisieux bei Laon und Mont de Soissons gehören hierher und sind den ältesten Ordensniederlassungen in Frankreich zuzuzählen.[2]) Ferner kam dem Orden zugute, daß die Verhandlungen, die zu seiner Konstituierung führten, in Troyes stattfanden, einer der verkehrsreichsten Städte, auf deren berühmten Messen die Interessen des Ordens zu vertreten dessen Beamte sich auch späterhin angelegen sein ließen,[3]) und daß der Landesherr, Graf Thibaut IV., seit 1102 Graf von Blois, Chartres und Brie und seit 1125 auch Graf von Champagne, zu den weltlichen Beratern jener Kirchenversammlung gehört hatte.[4]) Sein Bruder Hugo wurde gar selbst Templer und ließ es an den üblichen Schenkungen nicht fehlen. Solche erhielt der Orden auch von dessen Lehensmann Withier von Borbonne.[5]) Von einem andern Teilnehmer an den Beratungen zu Troyes, dem gräflichen Seneschall Andreas von Baudemont, trat ein Sohn dem Orden bei[6]) und beschenkte ein Vasall, Lothericus von Baudemont, ihn mit Land.[7]) Diese Vorgänge zeigen, eine wie große Rolle in den Anfängen des Ordens das persönliche Moment gespielt hat. Um so größere Fortschritte machte er in der Folge unter Thibauts IV. Sohn und Nachfolger, Graf Heinrich I.[8]) Ihm verdankte er unter anderem mehrere Häuser in dem seiner Messen wegen wichtigen Provins.[9]) Auch erhielt er dort das Recht zur Erhebung eines Zolles von der Wolle und den Wollstoffen, die dort eingeführt wurden, und einer Abgabe von jedem zu Markt kommenden Wagen: Noch zu Anfang des 14. Jahrhunderts gab es daher dort einen besonderen von dem Orden

[1]) *Procès I,* S. 36, *II,* S. 268.

[2]) Curzon, *La maison du Temple de Paris,* S. 14.

[3]) *Procès II,* S. 378: *dies Trecenses.*

[4]) Prutz, a.a.O. S. 14.

[5]) Ebd. S. 15.

[6]) *Bibliothèque de l'Ecole des Chartes 1858,* S. 185.

[7]) Ebd. und Prutz, a.a.O. S. 20, Anm. 9.

[8]) Tardif, *Mon. hist. I,* Nr. 521.

[9]) *Bibliothèque de l'Ecole des Chartes 1858,* S. 173/74.

bestellten Zolleinnehmer.[1]) Daß unter seinem Grundbesitz in der weinreichen Champagne Weinberge eine Rolle gespielt haben, lehrt die ihm eingeräumte Befugnis, den von ihm in seinen Gärten zu Epernay gewonnenen Wein in seinem dortigen Hause abgabenfrei zu verkaufen.[2]) Auf den Messen in Provins aber durfte er bis zu 40 Fässer Wein abgabenfrei zum Verkauf stellen, und noch im Prozeß kommt ein dort bestellter Verkäufer von Ordenswein, also eine Art von Weinwirt, vor.[3]) Die infolgedessen in dieser Stadt gewonnene Stellung hat er später zu seinem Vorteil willkürlich erweitert und sich dadurch die Feindschaft der Bürger zugezogen. Alle Schenkungen, die sein Vater und Großvater dem Orden gemacht hatten, bestätigte dann während des dritten Kreuzzuges 1191 im Lager vor Accon Graf Heinrich II. von Champagne.[4]) Auch erlaubte er ihm für die Zukunft Erwerbungen aller Art, mit Ausnahme von Städten und Burgen.[5]) Freilich scheint diese Einschränkung auch hier nicht beobachtet worden zu sein, was dann zu Streitigkeiten führte. Solche schwebten namentlich zur Zeit des sangeskundigen Grafen Thibaut, der die Krone von Navarra erwarb, und wurden erst durch die Vermittelung Ludwigs IX. beigelegt. Der damals geschlossene Vergleich bestätigte dem Orden zwar alle früheren Erwerbungen, machte jedoch neue abhängig von der Zustimmung des Landesherrn. Da seine Gültigkeit von dem Einverständnis des fernen Meisters bedingt war, bis zu dessen Eintreffen aber die Ordensgüter in der Hand Thibauts bleiben sollten, so muß dieser sich ihrer beim Beginn des Streites bemächtigt gehabt haben. Auch scheint der Handel damit noch nicht erledigt gewesen zu sein. Wenigstens schlossen im Sommer 1255 Thibauts Witwe, Margaretha von Navarra, ihr Sohn Thibaut, König von Navarra und Graf von Champagne und Brie, und dessen Gemahlin Isabella, die Tochter Ludwigs VIII. von Frankreich, mit dem Orden einen Vertrag zur völligen Begleichung der Differenzen. Danach blieben von der Erwerbung durch den Orden ausgeschlossen alle von dem König unmittelbar oder mittelbar zu Lehen gehenden Güter, Ämter und Dienste; gestattete ihm der König aber ausnahmsweise die Erwerbung von solchen, so sollte er gehalten sein, sie nur an Leute des Königs zu vergeben, und zwar eine Baronie nur an einen Baron oder einen in der feudalen Rangordnung noch höher stehenden, ein Schloßlehen nur an

[1]) *Procès II*, S. 395.
[2]) *Bibl. de l'Ecole des Chartes*, a.a.O. S. 186/87.
[3]) *Procès II*, S. 349.
[4]) *Bibl. de l'Ecole des Cartes*, a.a.O. S. 174.
[5]) *Layettes I*, 168 B, Nr. 394.

einen Schloßherrn usw. Güter dagegen, die ihm von anderen als Leuten des Königs zugewandt würden, sollte er nur an vom König nicht abhängige Leute gleichen Standes mit dem Schenker austun. Dieselbe Bestimmung galt für die von ihm zu vergebenden Teile von Lehengütern, und zwar sollte immer der Vorsteher des betreffenden Ordenshauses binnen Jahr und Tag die nötigen Verfügungen treffen. In jedem Fall aber blieben die so vom Orden Belehnten verpflichtet, dem König alles zu leisten, was das ihnen aufgetragene Gut ihm dem Herkommen nach schuldete.[1]) Man sieht, auf welchem Gebiet die Konflikte lagen, zu denen das Wachstum des Ordensbesitzes führte. Die Lehensverbindlichkeiten, die auf den von ihm erworbenen Gütern lagen, suchte der Orden abzustreifen, da er selbst lehensrechtliche Verpflichtungen eigentlich nicht eingehen durfte, überhaupt einem weltlichen Herrn nicht untertan sein konnte. Ohne die erwähnten Vorbehalte wäre also die Erweiterung des Ordensbesitzes entweder in sehr enge Grenzen eingeschlossen geblieben oder zu einer Gefahr für den auf dem Feudalrecht beruhenden Staatsverband geworden. Insofern wirft dieser Vertrag ein Licht auch auf die entsprechenden Verhältnisse in anderen Territorien. Denn diese lagen überall ebenso wie in der Champagne, und daher mußten auch überall die gleichen Schwierigkeiten entstehen. Weiterhin wurde hier im Gegensatz zu den vom König lehensabhängigen Gütern, auf denen für den König als Staatsoberhaupt wichtige Pflichten lasteten, dem Orden die Erwerbung anderer Königsleuten gehöriger Besitzstücke wie Mühlen, Backöfen, Scheunen usw. ausdrücklich gestattet, jedoch ebenfalls unter Vorbehalt der königlichen Rechte Gebrauch machte, mit Kirchen und Geistlichen Tauschgeschäfte einzugehen. Auf diese Bedingungen hin bestätigte König Thibaut dem Orden alle Besitzungen in seinem Lande, der Orden aber entsagte allen Ansprüchen, die er auf Grund ihm früher verliehener Urkunden und Briefe noch darüber hinaus hätte erheben können. Im September 1258 erhielt dieses Abkommen die Sanktion Thibauts.[2]) Von Streitigkeiten hören wir in der Folge nichts mehr. Daß aber der Orden sich an die ihm gesetzten Schranken nicht band, sondern, wo die Verhältnisse es erlaubten, seine Machtbefugnisse erweiterte und seine Autorität an die Stelle der landesherrlichen zu setzen suchte, lehren u. a. die bitteren Klagen, die später die Bürger von Provins bei Philipp IV. über die Beeinträchtigung ihres Handels durch ihn erhoben. Das fernere Wachstum des Ordensbesitzes in jenen Gebieten beweist,

[1]) Prutz, a.a.O. S. 65.

[2]) Ebd. S. 65/66.

daß ein Menschenalter später Philipp IV. bei der von ihm in Angriff genommenen allgemeinen Regelung der Verhältnisse der geistlichen Ritterorden bisher überhaupt noch nicht amortisierte Ordensgüter in größerer Menge erst ausdrücklich als solche zur toten Hand anzuerkennen hatte.

Daher erscheint denn auch zur Zeit seines Untergangs der Besitz des Ordens in der Champagne als sehr bedeutend. Nach gelegentlichen Erwähnungen und demjenigen, was dort an die Hospitaliter überging, bestanden größere Ordensgüter in Reims Troyes, Chaumont und in dem von den Hospitalitern ihrer Großpriorei Champagne zugerechneten Teil Burgunds in Beaume, Dijon und Voulaine. Eins der bedeutendsten war das in Reims.[1]) Die dortige Niederlassung verdankte der Orden dem Erzbischof Heinrich (seit 1162). Ordenskirche wurde die ehemalige Dreifaltigkeitskirche. Aber bereits 1170 stritt der Erzbischof mit dem Orden, weil letzterer sein Begräbnisrecht gemißbraucht haben sollte: Doch stellte sich Alexander III. auf seine Seite und nötigte Heinrich zur Nachgiebigkeit.[2]) Aus Aufzeichnungen, die in dem Reimser Ordenshaus entstanden sind, ergibt sich, daß der erste demselben vorgesetzte Komtur Stephan dasselbe stattlich ausbaute, die Kirche ausbessern ließ und sie zu Kultuszwecken mit Büchern, Geräten und Teppichen reichlich bedachte. Seine einflußreiche Stellung beweist, daß er zweimal als Gesandter des Erzbischofs an den päpstlichen Hof geschickt wurde. Von seinen Nachfolgern hat eine bedeutende Rolle Arnoul von Westmale gespielt, obgleich er erst in reiferen Jahren dem Orden beigetreten sein kann. Früher hatte er nämlich das Amt eines Marschalls von Brabant innegehabt, wohl infolge seiner Ehe mit Alix von Brabant, der Witwe Wilhelms VIII. von Auvergne, und dann am Hofe König Philipps III. eine hervorragende Rolle gespielt. Als Komtur von Reims hat er sich im Kriege gegen Navarra ausgezeichnet. In dem Prozeß gegen den Orden werden mehrere von ihm vollzogene Aufnahmen erwähnt; er starb am 14. August 1291. Erwähnt wird ferner ein Schatzmeister des Reimser Tempels sowie ein Prokurator der Templerhäuser im Sprengel des Bistums Laon. Als an die Hospitaliter gekommen werden später noch erwähnt die Templerhäuser Bure-les-Templiers (dessen Urkunden bis 1132 zurückreichen), Neuville du Temple, La Romagne (1164 vorkommend), Anglure, Bellecombe, Temple de Favernay, Temple de Dôle, Corgebin, Courdamble, Mancourt und Virecours.[3])

---

[1]) Vgl. *Obituaire de la commanderie du Temple de Reims ed.* v. Barthéléme in den *Documents inédits sur l'Histoire de France: Mélanges Historiques,* Bd. IV, S. 300ff.

[2]) Vgl. oben S. 218.

[3]) Vgl. *Cartulaire I,* S. XCIX.

Ebenso wie in Champagne und Brie wurde die Einbürgerung des Ordens in Niederlothringen gefördert durch persönliche Beziehungen eines der ersten Genossen des Hugo de Payns und führte weiterhin früh zur Erwerbung eines beträchtlichen Besitzes in Flandern und Artois. Dort schenkte ihm Gottfried von St. Omer Grundbesitz in Ypern.[1]) Seiner Verwendung und der Fürsprache des ersten Meisters selbst verdankten die Templer im September 1138 die Überlassung des sogenannten *relief de Flandre* durch den Grafen Dietrich, einer Abgabe,[2]) die von den flandrischen Lehen entrichtet werden mußte, wenn in ihnen auf andere Weise als durch Erbgang ein Besitzwechsel eintrat.[3]) Ein Verwandter Gottfrieds von St. Omer, Wilhelm von St. Omer, schenkte dem Orden 1137 die Kirchen zu Slypes und Leffinghen.[4]) Bei diesen wuchs infolge von Anschwemmung neues Land an: Gegen die Einsprache des Ordens nahm es Graf Philipp von Flandern in Besitz, entschädigte jenen aber 1171 durch Überlassung einiger Kirchen und Zehnten.[5]) Um dieselbe Zeit gewann der Orden auch in den benachbarten Grafschaften Pouthieu[6] und Artois[7]) Güter und nutzbare Rechte. In Vermandois faßte er seit 1156 festen Fuß und 1160 schenkte ihm der Abt von St. Quentin Land bei Péronne.[8]) Wie auch in diesem Gebiete seine rechtliche Stellung sich allmählich auf Kosten des Landesherrn änderte, lehrt eine Urkunde der Gräfin Johanna aus dem Jahr 1225, durch welche die Exemtion aller seiner Untertanen von ihrer Gerichtsbarkeit anerkannt wird.[9]) Seine Freiheit von jeder Art von Abgabe wurde gegen mancherlei Anfechtung um dieselbe Zeit sichergestellt. Es wird dabei bestimmt, alle von den Templern in solchen Fällen erhobenen Klagen sollten durch zwei Schöffen von Ypern erledigt werden, und es sollten von den deshalb erkannten Bußen drei Fünftel an den Orden fallen.[10]) Mit Ypern aber lag der Orden trotzdem in Streit, weil er die als seine Gäste in die Stadt kommenden Leute von den für Handel und Verkehr geltenden Bestimmungen ausgenommen sehen wollte.[11]) Im

[1]) Kervyn de Lettenhove, *Histoire de Flandre III*, S. 19/20.

[2]) Tardif, *Mon. hist.*, Nr. 401.

[3]) Warnkönig, Französ. Staats- und Rechtsgeschichte II, S. 263.

[4]) Tardif, a.a.O. Nr. 434.

[5]) Miräus, *Opera dipl. II*, S. 1316.

[6]) Tardif, a.a.O. Nr. 528 u. 573.

[7]) Miräus, a.a.O. S. 1316 und *Gallia christ. II*, S. 81.

[8]) *Gallia christ. IX*, S. 1088.

[9]) Kervyn de Lettenhove, a.a.O. III, S. 19.

[10]) Ebd. S. 19.

[11]) Ebd. S. 19/20.

Frühjahr 1288 einigten sich beide Teile dahin, daß die Stadt die Ansprüche des Ordens durch die einmalige Zahlung von 2000 Livres und eine jährliche Abgabe von 100 Livres abkaufte.[1])

In der Normandie, die zur Zeit seiner Entstehung und dann noch jahrzehntelang trotz der Lehensabhängigkeit von Frankreich doch politisch mit England zusammengehörte, hat der Orden gegen die Mitte des 12. Jahrhunderts festen Fuß gefaßt.[2]) Dabei kam ihm natürlich seine Verbindung mit dem englischen Königshause zugute. Namentlich hat ihm auch dort König Johann viel Gunst erwiesen. Die Entwickelung seines Besitzes und seiner rechtlichen Stellung fand einen gewissen Abschluß durch den großen Freibrief Johanns vom 28. August 1199. Er nimmt darin den Orden mit sämtlichen im Gebiet des Herzogtums erworbenen Gütern und Einkünften in seinen Schutz, befreit ihn von jeder geistlichen Anfechtung, von allen an den König zu zahlenden Abgaben, wie Wege- und Brückengeldern und Ähnlichem und von der Verpflichtung zur Beihilfe beim Bau von Burgen und Brücken und zur Unterhaltung der herzoglichen Parks und Tiergärten. Er braucht weder Kriegsdienst zu leisten noch im Kriegsfalle Hilfsgelder zu zahlen. An den meisten dieser Freiheiten nahmen auch hier die Leute und Untertanen des Ordens teil. Machen diese sich eines Vergehens schuldig, auf das Tod oder Verstümmelung steht oder Verlust der beweglichen Habe, so fällt letztere, auch wenn das Urteil von einem königlichen Gerichtshof ausgesprochen wird, an den Orden. Das gleiche gilt von den Geldbußen, welche die Ordensleute durch Forstfrevel und andere Vergehen verwirken. Doch haben sie sich immer nur vor den königlichen Seneschalls zu verantworten, stehen also nicht unter der Gerichtsbarkeit der großen Grundherren. Endlich bestimmte der Freibrief noch, sollten jemals einem andern geistlichen Ritterorden noch weitergehende Freiheiten gewährt werden, so sollten diese alsbald auch für die Templer Geltung haben. Diese wurden also wie in England selbst den meistbegünstigten Genossenschaften ihrer Art gleichgestellt. Dagegen blieb dem König vorbehalten die Entscheidung über Tod und Leben, die hohe Gerichtsbarkeit, die ihm ja auch über die Untertanen der Inhaber der großen Kronlehen zustand.

An dieser Stellung des Ordens in der Normandie wurde durch deren Vereinigung mit Frankreich unter Philipp II. August nichts geändert. Im Gegenteil weist dieser 1206 seine dortigen Baillis an, die Rechte des Ordens zu respektieren.[3]) Wohl aber kam es bei dem Erstar-

1) Kervyn de Leitenhove, s. o. D. III, S. 20

2) Prutz, a.a.O. S. 23, Anm. 5.

3) Delisle, Actes de Philippe II, Nr. 913.

ken des Königtums auch hier zu allerlei Konflikten, in denen es sich namentlich um Eingriffe des Ordens in die dem König vorbehaltene Gerichtsbarkeit handelte. Zuweilen waren zwar scheinbar nur die gerichtlichen Formalitäten streitig, die aber doch insofern Bedeutung hatten, als in ihnen die Gerichtshoheit des Königs zum Ausdruck kam, an deren Stelle der Orden die seine setzen wollte. So entschied 1265 ein Spruch des Pariser Parlaments, die Leute des Ordens seien nicht durch dessen Diener, sondern durch königliche Beamte vor Gericht zu laden. Er wurde bereits im Mai 1266 wiederholt.[1]) Weiter erhoben die Templer den Anspruch, es sollten auch die Bußen, zu denen ihre Leute wegen Münzvergehen verurteilt würden, wie die sonst gegen sie erkannten Geldstrafen an sie fallen, das Parlament aber sprach sie 1278 dem Fiskus zu.[2]) Auch von Streitigkeiten des Ordens mit städtischen Gemeinden erhalten wir Kunde.[3]) Vor allem aber gab der Orden auch hier Anstoß durch die Art, wie er den Kreis der von ihm abhängigen und daraufhin zum Mitgenuß seiner Freiheiten zugelassenen Leute erweiterte und so dem König immer mehr von seinen Untertanen entzog. Nach dem Privileg König Johanns von England waren die Ordensleute frei von den Taillen: Indem nun aber ihre Zahl unausgesetzt vermehrt wurde durch Eingehung oft nur scheinbarer Schutz- und Abhängigkeitsverhältnisse, erfuhren die Einnahmen des Fiskus immer neue Minderung. Dem trat bereits 1221 der oberste Rechnungshof der Normandie mit einer Verfügung entgegen, welche die Erweiterung des Kreises der Leute des Tempels über den damaligen Umfang hinaus hindern sollte.[4]) Die gehoffte Wirkung hat er jedoch nicht gehabt, vielmehr blieb es nach wie vor üblich, daß Leute jeglichen Standes sich irgendwie – und dafür standen ja verschiedene und zum Teil sehr bequeme Wege zur Verfügung – dem Orden ergaben und daraufhin als seine Leute die ihm zustehenden kirchlichen und weltlichen Freiheiten mitgenossen. Unter den Urkunden der Komturei Renneville finden sich solche, durch die sich Bauern und Ritter dem Orden ergeben, indem sie scheinbar zu dessen Gunsten auf ihr Eigentum verzichten. Wer über solches nicht zu verfügen hatte, ergab sich dem Orden in eigener Person, leistete ihm die Huldigung und zahlte ihm als Anerkenntnis seiner Untertänigkeit einen kleinen Zins. In welchem Umfang infolgedessen der Orden gerade dort an die Stelle des Staates trat, lehrt die gelegentliche Äußerung eines dieser Ordensleute,

[1]) *Actes du Parlement*, Nr. 1046.

[2]) Ebd. Nr. 2141.

[3]) Prutz, a.a.O. S. 64, Anm. 5.

[4]) Ebd. S. 64.

eines Fischers, aber eines freien Mannes, er werde des Ordens Untertan um seines Nutzens und Vorteils willen und um in Zukunft etwa drohenden Gefahren vorzubeugen. Man fühlte sich also unter dem Schutze des Ordens wohler und sicherer als unter dem der Krone. Das erklärt die Anziehungskraft des Ordens, die auch zum Nachteil kirchlicher Verbände weithin ihre Wirkung ausübte. So weist z. B. Philipp IV. den Bailli der Touraine an, gegen die Templer einzuschreiten, weil sie Untertanen des Kapitels von St. Martin in Tours aufnehmen.[1])

In der Bretagne erwarb der Orden seit 1141 Besitz,[2]) doch ist uns über die Entwickelung und den späteren Stand desselben dort nichts Näheres bekannt. Sehr bedeutend erscheint auch in der Überlieferung die Stellung des Ordens in den mittleren Landschaften des Reiches, Poiton und den Nachbargebieten, die König Ludwig VII. mit der Hand der reichen Erbtochter Eleonore gewonnen hatte, dann aber mit dieser an Heinrich Plantagent von Anjou übergehen und so an England kommen sehen mußte. Durch Ludwig VII. selbst faßten die Templer bereits 1139 in La Rochelle festen Fuß.[3]) Als später König Johann Poitou seinem Neffen Otto, dem Sohn Heinrichs des Löwen, dem Herzog von Aquitanien, übergab, bestätigte dieser dem Orden seinen dortigen Besitz in dem Umfange, den er zur Zeit der Krönung König Richards I. von England gehabt hatte.[4]) Nach der Wiedervereinigung mit der englischen Krone geriet der Orden auch dort infolge der willkürlichen Erweiterung seiner Rechte mit König Heinrich III. in Streit, und dieser erhob Klage gegen ihn in Rom. Nach einem infolgedessen ergangenen Erlaß Honorius' III. vom 23. Juni 1222 hatte der Orden in La Rochelle, wo er eigentlich nur wenige Häuser besaß, sich etlicher dem König gehöriger bemächtigt und sie durch Anbringung seiner Abzeichen zu seinem Eigentum gestempelt, die darauf lastenden Dienste aber nicht geleistet. Während ferner nach dem Stadtrecht von La Rochelle jeder dort Zuziehende, nachdem er, ohne einem bestimmten Herrn verpflichtet zu sein, Jahr und Tag dort gesessen hatte, Mann des Königs wurde, zogen die Templer solche Leute vielmehr an sich und suchten die deshalb von den königlichen Beamten gegen sie angestrengten Prozesse zu verschleppen, indem sie auf Grund ihrer Privilegien sie nur vor weit entfernten Gerichtshöfen verhandeln lassen wollten. Der Papst ordnete eine Untersuchung an zur Herbeiführung eines Vergleichs. Wie dieser ausgefallen ist, wissen wir nicht. Aber noch 1224 besaß der

[1]) Boutaric, *La France sous Philippe le Bel,* S. 128.

[2]) Prutz, a.a.O. S. 23 u. 68.

[3]) Ebd. S. 21.

[4]) Winkelmann, *Acta imperii inedita,* Nr. 20.

Orden in La Rochelle ein Quartier, in dem 144 mündige Einwohner gezählt wurden.[1]) Um die Mitte des 13. Jahrhunderts wurde derartigen Streitigkeiten ein Ziel gesetzt durch einen Vergleich. 1249 bekundet Graf Alfred von Poitou, der Sohn Ludwigs IX., er habe dem Orden alles bestätigt, was er bisher an Lehen oder Afterlehen erworben habe, und alle seine Hintersassen, so viel es deren zur Zeit gab, vom Kriegsdienst befreit und ihnen erlaubt, überall in der Grafschaft Handel zu treiben.[2]) Anlaß zu Streitigkeiten gab auch hier später die Gerichtbarkeit. Um sie handelte es sich 1251–52 in einem Konflikt zwischen dem Templermeister von Aquitanien und dem gräflichen Bailli über eine von letzterem auf templerischem Grund und Boden vorgenommene Verhaftung. Die stetige Vermehrung des Ordensbesitzes wird bezeugt durch einen Verkauf von seiten des Landesherrn an das Ordenshaus zu La Rochelle im November 1269.[3])

In der Auvergne hatte der Orden gleich nach dem Konzil von Troyes die ersten Landschenkungen erhalten durch Raimund Berengar III., den Grafen von Barcelona und Markgrafen der Provence, der ihm noch 1128 aus dem Heiratsgut seiner auvergnatischen Gemahlin Douce de Carlat Ländereien bei Aurillac überwies, wo sich später die Komturei Carlat befand.[4]) Wie glänzend sich der Besitz des Ordens dort entwickelt hat, ersehen wir daraus, daß von den 59 Komtureien, welche die Hospitaliter nachmals in der Auvergne besaßen, nicht weniger als 24 templerische waren. Im Anschluß an sie ist dort auch noch eine beträchtliche Zahl von ehemals den Templern gehörigen Gütern nachweisbar.[5]) Auf den einstigen Reichtum dieser Güter kann man noch aus dem Wohlstand schließen, dessen eines davon, le Temple de Vaux, noch zu Anfang des 18. Jahrhunderts sich erfreute: Zu ihm gehörten außer einem Schloß eine Pfarrkirche und Kapelle sowie Scheunen und Grundbesitz und Renten verschiedener Art.

Verhältnismäßig am besten unterrichtet aber sind wir über den Besitz des Ordens im südlichen Frankreich und namentlich in der Provence. Schon darin spiegelt sich die Tatsache wieder, daß er dort besonders reich begütert war und dementsprechend in dem Leben dieser Landschaft eine noch bedeutendere Stellung einnahm als anderwärts. Die günstige Lage jener Gebiete für den Verkehr mit der Küste Palästinas verlieh den provençalischen Ordenshäusern besondere Wich-

---

[1]) Winkelmann, *Acta imperii inedita*, S. 68.

[2]) Prutz, a.a.O. S. 68.

[3]) Ebd. Anm. 3 u. 4.

[4]) Nièpce, *Le Grand Prieuré d'Auvergne* (Lyon 1883), S. 226.

[5]) Vgl. *Cartulaire I*, S. XLVI–XLVII.

tigkeit. Daher dürfte das Templerhaus zu St. Gilles eine der ältesten Niederlassungen des Ordens gewesen sein. Von verschiedenen Punkten aus, wo sie zunächst festen Fuß faßten, haben sich die Templer allmählich über das ganze Land ausgebreitet, so daß dieses gewissermaßen das Zentrum ihres gemeinsam abendländischen Besitzes wurde. Wenn nach einer Angabe ein Ordenshaus in Montpellier bereits seit 1118 bestanden haben soll,[1]) so muß da ein Irrtum obwalten, da seine Entstehung ja in eine Zeit zurückreichen würde, wo nach unserer sonstigen Kenntnis der Zusammentritt der später zum Templerorden gewordenen Genossenschaft noch nicht erfolgt war. Beeinflußt hat die Entwickelung des templerischen Besitzes in diesen Gegenden in ihren anfänglichen Stadien deren Zusammengehörigkeit mit der Markgrafschaft Barcelona, durch die auch hier die natürliche Scheidung der Gebiete nördlich und südlich der Pyrenäen außer Wirksamkeit gesetzt wurde.

Die älteste beglaubigte Schenkung an den Orden in der Provence ist die der Kirche zu Lavanet in der Grafschaft Toulouse durch Bischof Moritz von Toulouse im Jahr 1134.[2]) Also wird der Orden in jener Gegend bereits damals Güter mit einer zahlreichen Einwohnerschaft besessen haben. Seit 1135 erwarb er dort Güter, die später zur Komturei Douzens gehörten,[3]) wie die Schlösser Roquefort und Paulhac, welches letztere bereits auf auvergnatischem Boden lag. Zuerst 1139 werden Güter erwähnt, die unter dem Ordenshause Roaix standen, im Departement Vaucluse, Arrondissement Orange. Um dieselbe Zeit wurde der Orden an der Küste bei Nizza heimisch, wie sich aus der Verleihung größerer Freiheiten durch Bischof Peter von Nizza ergibt.[4]) Während er in Foix durch Graf Roger III. 1138 Landbesitz erhalten hatte,[5]) griff er seit 1144 auch nach Roussillon hinüber.[6]) Ein rascheres Anwachsen seines Besitzes wird auch in Südfrankreich seit der Mitte des 12. Jahrhunderts erkennbar. Im Gebiet von Narbonne erhielt er 1150 Land geschenkt durch den Vikomte Roger von Carcassonne.[7]) Im Jahr 1155 wurde die Niederlassung zu St. Gilles vergrößert durch eine Zuwendung des Abtes Bernhard[8])) und 1156 erwarb der Orden dort durch Kauf ein großes Grundstück am Rhone.[9]) Ein Prokurator des

[1]) Vaissette, *Hist. de Languedoc IV*, S. 183.

[2]) Du Bourg, *Hist. du Grand Prieuré de Toulouse, Pièces justif.*, Nr. 12.

[3]) Prutz, a.a.O. S. 19, Anm. 5.

[4]) *Gallia christ. III*, S. 1279.

[5]) Vaissette, a.a.O. II, *Preuves*, S. 814.

[6]) Ebd. III, S. 603.

[7]) Ebd. II, S. 523 und V, S. 118.

[8]) Ebd. III, S. 603.

[9]) Ebd. S. 814.

Ordens zu St. Gilles kommt 1161 vor in der Urkunde über einen Verkauf von Land an den Orden durch Graf Raimund V. von Toulouse, dem dessen Gemahlin Konstanze, die Schwester König Ludwigs VII., zustimmt.[1]) Dann erlaubt 1169 der dortige Abt den Templern die Errichtung eines Bethauses.[2]) Wesentlich erhöht wurde die Bedeutung der Komturei von St. Gilles durch die Schenkung, welche die in jener Gegend reich begüterte Familie Porcellet dem Orden zuwandte. Ihre letzten Glieder, Wilhelm Porcellet und seine Gattin Johanna, überließen ihm 1174 ihren gesamten Besitz unter der Bedingung, daß sie als seine Glieder betrachtet und dereinst auf seinem Friedhof bestattet würden. Zugleich wurde ausgemacht, wer von den Gatten den andern Teil überlebte, sollte sein Leben in klösterlicher Zucht unter Leitung des Ordenskaplans in einem Ordenshause beschließen.[3]) Unter den Großen, die den Orden beschenkten, finden wir 1215 auch Simon von Montfort, den Führer des Kreuzzuges gegen die Albigenser, der ihm den Ort Montredon für das dortige Haus zu eigen gab.[4]) Auch sonst finden wir nicht selten südfranzösische Große den Templern verbunden: Ihnen vermacht Raimund VI. von Toulouse sein Pferd und seine Waffen.[6]) und 1218 weist ihnen Graf Raimund VII. für den Fall seines Todes gewisse Einkünfte gemeinsam mit den Hospitalitern an zur Verteilung unter die Armen.[6]) Es ist immerhin bemerkenswert, daß die Beschützer und Vorkämpfer der Albigenser den Orden bedenken: Es läßt auf eine traditionelle enge Verbindung des südfranzösischen Adels mit ihm schließen. Diese wird bestätigt, wenn am 19. September 1172 Wilhelm VI. von Montpellier in seinem Testamente verfügt, sein zweiter Sohn, Guido, solle den Templern übergeben und von ihnen erzogen werden, um dereinst in den Orden einzutreten.[7]) und wenn 1215 Raimund Gauzelin, der Herr von Lunel, auf einem Templerfriedhof begraben sein will.[8])

Daß der Orden in diesen südfranzösischen Landschaften besonderes Ansehen genoß und in öffentlichen Angelegenheiten hohe Autorität besaß, lehrt eine Reihe von Tatsachen. Bereits in der zweiten Hälfte des 12. Jahrhunderts finden wir ihn zum Hüter des Gottesfriedens bestellt, den laut der Bestätigung durch Alexander III. vom 3. August 1165 die

[1]) Vaissette, a.a.O. V, S. 1237ff.

[2]) Ebd. S. 1718.

[3]) Jacquot, *Défense des Templiers,* S. 181.

[4]) Vaissette, a.a.O. VI, S. 644.

[5]) Ebd. VIII, S. 593.

[6]) Ebd. VI, S. 521.

[7]) Ebd. VIII, S. 281.

[8]) Ebd. VI, S. 457.

Erzbischöfe von Narbonne und von Arles gemeinsam mit den südfranzösischen Großen zum Schutz des Landbaus vereinbart hatten. Dafür waren ihm gewisse Vorteile, bestehend unter anderem in einer Abgabe von dem durch ihn geschützten Vieh usw. eingeräumt.[1]) Wer sich der Erlegung derselben weigerte, war von dem Genuß des Friedens ausgeschlossen. Diese Einrichtung bestand noch 1170.[2]) Auch begegnen wir in den Streitigkeiten der Großen des Landes ihm und seinen Beamten als Vermittlern und Schiedsrichtern. So bringt 1170 der Prior des Ordenshauses zu Carpestan einen Vergleich zustande zwischen Bischof Bernhard von Béziers und dem dortigen Hospitaliterprior.[3]) Die gleiche Rolle wird er gespielt haben, wenn der Abschluß derartiger Verträge in einem seiner Häuser und vor seinen Brüdern als Zeugen erfolgte. So wohnte am 18. April 1214 zu Narbonne der Ordensmeister der Unterwerfung des albigensischen Grafen von Foix und Cominges unter die Kirche bei,[4]) und als am 25. April desselben Jahres die Konsuln von Toulouse vor dem päpstlichen Legaten die Ketzerei abschwören, ist der Templermeister von Provence und Aragonien zugegen.[5]) Am 20. November 1219 schließt Simon von Montfort mit der Witwe Raimund Berengars von Montpellier in dem dortigen Templerhause einen Vertrag.[6]) Ebendort macht am 24. August 1224 Graf Raimund von Toulouse seinen Frieden mit dem Bischof Arnaud von Nimes.[7]) Das Templerhaus zu Toulouse ist 1247 der Schauplatz des Prozesses, den derselbe Graf vor Bevollmächtigten des Papstes führen ließ zur Reinigung des Andenkens seines Vaters von der Anklage der Ketzerei.[8]) In anderer Weise finden wir den Orden bei dem Verfahren gegen die Ketzer beteiligt nach einer Urkunde Ludwigs IX. vom 3. Februar 1258, die bezeugt, daß Bertrand, der Vikomte von Lautrec, gelobt habe, zur Buße für seine Ketzerei zwei Jahre lang im heiligen Lande gegen die Ungläubigen zu kämpfen, worüber er dann eine Bescheinigung des Hospitaliter- oder Templermeisters beizubringen hat.[9]

Schon diese Angaben lassen die Stellung des Ordens zu den Ketzerverfolgungen erkennen, die jahrzehntelang die innere und äußere Ge-

[1]) Prutz, a.a.O. Nr. 14, S. 260. Vgl. Malteser Urkunden, Nr. 32.
[2]) Vaissette VIII, Nr. 6, S. 275.
[3]) Ebd. VI, S. 40.
[4]) Ebd. VIII, S. 645.
[5]) Ebd. S. 650/51.
[6]) Ebd. VI, S. 314.
[7]) Ebd. S. 586.
[8]) Ebd. S. 788.
[9]) Ebd. VIII, S. 431.

schichte jenes schönen Landes bestimmten. Von einer Parteinahme des Ordens als solchen für die Häretiker findet sich keine Spur. Vielmehr sehen wir ihn eng befreundet mit den vornehmsten Trägern jener unmenschlichen Verfolgungen, den Dominikanern, in deren Händen die Inquisition lag. Beschloß doch ein Generalkapitel derselben im Jahr 1243, so oft ein Glied ihres Ordens als Beichtvater der Aufsetzung eines Testaments beiwohnte, sollte er sich bemühen, den Sterbenden zu vermögen, daß er auch die Templer mit einem Legat bedächte.[1]) Dennoch scheint der Orden nach der Meinung der eifrigsten Gegner der Albigenser für den endlichen Sieg des reinen Glaubens nicht genug getan zu haben. Denn es muß auffallen, daß in einem Lande, wo bereits die beiden größten geistlichen Ritterorden so reich begütert waren und eine so bedeutende Stellung einnahmen, ernstlich der Gedanke an die Errichtung einer neuen Genossenschaft nach ihrem Vorbild erwogen werden konnte, die der Ausrottung der Ketzerei dienen sollte. Im Jahr 1220 bevollmächtigte Papst Honorius III. den Kardinallegaten Konrad von Porto zur Gründung eines solchen Ordens, nachdem bereits am 9. Februar 1220 Amaury von Montfort auf einer Versammlung in Carcasonne den Eid geleistet hatte, der ihn und die sich ihm anschließenden zum gewaffneten Eintreten für den reinen Glauben in den Gebieten von Toulouse, Foix, Cominges und Béziers verpflichtete. Sein ehrgeiziger Glaubenseifer scheint ihn bereits damals zu der Rolle gedrängt zu haben, die später Simon von Montfort gespielt hat. Doch hatte die Sache keinen Fortgang, da Amaury sich gegen Raimund von Toulouse nicht behaupten konnte. Daher verfügte der Kardinallegat bereits am 5. Februar 1221 die Auflösung des neukonstituierten Ordens und die Rückgabe der ihm von Amaury überlassenen Güter an diesen. Aber Reste dieser „Ritterschaft des Glaubens Jesu Christi" (*Militia fidei Jesu Christ*) bestanden noch längere Zeit fort und vereinigten sich erst später mit dem Orden des heiligen Jakob, den der Bischof von Auch 1229 gründete und Gregor IX. 1231 zum Zweck der Erhaltung des Glaubens und des Friedens bestätigte: Dieser hat bis 1261 bestanden.[2]) Für die Parteistellung des Templerordens während der Albigenserkriege legt zudem noch ein Vorgang aus dem Jahr 1228 Zeugnis ab. Während des Kampfes um Castel Sarasin lagerte der Bischof von Toulouse bei der Templerkomturei Villedieu, deren Einwohner ihm feindlich waren. Der dortige Komtur suchte zu vermitteln und versorgte das Heer des Bischofs mit Lebensmitteln, während seine Untertanen denselben gefangen zu nehmen und

[1]) Grouvelle, a.a.O. S. 59/60.

[2]) Vaissette VI, S. 540/41 und VIII, S. 740.

dem Grafen von Toulouse auszuliefern gedachten.[1]) Auf der anderen Seite aber fehlt es doch auch nicht an Anzeichen dafür, daß die dem Orden zustehenden kirchlichen Vorrechte gelegentlich seinen der Ketzerei anhängenden Leuten zugute kamen und der Inquisition Halt geboten. Das erklärt sich leicht genug. Denn die Leute des Ordens, das Wort im weitesten Sinn genommen, waren gegen Bann und Interdikt ebenso gesichert wie die Ordensbrüder selbst, und aus Anlaß der von ihm gehaltenen Kollekten war der Orden von altersher befugt, mit dem Interdikt belegte Kirchen einmal im Jahr zu öffnen und Gottesdienst darin halten zu lassen, nahm es damit aber, wie von seiten der Bischöfe frühzeitig und immer von neuem geklagt wurde, keineswegs genau, sondern machte von seinem Recht einen viel weiteren Gebrauch. Darüber war bereits auf dem Laterankonzil von 1179 Beschwerde erhoben und eine Verfügung zur Abstellung des Mißbrauchs erlassen worden,[2]) ebenso wie in betreff des Mißbrauchs, den Templer und Hospitaliter mit der bevorzugten Stellung ihrer Kirchhöfe trieben, indem sie Gebannten oder als Glieder interdizierter Gemeinden Verstorbenen dort kirchliches Begräbnis gewährten. Unter Berufung auf die Beschlüsse des Laterankonzils hatte dann ebenfalls noch im Jahr 1179 der Erzbischof von Narbonne Anordnungen getroffen, um solche Übergriffe der exemten Genossenschaften zu hindern, und insbesondere verfügt, daß die Pfarrbezirke, in denen durch die Templer oder sonst wen, Geistliche oder Laien, widerrechtlich kirchliche Begräbnisse vorgenommen wären, ohne weiteres auf so lange dem Interdikt verfallen sein sollten, bis die Leichen wieder ausgegraben und in ungeweihtem Boden verscharrt wären; diejenigen aber, die ein solches Begräbnis vollzogen oder zugelassen hätten, sollten aus der Gemeinschaft der Kirche ausgeschlossen bleiben, bis sie mit einem Schreiben ihres Diözesanbischofs sich dem apostolischen Stuhle gestellt hätten, um gebührende Genugtuung zu leisten.[3]) Der gerügte Mißbrauch der kirchlichen Privilegien der exemten Genossenschaften ist aber dadurch nicht abgestellt worden, sondern auch fernerhin und hier und da wohl geradezu gewohnheitsmäßig geübt worden, als mit dem Besitz des Ordens die Zahl seiner Untertanen und Schützlinge und darunter auch die der der Häresie Verdächtigen wuchs. Um die Mitte des 13. Jahrhunderts faßt eine Synode zu Nimes, wieder unter Berufung auf das Laterankonzil von 1179, Beschlüsse dagegen und erklärt die gegen sie Fehlenden (mit Ausnahme der auf Grund päpstlicher Privilegien in einer besonders bevorzugten

[1]) Vaissette VI, S. 628.

[2]) Vgl. oben S. 181.

[3]) Vaissette VIII, S. 343/44.

Stellung befindlichen Hospitaliter) für ohne weiters dem Interdikt verfallen: Geistliche, die in einer Kirche, von der sie wissen, daß das Interdikt auf ihr liegt, zelebrieren, sollen suspendiert werden und des Amtes und der Pfründe zunächst verlustig gehen.[1])

Vergegenwärtigt man sich die kirchlichen Verhältnisse dieses Teils von Südfrankreich im Zeitalter der Albigenserkriege, so ist die Annahme berechtigt, daß Bischöfe und Pfarrer sich dort besonders häufig über die Art zu beschweren gehabt haben werden, wie die Templer sie durch Geltendmachung ihrer Exemtion zugunsten der Menge der von ihnen irgendwie abhängigen Leute in der Durchsetzung der kirchlichen Strafmandate auch gegenüber Häretikern oder der Häresie Verdächtigen hinderten. Sich vor diesen zu sichern, genügte es, in einer der dafür zur Verfügung stehenden bequemen Formen sich der Vogtei des Ordens zu ergeben. Dadurch wurde man obenein von den landesherrlichen Steuern ebensogut wie von der Gewalt der landesherrlichen Beamten ausgenommen.[2])

Denn längst war auch hier die Entwickelung im Gange, durch die der Orden auf Grund seiner allgemeinen kirchlichen Privilegien immer neue weltliche Freiheiten an sich brachte, die dann auch für die große Menge der irgendwie von ihm abhängigen oder ihm verbundenen Leute galten. Seit 1160 war er frei von der Zahlung der *Leude*, einer Abgabe von den zum Verkauf bestimmten Waren.[3]) Im Jahr 1177 hatte Graf Raimund V. von Toulouse ihm für seine Herden das Weiderecht gewährt: Es galt von allem gräflichen Land, soweit es nicht bebaut war, während für den Schaden, den die Herden des Ordens auf dem bebauten Land Privater anrichteten, auch von ihm durch Zahlung der sogenannten *Tala* Ersatz geleistet werden mußte.[4]) Dann hatte 1189 Wilhelm VIII. von Montpellier den Orden für sein Gebiet überhaupt von jeder Art von Auflage befreit.[5]) In anderen Gebieten behielten sich die Großen in bezug auf dem Orden geschenkte Güter wenigstens die lehensherrlichen Rechte ein größerem oder geringerem Umfange vor.[6]) Fast überall aber kam die Gerichtsbarkeit an den Orden, der darin an die Stelle des Landesherrn trat, wie das Raimund Roger, der Herr von Béziers, bei Bestätigung der Schenkungen seines Großvaters anerkennt.[7]) Befreit fin-

[1]) *Cartulaire*, Nr. 2281* (IV, S. 280).

[2]) Vaissette VI, S. 901.

[3]) Ebd. VII, S. 173.

[4]) Ebd. S. 181.

[5]) Ebd. VI, S. 204.

[6]) Ebd. VII, S. 159.

[7]) Ebd. VIII, S. 484.

den wir den Orden und seine Leute auch von der seit Anfang des 12. Jahrhunderts in Südfrankreich üblichen *Pezata*, d.h. dem Friedensgeld, einer Grundsteuer, die als Ersatz des alten Gottesfriedens von allem Besitz zu entrichten war.[1]) Wie der Orden immer mit Verhältnissen verwuchs, denen er hatte fern gehalten werden sollen, geht auch daraus hervor, daß er in Südfrankreich auf Grund seines Besitzes und der darauf ruhenden Rechte Landstandschaft erlangte: als im August 1268 die drei Stände in Carcassonne tagten, um über die von Ludwig IX. geforderten Hilfsgelder zu beschließen, finden wir darunter auch zwölf Komture der Templer und Hospitaliter.[2])

Entscheidend für die Stellung des Ordens war auch hier die Anerkennung seines sich unausgesetzt mehrenden Besitzes als solches zur toten Hand, die hier besonders weitgehende Folgen gezeitigt zu haben scheint. Zunächst waren Kirchengüter – und als solche galten im allgemeinen die Güter der geistlichen Ritterorden auch ohne ausdrückliche Amortisation – unveräußerlich. Daher konnten eigentlich Edelleute ihre Lehen ebensowenig an geistliche Stifter wie an die Orden kommen lassen, da sie der darauf ruhenden Dienste und Leistungen verlustig gingen. Deshalb nötigten sie, sollte ein Gut dennoch in geistlichen Besitz kommen, den Erwerber zum Abkauf auch der ihnen darauf zustehenden Berechtigungen durch eine deren Wert darstellende Summe. Derartige Ansprüche erhoben nicht bloß die Inhaber des Lehens selbst, sondern alle ihnen lehensrechtlich Übergeordneten, die ein Interesse daran hatten, daß die auf dem Lehen lastenden Pflichten auch ferner erfüllt würden. Sie ließen sich die Zustimmung zu dem Übergang des Gutes in geistliche Hände abkaufen. Trotzdem erweiterte sich der geistliche Besitzstand im Laufe des 12. und 13. Jahrhunderts unaufhaltsam, obgleich die meisten Lehensverträge bestimmten, das betreffende Gut dürfe weder an einen Kleriker noch an einen Mönch, weder an die Templer noch an die Hospitaliter, weder an ein geistliches Stift noch an eine geistliche Person veräußert werden. Wenn trotzdem zu Ende des 13. Jahrhunderts in Südfrankreich etwa die Hälfte alles bebauten Landes Besitz der toten Hand war, so bezeugt das nur von neuem den tiefgehenden Wandel, der sich unter dem Einfluß der zur Herrschaft gelangten Geldwirtschaft in den Besitzverhältnissen und damit in den Grundlagen des wirtschaftlichen und gesellschaftlichen Lebens vollzog. Als hervorragender Vertreter der Geldwirtschaft, ja als erste Geldmacht der Zeit hat der Templerorden an dieser Entwickelung großen Anteil

[1]) Vaissette VII, S. 170.
[2]) Ebd. VI, S. 913.

gehabt, sowohl an ihrer Herbeiführung wie an dem Gewinn daraus. Seine ungeheuren Barmittel setzten ihn in den Stand, Lehengüter durch den Auskauf der zum Genuß der daraufliegenden Pflichten Berechtigten in einem Umfang an sich zu bringen, wie das selbst den kaufkräftigsten geistlichen Stiftern nicht möglich war. Auf solche Geschäfte ließ der südfranzösische Adel sich aber um so bereitwilliger ein, als die Templer in höherem Grade als andere geistliche Ritterorden Mönch und Ritter in sich vereinigten und ihm selbst besonders verwandt und gleichartig erschienen.[1]) Das erklärt die glänzende Entwickelung des Ordensbesitzes gerade in Südfrankreich. Freilich lag infolgedessen hier für den Orden auch mehr als anderwärts die Versuchung vor, seinen geistlichen Charakter abzustreifen und unter dem Schutz der um so sorgfältiger festgehaltenen kirchlichen Privilegien seine weltliche Ausnahmestellung nach allen Richtungen auszubauen. Darin lag doch aber eine Gefahr für den Staat, in dessen locker gefügtes Gebiet die templerischen Güterkomplexe gleichsam Keile trieben. Daraus entsprangen Konflikte zwischen dem Orden und dem Landesherrn. Das beweist ein Schreiben Alfons' von Poitiers an seinen Seneschall in Toulouse und Albi aus dem Jahr 1268.[2]) Auf Grund eines Beschlusses seines Rates erklärt Alfons darin, durchaus unzulässig sei es, wenn den Templern oder Hospitalitern verpflichtete Leute sich unter Berufung auf die ihnen obliegenden Leistungen an diese sich der Zahlung der für den Landesherrn zu erhebenden Abgaben weigerten, die alle anderen Landeseinwohner als selbstverständlich übernähmen. Die Beamten werden angewiesen, solchen Weigerungen keine Folge zu geben, sondern die Summen einzutreiben. Der Staat begann also damals der bisher geduldeten Ausdehnung der Ordensprivilegien auf eigentlich darunter nicht begriffene Kreise entgegenzutreten.

Wie weit die Wirkungen davon fühlbar werden mußten, läßt sich abnehmen aus dem wenigstens ungefähr erkennbaren gewaltigen Umfang des templerischen Besitzes in diesem Teil Südfrankreichs. Nähere Angaben darüber erhalten wir allerdings erst bei dem Übergang desselben auf die Hospitaliter. Templerkomtureien bestanden danach – um nur die wichtigsten zu nennen – außer in Toulouse selbst noch in Aix, Arles, Avignon, Gap, Nimes, Narbonne, Montpellier, Orange, St. Gilles, St. Maurice, Valence und Nizza,[3]) ferner in Bordeaux, Bordères, Villedieu, Montredon u. a. Von dem ländlichen Besitz, der ihnen unter-

[1]) Vaissette VII, S. 157/58.

[2]) Ebd. VIII, Nr. 12, S. 1579.

[3]) Vgl. *Cartulaire I*, S. III.

stand, erhalten wir aus urkundlichen Erwähnungen eine sehr bedeutende Vorstellung.[1]) Besonders dicht beieinander scheinen die Ordensgüter in den Bezirken von Aix, Forcalquier, Apt und Tarascon gelegen zu haben und entlang am Laufe der Durance. Dort war bei Rouillane noch lange eine Kirche des Templerordens mit den Resten eines Ordenshauses erhalten, und noch im Jahr 1176 zeigte man daselbst eine Reihe von Gräbern von Tempelrittern.[2]) Die Schwierigkeiten, die sich in diesen Landschaften aus dem Umfang und der Sonderstellung des templerischen Besitzes zwischen dem Landesherrn und dem Orden ergaben, fehlten natürlich auch nicht in den Gebieten, die von altersher unmittelbar unter dem König standen und die Grundlage abgaben für die allmähliche Steigerung seiner Macht. Aber auch dort scheinen bis gegen das Ende des 13. Jahrhunderts die Beziehungen zwischen dem König und dem Orden ungetrübt gute gewesen zu sein. Das schließt nicht aus, daß zwischen beiden auch hier gelegentlich Besitz- und Rechtsfragen streitig waren. Sie wurden gütlich oder auf dem Wege Rechtens beglichen.

Die zahlreichen Niederlassungen im südlichen Frankreich haben, soweit wir sehen, zur Ausbreitung des Ordens in das nördlich benachbarte königliche Frankreich keinen Anlaß gegeben: Sie gravitierten naturgemäß weiter nach Süden und der von dort zu unterhaltenden Verbindung mit dem Osten. In das königliche Frankreich haben die Templer ihren Einzug von Norden her gehalten, von Flandern, Hennegau und Brabant. Aus den dortigen Häusern, den ältesten Ordensniederlassungen, aus Payns, Fontaine, Slypes[3]) kamen sie, und zwar zum Teil noch die ersten Genossen des Stifters nach Puisieur-sous-Laon, ferner Mont de Soissons und Piéton und Arras, wo sie bereits zwischen 1130 und 1140 sich niedergelassen zu haben scheinen.[4]) Ludwig VII. hat sie auch hier gut aufgenommen, beschenkt und seinen Untertanen zur Förderung empfohlen. Doch zog er dieser gleich bestimmte Grenzen in richtiger Erkenntnis der Übelstände, die sich aus der Gewährung unbeschränkter Freiheit des Erwerbes von Grundbesitz an den Orden ergeben konnten. Als er im Jahr 1139 seinen Untertanen erlaubte, die Templer zu beschenken, nahm er davon Städte und Burgen aus, behielt der Krone auch alle ihr an dem ihnen geschenkten Lande zustehenden Rechte vor.[5]) Was er an dem Orden an Grundbesitz zugewiesen hat,

[1]) *Cartulaire I*, S. LVII ff.

[2]) Bouche, *Essay d'une histoire de Provence* (Paris 1785) I, S. 346.

[3]) Vgl. oben S. 356.

[4]) Curzon, a.a.O. S. 14.

[5]) Prutz, a.a.O. S. 21.

wissen wir nicht. Wahrscheinlich aber erhielt derselbe bereits durch ihn das noch zum Teil von Sümpfen bedeckte und unbebaute Land im Norden von Paris, wo er alsbald den Bau seines französischen Haupthauses begann und im Laufe der Zeit eine stark bevölkerte Stadt, Villeneuve du Temple, entstanden ist.[1]) Wenn er ihm 1143 den Ertrag der Abgaben überwies, welche die Pariser Geldwechsler für die Erlaubnis zur Aufstellung ihrer Tische zahlen mußten,[2]) so gab das vielleicht den ersten Anstoß zu der Tätigkeit, die der Orden selbst als Wechsler und Bankier entfaltete. Die Teilnahme Ludwigs VII. am zweiten Kreuzzuge befestigte seine Verbindung mit dem Orden: Nicht bloß militärisch, sondern auch finanziell hat ihm dieser im Osten die Wege bereitet. Auch wohnte Ludwig kurz vor dem Aufbruch mit Papst Eugen III. und mehreren Prälaten einem Generalkapitel bei, das am 27. April 1147 130 Ordensbrüder vermutlich im Tempel bei Paris vereinigte.[3]) Dies Verhältnis hat auch unter den Irrungen und dem unglücklichen Ausgang des Kreuzzugs nicht gelitten, obgleich dafür manche die Templer verantwortlich machten. Ludwig teilte diese Auffassung nicht. Die Behauptung, der Angriff auf Damaskus sei durch den Verrat der Templer gescheitert, wies er als eine Kränkung der nationalen Ehre Frankreichs mit Entrüstung zurück.[4]) Noch im Jahr 1152 gedenkt er bei einer Schenkung an den Orden der Dienste, welche er ihm im Morgenlande geleistet, und 1163 erklärt er ihn für unentbehrlich für das heilige Land.[5]) Dazu stimmt sein Briefwechsel mit dem Ordensmeister Bertrand de Blanquefort und dem Templer Gottfried Faucher, von dem uns Bruchstücke erhalten sind, die namentlich den letztern als einflußreiche Persönlichkeit erscheinen lassen. Er wurde Meister des Ordens für Frankreich: Als solcher kommt er noch 1171 vor. Infolge des auffallenden Fehlens fast aller älteren Urkunden wissen wir keine Einzelheiten über die Zuwendungen Ludwigs VII. an den Orden. Wie königliche Bestätigungen ihm von Großen gemachter Schenkungen zeigen, erfuhr der Orden auch noch von anderer Seite mannigfache Förderung.[6])

Unter der Regierung Philipps II. August haben die Dinge ebenso gelegen. Die Verbindung mit dem Orden zu befestigen, wird des Königs Teilnahme an dem dritten Kreuzzug beitragen haben. Das

[1]) Curzon, a.a.O.
[2]) Prutz, a.a.O. S. 21/22.
[3]) Curzon, S. 18. Vgl. oben S. 33.
[4]) Vgl. oben S. 47.
[5]) Prutz, a.a.O. S. 22/23.
[6]) Ebd. S. 22, Anm. 3–5.

beweist eine 1190 im Lager vor Accon ausgestellte Urkunde, welche die Templer für alle Zeit von den Gebühren befreit, die für Ausstellung mit dem königlichen Siegel versehener Schriftstücke an die Königliche Kanzlei gezahlt werden mußten.[1]) Weitere Zeugnisse für Schenkungen Philipps II. liegen nicht vor, wohl aber wieder Bestätigungen von Schenkungen Großer an den Orden.[2]) Erst in seinem Testament von 1222 setzte der König dem Orden ebenso wie dem der Hospitaliter 1000 Mark Silber und 50 000 Livres aus, damit er drei Jahre 300 Ritter zum Kampf gegen die Ungläubigen im heiligen Lande unterhielte.[3]) Andererseits finden sich entsprechend der energischeren Geltendmachung der königlichen Autorität durch diesen Herrscher damals auch die ersten Versuche zur Einschränkung des Ordens. Im Dezember 1202 bekennt dessen Prokurator für Frankreich, Guy de Briançon, der Orden sei nicht befugt, die ihm gehörigen Waldungen zwischen Senlis und Verneuil ohne königliche Erlaubnis zu veräußern,[4]) und 1217 muß der Orden auf königlichen Befehl die Gräben wieder beseitigen, die er vor dem Castel von Péronne gezogen hatte. Die Vermehrung des Ordensbesitzes in dieser Zeit lehrt sein Umfang in den alten königlichen Landen zu Ende des 13. Jahrhunderts. Von den Komtureien, die nachmals an die Hospitaliter kamen, lagen besonders viele in dem Herzland des alten Frankreich. Es entfallen davon sieben auf das heutige Departement Aisne, sechs auf das Seine-et-Marne und je fünf auf die Departements Oise und Seine-et-Oise. Auch von der Entwickelung des Besitzes des Ordens unter Ludwig VIII. fehlt genauere Kunde: Sie wird sich in der bisherigen Richtung bewegt haben, wie wir auch hören, daß die Templer ebenso wie die Hospitaliter, Cisterzienser und Prämonstratenser von dem Zehnten befreit blieben, den die Bischöfe 1226 dem König zum Kreuzzug gegen die Albigenser von den kirchlichen Gütern bewilligten.[5])

Reicher ist das Material für die Zeit Ludwigs IX. Wir erfahren von der Begleichung eines zwischen dem König und dem Orden schwebenden Streites über das Recht zur Besetzung einer Pfarrei durch einen Vertrag vom Juni 1228, nach dem dasselbe von ihnen abwechselnd geübt werden sollte, aber auch wieder von einem Einschreiten des Pariser Parlaments zugunsten der Einwohner von Chalons im Jahr 1257, die von der Pflicht befreit wurden, die Mühlen und Backöfen des

---

[1]) Delisle, *Actes de Philippe Auguste,* Nr. 339.

[2]) Ebd. Nr. 136, 146 u. 744.

[3]) Lea, *History of the Inquisition III,* S. 240.

[4]) Delisle, a.a.O. Nr. 744.

[5]) Vaissette VIII, S. 818.

Ordens zu benutzen.[1]) Aber auch damals betrafen die Differenzen zwischen dem König und dem Orden vornehmlich die Gerichtsbarkeit: 1258 und dann wieder im Februar 1259 weist das Pariser Parlament den Anspruch der Templer auf die höhere Gerichtsbarkeit in Fontenoy bei Tours zurück und spricht sie dem König zu. Ein Urteil gleichen Inhalts ergeht 1260 in betreff der Gerichtsbarkeit auf der Straße von Noyon nach Péronne, die das Templerhaus zu Etrépigny beanspruchte, und 1276 wird dem Orden eine Geldbuße auferlegt, weil er auf königlichem Territorium einen Mann hatte verhaften lassen, in dem er einen flüchtigen Ordensbruder vermutete. Solche Konflikte zu vermeiden, haben manche Große bei Schenkungen an den Orden die Gerichtsbarkeit über die Einsassen der betreffenden Güter sich vorbehalten, andere teilten sie zwischen sich und den Orden, woraus sich dann auch eine Teilung der Gerichtsgebühren und der verhängten Geldbußen ergab. Selbst zwischen dem König und dem Orden bestand zuweilen eine solche Gemeinschaft.[2]) Andrerseits erfolgte damals ein gewisser Abschluß in der Entwickelung des Ordensbesitzes, indem der König im Juli 1258 alle von demselben bisher erworbenen Güter jeglicher Art bestätigte unter Vorbehalt der anderen in bezug darauf zustehenden Rechte.[3]) Darf man aber aus dem später Geschehenen auf den Gang zurückschließen, den diese Dinge genommen, so ist anzunehmen, daß der Orden auch in den folgenden Jahren Ludwigs IX. seinen Besitz vermehrte und für die neuen Erwerbungen möglichst die gleiche Ausnahmestellung beanspruchte, die den älteren, förmlich amortisierten zustand, also auch sie der staatlichen Abgabenpflicht und der landesherrlichen Gerichtsbarkeit entzog. Daraus ergab sich einerseits eine fortschreitende Minderung der königlichen Rechte, andrerseits eine immer größere Annäherung seiner eigentlich bloß grundherrlichen Rechte an obrigkeitliche Gewalt. Griff die gleiche Entwickelung damals auch bei anderen kirchlichen Genossenschaften Platz, so scheint sie doch bei dem Templerorden besonders konsequent eingetreten zu sein und daher gerade in bezug auf ihn die sich daraus ergebenden Mißstände besonders stark ausgebildet zu haben.

Nur unter dieser Voraussetzung wird die Systemänderung verständlich, die auf diesem Gebiete mit Philipp III. eintrat. Sie richtete sich nicht zunächst und nicht allein gegen die Templer, wenn sie diese auch mehr als andere Genossenschaften der Art traf. Vielmehr galt sie überhaupt dem übermäßigen Anwachsen des Besitzes der toten Hand.

---

[1]) Prutz, S. 69.

[2]) Ebd. S. 70.

[3]) Ebd. Nr. 4, S. 69 u. 297.

Diesem Einhalt zu tun verbot Philipp III. (1271–85) durch die Ordonnanz *Ecclesiarum utilitati* geistlichen Genossenschaften und Orden jeder Art die Erwerbung von Lehen und Afterlehen sowohl wie von Eigengütern.[1]) Dadurch wäre der weiteren Ausdehnung des geistlichen Besitzes Halt geboten gewesen, was aber an solchem zurzeit vorhanden war, als solcher anerkannt worden. Es handelte sich um eine Maßregel von weittragender prinzipieller Bedeutung, zu deren Ergänzung es allerdings noch einer Untersuchung bedurfte, ob alle zurzeit geistlichen Genossenschaften gehörigen Güter auch wirklich in der vorgeschriebenen Form als Güter zur toten Hand anerkannt und welche von ihnen dieser Eigenschaft entbehrten, also zur Leistung der ursprünglich darauf ruhenden Pflichten gehalten waren. Diesen gegenüber galt es dann, das Recht des Königs oder des Lehnsherrn wieder in Kraft zu setzen. Demgemäß erklärte z. B. im Mai 1273 ein Spruch des Parlaments die Templer für verpflichtet, zu den Kosten für die Ausbesserung einer Brücke zu Villeneuve bei Sens beizutragen, was sie auf Grund ihrer Privilegien verweigert hatten.[2])

Nun scheint freilich die Ordonnanz Philipps III. nicht durchgeführt, sondern wieder in Vergessenheit geraten zu sein, so daß auch für den Templerorden zunächst alles beim alten blieb. Doch hat es wohl auch nicht an Fällen gefehlt, wo das angefochtene Recht des Ordens als begründet erwiesen und anerkannt oder in streitigen Punkten auf dem Weg des Vergleichs festgestellt wurde. Das geschah namentlich in betreff der Stellung des Ordens in und bei Paris. Der Verlauf dieser Sache ist bezeichnend für die Lage der Dinge, offenbart die Schwierigkeiten, die sich dem Königtum bei der Geltendmachung seiner Rechte entgegenstellten, und erklärt, warum es sich zu weitgehenden Zugeständnissen an die übermächtige Körperschaft entschloß.

Auch die ältere Geschichte des nördlich von Paris allmählich zu einer stattlichen Festung erwachsenen Tempels ist mit Dunkel bedeckt. Das auffällige Fehlen alles urkundlichen Materials dafür wird kaum zufällig sein, sondern läßt eine absichtliche Vernichtung der Dokumente vermuten, die beim Hereinbrechen der Katastrophe über den Orden vorhanden waren. Zweifelhaft jedoch bleibt es, ob diese, wie geschehen ist,[3]) den Templern zugeschrieben werden kann. Dies schließt die Möglichkeit von Philipps IV. Vorgehen aus, mit der eine solche zur Vorbereitung und Ausführung der Zeit bedürftige Maßregel

[1]) Prutz, a.a.O. S. 76.

[2]) Ebd. S. 70.

[3]) Curzon, *La maison du Temple.* S. 15/16.

nicht vereinbar ist. Dann läßt sich auch nicht absehen, was ihre Urheber dadurch recht zu erreichen gedacht haben sollten. Eher möchte man annehmen, die mit der Beschlagnahme der Ordensgüter beauftragten königlichen Beamten hätten durch Beseitigung der Besitztitel des Ordens geflissentlich Unklarheit über dessen Besitzstand verbreiten wollen, um Clemens V. die Rettung der Ordensgüter für die Kirche zu erschweren, ihrem König zur endgültigen Okkupation derselben möglichst freie Hand zu schaffen und vielleicht dabei selbst im trüben zu fischen. So ist für uns die älteste Erwähnung des Tempels bei Paris die in einer Urkunde von 1146 betreffend die Schenkung der Kirche von Tracy le Val an den Orden durch den Bischof von Noyon.[1]) Daß aber schon damals der Bau des Ordenshauses wenigstens in Angriff genommen gewesen sei, möchte man vermuten aus der Abhaltung jenes besonders glänzenden Generalkapitels vom 27. April 1147, dem Papst Eugen III. und König Ludwig VII. beiwohnten.[2]) Auch aus der folgenden Zeit erhalten wir über dem Tempel gemachte Zuwendungen, so bedeutend sie gewesen sein müssen, nur vereinzelt Kunde. Urkunden aus den Jahren 1152, 170, 1172, 1175, 1181 und 1182 bezeugen kleinere Spenden meist innerhalb der benachbarten Hauptstadt.[3]) So gewinnen wir auch keine Anschauung von dem Wege, auf dem der Tempel zu der eigenartigen und höchst bedeutenden Rolle gelangt ist, in der wir ihn später finden und die ihm für den Orden größere Wichtigkeit verlieh, als sie bis 1291 seinem Haupthause in Accon zukam. Jedenfalls haben mit ihrer Entwickelung auch sein äußeres Wachstum und seine architektonische Ausgestaltung gleichen Schritt gehalten. Die zugehörige Ordenskirche, deren ältester Teil noch die dem älteren templerischen Kirchenbau überhaupt eigene Rundkirche aufweist, wie wir sie – vielleicht in Nachahmung der Heiligengrabeskirche – auch an de Templerkirchen zu Metz, Laon, London und Segovia finden, wird in der zweiten Hälfte des 12. Jahrhunderts aufgeführt sein. Wenn im Jahr 1217, wie bezeugt ist, eine Erweiterung erfolgte,[4]) so wird der Grund dazu in dem Anwachsen der auf die Kirche angewiesenen Gemeinde gelegen haben, d. h. der zunehmenden Bevölkerung der um die Ordensburg entstandenen Stadt Villeneuve du Temple. In dieselbe Zeit gehört der Ausbau des eigentlichen Tempels zum Sitz der obersten Ordensbeamten in Frankreich und zum Aufbewahrungsort des Ordensschatzes. Zur Sicherung des letzteren

[1]) Curzon, *Le maison du Temple,* S. 12.

[2]) Vgl. oben S. 33.

[3]) Curzon, S. 12/13.

[4]) Ebd. S. 86.

scheint die unter Philipp II. aufgeführte große Bastion bestimmt gewesen zu sein.[1])

Um die Mitte des 13. Jahrhunderts muß der Bau des Tempels vollendet gewesen sein. Er war nun eine gewaltige Festung mit Mauern und Gräben, um ihn aber hatte sich eine zahlreiche betriebsame bürgerliche Gemeinde gesammelt. Seine Größe und Stattlichkeit entsprachen seiner Bedeutung als vornehmstes Ordenshaus des Abendlands. Er enthielt nicht nur die nach Art eines Klosters disponierten Räumlichkeiten für die zum Dienst in der Ordenskirche bestimmten Geistlichen, für die Ordensbrüder und Servienten sowie für die zur Verwaltung der ihm unterstellten Ordenshäuser und ihrer Besitzungen und zur Wahrnehmung der Ordensrechte nötigen Beamten, Rechtskundigen und Bewaffneten,[2]) sondern auch reichliche Unterkunft für das dazu nötige Personal von zum Teil hohen Würdenträgern und vom Großmeister dort aufgestellten Beamten. Auch die französischen Könige konnten dort Aufenthalt nehmen auf Grund des Herbergsrechtes *(droit de gite)*, das ihnen so gut wie anderen Königen in ihren Ländern in bezug auf die Ordenshäuser zustand. Doch fielen die daraus erwachsenden Kosten nicht den Orden, sondern dem königlichen Hofhalt zur Last.[3]) Aber auch fremde Fürsten wurden als Gäste der französischen Könige mit ihrem Gefolge dort einquartiert. Als z. B. 1254 Heinrich III. von England Ludwig IX. besuchte, stellte ihm dieser die Wahl zwischen dem in der Stadt gelegenen Louvre und dem Tempel. Er wählte letztern, weil die Masse der zugehörigen Gebäude wenigstens einigermaßen Raum bot für Unterbringung seines Gefolges. Denn, so bemerkt bei dieser Gelegenheit ein wohlunterrichteter Zeitgenosse,[4]) das Ordensschloß war mit der Größe und der Menge der in ihm vereinigten Baulichkeiten darauf berechnet, die Scharen der zum Generalkapitel zusammenströmenden Templer aufzunehmen, so daß man dort beinahe ein Heer hätte unterbringen können. Trotzdem mußte ein Teil der englischen Mannschaften auf den Höfen lagern, andere nach dem benachbarten Viertel von Paris, der Gegend um den Grèveplatz, ausquartiert werden. Während des Aufenthalts im Tempel ließ Heinrich III. eines Morgens die zusammenströmenden und alle Räume erfüllenden Armen mit Fleisch, Wein und Brot reichlich bewirten. An demselben Tage gab er seinem königlichen Wirt und dessen Hofstaat ebendaselbst ein festliches Prunkmahl. In dem Bericht darüber wird unterschieden zwischen

[1]) Curzon, S. 21/22.
[2]) Ebd. S. 2/3.
[3]) Ebd. S. 239/40.
[4]) Matth. Paris, ed. Luard. V, S. 498. Vgl. Curzon, S. 242.

dem „alten Tempel" und der „großen Königsburg": Letztere war augenscheinlich in ähnlicher Weise, wie das später beim Ausbau der Marienburg in Preußen geschah, dem alten einfacheren Bau als eigentliches Fürstenschloß eingefügt worden. In der großen Festhalle waren nach dem Brauch der im Osten heimischen Ritter alle vier Wände dicht mit Wappenschildern bedeckt. Noch Philipp IV. hat gelegentlich von dem Recht des Aufenthalts im Tempel Gebrauch gemacht, wie dort ausgestellte Urkunden vom Juni 1296 und vom Januar 1302 bezeugen.[1]) Doch noch andere Anlässe führten ihn hinter die Mauern der gewaltigen Ordensfeste: Dorthin flüchtete er 1306 vor dem Aufruhr der Pariser wegen einer von ihm verfügten neuen Münzänderung. Die Masse umlagerte den Tempel, konnte aber nicht eindringen und zog schließlich ab, worauf der König sie durch trügerische Zugeständnisse beschwichtigte. Wenn aber angenommen worden ist, gerade dieser Aufenthalt im Tempel habe dem König einen Einblick eröffnet in die Macht und den Reichtum des Ordens und so, indem er seine Begehrlichkeit reizte, die Ereignisse des folgenden Jahres vorbereitet, so ist das eine unbegründete Vermutung. Denn einmal waren Aufenthalte der Könige im Tempel von altersher nichts Ungewöhnliches, und dann bedurfte es für Philipp nicht erst eines solchen, um von den Mitteln der Templer Kenntnis zu erhalten. Ebenso liegt kein sicheres Zeugnis dafür vor, daß der König in den entscheidenden Oktobertagen 1307 sich ebenfalls im Tempel installiert und von dort aus die Inventarisierung des Ordensbesitzes geleitet habe.

Um dieses Ordensschloß war nun unter dem Schutz der Ordensprivilegien, die den sich dort Niederlassenden wertvolle Freiheiten sicherten und ihr wirtschaftliches Gedeihen begünstigten, eine rasch zur Stadt erwachsende Ansiedelung entstanden, Villeneuve du Temple, auf welche die Bewohner der benachbarten Hauptstadt nicht ohne Neid blickten. Von dem blühenden Zustand, in dem sich Villeneuve du Temple befand, gibt ein anschauliches Bild ein Register der dem Orden zinspflichtigen Einwohner aus eben der Zeit, in der Heinrich III. von England als Gast des heiligen Ludwig im Tempel Hof hielt.[2]) Danach waren dort gewerbliche und kommerzielle Betriebe heimisch in einer Mannigfaltigkeit, wie sie in Paris kaum größer gewesen sein kann. Nicht bloß Handwerker, deren Tätigkeit dem Bedarf des Stadtherrn, des Ordens, diente, wie die Verfertiger von Packsätteln und Koffern, Sattler und Schwertfeger begegnen uns da, sondern auch solche, die nur in einem höher entwickelten gewerblichen Leben gedeihen kön-

---

[1]) Curzon, S. 240.

[2]) Ebd. S. 284.

nen, wie Eisengießer, Kesselschmiede, Drahtzieher, Sichelmacher und Seiler, dann aber auch auf das Kunstgewerbliche gerichtete, wie Goldschmiede, Paternostermacher, Pergamentbereiter und Bearbeiter von Pfauenfedern. Es werden da ferner aufgeführt Händler mit Hafer, Heu, Stroh und Salz, dann Müller, Böttcher und Küfer. Auf rege Bautätigkeit dürfen wir schließen aus der Erwähnung von Steinmetzen, Zimmerleuten, Maurern, Dachdeckern, Türtischlern und Glasern. Von Gewerben, die es mit der Beschaffung der Kleidung zu tun haben, kommen vor Strumpfwirker, Schuster, Hutmacher, Tuchschneider und die verwandten Gewerke der Walker, Gerber, Färber und Kürschner. Auch Kammacher und Barbiere werden erwähnt. Mit den nötigen Nahrungsmitteln verfahren die Ordensstadt Geflügel- und Fischhändler, Köche, Bäcker und Pastetenbäcker. Es gab Garköche und Fleischwarenhändler, Krämer und Gewürzhändler sowie Inhaber von Trinkstuben. Der Vermittelung des Verkehrs dienten Lastträger, Kärrner und Fuhrleute. Weiter kommen Pförtner, Schreiber, Ausrufer und Trödler vor: Den letzteren ist das Tempelviertel bekanntlich, ehe es in unseren Tagen verschwand, als Domäne verfallen. Endlich fehlt auch nicht der Arzt.

Außerhalb dieses eigentlichen Tempelbezirks, der gegen die Hauptstadt und das flache Land ringsum durch eine besondere Umwallung abgegrenzt war, hatte der Orden beträchtliche Besitzungen, deren Lage und Umfang sich aus den erhaltenen Zinsbüchern und Rentenverzeichnissen der Jahre 1252–57 ergeben. Danach umfaßte der hierher gehörige Grundbesitz des Ordens das Gebiet von dem Tempelbezirk *(l'Enclos du Temple)* hinein nach Paris bis zu den der Seine benachbarten Straßen. Dazu kamen über die ganze Umgegend zerstreut ländliche Begüterungen verschiedener Art. In Paris gehörten ihm Häuser, Straßen, Plätze und Gärten, von denen er Grundzins und Renten zog und über die er die grundherrlichen Rechte ausübte, während die Gerichtsbarkeit dort dem König vorbehalten war. Hierin unterschied sich seine Stellung in der Hauptstadt von der außerhalb derselben in dem eigentlichen Tempelbezirk, welcher, von der königlichen Gewalt ausgenommen, gewissermaßen einen kleinen Staat für sich bildete. Dies Verhältnis hatte, seit die Monarchie erstarkte, etwas Unnatürliches und gab Anlaß zu Streitigkeiten sowohl zwischen dem Orden und dem König, wie auch zwischen ersterem und den Parisern. Diese versuchten die Leute von Villeneuve du Temple, die unmittelbar an den Mauern ihrer Stadt saßen und von deren Nachbarschaft Vorteil hatten, zu den städtischen Lasten und Diensten heranzuziehen, stießen damit aber auf energischen und erfolgreichen Widerstand. Als 1271 der Rat der Hauptstadt die Einwohner der Tempelstadt für verpflichtet erklärte, an dem von den Bürgern zu leistenden Wachtdienst auf den Mauern teilzunehmen und auch dazu nötigte, erhob der Orden Widerspruch, drang damit aber zunächst nicht durch. Erst im Jahr 1279 erklärte ein Spruch des Pariser Parlaments das Verlangen der Hauptstadt für unberechtigt und befreite die Leute von Villeneuve du Temple von dem erzwungenen Wachtdienst.[1]) Ähnliches wiederholte sich später. Als Ende des Jahres 1298 die Pariser Bürgerschaft beschloß, Philipp IV. ein Geldgeschenk von 100 000 Livres zu machen – in Wahrheit handelte es sich um eine der beliebten Zwangsanleihen, durch die der König von Zeit zu Zeit seine leeren Kassen zu füllen suchte –, sollten die Bewohner der Tempelstadt einen Beitrag dazu leisten. Auf ihre Weigerung kam es zum Prozeß, und am 1. November 1298 entschied das Parlament dahin, daß nach Ausweis der vom Orden vorgelegten Privilegien seine Leute von jeder Anforderung der Art frei seien und auch in Zukunft davon befreit sein müßten.[2]) Um dieselbe Zeit, wo die Einwohner von Villeneuve du Temple die Anforderungen der Pariser in betreff des Wachtdienstes zurückwiesen, und vielleicht im Zusammenhang damit wurde im August 1279 auch das Verhältnis zwischen dem König und dem Orden durch einen Vertrag genau geregelt. Seine Bestimmungen lassen die widerspruchsvolle und auf die Dauer unhaltbare Situation erkennen, in der sich in bezug auf ihre Rechte beide gerade da befanden, wo schon damals der Mittelpunkt des Reiches lag und der für dessen Leben maßgebende Herzschlag pulste.

Wenn in diesem Vertrag[3]) streng geschieden wird zwischen dem Besitz des Ordens innerhalb und dem außerhalb des um den Tempel gelegenen Bezirkes und die Rechte des Ordens in beiden nicht die gleichen sind, so werden die Templer wohl auch hier die ihnen in dem einen zustehenden höheren Befugnisse auch in dem andern geltend gemacht haben. Innerhalb der Mauern seiner Hauptstadt aber konnte das französische Königtum dies nicht dulden: Dort seine Autorität zu sichern und den Orden zu ihrer Anerkennung zu verpflichten, verzichtete es außerhalb von Paris auf einige seiner Rechte. Indem Philipp III. dem Orden bestätigte, was er in Paris selbst an Häusern und Straßen und Einkünften daraus besaß, gewährte er ihm dafür doch nur die aus der Grundherrschaft fließenden Rechte, behielt sich aber die Gerichtsbarkeit im vollen Umfange vor, selbst soweit sie bisher dem Orden zugestanden hatte. Für das, was der Orden dort einbüßte, wurde er

[1]) Curzon, S. 187.

[2]) Prutz, a.a.O. S. 71.

[3]) Ebd. Nr. 5, S. 298 und Curzon, S. 301.

reichlich entschädigt durch den Umfang und den Inhalt der Zugeständnisse, die Philipp ihm in dem eigentlichen Tempelbezirk machte. Alles, was in dessen genau angegebenen Grenzen beschlossen liegt, nebst allen Einwohnern und den sich fernerhin dort niederlassenden Zuzüglern und Fremden wird als uneingeschränktes Eigentum des Ordens anerkannt. Dort steht ihm die Gerichtsbarkeit in ihrem ganzen Umfange zu, so daß er durch seine Richter auch auf den Tod erkennen lassen kann. Er tritt vollständig an die Stelle des Landesherrn: Selbst verfallene Güter kommen dort nicht an den Fiskus, sondern an ihn. Daher hat der König dort auch kein Recht zur Erhebung von Steuern: Die Einwohner haben weder die Taille zu zahlen, noch dürfen sie zu Kriegs-, Reiter- oder Wachtdiensten oder ähnlichen Leistungen herangezogen werden. Der Orden sorgt daher auch durch seine Gewaffneten und eine von ihm bestellte ständige Wache für Aufrechterhaltung der Ordnung. Sollte aber der König oder einer seiner Nachfolger trotz der Zusage, keins dieser Rechte je zurückzufordern und die dem Orden verliehenen Privilegien nie anzutasten, sie dennoch einmal verletzen, so soll das als Einzelfall gelten und eine Folgerung zum Nachteil des Ordens daraus nicht gezogen werden dürfen.

Durch diesen Vertrag wurde der Tempel der Mittelpunkt eines kleinen Staates, in dem der König so gut wie ohne Recht war, der sein eigenes Militär, seine eigene Polizei, seine eigenen Finanzen und sein eigenes Gericht besaß, und hinter dem die Macht einer im ganzen Abendlande reich begüterten, hoch angesehenen und dem Papsttum eng verbundenen Genossenschaft stand. Das war ein Verhältnis, welches für das Königtum schon dadurch unerträglich werden konnte, daß es der festeren staatlichen Zusammenfassung Frankreichs und der Erweiterung seiner Autorität gleich vor den Toren der Hauptstadt Halt gebot. Dennoch hat es, selbst von Philipp IV. anerkannt, bis zum Ausgang des Ordens bestanden und fortgedauert, als die Hospitaliter an dessen Stelle getreten waren. Trotzdem weist nichts darauf hin, daß es den Gegensatz zwischen dem Orden und dem Königtum verschärft hätte: wir hören nichts von Differenzen zwischen beiden, die in ihm ihren Ursprung gehabt hätten.

Wohl aber hat die benachbarte Hauptstadt sich durch die wirtschaftliche Konkurrenz benachteiligt gefühlt, die ihr von Villeneuve du Temple aus bereitet wurde. So erhob z. B. die Pariser Metzgerinnung Widerspruch gegen die Errichtung eines Schlachthauses daselbst durch den Orden, weil auf Grund früherer königlicher Verleihungen und nach Ausweis alten Herkommens sie allein berechtigt sei, in Paris und dessen Vorstädten zu schlachten und Fleisch feilzubieten: Verletzungen dieses

Monopols seien bisher durch Konfiskation des zum Verkauf gestellten Fleisches bestraft worden. Die Pariser Metzger besorgten wohl, der Orden würde das zunächst nur zur Befriedigung des eigenen Bedarfes bestimmte Schlachthaus benutzen, um die Kundschaft der benachbarten hauptstädtischen Viertel an sich zu ziehen. Auch sonst hat der Orden durch gewerbliche Unternehmungen sich neue Einnahmequellen zu eröffnen und weitere Kreise wirtschaftlich von sich abhängig zu machen gesucht. Der Streit wurde im Juni 1289 durch einen Vergleich beigelegt. Der Orden erhielt das Recht, in dem seiner Jurisdiktion und Herrschaft unterstellten Gebiet, dem eigentlichen Tempelbezirk, zwei Fleischbänke von vorgeschriebener Größe zu halten und durch zwei von ihm bestellte Metzger dort Fleisch feilbieten zu lassen. Diese beiden Ordensmetzger sollten befugt sein zur vorschriftsmäßigen Verrichtung ihres Geschäfts die nötigen Gehilfen und Diener zu halten. Diese sind an die Satzungen und Bräuche der Pariser Innung nicht gebunden, während andererseits deren Rechte durch das dem Orden gemachte Zugeständnis sonst unberührt bleiben. So machte der Orden auch hier Gewinn auf Kosten eines Pariser Gewerkes.

Der Vertrag vom August 1279, welcher die Rechtsverhältnisse des Tempelbezirks bei Paris regelte, scheint nun aber nur ein Glied gewesen zu sein in einer größeren Aktion, durch die Philipp III. anläßlich seines Versuchs dem Anwachsen der Güter zur toten Hand Einhalt zu tun, insbesondere den Besitz der Templer rücksichtlich der Begründung der dafür beanspruchten Rechte genauer prüfen ließ. Wenn im Jahr 1284 das königliche Hofgericht einen Streit des Ordens mit der Abtei St. Valéry sur mer in der Diözese Amiens dahin entscheidet, daß die vom Orden zum Nachteil des Stifts vorgenommene Verwandlung von Lehensgütern in Zinsgüter zu Unrecht erfolgt und rückgängig zu machen sei,[1]) so wird man in diesem Vorgang nur ein Beispiel zu sehen haben für eine vom Orden auch sonst geübte Praxis, deren Zweck war, von ihm erworbene Besitzungen von den darauf lastenden Verpflichtungen zu befreien und wie Güter zur toten Hand zu stellen, ohne daß sie durch Amortisation förmlich als solche anerkannt waren. Damit war immer wieder eine Minderung der königlichen Rechte und Einnahmen verbunden. Welche Gefahren für die staatliche Ordnung sich daraus ergeben konnten, lehren die Verhältnisse, die um die Mitte des 13. Jahrhunderts in Languedoc herrschten. Dort hatte Ludwig IX. in seinem Eifer für die Herstellung der Glaubenseinheit in dem häretisch infizierten Lande durch die Konstitution *Cupientes* die weltliche Gewalt den

[1]) Prutz, a.a.O. S. 72.

Bischöfen untergeordnet.[1]) Infolgedessen war das Land schließlich auf dem Wege, sozusagen klerikalisiert zu werden: Alle Welt wollte als dem zur Herrschaft berufenen geistlichen Stand angehörig erscheinen, um Anteil zu haben an den diesem gewährten Vorrechten. Meistens handelte es sich dabei nur um einen trügerischen Schein: Wer als tonsuriert oder mit dem geistlichen Gewand angetan ein Geistlicher schien, obgleich der durchaus weltlich lebte und sogar einem bürgerlichen Beruf nachging, war frei von allen nicht durch die Kirche aufgelegten Abgaben, unterstand allein der bischöflichen Gerichtsbarkeit. Deshalb hatten dort sogar Gewerbetreibende bis hinab zum Fleischerknecht sich dem geistlichen Stande äußerlich angeschlossen und so dem Staate entzogen. Dies galt aber auch von ihren Frauen und Kindern. So schieden zuweilen ganze Gemeinden aus den staatlichen und munizipalen Verbänden, denen sie eigentlich angehörten. Schon gegen Ende der Regierung Ludwigs IX. hatte dieses Unwesen die Gefahr nahe gerückt, Languedoc könnte sich in eine Anzahl von geistlichen Republiken auflösen und dem Königtum überhaupt entziehen.

Eine ähnliche Entwickelung nun war überall da im Gange, wo der Templerorden Güter von größerem Umfange besaß oder seine zerstreuten Besitzungen die der weltlichen und geistlichen Großen besonders stark durchsetzten. Auch seine Untertanen, Pächter, Diener und Hörigen sowie seine Schützlinge und Verwandten, ja sogar die mit ihm durch Handel und Verkehr Verbundenen hatten den Mitgenuß der meisten der ursprünglich nur den Ordensbrüdern selbst zustehenden Rechte und Freiheiten und schieden ebenfalls aus den kirchlichen, staatlichen und munizipialen Verbänden aus, denen sie eigentlich angehörten. Von hier aus muß das Vorgehen Philipps III. aufgefaßt werden. Wenn er durch die Ordonnanz *Ecclesiarum utilitati* den geistlichen Genossenschaften und Orden die Erwerbung von Lehen sowohl wie von Eigengütern verbot,[2]) so wird es sich um einen Akt der Notwehr des Staates gehandelt haben, der die Templer nur deshalb besonders traf, weil bei ihnen der zu bekämpfende Mißbrauch besonders stark entwickelt war. Der König befahl nämlich die Beschlagnahme der von ihnen während der letzten 30 Jahre erworbenen, aber noch nicht amortisierten Güter. Erst als der Ordensschatzmeister Jean de Tour sich für die Zahlung aller ihm möglicherweise noch nachträglich zustehenden Gebühren verbürgte, hob er am 7. Juli 1282 die Beschlagnahme vorläu-

[1]) Vgl. Baudouin, *Lettres inédites de Philippe le Bel* (Paris 1887) und Prutz, a.a.O. S. 75/76.

[2]) Vgl. oben S. 373.

fig auf.[1]) Endgültig geordnet jedoch ist die Sache damals nicht, wie die Vorgänge unter Philipp IV. lehren.

Für einen Herrscher von dem Selbstgefühl und dem Machtstreben Philipps des Schönen waren Zustände unerträglich, wie sie das übermäßige Anwachsen des Besitzes zur toten Hand im allgemeinen und des templerischen im besonderen in einzelnen Teilen des Reiches ergeben hatte. Daher kam er bald nach seinem Regierungsantritt auf die Maßregeln zurück, die sein Vater dagegen ergriffen hatte, die aber entweder nicht durchgeführt oder erfolglos geblieben waren. Aber auch sein Vorgehen entbehrt zunächst jeder feindlichen Tendenz gegen die Templer, sondern galt wie die seines Vaters überhaupt dem Mißbrauch, daß die Orden ihre Güter ohne Ausnahme als solche zur toten Hand anerkannt sehen wollten. Wenn wiederum die Templer besonders betroffen erscheinen, so kam das eben daher, daß der zu beseitigende Mißbrauch von ihnen in besonders großem Umfang geübt war, also auch den Rechten des Königs und anderer besonders viel Schaden tat.

Die Frist, nach deren Ablauf damals für Verhältnisse dieser Art Verjährung eintrat, so daß einer geistlichen Körperschaft das tatsächlich genossene Recht nicht mehr bestritten werden konnte, sondern als ersessen galt, betrug damals 30 Jahre. Wollte also Philipp IV. die endgültige Ausdehnung der templerischen Freiheiten auf Güter, denen sie als erst neuerworbenen nicht zukamen, anfechten und die Verwandelung dieser Güter in solche zur toten Hand hindern, so mußte er das vor Ablauf des Jahres 1287 tun. Sonst wäre von der letzten Bestätigung des gesamten Ordensbesitzes durch Ludwig IX. im Jahre 1258 gerechnet die Verjährung eingetreten. Auch wird dabei wohl der fiskalische Gesichtspunkt mitgespielt haben, der für Philipp mehr als einmal den Ausschlag gab. Denn die Anerkennung von geistlichen Genossenschaften erworbener Güter als solcher zur toten Hand war mit einer Zahlung an den königlichen Schatz verbunden, die nach dem jährlichen Ertrage der betreffenden Güter bemessen wurde: In größerem Maßstab vorgenommen ergab die Amortisation also beträchtliche Einnahmen. So hat Philipp IV. zu Ende des Jahres 1286 alle Güter, die der Templerorden während der letzten 30 Jahre erworben, für die er aber noch nicht die Amortisation ausgewirkt hatte, mit Beschlag belegen und durch seine Beamten in Verwaltung nehmen lassen. Denn am 18. Januar 1287 verfügte er auf Verwendung und unter Bürgschaft des Schatzmeisters des Pariser Tempels, Jean de Tour, ihre vorläufige Rück-

---

[1]) Vgl. Delisle, *Mémoire sur les opérations financières des Templiers in den Mémoires de l'Académie des Inscriptions et Belles-Lettres III*, 2 (Paris 1889), S. 69.

gabe und daß der Orden darin zunächst nicht belästigt werden sollte.[1]) Wenn er dann am 12. März seine Baillis anweist, sie sollten die noch in ihren Händen befindlichen Ordensgüter und die dienenden Brüder daselbst auf Erfordern gegen Belästigung schützen;[2]) so waren offenbar nicht alle Güter zurückgegeben oder man war hier und da über seine Absicht hinaus feindlich gegen den Orden vorgegangen. Denn von einem Plan zu weitergehenden Maßregeln gegen die Templer ist zu jener Zeit bei ihm nicht die Rede, vielmehr hat es sich nur darum gehandelt, im Anschluß an Philipps III. Konstitution, *Ecclesiarum utilitati* der Praxis derselben entgegenzutreten, nach der sie neuerworbene Güter ohne weiteres wie Güter zur toten Hand behandelten. Das genügte, um seine Rechte zu wahren, hatte aber nichts an sich von besonderer Feindseligkeit gegen den Orden. Der prinzipielle Austrag der Sache blieb wohl den Reichsständen vorbehalten, wurde aber vorbereitet durch Verhandlungen beider Teile über die streitigen Einzelheiten und durch eine genaue Aufnahme der in Betracht kommenden Güter. Darüber mußte längere Zeit vergehen, und die Zukunft der beschlagnahmt gewesenen, dann aber dem Orden vorläufig zurückgegebenen Güter blieb so lange in der Schwebe. Daß der Orden ihm gerecht werden würde, dafür hatte der König die Bürgschaft, das bei ihm hoch angesehenen Jean de Tour, welcher bei der engen Verbindung zwischen der Verwaltung des königlichen Schatzes mit der des Ordensschatzes eigentlich als königlicher Beamter, als Finanzminister bezeichnet werden konnte. Nun scheint aber die angestellte Untersuchung ergeben zu haben, daß die Amortisation der während der letzten Jahrzehnte vom Orden erworbenen Güter in größerem Umfang unterblieben war, als man angenommen hatte. Denn am 16. November 1280 stellt Philipp in einem neuen Erlaß ein Einschreiten in bezug auf alle diejenigen Erwerbungen in Aussicht, die geistliche Genossenschaften – auch die Templer werden genannt – bisher gemacht hätten, ohne die nötige königliche Zustimmung oder die nachträgliche Bestätigung nachzusuchen. Begründet wird das durch den Hinweis auf den Mißbrauch, den diese Korporationen in solchen Gebieten trieben, indem sie die Gerichtsbarkeit an sich brächten und sich auf Kosten des Königs sowohl wie seiner Lehnsleute Hoheitsrechte anmaßten, um dann namentlich die gegen sie Klagenden durch allerhand Schikanen um ihr Recht zu bringen. Deshalb sollten sie angehalten werden, widerrechtlich unter ihre Hoheit gezwungene Leute daraus zu entlassen und ihre noch nicht bestätigten Erwerbungen vorläufig an den

---

[1]) Prutz, a.a.O. Nr. 10, S. 302.

[2]) Ebd. Nr. 11.

König auszuantworten. Unter keinen Umständen aber sollte ihnen hinfort die Übung der Gerichtsbarkeit oder irgendwelches Hoheitsrechts zum Nachteil des Königs und seiner Lehnsleute gestattet werden.[1]) Es handelte sich also um eine generelle Aktion zur Wiedergewinnung des dem Königtum widerrechtlich Entzogenen, nicht um ein Verfahren speziell gegen die Templer, mochten diese auch jetzt wieder mehr davon betroffen werden als andere Genossenschaften. Die Prüfung ihrer Rechtstitel ergab eben besonders häufig das Fehlen der königlichen Bestätigung für Güter, die sie vor noch mehr als 30 Jahren erworben hatten. Infolgedessen verfügte Philipp war am 3. Juli 1290 die vorläufige Übergabe der mit Beschlag belegten Ordensgüter an Jean de Tour und verbot in bezug auf sie jede fernere Bestätigung der Templer, befahl aber gleichzeitig seinen bisher mit ihrer Verwaltung beauftragten Beamten genau festzustellen, was der Orden während der letzten 45 Jahre neuerworben hätte, und ihm Inventarien darüber einzureichen, welche über die Lage, den Wert und die sonstigen Verhältnisse der betreffenden Güter Auskunft gäben.[2]) Ergänzt wurde diese Maßregel durch ein schärferes Einschreiten des Pariser Parlamentes gegen bisher geduldete Eigenmächtigkeiten der Orden. Unter Berufung auf ältere Ordonnanzen und Bestimmungen des kanonischen Rechtes erklärt dieses 1290, die solchen verliehenen Privilegien seien nur für diejenigen ihrer Glieder gültig, die auch wirklich das Ordensgewand trügen.[3]) Weiter untersagte es den Templern und Hospitalitern die Zulassung solcher Leute zur Ablegung des Professes, die dem Orden nicht auch wirklich beitreten und das Ordensgewand dauernd tragen wollten.[4])

Findet sich demnach in dem Vorgehen Philipps IV. gegen den Orden, der nur das Schicksal so vieler anderer Genossenschaften teilte, keine Spur von einer besonderen Animosität, sondern handelte es sich dabei nur um den Austrag einer Rechtsfrage in den vorgeschriebenen Rechtsformen, so entspricht dem auch der Fortgang der Angelegenheit, der zu seiner gütlichen Verständigung führte. Zunächst scheint Philipp sich überzeugt zu haben, daß eine Anfechtung der Neuerwerbungen des Ordens bis zu 45 Jahren rückwärts, wie sie der Erlaß vom 3. Juli 1290 in Aussicht nahm, nicht möglich sei: Er beschränkte sich daher auf die Untersuchung der in den letzten 33 Jahren gemachten. Unter diesem Vorbehalt ließ er am 24. März 1292 auch das, was sich an Templer-

---

[1]) Baudouin, a.a.O. S. 212 (2); vgl. Prutz, a.a.O. S. 78/79.

[2]) Prutz, Nr. 12, S. 302.

[3]) *Actes du Parlement*, Nr. 2715a.

[4]) Ebd. Nr. 2658.

gütern noch in der Obhut seiner Beamten befand, dem Orden wieder unter Bürgschaft des Jean de Tour herausgeben, damit er bis zur Erledigung der Sache durch die nächsten Reichsstände den Ertrag davon für seine Zwecke verwenden könnte. Doch wurden die Beamten auch jetzt angewiesen, sich über die betreffenden Güter genau zu unterrichten, namentlich über den Stand ihrer damaligen Inhaber, ihre Größe, ihren Wert usw. und ihm die betreffenden Angaben bis zum 15. Mai einzureichen. Sicherlich handelte es sich dabei nicht um die Beschaffung von Daten, deren Kenntnis eine plötzliche Niederwerfung und Ausraubung des Ordens allerdings erleichtert hätte. Vielmehr ging Philipps Absicht nur dahin, in dem Gebiet, das durch das Umsichgreifen des Ordens zwischen diesem und dem Königtum streitig geworden war, sein und seiner Lehnsleute Recht zu wahren und, wo es beeinträchtigt war, wiederherzustellen, ehe es durch Verjährung verwirkt war. Wo dagegen das Recht des Ordens erwiesen war, hat er nicht daran gedacht, es anzufechten, sondern anerkannt und bestätigt. Das tat er am 30. Januar 1293[1]) in betreff der Abmachungen, die sein Vater mit dem Orden über den Tempelbezirk bei Paris getroffen hatte, obgleich sie für das Königtum ungünstig waren.[2]) Die Untersuchung aber über den Zuwachs des templerischen Besitzes während des letzten Menschenalters wurde in den nächsten Jahrzehnten weitergeführt und fand in einzelnen Provinzen ihren Abschluß durch Festlegung der ermittelten Verhältnisse und deren Anerkennung von seiten des Königs. So bestätigt Philipp im November 1294 dem Orden alle Neuerwerbungen in der Präzeptorei Brie als Güter zur toten Hand.[3]) Das gleiche geschieht 1295 in betreff der templerischen Besitzungen in den Bezirken von Sens, Senlis und Paris, und zwar, wie es in der betreffenden Urkunde heißt, zum Dank für die Dienste, die Jean de Tour, der Schatzmeister des Pariser Tempels, dem König und seinen Vorgängern geleistet hatte.[4]) Dann ergeht am 4. März 1295 an alle Baillis die Weisung, die Einhebung der ausgeschriebenen Zwangsanleihe die Güter und Untertanen des Ordens unbehelligt zu lassen und etwa schon verfügte Beschlagnahmen und Pfändungen rückgängig zu machen.[5]) Doch scheint die Amortisation der Neuerwerbungen des Ordens auf diejenigen beschränkt gewesen zu sein, deren Ertrag 1000 Livres nicht überstieg. Für die Amortisation derjenigen, von denen der Orden ein

[1]) Prutz, Nr. 14, S. 303.
[2]) Vgl. oben S. 378.
[3]) Prutz, a.a.O. Nr. 15, S. 303.
[4]) Ebd. Nr. 17, S. 304.
[5]) Ebd. Nr. 18, S. 305.

höheres Jahreseinkommen bezog, sollte, wie aus einer am 10. Juli 1295 von Jean de Tour in Gemeinschaft mit Robert von St. Just, dem Generalprokurator des Ordens in Frankreich, ausgestellten Urkunde hervorgeht,[1]) der Orden dem König binnen sechs Monaten die Summe bar auszahlen, um die derselbe den Satz von 1000 Livres überstieg. Unter Verpfändung der Ordensgüter übernahmen die genannten Ordensbeamten die Bürgschaft dafür, wie das durch eine besondere Erklärung von demselben Tage auch Jugo de Peraud tat, der Präzeptor der Templer in Frankreich.[2]) Der ganze Handel ist also schließlich gütlich erledigt worden, indem der Orden dem König die Anerkennung seiner Neuerwerbungen als Güter zur toten Hand durch eine einmalige größere Zahlung abkaufte.

Demgemäß finden wir auch weiterhin keine Spur einer feindlichen Spannung zwischen beiden. Im Gegenteil sehen wir den Orden sich dem König gefällig erweisen und diesen die anerkannten Rechte jenes gewissenhaft respektieren und gegen Störung schützen. Im Frühjahr 1297 z. B. zahlt der Orden Philipp aus dem Ertrage der letzten Kreuzzugskollekten, der im Pariser Tempel deponiert war, 5200 Livres Tournois.[3]) Im Jahr 1299 läßt dieser eine templerische Richtstätte im Gebiet des Ordenshauses La Selve in Rodez, die seine Beamten als unberechtigt zerstört hatten, auf die als begründet erkannte Klage des Ordens wiederherstellen.[4]) Dies gute Verhältnis erhielt eine noch höhere Bedeutung durch den heftigen Zusammenstoß, der zwischen Philipp und dem Papsttum erfolgte und 1296 und 97 zu dem ersten großen kirchenpolitischen Kampfe führte. Wie sich der Orden dazu gestellt hat, wird zwar nicht ausdrücklich berichtet. Wenn aber später behauptet wurde, er habe trotz des königlichen Verbotes der Ausführung von Geld Bonifaz VIII. finanzielle Hilfe geleistet, so ist der Beweis dafür doch nicht erbracht worden. Auch spricht gegen eine solche Parteinahme des Ordens für den Papst die intime Verbindung, in der wir ihn während des zweiten leidenschaftlicheren und verhängnisvolleren Kampfes zwischen Philipp und Bonifaz VIII. mit ersterem finden. Um dieselbe Zeit nämlich, wo der König unter Zustimmung der Großen und des Volkes zum vernichtenden Schlage gegen das Papsttum ausholte, das durch die *Bulle Unam sanctam* die Fundamente des Staates in Frage gestellt hatte, und den vor nichts zurückschreckenden Wilhelm von Nogaret nach Rom sandte, schloß der Orden mit ihm durch Hugo de

[1]) Prutz, a.a.O. Nr. 17a, S. 314.

[2]) Ebd. Nr. 7b, S. 315.

[3]) Ebd. Nr. 19, S. 305.

[4]) Ebd. Nr. 8, S. 813.

Peraud, dem nunmehrigen Generalvisitator, am 10. August 1303 einen Vertrag,[1]) der nicht möglich gewesen wäre, hätte nicht schon vorher zwischen beiden eine vollkommene Übereinstimmung und enge Verbindung zu gemeinschaftlicher Vertretung ihrer Interessen bestanden.

Durch diesen Vertrag sagte der König Hugo de Peraud für seine Person sowohl wie für den gesamten Orden, einschließlich aller seiner Verwandten, Freunde und Untertanen in Frankreich, sowie auch aller außerhalb des Ordens stehenden, die sich dem Abkommen anschließen würden, seinen Schutz zu gegen jeden, der sie in Ehre, Freiheit und Rechten bedrohen würde, insbesondere gegen den zur Zeit an der Spitze der Kirche stehenden Bonifaz – nur mit seinem Namen, nicht als Papst wird dieser bezeichnet –, welcher den König, die Prälaten und das Reich schwer bedroht habe. Sie versprechen sich nicht voneinander zu trennen, sondern in allen Stücken, besonders in bezug auf die Berufung eines allgemeinen Konzils unverbrüchlich zusammenzuhalten. Falls Bonifaz gegen die Prälaten, die der Ladung zu dem von ihm ausgeschriebenen Konzil auf Befehl des Königs nicht Folge leisten, mit irgendwelchen Strafmaßregeln vorgehen, sie oder den König und die Großen und deren Anhang mit der Lösung ihrer Untertanen von dem Treu- und Huldigungseid bedrohen sollte, so wollte der König ihnen auch dann unverweigerlich beistehen und die Lösung von der Verpflichtung auch dann unweigerlich beistehen und die Lösung von der Verpflichtung dazu weder nachsuchen noch annehmen, sondern als ihr Verbündeter treu zu ihnen halten, wie das auch seine Nachfolger und Erben tun würden. Im Namen des Königs beschwor der Graf von St. Paul diesen Vertrag, auf den auch die Königin Johanna und die Prinzen Ludwig und Philipp verpflichtet wurden. Für den Orden beschwor ihn der Generalvisitator, worauf der König noch ausdrücklich erklärte, es sollte aus diesem Eide für den Orden niemals irgendeine neue Art von Abhängigkeit oder Dienstbarkeit gefolgert werden können.

Der Vorgang ist überaus merkwürdig, freilich auch nicht in allen Einzelheiten klar. Zunächst nämlich fragt sich, ob die von dem Generalvisitator eingegangene Verpflichtung den ganzen Orden oder nur seinen französischen Zweig binden sollte oder gar – denn auch diese Deutung läßt der Wortlaut zu[2]) – nur für diejenigen französischen Templer galt, die ihm ausdrücklich beitraten. Jedenfalls handelte es sich um einen außerordentlichen Schritt, der mit den Traditionen des

---

[1]) Prutz, a.a.O. Nr. 20, S. 306.

[2]) ... *Nos dicto fratri Hugoni de P ... promisimus, quod personam suam, statum et libertates domorum suarum intra regnum nostrum existentium, consanguineorum ... subditorim suorum, qui de adherentibus erunt.*

Ordens kaum in Einklang zu bringen war. Daß Hugo de Peraud ihn auf eigene Verantwortung und nicht als berufener Vertreter der mit ihm einverstandenen Ordensleitung diesseits des Meeres oder wenigstens als Organ der französischen Templer getan haben sollte, ist ausgeschlossen. Wir müssen vielmehr annehmen, daß die für den Orden in Frankreich maßgebenden Kreise sich damals mit der antihierarchischen und papstfeindlichen Politik des Königs im Einverständnis befanden. Was diese Wandelung herbeigeführt hat oder welche besondere Absicht die Urheber dieses Bündnisses verfolgt haben, bleibt uns verschlossen. Dafür, daß etwa der Orden auch seinerseits sich durch den kirchlichen Despotismus Bonifaz' VIII. bedroht gesehen und sich deshalb dem König angeschlossen habe, fehlt jeder sichere Anhalt. Auch von einer Spaltung innerhalb des Ordens, wie sie zur Zeit der Wahl Jakobs von Molay zum Hochmeister bestanden hatte,[1]) finden wir damals keine Spur. Zudem könnte es sich dabei doch höchstens um einen persönlichen Gegensatz zwischen Jakob von Molay und seinem unterlegenen Mitbewerber gehandelt haben, nicht um so unausgleichbare kirchliche und politische Gegensätze, wie sie das mit dem König geschlossene Schutz- und Trutzbündnis gegen den Papst voraussetzte, selbst wenn es nicht für den ganzen Orden, sondern nur für seinen französischen Zweig gegolten haben sollte. Dafür spricht auch die Tatsache, daß Hugo de Peraud, der danach doch ein rückhaltloser Parteigänger des Königs gewesen sein muß, nachher doch mit in das Verderben des Ordens gezogen wurde. Würde das der Fall gewesen sein, wenn er durch ein eigenmächtiges Vorgehen beim Abschluß jenes Bündnisses, das dann ja ein Schisma im Orden bedeutet hätte, sich einen Anspruch auf den besonderen Dank Philipps erworben gehabt hätte? Jedenfalls bleibt, wenn auch für uns nicht ganz verständlich, die Tatsache bestehen, daß der Orden, der seit beinahe anderthalb Jahrhunderten für den berufenen Vorkämpfer des hierarchischen Papsttums gegolten und dafür von diesem in einer Fülle von Privilegien überreichen Lohn erhalten hatte, zur Zeit des Entscheidungskampfes zwischen dem aufstrebenden päpstlichen Universalherrschaft vorbehaltlos auf der Seite des ersteren gestanden hat. Wenn Philipp IV. in dem Pakt vom 10. August 1303 allen denen, die wegen ihrer Haltung vom Papst mit kirchlichen Zensuren belegt würden, seinen Schutz versprach, so galt das auch für die Würdenträger des Ordens: Sie wurden zum voraus sichergestellt gegen ein Verfahren, wie es einst Urban IV. gegen Stephan von Sissy eingeschlagen hatte.[2]) Andererseits findet sich bei dem König damals

[1]) Prutz, a.a.OD. S. 188/89.

[2]) Vgl. oben S. 234 ff.

nichts von dem Bestreben, den Orden in bezug auf seinen Besitz oder auf seine Unabhängigkeit einzuschränken. Vielmehr wird der Schutz des Bündnisses ausdrücklich ausgedehnt auf alle Rechte und Freiheiten desselben sowie auf alle ihm irgendwie Zugehörigen oder Verbundenen in ganz Frankreich und der vor dem Großvisitator geleistete Eid zum voraus sichergestellt gegen jede Deutung zum Nachteil des Ordens. Daher können Pläne, wie er sie späterhin gegen den Orden ausgeführt hat, bei dem König damals nicht vorhanden gewesen sein, und das gute Verhältnis, das damals zwischen beiden bestand, kann nicht allein aus der Intimität entsprungen sein, die Philipp mit Hugo de Peraud verband. Jedenfalls würde sie allein Philipp nicht bestimmt haben, die vom Orden in seinem Reiche bisher gewonnene Stellung vorbehaltlos zu bestätigen, hätte er von ihr unmittelbar einen Nachteil für sich selbst, eine Kürzung seiner königlichen Rechte oder eine Minderung seines königlichen Ansehens erwarten zu müssen geglaubt.

Nun hat ja allerdings das merkwürdige Bündnis vom 10. August 1303 praktische Bedeutung eigentlich nicht erlangt. Das Attentat von Anagni und der Tod Bonifaz' VIII. machten es gegenstandslos. Der neue Papst, Benedikt XI., machte nachgiebig seinen Frieden mit Philipp, den er ehrlich zu versöhnen suchte, und trug das Geschehene dem Orden nicht nach, sondern bestätigte ihm am 6. Februar 1304 alle seine Privilegien, sowohl die von den Päpsten als auch die von geistlichen und weltlichen Fürsten verliehenen.[1]) Dieser Umfang gab der Bestätigung fast den Charakter eines Friedensschlusses durch Vergessen und Vergeben von seiten des Papsttums. So blieb es zunächst auch unter Clemens V., der dem Orden noch am 28. Januar 1306 nach dem Vorbild Benedikts XI. alle Rechte und Freiheiten bestätigte.[2]) Aber auch das Verhältnis des Ordens zum König blieb ein freundliches und dem zuletzt geschlossenen Bündnis entsprechend vertrauliches. Nicht genug, daß Hugo de Peraud von Philipp zum Generaleinnehmer aller seiner Einkünfte bestellt war, mit Ausnahme allein derjenigen aus den neuerworbenen südfranzösischen Gebieten von Toulouse und Rodez,[3]) vielmehr sehen wir den König geradezu bemüht, alles, was etwa noch an Differenzen mit dem Orden schwebte, gütlich zu begleichen und neue Streitigkeiten durch Einführung einer festen, von beiden Teilen anerkannten und für beide verbindlichen Ordnung auszuschließen. Dabei handelt es sich aber wieder nicht um die Stellung der Templer allein, sondern um

[1]) Prutz, a.a.O. Nr. 211, S. 280.

[2]) Ebd. Nr. 212.

[3]) Baudouin, a.a.O. Nr. 148, S. 163.

die Verhältnisse der geistlichen Ritterorden überhaupt, jedenfalls auch die Hospitaliter. Also wird damals wohl die Enquête über Lage, Umfang, Wert, Ertrag usw. der im Laufe des letzten Menschenalters vom Orden erworbenen Güter, die der König früher angeordnet hatte,[1]) beendet und die damit verbundene Inventarisierung der Ordensgüter abgeschlossen gewesen sein, so daß der Besitzstand und die ihn betreffenden Rechtsverhältnisse des Ordens nach jeder Richtung hin übersichtlich vorlagen. So wird der Abschluß der Aktion zur Regelung des Verhältnisses des Ordens zum König und zum Staat, die um die Wende der Jahre 1286 und 87 durch vorübergehende Beschlagnahme der noch nicht amortisierten Neuerwerbungen des Ordens eingeleitet war, bezeichnet durch den großen Freibrief, den Philipp im Juni 1304 den Templern bewilligte und der sich in allen wesentlichen Stücken mit dem deckte, den er einige Monate früher, im Februar 1304, den Hospitalitern gewährt hatte.[2]) Es handelte sich dabei also nicht um ein Abkommen allein mit den Templern, sondern die mit diesen getroffenen Vereinbarungen waren nur ein Teil einer allgemeinen Maßregel, bei welcher natürlich trotz der Übereinstimmung in den Hauptpunkten doch in untergeordneten Punkten den besonderen Verhältnissen des einzelnen Ordens Rechnung getragen wurde. Daran ändert es auch nichts, daß dieser große Freibrief wieder bezeichnet wird als veranlaßt durch die besondere Gunst und Gnade, deren sich der Generalvisitator infolge der geleisteten Dienste bei dem König erfreute. Diese Form mindert in nichts den hochpolitischen Charakter des Abkommens.[3]) Es wurde darin zunächst alles, was die Templer bisher an unbeweglichen Gütern in Frankreich erworben hatten, gleichviel auf welchen Rechtstitel hin, als Gut zur toten Hand anerkannt. Sie konnten daher weder zu seiner Veräußerung noch zur Zahlung irgend einer nicht kirchlichen Abgabe davon genötigt werden. Das gleiche geschah noch besonders in bezug auf alle die Grundstücke, die sie zur Errichtung oder Erweiterung von Pfarrkirchen oder zur Anlage von Kirchhöfen in ihren Besitz gebracht hatten.[4]) Wo dem Orden die volle Grundherrschaft zusteht, soll er auch Lehen und Zinsgüter erwerben dürfen. Falls einmal Ordensgüter auf Befehl des Königs oder königlicher Beamten mit Beschlag belegt werden soll, soll in jedes Ordenshaus oder auf jedes Ritterlehen immer nur ein königlicher Dienstmann als Wächter gelegt werden dürfen, der von sei-

---

[1]) Vgl. oben S. 385.

[2]) Vgl. oben S. 380ff.

[3]) Prutz, a.a.O. Nr. 21, S. 307.

[4]) Diese Bestimmung fehlt in dem Privileg für die Hospitaliter.

nem Sold zu leben hat, dessen Höhe nur die ortsübliche sein darf. Bemerkenswert sind die Zugeständnisse an den Orden in bezug auf die Gerichtsbarkeit, die zwischen seinen und den königlichen Beamten besonders häufig streitig gewesen war. In Zukunft sollen die letzteren in dem Gebiet der Jurisdiktion des Ordens Gerichtstage überhaupt nur halten dürfen, wo sich von altersher königliche Gerichtsstätten befinden. Auch darf der Orden in der Ausübung der Gerichtsbarkeit nicht gehindert werden unter dem Vorwand des königlichen Gerichtsbannes. In Streitsachen über Zehnten und ähnliche Zahlungen aber dürfen die königlichen Beamten überhaupt nicht mehr erkennen, sollen vielmehr die beteiligten geistlichen Personen das Objekt des Streites bis zu dessen Austrag durch die kompetenten kirchlichen Oberen dem König überantworten. Ferner sollen Ordensleute in rein persönlichen Angelegenheiten nicht verpflichtet sein vor einem weltlichen Gerichtshof zu Recht zu stehen, selbst nicht auf eine königliche Ladung oder eine solche durch königliche Beamte. Alle dem widersprechenden Verfügungen werden aufgehoben. Aus besonderer Gnade gewährt der König dem Orden noch eine Erweiterung seiner Gerichtsbarkeit. Falls von dem Spruch der vom Orden für seine Besitzungen bestellten weltlichen Richter, soweit diese dem Herkommen nach auch in der Berufungsinstanz zu urteilen haben, Berufung an ein königliches Gericht eingelegt wird, soll sie von diesem nach Möglichkeit nicht angenommen, sondern die Sache zu nochmaliger Verhandlung an das Gericht des Ordens zurückverwiesen werden. Auch soll der bewegliche Besitz des Ordens von keinem weltlichen Gerichtshof mit Beschlag belegt oder sonst haftbar gemacht werden dürfen. Wo dies dagegen einmal mit Stücken seines unbeweglichen Besitzes geschehen muß, soll dafür gesorgt werden, daß sie nicht schlecht bewirtschaftet oder ausgeraubt werden. Verstöße dagegen verspricht der König auf Klage des Ordens alsbald abzustellen. Ferner sollen die königlichen Beamten zu pünktlicher und gewissenhafter Ausführung der den Orden betreffenden Befehle ihres Herrn eidlich verpflichtet werden. Erscheint ihnen diese einmal unmöglich, so haben sie sofort dem König davon Mitteilung zu machen, gleichzeitig aber den Inhalt des betreffenden Berichts auch dem Orden bekannt zu geben, damit er sicher ist, daß sie den Sachverhalt richtig dargestellt haben. Diese Mitteilung darf nur in dem einen Falle unterbleiben, daß damit ein Nachteil für den König oder eine Gefahr für das Wohl des Staates verbunden sein würde. Für Verfehlungen von Ordensbrüdern oder Schützlingen und Dienstleuten des Ordens kann dieser als solcher nicht haftbar gemacht werden, soweit nicht etwa provinzialrechtliche Satzungen anders bestimmen. Gegen entlaufene und sich herumtreibende Ordensbrüder und deren Eigentum darf der Orden im Notfall sogar gewaffnet einschreiten und die Schuldigen nach Ordensbrauch bestrafen.

Dieses Privileg, das in allen wesentlichen Stücken mit dem übereinstimmt, was Philipp einige Monate früher den Hospitalitern bewilligt hatte, indem er, wie es da heißt, auf Ansuchen des Großpriors von St. Gilles die dem Orden zustehenden Rechte festsetzte,[1]) wird schon durch das Vorhandensein eines solchen Seitenstücks in ein anderes Licht gerückt als in dem man es bisher hatte sehen müssen. Es kann sich dabei nicht um den Abschluß eines längere Zeit schwebenden Streites zwischen dem König und dem Orden handeln, und wenn die Rechte, die Philipp den Templern drin verbriefte, dieselben sind wie die, welche auf Bitten des höchsten Würdenträgers des Hospitals in seinem Reiche diesem zugestanden waren, so kann auch nicht von einem Erfolge oder von einem Siege gesprochen werden, den der Orden über die königliche Macht davongetragen hätte und durch den diese genötigt worden wäre, jenem auf Kosten ihrer bisherigen Rechte Zugeständnisse zu machen.[2]) Vielmehr wird man die Bedeutung dieses Privilegs ebenso wie die des früher den Hospitalitern bewilligten allein darin zu sehen haben, daß dadurch das Verhältnis des Ordens zum König und seine Stellung zum Staat, die infolge der massenhaften Neuerwerbungen während der letzten Jahrzehnte und der diesen fehlenden Anerkennung als Güter zur toten Hand streitig geworden war und zwischen den beiderseitigen Beamten immer neue Kompetenzkonflikte veranlaßte, auf Grund des Herkommens unter Wahrung oder nachträglicher Anerkennung der königlichen Rechte in bezug auf jene Neuerwerbungen festgesetzt und zur Vermeidung von Streit für die Zukunft abgegrenzt wurden. Da ein Streit zwischen dem König und dem Orden nicht vorausgegangen war, vielmehr trotz der seit längerer Zeit schwebenden Verhandlungen über die Amortisierung der vom Orden neuerdings erworbenen Güter ein enges Bündnis bestanden hatte, so wird von einer Niederlage des Königtums und von besonderen Konzessionen nicht gesprochen werden dürfen, die dasselbe infolge innerer oder äußerer Bedrängnis dem Orden zu machen genötigt gewesen wäre. Daher wird man nun aber auch die Einschränkung der königlichen Gewalt durch die dem Orden in der Urkunde vom Juni 1304 eingeräumten Rechte und Freiheiten wenigstens nicht allein als den Grund annehmen dürfen, der bald danach Philipps IV. Einschreiten gegen die Templer an erster

[1]) Vgl. oben S. 280ff.

[2]) Wie vor dem Bekanntwerden des Privilegs für die Hospitaliter angenommen werden mußte: Prutz, a.a.O. S. 83ff.

Stelle veranlaßt hat. Sonst hätte ähnliches doch auch gegen den anderen, ganz gleichgestellten Orden erfolgen müssen. Hätte nicht die diesem eingeräumte Stellung ebenso unerträglich für das Königtum erscheinen müssen? Konnte, was Philipp für sich und seine Nachfolger dem Hospital ohne Schädigung der königlichen Macht und Würde zugestehen konnte, von ihm ohne Nachteil nicht ebenso auch den Templern gewährt werden? Auf dem eigentlich politischen Gebiet wird demnach der entscheidende Anstoß zu seinem späteren Vorgehen nur insofern gesucht werden dürfen, als die Templer vermöge ihres Reichtums, ihrer Macht, ihres Einflusses und ihrer auch hier betätigten Rücksichtslosigkeit die ihnen eingeräumte Stellung anders benutzten als die Hospitaliter und dadurch dem Königtum unbequem wurden. Damit aber setzten sie sich mit der ihnen feindlichen Geistesrichtung der neuen Zeit vollends in scharfen Widerspruch und forderten diese heraus, so daß sie die publizistisch entwickelten Theorien endlich in die Praxis umsetzte. War dazu aber von einer anderen Seite her einmal der Anlaß gegeben, so mußten auch die Vorteile, die er seiner Macht daraus erwachsen sah, Philipp IV. zu konsequenter Weiterverfolgung des zunächst aus anderen Gründen betretenen Weges bestimmen. Der hochpolitische Charakter seines Verfahrens wird dadurch nicht gemindert, insofern die auf nicht politische Anlässe hin eingeleitete Aktion, die zur Vernichtung des Ordens führte, schließlich wichtige politische Konsequenzen gezeitigt hat und insbesondere der Stärkung der königlichen Macht in mehr als einer Beziehung zugute gekommen ist.

Zehntes Kapitel.

Die Stellung der geistlichen Ritterorden zu der wirtschaftlichen Entwickelung.

Die Anfänge der geistlichen Ritterorden gehören in die Zeit des Übergangs von der Naturalwirtschaft zur Geldwirtschaft. Angebahnt war dieser durch die Steigerung des Kreditbedürfnisses weiter Kreise, die der Rückgang der gutsherrlichen Wirtschaften erzeugte, sowie durch die immer mehr in Aufnahme kommende Leistung der abhängigen Leuten obliegenden Verpflichtungen in Geld und durch die vom Handel veranlaßte Zunahme der Bedürfnisse. Beschleunigt wurde diese Entwickelung durch den Einfluß der Kreuzzüge. Denn die Teilnahme daran, erst durch die Geistesrichtung der Zeit gefordert und schließlich zu einer Mode geworden, die mitgemacht werden mußte, nötigte gerade die Kreise, die vermöge der bisher herrschenden Naturalwirtschaft mit dem politischen und dem gesellschaftlichen Leben auch das wirtschaftliche beherrscht hatten, zur Beschaffung oft sehr bedeutender Beträge in barem Geld, und zwar möglichst in einer Form, die deren Verführung in weite Fernen erleichterte. Damit kam in das wirtschaftliche Leben des Abendlandes ein neues Moment, das um so tiefer und nachhaltiger wirkte, je mehr es sich um die Befriedigung eines nicht bloß vorübergehenden, sondern dauernden, ja von Jahrzehnt zu Jahrzehnt dringenderen Bedürfnisses handelte.

Als berufsmäßige Träger der Kreuzzugsbewegung kamen nun die geistlichen Ritterorden vermöge ihrer Organisation und ihrer Stellung diesseits und jenseits des Meeres naturgemäß dazu, nicht bloß an dieser Entwickelung hervorragenden Anteil zu nehmen, sondern in ihr eine führende Rolle zu spielen. Sie haben – zwar in verschiedener Weise und mit verschiedenem Erfolg für sich selbst – wesentlich beigetragen zu dem so folgenreichen Wandel, der sich mit dem Sieg der Geldwirtschaft über die Naturalwirtschaft vollzog, und sind gleichzeitig durch ihn in ihrer eigenen Entwickelung entscheidend beeinflußt worden. Doch gilt dies nur, und zwar nicht in gleichem Maße, von den drei großen geistlichen Ritterorden: Die kleineren, eine so bedeutende Rolle sie, wie die spanischen, in dem ihnen angewiesenen engeren Wirkungskreise spielten, sind schon infolge ihrer nationalen Beschränktheit nicht in die Lage gekommen, auf diese allgemeinen Verhältnisse einzuwirken, da sie an dem dafür in Betracht kommenden internationalen Verkehrsleben keinen Anteil hatten. Schon weil ihre Tätigkeit auf ihr heimatliches Gebiet beschränkt blieb, konnte bei ihnen nicht das Bedürfnis entstehen, die ihnen zufließenden Mittel in eine Gestalt umzusetzen, die ihre Verwendung in weiter Ferne ermöglicht hätte.

Von den drei großen geistlichen Ritterorden ist nun der der Hospitaliter nach dem Bilde, welches die auf uns gekommenen Urkunden von seinem wirtschaftlichen und finanziellen Gebahren darbieten, trotz seiner Teilnahme an der von der Naturalwirtschaft zur Geldwirtschaft hinüberleitenden Entwickelung doch in wesentlichen Stücken auf dem Boden der ersteren stehen und sozusagen in ihren Banden befangen geblieben. Denn in der Hauptsache beruhte sein Wirtschaftssystem dauernd auf seinem Grundbesitz und der Verwertung von dessen Erträgen. Der neuen Mittel, welche zur Vermehrung des Gewinnes daraus die rasch zur Herrschaft gelangende Geldwirtschaft darbot, bediente er sich immer nur in beschränktem Maße und im Hinblick auf die durch seinen Beruf immer von neuem erzeugten besonderen Bedürfnisse. Aber zu keiner Zeit ging er darauf aus, durch geschickte Benutzung der Konjunkturen sein Vermögen zu vermehren, um ohne Rücksicht auf die augenblicklich an ihn gestellten Ansprüche überhaupt bloß über größere Mittel zu verfügen und dadurch sein Ansehen zu befestigen und seinen Einfluß zu steigern. Hat er dennoch auch gelegentlich finanzielle Operationen ausgeführt, wie sie die Entwickelung der Geldwirtschaft mit sich brachte, so hat er doch niemals in der gewohnheits- oder gar berufsmäßigen Vornahme von solchen ein besonders wirksames Mittel zur Vermehrung seiner Einnahmen gesehen. Vielmehr hat er im allgemeinen die Bestände, die für die eigentlichen Ordenszwecke nicht Verwendung fanden, wieder in Grund und Boden angelegt. So hat sich sein Grundbesitz dauernd vermehrt und ist namentlich seit der Mitte des 13. Jahrhunderts durch große Güterkäufe auch im Osten rasch gewachsen. Da aber bei dem fortschreitenden wirtschaftlichen Verfall der christlichen Staatenreste im Morgenlande der Ertrag daraus dauernd zurückging und auch im Abendlande die wirtschaftliche Lage der Grundbesitzer sich immer mehr verschlechterte, so haben die von ihm in Grundbesitz angelegten Kapitalien sich nicht entsprechend verzinst. Er ist infolgedessen finanziell immer weiter zurückgegangen, so daß er schließlich nach seinem eigenen Geständnis die für die Erfüllung der Verpflichtung zum Glaubenskampf im Osten nötigen Mittel, da sie in barem Gelde aufgebracht werden mußten, nur noch durch Anleihen beschaffen konnte, für die er immer neue Stücke seines abendländischen Besitzes verpfänden mußte und deren Verzinsung ihn von Jahrzehnt zu Jahrzehnt schwerer belastete.[1])

Wesentlich günstiger war die Lage des Deutschen Ordens, seit er, ohne darum der Bekämpfung der Ungläubigen im Morgenlande ganz zu entsagen, seine Kraft auf Preußen konzentriert hatte und daher dort auch nach dem Zusammenbruch der christlichen Herrschaft jenseits des Meeres den Beruf weiter erfüllen konnte, zu dem er gestiftet war. Zunächst allerdings war die Grundlage seines Wirtschafts- und Finanzsystems und damit seiner militärischen und politischen Tätigkeit auch dort eine naturalwirtschaftliche, aber es handelte sich dabei um ein einheitlich geschlossenes Gebiet, dessen Erträge sich leicht an den Stellen sammeln ließen, wo man ihrer bedurfte. Der augenblicklich oder dauernd nicht verwendbare Überschuß konnte nutzbar gemacht werden, indem man ihn ausführte und dagegen im Lande selbst nicht vorhandene Bedarfsartikel eintauschte oder ihn in Geld umsetzte, mit dessen Hilfe solche, wo es nötig war, beschafft werden konnten. So wurde der Deutsche Orden in Preußen durch die Verhältnisse selbst hingewiesen auf einen von Staats wegen zu betreibenden Großhandel, welcher den Gegensatz zwischen der alten Natural- und der neuen Geldwirtschaft ausglich. Das war freilich nur solange möglich, als er mit der Hansa als der vornehmsten Trägerin des deutschen Handels in gutem Einvernehmen stand und solange die eng an deren Interessen geknüpften preußischen Städte durch die Konkurrenz des Landesherrn, die vielfach auf eine Monopolisierung des Handels in dessen Händen hinauslief, nicht zu offener Opposition getrieben wurden. Damit hängt es zusammen, daß der Deutsche Orden die reichen Geldmittel, über die er verfügte, niemals durch eigentliche Geldgeschäfte, d. h. Ausleihen gegen Zinsen zu vermehren bemüht war, seine Überschüsse vielmehr verwendete, um durch zinsfreie Darlehen seine Untertanen, namentlich in Geldverlegenheit befindliche Städte, und befreundete oder verbündete Fürsten zu unterstützen.[2]) Es scheint sogar, als ob in ähnlicher Weise, wie das in bezug auf das übel berufene schikanöse Prozessieren der Hospitaliter zu vermuten stand,[3]) gleich bei der Errichtung des Deutschen Ordens

---

[1]) Vgl. oben S. 136.

[2]) Vgl. A. Klein, Die zentrale Finanzverwaltung im Deutschen Ordensstaate Preußen zu Anfang des 15. Jahrhunderts (Staats- und sozialwissensch. Forsch., hrsg. v. Schmoller und Gering, XXIII, 2), S. 16ff.

[3]) Vgl. oben S. 189.

durch die ihm gegebenen Statuten hat vorgesorgt werden sollen, daß er nicht so tief wie jene in finanzielle Unternehmungen verwickelt würde. Der Hochmeister durfte nur bis zu 100 Byzantiern, die einzelnen Brüder ohne seine oder des Landkomturs Erlaubnis nur bis zu einer Mark Silber ausleihen.[1]) In späterer Zeit wurden die Barmittel des Ordens verzehrt durch den wachsenden Aufwand für die Söldner, die zur Verteidigung des Landes gegen Polen und zur Niederhaltung der aufsässigen Untertanen nötig waren. Daraus ergaben sich innere und äußere Schwierigkeiten, an denen der Ordensstaat dahinsiechte.

Dagegen sehen wir den Templerorden frühzeitig in der Verwaltung und Verwertung der Einnahmen, die ihm aus seinen Gütern und anderen Quellen zuflossen, eine ausgesprochen geldwirtschaftliche Richtung verfolgen. Indem er das um so energischer tat, je reichere Mittel ihm zuströmten, und mit Hilfe seiner Organisation und seiner Verbreitung die dazu nötigen Einrichtungen traf und auch in den Dienst derer stellte, die bei dem Wachsen des Geldverkehrs ihrer bedurften oder Nutzen daraus ziehen konnten, trat er in den Mittelpunkt des zu erstaunlichem Umfang entwickelten Geldverkehrs, wurde eine Macht darin und schließlich einer der für seine Abwickelung vorzugsweise maßgebenden Faktoren. Vor den Lombarden und vor den Bankiers von Siena und Florenz ist er eine Geldmacht gewesen, zeitlich und der Bedeutung nach die erste. Dich hat eben die Stellung in gewisser Hinsicht auch zu seiner schließlichen Katastrophe beigetragen.

Diese drei Richtungen, in welche die wirtschaftliche Entwickelung der Orden auseinanderging, lagen gleichmäßig in den wirtschaftlichen Verhältnissen begründet, in welche die ritterlich-mönchischen Genossenschaften sich von Anfang an gestellt sahen und die im wesentlichen auch in der Folge dieselben blieben. Entsprechend der Mannigfaltigkeit der Zuwendungen, die ihnen gemacht wurden, und der Verschiedenartigkeit der Erträgnisse daraus handelte es sich für die Orden allezeit darum, die ihnen aus weit auseinanderliegenden Quellen zufließenden Einkünfte, mochten es Naturalien oder bares Geld sein, einmal da zu konzentrieren, wo sie in größeren Massen verwendet werden sollten, und dann darum, erstere nach Bedarf in eine Gestalt umzusetzen, in der sie für den zu fördernden Zweck unmittelbar nutzbar gemacht werden konnten. Sie befanden sich in dieser Hinsicht in der gleichen Lage wie die Kirche überhaupt, die durchweg zum Teil zunächst auf Naturallieferungen, zum Teil auf bare Einkünfte in den verschiedenen Landesmünzen angewiesen war und daher von altersher Mittel und Wege hatte

[1]) Klein, a.a.O. S. 6.

suchen müssen, um die Naturalien, soweit sie nicht als solche verwendbar waren, in Werte umzusetzen, die zum Transport nach anderen Bedarfsstellen geeignet waren, und die in Münzen des einen Landes eingegangene Beträge, um sie andernwärts in kirchlichem Interesse verwenden zu können, in Münzen umzutauschen, die in den betreffenden Gebieten gangbar waren. Gerade in dieser Hinsicht bietet die Kirche als die größte wirtschaftliche Organisation des Mittelalters ein Seitenstück zu den geistlichen Ritterorden. Daher haben diese auf der einen Seite das Vorbild benutzt, das sie ihnen und mit ihren früh entwickelten Einrichtungen derart darbot, auf der anderen aber diese auch weiter entwickelt und vervollkommnet und dadurch ihrerseits wiederum zur Steigerung des Verkehrs überhaupt und des Geldverkehrs im besonderen beigetragen. Hatte das kirchliche Steuerwesen lange vor dem Zeitalter der Geldwirtschaft den Geldverkehr ins Leben gerufen, so haben die geistlichen Ritterorten durch die eigenartige Organisation ihrer Finanzen, die ähnliche Aufgaben mit ähnlichen Mitteln zu lösen hatte, die Entfaltung des Geldverkehrs entscheidend gefördert: Im Anschluß an das wachsende Bedürfnis bildeten sie die nötige Technik aus und brachten sie in bestimmte, auch unter anderen Umständen und von anderen anwendbare Formen, die zunächst gleich wieder von der Kirche benutzt oder nachgeahmt wurden. Denn was diese – im größten Maßstab, aber nur von Zeit zu Zeit – zu tun genötigt war und daher als eine durch besondere Bedürfnisse veranlaßte Maßregel nur gelegentlich ausführte, wurde bei den Orden, für die es frühzeitig solche Bedürfnisse unter ganz ähnlichen Umständen in kleinerem Umfange zwar, aber dauernd zu befriedigen galt, eine gleichmäßig jahraus, jahrein geübte Praxis. Während die Kirche zu solchen finanziellen Operationen nur genötigt war, wenn es sich darum handelte, Steuern aus ihrem Gesamtgebiet oder weiten Teilen desselben einzuheben und ihren Ertrag nach Rom zu konzentrieren, hatten die Orden entsprechend der verstreuten Lage ihres Besitzes sie dauernd auszuführen. Daher bedurften sie jederzeit anwendbarer Mittel, um die den einzelnen Ländern zufallenden, von ihnen aber nicht verwendbaren Naturalien in Geld umzusetzen und die in den verschiedenen Landesmünzen eingegangenen in allgemein brauchbare Münze umzutauschen. Das war um so mehr der Fall, als sie ja nicht bloß Großgrundbesitzer waren, die für ausgetanes Land Dienste, Naturalleistungen und Renten empfingen, sondern selbst Landwirtschaft trieben und hier und da sogar unter den gewerblichen Produzenten eine nicht unbedeutende Rolle spielten. Was da von dem Ertrage der den einzelnen Komtureien zugeteilten Güter nicht für die betreffenden Konvente Verwendung fand, mußte entweder an andere Häuser abgeführt oder, wenn auch dort kein Bedarf dafür war, durch Tausch in andere Bedarfsartikel oder durch Verkauf in Geld umgesetzt werden. Der Haushalt der Orden war demnach von jeher ohne gewisse kaufmännische und finanzielle Operationen überhaupt unmöglich und nötigte sie von Anfang an wenigstens in beschränktem Maße Handel zu treiben und Geldgeschäfte zu machen. Das Gebiet aber, auf welches diese Tätigkeit sich erstreckte, war infolge der Verbreitung der Orden, die zunächst jenseits des Meeres zu wirken berufen waren, auch über das ganze Abendland ein überaus umfangreiches. Die sich daraus ergebenden Verhältnisse enthielten geradezu die Aufforderung, diese kommerziellen und finanziellen Unternehmungen über das eigene Bedürfnis hinaus zu erweitern, zumal dadurch die für die Ordenszwecke zur Verfügung stehenden Mittel beträchtlich vermehrt werden konnten.

So mag der Export, den die Orden mit Hilfe ihrer regelmäßig zwischen Ost und West hin und her gehenden Schiffe trieben, zuerst zwar beschränkt gewesen sein auf die Versorgung ihrer Konvente jenseits des Meeres mit dem, was dort nicht zu beschaffen war, also auf Waffen und Kriegsgerät aller Art, dann allerlei Lebensmittel wie Getreide, Gemüse, Salzfleisch u. a. m. E wird das aber nicht lange geblieben sein, um so weniger, als auch andere geistliche Genossenschaften, Kirchen und Klöster an dem gewinnreichen Levantehandel Anteil nahmen und auf ihren Schiffen unter dem Schutz ihrer Abgabenfreiheit Waren aller Art nach den Häfen Syriens einführten und andere heimbrachten.[1]) Auch die Orden werden ihre Schiffe nicht zweimal jährlich leer nach dem Westen haben zurückkehren lassen, sondern mit morgenländischen Produkten befrachtet haben, welche die abendländischen Konvente nötig hatten und die, soweit sie dort nicht Verwendung fanden, gewinnbringend untergebracht werden konnten. Den Anteil der Orden an der Versorgung der christlichen Kolonie in Palästina mit abendländischem Getreide, die ihnen z. B. in Neapel durch Zollfreiheit erleichtert wurde,[2]) läßt unter anderem ein Beschluß der Stände der Sénéchaussé Carcasonne vom 17. August 1273 erkennen, wonach das Verbot des Getreideexports für die Ausfuhr nach Accon nicht gelten sollte, wenn dieses als Bestimmungsort der betreffenden Ladunz durch eine Bescheinigung des Templer- oder des Hospitaliterordens oder des dortigen Vertreters des französischen Königs erwiesen würde.[3]) Wenn ferner z. B. die

[1]) Prutz, Kulturgeschichte der Kreuzzüge, S. 357.

[2]) Vgl. oben S. 287.

[3]) Vaissette, *Hist. de Languedoc (Nouv. éd.) VIII*, S. 1743.

Hospitaliter aus den Rhonegegenden Holz zu ihrem Bedarf im Osten abgabenfrei nach den Ausfuhrhäfen bringen durften,[1]) so wird man doch keine Bürgschaft dafür gehabt haben, daß sie dies Recht nicht auch für den Export von Holz zu Handelszwecken ausnutzten. Daß sie ihre Schiffe, die von den üblichen Abgaben zum Teil frei blieben, zum Pilgertransport in großem Maßstabe benutzten, ging zwar zurück auf ein Privileg, das ihnen Hugo de Beauce, der Vicomte von Marseille, 1212 verliehen und Friedrich II. 1216 bestätigt hatte, hat aber später infolge des damit getriebenen Mißbrauchs Anlaß zum Streit mit den Marseiller Reedern gegeben. Ihn beendete ein Vergleich, wonach jeder der beiden Orden hinfort zweimal jährlich je zwei Schiffe mit höchstens 1500 Pilgern expedieren durfte. Die spätere Erneuerung der Klagen der Marseille Schiffsherren beweist jedoch, daß die Orden sich daran nicht gebunden haben. Wie alt der hier zutage tretende Gegensatz war und wie weit er wirkte, lehrt ein Vertrag der Stadt Narbonne mit Genua vom Jahr 1166, welcher der ersteren die Verpflichtung auferlegt, zur Überfahrt nach dem Osten Schiffe der beiden Orden nicht zu benutzen.[2]) Aber auch an dem inländischen Handel teilzunehmen hatte diese mehr als einen Anlaß und vielfach günstige Gelegenheit. Denn abgesehen davon, daß sie ihren Häusern in dem einen Gebiete Dinge, die dort fehlten, von anderwärtsher zuführten und dagegen solche, an denen eine Provinz Überfluß hatte, von dort nach anderen ausführten, um sie gewinnbringend zu verwenden, besaßen die Orden vielfach auch Marktgerechtigkeiten verschiedener Art. In manchen Orten wurden unter ihrer Autorität Märkte und Messen gehalten: Die eingehenden Gefälle, Standgelder, Wiegegelder usw. fielen ihnen zu. Für die Hospitaliter ist uns das in England mehrfach bezeugt.[3]) Bei den Templern sind wir über die einschlägigen Verhältnisse namentlich in bezug auf zwei der berühmtesten Meßplätze Frankreichs näher unterrichtet. Zu Troyes bezogen sie seit der Mitte des 12. Jahrhunderts wenigstens einen Teil der Platzgebühren, welche von den die Messe besuchenden Kaufleuten entrichtet wurden.[4]) In Provins aber benutzten sie die Erwerbung größeren Grundbesitzes und verschiedener Gerechtsame zu rücksichtsloser Ausbeutung des blühenden Handels, in dem namentlich Wolle und Wollprodukte eine Rolle spielten. Besonders taten sie das, seit mit dem größten Teil der zugehörigen Grafschaft fast die ganze

---

[1]) Vgl. oben S. 272.

[2]) Prutz, Kulturgeschichte der Kreuzzüge, S. 100. Vaissette, *Histoire de Languedoc III, Chartes,* S. 14.

[3]) Vgl. oben S. 294.

[4]) Prutz, Entwickelung und Untergang usw., S. 15.

Umgegend in Abhängigkeit von ihnen gekommen war. Ein Bild davon gibt uns die Beschwerdeschrift, welche die Bürger von Provins an Philipp den Schönen richteten, um ihn zum Einschreiten zu veranlassen. Nach altem Rechte hatte ihnen gegen Erlegung eines Denars während der ganzen Meßzeit freier Kauf und Verkauf zugestanden, namentlich auch der Wolle, gleichviel woher sie herbeigeführt sein mochte. Das Abwiegen derselben hatten sie auf ihren eigenen Wagen besorgt und dabei streng auf Genauigkeit und Ordnung gesehen. Dies Wiegerecht nahm der Orden für sich in Anspruch und erhob für seine Ausübung eine Abgabe. Früher hatten die Bürger die Wollvorräte, die sie von den viel Schafzucht treibenden Klöstern der Umgegend aufkauften, frei in die Stadt einführen dürfen: Jetzt sollten sie sie unter dem Vorwand des Abwiegens durch vom Orden bestellte Wäger verzollen, während die sie produzierenden Klöster auf Grund ihrer Privilegien sie frei einführen durften. Die Folge davon war, daß die Wollproduzenten der Umgegend ihre Vorräte nicht mehr nach Provins brachten, sondern in Troyes verkauften. Daher sank in ersterer Stadt der Wollimport so tief, daß die zahlreichen Tuchweber an Rohmaterial Mangel litten und die wirtschaftliche Lage der Stadt immer bedenklicher wurde.[1]) Auch benutzte der Orden solche in seinem Machtgebiet liegenden Meßorte, um die Erzeugnisse seiner Güter vorteilhaft auf den Markt zu bringen. In Provins z. B. durfte er kraft eines alten Privilegs 40 Fässer Wein zollfrei einführen.[2]) Spuren einer ähnlichen kaufmännischen oder sonst erwerbenden Tätigkeit der Orden finden wir auch anderweitig. In der Provence z. B. waren die Salzgewinnung und der Salzhandel so gut wie monopolisiert in den Händen der Hospitaliter, und der Landesherr hielt es für nötig, sich und seinen Untertanen den Bezug des Salzes unter Ausschluß willkürlicher Preissteigerung durch einen Vertrag mit dem Orden zu sichern.[3]) Seit etwa 1150 finden wir die Hospitaliter ferner im Besitz eines ähnlichen Monopols in bezug auf die Kalköfen in Nimes, deren Betrieb früher das Vorrecht eines Privatmannes gewesen war.[4]) Ferner scheint hier und da der Betrieb gewisser Handwerke in den Händen von Leuten gewesen zu sein, die vom Orden abhängig oder seine Schützlinge waren, und so ebenfalls für die Orden eine Quelle des Gewinns geworden zu sein. Um die Mitte des 13. Jahrhunderts finden wir unter den den Templern zinspflichtigen Bewohnern des

[1]) Prutz, Entwickelung und Untergang usw., S. 66 u. 310, Nr. 2.

[2]) Ebd. S. 67.

[3]) Vgl. oben S. 275.

[4]) Vaissette, a.a.O. VII, S. 187.

Tempelbezirks zu Paris alle möglichen Handwerke und Gewerbe vertreten.[1]) Diese Seite in den wirtschaftlichen Verhältnissen der Orden und insbesondere der Templer erfährt noch durch eine andere gelegentliche Notiz eine lehrreiche Beleuchtung, die zugleich den Unterschied erkennen läßt, der auf diesem Gebiete zwischen den Verhältnissen im Abendlande und denen im Morgenlande obwaltete. Sie gibt zugleich eine weitere Erklärung dafür, warum die christliche Kolonie jenseits des Meeres nicht gedieh. Als 1262 die Mohammedaner den Christen Palästinas den Austausch der in den Kämpfen der letzten Jahre beiderseits gemachten Gefangenen vorschlugen, lehnten ihn Templer und Hospitaliter ab mit der Begründung, ihre Gefangenen seien lauter Handwerker und es würde ihnen viel zu große Kosten machen, wenn sie sich statt deren andere Handwerker besorgen sollten.[2]) Danach fehlte im Osten der freie Handwerkerstand und damit eins der wichtigsten Elemente für die Bildung eines lebensfähigen städtischen Bürgertums. In lehrreichem Gegensatz hierzu steht die Wirtschaftspolitik des Deutschen Ordens in Preußen, der das Gedeihen der von ihm gegründeten zahlreichen kleinen Städte namentlich durch die sorgsame Pflege des Handwerks zu sichern wußte. Um die wirtschaftliche Bedeutung solcher kommerziellen und gewerblichen Betriebe der Orden und ihre Einwirkung auf das wirtschaftliche Leben der Gebiete und den Bevölkerungen, in deren Mitte sie sich abspielten, richtig einzuschätzen, darf nicht vergessen werden, daß den Orden die Fülle ihrer Exemtionen auch hier zugute kam und sie reicheren Gewinn machen ließ, als anderen Unternehmern möglich war. Denn ihre Freiheit von Zöllen, von Wege-, Brücken- und Schiffsgeldern, von Marktgebühren verschiedener Art galt ja auch für alle diejenigen, die irgendwie mit ihnen in Verbindung standen, von ihnen abhängig oder beschützt waren, und gewährte ihnen einen beträchtlichen Vorsprung vor allen Konkurrenten. Mittelbar aber kam das schließlich doch immer den Orden selbst zugute, indem dadurch ihre Ausgaben vermindert und ihre Einnahmen vermehrt wurden.

Von dieser Seite in dem wirtschaftlichen Leben der geistlichen Ritterorden ein im einzelnen anschauliches Bild zu gewinnen, reicht das bisher bekannt gewordene Material nicht aus. Erst von der Tätigkeit, die der Deutsche Orden in Preußen auf diesem Gebiete entwickelt hat, erlangen wir eine genauere Anschauung. Diese läßt erkennen, woran es in dem wirtschaftlichen Leben der anderen Orden gefehlt hat und

[1]) Vgl. oben S. 377.

[2]) *Gestes des Chiprois*, S. 167, c. 318.

weshalb der preußische Ordensstaat, obgleich er wirtschaftlich auf denselben Grundlagen beruhte, doch zu so unvergleichlicher wirtschaftlicher Blüte gedeihen und noch in ganz anderem Sinn, als selbst die Templer es zur Zeit ihres Höhestandes gewesen waren, eine wirtschaftliche Großmacht werden konnte.

Um so anschaulicher tritt uns aus dem dafür erhaltenen reicheren Material das Bild von der geldwirtschaftlichen Tätigkeit der beiden älteren Orden und besonders der Templer entgegen. Den Einfluß, den diese vermöge der für die damaligen Verhältnisse ungeheuren Barmittel, die ihnen zur Verfügung standen, durch großartige finanzielle Operationen im Zeitalter der Kreuzzüge auf das wirtschaftliche Leben des Abendlandes ausübten, bezeugt eine Reihe von charakteristischen Momenten. Der englische Chronist Matthäus Paris[1]) unterscheidet bei Besprechung der den Orden zuströmenden Reichtümer den Ertrag ihres Grundbesitzes und die Bareinnahmen, welche sie anderweitig und namentlich aus den Beiträgen der Mitglieder ihrer weiteren Brüderschaften und aus den Kollekten zu ihren Gunsten ziehen. Da nun diese Gelder immer in der Münze des betreffenden Landes, und zwar zunächst in Massen kleiner und kleinster Münze eingingen, erwuchs den mit ihrer Vereinnahmung betrauten Vorstehern größerer Ordensbezirke genauso wie den Kollektoren der Kirchensteuern die Pflicht, sie in allgemein gültige Geldsorten umzuwechseln und an die betreffenden Zentralstellen zu übermitteln. Die Übersendung dieser Summen sowie des an den Ordensschatz abzuführenden Überschusses, den die einzelnen Komtureien bei der Bewirtschaftung ihrer Güter erzielten, an die Zentralstelle erfolgte schon früh nicht in bar, sondern durch Anweisungen oder auf dem Wege der Abrechnung zwischen den Kassen der einzelnen Ordensprovinzen. Dadurch wurde bereits der Schatzmeister jedes Haupthauses zur Ausführung gewisser finanzieller Operationen genötigt und entwickelte mit der Vergrößerung und Vermannigfaltigung der Verhältnisse eine Tätigkeit, die von der unsrer Bankiers nicht wesentlich verschieden war, nur daß der dabei gemachte Gewinn nicht ihm, sondern den Orden zugute kam. Wenn sie nicht auf den Kreis des Ordens beschränkt blieb, sondern auch außerhalb desselben Stehenden dienlich wurde, so war das die Folge davon, daß die Orden mehr als sonst irgendjemand über weitreichende Verbindungen verfügten, wie sie das Geldwechseln, der Anweisungsverkehr und die sich daraus entwickelnde Kreditgewährung in größerem Maßstabe zur Voraussetzung haben, ein Moment, aus dem es sich auch erklärt, wie in älteren Zeiten

[1]) Chronicon IV, S. 291.

vorzugsweise die Juden dazu kamen, solche Geschäfte zu machen.[1] Auf diesem Wege ist namentlich der Templerorden früh zu einer umfassenden Tätigkeit als Bankier gekommen. Sie wuchs in demselben Maße, wie die ihm zur Verfügung stehenden Mittel sich vermehrten, er in allen Teilen der christlichen Welt eine wirtschaftlich fest begründete Stellung gewann und bei weltlichen und geistlichen Großen zu Ansehen gelangte. Der Vorgang war also ein sehr einfacher und ergab sich naturgemäß aus den Verhältnissen.

Soweit dabei andere als Ordensgelder in Betracht kamen, handelte es sich ursprünglich nur um die Deponierung von Geldern im Interesse der Sicherheit. War es doch von altersher Brauch, Kostbarkeiten, wichtige Dokumente und andere Wertgegenstände, an deren sicherer Aufbewahrung viel lag, an kirchlich geweihten Orten in Gewahrsam zu geben. Auch der Ordenshäuser hat man sich dazu bedient. Im Anfang der Regierung Ludwigs IX. z. B. wurde das Pfund, das den Urtypus abgab für alle in Frankreich anzufertigenden Pfundstücke, im Pariser Tempel aufbewahrt und konnte nur dort benutzt werden. Ebendaselbst wurde 1258 die Originalausfertigung des von Ludwig IX. mit den englischen Gesandten vereinbarten Vertrages niedergelegt. Das gleiche war 1214 mit dem geheimen Abkommen geschehen, das Johann von England mit seiner Tante, Königin Berengaria, getroffen hatte. Auch hatte im Frühjahr 1220 der päpstliche Legat Pandulf dem Vizekanzler, als er ihn nach Canterbury beschied, empfohlen, das königliche Siegel, damit kein Mißbrauch damit getrieben werden könnte, inzwischen im Tempel zu London in Verwahrung zu geben.[2]) Es war daher nur natürlich, daß man sich der gegen jeden weltlichen und geistlichen Eingriff geschützten Ordenshäuser auch bediente, wenn es Kostbarkeiten oder größere Geldsummen aufzubewahren galt. Wo es sich um letztere handelte, ergab sich als weitere Folge die periodische Abrechnung mit den Deponenten und unter Umständen weiterhin wie die Einziehung von Geldern für deren Rechnung, so auch die Gewährung von Darlehen an sie. Wenn gerade die geistlichen Ritterorden derartige Geschäfte machten, so wird das die Zeitgenossen nicht befremdet haben: denn schon vor den Kreuzzügen unter der Herrschaft der Naturalwirtschaft hatten vorzugsweise Klöster und Kirchen, in

---

[1]) G. Schneider, Die finanziellen Beziehungen der florentinischen Bankiers zur Kirche von 1285–1304 (Staats- und sozialwissensch. Forschungen, hrsg. v. Schmoller, XVII, 1), S. 8.

[2]) Vgl. Delisle, *Mémoire sur les opérations financières des Templiers in den Mémoires de l'Institut National de France, Académie des Inscriptions et Belles-Lettres*, Bd. III, 2 (Paris 1889), S. 3 u. 5.

deren Besitz am ersten größere Barmittel zusammenflossen, ähnliche Geldgeschäfte gemacht. Waren doch gerade die ältesten Zinsverbote namentlich an Kleriker gerichtet, von denen man sich unter den damaligen Verhältnissen am ersten des Wuchers versah. Auch später finden wir Klöster häufig als Ausleiher: Größere Summen verliehen sie meistens gegen Verpfändung eines Grundstücks, einer Mühle oder eines andern, Nutzen gewährenden Besitztums, dessen Ertrag bis zur Rückzahlung des Darlehens gewöhnlich ihnen zufiel. Zuweilen mußte der Schuldner dabei einen bestimmten Ertrag des Pfandes verbürgen und, wenn dieser nicht erreicht wurde, ihn bis zu einer vereinbarten Höhe ergänzen.[1])

Die erste und einfachste Form der von den Orden ausgeführten finanziellen Operationen war demnach die Annahme von Depots, die ihnen entweder überhaupt aus Gründen der Sicherheit anvertraut wurden oder zur Aufbewahrung bis zu ihrer späteren Verwendung. Wie es sich bei Depots letzterer Art oft zugleich auch um die einstweilige anderweitige nützliche Verwendung erst später gebrauchter Gelder gehandelt haben wird, so mag auch mit der scheinbar bloß um der Sicherheit willen vorgenommenen Deponierung von Kostbarkeiten oft ein Pfandgeschäft verbunden gewesen sein, indem die Orden die ihnen anvertrauten Wertgegenstände beliehen. In dieser Art finden wir sowohl Templer wie Hospitaliter tätig. König Johann von England vertraute 1204 und 1205 die Kronjuwelen dem Londoner Tempel an,[2]) und am 29. März 1216 quittiert er wiederum über die richtige Rückgabe der den Hospitalitern in Verwahrung gegebenen Kleinodien.[3]) Derselbe gab am 29. März 1205 in Oxford dem Großprior des Hospitals eine goldene Krone in Verwahrung, die er in seinem Testament vom 18. Mai 1204 dem Orden vermacht hatte.[4]) Als 1261 sein Nachfolger Heinrich III. angesichts der Ausbreitung des Aufstandes unter den Baronen beschloß, die Kronjuwelen in Sicherheit zu bringen, sandte er sie gar nach Frankreich an die Königin Margarethe, die sie nach Aufnahme eines Inventars in mit ihrem Siegel versehenen Kisten, zu denen einen Schlüssel sie selbst, den andern der englische Gesandte behielt, im Pariser Tempel deponieren ließ. Drei Jahre später bevollmächtigte der König seine Gemahlin Eleonore, in Gemeinschaft mit Graf Peter von Savoyen und John Mansel, dem Schatzmeister von York, im Interesse

[1]) Vgl. Schaub, Der Kampf gegen den Zinswucher (Freiburg i. B.), S. 155.

[2]) Delisle, a.a.O. S. 5.

[3]) *Cartulaire*, Nr. 1468 (II, S. 188).

[4]) Ebd. Nr. 1191 (II, S. 30/31).

der Krone darüber zu verfügen: die Juwelen dienten den Kaufleuten als Pfand, welche ihm die zur Fortsetzung des Kampfs gegen den Aufruhr nötigen Mittel beschafften, verblieben aber unter Bürgschaft der Königin von Frankreich wie bisher im Pariser Tempel. Erst 1272 wurden sie durch den König von dort zurückgezogen.[1]) Hier hat es sich also zweifellos um ein von dem Templerorden vermitteltes Pfandgeschäft zum Zweck einer Anleihe gehandelt. Das englische Volk und namentlich das Parlament sahen solche begreiflicherweise nicht gern, weil dadurch das Steuerbewilligungsrecht der Stände unwirksam gemacht werden konnte, zumal da unter Umständen auch die Hospitaliter bereit waren, zu solchen Geschäften die Hand zu bieten. Lehrreich ist dafür ein Erlaß ebenfalls Heinrichs III. vom 10. März 1232, durch den zu allgemeiner Kenntnis gebracht wurde, der König habe nicht, wie behauptet werde, vor einem Jahr bei den Hospitalitern eine Anleihe aufgenommen, im Gegenteil mit Zustimmung der Ritter nach altem Brauch sein eigenes Geld bei dem Orden deponiert.[2]) Diese Verbindung der Krone mit den Orden bestand unter Eduard I. fort: In einer Urkunde vom 25. Juni 1277 erklärt dieser, sämtliche Kronjuwelen, die ehemals in der „Priorei des heiligen Johannes von Jerusalem außerhalb der Stadt London" deponiert gewesen, seien durch John von Cany, den Hospitaliterprior von England, im Tower zu London niedergelegt worden mit Ausnahme eines Rubins, der auf seinen Befehl der Königin Eleonore ausgehändigt worden sei. Ähnliche Vorgänge, bei denen es sich ebenfalls wohl nicht bloß um Sicherheitsmaßregeln, sondern um Pfandgeschäfte gehandelt haben dürfte, finden wir noch mehrfach. Am 1. April 1278 quittiert Karl von Anjou über die Rückgabe von Kostbarkeiten, darunter auch einigen besonders hochgeschätzten Reliquien, die in der Hospitaliterkirche zu Aix aufbewahrt gewesen waren.[3]) Auch Prälaten bedienten sich in gleicher Weise der Ordenshäuser. So hatte z. B. Pierre de Loies, der Patriarch von Antiochien, die Kostbarkeiten seiner Kirche samt etlichen Reliquien in dem Hospitaliterhaus seiner Residenz deponiert, wie aus der Bescheinigung hervorgeht, die er im Oktober 1209 über die Rückgabe ausstellte.[4])

Das gleiche Verfahren ist nun frühzeitig auch auf Gelder angewandt worden, und zwar nicht bloß zum Zweck sicherer Aufbewahrung für den Eigentümer, sondern auch im Interesse der später zu ihrem Empfang Berechtigten. Da nahmen die Orden also eine vermittelnde

[1]) Delisle, S. 4.

[2]) *Cartulaire IV*, S. 346.

[3]) Ebd. Nr. 3657 (III, S. 360).

[4]) Ebd. Nr. 1336 (II, S. 112).

Stellung ein, besonders zwischen Schuldnern und Gläubigern. Nach einem Schreiben Gregors IX. vom 10. April 1234 hatte der ehemalige Prior von St. Martin des Champs Geld bei den Templern niedergelegt.[1]) Später hatte Jean de Pontoise, der Bischof von Winchester, Gelder, im ganzen 26000 Livres Tournois, den Ertrag der seiner Aufsicht unterstellten Kreuzzugskollekte, bei verschiedenen geistlichen Stiftern in und bei Paris und u. a. auch im Tempel deponiert.[2]) Dies geschah auch mit Erbschaften, die bis zur Ermittelung oder bis zum Eintreffen des Erbberechtigten aufzubewahren waren, desgleichen, wo es sich um die Erfüllung vertragsmäßig eingegangener finanzieller Verpflichtungen handelte, indem das zu einem bestimmten Termin zu zahlende Geld in der Ordenskasse deponiert wurde. So gab z. B. Heinrich III. dem englischen Templermeister Adam Martel eine Summe in Gewahrsam, die einen Teil des dem französischen Prinzen Ludwig, dem Sohn Philipps II. August, auf Grund des Friedensvertrages auszuzahlenden 10000 Mark ausmachte, und am 28. Juni 1237 zahlt im Auftrag des Königs Henry Stokton den Bevollmächtigten Kaiser Friedrichs II. bisher im Tempel zu London deponiert gewesene 10000 Mark auf die der Schwester der Kaiserin zugesagte Mitgift von 30000 Mark.[3]) Hatten aber Fürsten so Gelder bei den Orden deponiert, so war es nur eine Vereinfachung des Geschäftsganges, wenn sie bei Zahlungen die Empfangsberechtigten an die Ordenskassen wiesen und von diesen befriedigen ließen, zumal wenn die Empfänger zum voraus versichert sein sollten, daß die Zahlung rechtzeitig erfolgen würde. Als Johann von England 1214 seine Vasallen in den verlorenen französischen Provinzen vom Anschluß an Philipp II. zurückhalten wollte, indem er sie für den Ausfall des Lehensertrages durch Jahrgelder entschädigte, legte er im Templerhause zu La Rochelle eine Summe nieder, welche die verheißenen Zahlungen auf eine Reihe von Jahren verbürgte. Zur Deckung der der Gräfin Alice von Angoulême versprochenen 500 Livres jährlich wies er am 6. September 1214 eben dorthin 2500 Livres an, und in demselben Jahre quittiert der dortige Komtur über 30000 Livres als Betrag der dem Grafen von Eu während der nächsten fünf Jahre als Entschädigung für den Verlust seines Landes zu zahlenden Rente von 5000 Livres.[4]) Aus einer Anweisung Bonifaz' VIII. an den Bischof von Orléans vom 6. Juni 1295 ergibt sich, daß die von König Philipp III. von Frank-

[1]) Delisle, S. 3.
[2]) Ebd. S. 4/5.
[3]) Ebd. S. 5/6.
[4]) Ebd. S. 11/12.

reich dem König von Aragonien vertragsmäßig zugesagte Summe von 48000 Livres Tournois im Tempel zu Paris hinterlegt war.[1]) Derartige Depots in Templerhäusern hatten nun aber auch Privatleute. Als am 26. Juni 1263 Eduard, der Sohn und Erbe Heinrichs III., in den Tempel zu London eindrang, die Schatzkammer erbrach und aus etlichen Kassen, die er öffnete, im ganzen 10000 Pfund Sterling wegnahm, wurden dadurch nicht bloß zahlreiche Barone, sondern auch Kaufleute geschädigt. Es hatten also auch solche ihre Kapitalien dem Orden anvertraut. Daher standen sie mit ihm ebenfalls in Abrechnung und hatten bei ihm unter Umständen Kredit, wie z. B. 1205 der Komtur des Tempels zu London vier französischen Kaufleuten die 20 Mark vorschoß, die sie vor der Löschung ihrer Ladung zu entrichten hatten.[2])

Nun erfolgte die Einzahlung erst späterhin zu verwendender Gelder begreiflicherweise besonders häufig und in verhältnismäßig kleinen Beträgen durch Pilger und Kreuzfahrer, die ihre Mittel nicht den Gefahren der langen Reise aussetzen wollten. Sie zahlten die Beträge bei einem der Ordenshäuser ihrer Heimat ein und erhielten auf dessen Anweisung im Osten die entsprechende Summe ausgezahlt. Überhaupt übernahmen die Orden die Übermittelung der für Zwecke des heiligen Landes bestimmten Gelder dorthin, und zwar taten das geradezu berufsmäßig wiederum die Templer. Ihrer hat sich dazu namentlich auch die römische Kurie bedient. So wird 1212 Pierre Marc aus Nimes, Subdiakon der römischen Kirche und Korrektor der päpstlichen Briefe, von Innocenz III. beauftragt, den Zehnten aus den Sprengeln von Narbonne, Aix, Arles, Albi, Cahors, Rodez und Agen einzuziehen[3]) und an das Templerhaus zu St. Gilles abzuführen, von wo es durch Wechselbriefe dem Pariser Tempel übermittelt werden soll.[4]) Wo es sich um die Bereitstellung von Geldern für Pilger und Kreuzfahrer im Osten handelte, wurde auch die Hilfe der Hospitaliter in Anspruch genommen, die sich aber zur Ausführung solcher Aufträge wie zum Transport ihrer eigenen Gelder südfranzösischer Bankiers bedienten. Um welche Summen es sich dabei gelegentlich handelte, läßt ein Geschäft erkennen, das die Hospitaliter in den sechziger Jahren des 12. Jahrhunderts mit König Bela III. von Ungarn, Herzog von Kroatien und Dalmatien, machte. In einer zwischen 1163 und 1169 ausgestellten Urkunde bezeugt der Ordensmeister Gilbert d'Assailly, der genannte König habe

[1]) *Régistres de Boniface VIII.*, Nr. 202, S. 76.

[2]) Ebd. S. 15.

[3]) Potthast, *RP*, Nr. 4591/92.

[4]) Ebd. Nr. 4593 u. 96.

dem Orden Gold im Werte von 10000 Goldbyzantiern übermittelt mit der Bestimmung, dafür in der Nachbarschaft Jerusalems Landgüter anzukaufen, deren Ertrag, solange der damals in Gemeinschaft mit seiner Gemahlin eine Pilgerfahrt vorbereitende König im heiligen Lande verweilen würde, diesem zufallen, nach seinem Tode oder nach seiner Heimkehr aber an den Orden übergehen sollte.[1]) Andrerseits erzählt der ritterliche Sieur de Joinville von den Fährlichkeiten, die er mit einem Depot von 400 Denaren, die er im Templerhaus zu Accon niedergelegt, zu bestehen hatte. Als er es abheben wollte, erhielt er vom Komtur die Antwort, von ihm habe man kein Geld in Gewahrsam und kenne ihn nicht. Eine Beschwerde beim Meister blieb erfolglos, und er glaubte bereits sein Geld verloren geben zu müssen, als die Sache sich dahin aufklärte, daß der Ordensbruder, dem er das Depot eingehändigt hatte, inzwischen nach einer anderen Burg verschickt war und sein Ersatzmann zunächst gar nichts davon gewußt hatte.[2]) Übrigens nahmen die Templer Depots von Kreuzfahrern auch mit ins Feld, um sie den Deponenten jederzeit zur Verfügung bereit zu halten. Mit ihrer Sicherheit war es dann freilich nicht allzu gut bestellt. Als es sich z. B. auf dem unglücklichen Kreuzzug Ludwigs IX. nach Ägypten darum handelte, das für den König zu erlegende Lösegeld von 200000 Livres aufzubringen, ergab sich, daß daran 30000 fehlten. Diese aus den mit ins Feld genommenen Mitteln des Ordens vorzuschießen, weigerte sich der Templermeister, weil man über die Depots nur auf ausdrückliche Weisung der Eigentümer verfügen könnte. Da zeigte der Ordensmarschall einen Ausweg: Wenn die Leute des Königs Gewalt gebrauchten, um sich des Geldes zu bemächtigen, würde man ihnen bloß zum Schein Widerstand leisten. So wurde verfahren, und der Sieur de Joinville schaffte das nötige Geld, indem er trotz des Protestes des Templerschatzmeisters demselben anvertraute Depots wegnahm, darunter auch solche von Leuten des Königs.[3]) Danach scheinen die Orden in Fällen überlegener Gewalt für das anvertraute Gut nicht zum Ersatz verpflichtet gewesen zu sein. Dafür spricht auch der Bericht über die Beraubung des Londoner Tempels durch den Prinzen Eduard am 26. Juni 1263, in dem der Baronen und Kaufleuten zugefügte Schaden beklagt wird.[4]) Ebenso wird es sich verhalten haben, als infolge des Ausbruchs des Krieges mit England

---

[1]) *Cartulaire*, Nr. 309 (I, S. 222). Vgl. Prutz, Die finanziellen Operationen der Hospitaliter in den Sitzungsberichten der B. Akad. d. W. 1906, S. 18.

[2]) Prutz, a.a.O. S. 26 und Kulturgeschichte der Kreuzzüge, S. 369.

[3]) Delisle, a.a.O. S. 7–9.

[4]) Vgl. oben S. 407.

1296 Philipp IV. sich eines Teils der Summen bemächtigte, die der Bischof von Winchester als päpstlicher Kollektor für England bei verschiedenen geistlichen Stiftern Frankreichs und auch im Pariser Tempel niedergelegt hatte. Wenn danach auch andere geistliche Anstalten solche Depots annahmen, so haben doch die geistlichen Ritterorden und namentlich der der Templer darin eine bevorzugte Stellung eingenommen: Ihnen wurde von den Interessenten ein sozusagen öffentlicher Charakter zuerkannt, etwa wie er den Notaren beiwohnte. Dies wird man anzunehmen berechtigt sein, wenn Heinrich II. von England 1158 bei dem Friedensschluß mit Ludwig VII. von Frankreich das wichtige Gisors und zwei andere Schlösser, die zur Mitgift der seinem Sohne zu vermählenden französischen Prinzessin Margarethe gehörten, bis zur Hochzeit der Obhut der Templer anvertraute. Die Ansprüche der Gräfin von Leicester sicherzustellen, die durch den Frieden zwischen Heinrich III. und Ludwig IX. gefährdet sein sollten, zahlte ersterer beim Pariser Tempel 15000 Mark ein, die erst zurückgenommen werden durften, wenn die erfolgte Befriedigung der Gräfin durch das Zeugnis der Bischöfe von London und Lincoln erwiesen sein würde.[1]) Zu den Dokumenten, die man am 29. September 1282 im Schloß der schottischen Könige zu Edinburgh vorfand, gehörte auch eins, durch das englische Große sich verpflichteten, im Tempel zu London Geld zu hinterlegen als Preis der ihrer Erhebung gegen Heinrich III. zu gewährenden Förderung. Das gleiche Verfahren fand auch in kleinerem Maßstabe statt. Wegen Unregelmäßigkeit in der Amtsführung von Philipp IV. zur Rechenschaft gezogen, mußte der Prévôt von Bourges 200 Livres im Pariser Tempel deponieren, von denen 1290 durch Parlamentsurteil die eine Hälfte ihm zurückgegeben, die andere als Buße für dem König verfallen erklärt wurde.[2]) In gleicher Weise bedienten sich auch Privatleute dieser den Kassen der Templer beiwohnenden öffentlichen Autorität. So verpflichtet sich im März 1224 Graf Wilhelm von Vienne und Mâcon, dem Herrn von Beaujeu ein Gut zurückzugeben, sobald dieser bei dem Abt von Cluny oder bei den Templern 1000 Mark Silber, die er ihm schuldig war, hinterlegt haben würde,[3]) und im Juni 1259 verspricht Guido von Chatillon, Graf von St. Paul, zur Deckung des Kaufpreises für ein Gut auf Johannis und auf Allerheiligen 1240 1000 Livres im Pariser Tempel einzuzahlen, um den Verkäufer zu befriedigen.[4])

[1]) Delisle, a.a.O. S. 13.

[2]) Ebd. S. 14.

[3]) Ebd. S. 12.

[4]) Ebd. S. 18.

Diese Inanspruchnahme der Vermittelung des Templerordens bei Abwickelung von Geldgeschäften hatte zur Folge, daß diesem vielfach Gelder zuströmten, darunter auch solche, die er den Einzahlern für einen nicht zum voraus genau bestimmten späteren Termin zur Verfügung bereit halten sollte. Dazu kamen dann des Ordens eigene Einnahmen in barem Geld. Er verfügte daher dauernd über sehr beträchtliche Barmittel, viel beträchtlichere jedenfalls, als zur Erfüllung seiner Verpflichtungen augenblicklich nötig waren. In besonders großem Maßstab war das da der Fall, wo die Zentralverwaltung der Ordensfinanzen ihren Sitz hatte, von Templerhäusern zu Paris und London. Von den dort aufgehäuften Schätzen machten sich die Zeitgenossen die denkbar größten Vorstellungen: Für sie konnte an Reichtum mit dem Templerorden überhaupt niemand konkurrieren. Obgleich nun keine ausdrücklichen Zeugnisse dafür vorliegen, wird man nicht annehmen dürfen, er habe dabei auf jeden Vorteil verzichtet und ohne Gewinn für sich selbst ausschließlich den Interessen anderer gedient. Vielmehr hat er zweifellos so gut wie andere geistliche Verbände, Kirchen, Klöster usw., die Geld ausliehen, Zinsen genommen und, wo er als Bankier fungierte, Gebühren berechnet, die seiner Mühwaltung und dem übernommenen Risiko entsprachen. Unproduktiv liegen gelassen hat er die in seinen Kassen zusammenfließenden Geldmittel gewiß nicht, wenn wir auch die Höhe der Prozente nicht angeben können, die er für die von ihm gemachten Geschäfte berechnete. Daß er auf solche nicht verzichtete, sondern sie in der damals üblichen, nicht unbeträchtlichen Höhe erhob, lassen die gelegentlich vorkommenden eigentümlichen Zahlen erkennen, die kaum anders entstanden sein können als durch Zuschlag der dabei erwachsenen Zinsen. So quittiert z. B. 1274 der Ordensmeister Wilhelm von Beaujeu über die Rückzahlung von 30 307 Livres Tournois, die der Orden dem König von England geliehen hatte.[1]) Daß der Orden mit seinen finanziellen Operationen bedeutenden Gewinn machte und seine Mittel dauernd vermehrte, beweist auch das gewaltige Anwachsen seines Reichtums, durch das er schließlich zur ersten Geldmacht der Zeit wurde. Noch im 13. Jahrhundert weist dementsprechend sein Grundbesitz nicht entfernt das schnelle Wachstum auf wie der der Hospitaliter, die gelegentlich wohl auch Geldgeschäfte ausführten, im allgemeinen aber ihre Überschüsse in Grundbesitz anlegten.

Unter den finanziellen Operationen nun, welche der Templerorden nach Art eines über große Mittel verfügenden und mit seinen Haupt- und Nebenagenturen über die ganze Welt verbreiteten Bank-

[1]) Rymer, *Foedera II*, S. 34.

hauses ausführte, war die einfachste eben die Annahme von Depots. Unter diesen lassen sich genau wie heutzutage geschlossene und in bar eingezahlte unterscheiden. Um erstere handelte es sich nach dem Berichte Joinvilles bei der Beschaffung der an dem Lösegeld Ludwigs IX. fehlenden Summe nach der Katastrophe in Ägypten: Es werden da mit den Namen der Deponenten bezeichnete Kassen geöffnet. Von diesen wird wohl die Bestimmung gegolten haben, daß sie nur auf Verlangen des Eigentümers selbst ausgeliefert oder geöffnet werden durften. Über Gelder aber, die bei dem Orden als Depot eingezahlt waren, konnten die Eigentümer auch zugunsten anderer verfügen, indem sie Anweisungen darauf erteilten. Gelegentlich freilich gaben auch solche Depots Anlaß zu Streitigkeiten. Aus einem Schreiben Innocenz' III. z. B.[1]) erfahren wir, daß solche zwischen den Templern und dem Bischof von Tiberias über ein Depot von 1300 Byzantiern entbrannt waren. Der mit der Untersuchung beauftragte Bischof von Sidon ging gegen den Orden rücksichtslos vor und verurteilte ihn, ohne die gebotenen Fristen einzuhalten, zur Zahlung der streitigen Summe und sprach, als der eben von einer Reise heimkehrende Meister diese nicht gleich leistete, sondern zunächst die Vermittelung des Patriarchen von Jerusalem nachsuchte, in der Heiligenkreuzkirche zu Tyrus gegen den Orden und alle ihm Verbundenen den Bann aus. Der Papst nahm Partei für den Orden: Der Bischof von Sidon, der wohl die Gelegenheit benutzt hatte, um alte Feindschaft gegen den Orden zu betätigen, wurde vom Amte suspendiert, „damit er, nachdem er aus Torheit gefehlt, durch die Strafe klüger werde". Solche Gelddepots wird der Orden vorbehaltlich der pünktlichen Erfüllung der mit ihrer Annahme übernommenen Verpflichtungen zusammen mit seinem eigenen Geld bis zu ihrer Rückforderung haben arbeiten lassen, d. h. anderweitig gewinnbringend verwenden dürfen. Daraus ergaben sich für ihn nach den verschiedensten Seiten hin Beziehungen, welche der ihm zuerkannten öffentlichen Autorität zugute kamen. Die Interessenten wußten eben, daß man bei ihm der Erfüllung auch für andere eingegangener Verpflichtungen sicher sein konnte. Auch bei großen Geldgeschäften nahm man daher gern die Bürgschaft der Orden an. Eine solche leisteten 1255 Hospitaliter und Templer gemeinsam für die 30000 Mark Silber, die bei der Vermählung der Prinzessin Berengaria von Castilien mit dem ältesten Sohn Ludwigs IX. deren Eltern zu zahlen versprachen, falls ihnen noch ein Sohn geboren und dadurch das Erbrecht der Tochter gekürzt würde.[1]) Das gleiche geschah 1259

---

[1]) Baluze, *Epist. Innocentii III, I,* S. 508.

in betreff des Soldes für 500 Ritter, die Ludwig IX. König Heinrich III. von England für zwei Jahre zur Verfügung zu stellen sich verpflichtete.[2]) Ebenso verbürgte sich der Templerorden 1267 für Karl von Anjou, als er bei französischen Kapitalisten eine Anleihe aufnahm, und wurde dafür von Clemens IV. belobt. Dieser nämlich hatte dabei selbst den Fürsprecher und Vermittler gemacht, indem er sich erbot, den Schuldschein des Königs durch Daraufsetzung des päpstlichen Siegels zu beglaubigen.[3])

Es war nur ein kleiner und selbstverständlicher Schritt weiter, wenn die Orden den Fürsten, die in solcher Verbindung mit ihnen standen, nun auch Vorschüsse leisteten und Anleihen gewährten. Auch da nehmen die Templer den ersten Platz ein, mögen auch die Hospitaliter gelegentlich ebenfalls dergleichen Geschäfte gemacht haben. Von zinslosen Darlehen konnte dabei nicht die Rede sein, wenn uns auch ein sicherer Anhalt fehlt, um die Höhe der von den Entleihern gezahlten Prozente zu schätzen. Niedrig werden sie nicht gewesen sein. Im allgemeinen scheint vielmehr der Satz von zehn Prozent damals üblich gewesen zu sein, wie aus vereinzelt vorkommenden näheren Angaben geschlossen werden kann, zumal auch die Handelsbeamten des Deutschen Ordens für die von ihnen ausgeliehenen Gelder diesen Zins erhoben. Jedenfalls war die Entwickelung dieser Art von Geldverkehr besonders geeignet, die Unhaltbarkeit der kirchlichen Wucherverbote zu erweisen und diese durch die Macht der Verhältnisse außer Wirksamkeit zu setzen. Beispiele für solche fürstlichen Anleihen bei den Orden sind in Menge vorhanden. Die Mittel zur Bestreitung der Kosten seines Kreuzzuges brachte Ludwig VII. von Frankreich durch Anleihen bei den Templern auf: Erhalten sind zwei Briefe von ihm an den Abt Suger von St. Denis, der in seiner Abwesenheit die Regentschaft führte, mit der Anweisung, die dargeliehenen oder bei anderen für den König aufgebrachten Summen dem Orden zurückzuzahlen.[4]) In lebhafter Verbindung stand auf diese Art mit demselben Orden König Johann von England. Am 22. August 1213 befiehlt er, an den Meister von England neun Mark Silber zu zahlen für eine Mark Gold, welche derselbe ihm vorgeschossen hatte zur Darbringung der üblichen Opfergabe am Tage der Lösung vom Bann. Im Jahr 1215 lieh ihm der Orden beträchtliche Summen, um die gegen die Aufständischen in Dienst genommenen Rit-

[1]) Delisle, a.a.O. S. 19.
[2]) Ebd. S. 19/20.
[3]) Martène, *Thes. nov. anecd. II*, S. 534.
[4]) Ebd. S. 15.

ter aus Poitou über den Kanal kommen zu lassen. Doch ließ sich der Orden bei der kritischen Lage, worin der König sich damals befand, nur gegen besondere Sicherheit dazu herbei: Johann mußte eine der geliehenen Summe von 2100 Mark gleichwertige Quantität Gold hinterlegen.[1]) Ebenso verfuhr der Orden auch sonst bei Fürsten, deren Zahlungsfähigkeit zweifelhaft erschien. Der lateinische Kaiser Balduin II. mußte im Jahr 1240 für eine ihm bewilligte große Anleihe sogar als Pfand die kostbarste Reliquie der Christenheit, das heilige Kreuz, deponieren.[2]) Die Rückzahlung mancher Anleihen erfolgte ratenweise. Im Juni 1248 verpflichtete sich Heinrich III. von England, eine ihm von dem französischen Templermeister geliehene Summe von 400 Pfund Sterling in vier Terminen zurückzuzahlen.[3]) Auch kleinere Summen nahmen Fürsten gelegentlich beim Orden auf. Im Jahr 1274 erbat Eduard I. von England von Jean de Tour, dem Schatzmeister des Pariser Tempels, 2–300 Livres Tournois zur Bestreitung der Kosten, die ihm aus der Entsendung von zwei Anwälten zu seiner Vertretung in einem Rechtshandel erwuchsen.[4]) In der gleichen geschäftlichen Verbindung finden wir die Templer vielfach mit anderen weltlichen Großen. Jolantha von Bourbon lieh von ihnen im April 1249 in Limisso auf Cypern 750 Livres Tournois mit der Verpflichtung, sie auf der nächsten Messe in Lagny zurückzuzahlen.[5]) Graf Eudes von Nevers schuldete ihnen seit 1266 3000 Byzantier, die erst nach seinem Tod von den Testamentsvollstreckern zurückgezahlt wurden.[6]) Daß der Orden gegen säumige Schuldner unter Umständen auch hart vorging, lehrt das Beispiel des Herrn Geoffroy de Sergines, der gemeinsam mit seinem Sohne 3000 Livres Tournois entlieh und für den Fall, daß die Rückzahlung nicht zu dem bestimmten Termine erfolgte, eine Buße von weiteren 3000 Livres Tournois zu erlegen sich verpflichtete. Als beide vor der Tilgung der Schuld starben, verklagte der Orden die Witwe des Sohnes beim Pariser Parlament, und sie wurde zur Zahlung der geliehenen Summe verurteilt, während das Parlament die Entscheidung über die festgesetzte Buße sich vorbehielt.[7]) Das Beispiel ist lehrreich für die Art, wie der Orden solche Geschäfte betrieb: Hier hätte er, erkannte das Parlament den Schuldvertrag als gültig an, die

---

[1]) Delisle, a.a.O. S. 16.

[2]) Ebd. S. 17.

[3]) Ebd. S. 17.

[4]) Ebd. S. 18.

[5]) Ebd. S. 17.

[6]) Ebd. S. 18.

[7]) Ebd. S. 18.

Kleinigkeit von 100 Prozent gewonnen. Im Hinblick auf den üblen Ruf, in dem er stand und der ihm namentlich Geldgier zum Vorwurf machte, möchte man annehmen, derartige Fälle seien nichts Ungewöhnliches gewesen und seine Praxis auf diesem Gebiete habe wirklich Anstoß gegeben. Übrigens dehnte er seine finanzielle Tätigkeit auf andere geistliche Genossenschaften aus. So hat er der Abtei Cluny, deren Geldverlegenheiten bereits Innocenz III. durch ein Darlehen von 2000 Mark Silber abzuhelfen versucht hatte, 1216 nochmals 1000 Mark Silber geborgt, für welche die Gräfin von Champagne Bürgschaft leistete.[1]) Hierher gehören schließlich auch die kleineren Geschäfte ähnlicher Art, die ebenfalls auf die Gewährung von Anleihen hinausliefen. Im Jahr 1204 beauftragt Johann von England den Orden, einen seiner Getreuen, William Brewer den Jüngeren, der in französischer Kriegsgefangenschaft gefallen war, loszukaufen, indem er ihm das ausgelegte Lösegeld zu ersetzen verspricht. Im folgenden Jahr befreit der Orden zwei von den Engländern gefangen genommene französische Ritter durch Zahlung von 40 Mark Silber, und 1206 verdankt ihm Gérard d'Athis, einer der Vertrauten König Johanns, die Befreiung aus der Gewalt Philipps II. August.[2])

Auch den Hospitaliterorden finden wir mehrfach durch Gewährung von Anleihen an weltliche und geistliche Große finanziell tätig. Bekannt ist namentlich, wie er nach glaubwürdigen Angaben seinerzeit Alexander III. die Mittel gewährte, um den Stuhl St. Peters gegen Friedrich I. zu behaupten. Seiner Hilfe schrieb man in eingeweihten Kreisen den schließlichen Sieg der hartbedrängten Hierarchie zu, wollte darin aber auch die Erklärung finden für die Begünstigung dieses Ordens durch den Papst.[3]) Der Vermittelung oder Befürwortung der Kurie verdankten auch andere kirchliche Würdenträger pekuniäre Hilfe von den Hospitalitern. Am 29. Januar 1256 erlaubt Alexander IV. dem Patriarchen von Jerusalem, von dem Orden für die Bedürfnisse seiner Kirche 150 Unzen Gold zu leihen, und am 9. Mai 1257 bescheinigt Philipp, der Kantor der Kirche von Tripolis, in Vollmacht seines Bischofs und Kapitels, vom Orden ein Darlehen von 1900 Livres Tournois, d.i. etwa 36100 Franken, erhalten zu haben, um die Kosten einer Reise des Bischofs nach dem Abendlande zu bestreiten.[4]) Die unter Alexander III. begründete finanzielle Ver-

[1]) Delisle, a.a.O. S. 16/17.

[2]) Ebd. S. 19.

[3]) Prutz, Die finanziellen Operationen der Hospitaliter, a.a.O. S. 103.

[4]) *Cartulaire,* Nr. 2875 (II, S. 849).

bindung dieses Ordens mit der Kurie scheint auch weiterhin bestanden zu haben. Wenigstens ersucht am 4. März 1272 Gregor X. den Visitator und Großprior des Hospitals in Frankreich, ihm, falls König Philipp III. die in Aussicht gestellte Hilfe nicht bald leiste, 25000 Mark Silber zu leihen zur Ausrüstung der zum Krieg gegen Sizilien nötigen Schiffe.[1]) Ob dies Geschäft zum Abschluß gekommen ist, wissen wir nicht, ebensowenig, ob der Orden bei solchen Darlehen an die Kurie trotz des kirchlichen Wucherverbotes Zinsen genommen und die Kurie solche gezahlt hat. Es wäre denkbar, daß die Gegenleistung der letzteren wirklich nur in der Erneuerung und Erweiterung der dem Orden gewährten Freiheiten und in dem Ergreifen seiner Partei gegen seine zahlreichen geistlichen Widersacher bestanden hätte. Bei Anleihen an weltliche Fürsten aber werden auch die Hospitaliter auf entsprechenden pekuniären Gewinn nicht verzichtet haben, so wenn sie König Leon II. von Armenien, damit er bei der Vermählung seiner Tochter die vereinbarte Mitgift zahlen konnte, die Summe von 10000 oder nach anderen gar von 20000 Byzantiern oder den Grafen von Tripolis eine solche von 3400 gewährten. Im allgemeinen aber scheint das Hospital derartige Geschäfte nur mit Fürsten und Großen gemacht zu haben, die im Osten heimisch waren oder zu den dortigen Verhältnissen in näherer Beziehung standen. Auch die sonst aus derartigen Verbindungen sich ergebenden bankmäßigen Geschäfte hat es nur unter besonderen Umständen, nicht aber in der berufsmäßigen Art vorgenommen, die uns bei dem Templerorden entgegentritt. Das gilt namentlich auch von der vermittelnden Tätigkeit in dem sich mächtig entfaltenden Geldverkehr. Für sie liegen bei ihm nur vereinzelte Beispiele vor. So sehen wir ihn am 28. Juni 1152 sich verpflichten gemäß dem Testament eines gewissen Maurin, der in Tripolis verstorben war und ihn zum Erben eingesetzt hatte, zwei Neffen desselben im Abendlande die ihnen ausgesetzten Legate von je 100 Byzantiern in Frankreich auszahlen zu lassen, falls sie nicht selbst nach Palästina kämen.[2]) Fürstlichen Gönnern aber erwies er sich in dieser Hinsicht auch im Abendlande gefällig. Am 15. Dezember 1292 quittiert zu Manosque der Ordensmeister Wilhelm von Villaret für 500 Sous provenzalischer Kronen, welche die Einwohner des genannten Ortes Karl II. von Neapel zu zahlen hatten.[3]) Es scheint, als ob beim Hospital die bankmäßige Technik nicht hinreichend entwickelt gewesen sei, die zur regelmäßigen Ausführung derartiger Ope-

---

[1]) *Cartulaire*, Nr. 3410 (II, S. 263).

[2]) Ebd. Nr. 210 (I, S. 161).

[3]) Ebd. Nr. 1204 (III, S. 614). Vgl. Nr. 4197 (III, S. 611).

rationen größeren Stils unerläßlich war. Während man von dem Templerorden zuweilen fast den Eindruck gewinnt, als sei er trotz der mönchischen und ritterlichen Eigenschaften seiner Glieder eigentlich eine große Bankiergesellschaft gewesen, die von ihrem Pariser Haupthause aus im Zusammenwirken mit ihrer Londoner Niederlassung und in Verbindung mit zahlreichen über die ganze Christenheit verstreuten Filialen und Agenturen, gestützt auf ein ungeheures Betriebskapital und im Besitz von Konnexionen, wie sie sonst niemandem zur Verfügung standen, nicht bloß im Mittelpunkt, sondern an der Spitze des gesamten Geldverkehrs jener Zeit stand, wird eine entsprechende, dauernd funktionierende Organisation bei den Hospitalitern nicht erkennbar. Haben diese selbst doch sogar zur Übersendung von Geldern an ihre eigenen morgenländischen Häuser sich der Vermittelung südfranzösischer Bankiers bedient, welche die betreffenden Summen auf ihre Kontore oder ihre Korrespondenten in den dortigen Häfen anwiesen und auch Zahlungen für den Orden im Abendlande annahmen.[1])

Im Gegensatz dazu erscheint die Tätigkeit des Templerordens auf allen diesen Gebieten als sehr rege, planmäßig organisiert und zu einer gewissen Vollkommenheit entwickelt. Soweit sie sich auf die Vermittelung des Geldverkehrs mit der christlichen Kolonie jenseits des Meeres bezog, lag darin nichts Befremdliches; sie entsprang da unmittelbar aus dem besonderen Beruf des Ordens im heiligen Lande. Durch seine Vermittelung ließ während des zweiten Kreuzzuges Suger von St. Denis die für Ludwig VII. bestimmten Gelder dorthin gelangen.[2]) Ihrer bediente sich Ludwig IX., um die Summen dorthin zu überführen, die er nach seiner Heimkehr dort noch zu zahlen hatte: Um Johanni 1262 gingen 3004 Livres Tournois an den von ihm im Osten zurückgelassenen Geoffroy de Sergines. Der Vorgang wiederholt sich 1267, wo der Schatzmeister des Pariser Tempels 3000 Livres Tournois dorthin zu senden hatte als Ergebnis einer Anleihe, die unter Bürgschaft des Patriarchen von Jerusalem und der beiden Ordensmeister auf den für Frankreich ausgeschriebenen Zehnten für den Unterhalt der christlichen Streitkräfte im heiligen Lande aufgenommen hat. Ebenso ließ 1266 der Herzog von Burgund durch Vermittelung der Templer 500 Pfund Sterling an seinen Sohn, den Grafen Eudes von Nevers, gelangen.[3]) Auch die römische Kurie hat sich zu gleichem Zweck ihrer bedient, hielt es aber doch nicht für billig, daß die Templer allein diese Mühwaltung und das damit verbundene Risiko

---

[1]) *Bibliothèque de l'Ecole des Chartes, II.* Serie, Bd. III, S. 206.

[2]) Delisle, a.a.O. S. 20.

[3]) Ebd. S. 23.

auf sich nähmen. In einem Schreiben vom 1. Juli 1220 erklärt Honorius III., auch die Hospitaliter müßten dazu herangezogen werden, denn vertrauenswürdigere Vermittler gäbe es dafür nicht.[1]) Doch sind offenbar die Templer auch von der Kurie häufiger dazu herangezogen als die Hospitaliter, was seinen Grund darin gehabt haben dürfte, daß sie mehr als jene über die zur sicheren Ausführung nötigen Einrichtungen verfügten und die größere Erfahrung hatten. Im Jahr 1208 läßt Innocenz III. durch sie eine Summe von 1000 Livres von Provins an den Patriarchen von Jerusalem gelangen, und in einem Schreiben vom 24. Juli 1220 erwähnt Honorius III., er habe durch sie dem Kardinallegaten Pelagius von Albano 5000 Mark zugehen lassen von dem im Pariser Tempel deponierten Ertrag des englischen Zwanzigsten und dann noch 6000 Unzen Gold aus dem französischen Zwanzigsten. Am 6. August desselben Jahres aber erteilt er dem Schatzmeister des Pariser Tempels eine strenge Rüge, weil er von dem ersteren Depot ohne Anweisung von Rom her weitere 13000 Mark Silber durch Brüder des Ordens nach Palästina abgeführt hatte.[2])

Aber auch bei Geldsendungen zu anderen Zwecken bediente man sich mit Vorliebe der Vermittelung der Templer. Die Pension von 2057 Livres von Angers z. B., die Heinrich II. von England seiner Schwiegertochter Margarethe von Frankreich zugesichert hatte, war nach dem darüber geschlossenen Vertrage in der Templerkomturei St. Vaubourg bei Rouen zu zahlen, wohin das Geld durch Templer und Hospitaliter von Paris gebracht werden sollte.[3]) Besonders häufig hat Johann von England auch in dieser Hinsicht die Dienste des Ordens in Anspruch genommen. Im August 1213 beauftragt er ihn, dem Grafen von Salisbury in Flandern 2000 Mark zugehen zu lassen. Am 14. November 1215 empfängt er in Rochester aus den Händen des Templers Roger 26 Pfund Sterling, die Bruder Simon von Furnes beim Dreifaltigkeitskloster in Canterbury für ihn niedergelegt hatte.[4]) Ebenso hielt es Heinrich III. von England. 1224 erhebt der englische Templermeister bei dem königlichen Schatz die Rückstände der dem Vicomte von Thouars vom König zu zahlenden Pension. Eine Entschädigung von 150 Pfund Sterling, die der König den Einwohnern von St. Emilion bewilligt hatte und deren Beauftragte selbst mitzunehmen Bedenken trugen, wies er auf den Pariser Tempel an. Als er 1235 dem Grafen de la Marche auf fünf Jahre

---

[1]) Delisle, a.a.O. S. 21/22.

[2]) Ebd. S. 22.

[3]) Ebd. S. 20, a. E.

[4]) Ebd. S. 21.

die Zahlung von 800 Livres Tournois zusagte, wurde sie in der Weise geregelt, daß er jährlich 200 Pfund Sterling im Londoner Tempel einzahlen sollte, wogegen im Pariser Tempel dem Grafen 800 Livres Tournois gezahlt werden sollten. Eine Anleihe, die seine Gesandten an der römischen Kurie bei Kaufleuten von Florenz und Siena aufgenommen hatten, sollte nach einer Vereinbarung vom 5. November 1257 im Mai des nächsten Jahres im Londoner Tempel zurückgezahlt werden.[1])

In ähnlicher Weise finden wir auch die Hospitaliter tätig. An welchen von beiden Orden die fürstlichen Auftraggeber sich wendeten, wird von dem besonderen Fall abgehangen haben und von den Örtlichkeiten und Persönlichkeiten, um die es sich handelte. Von Interesse ist eine Urkunde Eduards I. von England vom 13. Juni 1280. Es wird darin bezeugt, daß der Ordensprior von England dem Kanzler des obersten Rechnungshofes drei königliche Schuldscheine ausgeliefert, also die Befriedigung der betreffenden Gläubiger als erfolgt anerkannt habe. Als solche werden einmal große italienische Bankhäuser und dann der Schatz des Templerordens zu Paris genannt. Bei ihnen muß demnach der Orden dem König die betreffende Anleihe ausgewirkt oder er muß ihm wenigstens bei ihrer Tilgung durch seine Verbindungen Hilfe geleistet haben. Es handelt sich um sehr beträchtliche Summen, nämlich einmal 3000 Mark Silber, welche pisanischen Kaufleuten, Teilhabern des großen Bankhauses Bernardo Scot in Piacenza, zu zahlen waren, und dann um 8000 Pfund Sterling, die der König seit lange Zeit dem Lambro Volpelli in Lucca schuldig war. Der größte Posten aber war eine Schuld an den Pariser Tempel im Betrage von 23 500 Pfund Sterling, die Eduard im zweiten Jahre seiner Regierung (20. November 1273/74) aufgenommen hatte.

Obgleich die Seltenheit von Beispielen für die Ausführung größerer finanzieller Operationen durch die Hospitaliter auf den Zufälligkeiten beruhen kann, die über dem einschlägigen Material gewaltet haben, so gewinnt man doch aus dem auf uns gekommenen den Eindruck, die größere und wirtschaftlich erfolgreichere, weil als Beruf betriebene Tätigkeit dieser Art sei bei den Templern in Übung gewesen. Auch finden wir sie dort schon so früh, daß man annehmen muß, sie sei bereits in den Anfängen des Ordens durch dessen Organisatoren eingeführt worden. Ob das mit der Abgabenpflicht in Verbindung zu bringen ist, die Ludwig VII. den Inhabern der Wechselbänke zu Paris dem Orden gegenüber auferlegte, vermögen wir nicht zu sagen: Immerhin ist ein Zusammenhang derart wohl denkbar.

[1]) Delisle, a.a.O. S. 22/23.

Jedenfalls haben die Templer mehr als die Hospitaliter über ein für diese Tätigkeit geschultes Personal verfügt, welches durch die Traditionen einer langen Praxis zu ihrer Ausübung besonders geeignet war. Allerdings kann es ein davon unabhängiger Zufall sein, daß uns von den Hospitalitern Fälle bekannt sind, wo Ordensbrüder das in diesem Punkt auf sie gesetzte Vertrauen mißbrauchten oder durch inkorrekte Geschäftsführung den Schein davon erweckten. Innocenz III. ermahnt am 28. Februar 1209 die Prälaten, hier und da vorgekommene Auflehnung von Hospitalitern gegen ihre Orden nicht zu unterstützen und insbesondere von solchen Gelddepots zum Nachteil des Ordens nicht anzunehmen.[1]) Zuweilen scheint Unklarheit darüber geherrscht zu haben, mit welchem Recht ein höherer Ordensbeamter pekuniäre Verpflichtungen für den Orden eingegangen war. So fordert am 12. Dezember 1267 Clemens IV. den ehemaligen Großprior des Hospital von Frankreich, Philipp d'Egly, auf, die bedeutenden Schulden, die er während seiner Amtsführung bei etlichen Kaufleuten kontrahiert, aber noch nicht berichtigt habe, obgleich der vereinbarte Zahlungstermin längst verstrichen sei und den Orden daraus große Verluste erwüchsen, schleunigst zu begleichen und ihm davon Mitteilung zu machen.[2]) Vielleicht hat es sich dabei um Verpflichtungen gehandelt, die der Vorsteher der französischen Ordensprovinz durch Aufnahme von Anleihen durch Abschluß großer Lieferungen für den Orden eingegangen war. Anders lag es in einem Falle, den ein Erlaß Martins IV. vom 5. Februar 1285 betrifft: Der Papst dringt bei dem Großprior von Frankreich auf die Zahlung von 11000 Livres Tournois, d.i. 209000 Franken, an den Erzbischof von Rouen, die der Ordensritter Jean d'Isse von dem für das heilige Land bestimmten Zehnten unterschlagen haben sollte.[3])

Daß die Hospitaliter nicht in dem Umfange wie die Templer die ihnen zufließenden Barmittel in finanziellen Operationen arbeiten ließen, wird seinen Grund wohl zum Teil darin gehabt haben, daß sie die Summen, deren sie augenblicklich nicht benötigt waren, wohl altem Brauch gemäß vorzugsweise in Grundbesitz anzulegen pflegten und dies wirtschaftliche System auch noch unter den veränderten Verhältnissen des 13. Jahrhunderts beibehielten, also auch nachdem das wirtschaftliche Leben durch den Übergang zur Geldwirtschaft eine tiefgehende Wandlung erfahren hatte. Die Verschiedenheit des Verfahrens

---

[1]) *Cartulaire,* Nr. 1326 (II, S. 105).

[2]) Ebd. Nr. 3285 (III, S. 167).

[3]) Ebd. Nr. 3890 (III, S. 473).

der beiden Orden beweist die Angabe des Matthäus Paris, der für seine Zeit – die Mitte des 13. Jahrhunderts – den Grundbesitz der Templer auf 9000 Manoirs, den der Hospitaliter aber auf 1900 schätzt, in Verbindung mit dem Bericht eines wohlunterrichteten späteren Gewährsmannes, nach dem seit 1291, also seit die Aufwendungen für den Kampf gegen die Ungläubigen eine bedeutende Herabsetzung erfahren hatten, der templerische Grundbesitz von 9000 auf 10 500 Manoirs vermehrt worden ist. Dies Wachstum erscheint um so beträchtlicher, als es erfolgt ist trotz des Verlustes der Ordensgüter in dem syrischen Küstenlande. Es wird aber bestätigt durch eine ihrem Ursprung noch nicht genau kontrollierbare Angabe, nach welcher der Orden allein in dem Bezirk des Seneschalls von Beaucaire im Zeitraum von vierzig Jahren Güter erworben haben soll, die einen jährlichen Ertrag von 11 000 Livres gewährten.[1]) Während demnach die Templer erst seit 1291 einen beträchtlichen Teil ihrer Mittel in Landerwerb anlegten, scheinen die Hospitaliter das von Anfang an getan zu haben. Dies im einzelnen zu verfolgen, reicht das Material nur für einige engbegrenzte Gebiete aus. Dagegen vermögen wir das Verfahren des Ordens im Osten durch das 13. Jahrhundert an der Hand der Urkunden zu erweisen.

Schwieriger ist es, die zur richtigen Beurteilung der sich daraus ergebenden Verhältnisse unentbehrliche allgemeine Vorstellung zu gewinnen, wie hoch damals der jährliche Ertrag ländlichen Besitzes sein mußte, um das darin angelegte Kapital für angemessen verzinst gelten zu lassen. Wenn aber ein Teil des Geldes, das König Bela III. von Ungarn zur Deckung der Kosten seiner Wallfahrt nach dem heiligen Lande und zur späteren Förderung der Ordenszwecke dem Hospitalitermeister Gilbert d'Assailly übersandte,[2]) nämlich 11 000 Byzantier, in Gütern bei Jerusalem angelegt wurde und der jährliche Ertrag derselben auf 1100 Byzantier angegeben wird,[3]) so wird man daraus schließen können, daß eine Verzinsung mit Zehn vom Hundert nichts Ungewöhnliches, vielleicht das damals Übliche gewesen ist. Die Höhe des Ertrages, den die Orden danach jährlich aus ihrem Grundbesitz gezogen haben würden, erscheint weniger befremdlich, wenn man bedenkt, daß ein bedeutender Teil davon in Naturalien einging, und wenn man sieht, welche Summen die Hospitaliter noch später daraus vereinnahmten, als ihr Besitz schon arg zusammengeschmolzen und

[1]) Vgl. Grouvelle, Memoiren über die Tempelherren. Deutsch von C. T. Cramer (Leipzig 1806), S. 163.

[2]) Vgl. oben S. 408.

[3]) *Cartulaire*, Nr. 309 (I, S. 222).

wirtschaftlich heruntergekommen war. Wenn noch im 18. Jahrhundert der Ertrag ihrer Güter allein in der Auvergne auf 199300 Livres geschätzt wurde,[1]) so wird von da aus wohl auch ein Rückschluß auf den Reichtum gestattet sein, dessen sie sich dort und anderwärts während des höchsten Blütestands ihrer Genossenschaft erfreut haben müssen. Schätzt doch zu Anfang des 14. Jahrhunderts Pierre Dubois den jährlichen Ertrag aus den Gütern der beiden Orden, auf 800000 Livres Tournois,[2]) d.i. 15,2 Millionen Franken dem Metall- und 121,5 Millionen Franken dem heutigen Kurswert nach, wobei es sich nur um den abendländischen Besitz und die Güter in Cypern handelt. Die Glaublichkeit dieser Angabe wird gestützt durch die gewaltigen Summen, um die es sich bei den von den Templern ausgeführten finanziellen Operationen gehandelt hat und die wir die Hospitaliter noch im 13. Jahrhundert in Grund und Boden anlegen sehen.

Bereits aus dem 12. Jahrhundert liegen vereinzelte Beispiele für große Güterkäufe des Hospitals im Osten vor.[3]) Eine Urkunde vom 20. August 1178 bezeugt den Verkauf des Casale Beaude durch Thomas Robert an den Orden um die Summe von 1500 Byzantiern,[4]) d.h. 14250 resp. 144000 Franken und eine Jahresrente von 200 Byzantiern, d.h. 1900 resp. 15200 Franken.[5]) Da der Handel am 31. August 1178 durch Reinaud, den Herrn von Margat, bestätigt wird,[6]) hat es sich dabei wohl um die Erwerbung des Gebietes gehandelt, in dem der Orden damals sein Haupthaus errichtete.[7]) Im Jahr 1181 kauft er dann mit Zustimmung König Balduins IV. von dem Grafen Hugo von Flandern ein Casale Chola für 3000 Byzantier, also 28500 resp. 228000

[1]) Nièpce, *Le grand-prieuré d'Auvergne*, S. 262/63.

[2]) Vgl. den Traktat des Pierre Dubois *De recuperatione Terrae Sancte*, herausgegeben von Langlois (Paris 1891), S. 13.

[3]) Über die Besitzungen des Hospitaliterordens in Palästina im allgemeinen, vgl. Prutz in der Zeitschrift des Deutschen Palästinavereins IV, S. 51ff.

[4]) Byzantier sind die in den Kreuzfahrerstaaten geprägten internationalen Goldmünzen, die zur Erleichterung des Verkehrs mit den Mohammedanern sogar mit arabischer, die Münzen der Kalifen nachahmender Prägung hergestellt wurden *(byzantii saracenati)*. Ihr Metallwert wird auf 9,5 oder 10,1 Franken heutiger französischer Währung berechnet, während der Kurswert mindestens auf das Achtfache, also 76 bis 80,8 Franken veranschlagt werden muß. Im folgenden sind Metallwert und Kurswert, d.h. die Schätzung der Kaufkraft nach heutigem Maßstabe, nebeneinander angegeben, um eine ungefähre Anschauung von der Bedeutung zu gewinnen, welche die genannten Summen in jener noch immer geldarmen Zeit hatten.

[5]) *Cartulaire*, Nr. 545 (I, S. 370).

[6]) Ebd. Nr. 546 (I, S. 371).

[7]) Vgl. oben S. 53/54.

Franken.[1]) Etwa zwei Menschenalter später wächst dann die Zahl der vom Orden gemachten Geschäfte dieser Art gewaltig an. Der Grund davon lag darin, daß von den fränkischen Edelleuten viele wegen der zunehmenden Unsicherheit und des Schwindens der Aussicht auf Behauptung des christlichen Besitzes ihre Liegenschaften veräußerten und nach dem Abendlande zurückkehrten. Als Käufer solcher Güter hat damals das Hospital eine bedeutende Rolle gespielt. Im Juni 1241 überläßt ihm Johann III. von Ibelin, Herr von Arsur, etliche Mühlen gegen 300 Byzantier, d. i. 2850 resp. 22 800 Franken[2]) – im Vergleich mit den sonst in Betracht kommenden Summen freilich ein Handel von geringer Bedeutung. Im Dezember 1253 verkauft Jean l'Aleman, Herr von Cäsarea, sein Gut Damor bei Accon dem Orden um 12 000 Byzantier,[3]) d. i. 114 000 resp. 91 200 Franken. Um einen gewaltigen Güterkomplex in der Gegend von Nazareth und Tiberias handelte es sich bei dem Kaufe, durch den im August 1254 das Casale Robert, arabisch *Kafrequenne*, aus dem Besitz des mächtigen Julian von Sidon und Beaufort, in den des Ordens überging, da dieser dafür nicht weniger als 24 000 Byzantier zahlte,[4]) d. h. 228 000 resp. 1 824 000 Franken. Wiederum Johann III. von Ibelin finden wir als Verkäufer von zwei Stücken Land in der Ebene von Accon, für die er vom Orden 2000 Byzantier, d. i. 19 000 resp. 152 000 Franken erhält.[5]) Im Juni 1257 überläßt Julian von Sidon und Beaufort dem Orden für 5000 Byzantier, also 47 500 resp. 380 000 Franken drei Casalien.[6]) Ein Sprößling desselben Geschlechts, Johann von Ibelin, Herr von Arsur, Jaffa und Rama, verspricht im Februar 1257 dem Orden die Überlassung von 14 Casalien im Gebiete von Ascalon, sobald dieses wieder in die Gewalt der Christen gekommen sein würde. Der Orden dachte also auf diesem Gebiete auch bereits für spätere Zeit voraus und erwarb Anwartschaften. Dann kauft er im April 1261 die ganze Herrschaft des Balian von Arsuf.[7]) Der Kaufpreis wird nicht genannt, doch kann man nach Analogie der uns sonst bekannten Geschäfte dieser Art wohl schließen, daß der Orden auch hier bedeutende Summen aufgewandt hat, obgleich er sicherlich auch nicht versäumt haben wird, die Verlegenheit des fränkischen Großen, der sich im Osten frei machen und in die Heimat seines Geschlechts zurück-

[1]) *Cartulaire*, Nr. 603 u. 606 (I, S. 412/13).

[2]) Ebd. Nr. 2274 (II, S. 590).

[3]) Ebd. Nr. 3106 (III, S. 93).

[4]) Ebd. Nr. 2688 (II, S. 762).

[5]) Ebd. Nr. 2753 (II, S. 790).

[6]) Ebd. Nr. 2852 (II, S. 836).

[7]) Röhricht, Geschichte des Königreichs Jerusalem, S. 916.

kehren wollte, zu benutzen und den Preis nach Möglichkeit zu drücken. Für das Dorf Kasarlat zahlte er um jene Zeit an Johann von Cäsarea 16000 Byzantier,[1]) d.i. 152000 resp. 1216000 Franken. Wie solche Geschäfte vorbereitet wurden, können wir daraus entnehmen, daß der Orden zwischen 1263 und 1269 dem Herrn von Arsur, Balian Ibelin, seine Herrschaft um 4000 Byzantier jährlich, d.Xxi. um 38000 resp. 304000 Franken zunächst abmietete.[2]) Nach einer anderen Seite hin werden diese Unternehmungen des Ordens gekennzeichnet, wenn er dem Herrn Amaury Barlais 14400 Byzantier, d.i. 136800 resp. 1094400 Franken, darlieh, damit er sein Gut Arobe von dem Templerorden zurückerwerbe,[3]) in dessen Besitz es demnach, vermutlich durch Verpfändung, gekommen war.

Überhaupt gab es für den Orden außer dem Kauf noch verschiedene andere Arten, seinen Grundbesitz zu vermehren, namentlich kamen dafür – gelegentlich mit dem Kauf kombiniert[4]) – Rentenverträge in Betracht. Aus einem solchen oder genauer aus der Vereinbarung über die Abänderung eines früher geschlossenen, vom 3. März 1266, erfahren wir, daß Margat von den Vorfahren des darin genannten Amaury Barlais, mit dem wegen der ihm vom Orden zu leistenden Zahlungen ein anderweitiges Abkommen getroffen wird, dem Orden einst gegen eine Jahresrente von 2000 Byzantiern, d.i. 19000 resp. 152 000 Franken überlassen oder daß neben dem Kaufpreis dem Orden die Zahlung einer solchen Rente an die Nachkommen des Verkäufers auferlegt war.[5]) Auch mit städtischen Grundstücken machte der Orden ähnliche Geschäfte. Am 6. März 1259 zediert Isabella von Ascalon, die Witwe des Hugo l'Aleman, 600 Byzantier, d.i. 5700 resp. 45600 Franken, die der Orden ihr als Wittum auf eines seiner Häuser zu Accon verschrieben hatte, gegen Zahlung von 1500 Byzantiern, d.i. 14200 resp. 114000 Franken, die sie von dem Prior Wilhelm Marin erhalten zu haben bekennt.[6]) Für die Geldverhältnisse in dem christlichen Palästina und die fortschreitende Entwertung auch des städtischen Grundbesitzes seit der Mitte des 13. Jahrhunderts ist dieses Abkommen lehrreich: Die zum Bezug der Rente berechtigte Frau läßt sich abfinden durch die einmalige Zahlung einer Summe, die nur das Zweiundeinhalbfache des bisher jährlich bezogenen Betrages ausmacht. Das wirft

[1]) Röhricht, Geschichte des Königreichs Jerusalem, S. 819.

[2]) *Cartulaire*, Nr. 3047 (III, S. 60).

[3]) Ebd. Nr. 3240 (III, S. 136).

[4]) Vgl. oben S. 53.

[5]) *Cartulaire*, Nr. 3213 (III, S. 135).

[6]) Ebd. Nr. 2914 (II, S. 867).

ein Licht auch auf die zahlreichen Kaufverträge, die der Orden um jene Zeit abschloß. Man sieht, wie die seit Generationen im Morgenlande angesiedelten abendländischen Geschlechter selbst große Opfer nicht scheuten, um sich dort loszumachen, und ihren Besitz billig hergaben, um mit dem Erlös nach Europa zurückzukehren. Man wird daher annehmen können, daß die Preise, die der Orden nach den uns vorliegenden Verträgen in solchen Fällen zahlte, verhältnismäßig niedrige waren und daß er bei Landkäufen derart trotz der uns überraschenden großen Summen doch ein gutes Geschäft machte.

Eine andere Seite der hierher gehörigen Tätigkeit der Hospitaliter wird uns dann durch einige Verträge erschlossen, bei denen es sich um die Übernahme großer Pachtungen handelt. Auch diese Geschäfte sind besonders häufig in der zweiten Hälfte des 13. Jahrhunderts. So gibt z. B. am 7. August 1248 Peregrin, der Abt von Sta. Maria Latina, dem Orden etliche Casalien in Erbpacht gegen 800 Byzantier,[1]) d. i. 7600 resp. 60 800 Franken. Überhaupt scheinen damals die Kirchen mit Rücksicht auf die wachsende Schwierigkeit der Lage sich gern in dieser Weise der Last oder Gefahr entzogen zu haben, die mit der Verwaltung ihrer Güter verbunden war. Im Juli 1255 überläßt Erzbischof Heinrich von Nazareth dem Orden vier seiner Kirche gehörige Casalien zur Bewirtschaftung. Davon soll der Orden während des ersten Jahres, wenn er in ihrem Besitz durch die Ungläubigen ungestört gelassen wird, 300 Byzantier, d. i. 2850 resp. 22 800 Franken, zahlen, im zweiten Jahr unter der gleichen Voraussetzung 1800 und im dritten 2000 Byzantier. Werden die Güter aber irgendwie heimgesucht, so soll ein Nachlaß von der Pachtsumme vereinbart werden.[2]) Man sieht hier, wie die der Kirche von Nazareth gehörigen Güter unter der andauernden kriegerischen Unruhe gelitten hatten und infolge der ungenügenden Betriebsmittel der Eigentümerin in schlechten Zustand geraten waren: Der wehrfähige und kapitalkräftige Orden sollte in beiden Hinsichten Abhilfe schaffen und hoffte im Laufe einiger Jahre ihren Ertrag wieder zu heben. Auch hat dieses Abkommen die darauf gesetzten Hoffnungen erfüllt. Denn bereits am 24. Oktober 1259 schloß der Erzbischof mit dem Orden einen neuen Vertrag: Unter Hinweis auf die Hilflosigkeit seiner Kirche, die ihr Eigentum gegen feindliche Einfälle zu schützen außerstande sei, überließ er dem Orden 19 Casalien, darunter auch jene vier, für die nächsten 50 Jahre gegen eine jährliche Zahlung von 20 000 Byzantiern,[3]), d. h. 190 000 resp. 1 520 000

[1]) *Cartulaire*, Nr. 2482 (II, S. 676).

[2]) Ebd. Nr. 2748 (II, S. 787).

[3]) Ebd. Nr. 2934 (II, S. 880).

Franken, in Pacht. Ähnlich wie bei dem früheren Pachtvertrage wurde ein Zusatzabkommen vereinbart, durch das der Orden für den Fall besonderer Heimsuchung jenes Gebietes vor finanziellen Verlusten geschützt werden sollte. Falls nämlich der Jahresertrag des Güterkomplexes die Höhe von 14000 Byzantiern nicht erreichte, sollte der Erzbischof die Hälfte des Ausfalls zu tragen haben; derselbe fiel ihm ganz zur Last, wenn der Ordensmeister diesen von seinem Stellvertreter geschlossenen Vertrag nicht bestätigte.[1]) Man sieht, wie unsicher unter den damaligen Verhältnissen die wirtschaftliche Lage der Großgrundbesitzer im Osten war und wie sie jeden Augenblick auf die größten Verluste gefaßt sein mußten. Das wird auch bestätigt durch den Vertrag, nach dem Balian Ibelin, der Herr von Arsur, sich damit einverstanden erklärt, daß der Orden ihm für die von ihm in Pacht erhaltenen Ländereien statt der vereinbarten 4000 Byzantier hinfort jährlich nur 1000 zahle, d. h. statt 38000 resp. 304000 Franken nur 9500 resp. 76000, die dann in drei Raten erlegt werden sollen und für die der Ordensschatz in Accon Bürgschaft leistet.[2]) Nach dieser Angabe aus dem Jahr 1261 wäre damals also ein Rückgang des landwirtschaftlichen Ertrages und infolgedessen des Wertes der Güter um nicht weniger als drei Viertel oder um 75 Prozent zu konstatieren. Das entspricht nun ganz jenem früher erwähnten Vorgang,[3]) wo die Witwe eines fränkischen Großen für eine auf ein Haus des Ordens in Accon für sie eingetragene Rente von jährlich 600 Byzantiern durch die einmalige Zahlung von 1500 Byzantiern abgefunden wurde. Denn nach dem bei den Franken wie es scheint üblichen Zinsfuß von 10 Prozent[4]) berechnet, würde die Rente von 600 Byzantiern einem Kapital von 6000 Byzantiern entsprochen haben: statt dessen erhält die Rentenempfängerin 1500 Byzantier, so daß auch hier drei Viertel oder 75 Prozent verloren gegangen waren.

Wendet man dieses Verhältnis auf den gesamten Besitz der Franken jenseits des Meeres an, so ergibt sich für die dort engegangierten Kreise der abendländischen Gesellschaft ein ungeheures Verlustkonto. Auch der Hospitaliterorden ist davon schwer getroffen worden, und trotz der mit so gewaltigen Summen operierenden Kauf- und Pachtverträge war er dauernd in schwerer finanzieller Bedrängnis. Seine abendländischen Häuser konnten die Summen, die sie dem Haupthause jährlich zur Verfügung stellen mußten, nur noch durch Anleihen aufbrin-

[1]) *Cartulaire*, Nr. 2936 (II, S. 882).
[2]) Ebd. Nr. 2972 (III, S. 1).
[3]) Vgl. oben S. 424.
[4]) Vgl. oben S. 411.

gen, deren Verzinsung ihre regelmäßigen Einkünfte fast absorbierte und sie zu immer neuen Güterverpfändungen nötigte. Ihren Verpflichtungen nachzukommen, bemühten sie sich daher um die Erschließung außerordentlicher Hilfsquellen oder verwendeten die vorhandenen Mittel auf Zwecke, für die sie eigentlich nicht verwendet werden durften. So erlaubt am 27. Oktober 1255 Papst Alexander IV. dem Orden die Gelder, die ihm als Ertrag aus dem Rückkauf von Kreuzfahrergelübden und aus Legaten zum Besten des heiligen Landes zugeflossen wären, zur Tilgung seiner Schulden zu verwenden.[1]) Im Einklang damit befiehlt derselbe Papst dem Bischof von Fermo, dem Orden die Gelder auszuhändigen, die in seiner Diözese aus den bezeichneten Quellen sowie aus den für Diebstahl und Wucher verhängten Bußen zusammengekommen wären.[2])

Der geringe Rest, der hiernach um jene Zeit von den jenseits des Meeres angelegten Kapitalien noch vorhanden gewesen sein kann, ist dann durch die Katastrophe von 1291 ebenfalls verloren gegangen. Das Schicksal des Hospitaliterordens teilten dabei die übrigen geistlichen Ritterorden, von denen freilich der Deutsche, längst in Preußen heimisch geworden, verhältnismäßig weniger schwer getroffen wurde, sowie die zahlreichen Privatleute und Körperschaften, die sich im Osten nicht rechtzeitig hatten lösen können. Eine Ausnahme machten nur die in den Küstenstädten eingebürgerten Kommunen der italienischen Handelsstädte, die sich den Mohammedanern unentbehrlich zu machen gewußt hatten und die gewinnbringenden Handelsbeziehungen zu ihnen beibehielten trotz der wiederholt dagegen ergehenden kirchlichen Verbote. Bedenkt man nun, welch ungeheure Mittel im Laufe von nahezu zwei Jahrhunderten, insbesondere durch die geistlichen Ritterorden, an dies schließlich total gescheiterte Unternehmen gesetzt worden waren, und vergegenwärtigt sich die unzähligen und unendlich verzweigten Kanäle, durch die sie aus allen Teilen des Abendlandes unter immer neue Belastung jeder Art von Besitz, Produktions- und Erwerbstätigkeit nach gewissen zentralen Sammelstellen gezogen worden waren, um von dort nach dem Osten abgeführt zu werden, so wird man sich der Erkenntnis nicht verschließen können, daß die Kreuzzüge dem Wohlstande der vorzugsweise daran beteiligten Länder und Völker zunächst tiefe Wunden schlugen. Das ist auch für die Zukunft der geistlichen Ritterorden entscheidend geworden, und insbesondere hat sich der der Hospitaliter von den damals erlittenen Verlusten niemals ganz erholt.

---

[1]) *Cartulaire,* Nr. 2772 (II, S. 797).

[2]) Ebd. Nr. 2906 (II, S. 864).

Wesentlich günstiger haben sich die finanziellen Verhältnisse des Templerordens entwickelt. Zunächst hatten auch sie zu einem Teile auf naturalwirtschaftlicher Grundlage beruht und waren auf den Ertrag der dem Orden zugewandten oder von ihm erworbenen Ländereien begründet gewesen. Daneben aber hatten die Leiter dieser Genossenschaft die Steigerung, welche infolge des durch die Kreuzzüge bewirkten lebhaften Austauschs zwischen Ost und West der Geldverkehr erfuhr und die zur Schaffung neuer Werte und deren schnellerem Umsatz führte, unter geschickter Anpassung an das wachsende Bedürfnis rechtzeitig zu benutzen gewußt, um die ihm zuströmenden Barmittel, soweit sie nicht gleich verwendet werden mußten, zusammen mit den ihnen zur Verwahrung anvertrauten Geldern von Fürsten und Privaten nützlich arbeiten zu lassen. Dadurch gewann der Orden eine leitende Stellung in dem gesamten Geldverkehr. Diese Tätigkeit, welche die auf ihre Benutzung Angewiesenen bald nicht mehr entbehren konnten, war zwar mit dem fortdauernden Kampf im Osten verbunden geblieben, aber durch Erweiterung auf die daran nicht interessierten Kreise davon unabhängig gemacht worden. Sie wurzelt daher gewissermaßen im eigenen Rechte und blieb unabhängig von dem immer ungünstigeren Gang der Dinge im Osten. Daher hat sie die Katastrophe von 1291 überdauert. Von hier aus erklärt es sich, daß, während die Hospitaliter mit finanziellen Schwierigkeiten rangen,[1]) der Templerorden auch ferner die Geldmacht blieb, zu der er emporgewachsen war. Wenn der Aufschwung, den das Verkehrs- und Wirtschaftsleben trotz des schließlichen ungünstigen Ausgangs der Kreuzzüge während des 12. und 13. Jahrhunderts nahm, im wesentlichen durch die Berührung und den gesteigerten Austausch zwischen Ost und West herbeigeführt wurde, so wird es begreiflich, wie gerade der Templerorden, der an ihrer Vermittelung und Organisierung hervorragenden Anteil hatte, auch über das ihm bei ursprünglich angewiesene Gebiet hinaus Verbindungen gewann, Einfluß übte und Gewinn machte. So ist sein Schatz zu Paris aus einer Zentralkasse für die finanziellen Bedürfnisse des heiligen Landes zum Mittelpunkt des internationalen Geldverkehrs überhaupt geworden und hat eine ähnliche Rolle gespielt wie später die Börsen zu Brügge und zu London. Begünstigt wurde diese Entwickelung durch die eigentümliche Verbindung, worin die Ordensfinanzen mit den Finanzen der französischen Könige standen, und durch den Einfluß, den der Orden infolgedessen in einer besonders wichtigen Übergangszeit auch auf den Haushalt des französischen Staates ausübte. Um eine Einrichtung, die in der Absicht getrof-

[1]) Vgl. oben S. 426/27.

fen worden wäre, durch sie das geleistet zu sehen, was sie später im größten Maßstabe tatsächlich leistete, hat es sich bei der Verbindung zwischen der Verwaltung des Ordensschatzes mit der des Schatzes der französischen Könige ursprünglich sicherlich nicht gehandelt. Vielmehr beschränkte sich diese zunächst wohl nur darauf, daß, wie dies namentlich durch Ludwig VII. aus Anlaß seiner Kreuzfahrt geschah, die französischen Könige, deren ständige Einnahmen damals noch sehr bescheiden waren, bei dem über reiche Barmittel verfügenden Orden Anleihen aufnahmen und dann über deren allmähliche Rückzahlung durch Überweisung fälliger Einnahmen und über ihre Verzinsung in ein Verhältnis regelmäßiger Abrechnung traten. Das aber führte um so leichter zur Überlassung der Verwaltung der königlichen Finanzen an den Orden, als dieser, dessen Haus zudem besondere Sicherheit bot, über ein für solche Aufgaben geschultes, zuverlässiges Beamtenpersonal verfügte, dessen die Könige noch entbehrten, nicht minder aber auch über die Verbindungen gebot, ohne die räumlich so weit auseinandergehende Geschäfte derart füglich nicht abgewickelt werden konnten. Tatsächlich ist daher der Ordensschatz im Tempel zu Paris von Philipp II. August bis auf Philipp den Schönen der Mittelpunkt für die Verwaltung der königlichen Finanzen geblieben, welche damals mit denen des französischen Staates zusammenfielen. Die dort beschäftigten Ordensbrüder waren infolge der im Orden heimischen technischen Schulung offenbar weithin als besonders bewährte Kenner des Finanzwesens und des Geldverkehrs hochangesehn. Daher haben auch andere Fürsten die Leiter ihrer Finanzen sich gelegentlich von dorther kommen lassen: Wie König Jakob I. von Aragonien, so hat auch Karl I. von Neapel der Verwaltung seines Schatzes einen Templer vorgesetzt.[1])

Wenn der Templerorden – wofür Beispiele in Mengen vorhanden sind[2]) – im Auftrag der Kirche in seinem Schatz zu Paris die zu Kreuzzugszwecken eingekommenen Gelder sammelte, verwahrte und verwaltete, bis die Kurie über sie verfügte und er sie den von ihr bezeichneten Empfängern aushändigte, so blieb er damit in dem Rahmen der Tätigkeit, die ihm sein Beruf anwies. Er trat dagegen aus diesem heraus, wo er ohne Rücksicht auf das heilige Land Gelder weltlicher Herkunft und weltlicher Bestimmung in seine Obhut nahm und für seine Auftraggeber und sich selbst nutzbar machte. Das aber geschah später in einem weit größeren Umfang, als ihn seine Tätigkeit im Dienste der Kurie und des heiligen Landes je erreicht hatte. Wenn für derartige Geschäfte mit ihm nament-

[1]) Delisle, a.a.O. S. 37.

[2]) Ebd. S. 25 ff.

lich Glieder des französischen Königshauses in Betracht kamen, so kann das bei der intimen Verbindung der französischen Krone mit dem Ordensschatz nicht wundernehmen, hatte aber weiterhin die Folge, daß auch andere französische Große sich seiner zur Verwaltung ihres Vermögens bedienten, da er dazu durch seine Stellung zu dem regierenden Hause, die man der eines Hofbankiers vergleichen könnte, empfohlen wurde. So ließ z. B. Königin Blanka, die Mutter Ludwigs IX. und während dessen Unmündigkeit Regentin, ihr Privatvermögen durch ihn verwalten. Es liegt eine darauf bezügliche Abrechnung vor von Lichtmeß 1243, wonach für die Zahlungen im Betrage von 1700 Livres geleistet und etwa 700 Livres vereinnahmt waren und ihr ein Guthaben von 4000 Livres verblieb.[1]) Auch wies sie die Kosten für den Ausbau der Abtei Maubuisson regelmäßig auf den Templerschatz an, der dafür im Laufe von sechs Jahren (1236–42) über 24000 Livres auszahlte. Die gleiche Praxis beobachteten andere Glieder des königlichen Hauses: Wir besitzen Bruchstücke derartiger Abrechnungen für Alfons von Poitiers, der durch die Vermittelung des Tempels auch mit seinen Beamten abrechnete,[2]) und von Karl von Anjou, demgegenüber im September 1256 die Gräfin Margaretha von Flandern sich verpflichtet, eine Schuld von 60000 Livres im Pariser Tempel oder wo er sonst verlangen würde zu zahlen, und der seinerseits 1277 dort 40000 Livres Tournois zu zahlen anweist an Marie von Antiochien als Entschädigung für ihren Verzicht auf ihre Rechte auf die Krone von Jerusalem.[3]) Aus derselben und der folgenden Zeit liegen Zeugnisse von ebensolchen Beziehungen zum Orden noch für andere französische Prinzen und Große vor. Daß es sich dabei nicht immer bloß um Geldgeschäfte handelte, diese vielmehr zuweilen auch mit kaufmännischen Transaktionen verbunden waren, beweist die Zahlung, die der Ordensschatzmeister im Februar 1285 einem Beauftragten der Königin-Witwe Johanna von Navarra, der Schwiegertochter Philipps des Schönen, leistete als Preis für ein Quantum Getreide, das einen Teil des der Fürstin verschriebenen Wittums ausmachte.

Ähnliche Beziehungen wie zwischen dem Pariser Tempel und den französischen Königen bestanden durch Vermittelung des Londoner Tempelhauses auch zwischen ersteren und den englischen Königen. Als besonders lebhaft bezeugt sind die für die Zeit König Johanns. Durch Vermittelung des Ordens, bei dem er 10000 Mark deponiert hatte, zahlt dieser wiederholt beträchtliche Beihilfen an seinen Neffen, den

[1]) Delisle, a.a.O., *Documents*, Nr. VIII, S. 32 u. 99.
[2]) Ebd. S. 33/34.
[3]) Ebd. S. 34/35.

deutschen König Otto IV. Trotzdem muß das Guthaben Johanns beim Orden um jene Zeit ein sehr beträchtliches gewesen sein. Denn am 31. Mai 1213 weist er darauf 10000 und am 22. Juni schon wieder 20000 Mark an.[1]) Diese Verbindung mit dem Orden erhielt auch Heinrich III. aufrecht, der z. B. im Juni 1237 durch den Ordensschatz seinem Schwager Kaiser Friedrich II. 10000 Mark zahlen ließ.[2])

Umfangreicher und wichtiger für beide Teile, zugleich auch bedeutender in bezug auf ihre politische Folgen waren die finanziellen Beziehungen zwischen den Templern und den Trägern der französischen Krone selbst. Durch sie wurde der Schatz des Ordens in Paris gewissermaßen zum Staatsschatz und die ihm vorgesetzten Ordensbeamten leiteten und beaufsichtigten die Tätigkeit der königlichen Beamten auf finanziellem Gebiete. Infolgedessen haben die Ordensschatzmeister nicht selten eine Stellung eingenommen, die sie geradezu als Finanzminister erscheinen läßt und ihnen auch Einfluß auf die Politik ermöglichte. Zuweilen mag dieser sich sogar stärker bemerkbar gemacht haben als der, den der Orden vermöge seiner Intimität mit der römischen Kurie in kirchlichen Dingen ausübte.[3]) Ob diese Verbindung, welche die französischen Staatsfinanzen eng mit den templerischen verknüpfte, bereits unter Ludwig VII. bestanden hat, bleibt zweifelhaft. Daß der Grund dazu damals gelegt worden sei, läßt die Freundschaft vermuten, welche diesen König mit dem Orden verband. Es sprechen dafür auch die pekuniären Beziehungen, die sich aus Anlaß des zweiten Kreuzzuges zwischen ihnen entwickelten. Organisiert aber und zur Grundlage des Staatshaushaltes gemacht ist sie erst durch Philipp II. August. In dem Testament, das dieser vor Antritt des Kreuzzuges aufsetzte, bestimmte er, die während seiner Abwesenheit eingehenden Gelder sollten im Pariser Tempel niedergelegt und die betreffenden Behälter mit mehreren Schlüsseln verschlossen werden, von denen einen die Templer, die übrigen die Regenten verwahren sollten. Das blieb so auch in der Folge: In einer Abrechnung über die königlichen Einkünfte vom Jahr 1202 erscheint die Ordenskasse im Tempel als die Zentralkasse, wohin die Überschüsse der einzelnen Provinzialverwaltungen abgeführt und von der die durch jene nicht gleich gedeckten Aufwendungen bestritten werden. Als Leiter dieses Schatzamtes erscheint der Ordensbruder Haimard, dessen Spuren wir zwischen 1202 und 1227 mehrfach begegnen. Er vereinnahmt alle an den

[1]) Delisle, S. 37/38.

[2]) Ebd. S. 38/39.

[3]) Ebd. S. 57.

König zu zahlenden Gelder und leistet die von demselben befohlenen Zahlungen. Die Wichtigkeit seiner Stellung für das gesamte Geldwesen im Reich beweist auch der ihm erteilte Auftrag, nach der Eroberung der Normandie mit den dortigen Großen die nötigen Vereinbarungen zu treffen zur Regelung des Münzwesens. Seine Tätigkeit blieb auch sonst nicht an die Zentralstelle gebunden, griff vielmehr unter Umständen in die Finanzverwaltung der Provinzen ein: Ostern 1213 und 1214 präsidiert er z. B. den Sitzungen des Rechnungshofes für die Normandie in Rouen. Ob er eine Reise nach Italien, die ihn auch zu Innocenz III. führte, im Auftrage des Königs oder in Angelegenheiten des Ordens gemacht hat, muß dahingestellt bleiben. Das Ansehen, dessen er sich erfreute, beweisen ferner verschiedene Aufträge Honorius' III. und seine wiederholte Berufung zum Schiedsrichter in Streitigkeiten geistlicher und weltlicher Großer. Im September 1222 ernennt ihn dann Philipp II. August zu einem der drei Exekutoren seines Testamentes, wie ihn bereits 1218 Königin Ingeborg in gleicher Weise ausgezeichnet hatte.[1]) Aus der folgenden kurzen Regierung Ludwigs VIII. fehlen Zeugnisse der Art. In seinem Testament erwähnt dieser nur einen Schatz im Louvre, so daß man annehmen könnte, er habe bereits eine wenigstens teilweise Lösung der Verwaltung der königlichen Finanzen von der der templerischen eingeleitet. Doch kann es sich dann nur um eine vorübergehende Maßregel gehandelt haben, denn für die Zeit Ludwigs IX. beweisen Zeugnisse in Menge, daß der königliche Schatz sich nach wie vor im Tempel befunden hat. Die 1500 Livres, welche 1227 die Geistlichkeit von Sens für vier Jahre zur Bekämpfung der Albigenser zu zahlen sich verpflichtete, sollten immer in zwei Jahresraten im Tempel erlegt werden. Ein beträchtlicher Teil des Geldes, das 1231 auf die Eroberung der Bretagne verwendet wurde, entnahmen des Königs Beauftragte aus dem Tempel. Im Lauf von vier Monaten des Jahres 1234 wurden dort für die Bedürfnisse des Königs etwa 23 500 Livres ausgezahlt. Vom Tempel erhielten die Prévôts die Mittel zur Ausführung der Bauten, zu deren Bestreitung ihre laufenden Einnahmen nicht ausreichten. Andererseits vereinnahmt der Tempel im Jahr 1238 eine Reihe bedeutender Posten für Rechnung des Königs. In der Zeit vom 11. Mai bis zum 19. September 1239 entnahm der Vorsteher des königlichen Hauswesens von dort in 36 Zahlungen im ganzen die Summe von 35 200 Livres. Auch für Einkäufe im Ausland wies der König die Zahlung auf den Tempel an: Die Glasfenster, die Ludwig IX. 1247 in Genua erwarb, sollten um die Zeit des Aufbruchs der Kreuz-

[1]) Delisle, a.a.O. S. 40, 61–64.

fahrer im Tempel zu Paris oder in Aigues-Mortes bezahlt werden. Im folgenden Jahr sehen wir den Orden beauftragt, die für die Überfahrt des Königs nötigen Gelder zu beschaffen. Infolgedessen schwankte das Guthaben des Königs beim Orden unausgesetzt, zumal auch die regelmäßigen Aufwendungen für den Hofhalt von dort bestritten wurden. Diese aber betrugen z. B. vom 10. Februar 1256 bis zum 8. November 1257 nicht weniger als 84 390 Livres. Am 3. Dezember 1259 wird der Tempel angewiesen, Heinrich III. von England 15 000 Mark zu zahlen, die Ludwig IX. ihm schuldete, und zwar binnen zwei Monaten nach Präsentation des betreffenden Scheines. Auch für den Haushalt von Ludwigs erstgeborenem Sohn Philipp wurden 1261 die Mittel vom Tempel bereitgestellt. Dagegen verpflichtet sich 1269 der englische Kronerbe Eduard, 70 000 Livres Tournois, die ihm der französische König geliehen hatte, in der Weise zurückzuzahlen, daß er jährlich 10 000 Livres im Tempel entrichtete, welche durch die Zolleinnahmen von Bordeaux verbürgt wurden. Als neu aber erscheint in der Tätigkeit des Pariser Tempels als der königlichen Zentralkasse unter Ludwig IX. einmal, daß die an ihr beteiligten königlichen, Beamten ebenfalls im Tempel wohnten, und dann, daß ihm auch die Zahlung der Renten überwiesen wurde, die der König als Schenkung, Belohnung oder Entschädigung bewilligte und die unter Umständen von den Empfangsberechtigten auf andere übergehen konnten. Man wird darin wohl einen Beweis erblicken dürfen für ein strafferes Anziehen der Verbindung zwischen dem Ordensschatz und den königlichen Finanzen. Darin trat auch unter Philipp III. eine Änderung nicht ein. Vielmehr bestimmte dieser gleich nach dem Tode seines Vaters noch vor der Rückkehr nach Frankreich, sämtliche Überschüsse sollten im Tempel angesammelt und alle königlichen Anweisungen dort honoriert werden.[1]) Demgemäß verfügte ein Erlaß vom 24. Mai 1272, daß bei seiner Vorlegung und gleichzeitiger Einreichung einer Quittung des Papstes der Schatzmeister des Tempels 5000 Mark zahlen sollte.[2])

Die Zahl solcher Beispiele ließe sich beträchtlich vermehren. Die daraus hervorgehende Tätigkeit des Ordensschatzmeisters als des Vorstehers der Staatshauptkasse betrifft in buntem Wechsel große und kleine Summen, den Haushalt des Königs und der Prinzen so gut wie eigentliche Staatsangelegenheiten, nicht bloß die innere, sondern gelegentlich auch die auswärtige Politik, Reisen von Gliedern des königlichen Hauses und von königlichen Beamten sowie andere Dienstauf-

[1]) Delisle, a.a.O. S. 49/50.
[2]) Ebd. S. 50.

wendungen der letzteren, nicht minder aber zuweilen auch die für Reisen an den Hof entsandter städtischer Deputierten und andere gezahlte Entschädigungen. Namentlich bei Vorgängen wie der Einführung der französischen Herrschaft in Navarra spiegelt sich die gesteigerte politische Tätigkeit auch in den Rechnungen des Ordensschatzes wieder: Im Tempel werden die den Parteigängern Frankreichs ausgesetzten Pensionen gezahlt, erhalten die vor dem König erschienenen Abgesandten der Stadt Pampelona den Aufwand für ihre Reise ersetzt und werden die 15 000 Livres Tournois zurückgezahlt, die durch eine Anleihe zu beschaffen Philipp III. den Gouverneur von Navarra bevollmächtigt hatte.[1]) Diese Praxis wurde auch in der Folge beibehalten und führte nicht selten zu finanziellen Transaktionen, bei denen es sich um bedeutende Summen handelte. So zahlte z. B. der Tempel in der Zeit von Himmelfahrt bis Allerheiligen 1282 für Rechnung des Königs nicht weniger als 69 400 Livres Tournois[2]) Bedürfnisse des königlichen Hauses und des Staates wechseln dabei in bunter Reihe. Denn auch die 6000 Livres, die Eduard I. von England für den Rückkauf der Grafschaft Ponthieu zahlte, und die Gelder, welche die königlichen Kommissare auf Grund der Revision, die Philipp III. in bezug auf die erfolgte Amortisation der von den geistlichen Genossenschaften neuerdings erworbenen Güter angeordnet hatte, für deren Anerkennung als Güter zur toten Hand erhoben, wurden im Tempel eingezahlt. In ständiger Abrechnung blieb dieser daher mit den königlichen Hofbeamten über die ihnen gegen Quittung von ihm zur Verfügung gestellten Gelder zur Bestreitung des Hofhalts, namentlich der königlichen Tafel. Für diese erhob der königliche Haushofmeister Pierre de Condé in den Jahren 1282 bis 1286 in kurzen Fristen nacheinander immer Summen von 3000, 2000 und 1200 Livres.[3])

Erst unter Philipp dem Schönen erfuhr diese Verbindung der königlichen und der Staatskasse mit dem Ordensschatz im Tempel und die Überlassung der Verwaltung der ersteren an die diesem vorgesetzten Beamten gewisse Veränderungen, welche den bisherigen Brauch zwar in der Hauptsache bestehen ließen, aber doch in einem Sinn modifizierten, wie er dem strafferen Anziehen der königlichen Autorität und der Ausbildung eines staatlichen Beamtentums entsprach. Angesichts der Kompliziertheit der Verhältnisse und der Schwierigkeiten, die sich für eine geordnete Verwaltung der Staats-

[1]) Delisle, a.a.O. S. 50/51.
[2]) Ebd. S. 51.
[3]) Ebd. S. 52.

finanzen aus einer plötzlichen Änderung der bisherigen Einrichtungen ergeben haben würden, zumal bei Philipps IV. steter Geldverlegenheit, sind diese Änderungen augenscheinlich nur allmählich und mit einer gewissen Vorsicht eingeführt worden. Doch weist in der Überlieferung kein Moment darauf hin, es habe sich auf diesem Gebiet ein Gegensatz zwischen dem König und dem Orden entwickelt gehabt. Freilich konnte es dem König und seinen Beamten nicht entgehen, daß der Orden als Verwalter des königlichen Schatzes sich dauernd in sehr bequemer Weise auf Kosten des Staates bereicherte und dadurch die Mittel verkürzte, die das aufstrebende Königtum möglichst zu eigener Verfügung zu haben suchen mußte. Es ist in dieser Hinsicht beachtenswert, daß Pierre Dubois, der im Vertrauen des Königs so hoch stand und in politischen Dingen so einflußreich war, gerade an dem Reichtum des Templerordens besonderen Anstoß nahm und nachdrücklich auf den Gewinn hinwies, der hier für den Staat gemacht werden könnte. So sehen wir Philipp IV., nachdem er zunächst alles beim alten gelassen, eine Auseinandersetzung einleiten, die zunächst darauf angelegt gewesen zu sein scheint, den Haushalt des Hofes schärfer von dem des Staates zu sondern. Doch wurde diese Reform aufgehalten oder verlangsamt durch die stets erneuten finanziellen Verlegenheiten des Königs, die ihn immer wieder nötigten, bei dem Orden als der leistungsfähigsten Finanzmacht der Zeit Hilfe zu suchen. Das konnte denn wohl dazu beitragen, aus anderen Anlässen bei ihm etwa vorhandenen Unmut gegen den Orden zu steigern, so daß er der öffentlichen Meinung nachgab, sobald sich eine Gelegenheit dazu bot.

So sehen wir denn den Pariser Tempel während der ersten Jahre Philipps IV. in der alten Weise tätig. Er stellt dem König über 2300 Livres zur Verfügung zu seiner prunkvollen Salbung und Krönung. Bei der Abrechnung auf Allerheiligen 1285 schießt er den Baillis das Geld vor zu den Zahlungen, die sie aus den Erträgen ihres Verwaltungsbezirks nicht hatten leisten können. Ebenso empfängt er für den König eingehende Gelder. Diese Tätigkeit des Tempels spiegelt namentlich die im Original erhaltene Abrechnung vom Februar 1288 wieder.[1]) Danach stellte er den Baillis im Bedarfsfalle die zur ordnungsmäßigen Führung der Geschäfte nötigen Gelder vorschußweise zur Verfügung, worauf dann die von ihnen bei ihm eingezahlten Erträge ihrer Bezirke verrechnet wurden. Gewisse Abgaben zog er direkt ein, wie z. B. die Judensteuer in der Auvergne, der Champagne und anderen Provinzen und den zu der aragonischen Unternehmung ausgeschiedenen Zehnten. Anderer-

[1]) Ebd. *Documents*, Nr. XXVII, S. 53ff. u. 133.

seits liefert er die für den Hofhalt des Königs und der Prinzen nötigen Gelder, zahlt die vom König ausgesetzten Gehälter, Renten und Pensionen, wie er auch von demselben bewilligte Darlehen vorschießt. Er bestreitet vorläufig die Kosten diplomatischer Sendungen, subventioniert die französischen Parteigänger in Navarra und besoldet die dort gehaltenen Truppen. Dann nimmt er aber auch die Beträge der Anleihen in Empfang, die der König bei italienischen Bankiers aufnahm oder die er seine Untertanen zwang ihm zu bewilligen. Er erfüllt also alle Funktionen, die einer Hof- und Staatshauptkasse zukommen. Auch in den folgenden Jahren wird die Fortsetzung dieser Tätigkeit durch die auf uns gekommenen Bruchstücke der betreffenden Rechnungen bestätigt.

Einen Blick in die Einzelheiten des damit verbundenen Geschäftsbetriebes zu tun ermöglicht uns ein merkwürdiges Schriftstück, ein Fragment nämlich des Rechnungsbuches oder wohl eigentlich der Kladde, worin die an einem der Schalter des Tempels eingenommenen und verausgabten Summen unter Nennung der Empfänger oder Zahler und der den Dienst dabei versehenden Ordensbrüder verzeichnet sind. Die Eintragungen umfassen die Zeit vom 19. März 1295 bis zum 4. Juli 1296.[1]) Darin sind in buntem Wechsel, wie sie zufällig aufeinander folgten, die an dem betreffenden Schalter erledigten Geldgeschäfte notiert. Beteiligt erscheinen Beamte des Ordens, der Meister, der Schatzmeister und Komture vom Pariser Tempel abhängiger Ordenshäuser, die mit ihm in geschäftlichen Beziehungen standen, verschiedene geistliche Würdenträger, wie der Kardinallegat und der Abt von St. Denis, der König und die Beamten seines Hofes und namentlich die den Finanzen der einzelnen Provinzen vorgesetzten, weiter Mitglieder der königlichen Familie und deren Beauftragte, Inhaber der großen Reichslehen und zahlreiche Glieder des französischen Adels. Aus den Verweisungen, die sich bei den eingezahlten oder ausgezahlten Beträgen finden, ergibt sich, daß die Eintragungen, die im Drang der Geschäfte am Zahlschalter nach der Aufeinanderfolge der Geschäfte gemacht wurden, nachher aus der Kladde in die verschiedenen Bücher und Konti übertragen wurden, daß also eine geordnete, nach den Regeln des Bankgeschäfts gegliederte Buchführung stattfand. Weitaus das Wichtigste war natürlich das Konto des Königs, welches regelmäßig zweimal im Jahr, auf Himmelfahrt und auf Allerheiligen, aufgerechnet wurde, um seine Schuld oder sein Guthaben zu konstatieren. Beide erfuhren natürlich entsprechend dem Steigen oder Fallen des

[1]) Delisle, a.a.O. Nr. XXIX, S. 74 u. 162.

Geldbedarfs für Hof und Staat und der an den Tempel abgeführten, für beide eingehenden Gelder beträchtliche Schwankungen. So betrug z. B. die Schuld des Königs auf Himmelfahrt 1286 etwa 101 845, dagegen auf Allerheiligen 1290 nur 8010 Livres. Sein Guthaben belief sich auf Allerheiligen 1288 auf etwa 130 000 und auf denselben Termin 1291 auf 150 000 Livres.[1])

In dieser Weise hat das Verhältnis des Tempels zum königlichen Schatz fortbestanden bis unmittelbar zum Hereinbruch der Katastrophe des Ordens. Doch tritt insofern eine Änderung ein, als dem Ordensschatzmeister, der bisher allein der Träger dieser doppelten Tätigkeit gewesen war, durch Philipp IV. königliche Beamte beigegeben wurden, die er aus besonderem Vertrauen zur Teilnahme an diesen Funktionen berief und zugleich zu Aufsehern über die Geschäftsführung der Ordensbeamten bestellte. In den Jahren 1304, 1305 und 1306 kommen neben dem Ordensschatzmeister besondere „königliche Schatzmeister" im Tempel vor.[2]) Die wichtigste Neuerung aber, die Philipp IV. einführte, bestand darin, daß er im Louvre, der königlichen Residenz, einen zweiten Schatz errichtete, der allein von ihm abhängig war. Der Zeitpunkt, in dem sie erfolgte, ist nicht sicher zu bestimmen, doch finden wir die neue Behörde seit 1295 in Funktion, freilich ohne daß sich eine bestimmte Abgrenzung ihres Geschäftskreises gegen den des Tempels erkennen ließe. Vielmehr scheint es in jedem einzelnen Fall im Belieben des Königs gestanden zu haben, welche von beiden Kassen die betreffenden Zahlungen leisten oder in Empfang nehmen sollte. Daher finden wir den Schatz im Louvre und ganz in der gleichen Weise wie bisher auch den im Tempel sowohl im Dienst des königlichen Haushalts wie des Staates tätig. Was Philipp zu dieser Neuerung bestimmt haben mag, bleibt uns verborgen. Doch dürften es jedenfalls sachliche oder überhaupt politische, nicht aber persönliche Beweggründe gewesen sein, obgleich darüber kein Zweifel walten kann, daß die weit über die Grenzen Frankreichs hinaus einflußreiche Stellung des Pariser Tempels als Geldinstitut nicht bloß auf den Mitteln und den Verbindungen des Ordens beruhte, sondern auch den ausgezeichneten Eigenschaften seiner Vorsteher zuzuschreiben war. Denn dank der in ihrer Genossenschaft auf diesem Gebiete fortlebenden und von Generation zu Generation vermehrten Erfahrung werden diese zu den ersten Finanzkapazitäten ihrer Zeit zu rechnen gewesen sein.[3]) Auch scheinen die zur Verwen-

[1]) Delisle, a.a.O. S. 88/89.

[2]) Ebd. S. 58.

[3]) Ebd. S. 61.

dung auf diesem Gebiet bestimmten Ordensbeamten dafür besonders geschult und vorgebildet worden zu sein, indem sie sich im Tempel gewissermaßen in die Höhe dienen mußten, um alle Zweige des Bankbetriebes, von den einfachsten bis hinauf zu den kompliziertesten, durch eigene Tätigkeit kennen zu lernen: Wiederholt begegnen wir späteren Vorstehern des Tempelschatzes früher als Gehilfen ihrer Vorgänger. So geschulten Finanzbeamten hatten damals der König und der Staat aus der Zahl ihrer Beamten niemand an die Seite zu stellen, und selbst wenn sie solche gehabt hätten, hätten diese doch weder die Verbindungen noch die zu deren Unterhaltung nötigen Gehilfen zur Verfügung gehabt. Andererseits erklären sich aus der Wichtigkeit, die infolgedessen der Ordensschatzmeister auch für den französischen Staat gewissermaßen als sein Finanzminister erlangte, das hohe Ansehen und der große Einfluß, in deren Besitz wir die Inhaber dieses Amtes finden. Des der Zeit Philipps II. August angehörigen Bruders Haimard ist bereits Erwähnung getan.[1]) Sein Nachfolger Jean de Milli wird zwischen de Gillon, dem wir zwischen 1236 und 1250 begegnen, ist in politischen Geschäften verwendet worden. Sie alle aber übertraf an Ansehen und Einfluß Jean de Tour, durch den die Verbindung des Ordensschatzes mit den Finanzen Philipps IV. zu einer besonders innigen ausgebildet wurde. Seine Tätigkeit umfaßt ein Menschenalter: Zuerst 1274 nachweisbar, reicht sie bis 1302. Namentlich tritt er in den Vordergrund während der Untersuchungen, die erst Philipp III. und dann Philipp IV. über die Amortisation der vom Orden neu erworbenen Güter anstellen ließ. In beiden Fällen war der Vermittelung des Schatzmeisters die vorläufige Freigabe der mit Beschlag belegten Besitzungen zu danken. Namentlich Philipp IV. gab seiner Verehrung für den auch um ihn hochverdienten Mann wiederholt Ausdruck und bekannte, aus Rücksicht auf ihn so gemäßigt in der Amortisationsangelegenheit vorgegangen zu sein: Die Bürgschaft des Jean de Tour genügte ihm, um der Erfüllung dessen sicher zu sein, was er dabei nachträglich vom Orden zu fordern hatte.[2]) Daß er auch an den anstößigen Maßregeln beteiligt gewesen ist oder doch beim Volke als daran beteiligt galt, durch die Philipp seinen Finanzen gelegentlich aufzuhelfen suchte, möchte man aus dem Haß entnehmen, mit dem die Menge noch nach seinem Tode sein Andenken verfolgte. Er starb nach 1302 und vor 1306, jedenfalls vor der Katastrophe, die im Herbst 1307 über den Orden hereinbrach. Damals wandte sich die Volkswut noch gegen sein Grab: Es wurde

---

[1]) Vgl. oben S. 431.

[2]) Vgl. oben S. 383.

erbrochen und des ehemaligen Schatzmeisters Gebeine wurden wie die eines Ketzers den Flammen übergeben.[1])

Diesem älteren Jean de Tour folgte in der Leitung des Ordensschatzes und der Verwaltung der königlichen Finanzen ein jüngerer Träger des gleichen Namens, vielleicht ein Neffe jenes, der ihm bisher als Gehilfe zur Seite gestanden hatte. Auch er hat offenbar das besondere Vertrauen des Königs genossen und sich ihm ebenfalls in seiner eigentümlichen Doppelstellung gefällig erwiesen. Eine ungewöhnlich große Anleihe, die er Philipp bewilligte, scheint für ihn verhängnisvoll geworden zu sein: Um ihretwillen entsetzte ihn Jakob von Molay, als er nach der Ankunft in Frankreich 1306 eine Revision des Schatzes vornahm, seines Amtes und stieß ihn aus dem Orden aus. Die Fürbitte des Königs sowohl wie des Papstes, die sich für die Aufhebung wenigstens der letzten harten Strafe verwandten, blieb vergeblich – ein Vorgang, der nicht ohne Einfluß geblieben sein wird auf die Gestaltung des damals ohnehin schon getrübten Verhältnisses zwischen Philipp und dem Orden.[2])

Wenn nun Philipp bald danach auf Grund der vorliegenden Denunziationen gegen den Orden einzuschreiten beschloß, so wird dabei neben dem kirchlichen Eifer, der sich zur Ausrottung der Ketzerei verpflichtet fühlte, auch die Anziehungskraft mitgewirkt haben, welche die Schätze des Ordens auf ihn ausübten: durfte er doch hoffen, sich auf diesem Wege einmal lästiger pekuniärer Verpflichtungen zu entledigen und dann sich einer beträchtlichen Beihilfe zu dem geplanten Kreuzzug zu versichern. Als auf Grund des seit längerer Zeit in ihren Händen befindlichen Befehls die königlichen Beamten am 13. Oktober 1307 zur Verhaftung aller Templer in Frankreich schritten und die Ordensgüter mit Beschlag belegten, traf dies Schicksal auch den Pariser Tempel und den Schatz des Ordens. In den Verhandlungen aber, die in der Folge zwischen Philipp und Clemens V. über das Schicksal der Ordensgüter geführt wurden, deren Verwaltung einstweilen königlichen Beamten übertragen war, ist von dem Ordensschatz, d. h. den im Pariser Tempel vorgefundenen und konfiszierten Barmitteln, nicht ausdrücklich die Rede gewesen: sie haben sich nur auf den Grundbesitz des Ordens und dessen Ertrag bezogen. Eine um so größere Rolle hat der Schatz dagegen gespielt bei dem Übergang der Templergüter auf den Hospitaliterorden, die Clemens V. am 2. Mai

[1]) Delisle, a.a.O. S. 71.

[2]) Vgl. die später folgenden ausführlichen Darlegungen in dem Abschnitt über „Ursprung und Anlaß des Templerprozesses."

1312 verfügte, insofern Philipp auf Grund der von ihm aufgestellten Rechnung noch nachträglich ungeheure Summen forderte, die der Ordensschatz ihm schulden sollte. Obgleich er am 24. August der Übertragung des gesamten Templerbesitzes auf das Hospital, mit der er sich im Interesse des heiligen Landes schon früher einverstanden erklärt hatte, trat er bei der Auseinandersetzung zwischen dem königlichen und dem Ordensschatz mit Forderungen hervor, deren Erfüllung die Hospitaliter nicht bloß um jeden Gewinn zu bringen drohte, sondern ihnen auch noch aus ihren eigenen Mitteln zu bestreitende schwere Opfer auferlegte. Seine Nachfolger aber haben sein Beispiel, ermutigt durch den Erfolg, den er damit hatte, später noch mehrfach nachgeahmt.

Vor der Überantwortung der noch in seinen Händen befindlichen Templergüter forderte Philipp von den Hospitalitern die Zahlung von 200 000 Livres Tournois, d. i. 3 800 000 Franken, als Betrag seines Guthabens zur Zeit der Beschlagnahme. In Wahrheit jedoch war damals alles, was sich an barem Geld dort vorgefunden hatte, von den königlichen Kommissaren weggenommen worden. Von einem Guthaben des Königs konnte also überhaupt nicht die Rede sein. Im Gegenteil schuldete Philipp seinerseits dem Orden noch 500 000 Livres Tournois, d. h. 9 500 000 Franken, die ihm bei der Vermählung seiner Schwester zur Zahlung von deren Mitgift vorgeschossen worden waren. Trotzdem konnten die Hospitaliter auf die Zulassung zum Antritt der Erbschaft der Templer nur hoffen, wenn sie das Verlangen des Königs erfüllten. Deshalb fügten sie sich und schlossen mit Philipp am 21. März 1313 einen Vertrag, durch den sie seinen Anspruch auf Zahlung jenes angeblichen Guthabens anerkannten und sich verpflichteten, die Summe im Laufe von drei Jahren zu zahlen. Nun erst vollzog Philipp am 28. März 1313 das Dekret, welches die Ausantwortung der Templergüter an sie anordnete.

Nun starb er aber, noch bevor dieser Vertrag ausgeführt war, und sein Sohn Ludwig X., derselbe, der die Unfreiheit der Bauern für unvereinbar erklärte mit dem natürlichen Recht und sie daraufhin nötigte, sich um schweres Geld loszukaufen, benutzte diesen Umstand, um dem Hospital noch mehr abzupressen. Als Ersatz für die Kosten, die der königlichen Kasse aus dem Prozeß der Templer erwachsen sein sollten, verlangte er noch 60 000 Livres Tournois, d. i. 1 140 000 Franken, während tatsächlich diese Kosten seinerzeit aus den Einkünften der sequestrierten Templergüter gedeckt worden waren. So mußte der Orden wohl oder übel sich zu weiteren Opfern entschließen, um die königliche Habgier zu befriedigen. Am 14. Februar 1316 kam ein neuer

Vertrag zustande.[1]) Darin leisteten die Hospitaliter Verzicht auf alles, was irgend seit der Beschlagnahme, gleichviel auf welchen Rechtstitel hin, von des vorigen oder des gegenwärtigen Königs Leuten auf die Templergüter erhoben worden war, ferner auf die Forderungen, die sie als Rechtsnachfolger der Templer für deren Schatz an den verstorbenen König, die Königin Johanna, die königlichen Prinzen und deren Vorfahren irgend erheben könnten. Das gleiche taten sie in betreff von zwei Dritteilen der Schulden, welche Privatleute bei dem Templerschatz gemacht hatten, einschließlich derjenigen, die seit dem Sturz des Ordens bereits bezahlt worden waren, so daß die betreffenden Summen von ihnen an den König herausgezahlt werden mußten. Ferner verzichteten sie auf zwei Dritteile der Summen, welche die von Philipp IV. bestellten Verwalter der Templergüter von ihrer – meist offenbar sehr liederlichen und nicht selten geradezu unehrlichen – Administration her von den durch sie vereinnahmten Einkünften noch nicht abgeführt hatten, sowie endlich auch noch auf zwei Dritteile der bei der Beschlagnahme in den Ordenshäusern vorgefundenen Ausstattung aller Art. Die betreffenden Gerätschaften sollte ihnen erlaubt sein zurückzukaufen, und zwar zu dem Preis, den von ihnen gemeinsam mit den königlichen Beamten ernannte Taxatoren festsetzen würden.[2])

Noch einmal wiederholte sich der gleiche Vorgang, wie ihn der Thronwechsel nach dem Tode Philipps des Schönen ermöglicht hatte, als Ludwigs X. frühzeitiger Tod das Abkommen hinfällig machte, das die Hospitaliter eben mit so schweren Opfern erkauft hatten, und Philipp V. seines Vorgängers Beispiel nachzuahmen eilte. Am 6. März 1317 kam ein dritter sogenannter Vergleich zwischen dem Orden und der französischen Krone zum Abschluß, dessen Bewilligung angeblich der Großprior des Hospitals in Frankreich, Simon Le Rat, erbeten haben sollte, um den Streitigkeiten zwischen den Leuten des Ordens und denen des Königs ein Ende zu machen. Darin wiederholte ersterer sämtliche in den beiden früheren Verträgen gemachte Zugeständnisse und leistete außerdem Verzicht auf jede Rechnungslegung von seiten der mit der Verwaltung von Templergütern betraut gewesenen königlichen Beamten sowie auf alle dem Templerorden von früher noch irgend zustehenden Summen und auf alle beweglichen Güter, die aus den ehemaligen Templerhäusern unrechtmäßigerweise entfernt worden waren, ja sogar auf die von den königlichen

---

[1]) Curzon, a.a.O. S. 202.

[2]) Ebd. S. 202/03.

Administrationen etwa entfremdeten Güter. Der Hospitaliterorden verzichtete also schließlich eigentlich auf alles, was in der Zeit von der Niederwerfung der Templer und dann seit seiner Einsetzung zum Erben derselben bis zu dem Tage des Vertragsabschlusses von dem ehemaligen templerischen Besitz irgendwie beiseite gebracht worden war. Außerdem aber verpflichtete er sich, Philipp V, binnen drei Jahren 50000 Livres Tournois, d. i. 9500000 Franken, zu zahlen. Daraufhin erklärte der König seinerseits, alles das in Gnaden aufgeben zu wollen, was er auf Grund der beiden früheren Verträge von dem Orden etwa zu fordern berechtigt wäre, und bestätigte und verbürgte ihm für alle Zeiten seine Rechte und Freiheiten. Nun erst wurden die Hospitaliter durch ein königliches Dekret vom 5. Mai 1317, welches das Pariser Parlament am 7. Mai registrierte, indem es gleichzeitig die zu seiner Ausführung nötigen Befehle erließ, endgültig in den Besitz dessen gesetzt, was von dem ehemaligen Eigentum der Templer noch übrig war. Das aber hat nachher König Karl IV. nicht abgehalten, mit neuen Ansprüchen an sie heranzutreten: 1325 forderte er von dem Orden für sich und seine Gemahlin die Zahlung einer Jahresrente von 1200 Livres Tournois, d. i. 22800 Franken.

Ob diese gezahlt worden ist, wissen wir nicht. Jedenfalls finden wir die Hospitaliter hinfort im Besitz der ehemals templerischen Güter. Eine nennenswerte Besserung ihrer Finanzen aber kann dadurch zunächst nicht bewirkt worden sein. Im Gegenteil dürften ihnen aus dem Antritt der Erbschaft fürs erste nur neue Lasten und drückende Verpflichtungen erwachsen sein. Was dem Orden an Barmitteln etwa zur Verfügung stand und was er an solchen aus dem schon bedenklich zurückgegangenen Ertrage seiner Güter erübrigte, wird er auf Jahre hinaus dazu haben verwenden müssen, um auf Grund der ihm abgepreßten Verträge die Habgier der französischen Könige zu befriedigen und die vereinbarten Summen zu den festgestellten Terminen zu zahlen. Erben der finanziellen Großmachtstellung der Templer sind die Hospitaliter jedenfalls nicht geworden. Der Wegfall einer solchen zentralen Geldmacht mußte nun aber im gesamten Gebiet des Handels und Verkehrs störend empfunden werden, und auch Könige und Fürsten werden die Hilfe vermißt haben, die ihnen bisher von dieser Seite geleistet worden war. Wohlhabende Privatleute aber werden ebenfalls den Verlust der bequemen Gelegenheit beklagt haben, ihre Gelder gewinnbringend und sicher zu deponieren, die ihnen die Ordenskassen bisher geboten hatten. Die Nachfolger des Templerordens wurden in dieser Hinsicht die italienischen Bankiers, die bereits neben ihnen in die Höhe gekommen und namentlich von der päpstlichen Kurie vielfach gebraucht worden waren.

Das Bild von der Bedeutung, welche die geistlichen Ritterorden für das wirtschaftliche Leben ihrer Zeit gehabt haben, und von dem Einfluß, den diese auf dessen fernere Gestaltung ausgeübt hat, würde nun aber unvollständig bleiben, wenn nicht auch der ebenso eigentümlichen wie hervorragenden Rolle gedacht würde, welche im Gebiet des Handels der Deutsche Orden gespielt hat. Allerdings gehört sie einer Zeit an, wo das eigentliche Rittertum an Geltung bereits beträchtlich verloren hatte und eine Machtstellung, wie die Templer sie besessen hatten, unmöglich geworden war. Denn erst im 14. Jahrhundert hat der Deutsche Orden in Preußen sich zu einer kommerziellen Großmacht aufgeschwungen und auch dann sich als solche nicht in dem Umfang zur Anerkennung bringen können, wie im vorhergehenden Jahrhundert der Templerorden seine finanzielle Großmachtstellung. Aber die Grundlagen dazu sind doch älteren Ursprungs, und die bescheidenen Anfänge der nachmaligen großartigen Entwickelung gehören noch der Blütezeit des geistlichen Rittertums an. Wenn weder Templer noch Hospitaliter hier in die Bahnen eingelenkt haben, die später der Deutsche Orden verfolgt hat, so lag der Grund dafür wiederum darin, daß sie der territorialen Geschlossenheit ihres Gebietes entbehrten, welche zu einer derartigen Tätigkeit die unerläßliche Voraussetzung bildete. Es bedurfte dazu eben gewisser staatlicher Einrichtungen und des Rückhalts an ihnen, zu denen jene beiden Orden es nicht gebracht haben. Daß aber auch sie wenigstens in kleinerem Maßstabe Handel getrieben haben, wird angenommen werden dürfen. Denn unter den weltlichen Freiheiten, die ihnen auf Grund ihrer kirchlichen Sonderstellung gewährt waren, nahm die Exemtion von den Abgaben, die für die Benutzung von Wegen, Brücken usw. erhoben wurden, einen hervorragenden Platz ein, zumal auch sie ihren Leuten im allgemeinen zugute kam. Wenn ferner besonders den Hospitalitern auch die Zollfreiheit aller ihnen oder ihren Leuten gehörigen Waren wiederholt verbrieft wurde und es fast überall anerkannt war, daß sie und ihre Leute auch Freiheit genössen von den beim Kauf und Verkauf zu entrichtenden Abgaben, so wird kaum angenommen werden dürfen, es sei davon nicht auch zu eigentlichen Handelszwecken Gebrauch gemacht worden. In beschränktem Maße werden vielmehr auch Hospitaliter und Templer Handel getrieben haben, doch fehlte es bei ihnen an der Zentralisation und der Organisation, wozu es der Deutsche Orden unter den ihn umgebenden besonderen Verhältnissen gebracht hat. Daher sind auch von ihrer Tätigkeit auf diesem Gebiete Zeugnisse nicht auf uns gekommen, während wir uns von der des Deutschen Ordens ein anschauliches Bild machen können.[1])

Kein Staat war im 14. Jahrhundert und zu Beginn des 15. im Besitz so reicher Geldmittel wie der des Deutschen Ordens in Preußen. Die Quellen dieses Reichtums lagen im Lande selbst. Er entstammte den Abgaben, welche die Untertanen dem Orden als dem Landesherrn entrichteten. Diese bestanden nur zum kleineren Teil in Geld, der Hauptmasse nach in Naturalien aller Art, namentlich landwirtschaftlichen Produkten, wie Getreide, Heu usw. und dann Geflügel, Schweinen usw. Eine wichtige Einnahmequelle lieferte ferner der Bernstein, der Regal war und nur durch den Orden selbst in den Handel gebracht werden durfte. Da der Orden nun aber die Massen der verschiedenen Naturalien, die er so geliefert erhielt, unmöglich alle selbst verbrauchen konnte, so ergab sich für ihn frühzeitig die Notwendigkeit, den Überschuß gegen andere Bedarfsmittel einzutauschen oder in Geld umzusetzen, also Handel zu treiben. Sie war um so zwingender, als bei der Entlegenheit Preußens die Unterhaltung eines umfänglicheren kommerziellen Verkehrs mit dem Mutterlande große Schwierigkeiten hatte, besonders solange zwischen ihnen und dem Ordenslande unabhängige polnische Kleinstaaten lagen. Ursprünglich hat nicht Gewinnsucht, sondern die Notdurft den Orden bereits im 13. Jahrhundert und noch ehe die Unterwerfung Preußens vollendet war, veranlaßt, Handel zu treiben. Da dies aber eigentlich weder mit seinen mönchischen noch mit seinen militärischen Pflichten vereinbar war, erteilte ihm Papst Alexander IV. 1257 die Erlaubnis dazu, indem er sie mit der Anmut des Ordens begründete: Er sollte in allen Ländern und an allen Orten seine Waren verkaufen und fremde dafür einkaufen dürfen und sich dazu von ihm bestellter geeigneter Persönlichkeiten bedienen, doch sollte er das niemals um des Gewinnes willen tun dürfen. Im eigentlichen Sinn des Wortes Handel zu treiben, war den Deutschen Herren demnach auch jetzt noch versagt. Nur waren die Verhältnisse in diesem Fall wieder einmal stärker als die kirchlichen Verbote. Da Handel zu treiben für das wirtschaftliche Gedeihen seines Landes und zur Beschaffung der Mittel, deren er zur Erfüllung seines Berufes bedurfte, notwendig war, trieb der Orden eben trotzdem Handel und half sich etwaigen Anfechtungen gegenüber in derselben Weise, wie das geistliche Korporationen, des

[1]) Zu dem Folgenden vgl.: Die Handelsrechnungen des Deutschen Ordens, hrsg. von Sattler. (Publikationen des Vereins für die Geschichte von Ost- und Westpreußen.) Leipzig 1879, und Sattler, Der Handel des Deutschen Ordens in Preußen in den Hansischen Geschichtsblättern, Jahrg. 1877 (Leipzig 1879), S. 78ff.

Mittelalters unter ähnlichen Umständen unbedenklich zu tun pflegten, nämlich durch Urkundenfälschung. Auf Grund jener Bulle Alexanders IV. von 1257 ließ er eine angeblich von Urban IV. im Jahre 1263 erlassene anfertigen, die sich an jene wörtlich anschloß, aber die Hauptsache, wegließ, nämlich das Verbot, um des Gewinns willen Handel zu treiben. So machte er sich den Weg frei zu einer im Laufe der Zeit großartigen Ausgestaltung seines Handelsbetriebes. Seinen Höchststand erreichte dieser erst im 14. Jahrhundert. Da aber auch schon früher Waren des Ordens erwähnt werden, ist diese Tätigkeit zweifellos bereits im 13. Jahrhundert im Gange gewesen, wenn auch in bescheidenerem Maße. Ihr Aufschwung wird zuerst in der Zeit des Hochmeisters Werner von Orselen (1324–50) erkennbar. Damals war auch die ihr dienende eigentümliche Organisation bereits ausgebildet, die sich in der Folgezeit als außerordentlich praktisch und leistungsfähig erwiesen hat.

An ihrer Spitze standen zwei Ordensbeamte, die Großschäffer von Königsberg und Marienburg. Aus den erhaltenen umfänglichen Fragmenten der Rechnungen, welche diese von Amts wegen führten, kennen wir eine ganze Reihe derselben. Die Wichtigkeit des Amtes erweisen auch die Persönlichkeiten, die wir darin finden: In ähnlicher Weise wie bei den Templern die Stellung des Schatzmeisters des Pariser Ordenshauses hat auch das Amt der Großschäffer für den Orden überhaupt besondere Wichtigkeit gehabt, da sein wirtschaftliches Gedeihen zum guten Teil von seiner Tätigkeit abhing. So hat z. B. der spätere Hochmeister Michael Küchmeister von Sternberg in den Jahren 1402–04 der Großschäfferei Königsberg vorgestanden. Die Stellung der Großschäffer war übrigens nicht ganz die gleiche, wie schon daraus hervorgeht, daß der von Marienburg dem Großkomtur und dem Treßler, der von Königsberg dagegen dem Ordensmarschall unterstellt war. Letzterer war nämlich eigentlich nur ein Beamter des Königsberger Konvents: Diesen hatte er mit gewissen von auswärts bezogenen Produkten zu versehen und insbesondere hatte er den in diesem Teil des Landes heimischen Bernstein zu verwerten. Er erlangte erst größere Bedeutung mit der Erweiterung der diesen beiden Zwecken dienenden Verbindungen, während der Großschäffer von Marienburg eine solche von jeher besaß entsprechend seinen allgemeineren kommerziellen Aufgaben. Ihren Vorgesetzten hatten beide Großschäffer über ihren Geschäftsbetrieb und dessen Ergebnisse jährlich Rechenschaft abzulegen. Für denselben wurde ihnen gelegentlich von vornherein ein bestimmtes Betriebskapital zur Verfügung gestellt. Sie verkauften zunächst die Landesprodukte, für die der Orden selbst keine Verwendung hatte, und tauschten fremde Waren dagegen ein, teils zum Gebrauch des Ordens, teils um sie mit Gewinn weiter zu verkaufen. Dazu bedurften sie, namentlich auch in den Gebieten, wo sie einzukaufen hatten, einer großen Anzahl von Gehilfen und Vertrauensmännern. Unter diesen lassen sich nach Rang und Tätigkeit verschiedene Klassen unterscheiden, nämlich Lieger, Wirte und Diener. Die Lieger waren von den Großschäffern bestellte Bevollmächtigte, die selbständig disponieren durften. Sie erhielten Warenvorräte zum Vertrieb zugesandt, um sie an dem ihnen geeigneten Zeitpunkt zu dem von ihnen festzusetzenden Preis zu verkaufen, kauften andere ein und sorgten für deren Transport nach Preußen. Für diese Mühwaltung erhielten sie einen bestimmten Lohn. Doch standen sie zu dem Großschäffer auch nicht selten in dem Verhältnis der Widerlegung, d. h., sie beteiligten sich an dem Geschäft durch Einzahlung einer bestimmten Summe und erhielten dafür einen entsprechenden Anteil an dem Gewinn. Solche Lieger hatte der Königsberger Großschäffer in Preußen selbst in Elbing, Thorn und Danzig, außerhalb desselben in Lübeck und in Brügge, der Marienburger nur in den vier zuletzt genannten Orten. Anders war die Stellung der Wirte: Sie übernahmen die Aufsicht über Vorräte von dem Orden gehörigen Waren, konnten aber über deren Verkauf nicht selbständig disponieren, wie sie auch nicht Einkäufe auf eigene Hand machen durften. Solche Wirte hatte der Königsberger Großschäffer im Kneiphof zu Königsberg selbst, dann in Elbing, Marienwerder, Marienburg, Gilgenburg, Dirschau, Graudenz und endlich in Lemberg. Die Diener dagegen waren einfache Handlungskommis, die im Sold des Ordens neben den Liegern und Wirten eine untergeordnete Tätigkeit ausübten.

Was die Produkte betrifft, die vornehmlich Gegenstände des vom Orden betriebenen Großhandels waren, so lassen sich da zwei Hauptgruppen unterscheiden, deren jede auch auf ein bestimmtes Bezugsgebiet zurückgeht. Hier hat augenscheinlich auch der Anlaß gelegen zur Errichtung von zwei Großschäffereien. Der östliche Teil des Ordenslandes nämlich, die sogenannten Niederlande, war auch noch später nur wenig angebaut und lieferte entsprechend geringen Ertrag. Größere Einnahmen zog der Orden da eigentlich nur aus dem Bernsteinregal. Die westlichen Landschaften dagegen, namentlich die fruchtbaren Niederungen an der Weichsel, waren reich an landwirtschaftlichen Erzeugnissen. Die Massen von Getreide, die sie hervorbrachten, waren nur durch Export zu verwerten, zumal die See denselben nach den getreidearmen Ländern des Nordens mit großem Gewinn ermöglichte. Die Mittelpunkt, nach dem der Überschuß des

Getreides aus den einzelnen Bezirken des Landes zusammenströmte, war Marienburg. In ähnlicher Weise war Königsberg der für den Bernsteinhandel und die sich im Anschluß an diesen entwickelnden Handelsbetriebe. Eine strenge Scheidung der beiden Großschäffereien war natürlich nicht durchführbar, in bezug auf das Gebiet ihrer Tätigkeit so wenig wie auf die Artikel. Denen sie vorzugsweise galt.

Dem Großschäffer von Königsberg lag in erster Linie die Verwertung des Bernsteins ob, den dem Orden zu sichern längs der ganzen Küste eine strenge Strandpolizei geübt wurde. Ausgeführt wurde er zunächst besonders nach dem Orient. Die Vermittelung dafür war Sache des Liegers in Lemberg. Ferner wurde er über Lübeck nach Brügge verhandelt, von wo er dann weiter in die westlichen Absatzgebiete verbreitet wurde. Denn überall waren die Paternostermacher mit dem Rohmaterial auf den Bezug aus Preußen angewiesen. Auf diese Weise entstand eine lebhafte Verbindung Preußens mit Flandern, die für die Entwickelung des Ordenshandels wichtig wurde. Denn in Flandern tauschten die Agenten des Ordens gegen den Bernstein zum Transport nach Preußen ein Tuche und Leinen, Salz, Zucker, Rosinen, Mandeln und Reis sowie Gewürze aller Art, namentlich Ingwer und Zimt. Davon mußte ein bestimmter Teil an den Konvent zu Königsberg abgeliefert werden zur Deckung seines Bedarfs, doch wurden kleinere Posten zum Vertrieb im einzelnen an Kaufleute abgelassen. Infolge des dabei gemachten reichen Gewinns stieg der preußisch-flanderische Handel bald zu hoher Bedeutung und zog allmählich auch noch andere Artikel in seinen Bereich. Der Orden verkaufte nach Flandern nun namentlich auch Holz und Asche sowie russisches Wachs und Pelzwerk, das er über Livland bezog. So wuchs auch die Tätigkeit des Königsberger Großschäffers, obgleich sie nach wie vor auf dem Bernsteinexport beruhte, nicht bloß zu größerem Umfang, sondern auch in bezug auf die Mannigfaltigkeit der Gegenstände, mit denen sie sich beschäftigte.

Trotzdem erscheint der Wirkungskreis des Großschäffers von Marienburg auch späterhin noch als der weit bedeutendere. Denn seine Beziehungen griffen nicht bloß nach England und Schottland hinüber, sondern erstreckten sich nordwärts bis Bornholm und Schonen und südwärts bis nach Spanien und Lissabon. Entsprechend verschiedenartig sind die Gegenstände der Aus- und Einfuhr. Zu ihnen gehören außer dem Getreide – Weizen und Roggen – und Mehl namentlich Holz in verschiedenen Sorten, Eisen, Wolle, Asche, Seehundstran und Pelzwerk. Insbesondere gingen nach Schottland Mehl und Hölzer, nach England Getreide, Holz und Heringe. Eingeführt wurden von dort Tuche, Salz und Pfeffer. Von Lissabon brachte man Salz und Wein heim. Zur Unterhaltung eines solchen weit verzweigten Handelsverkehrs bedurfte der Marienburger Großschäffer der Verfügung über die nötigen Kauffarteischiffe: Mehrfach sehen wir ihn daher Anteile an solchen erwerben.

Über all diese Geschäfte wurde von den Großschäffern nach kaufmännischer Art Buch geführt. Bei der Berufung in ein anderes Amt hatten sie eine abschließende Rechenschaft abzulegen. Nach dieser zogen sie übrigens auch Geldgeschäfte in den Bereich ihrer Tätigkeit. Während der Orden als solcher anders als die Templer[1] eigentliche finanzielle Operationen nicht ausführte, liehen die Großschäffer gelegentlich auch Geld aus oder machten Geschäfte, die sie als Geldmakler erscheinen lassen. Dabei waren sie darauf bedacht, die Tatsache des Zinsennehmens zu verbergen, da dieses mit den kirchlichen Wucherverboten unvereinbar war. Wie auch sonst im Mittelalter geschah dies gewöhnlich, indem die ausgeliehenen Kapitalien auf Grundstücke oder Häuser eingetragen wurden, von denen dann jährlich eine bestimmte Rente zu zahlen war, deren Verhältnis zu dem geliehenen Kapital nicht erkennbar war, so daß die Höhe der gezahlten Zinsen im Dunkeln blieb. Im allgemeinen scheint auch hier ein Zinsfuß von 10 Prozent der gewöhnliche gewesen zu sein.[2]) Der gesamte Umsatz, den die Großschäffer auf diese Art machten, erreichte gelegentlich eine beträchtliche Höhe. Dementsprechend muß auch der Gewinn, der sich daraus ergab, ein sehr großer gewesen sein. So erhält z. B. bei der Abrechnung des Marienburger Großschäffers der Ordensmarschall im Jahr 1390 24000 preußische Mark herausgezahlt. Die Summe steigt 1393 auf 26000 und 1396 gar auf 30000 preußische Mark, deren jede auf 12–15 Mark deutsche Reichswährung zu schätzen ist. Im Jahr 1402 aber schließt die Rechnung des Michael Küchmeister über die Verwaltung der Königsberger Großschäfferei ab mit einem Bestand von 55190 preußischen Mark, wobei die Warenbestände, die in Flandern noch unverkauft lagen, nicht eingerechnet waren.

Begreiflicherweise wurde wie die finanzielle Tätigkeit der Templer so auch dieser Großhandelsbetrieb des Deutschen Ordens, der mit seinem ursprünglichen Wesen und Beruf also unvereinbar war, namentlich in den dadurch benachteiligten Kreisen ungern gesehen und je länger je abfälliger beurteilt. Auch ist sie die Quelle ernster Verwickelungen und wenigstens mittelbar die seines Verhängnisses für den Orden geworden. Ihr entsprang nämlich einmal eine sich immer verschär-

[1]) Vgl. oben S. 396.
[2]) Vgl. oben S. 411.

fende feindliche Spannung zwischen dem Orden und der Hansa, der eine größere Anzahl von preußischen Städten angehörte. Der Orden beanspruchte für sich und seine Handelsagenten den Mitgenuß all der kommerziellen Vorrechte, deren die Glieder der Hansa sich im Ausland erfreuten. Die seinen Handelszwecken dienenden Beamten sollten zu diesem Zweck überall den Bürgern der Hansastädte gleichgestellt sein. Von den Lasten aber, welche die Glieder der Hansa um der Allgemeinheit willen auf sich nahmen, wollte der Orden keine tragen und es späterhin auch nicht dulden, daß die der Hansa angehörigen preußischen Städte dazu herangezogen würden. Außerdem aber sahen sich seine eigenen Untertanen durch den von ihm sozusagen von Staats wegen betriebenen Großhandel schwer benachteiligt, da sie gegen eine solche Konkurrenz nicht aufkommen konnten. Dieses wirtschaftliche Moment hat wesentlich dazu beigetragen, die Mißstimmung seiner Untertanen gegen den Orden zu steigern. Der zu ihrer Niederhaltung ausgeübte stärkere Druck machte das Übel nur größer und trieb die Entwickelung des einst so blühenden Ordensstaates immer mehr in die verhängnisvolle Bahn, die schließlich zu seinem Untergange führte.

Elftes Kapitel

Pläne zur Reform der geistlichen Ritterorden.

Aus der frommen Begeisterung, die der erste Kreuzzug entflammt und sein schließlich doch noch glücklicher Ausgang mit unberechtigter Zuversicht auf die Dauer seines Erfolges erfüllt hatte, waren als eigenartigste Gebilde die geistlichen Ritterorden hervorgegangen. Aber nur allzubald hatte man sich überzeugen müssen, daß sie der Aufgabe, die sie übernommen hatten, nicht gewachsen seien, mochte die Schuld daran zunächst auch nur zu einem Teile bei ihnen selbst liegen. Konnten sie aber dem Verhängnis auch nicht Einhalt tun, welches die christliche Herrschaft im heiligen Lande mit dem Untergang bedrohte, so blieben sie doch Menschenalter hindurch die Träger einer glorreichen Tradition, welche der ritterlichen Gesellschaft besonders wert war, zumal sie von der Kirche von Zeit zu Zeit wieder belebt wurde. Außerdem umgaben sie die Verdienste, die sie sich durch Bekämpfung der sozialen Not und Hebung des wirtschaftlichen Gedeihens weiter Kreise erwarben, mit einem glänzenden Nimbus. Aber auch dieser erblaßte allmählich, und zwar in demselben Maße, wie der wirtschaftliche Aufschwung, den die Kreuzzüge zur Folge hatten, immer weiteren Kreisen und immer tieferen Schichten zugute kam, indem dem bisher an die Scholle gebundenen gemeinen Mann die Freiheit der Bewegung und damit die Möglichkeit verschiedenartigsten Erwerbes gegeben wurde und die Steigerung des Verkehrs die vorzugsweise zu dessen Trägern berufenen bürgerlichen Kreise der Notwendigkeit überhob, sich dabei ihres Schutzes und ihrer Hilfe zu bedienen. Gleichzeitig vollzog sich eine große geistige Wandlung, indem zum Teil unter dem Eindruck des Scheiterns der Kreuzzüge die kirchlichen Ideale verblaßten und durch irdischere, aber auch realere und zugkräftigere Interessen ersetzt wurden.

Diesen haben sich auch die geistlichen Ritterorden nicht versagt, vielmehr frühzeitig einen um so größeren Einfluß eingeräumt, je mehr deren Pflege ihrem Gedeihen Vorschub leistete. Aber es war ein Irrtum, wenn sie meinten, die gesellschaftlichen und wirtschaftlichen Kräfte der neuen Zeit auf die Dauer in den Dienst alter und überlebter Ideen stellen zu können, deren Vertreter der jüngeren Generation wie sonderbare Schwärmer erschienen. Auf den Versuch dazu aber lief es doch hinaus, wenn die geistlichen Ritterorden auf Grund der Begünstigungen, die ihnen im Interesse des Kampfes für das heilige Land von Kirche und Staat eingeräumt waren, zwar einen immer größeren Besitz zusammenbrachten, dessen Ertrag jedoch dem ursprünglichen Zweck nicht mehr zuwenden konnten. Fern von dem Schauplatz ihrer ursprünglichen Tätigkeit saß die große Mehrheit ihrer Glieder friedlich diesseits des Meeres als eine große Privileggenossenschaft, die von dem in Staat und Kirche geltenden Recht ausgenommen war, teils als Großgrundbesitzer ihre Güter bewirtschaftend, teils als Bankiers und Kaufleute den Ordensbesitz vermehrend und durch die Großartigkeit des Geschäftsbetriebes all denjenigen als übermächtige Konkurrenten unbequem, die auf dem gleichen Gebiete mit beschränkteren Mitteln und in den vom geltenden Recht gezogenen Schranken emporzukommen bemüht waren. Von dieser Seite her empfand man auch ihre kirchliche Ausnahmestellung besonders lästig: Die durch sie ermöglichte Ausscheidung der mit ihnen Verbundenen aus den weltlichen Verbänden, welche diese den von allen anderen zu tragenden Lasten und Pflichten entzogen, mußte um so mehr Anstoß geben, je mehr die staatliche Autorität zur Geltung kam. Die Orden traten damit in einen Gegensatz zu der Richtung, welche die politische Entwickelung der Zeit beherrschte.

Die Feudalität hatte sich überlebt: Wirtschaftlich zurückgegangen konnte der Adel auch die bevorzugte Stellung nicht behaupten, die er in politischer und sozialer Hinsicht eingenommen hatte. Die steigende Geltung des Bürgertums drängte ihn da ebenso immer weiter zurück, wie die erstarkende Monarchie den Staat seinem Einfluß entzog und ihn unter dessen Autorität zu beugen strebte. So waren die geistlichen Ritterorden trotz ihrer noch immer glänzenden Stellung und ihrer wirtschaftlichen Macht gewissermaßen Fremdlinge in der neuen Zeit. Um so mehr wurde ihr anspruchsvolles Eintreten für die Erhaltung ihrer kirchlichen und staatlichen Ausnahmestellung als unberechtigt angesehen und als Herausforderung empfunden. Auch den Fernstehenden lehrte der Augenschein, daß sie an einem inneren Widerspruch krankten, der ausgeglichen werden mußte, wenn sie ferner als zum Dasein berechtigt anerkannt werden sollten: Was früher für sie Mittel zum Zweck gewesen war, war im Laufe der Zeit selbst Zweck geworden. Der Erwerb von Gütern und Renten, von Rechten und Freiheiten aller Art hatte sie in den Stand setzen sollen, den Kampf gegen die Ungläubigen jenseits des Meeres ununterbrochen zu führen: Jetzt konnte man sich doch des Eindrucks nicht erwehren, als ob dieser Kampf, den sie mit geringen Mitteln und nur wie zur äußerlichen Erfüllung einer nun einmal noch bestehenden Pflicht fortführten, nur den Rechtstitel beschaffen sollte, auf den hin sie ihren Besitz und ihre Ausnahmestellung bewahrten.

Unter solchen Umständen hatte die öffentliche Meinung ihr Urteil über sie im Laufe der Zeit beträchtlich gewandelt. In höherem Maße aber als die Hospitaliter waren davon die Templer getroffen. Das begeisterte Lob, mit dem einst der heilige Bernhard die Errichtung ihres Ordens begrüßt hatte,[1]) war längst verstummt. Die Hoffnung Papst Alexanders III., durch sie werde das Heidentum zum Heil der Kirche ausgerottet werden,[2]) war nicht in Erfüllung gegangen, und wenn König Almarich von Jerusalem (1162–73) sie als die Träger der gehofften besseren Zukunft für das heilige Land bezeichnet hatte, so war auch davon nichts in Erfüllung gegangen.[3]) Zu Ende des 13. Jahrhunderts dürfte sich kaum noch jemand solcher Dinge von ihnen versehen haben. Hatte man früher in kirchlichen Kreisen Anstoß genommen an dem Mißbrauch, den namentlich sie mit ihren kirchlichen Privilegien trieben,[4]) und ihnen die Art zum Vorwurf gemacht, wie sie sich an den Höfen der Fürsten einzunisten und den dort erworbenen Einfluß auszubeuten wußten,[5]) so scheint später besonders schwer gegen sie ins Gewicht gefallen zu sein die Rolle, die ihr Orden in dem Kampfe des Papsttums gegen Kaiser Friedrich II. gespielt hatte. Die Leidenschaft, mit der er für die Sache der Kirche eintrat und auch vor den verwerflichen Mitteln zur Vernichtung des Gegners nicht zurückschreckte, mußte alle Welt davon überzeugen, daß das Interesse des seinem Schutz befohlenen heiligen Landes für sie nicht maßgebend war. War doch der Erfolg, den Kaiser Friedrich trotz aller ihm bereiteten Hindernisse dort gewonnen hatte, zum Nachteil der abendländischen Christenheit wesentlich durch sie wieder hinfällig gemacht worden. Mit flammenden Worten hat Friedrich ihnen vor der Welt das Unrecht vorgehalten, dessen sie sich ihm gegenüber schuldig gemacht hatten, indem sie genau das Gegenteil von dem taten, was sie nach der

---

[1]) Vgl. oben S. 27.

[2]) Mansi, *Concil. coll. ampl. XXII*, S. 407.

[3]) Bouquet XXI, Nr. CDLXIX, S. 57.

[4]) Vgl. oben S. 208.

[5]) Vgl. oben S. 210.

Bestimmung ihres Ordens zu tun verpflichtet waren. Die harte Verfolgung, die er in seinem Erbreiche durch Konfiskation ihrer Güter über sie verhängte, mußte weiten Kreisen als der bündigste Beweis ihrer Schuld erscheinen und die ihnen längst nicht geneigte öffentliche Meinung zu offener Parteinahme gegen sie bestimmen. Unter solchen Umständen erlangte der Konflikt, der zur Zeit Urbans IV. und Clemens IV. zwischen dem Orden und dem Papsttum entbrannte,[1]) vollends hohe Bedeutung. Man wird in ihm trotz der schließlichen Beilegung doch immerhin ein Symptom sehen müssen, welches darauf schließen läßt, daß die traditionelle Intimität des Ordens mit dem Papsttum ernstlich erschüttert war. Wenn der Streit mit der Niederlage des Papsttums ausging, wird dies zur Herstellung des ehemaligen guten Verhältnisses sicherlich nicht beigetragen haben. Was zur fortschreitenden Lockerung desselben geführt hat, wissen wir nicht. Wenn aber Clemens IV. den Orden bereits damals mit der Aufhebung seiner Privilegien bedrohte, falls er nicht in sich gehen und in Zukunft Anstoß vermeiden würde, so scheint das Maß doch schon fast übervoll gewesen zu sein. Wesentlich angeregt zur Erwägung ernster Maßnahmen gegen den Orden hat sicherlich die wachsende Bedrängnis des Königreichs Jerusalem, dessen Fall unabwendbar wurde, wenn ihm nicht bald im großen Maßstabe und nachhaltig Hilfe zuteil wurde. Den nächsten und brauchbarsten Stützpunkt für deren Organisation aber boten immer noch die geistlichen Ritterorden: Sie verfügten über stiftungsmäßig für diesen Zweck bestimmte reiche Mittel, hatten die zur Unterhaltung des Verkehrs mit dem Osten nötigen Schiffe, besaßen an der syrischen Küste noch eine Reihe von wichtigen festen Plätzen und konnten dem Unternehmen ein mit Land und Leuten vertrautes Personal zur Verfügung stellen. Wie die Dinge aber einmal lagen, konnte man zu ihnen doch kaum noch das Vertrauen hegen, daß sie sich der Aufgabe, die sie so lange ungelöst gelassen hatten, jetzt gewachsen zeigen würden. Nach dem, was man von ihrer Tätigkeit jenseits des Meeres während der letzten Jahrzehnte erfahren hatte, mußten sie gerade denjenigen, denen es um die Sicherung des christlichen Besitzes in Palästina ernst war, als ungeeignet erscheinen die Träger und die Leiter der neuen Kreuzzugsbewegung zu werden, zu der die Kirche die Völker des Abendlandes zu begeistern hoffte. So ergab sich als Voraussetzung für deren Zustandekommen eine Umgestaltung der geistlichen Ritterorden.

Der Gedanke an eine Reform der geistlichen Ritterorden ist bereits in der zweiten Hälfte des 13. Jahrhunderts aufgetaucht und sowohl von

[1]) Vgl. oben S. 234ff.

der römischen Kurie und von den durch sie berufenen Konzilien zum Gegenstand eingehender Erwägungen gemacht, als auch zwischen der Kirche und den staatlichen Autoritäten ernstlich verhandelt worden. So verschieden die Gesichtspunkte waren, von denen seine Vertreter ausgingen, so liefen doch die Vorschläge, die zu seiner Ausführung gemacht wurden, im wesentlichen auf dasselbe hinaus.

Wenn in den Kreisen der Prälaten das Verlangen nach einer Umgestaltung des geistlichen Rittertums besonders lebhaft und gelegentlich fast ungestüm erhoben wurde, so entsprang das in erster Linie dem alten Haß der Bischöfe gegen die Eximierten und die Absicht ging vor allem darauf, daß die Orden endlich unter die Autorität der Ordinarien gebeugt würden. Diejenigen dagegen, denen vor allem die Rettung des heiligen Landes am Herzen lag, bestimmte zu der Forderung einer Reform der Orden die Erkenntnis, daß diese trotz der ihnen zur Verfügung stehenden Mittel sich der übernommenen Aufgabe je länger je weniger gewachsen zeigten. Auch konnten selbst die Freunde des Ordenswesens nicht in Abrede stellen, daß diese Unfähigkeit wenigstens zu einem Teil auf innere Mißstände zurückzuführen sei. Es genügte, dafür hinzuweisen auf die erbitterten Streitigkeiten, die wiederholt zwischen Templern und Hospitalitern entbrannt waren und in Palästina sogar mehr als einmal zu offenem Kampf geführt hatten. Bereits Richard von Cornwallis hatte 1241 auf Grund der in Palästina gemachten Beobachtungen die Zwietracht zwischen Hospitalitern und Templern, die er feindlichen Brüdern verglich, für die elende Lage der Christen im Osten in erster Linie verantwortlich gemacht und den Grund ihres Haders in ihrem Reichtum gesehen. Er machte ihnen den Vorwurf, solange die gelandeten Kreuzfahrer reichlich mit Geld versehen seien, lockten sie sie an sich und eröffneten ihnen günstige Aussichten für ihr Unternehmen, nachher aber hätten sie nur Ausflüchte und Vorwände, um untätig zu bleiben.[1]) Die Friedensbemühungen des englischen Prinzen hatten keinen Erfolg. Vielmehr entbrannte 1259 in Accon von neuem ein blutiger Streit zwischen den Orden, in dem sämtliche dort befindliche Templer getötet sein sollen und infolgedessen sämtliche abendländische Templerhäuser den Befehl erhielten, unter Zurücklassung allein der unentbehrlichsten Diener und Wächter schleunigst alle Brüder nach Accon zu senden.[2]) Andererseits waren die beiden Orden dann wieder gemeinsam den Deutschen Herren mit Waffengewalt entgegengetreten, indem sie die Betätigung rücksichtsloser Eigennutzes durch kirchliche

[1]) Matth. Paris IV, S. 139.

[2]) Ebd. V, S. 745.

und politische Parteiinteressen zu decken suchten. Auch war die Verflechtung der Orden in weltliche Angelegenheiten, die sie ihrem Berufe entfremden mußte, längst für weite Kreise eine Tatsache. Sie wurde in ein noch ungünstigeres Licht gerückt dadurch, daß dabei nicht selten finanzielle Interessen und Fragen des Besitzes eine hervorragende Rolle spielten. Das alles mußte selbst von denen zugegeben werden, die nicht geneigt waren, für die Ausschreitungen einzelner Brüder die ganzen Genossenschaften verantwortlich zu machen. Endlich hatten diejenigen, welche die Interessen des sich allmählich fester zusammenschließenden Staates zu vertreten berufen waren, die Fürsten und ihre Beamten, wenigstens in einigen Ländern allen Grund, eine Änderung in der Stellung der Orden gegenüber der weltlichen Gewalt zu erstreben, da gerade sie die nachteiligen Wirkungen der denselben gewährten Exemtionen lästig zu empfinden hatten.

Aus dem Zusammenwirken dieser Momente erklärt sich das Aufkommen und das rasche Erstarken des Verlangens nach einer Reform der geistlichen Ritterorden. Doch hat hier auch die Verschiedenheit ihren Ursprung, welche dabei zutage tritt in bezug sowohl auf das Ziel, das man erstrebte, als auch auf die Mittel, die in Vorschlag gebracht wurden. Andererseits ist es begreiflich, wenn die Orden selbst sich derartigen Plänen widersetzten: Sie konnten bei ihrer Verwirklichung nur verlieren. Denn das taten sie auch, wenn sie um den Preis ihrer bevorzugten Stellung in Kirche und Staat größere Wehrhaftigkeit im Osten verkauften. Aus diesen Gegensätzen entwickelten sich zwischen den beteiligten Faktoren Verhandlungen, die uns nur bruchstückweise bekannt sind, sich aber durch das ganze letzte Viertel des 13. Jahrhunderts hinzogen, um in den ersten Jahren des 14. Zu einer ernsten Krisis des geistlichen Rittertums zu führen. Dieser hat sich der Deutsche Orden durch die Konzentration seiner Kräfte in Preußen entzogen: die Verlegung des hochmeisterlichen Sitzes nach Marienburg sicherte ihn vor den Reformbestrebungen. Die Hospitaliter, welche gegen die auch auf sie einstürmenden Anfeindungen an der römischen Kurie eine eifrige Verteidigerin fanden,[1]) beschwichtigten die öffentliche Meinung durch Wiederaufnahme des Kampfes gegen die Ungläubigen, die mit ihrer Niederlassung in Rhodos erfolgte.

Einen bestimmten Vorschlag für die Reform scheint, auf Grund der Erfahrungen, die er während seines mehrjährigen Aufenthaltes im heiligen Lande gemacht hatte, zuerst Ludwig IX. von Frankreich formuliert zu haben, indem er die Vereinigung der Templer und der Hospitaliter

[1]) Vgl. den Erlaß Clemens' V. vom 21. Dez. 1304, *Registr. Clem. V.*, Nr. 2351 u. 2371.

empfahl. Wenn später im Zusammenhang mit dem Streben nach einer solchen der Gedanke vertreten wurde, den Weg zu einer neuen allgemeinen Aktion des Abendlandes im heiligen Lande dadurch freizumachen, daß die Anjous von Neapel und Sizilien zum Verzicht auf ihre Ansprüche auf das Königreich Jerusalem bestimmt würden durch Überlassung des zuvor zu erobernden Tunis, so fällt von da aus auch ein Licht auf Ludwigs IX. letzten nach Tunis gerichteten Kreuzzug. Danach scheint diese Kombination bereits in seinen Entwürfen zur Rettung Palästinas eine Rolle gespielt zu haben. Auf die Union der Orden richteten sich auch die Erwägungen, die in Deutschland 1272 auf einer Synode in Salzburg angestellt wurden. Als eine Angelegenheit der gesamten Christenheit stand diese Frage mit der nach der Rettung des heiligen Landes dann im Mittelpunkt der Verhandlungen des Konzils, das Gregor X. (März 1272 bis Januar 1276) im Jahr 1274 nach Lyon berufen hatte. Dort wurde in Anwesenheit sowohl des Templermeisters Wilhelm von Beaujeu als auch einer Gesandtschaft der Hospitaliter und des Bruders Wilhelm von Courcelles (de Corcellis) bereits ein weitergehender Vorschlag behandelt: Nicht bloß die beiden großen, ursprünglich im heiligen Lande heimischen Ritterorden, sondern alle, auch die anderwärts bestehenden, sollten zu einer großen mönchisch-ritterlichen Genossenschaft verschmolzen werden. Dagegen erhoben die spanischen Fürsten Widerspruch,[1]) und zwar, wie zuzugeben ist, mit Recht, insofern die Orden von Santiago, Alcantara und Calatrava und die ihnen affiliierten kleineren Verbände eine andere Stellung als jene einnahmen: Sie entbehrten des internationalen Charakters und bildeten Teile der nationalen Wehrkraft der spanischen Reiche. Aber auch bei den beiden großen Orden stieß jener Vorschlag auf Widerstand. Ausdrücklich bezeugt ist das von den Hospitalitern. Es ist nämlich die Instruktion erhalten, welche den Vertretern des Ordens noch vor der Katastrophe von 1291 für ein allgemeines Konzil gegeben wurde, von welchem man entscheidende Beschlüsse zur Rettung des heiligen Landes erhoffte. Damit aber kann nur das von Lyon gemeint sein. Das Aktenstück[2]) ist lehrreich, weil es die ganze Situation hell beleuchtet und auch in die Zustände des Ordens einen Einblick eröffnet.

Bezeichnend für die Haltung der Orden überhaupt ist schon die den Vertretern der Hospitaliter gleich im Eingang gegebene Weisung,

[1]) Vgl. den Eingang des Gutachtens Jakobs von Molay gegen die Union der Templer und der Hospitaliter Baluze, *Vitae pap. Avenion. II*, S. 180.

[2]) Es ist zuerst gedruckt bei Prutz, Entwickelung und Untergang des Tempelherrnordens, S. 313, Nr. 6. Vgl. S. 103/04.

mit den Bevollmächtigten der Templer in engster Fühlung zu bleiben und durchaus gemeinschaftlich zu handeln. Vor allem sollen sie zunächst die Kardinäle persönlich aufsuchen, jedenfalls diejenigen, die als Freunde des Ordens bekannt sind. Voranstellen sollen sie die Bitte um schleunige Hilfe für das heilige Land, das sonst rettungslos verloren ist. Solche zu schaffen sei ja die vornehmste Aufgabe des bevorstehenden Konzils: Geschehe auch jetzt nichts, so werde die Zuversicht der Sarazenen auf baldige Überwältigung der letzten christlichen Besitzungen vollends wachsen, da dann für diese voraussichtlich überhaupt nichts mehr getan werden würde. Weiterhin sollen die Bevollmächtigten auf die offenkundigen Bestrebungen der Prälaten hinweisen, den Orden seiner eximierten Stellung zu berauben und der Jurisdiktion der Ordinarien zu unterwerfen. Die Ausführlichkeit, womit diese Angelegenheit behandelt wird, läßt erkennen, wie sehr sie dem Orden am Herzen lag und wie ihre befriedigende Erledigung bei ihm selbst dem Schicksal des heiligen Landes voranging oder doch die Bedingung war, die erfüllt sein mußte, wenn für jene etwas Entscheidendes getan werden sollte. Der Orden stehe, so sollen seine Bevollmächtigten ausführen, unmittelbar unter der römischen Kirche, und mit gutem Grunde und in weiser Absicht hätte die früheren Päpste ihn so gestellt. Es möge daher diesem Zeitalter erspart bleiben Zeuge davon zu sein, daß er, der von unvordenklichen Zeiten her solche Freiheit genossen habe, seinen einzigen Herrn einbüße und zum Knechte vieler gemacht werde, und daß die römische Kirche die bisher von ihr behüteten anderen überantworte, die sie unter die Füße treten würden. Noch niemals habe der Orden so dringend wie jetzt der Hilfe bedurft, und es würde daher hart sein, wollte man dem schon so schwer heimgesuchten jetzt noch weitere Heimsuchungen bereiten. Von welcher Seite und in welcher Art solche befürchtet werden, spricht die Instruktion offen aus. Würde der Orden, so heißt es weiter, der Jurisdiktion der Prälaten unterworfen, so würde er, um seine Besitzungen zu behaupten, mit diesen mehr zu kämpfen haben als mit den Ungläubigen: Schon jetzt fügten diese ihm trotz seiner Privilegien alle möglichen Kränkungen zu. Das würde dann so schlimm werden, daß er infolge der Mißachtung seiner Rechte durch jene seine für das heilige Land bestimmten Mittel vollends dahinschwinden sehen würde. Träfe der Papst zwar Fürsorge für das bedrängte heilige Land, unterwürfe aber den Orden der Jurisdiktion der Prälaten, so würde das nichts anderes heißen, als mit der Linken wieder nehmen, was die Rechte eben gegeben hätte. Auch sei es unbillig, was einzelne Ordensbrüder durch Mißbrauch der Privilegien fehlten, den Orden als solchen entgelten zu lassen, da das Verschulden einer Person doch nicht der Kirche zum Schaden gereichen dürfe. Zudem würde es in den Augen der Hospitaliter selbst doch höchst verwunderlich sein, wollte der Papst mit einem Wort all die Privilegien aufheben, die ihnen mit so großer Sorgfalt und Überlegung gewährt worden seien. Zur Begründung dieses Standpunktes sollten die Bevollmächtigten auf all das hinweisen, was der Orden im Gebiete der Armen- und Krankenpflege leiste, namentlich den Pilgern gegenüber. Demnach seien hier doch die Interessen der ganzen Christenheit im Spiele, zumal die Ungläubigen von allem die genaueste Kunde erhielten und daher auch wüßten, daß der Orden zurzeit arm ist, die nötigen Pferde und Mannschaften nicht zu beschaffen vermag und ihnen daher nicht erfolgreich Widerstand leisten kann, solange der Papst nicht Rat schafft. Schon habe der Orden seine Einkünfte vielfach versetzen oder verkaufen müssen. Man möge ihm wenigstens die Möglichkeit geben, den Angriffen der Ungläubigen wirksam entgegenzutreten oder in Erfüllung seines Gelübdes zur Ehre Gottes und des christlichen Glaubens unterzugehen. Dann wird noch genauer eingegangen auf die trostlose finanzielle Lage des Ordens. Zwar habe er früher jenseits des Meeres mehr Güter und Einkünfte besessen als jetzt, die Hauptmasse seiner Einkünfte aber sei allezeit aus seinen abendländischen Begüterungen geflossen. Deren Ertrag sei infolge von Mißernten und anderen ungünstigen Umständen zurückgegangen und werde dauernd weiter vermindert durch den verwüstenden Fehdezustand, der mit Ausnahme Frankreichs und Englands in den meisten Reichen herrsche. Man könne sich durch Nachfrage bei glaubwürdigen Leuten davon überzeugen, daß der Orden jährlich fast ebensoviel an Zinsen für aufgenommene Anleihen zahlen müsse, als die den Häusern jenseits des Meeres zu übersendenden Summen betragen. Nun sei er durch die letzten Kämpfe im Osten vollends so tief in Schulden geraten, daß er unter der Last der aufzubringenden Zinsen zusammenzubrechen fürchten müsse. Der Papst möge sich nur einmal von den Ordensbeamten mitteilen lassen, was der Orden jährlich einnehme und wozu er die Einnahme verwende. Die Instruktion schließt mit der Erklärung: „Weiter wollen wir euch nichts sagen: Wir sind Söhne der heiligen römischen Kirche und ihr unmittelbar unterstellt und werden das mit Gottes Hilfe auch in Zukunft bleiben. Wir sind ihr gehorsam gewesen und wollen es auch ferner sein. Das Gelübde unausgesetzten Kampfes für das heilige Land zu erfüllen sind wir nach wie vor bereit und wollen alle unsere Mittel darauf verwenden, entschlossen, unser Leben dabei in die Schanze zu schlagen."

Auf dem Konzil zu Lyon ist schließlich weder zur Rettung des -

heiligen Landes noch in betreff der Reform oder der Union der geistlichen Ritterorden etwas geschehen. Der Tod des staatsklugen und diplomatisch gewandten Gregor X. (10. Januar 1276) vereitelte die von ihm verfolgten Pläne. Der Ausbruch des sizilianischen Aufstandes gegen die französische Herrschaft und die dadurch veranlaßten neuen kriegerischen Verwickelungen in Südwest-Europa ließen jene Angelegenheiten für eine Reihe von Jahren überhaupt wieder in den Hintergrund treten, zumal auch die Kirche durch wiederholten raschen Wechsel in ihrer obersten Leitung gehindert wurde darauf zurückzukommen.

Erst der Verlust der Reste christlicher Herrschaft in Palästina, der, obgleich er doch eigentlich niemandem überraschend kam, auf die abendländische Christenheit einen wahrhaft niederschmetternden Eindruck machte und von jedem einzelnen Gläubigen fast wie eine ihm persönlich angetane Schmach empfunden wurde, nötigte zu energischerer Aufnahme der Kreuzzugspläne. Mit Feuereifer trat für sie Papst Nikolaus IV. ein. Alsbald wurden auch die Erörterungen über die Stellung der geistlichen Ritterorden wieder eröffnet. Bei den Verhandlungen, die darüber an der Kurie geführt, aber durch den im April 1292 erfolgten Tod Nikolaus' IV. wieder unterbrochen wurden, vertrat den Plan einer Union der Orden namentlich König Karl II. von Sizilien (1284–1309), und zwar in einer erweiterten Fassung.[1]) Er wollte nämlich zunächst die Templer, Hospitaliter und Deutschen Herren samt dem Orden von Calatrava zu einer großen Genossenschaft verschmelzen. Ihr sollte dann aber auch eingefügt werden der Orden von Roncevaux, ein ähnlicher kleinerer Verband in Navarra, der 1130 zum Schutz der nach Santiago ziehenden Pilger gestiftet war, ferner der Orden von Alto Passo, der sich zu gleichem Zweck an die Wallfahrtsstätte Volto Santo bei Lucca angeschlossen hatte, und schließlich der Orden des hl. Antonius in der Dauphiné. Der letztere sollte um 1093 von Joscelin Alamand, einem dort heimischen Edelmann, gestiftet sein aus Anlaß seiner Wallfahrt nach dem heiligen Lande und Ägypten, von der er aus Konstantinopel den Leichnam des hl. Antonius mitgebracht hatte. Dieser wurde in der Kirche zu La Motte-St. Didier in der Diözese Vienne beigesetzt[2]) unter Anteilnahme Papst Calixtus' II., der während seiner Anwesenheit in Frankreich die dortige Kirche am 20. März 1119 weihte.[3]) Dieser

[1]) S. Delaville Le Roulx, *La France en Orient au 14e* siècle, S. 16/17.

[2]) Vgl. Nièpce, *Le grand-prieuré d'Auvergne*, S. 148 ff., auf Grund einer Denkschrift des Hospitaliterordens von 1705.

[3]) Jaffé, *RP*², Nr. 6684.

Orden ist späterhin dem der Hospitaliter einverleibt worden. Der Reformeifer des sizilianischen Königs beschränkte sich aber nicht auf die Ritterorden. Vielmehr empfahl er in den von ihm geplanten großen geistlich-ritterlichen Verband auch einige Mönchsorden aufzunehmen, nicht bloß den von Grammont, der nur eine lokal beschränkte Bedeutung besaß, sondern auffallenderweise auch die Praemonstratenser, ohne daß wir von den Gründen Kunde erhielten, die dafür vorgebracht wurden. Verständlicherweise ist seine Absicht, auch die Trinitarier hineinzuziehen, jene fromme Genossenschaft, die 1198 errichtet war zur Loskaufung von christlichen Gefangenen aus mohammedanischer Knechtschaft. Verwirklicht jedoch ist auch dieser Vorschlag nicht.

Die Frage nach der Wiedergewinnung des heiligen Landes beschäftigte im letzten Jahrzehnt des 13. Jahrhunderts aber nicht mehr bloß die kirchlichen und kirchlich denkenden Kreise. Obgleich die Begeisterung für derartige Unternehmungen längst verflogen war, ist dieses Problem damals auch in der Publizistik mehrfach behandelt und gelegentlich zum Gegenstand eigentümlicher Spekulationen gemacht worden, selbst von inmitten der politischen Praxis stehenden Staatsmännern. Dabei mußte natürlich auch die Frage nach dem Schicksal der geistlichen Ritterorden herangezogen werden, deren Organisation und deren Mittel den Ausgangspunkt bildeten für alle Entwürfe zur Wiederaufnahme des Kampfes im Osten. Allmählich aber knüpften sich daran auch noch andere Interessen, die mit einem neuen Kreuzzug nichts zu tun hatten, wohl aber in den gegebenen staatlichen, gesellschaftlichen und wirtschaftlichen Verhältnissen wurzelten.

Ob der vielschreibende genuesische Arzt Galvanus de Levanto in seinem zwischen 1291 und 1296 verfaßten Traktat: *„De passagio christicolarum contra Sarazenos pro recuperatione Terrae Sanctae"* auch diesen Punkt behandelt hat, wie aus Anlage und Zweck der Arbeit vermutet werden muß, ist nicht mit Bestimmtheit zu sagen, da das Werk entweder unvollendet geblieben oder unvollständig auf uns gekommen ist. Sachlich dürfte daraus nicht viel zu gewinnen gewesen sein bei des Verfassers offenbar nur geringen Kenntnissen und seiner phantastisch-schwärmerischen Geistesrichtung.[1]) Dagegen hat der vielbewunderte Raimundus Lullus (gestorben 1315) in seiner *Ars magna* sowohl die Möglichkeit einer Wiedereroberung Palästinas, wie die Notwendigkeit der Vereinigung der Templer und Hospitaliter genauer behandelt: Nach seiner Meinung sind vor allem die fortwährenden Streitigkeiten dieser beiden Orden für

[1]) Vgl. Kohler, *Mélanges pour servir à l'histoire de l'Orient latin et des croisades, Fasc. I,* S. 228ff.

die Christen jenseits des Meeres verhängnisvoll geworden.[1]) Auch die römische Kurie beschäftigte sich damals wieder ernstlicher mit dieser Angelegenheit. Namentlich Bonifaz VIII. hat sie mit Lebhaftigkeit betrieben und zum Gegenstand zahlreicher Erlasse gemacht, schließlich aber im Hinblick auf die gesamte Lage auf ein Vorgehen ebenfalls verzichtet.[2]) Die heftigen Konflikte aber, die zwischen ihm und dem französischen Königtum unter Philipp IV. entbrannten, scheinen in den nächstbeteiligten Kreisen der Erkenntnis vollends zum Durchbruch verholfen zu haben von den Gefahren, welche die Orden in ihrer dermaligen Verfassung und Stellung dem Königtum bereiten konnten. Die Notwendigkeit einer Änderung konnte danach kaum noch bestritten werden.

Von hier aus kamen nun die eifrigsten Vorkämpfer der Monarchie unter den Räten Philipps IV. zur Beschäftigung mit dieser Frage. Der Kanzler Wilhelm von Nogaret gründete in einer Denkschrift seine Vorschläge zur Rettung des heiligen Landes auf die Aufhebung des Templerordens, dessen Mittel für jenes verwendet werden sollten. Auch die Hospitaliter und der Deutsche Orden seien, meinte er, unnütz reich und man könne ihnen einen Teil ihres Besitzes zu dem gleichen Zwecke abnehmen.[3]) Besonders eingehend aber erörterte alle auf dieses Problem bezüglichen Punkte einer der schlagfertigsten und konsequentesten Vorkämpfer der neuen Monarchie, Philipps IV. vertrauter Rat Pierre Dubois (Petrus de Bosco). Auch hat er bald danach bei der Niederwerfung der Templer eine so hervorragende Rolle gespielt, daß manche darin mehr sein Werk als das seines Königs sehen zu müssen glauben. Der kenntnisreiche und kühne Staatsmann ging bei seinen Vorschlägen aus von den gegebenen Verhältnissen. Er verfolgt im wesentlichen die Richtung, welche die öffentliche Meinung in dieser Angelegenheit immer entschiedener eingeschlagen hatte, kombinierte jedoch damit in origineller Weise die Ansprüche, welche dem Machtstreben Frankreichs und dem Ehrgeiz seines Königs entsprangen. Sie erscheinen daher nur zum Teil als neu und knüpfen in der Hauptsache an bereits früher ausgesprochene Gedanken an, die sei aber in eigentümlicher Weise weiterbilden. Dabei behandelt Pierre Dubois diese Angelegenheit insofern in großem Stile, als er sie in Zusammenhang bringt mit der Frage nach einer Reform der Kirche, die nach dem zweimaligen heftigen Zusammenstoß zwischen dem nationalen französischen Königtum und Bonifaz' VIII. Streben nach Verwirklichung der päpstlichen Weltherrschaft immer weitere Kreise

[1]) Delaville Le Roulx, a.a.O. S. 30.

[2]) Baluze, *Vit. pap. Avenion. II,* S. 180.

[3]) Mas Latrie, *Histoire de Chypre sous le règne des Lusignans, II,* S. 128.

zog. Gerade dadurch erhalten Dubois' Vorschläge, welche durchaus die eines nüchternen Realpolitikers sind, erhöhte Bedeutung und dürfen für den Ausdruck der Ansicht derjenigen gelten, welche damals über diese Frage gründlich nachgedacht hatten und ein Urteil abzugeben berechtigt waren.

Zwischen dem 5. Juni 1305 und dem 7. Juli 1307 verfaßte Dubois für König Philipp IV. den auch noch in anderer Hinsicht höchst merkwürdigen Traktat: „*De recuperatione Terrae Sanctae*"[1]). In der Wiedergewinnung des heiligen Landes sieht er den glorreichen Abschluß der von ihm geforderten inneren Erneuerung der Kirche und der im Zusammenhang damit ins Werk zu setzenden politischen und gesellschaftlichen Reformen. Bei der Darlegung seiner Pläne in betreff der Zukunft der geistlichen Ritterorden geht auch Dubois aus von den Anklagen, die seit langem gegen diese erhoben wurden. Er weist hier auf den auch sonst schon so oft gerügten Widerspruch zwischen ihrer großartigen Ausstattung zu einem bestimmten Zwecke und dem Mangel entsprechender Leistungen. Zum Schutz des heiligen Landes errichtet, hätten Hospitaliter und Templer sowie andere ähnliche Verbände auch diesseits des Meeres Besitzungen, Renten und Einkünfte in Fülle, aus denen für jenes nicht der geringste Vorteil erwachse. Dagegen hätten diese wiederholt Streitigkeiten zwischen ihnen veranlaßt, welche schweres Ärgernis gegeben und die Orden zum Gespött gemacht hätten. Wenn sie daher ihren Zweck überhaupt noch erfüllen sollten, müßten sie zu Einem Orden verbunden und demgemäß auch ihre Güter vereinigt werden. Wie dabei zu verfahren ist, möge das nächste allgemeine Konzil bestimmen. In Zukunft, so verlangt Dubois, müßten die Orden in dem wiedergewonnenen heiligen Lande selbst leben, und zwar von dem Ertrage der Güter, die sie dort und in Cypern hätten. Nur bis sie jenseits des Meeres einen dazu ausreichenden Besitzstand zurückgewonnen und die Möglichkeit friedlichen Lebens erlangt hätten, soll ihnen der Unterhalt von anderwärts her geliefert werden. Dubois geht also insofern gleich radikal vor, als er die Entfernung der Orden aus dem Abendland fordert. Ihre dortigen Güter, so schlägt er weiter vor, sollen zunächst auf drei oder vier Jahre für eine von Jahr zu Jahr steigende Summe verpachtet und dann, sobald es die Verhältnisse erlauben, in einzelnen Fällen aber gleich jetzt zu Erbpacht ausgetan werden. Auf diese Weise würden nach seiner Schätzung die Güter der Hospitaliter und Templer im Abendlande einen jährlichen Ertrag von mehr als

[1]) Herausgegeben von Langlois in der *Collection de textes pour servir à l'étude et l'enseignement de l'histoire,* Paris 1891.

800 000 Livres Tournois ergeben,[1]) d.h. nach der von uns angenommenen Umrechnung, deren Ansätze hinter denen anderer zurückbleiben, 15 200 000 Franken heutiger französischer Währung dem Metallwert nach, die dem Kurswert nach auf mindestens 121 600 000 Franken anzuschlagen sind. Diese Summe würde sich noch vermehrt haben, wenn nach dem Vorschlag Dubois' auch die übrigen geistlichen Ritterorden, soweit sie nach Ursprung und Bestimmung mit dem heiligen Lande verknüpft waren, in die Maßregel mit einbegriffen wurden, wie er das zunächst in betreff des Lazarus-Ordens forderte.[2]) Merkwürdig ist, daß Dubois im Zusammenhang damit nicht nur die Aufhebung auch der Nonnenkloster empfiehlt, sondern außerdem auch einen Teil der abendländischen Einkünfte der Orden im Interesse der Volksbildung verwendet sehen will: Es sollen in dazu geeigneten Prioreien Knaben- und Mädchenschulen errichtet werden. Welch geringe Vorstellung er von der Finanzwirtschaft der Orden hegt und wie wenig er ihnen gerade auf diesem Gebiete traut, lehrt sein Vorschlag, zum besten des heiligen Landes ausgesetzte Legate sollten nicht mehr wie bisher den Templern und Hospitalitern überantwortet, sondern in den Schatzkammern der Metropolitankirchen aufbewahrt werden.

Im Fortgang seiner Darlegung greift Dubois dann zurück auf einen Gedanken, der schon beim Auftauchen der Frage nach der Reform der Orden zur Sprache gekommen war, nur daß er ihm eine neue, auf den besonderen Vorteil Frankreichs ausgehende Wendung gibt, die zugleich dem Ehrgeiz der in Neapel herrschenden jüngeren Linie des französischen Königshauses schmeichelte. Es soll nämlich das Königreich Jerusalem an den König von Sizilien gegeben werden, dieser aber dafür sein Land an Frankreich überlassen. Nach seiner Ansicht würde bei diesem Tausch das Haus Anjou ungeheuren Gewinn machen, weil alsdann alle ihm jenseits des Meeres zufallenden Güter neu gegen jährlichen Zins ausgetan werden könnten, während die Kosten der Landesverteidigung aus dem Ertrag der Ordensgüter bestritten werden.[3]) Unter dem Einfluß der Ereignisse, die bald danach eintraten und zu deren Herbeiführung sein Traktat wohl mitgewirkt haben mag, ist Dubois dann auf diese Pläne nachmals zurückgekommen, um ihnen in wesentlichen Punkten eine andere Gestalt zu geben. Den Templerorden schließt er jetzt bezeichnenderweise aus:[4]) Sein

---

[1]) Langlois, S. 13.

[2]) Ebd. S. 84.

[3]) S. 93.

[4]) S. 206.

Schicksal war für ihn bereits entschieden. Er empfiehlt jetzt, die Hospitaliter und die anderen zum Besten des heiligen Landes errichteten Ritterorden zu einem einzigen großen Orden zu vereinigen und alle ihre Güter in Palästina und Cypern an den Meistbietenden zu verpachten. An die Spitze dieses „königlichen" Ordens zu treten soll der König von Cypern bestimmt werden, indem er zugleich alle seine Güter, namentlich im Königreich Jerusalem, an ihn überläßt. Zur wirksameren Bekämpfung der Ungläubigen will Dubois diesen Orden alsbald dadurch instandgesetzt sehen, daß man ihm aus dem Ertrage der ehemaligen Templergüter für die nächsten fünf bis sechs Jahre die Mittel zur Verfügung stellt, um einhundert Galeeren auszurüsten.[1])

Wenn Dubois eine Ordnung der Angelegenheit durch ein allgemeines Konzil erwartet, so haben wir zwar von der Berufung eines solchen gerade aus jener Zeit allerdings keine Nachricht. Wohl aber wissen wir, daß auch Papst Clemens V. die Wiedergewinnung des heiligen Landes eifrigst betrieb und die abendländische Christenheit zu einem neuen Kreuzzug zu waffnen dachte. Das aber war auch jetzt unmöglich, ohne daß er gleichzeitig zu der Frage nach der Reform der geistlichen Ritterorden Stellung nahm. Es ist sicherlich damit in Verbindung zu bringen, wenn er am 6. Juni 1306 von Bordeaux aus den Meister der Hospitaliter zu sich einlud, indem er ihm empfahl, die Reise möglichst geheim und daher mit möglichst geringem Gefolge zu machen, namentlich alle kriegstüchtigen Brüder im Osten zurückzulassen.[2]) Die gleiche Aufforderung erging damals auch an den Templermeister. Danach wird es sich bei den beabsichtigten Besprechungen zwischen dem Papst und den Ordensmeistern doch noch um andere Dinge gehandelt haben als um die Wiederaufnahme des Kampfes gegen die Ungläubigen, und zwar um Dinge, von denen gewisse Stellen keine Kenntnis erhalten sollten. Denn ein Anhänger der Verschmelzung der beiden großen geistlichen Ritterorden scheint Clemens V. damals so wenig wie später gewesen zu sein. Bemerkenswert ist auch die umfassende Vollmacht, welche das Ordenskapitel der Hospitaliter zu Limisso unter dem 3. November 1306 dem Meister Fulco von Villaret erteilte, nach welcher er für die Zeit seines Aufenthaltes am päpstlichen Hofe als Generalprokurator des Ordens fungieren und diesen in jeder Hinsicht rechtsverbindlich zu vertreten befugt sein sollte.[3]) Daß die Frage nach der Vereinigung der Orden auch

[1]) S. 110.

[2]) *Cartulaire*, Nr. 4720 (IV, S. 129).

[3]) Ebd. Nr. 4735 (IV, S. 137).

damals zur Sprache gekommen sein wird, darf angenommen werden. Es spricht dafür auch der Umstand, daß eben um jene Zeit der gleichfalls vom Papst an seinen Hof berufene Templermeister Jacob von Molay in einer ausführlichen Denkschrift[1]) sich gutachtlich über die Union äußerte, indem er die Menge der Nachteile, die sich nach seiner Meinung daraus ergeben würde, den wenigen und unbedeutenden Vorteilen entgegenstellte, die er davon erwarten zu können glaubte. Ohne einen bestimmten Anlaß wird er ein solches Schriftstück nicht aufgesetzt haben: Diesen aber kann ihm doch nur eine päpstliche Aufforderung gegeben haben, sich zur Sache zu äußern.

Jacob von Molay bekämpft die Union der beiden Orden mit aller Entschiedenheit. Die Argumente, mit denen er das tut, gewähren einen lehrreichen Einblick in die Art, wie die nächstbeteiligten Kreise in dieser Sache dachten und empfanden. Daß sie sachlich sehr beweiskräftig wären, läßt sich weniger behaupten. Zunächst nämlich erklärt Molay es für unvereinbar mit der Ehre zweier so altberühmter Orden, wenn sie zu einem verbunden werden sollen. Wie die meisten Neuerungen werde auch diese Gefahren mit sich bringen und vielleicht sogar das Gegenteil von dem bewirken, was man dadurch erreichen wolle. Jedenfalls sei damit eine Schädigung des Seelenheils der Ritter verbunden, die sich einem bestimmten Orden gelobt hätten und nun einem anderen angehörigen und nach anderen Satzungen leben sollen. Ferner sei zu befürchten, daß Streitigkeiten entstünden, da jeder Teil sich dem anderen gegenüber mit den Großtaten seiner bisherigen Genossenschaft brüsten werde. Das könne sogar zu blutigen Raufereien führen und schweres Ärgernis veranlassen. Auch sei füglich nicht zu verlangen, daß der eine Teil der bisher beobachteten Regel zugunsten des anderen entsage: die der Templer sei strenger als die der Hospitaliter, es müsse also entweder den ersteren manches nachgelassen oder letzteren eine Reihe neuer Verpflichtungen auferlegt werden. Nun würden aber beide ihr Herkommen festhalten wollen. Weiter macht Molay die Verschiedenheit geltend, die hinsichtlich ihres ursprünglichen Berufes zwischen beiden Orden obwalte. Die Hospitaliter üben vor allem Armen- und Krankenpflege, die Templer seien von Haus aus Kriegsleute, wenn sie darüber auch die Werke der Barmherzigkeit nicht vernachlässigen, wie denn ja noch zur Zeit in jedem ihrer Häuser dreimal in der Woche jedem darum Bittenden eine milde Gabe gewährt und stets der zehnte Teil des Brotes an die Armen gegeben werde, an den Konventstafeln aber immer zwei Brüder so viel Fleisch erhielten, daß das übrig bleiben-

[1]) Baluze, *Vitae pap. Avenion. II*, S. 180ff.

de zur Sättigung von zwei Armen ausreiche. Dies zu leisten würden die Orden nach ihrer Verschmelzung nicht imstande sein. Ferner werde diese eine Verminderung der in den Ordenshäusern und -kirchen gefeierten gottesdienstlichen Handlungen um die Hälfte zur Folge haben. Dann weist Molay hin auf die Schwierigkeiten, die an den Orten, wo beide Orden Häuser haben, über die Frage entstehen müssen, welches Haus erhalten und welches geräumt werden solle. Ebenso werde da, wo bisher zwei Präzeptoren gewesen, nach der Union nur noch einer Platz finden. Die um ihr Amt kommenden werden leicht Unfrieden stiften. Diese Schwierigkeit werde sich in bezug auf alle höheren Ordensämter wiederholen, da statt zweier Marschälle, Komture usw. nun immer nur einer nötig sei, jeder Orden aber bestrebt sein werde, seine Leute im Besitz ihrer Stellung zu erhalten, so daß Zänkereien gar nicht ausbleiben können. Die bisher zwischen den Orden entstandenen Streitigkeiten schlägt Molay dagegen nur gering an: Er will sie herleiten allein aus dem edlen Wetteifer, der zwischen ihnen herrsche. Wenn er aber meint, dem Kampf gegen die Ungläubigen sei durch sie niemals Abbruch getan, auch Tätlichkeiten zwischen beiden für etwas ganz Unerhörtes erklärt, so weiß er entweder von der Geschichte seines Ordens nur sehr wenig oder er ignoriert geflissentlich Tatsachen, die nicht in seine Argumentation passen. So trifft auch der Vergleich nicht zu, wenn er das Verhältnis zwischen Templern und Hospitalitern mit dem zwischen Predigermönchen und Minoriten in Parallele stellt, von deren Nebenbuhlerschaft das kirchliche Leben doch nur Gewinn habe. Endlich fürchtet Molay von der Union eine Minderung der Kriegstüchtigkeit der Christen im Osten, da bei den Streifzügen fürstlicher Kreuzfahrer die Orden sich bisher in Vorhut und Nachhut geteilt und so bei ihrer Vertrautheit mit der Kampfweise der Ungläubigen den Erfolg gesichert oder doch Schaden abgewandt haben. Er weist ferner darauf hin, daß es für Kreuzfahrer und Pilger vorteilhaft sei, wenn zwei Orden vorhanden sind, bei denen sie Hilfe finden können. Bezeichnend ist endlich, was er als den einzigen Gewinn gelten läßt, den die Vereinigung der Orden hoffen lasse. Ehemals, so bemerkt er, habe alle Welt vor Leuten geistlichen Standes Ehrfurcht gehabt: Diese sei jetzt gänzlich entschwunden und Prälaten und Kleriker wetteiferten so gut wie Laien, ihnen Abbruch zu tun. Dem würde die Union allerdings ein Ende machen, weil der dann ins Leben tretende neue Orden stark genug sein würde, seine Rechte gegen jedermann zu verteidigen. Diese Erwägung war doch eigentlich geeignet, die Union gerade bei den Prälaten zu diskreditieren. Auch von dem Standpunkt der weltlichen Fürsten konnte sie nur gegen die Union sprechen und gab denjenigen

Waffen in die Hände, welche die Exemtionen der Orden beschränkt oder lieber noch aufgehoben sehen wollten. Daß die Union finanzielle Vorteile mit sich bringen würde, konnte Molay nicht in Abrede stellen: würde doch alsdann statt zweier Hospitaliter immer nur eines nötig sein und eine Präzeptorei usw. genügen, wo bisher zwei unterhalten worden waren, und damit der ganze Verwaltungsapparat auf die Hälfte reduziert, also auch der Aufwand dafür entsprechend vermindert werden. Schließlich betont der Meister, daß er mit alledem nur seine persönliche Ansicht dargelegt, nicht im Namen des Ordens gesprochen habe, erklärt sich aber bereit, die diesseits des Meeres befindlichen Brüder in Gegenwart des Papstes selbst zu einem Konvent zu versammeln und die Frage der Union einghend erörtern zu lassen.

Daß die Gründe, die Molay gegen die Union der Orden vorbrachte, zwingend gewesen wären, läßt sich kaum behaupten. Unter all den Übelständen, die er vorhersagt, ist nicht einer, der nicht durch entsprechende organisatorische Änderungen hätte beseitigt werden können. Ohne es gerade auszusprechen, sieht er doch das eigentlich unüberwindliche Hindernis in der alten Nebenbuhlerschaft der Orden, welche den durch ihre Verschmelzung entstandenen neuen Orden zum Sitz endloser Streitigkeiten machen würde, zumal über Besitzfragen und persönliche Vorteile immer neue Differenzen entbrennen würden. Den Punkt aber, der für die Templer sowohl wie für die Hospitaliter den Ausschlag gab, berührt Molays Gutachten gar nicht oder streift ihn doch nur mit einer flüchtigen, wenn auch für die Beteiligten nicht mißverständlichen Wendung durch den Hinweis auf die Kraft, die der große Neue Orden zur Verteidigung seines Besitzes und seiner Gerechtsame einzusetzen imstande sein würde: Eine Minderung oder gar Aufhebung der eximierten Stellung seines Ordens kam auch für Molay nicht in Frage. Ob und inwiefern diese Haltung dazu beigetragen hat, sein Schicksal zu beschleunigen, muß dahingestellt bleiben. Die Beziehungen Philipps IV. von Frankreich zu den Templern bleiben für uns in mehr als einer Hinsicht dunkel. Sicher ist, daß diese für den König und seine Berater sowie für die öffentliche Meinung, mochte diese im entscheidenden Augenblick auch von maßgebender Stelle in einer bestimmten Richtung bearbeitet werden, bei der weiteren Behandlung der Frage nach der Reform der geistlichen Ritterorden nicht mehr in Betracht kamen, wie denn auch Pierre Dubois sie bei seinen Plänen nachmals ausgeschlossen hat. Weiterhin aber spricht manches dafür, der auch an der päpstlichen Kurie ernstlich erwogene Reformgedanke sei endgültig fallen gelassen erst infolge von Philipps IV. Vorgehen gegen die Templer, dem Clemens V. seinen Lauf lassen mußte.

Im übrigen scheint es, als ob der König nicht übel Lust gehabt habe, auch den Hospitaliterorden, obgleich er ihm ebenfalls noch unlängst vielfache Gunstbeweise gewährt und namentlich seine Güter als solche zur toten Hand anerkannt hatte, mit in das Schicksal der Templer zu verflechten oder doch wenigstens die Gelegenheit zu benutzen, um sich auch auf seine Kosten zu bereichern. Wenn ihm das nicht gelang, so scheint dies der klugen Haltung Clemens' V. zugeschrieben werden zu müssen. Am 5. September 1307 bestätigte dieser den Orden im Besitz der Insel Rhodos und gab damit den Anstoß zu dessen Übersiedelung dorthin. Erinnert man sich nun, daß Clemens V. um Pfingsten (14. Mai) 1307 mit dem französischen König in Poitiers zusammentraf und daß dort sowohl die Anklage gegen die Templer wie die daraufhin zu ergreifenden Maßregeln zur Sprache gekommen sind und daß dann am 13. Oktober die Verhaftung aller Templer in Frankreich erfolgte, so wird man die Ausstellung jener Urkunde über Rhodos gerade am 5. September auf eine besondere Absicht zurückführen müssen. Es scheint, als habe der Papst die Hospitaliter einem Angriff des Königs rechtzeitig entziehen wollen und einen besonderen Eindruck auf die öffentliche Meinung zu ihren Gunsten hervorrufen wollen durch den Hinweis auf das Verdienst, welches sie sich dadurch um die Kirche erworben hatten, daß sie die Insel der Gewalt der schismatischen Griechen entrissen.[1]) Und nicht genug damit: Am 21. Dezember 1307, gerade in den Tagen, wo die Aktion gegen die Templer im vollen Gange war, bestätigt er den Hospitalitern nicht bloß alle ihre Freiheiten, sondern richtet an alle Prälaten der abendländischen Christenheit ein feierliches Rundschreiben mit der Anweisung, den Orden nachdrücklichst gegen jede Art von Anfeindung zu schützen.[2])

Von der Union der Orden konnte nun mehr die Rede sein. Dagegen wurde die Frage nach einer Reform der Hospitaliter wieder aufgenommen, aber in einer Richtung, die nicht den Beifall des französischen Königs fand. Das Schicksal der Templer enthielt auch für die Hospitaliter eine dringende Warnung: Wer bürgte ihnen dafür, daß ihnen bei erster Gelegenheit nicht ein gleiches bereitet würde? Deshalb wollte man innerhalb des Ordens den Einfluß der französischen Brüder einschränken, der von dem König zu seinem Vorteil benutzt werden konnte. Die Handhabe dazu bot die damals eingeführte Teilung des Ordens in Zungen nach der Nationalität der Brüder und der Lage der Ordensbesitzungen. Diese Neuerung bekämpfte Philipp IV.

---

[1]) *Cartulaire*, Nr. 4751 (IV, S. 144).

[2]) *Reg. Clem. V.*, III, S. 14, 17/18, 20/21, 273, IV, S. 418.

auf das heftigste. Er war ohnehin unzufrieden, weil ihm an den Beratungen, die Clemens V. mit dem Hochmeister Fulco von Villaret wegen eines Passagiums nach dem Osten geführt hatte, ein Anteil nicht gewährt worden war und man ihm auch nicht von den gefaßten Beschlüssen, bevor man ihre Ausführung einleitete, offiziell Mitteilung gemacht hatte. Darüber ließ er beim Papst durch seinen Gesandten, den Prior von La Chèze, Beschwerde erheben.[1]) Nach der diesem erteilten Instruktion sah der König darin eine Minderung der Ehre der französischen Nation. Wenn aber der Ordensmeister vor der Abreise von Poitiers dem königlichen Rat Wilhelm von Plasian auf einem offenen Zettel, den der Empfänger nicht weiter zu beachten für nötig hielt, Mitteilung über das Beschlossene gemacht haben wollte, so ließ der König eine solche Ausrede nicht gelten, zumal der Meister später Gelegenheit gehabt hätte, ihn durch den Prior von St. Gilles und andere Ordensbrüder, die nach Paris kamen, in geziemender Weise von dem Ergebnis der Verhandlungen zu Poitiers Nachricht zu geben. Ferner erklärte es der König für seine Beleidigung des französischen Reiches und Volkes, daß man den Anteil des französischen Adels an dem Passagium sowohl wie an der Leitung des Ordens möglichst einzuschränken suchte. Während in dem Ordenskonvent jenseits des Meeres bisher immer 26 Brüder französischer Abkunft gesessen hätten, zähle derselbe jetzt deren nur etwa 12. Auch seien zur Teilnahme an dem Passagium zumeist Ritter aus anderen Gebieten und nur wenige aus Frankreich bestimmt. Dagegen verlangt Philipp, es müßten so viele und so geartete Brüder dazu gezogen werden, daß er eine Bürgschaft hätte für die gewissenhafte Verwendung der in seinem Reiche für das Unternehmen aufgebrachten Gelder. Andernfalls werde er die Sache selbst in die Hand nehmen und dem bisherigen Brauch gemäß erledigen. Von der Teilung des Ordens in Zungen will er ebenfalls nichts wissen: Er erklärt nicht dulden zu können, daß die Franzosen im Orden zurückgesetzt würden, und verlangt vom Papst, er möge eine solche Kränkung von seiner und seines Reiches Ehre abwenden. Aus alledem spricht wohl zumeist des Königs Ärger darüber, daß dieser Orden sich seinen Händen entzogen und namentlich seine reichen Barmittel rechtzeitig in Sicherheit gebracht hatte. Am Schluß der Instruktion nämlich wird der Prior von La Chèze noch angewiesen, bei dem Papst sowohl wie bei dem Ordensmeister Beschwerde zu erheben über die Beleidigung und den Schaden, die der Ordensschatzmeister dem Großprior von Frankreich zugefügt habe, indem er auf Veranlassung des Priors von St. Gilles

---

[1]) *Cartulaire*, Nr. 4831 (IV, S. 198–200).

all die Glieder, die für das Passagium im Ordenshause zu Paris deponiert waren, samt den dort hinterlegten Geldern von Kaufleuten wegführte. Der Schatzmeister soll festgenommen und zur Verantwortung nach Paris gebracht, das Geld aber für das Unternehmen jenseits des Meeres zur Verfügung gestellt werden. Die bekannte Habgier des Königs, der zu ihrer Befriedigung jedes Mittel recht war, legt hier doch den Verdacht nahe, es habe sich für ihn darum gehandelt, die für das Passagium bereit gestellten Gelder nicht der Verfügung des Ordens allein zu überlassen, sondern wenigstens einen Anteil an der Entscheidung über ihre Verwendung sich selbst zu sichern und damit seinen in Frage gestellten Einfluß auf die ganze Angelegenheit auf dem einfachsten Wege zurückzugewinnen. Auch wird man nach dem, was seit dem Oktober 1307 in bezug auf die Güter und Gelder des Templerordens in Frankreich geschehen war, die Befürchtungen begreifen, die den Prior von St. Gilles erfüllten.

Welchen Ausgang dieser Handel genommen hat, wissen wir nicht. Den Konflikt aber, der nach alledem damals auch zwischen den Hospitalitern und dem französischen König auszubrechen drohte, hat die vermittelnde Haltung Clemens' V. abgewandt. Denn es wird wohl seinem Einfluß zuzuschreiben sein, wenn Meister Fulco von Villaret dem Verlangen Philipps nachgab und demselben am 27. Januar 1309 von Pisa aus in ehrerbietiger Form noch Mitteilung machte von dem geplanten Passagium und den dazu getroffenen Vorbereitungen.[1]) So wurde Philipp der Vorwand zu weiteren Händeln mit dem Orden entzogen. Für die Summen aber, welche ihm durch die Vorsicht des Priors von St. Gilles entgangen waren, hat der König sich nachträglich mehr als schadlos gehalten durch die ungeheuren Gelder, die er dem Orden als Preis für die Zulassung zur Nachfolge im Besitz der Templer abpreßte.

Für die Hospitaliter aber ergab sich aus der Katastrophe der Templer noch in anderer Hinsicht ein wesentlicher Gewinn. Der Gedanke an eine Vereinigung der beiden vornehmsten geistlichen Ritterorden war mit dem Untergang des einen gegenstandslos geworden. Die Rückkehr des allein noch bestehen bleibenden zu dauernder Bekämpfung der Ungläubigen ließ auch die bisher so laut erhobene Forderung nach seiner Reform verstummen. Für Clemens V. fiel damit jeder Anlaß fort, diese Angelegenheit weiter zu verfolgen: Er konnte den Hospitaliterorden unverändert fortbestehen lassen. Dazu mußte er vollends bestimmt werden durch die Erfahrungen, welcher aus Anlaß der Niederwerfung

[1]) *Cartulaire*, Nr. 4841 (IV, S. 203).

der Templer zu machen gehabt hatte. Philipp der Schöne würde damit wohl niemals durchgedrungen sein, hätte er nicht in der Inquisition eine furchtbare Bundesgenossin gefunden und wäre er nicht von seiten des dem Orden verfeindeten Episkopates unterstützt worden. Umsomehr hatte Clemens V. Grund, die Hospitaliter gegen diese Widersacher zu schützen, indem er ihre von jenen so heftig angegriffene eximierte Stellung den Ordinarien gegenüber von neuem verbriefte und verbürgte. Das geschah durch eine Bulle vom 17. April 1309,[1]) also kurz bevor er den Bischöfen Frankreichs am 22. Mai 1309 Vollmacht erteilte, die Untersuchung gegen die Templer einzuleiten.[2]) So gingen die Hospitaliter aus dem Kampfe schließlich als Sieger hervor, den sie seit Menschenaltern gegen die Feindschaft der Prälaten zu führen gehabt hatten, und drangen mit den Ansichten durch, die sie in dieser Angelegenheit, die für sie eine Lebensfrage war, einst dem Konzil von Lyon gegenüber durch ihre Bevollmächtigten so energisch hatten vertreten lassen.[3])

---

[1]) *Cartulaire,* Nr. 4858 (IV, S. 210).

[2]) Vgl. Prutz, Entwickelung und Untergang des Tempelherrenordens, S. 182.

[3]) Vgl. oben S. 450/51.

Zwölftes Kapitel.

Ursprung und Anlaß des Templerprozesses.

Ein Ereignis von der Kompliziertheit wie der Untergang des Templerordens wird nicht durch einen einzelnen Anlaß hervorgerufen, sondern durch das Zusammenwirken sehr verschiedenen Gebieten angehöriger und sehr ungleichartiger Momente. Darin liegen die Schwierigkeiten, die sich seinem vollen Verständnis entgegenstellen, und von hier aus wird es erklärlich, wie die Urteile darüber bis auf den heutigen Tag so weit auseinandergehen können, je nachdem man zur Erklärung des historischen Zusammenhanges diesen oder jenen Zug als den wichtigeren ansieht und stärker betont. In Ereignissen derart wird gewissermaßen die Summe gezogen aus mehreren weit zurückreichenden Entwickelungsreihen, die bis zu ihrem letzten endgültigen Zusammenfließen sich nur gelegentlich und oberflächlich berührt haben.[1])

Seit lange hatte der Templerorden Feinde in Menge. Ihm ehemals eng verbundene Mächte, für die er sich unentbehrlich glaubte, waren ihm entfremdet, weil sie sich auf ihn nicht mehr so unbedingt verlassen konnten, wie sie es als ihr Recht angesehen hatten. Alte Gegner wurden nicht müde, ihre Angriffe bei jeder Gelegenheit mit gesteigertem Eifer zu erneuern. Doch war keine von diesen Mächten für sich allein stark genug, um seine unvergleichlich feste Defensivstellung zu Fall zu bringen.

Äußerlich war des Ordens Verhältnis zur Kirche und ihrem Oberhaupte noch das alte, spurlos aber konnten die Konflikte doch nicht daran vorübergegangen sein, die es wiederholt erschüttert hatten. Auch wußte man in Rom um ein in dem Orden gehegtes Geheimnis, demgegenüber, wurde es amtlich zur Sprache gebracht, Nachsicht unmöglich war.[2]) Man schwieg dazu, denn im Interesse der Kirche selbst,

---

[1]) Vgl. zu dem Folgenden: Prutz, Zur Genesis des Templerprozesses in den Sitzungsberichten der philosophisch-philologischen und der historischen Klasse der K. B. Akad. d. Wissenschaften 1907, Heft 1, S. 5–67.

[2]) Vgl. oben S. 237.

deren Ansehen schon so vielfach Schaden gelitten hatte, schien man nichts Besseres tun zu können als die Erörterung dieser Angelegenheit möglichst zu vermeiden. Die Frage war nur, ob dies Vertuschungssystem – abgesehen von dem nachteiligen Einfluß, den es auf das Verhältnis des Ordens zu der gewissermaßen zu seiner Mitschuldigen gewordenen Kirche ausüben mußte – auf die Dauer durchführbar blieb oder ob nicht einmal Umstände eintraten, die es unhaltbar machten.

Von seiten des Staates hatte der Orden zu Anfang des 14. Jahrhunderts keinen Grund, sich besonderer Feindseligkeit zu versehen. Machte sich auch überall und namentlich in Frankreich das Streben bemerkbar nach kräftigerer Vertretung der Rechte des im König verkörperten Staates und führte dahin, daß man der Erweiterung des Geltungsbereiches der Ordensprivilegien schärfer entgegentrat als früher, so war doch auch in Frankreich der Besitzstand des Ordens nach umständlichen Verhandlungen förmlich bestätigt und die Gesamtheit der dem Orden in bezug darauf zustehenden Rechte vertragsmäßig festgestellt.[1]) Noch in den Jahren 1304–1306 kann von einer Bedrohung des Ordens von seiten des Staates so wenig gesprochen werden wie von einer solchen von seiten der Kirche.

Anders stand es augenscheinlich bereits damals um das Verhältnis der öffentlichen Meinung zu dem Orden. Es entsprach dem Umschlag der einst durch die Kreuzzüge entflammten gläubigen Begeisterung in die gerade entgegengesetzte Stimmung und Denkweise, daß man sich von den einst so hochgepriesenen geistlichen Ritterorden enttäuscht abwandte und angesichts des augenfälligen Gegensatzes zwischen ihrer Bestimmung und ihren Leistungen ihrer zwecklosen Begünstigung ein Ende gemacht zu sehen wünschte. Beigetragen zur Verbreitung und Verschärfung dieser volkstümlichen Feindschaft gegen die Templer hat der üble Ruf, in dem diese seit lange standen: Nicht bloß Stolz und Habgier, auch Sittenlosigkeit wurde den „roten Mönchen" nachgesagt und die Rücksichtslosigkeit und Gewalttätigkeit, womit sie in Streitigkeiten über Mein und Dein ihre Ansprüche durchzusetzen pflegten, machten sie in weiten Kreisen verhaßt. Auch war bei der Masse der Mitwisser, namentlich in gesellschaftlich niedrig stehenden Kreisen, das Geheimnis des Ordens längst nicht mehr ein solches geblieben, mochte auch niemand sagen können, worum es sich dabei eigentlich handelte, oder gar wie es entstanden war und wie der ihm ursprünglich innewohnende Sinn es ehemals vielleicht hatte entschuldigen können. Es mußte immer neues

---

[1]) Vgl. oben S. 382ff.

Ärgernis geben, wenn man sah, wie viele Tausende als Träger des weißen Mantels mit dem roten Kreuz von dem Ertrage der im Besitz des Ordens zusammengeflossenen Güter ein behagliches Dasein führten und den Beruf zum Glaubenskampf im Osten, dessen Gefahren sie kaum noch je auf sich nahmen, als Vorwand benutzten, um sich den Pflichten und Leistungen zu entziehen, welche alle anderen zu tragen hatten, und kirchliche Vorrechte zu genießen, deren oft gerade sie wenig würdig schienen. Denn mag auch manches von dem übertrieben gewesen sein, was nach der sittlichen Verwilderung einzelner Konvente im Volksmund über die Zuchtlosigkeit der Templer überhaupt umlief, so wird doch daran nicht zu zweifeln sein, daß in einer Genossenschaft, in der so viele niedrig geborene und ungebildete Leute mit anspruchsvollen adeligen Herren vereinigt waren, auch sittlich bedenkliche Elemente zahlreich vorhanden gewesen sein und in der Betätigung ihrer kirchlichen und weltlichen Ungebundenheit sich nicht gerade Zügel angelegt haben werden. Dies bestätigen nach einer bestimmten Seite einzelne Züge, die nachmals in dem Prozeß in bezug auf die Rolle erzählt werden, welche hier und da die Ordensschwestern spielten.[1]) Besondern Anstoß nahm die öffentliche Meinung an der Habgier des Ordens. Sie braucht darum noch nicht einmal Kenntnis gehabt zu haben von Fällen, wie sie im Prozeß mehrere Zeugen auf Grund eigener Erfahrung berichteten, wo neu Aufgenommene genötigt wurden, ihr Vermögen dem Orden zu überlassen – ein Verfahren, das später etwas ganz Gewöhnliches gewesen zu sein scheint, obgleich dadurch die Aufnahme eigentlich zum Einkauf in eine Versorgungsanstalt wurde.

Wenn nun aber auf Grund dieser seit lange regen Feindschaft der öffentlichen Meinung gegen den Orden schließlich der entscheidende Anstoß zum Einschreiten gegen ihn, wie heute zweifellos erwiesen ist, durch eine Denunziation gegeben worden ist, so bedurfte es doch, um dieser eine solche Wirkung zu sichern, ihrer bereitwilligen Aufnahme und energischen Vertretung durch eine Stelle, die stark genug war, auch der Kirche gegenüber ein entscheidendes Gewicht in die Wagschale zu legen. Sie hatte der Ankläger, wie wir jetzt ebenfalls sicher wissen, zuerst in Aragonien bei dem kirchlich eifrigen König Jakob II. gesucht, aber nicht gefunden. Deshalb wandte er sich an Philipp IV. von Frankreich, dem er wegen der besseren Aufnahme, die er bei ihm damit fand, das Lob des größeren kirchlichen Eifers spendet. Was hat nun Philipp IV. bestimmt, dieser Denunziation, die vielleicht nur schon

[1]) *Procès I*, S. 38 und II, S. 326.

gehegten Verdacht bestätigte und bestärkte,[1]) Folge zu geben? Diese Frage ist nicht bloß für die Beurteilung des Königs, sondern auch für das Verständnis und die richtige historische Einschätzung des Ereignisses selbst von entscheidender Bedeutung. Die Antwort darauf ist nicht so einfach und nicht so leicht, wie man gemeint hat. Denn so lockend der Reichtum des Ordens, dem er finanziell vielfach verpflichtet war, für den stets in Geldverlegenheit befindlichen König sein mochte: Die Persönlichkeit desselben, wie sie uns sonst entgegentritt, und die Haltung, die er in dieser Angelegenheit Clemens V. gegenüber einnimmt, schließen die Annahme von Habgier als des entscheidenden Motivs für sein Vorgehen aus. Ebenso aber kann der entscheidende Anstoß nicht allein auf dem Gebiet der inneren Politik gegeben worden sein. Denn wo der Orden da dem Königtum unbequem geworden war und weiterhin unter Umständen vielleicht gar hätte gefährlich werden können, hatte Philipp durch eine umfassende Aktion, die sich fast durch das ganze erste Jahrzehnt seiner Regierung hinzog,[2]) Abhilfe geschafft. Anzunehmen, der Vertrag vom Juni 1304 sei von ihm nicht ernst gemeint, sondern entweder eine Art von Kriegslist gewesen, durch die der Orden in Sicherheit gewiegt werden sollte, oder nur unter dem Zwange innerer oder auswärtiger Schwierigkeiten geschlossen worden mit der Absicht, seine Fessel bei erster Gelegenheit abzustreifen, liegt nicht der geringste Grund vor, würde auch mit Philipps sonstiger Regierungsweise und seinem Charakter, wie er sich darin offenbart, nicht in Einklang zu bringen sein. Des Königs Haltung gegenüber jener Denunziation und sein Verfahren in der dadurch in Fluß gebrachten Angelegenheit werden verständlich nur aus der geistigen und sittlichen Eigenart dieses merkwürdigen Herrschers, in dem sich echt mittelalterliche Züge mit ganz modernen in überraschender Weise vereinigt finden und wir daher auf zunächst unlösbar scheinende Widersprüche stoßen.[3])

Philipp der Schöne ist von jeher sehr verschieden aufgefaßt und sehr ungleich beurteilt worden. Jedenfalls haben diejenigen unrecht, die in ihm einen geistig beschränkten Fürsten von schwachem Willen haben sehen wollen, der, unselbständig und unfähig zu kraftvollem Entschluß und gewagtem Handeln, von seinen Räten geleitet worden

[1]) Nach Baluze, *Vit. pap. Avenion. I,* S. 24 hat Philipp Clemens V. bereits zur Zeit seiner Inthronisation zu Lyon (14. November 1305) von dem gegen die Templer vorliegenden Verdacht Mitteilung gemacht.

[2]) Vgl. oben S. 382 ff.

[3]) Zu dem Folgenden vgl. namentlich Wenck, Philipp der Schöne von Frankreich, seine Persönlichkeit und das Urteil der Zeitgenossen (Marburg 1905).

wäre, so daß für die Licht- und Schattenseiten, die Erfolge und die Mißerfolge seiner Regierung nicht er, sondern diese vor der Nachwelt die Verantwortung zu tragen hätten. Wohl wird der Schein eines solchen Verhältnisses in der Überlieferung hervorgebracht durch das zuweilen auffallende Zurücktreten der Person des Königs im Vergleich mit der weithin sichtbaren Rolle, die einige seiner Gehilfen spielen. Den tatsächlichen Verhältnissen, wie sie uns bei einheitlicher Betrachtung der zeitgenössischen Berichte entgegentreten, entspricht dies aber nicht. Vielmehr offenbart sich darin nur die charakteristische Eigenart Philipps: Durchdrungen von dem göttlichen Ursprung seiner Würde und der daraus folgenden Unbedingtheit seiner Autorität hielt er sich von der Teilnahme an der Alltagsarbeit der Regierung zurück und umgab sich so in den Augen seiner Untertanen mit einem Nimbus, der seinem persönlichen Hervortreten, wenn es einmal erfolgte, einen um so stärkeren Eindruck sicherte. Er war ein schweigsamer Herrscher, hinter dessen scheinbarer Teilnahmslosigkeit sich nur rastlose ernste Arbeit und mit dem Gefühl der Macht das Bewußtsein des Rechts zu ihrem willkürlichen Gebrauch verbargen. Gewohnt, in allen Fragen die Meinungen seiner berufenen Ratgeber zu hören, hat er doch die Entscheidung über das, was geschehen sollte, allezeit durchaus nur nach eigenem Ermessen getroffen. Was gelegentlich eine durch einflußreiche, nach mancher Meinung zuweilen übermächtige Beamte geführte Regierung schien, war in Wahrheit ein höchst persönliches Regiment, das uns zuweilen wie ein Vorläufer des aufgeklärten Despotismus des 17. und 18. Jahrhunderts gemahnen kann. So trägt Philipp persönlich die Verantwortung auch für das Üble, das unter ihm geschehen ist, und was Gutes und Großes unter ihm geleistet wurde, ist ihm persönlich zum Verdienst anzurechnen. Wenn das in seinem Handeln nur selten recht zutage tritt, so liegt der Grund darin, daß er in politischen Dingen sich eigentlich nicht als Person fühlte und daher auch nicht als Person einsetzte: Er war die Verkörperung des Staates, dessen unbedingtes Recht allen anderen Gewalten gegenüber er durch die Männer seines Vertrauens im einzelnen vertreten und durchsetzen ließ. Seinem Königtum fehlte der privatrechtliche Zug, der das Walten der meisten mittelalterlichen Herrscher wie das großer Grundbesitzer und guter Hausväter erscheinen läßt. Sein modernes Wesen offenbart auch die Art, wie er die öffentliche Meinung als Macht anerkannte und in seinen Dienst zu stellen wußte. Darin kann der Autokrat gelegentlich eine Verwandtschaft mit dem Demagogen kaum verleugnen. Gerade in den größten Krisen seiner Regierung, dem Kampf mit dem hierarchischen Papsttum und der

Niederwerfung des Templerordens, tritt dieser Zug besonders stark hervor und hat den Gang der Dinge bestimmt, mochte auch der oberflächliche Beobachter meinen, Philipp werde von der öffentlichen Meinung vorwärts gedrängt, während er sie vielmehr seinerseits geflissentlich erhitzte und ihren von ihm gebilligten Zielen zutrieb. Will man seine Haltung den Templern gegenüber recht verstehen, so wird man seine Stellung zu den Absichten und Wünschen kennen lernen müssen, welche, aus der geistigen Gesamtkultur der Zeit hervorgewachsen, das französische Volk in dieser Frage bewegten.

Obgleich Philipp im Besitz einer Bildung war, die für einen Fürsten jener Zeit als eine hohe bezeichnet werden muß, und selbst wissenschaftlichen Bestrebungen Teilnahme und Verständnis entgegenbrachte, erscheint er doch unberührt von der freieren, gewissermaßen aufgeklärten Denkweise in religiösen Dingen, der wir damals sonst vielfach begegnen. Er war ein strenggläubiger Katholik im Sinn der Kirche seiner Zeit, der es aus Überzeugung auch mit der Erfüllung der äußeren Verpflichtungen peinlich genau nahm. Die Zeitgenossen schildern ihn als einen wahrhaft frommen Mann, der eifrig zum Gottesdienste war, sich an zwei Wochentagen des Fleisches enthielt, ein härenes Untergewand trug und sich von seinem Beichtvater geißeln ließ, auch zahlreiche Wallfahrten unternahm und durch Kirchenbauten und fromme Stiftungen sein Seelenheil zu fördern strebte.[1]) Doch hing auch dies im Grunde zusammen mit der hohen Vorstellung, die er von dem überirdischen Ursprung seiner königlichen Würde hegte. Aus ihm leitete er für sich aber auch das Recht ab, gleichsam im Namen Gottes unumschränkt zu walten: Es geltend zu machen erschien ihm als Pflicht des von Gott geweihten Königtums. Jenes Recht und diese Pflicht gehörten für ihn zusammen, ergänzten einander und entsprangen auseinander. Mit so rücksichtsloser Energie er jenes selbst gegen die Kirche verteidigte, wo sie ihm zu nahe trat, so unbedingt hat er diese als verbindlich anerkannt, wo es sich um die Aufrechterhaltung der Einheit und der Reinheit der von der Kirche verkündeten Glaubenslehre handelte. Daher hat er so wenig wie irgendeiner von den freier denkenden Geistern seiner Zeit an der Notwendigkeit und Nützlichkeit der kirchlichen Institutionen gezweifelt, die besonders diesem Zwecke dienen sollte und von deren furchtbarer Wirksamkeit die erst neuerdings mit der Krone vereinigten südfranzösischen Landschaften zu berichten wußten. An der Inquisition an sich hat auch er keinen Anstoß genommen, mag er es auch einmal für nötig gehalten haben, ihrer Schreckensherrschaft Halt zu gebieten. In

[1]) Wenck, a.a.O. S. 66.

Glaubenssachen werktätigen Eifer zu entfalten gehörte für ihn zum Wesen des von Gott eingesetzten weltlichen Regiments. Von den modernen Zügen, die uns sonst in seinem Bilde überraschen, findet sich auf diesem Gebiet keine Spur. Vielmehr teilt er da die engherzige Beschränktheit und den unduldsamen Eifer, wovon wir seine Zeitgenossen im allgemeinen erfüllt finden. Denn wenn da einmal eine Stimme gegen die Inquisition laut wird, erhebt sie sich allein gegen ihre barbarische Methode, nicht gegen ihre Berechtigung und Nützlichkeit. Nur darum handelt es sich auch bei dem Gegensatz, der in der Überlieferung zwischen dem König und seiner Gemahlin Johanna von Navarra erkennbar wird und seinen Ausdruck darin gefunden zu haben scheint, daß ersterer einen Dominikaner, letztere einen Franziskaner zum Beichtvater hatte.[1]) Prinzipiell für Gewissensfreiheit eingetreten ist damals selbst von den heftigsten Gegnern der Inquisition keiner. Der Gedanke daran lag auch dem König fern. Ein Vorwurf wird ihm daraus billigerweise nicht zu machen sein.

Dieser strengkirchlichen Denkweise Philipps, die ihn jedoch nicht hinderte, Übergriffen des Papsttums in das staatliche Gebiet kraftvoll entgegenzutreten, entsprangen nun aber weiterhin Entwürfe zugleich kirchlicher und politischer Natur, deren Verwirklichung nur möglich war mit Hilfe der Kirche und der dienstwilligen Unterordnung der zu ihrer Verfügung stehenden Mittel unter die Leitung des Königs. Philipp hätte nicht ein Kind seiner Zeit und ein Enkel des letzten Kreuzfahrerkönigs sein müssen, wenn nicht auch er sich mit dem Gedanken an einen Kreuzzug getragen hätte. Nur erhielt dieser bei ihm wieder eine eigentümliche Färbung, wie sie die geänderte Zeit und die geänderte Stellung des französischen Königtums mit sich brachten. Glaubenseifer und politisches Machtstreben hatten gleichmäßig Anteil daran. Die Eroberung Palästinas, noch immer das Ziel der Sehnsucht der abendländischen Christenheit, unter Führung des französischen Königs sollte diesem die herrschende Stellung auch im Westen sichern und Frankreich als der leitenden Macht im Gebiet des Mittelmeers zu einem Einfluß verhelfen, wie ihn einst die deutschen Könige als Träger des römischen Kaisertums besessen hatten. Seine Gedanken verfolgten also ungefähr die gleiche Richtung, wie sie zwei Jahrhunderte später die französische Politik unter Karl VIII. eingeschlagen hat, nur daß sie den Zeitgenossen weniger phantastisch und unter den gegebenen Verhältnissen als noch eher realisierbar erscheinen konnten. Der Kreuzzug war demnach Philipp allerdings nicht Selbstzweck, vielmehr sollte das from-

[1]) Wenck, a.a.O. S. 45 u. 58.

me Unternehmen zugleich dynastischen und politischen Zwecken dienen. Andererseits sah Philipp zu klar und schätzte die Kräfte, die seinem Unternehmen dienstbar gemacht werden mußten, zu richtig ein, um nicht einzusehen, daß bei der dermaligen Verfassung von Kirche und Staat sich ihm die größten Hindernisse entgegenstellen würden. Voraussetzung für das Gelingen war somit eine Reform von Kirche und Staat. Für sie hat er im Jahre 1305 ein umfängliches, nicht weniger als 80 Punkte aufzählendes Programm entworfen, von dessen Dasein wir erst neuerdings Kenntnis erhalten haben, dessen Wortlaut aber bisher nicht vorliegt.[1]) Jedenfalls erhalten angesichts dieser Tatsachen die Erörterungen erhöhte Bedeutung, die des Königs vertrauter Rat Pierre Dubois in seinem berühmten Traktat: „*De recuperatione Terrae Sanctae*" über denselben Gegenstand angestellt hat.[2]) Wird man auch nicht annehmen dürfen, der König habe die darin entwickelten Ansichten in allen Stücken gebilligt, so wird man doch an der Übereinstimmung beider in dem grundlegenden Prinzip und den wichtigsten daraus abgeleiteten Folgerungen nicht zweifeln können. Nun nehmen bei Dubois einen hervorragenden Platz ein die Ausführungen über die Rolle, die bei dem künftigen Kreuzzuge und der durch ihn herbeizuführenden neuen Ordnung im Osten die geistlichen Ritterorden spielen sollen. Wir wissen, wie scharf der Verfasser dabei mit Hospitalitern und Templern ins Gericht ging, wie er sie nach Einziehung ihres Besitzes nur mit der zur Erfüllung ihres Berufes nötigen Ausstattung versehen aus dem Abendland verweisen und jenseits des Meeres heimisch machen und ausschließlich auf ihre ursprüngliche Tätigkeit beschränken will. Wir wissen ferner, daß er in einem späteren Nachtrag diese Absicht nur noch in betreff der Hospitaliter aufrecht hielt, den Templerorden dagegen aufgelöst sehen wollte. Solche Entwürfe, so sehr sie den Beifall der öffentlichen Meinung finden mochten, wird Dubois publizistisch doch kaum vertreten haben, wenn er sie nicht von seinem Herrn gebilligt wußte. Wenn dabei von den Gebrechen nicht näher gesprochen wurde, an denen dieser Orden kranken sollte, so wird Dubois in ihnen auch nicht den Grund gesehen haben, um gegen den Orden so radikal vorzugehen. Zu solchen Vorschlägen hat ihn wohl nur die Erkenntnis bestimmt, die Templer seien zu der von ihnen zu fordernden Teilnahme an dem Unternehmen im Osten nicht geeignet oder nicht gewillt. Bestätigt wird diese Auffassung durch die Streitigkeiten, die später zwischen Philipp und den Hospitalitern über die kriegerische Unterneh-

[1]) Wenck, a.a.O. S. 62.
[2]) Vgl. oben S. 461/62.

mung im Osten ausbrachen, welche diese mit dem Papst vorbereiteten. Der König verlangte Garantien dafür, daß ihm und der französischen Nation ein den von ihnen beigesteuerten Mitteln entsprechender Einfluß dabei gesichert würde.[1]) Haben sich etwa zwischen Philipp und den Templern aus Anlaß der Kreuzzugspläne des ersteren und der Unlust der letzteren, gerade auf diesem Gebiete ihre Selbständigkeit aufzugeben und sich politisch und militärisch der königlichen Oberleitung unterzuordnen, ähnliche Anstände ergeben? Ein bestimmtes Zeugnis dafür liegt nicht vor. Wenn aber Clemens V. durch einen Erlaß vom 15. November 1306 dem Visitator der Templer in Frankreich, Hugo de Peraud, den der Meister und das Kapitel nach Cypern zurückgerufen hatten, die Erlaubnis erteilt, trotzdem im Abendland zu bleiben und in seinen Geschäften jenseits des Meeres sich wie bisher vertreten zu lassen,[2]) so weist das doch darauf hin, daß in der obersten Ordensleitung damals keineswegs Einigkeit geherrscht habe, sondern die Ansichten weit auseinander gegangen seien. In einem dem König und seinen Plänen günstigen Sinn aber wird man die Abberufung des Philipp vertrauten und bei ihm in hoher Gunst stehenden Hugo de Peraud nicht deuten können, selbst wenn es sich nicht unmittelbar um den Kreuzzug gehandelt haben sollte. Ungewöhnlich ist dabei auch die Haltung Clemens' V.: denn er greift in die inneren Angelegenheiten des Ordens ein, indem er einen Befehl der höchsten Instanz im Orden aufhebt, und zwar offenbar im Interesse des Königs. In einem eigentümlichen Widerspruch damit steht dann das Geheimnis, womit er die Reise der beiden Ordensmeister umgeben zu sehen wünschte, als er sie zu einer Besprechung wegen des Kreuzzugs zu sich beschrieb:[3]) Es scheint, als ob dabei etwas vor dem König verborgen werden sollte. Jedenfalls erhielten für Philipp im Hinblick auf seinen Plan zu einer Expedition nach Palästina die reichen Mittel des Ordens eine erhöhte Bedeutung. Sicherlich aber erfüllte ihn nicht gemeine Habgier, und das Drängen zum Kreuzzug war nicht bestimmt, solche zu beschönigen. Vielmehr war es ihm damit wirklich ernst. Denn noch während der Verhandlungen über das Schicksal der Templer, im Mai 1311, schlug er dem Papste vor, falls der Orden wirklich einer schweren Schuld überführt würde, seine Güter entweder einem neuen Ritterorden oder einem der schon bestehenden zum Besten des heiligen Landes zu überweisen. Er erklärte sich bereit, alle Befehle des Papstes in dieser Angelegenheit genau zu erfüllen, vorbehaltlich seiner eigenen Rechte und

---

[1]) Vgl. oben S. 469/70.

[2]) *Reg. Clement. V.*, Nr. 1540 (II, S. 5).

[3]) Prutz, a.a.O. S. 138. Vgl. oben S. 464.

derjenigen der übrigen Fürsten und Großen.[1]) Sogar noch am Tage vor seinem Tod, dem 28. November 1314, setzt er in einem Nachtrag zu seinem Testament 100000 Livres aus für denjenigen seiner Söhne und Brüder, der innerhalb der Frist, die er selbst bei Annahme des Kreuzes Pfingsten 1313 dafür in Aussicht genommen hatte, den Kreuzzug ausführen würde.[2])

Danach darf als erwiesen gelten, daß Philipp strengkirchlich dachte und seine strengkirchliche Gesinnung in der dem frommen Eifer jener Zeit entsprechenden Art durch einen Kreuzzug betätigen wollte, mögen dabei auch politische und dynastische Motive mitgewirkt haben. Je notwendiger er zur Verwirklichung seines Vorhabens der tatkräftigen und selbstlosen Beihilfe der geistlichen Ritterorden bedurfte, um so mehr mußte ihn eine ablehnende Haltung derselben verstimmen, und je mehr er seine Entwürfe als den Ausfluß des ihm von Gott verliehenen königlichen Rechtes angesehen wissen wollte, um so mehr mußte er in der Versagung der geforderten dienstwilligen Mitwirkung eine Verletzung der Ehrfurcht erblicken, die ihm und seiner Würde gebührte. Dadurch kann in ihm eine Stimmung entstanden sein, in der er auch untergeordnete Vorgänge schwer nahm und aus ihnen auf weitergehende Absichten der Urheber schließen zu müssen glaubte, als diese in Wirklichkeit irgend hegten. Von hier aus wird es begreiflich, wenn er die von Jakob von Molay verfügte Absetzung des ihm gefällig gewesenen Schatzmeisters des Pariser Tempels, Jean de Tour, und dessen Ausstoßung aus dem Orden als eine ihm persönlich zugefügte Beleidigung auffaßte und hinter der geringschätzigen Art, in der der Meister seine Fürsprache abwies, mehr von politischer Gegnerschaft vermutete, als ihr zugrunde lag. War das aber der Fall, so konnte ihm die Haltung des Ordens auch in anderen Dingen bedenklich erscheinen, und er durfte zweifeln, ob bei demselben der gute Wille vorhanden sei, der die Voraussetzung war für eine befriedigende Durchführung des Vertrages vom Juni 1304.

So ungefähr werden die Dinge gelegen und solche Stimmungen und Zweifel bei Philipp geherrscht haben, als wohl zu Ende des Jahres 1306 oder zu Anfang 1307, eine neue Denunziation gegen die Templer an ihn gelangte, die nur allzu begründet schien und deren Eindruck gesteigert wurde durch den Hinweis auf seine Pflicht, überall in seinem Machtgebiet der Ketzerei entgegenzutreten, einen Appell an seine Rechtgläubigkeit und an seinen kirchlichen Eifer. Es ist psychologisch begreiflich, daß sie unter solchen Umständen bei ihm lebhaften Wider-

[1]) *Dupuy, Traitez* usw. S. 54.

[2]) Wenck, a.a.O. S. 68.

hall fand und er gegen die so schwer Bezichtigten einzuschreiten beschloß. Es entspricht seiner Geistesart und Denkweise, wenn er dem an ihn ergangenen Ruf der Inquisition nachkam und den ganzen wohlgefügten und sicher arbeitenden Apparat seines Beamtentums der von der Kirche zur Hüterin des rechten Glaubens bestellten Behörde zur Verfügung stellte. Leicht genommen aber haben er und seine Räte die Sache nicht: Wir wissen, daß sie der Gegenstand monatelanger Erwägung gewesen[1]) und daß auch dem Papst von dem, was vorlag, Mitteilung gemacht worden ist. An der Kurie scheint man jedoch besonderem Eifer nicht begegnet zu sein, vielmehr noch immer die Neigung vorgeherrscht zu haben, das bisherige Vertuschungssystem auch fernerhin beizubehalten. Dies erklärt vom Standpunkt des kirchlichen Eifers jener Zeit das Vorgehen Philipps, gegen welches als im Widerspruch stehend mit dem Kirchenrecht sich nachher nicht bloß die Theologen der Pariser Universität erklärt, sondern auch andere Autoritäten, wie der Augustinermönch Agostino Trionso, sich in besonderen Veröffentlichungen ausgesprochen haben.[2])

Für Philipp aber fiel noch ein anderes Moment schwer ins Gewicht, das wohl den Schlüssel enthält zu seinem Vorgehen, welches zunächst denjenigen ja befremden muß, der sich daran erinnert, wie derselbe König, der jetzt den Inquisitor Wilhelm Imbert mit seinen Folterknechten gegen die gefangenen Templer wüten ließ, wenige Jahre vorher in Südfrankreich den Ausschreitungen der Inquisition energisch entgegengetreten und zum Beschützer der von ihr Verfolgten geworden war. Aber gerade die Erfahrungen, die er dort gemacht, hatten bei Philipp die Meinung entstehen lassen, daß die Ketzerei auch politisch gefährlich und Ketzer und Landesverräter leicht eins sei. Sie stimmte zu seinem gesamten kirchlichen und politischen Denken. Zum Erweise dessen muß auf die Entwickelung seines Verhältnisses zu seinen albigensischen Untertanen in Südfrankreich eingegangen werden. Sie scheint auf ihn um so tieferen Eindruck gemacht zu haben, als er schon zur Zeit seines ersten Konflikts mit Bonifaz VIII. aus den Anschuldigungen, die in dieser Hinsicht gegen den übel berufenen Bischof von Pamiers erhoben worden waren, darauf geführt sein konnten, eine innere Verwandtschaft zwischen Ketzerei und Hochverrat anzunehmen.[3]) Eine solche Auffassung ist zudem echt mittelalterlich: Wer sich auflehnt gegen die Kirche und die von ihr festgesetzte Glaubensnorm, ist von

[1]) Prutz, a.a.O. S. 139, 142/43.

[2]) Vgl. Richard Scholz, Die Publizistik z. Z. Philipps des Schönen und Bonifaz' VIII. (Kirchenrechtliche Abhandlungen, hrsg. von M. Stutz, Heft 6–8), S. 81 ff.

[3]) Wenck, a.a.O. SD. 83.

vornherein auch der Auflehnung verdächtig gegen die von Gott gesetzte und von der Kirche geweihte weltliche Autorität. Die Angelegenheit, um die es sich dabei handelt, liegt zwar einige Jahre vor dem Templerprozeß, hat sich aber mit ihm doch noch berührt und auf seine ersten Stadien eingewirkt. In den eigentümlichen Schwankungen, die sie durchmachte, gibt sie auf der einen Seite eine erwünschte Erklärung für den mit früheren feierlichen Äußerungen von ihm kaum vereinbarten Eifer des Königs im Einschreiten gegen die dem Templerorden schuld gegebene Ketzerei und macht auf der anderen das Widerstreben begreiflich, das Clemens V. den Zumutungen der vom König unterstützten Inquisition entgegensetzte und das erst nach Beibringung unwiderleglicher Beweise für die Schuld des Ordens unter dem Druck der öffentlichen Meinung überwunden wurde.

Der Schauplatz dieser Vorgänge, die als Nachspiel der Albigenserkriege erscheinen, waren jene südfranzösischen Landschaften, die erst vor etwa einem Menschenalter an die französische Krone gekommen waren. Seit den Zeiten Ludwigs IX. im Interesse der Erhaltung des rechten Glaubens dem Willkürregiment ihrer Bischöfe[1]) und der diesen verbündeten Inquisition preisgegeben, hielt die Bevölkerung in der Stille nicht bloß an dem Glauben fest, für den ihre Väter geblutet hatten, sondern gedachte auch sehnsüchtig der Zeit, wo sie unter angestammten Fürsten sich politischer Selbständigkeit erfreut hatte. Noch stand daher dort die französische Herrschaft auf unsicheren Füßen: Kirchliche und politische Motive ließen sie als eine Art von Fremdherrschaft empfinden, zumal das geistig bewegliche und tatkräftige Volk nach Sitte und Sprache mit seinen südlichen Nachbarn mehr Gemeinschaft hatte als mit den Bewohnern des mittleren und nördlichen Frankreich. Besonders unerquicklich gestalteten sich infolgedessen die Zustände im Erzbistum Narbonne. Zu ihm gehören die klassischen Stätten des Albigensertums, wie Carcassonne und Albi. Da die Bevölkerung in der Stille an den Traditionen der Vorzeit festhielt, waren sie noch immer der Schauplatz eifriger Tätigkeit der Inquisition, obgleich Erzbischof Peter von Narbonne (1272–86) dieser keineswegs geneigt war und ihr mancherlei Hindernisse bereitete, ja bei längerem Leben sie vielleicht überhaupt abgeschafft haben würde. Daher waren dort ihre Gegner besonders zahlreich und entwickelten emsige Tätigkeit. Im Kloster zu Narbonne begegnet uns zu Anfang des Jahres 1301 der merkwürdige Mann, der während des nächsten Jahrzehnts als ebenso unermüdlicher wie begabter und leidenschaftlicher Gegner der Inquisition eine hervorragende Rolle gespielt,

[1]) Vgl. oben S. 380/81.

dann aber seine Erfolge in ihr Gegenteil verkehrte, indem er durch hochverräterische Verbindung mit dem Ausland bei dem König das Vorurteil erzeugte, die Anhänger kirchlicher Irrlehren seien auch schlechte Untertanen, Ketzer und Hochverrat gehörten zusammen.[1])

Es war der Mönch Bernard Délicieux, damals Lektor in dem Minoritenkloster zu Narbonne, ein Kind des Landes, ausgezeichnet durch alle einem solchen gewöhnlich eigenen Gaben, beredt, gewandt, ausdauernd und erfindungsreich, aber auch heißblütig und übereilt. Bekannt geworden und zu Einfluß auf seine Landsleute gelangt war er als Gegner des Inquisitors Nicolas d'Abbeville, der um jene Zeit namentlich in Carcassonne furchtbar hauste. Die Folge davon war eine so bedenkliche Gärung im Lande, daß Philipp IV. zur Untersuchung und Abstellung der an ihn gebrachten Beschwerden zwei seiner bewährtesten Beamten als „Reformatoren" dorthin sandte, deren einer Jean de Picquigny, der Vidame von Amiens, war. Die Kunde von ihrem Erscheinen in Toulouse bewirkte alsbald ein neues Aufwogen auch in den benachbarten Gebieten von Albi, Carcassonne, Limoux usw. Sie niederzuhalten entwickelte der dort an der Spitze der Inquisition stehende Prior der Dominikaner zu Paris, Fulco von St. Georg, der ohnehin schon der Gegenstand leidenschaftlichen Hasses war, weil er selbst in den der Ketzerei nicht verdächtigten Kreisen seine Opfer suchte, indem er z. B. kirchlich nicht gebotenes Fasten oder gar die Enthaltung von aller Fleischnahrung als strafwürdig ansah, eine furchtbare Tätigkeit. In ein besonders übles Licht aber wurde diese gerückt durch den materiellen Vorteil, der seinen geistlichen Gönnern daraus erwuchs. Denn auf Grund eines Privilegs, das ihm Ludwig IX. verliehen hatte, erhielt der Bischof von Albi die unbeweglichen Güter der als Ketzer Verurteilten, soweit sie nicht auf Befehl des Königs, dem sie zunächst verfielen, binnen Jahresfrist verkauft waren. Dasselbe ist später am 17. August 1306 von Philipp IV. bestätigt worden. Diesem Treiben verhieß nun die Tätigkeit der Reformatoren ein Ende zu machen. Von allen Seiten, namentlich auch durch die von Geburt dem Landes angehörige Geistlichkeit, wurden die schwersten Klagen vor dieselben gebracht. Fremde, so hieß es in bezug auf die Inquisitoren, hätten sich die Herrschaft über die Kirchen angemaßt und eine unbarmherzige Verfolgung über das schuldlose Land verhängt, durch die sie, statt der Sache des Glaubens zu dienen, vielmehr den alten Samen der Ketzerei neu befruchteten. Aber auch hier war es nicht das Institut der Inquisition an sich, wogegen sich die allge-

[1]) Das Folgende nach der vortrefflichen Arbeit von B. Hauréau, *Bernhard Délicieux et l'inquisition Albigeoise (1300–1320)*, Paris 1877.

meine Erbitterung richtete, sondern die Unmenschlichkeit, mit der ihre Vertreter ihres Amtes walteten. Die Inquisition selbst erkannte man als eine zu Recht bestehende Einrichtung an und wollte sie nicht beseitigt haben: Nur dem damit getriebenen Mißbrauch sollte Einhalt getan werden. Gegen ihn einzuschreiten war Sache des Königs, dessen Hoheitsrechte durch das seinen Untertanen Zugefügte dauernd verletzt wurden. Eben deshalb klagte man gegen die Inquisitoren nicht beim Papste, sondern beim König. Als Wortführer erschien so an der Spitze zahlreicher Genossen Bernard Délicieux am Hofe zu Senlis vor dem König, gleichzeitig aber auch Fulco von St. Georg als Vertreter der Beklagten. Merkwürdig ist das Verhalten Philipps bei dieser Gelegenheit: es offenbart von neuem die eigentümliche Mischung mittelalterlicher Elemente mit fast modernen. Aus seinem Abscheu vor den Greueln der Inquisition machte er kein Hehl und gab in warmen Worten seinem menschlichen Mitgefühl Ausdruck mit dem Schicksal ihrer Opfer. Doch beobachtete er auch vorsichtige Zurückhaltung und vermied tätiges Eingreifen aus Scheu vor den berechtigten Einwendungen, die von seiten der Kirche dagegen erhoben werden konnten. Mit außerordentlicher Schärfe verurteilte er in einem Briefe an den Bischof von Toulouse vom 8. Dezember 1301 die Grausamkeit des Inquisitors. Während es seine Pflicht war, sagt er, Irrtümer und Laster auszurotten, hat er vielmehr alles getan, um sie zu nähren. Unter dem Deckmantel einer erlaubten Repressivmaßregel hat er durchaus unerlaubte Dinge getan, unter dem Schein der Frömmigkeit gottlose und geradezu unmenschliche Taten verübt und endlich unter dem Vorwand der Verteidigung des Glaubens fluchwürdige Verbrechen begangen. Um das durch dies Treiben fieberhaft erregte Land zu beruhigen, erließ Philipp gleichzeitig Bestimmungen, die solcher Willkür Schranken setzen und die Inquisition wenigstens unter Aufsicht stellen sollten: Keine vom Inquisitor befohlene Verhaftung sollte hinfort von den dazu berufenen königlichen Beamten vollzogen werden, ehe sie nicht die Zustimmung des betreffenden Bischofs gefunden hätte. Bestand aber zwischen diesem und dem Inquisitor über ihre Zweckmäßigkeit eine Meinungsverschiedenheit, so sollte die Entscheidung einer aus Dominikanern und Franziskanern zusammengesetzten Kommission eingeholt werden. Das sah die Inquisition als schwere Kränkung an. Außerdem aber verlangte Philipp, Fulco von St. Georg sollte in sein Kloster nach Paris zurückberufen werden. Das Kapitel jedoch lehnte dies ab und blieb dabei auch trotz erneuter und dringenderer Vorhaltung. Das empfand Philipp als eine Herausforderung. Am 16. Dezember 1301 schrieb er an seinen Kaplan Pierre Godin, der ebenfalls dem

Dominikanerorden angehörte, seine Pariser Ordensbrüder schienen sich vorgenommen zu haben, ihn zu entehren und ein ganzes Volk zu beschimpfen, während es doch ihre Pflicht sei, für das Beste der Kirche zu sorgen und vorgekommene Ausschreitungen gebührend zu bestrafen. In dem Beschluß, Fulco sollte auf dem Schauplatz seiner Tätigkeit bleiben und noch die von ihm eingeleiteten Inquisitionsprozesse zu Ende führen, sah Philipp eine Verherrlichung desselben, die ihn beleidigen sollte und keine Rücksicht nahm auf die daraus entspringenden Gefahren und das öffentliche Ärgernis. Man hätte es, so erklärt er, für unmöglich halten sollen, daß zu seiner Zeit ein französischer Ordensprovinzial mit seinen Mönchen so kühn sein könnte, gegen ihn und gegen die Meinung des ganzen Volkes einen so fluchwürdigen Menschen zu beschützen, der so vieler Niederträchtigkeiten und Verbrechen angeklagt sei. Der Kaplan soll seine Ordensbrüder zum Widerruf ihres Beschlusses zu bestimmen versuchen. Doch blieb auch das vergeblich. Im Gegenteil machte vielmehr der ganze Dominikanerorden mit dem Pariser Kloster gemeinsame Sache. Zornig befahl infolgedessen Philipp seinen Seneschalls in Toulouse, Carcassonne und Agen, in seinem Namen auf die Gefangenen der Inquisition die Hand zu legen und Fulco nicht nur jede weitere Verfolgung zu untersagen, sondern auch den Bezug seiner Pfründen zu sperren.

Man sieht, das Selbstgefühl des Königs war durch die Inquisition und die Parteinahme des Dominikanerordens für sie verletzt und suchte auch jetzt wieder einen Rückhalt in der öffentlichen Meinung, welche die Kunde von den in Südfrankreich verübten Greueln mächtig erregte. Aber er erkennt auf der anderen Seite auch das Recht der Inquisition an und beschränkt sich darauf, den damit getriebenen Mißbrauch zu hindern. Er kommt daher nicht über halbe Maßregel hinaus und wagt nicht der Inquisition ihre Beute zu entreißen. Erst die Tatkraft eines der beiden Reformatoren brachte es zu einem offenen Konflikt. Als nämlich der Nachfolger des Fulco von St. Georg, der Inquisitor Gottfried d'Ablis, unter Mißachtung der vom König erlassenen neuen Vorschriften wieder eigenmächtig Verhaftungen angeblicher Ketzer vornahm, trat ihm Jean de Picquigny entgegen und ließ es zu, daß die Bevölkerung von Carcassonne, welche durch die Entdeckung weiterer Umtriebe der Inquisition auf das äußerste gereizt war, die Gefangenen befreite. Er weigerte sich, die von dem Glaubenstribunal gefällten Urteile vollstrecken zu lassen, obgleich er nach den kirchlichen Satzungen dazu ohne weiteres verpflichtet gewesen wäre. Deshalb sprach Gottfried d'Ablis die Exkommunikation gegen ihn aus und erhob Beschwerde beim König. So kam die Angelegenheit von neuem an Philipp selbst, gleichzeitig aber auch an die höchste kirchliche Instanz, da Jean de Picquigny Berufung an den Papst einlegte.

Am Hofe fehlte es nicht an Gegnern der Inquisition, soweit es ihren Ausschreitungen Einhalt zu tun galt. Insbesondere scheint der Beichtvater der Königin Johanna von Navarra zu ihnen gerechnet worden zu sein: An ihn wandten sich die Verfolgten daher mit der Bitte um Fürsprache. Der Streit entbrannte nun mit einer Heftigkeit, welche die Erhaltung der Ruhe in den albigensischen Gebieten unmöglich zu machen drohte. Deshalb beschloß Philipp, dem die Anhänglichkeit der Bewohner jener Landschaften an ihre ehemalige Unabhängigkeit nicht unbekannt gewesen sein wird, selbst dorthin zu gehen und die Ordnung herzustellen. Diese Aussicht erweckte dort die größten Hoffnungen. Man erwartete, der König werde dem unmenschlichen Treiben der Inquisition, in dessen Verurteilung er mit der Mehrheit seines Volkes einig war, ein für allemal ein Ende machen. Man rüstete sich, ihm gegenüber seine Sache auf das kräftigste zu vertreten und die Gegner schonungslos an den Pranger zu stellen. Die Leitung dabei fiel Bernard Délicieux zu, der im ganzen Lande bekannt und allgemein beliebt war. Auf beiden Seiten fühlte man, die Dinge seien an einem entscheidenden Punkte angekommen, und die Nachkommen der Albigenser lebten der Zuversicht, durch den König endlich von der Geißel befreit zu werden, die über ihr Land und Volk Jahrzehnte hindurch immer neues Elend gebracht hatte. So bereiteten sie Philipp einen festlichen Empfang. Zugleich aber hatten sie auf Rat und unter Leitung Bernards auch die Mittel bereit gestellt, um die Agitation mit Nachdruck fortzusetzen.

Weihnachten 1303 erschien Philipp in Toulouse, begleitet von der Königin Johanna, seinen drei Söhnen und einem stattlichen Gefolge. Vor seinem Throne kam es zu heftigen Erörterungen zwischen den Wortführern der beiden Parteien. Aber obgleich sich daraus ergab, daß trotz des königlichen Verbotes eine Änderung in der Praxis der Inquisition nicht eingetreten war, erfolgte zur schmerzlichsten Enttäuschung der Bevölkerung von seiten des Königs kein Schritt dagegen. Vielmehr meinte dieser alles getan zu haben, was er imstande war, und das Interesse des Königtums am besten wahrzunehmen, wenn er sich jedes Schritts enthielt, der von der Kirche angefochten werden konnte. Die Inquisitionstribunale waren nun einmal kirchliche Gerichtshöfe, deren Kompetenz auch von seiten der weltlichen Gewalt anerkannt war, so daß diese durch ihre Anfechtung sich ins

Unrecht gesetzt haben würde. Daher mußte auch die Berufung gegen die von ihnen ausgesprochenen Urteile nicht an den König, sondern an den Papst gerichtet werden. Gewiß war dies Verfahren Philipps formell korrekt, aber es bereitete seinen Untertanen eine überaus schmerzliche Enttäuschung, verstimmte und erbitterte sie. Wo der Grund für sie eigentlich gelegen hat, entzieht sich unserer Kenntnis. Entscheidend aber dürften dafür wohl allgemeine kirchenpolitische Erwägungen gewesen sein. Noch stand mit der ganzen Christenheit Frankreich unter dem Eindruck des Attentats von Anagni, dessen Folgen sich durch den Tod Bonifaz' VIII. für seine Urheber unverhofftenweise weniger übel gestalteten, als anzunehmen gewesen war. Der am 22. Oktober 1303 erhobene neue Papst Benedikt XI. hatte in dem Konflikt mit Frankreich alsbald einen Systemwechsel vorgenommen und kam Philipp mit einer Milde und Versöhnlichkeit entgegen, die an der Ehrlichkeit seines Wunsches nach Frieden keinen Zweifel erlaubten. Obenein gehörte er selbst dem Dominikanerorden an: Es war also nicht anzunehmen, daß er zu einer Minderung von dessen Rechten die Hand bieten würde. Politische Klugheit verbot Philipp daher, den Kampf gegen die Inquisition mit der rücksichtslosen Energie zu führen, die seine albigensischen Untertanen von ihm erwarteten. So blieb er auf dem Standpunkt, den er zuletzt eingenommen hatte: durch eine Ordonnanz vom 13. Januar 1304 bestätigte er die früher erlassenen Bestimmungen betreffend die Aufsicht der Bischöfe über die durch die Inquisition neu einzuleitenden Glaubensprozesse, wie er sagt, zum Besten des Glaubens. Über die Abschaffung der Inquisition, welche die Bevölkerung von ihm erhoffte, zu entscheiden, war ausschließlich Sache des Papstes, wie auch diesem allein die Revision angefochtener Urteile der Glaubenstribunale zustand. Dennoch gab Philipp bei dieser Gelegenheit von neuem in den schärfsten Worten seinem Unwillen über das Verfahren der Inquisition Ausdruck: Allzu lange hätte sie dadurch anständige Leute ungestraft herausfordern dürfen. Auch ließ er in diesem Sinn Mitteilungen nach Rom gelangen, wohl in der Hoffnung, Benedikt XI. werde tun, was vom Standpunkt der Menschlichkeit aus geboten war. Daß er damit seinen Untertanen in der Grafschaft Toulouse eine Enttäuschung bereitete, scheint er selbst gefühlt zu haben. Sie zu beschwichtigen und ihnen einen Beweis seines Wohlwollens zu geben, befahl er, die Gefangenen der Inquisition sollten hinfort minder hart gehalten werden, denn die Gefängnisse seien dazu da, Schuldige in Gewahrsam zu halten, nicht aber zu quälen. Doch machte das nicht den gehofften Eindruck, und als der König Anfang Februar sich von Toulouse nach Béziers und

Carcassonne begab, kam dort die Enttäuschung und Entrüstung des Volkes bereits lebhaft zum Ausdruck.

Bald gestalteten sich die Aussichten noch trüber. Als Bernard Délicieux nämlich des Königs einflußreichen Kanzler Wilhelm von Nogaret bat, dafür Sorge zu tragen, daß die Klagen der Albigenser gegen die Inquisition möglichst schnell nach Rom gelangten und dort gebührende Beachtung fänden, lautete die Antwort, der König habe wichtigere Angelegenheiten mit der Kurie zu ordnen, auch sei nicht anzunehmen, daß der aus dem Dominikanerorden hervorgegangene Papst dessen Privilegien antasten würde. Dieses Andringen der albigensischen Wortführer scheint Philipp vollends verstimmt zu haben. Die ganze Angelegenheit war ihm gerade in diesem Augenblick unbequem, weil sie die Verständigung mit dem Papst erschwerte. Daß die Bevölkerung ihrer Enttäuschung und Sorge lebhaften Ausdruck gab, verstimmte ihn vollends, und er gab seinem Mißmut offen Ausdruck. Es war ein Zeichen königlicher Ungnade und ließ Schlimmeres erwarten, wenn er während des Aufenthaltes zu Montpellier eine kostbare Vase, welche die Bürger von Carcassonne seiner Gemahlin dargebracht hatten und die von dieser mit gnädigem Dank angenommen war, jetzt zurückgeben ließe. Die Albigenser konnten sich nicht darüber täuschen, daß eine ungünstige Wendung für sie eingetreten sei und daß sie vom König nichts mehr zu hoffen hätten. Daraus erklärt sich der Schritt, den ihre Führer jetzt taten.

In Montpellier erschien am Hofe Philipps König Jakob II. von Majorka, der als Herr von Montpellier französischer Vasall war. Das scheint die Unzufriedenen zuerst auf den Gedanken gebracht zu haben, sich der Herrschaft Frankreichs, die von jeher unbeliebt war, zu entziehen. Bernard Délicieux nahm ihn eifrig auf: war er doch selbst aus Montpellier gebürtig und erfüllt von dem den Südfranzosen eigenen lebhaften landsmannschaftlichen Sondergeist. Da die Beseitigung der Inquisition durch Philipp nicht mehr zu hoffen war, meinten er und seine Gesinnungsgenossen dies Ziel unter einem eigenen stammverwandten Herrscher eher erreichen zu können. Man beschloß, die Herrschaft dem Sohn König Jakobs II., dem Prinzen Ferdinand, anzutragen. In seinen um jene Zeit gehaltenen Predigten ließ Bernard die Absicht der Verschworenen durchblicken: Er wird also der Sympathien seiner Landsleute für den Plan wohl gewiß gewesen sein. Aber er tat noch mehr. Persönlich trat er mit Ferdinand in Verbindung und ging heimlich selbst zu ihm, um ihn für das Unternehmen zu gewinnen. Überraschend erschien er in dem alten Königssitz Pla-de-Cors in den Pyrenäen, scheint auch bei dem in Aussicht genommenen Thronkandidaten selbst eine Aufnahme gefunden zu haben, die ein Eingehen auf die Entwürfe der Albigenserführer verhieß: Die Sache schmeichelte wohl dem Ehrgeiz des Prinzen, so daß er nicht gleich eine ablehnende Antwort gab. Nun blieb aber das Geheimnis nicht gewahrt, und Jakob II, erhielt Kenntnis von den Umtrieben seines Sohnes, die ihm selbst seinem französischen Lehnsherrn gegenüber ernste Verlegenheiten zu bereiten drohten. Er machte ihnen kurzweg ein Ende, indem er den albigensischen Sendboten zu sofortiger Heimkehr nötigte. Nun scheint aber dies Mißlingen den Eifer Bernards und seiner Genossen noch gesteigert zu haben. Seine Predigten gegen die Inquisition, die an dem französischen König einen Beschützer gewonnen zu haben schien, wurden immer leidenschaftlicher und dringender. Infolgedessen verlangten seine Gegner vom Papste Einschreiten gegen ihn. Am 16. April 1304 erging denn auch der Befehl zu seiner Verhaftung und Prozessierung, indem er gleichzeitig mit dem Bann belegt wurde.

Besondere Folgen hatte das zunächst allerdings nicht: Seine Freunde blieben Bernard treu, und man hatte sogar Schwierigkeiten, ihnen als Gebannten den Eintritt in die Kirchen und die Teilnahme an den Sakramenten zu versagen. Da schien der vorzeitige Tod Benedikts XI. am 6. Juli 1304 eine unerwartete Wendung herbeizuführen und belebte die Hoffnungen der Albigenser von neuem. Alles drängte damals einem gewaltsamen Ausbruch zu. Die Opposition gegen die Inquisition, die Bernard leidenschaftlicher denn je bekämpfte, zog immer weitere Kreise. Als um jene Zeit, am 29. September 1304, Jean die Picquigny, der einst von Philipp als Reformator ins Land geschickt und vom Inquisitor gebannt worden war,[1]) noch vor Erledigung der von ihm eingelegten Berufung an den Papst in Italien starb, feierten die Minoriten in Albi demonstrativ ein Totenamt für ihn und ergriffen damit offen Partei gegen die Inquisition. Noch einmal aber versuchten die Führer der Bewegung den König auf ihre Seite zu ziehen oder doch zu bestimmen, daß er den von den Inquisitoren geforderten Befehl zum Wiederbeginn der Verfolgungen nicht erteile. Eine Gesandtschaft, der auch Bernard angehörte, eilte nach Paris, wurde dort aber ungnädig aufgenommen. Den Grund dafür erfuhr sie bald genug: Jakob II. hatte Philipp von den Anträgen Mitteilung gemacht, als deren Überbringer Bernard bei seinem Sohne erschienen war. Die Albigenser hatten sich in Philipps Augen des Hochverrats schuldig gemacht. Unter diesem Eindruck erfuhr seine Gesinnung vollends einen Wandel. Je offener er früher sei-

[1]) Vgl. oben S. 486/87.

nen Abscheu gegen die Bluttaten der Inquisition ausgesprochen hatte, je mehr er innerhalb der Grenzen seiner Macht ihnen Einhalt zu tun gesucht hatte und je mehr sich danach hatte hoffen lassen, er würde das Land davon befreien, um so mehr stellte er sich jetzt, erbittert durch das gegen ihn Geplante, auf den entgegengesetzten Standpunkt, lehnte jede hoffnunggebende Erklärung ab und wies alle Bitten zurück. An den neuen Papst aber, Clemens V., richtet er das Verlangen, er solle Bernard verhaften und ihm den kirchlichen Prozeß machen lassen, während er seinen Seneschall in Carcassonne anwies, seine weltlichen Mitschuldigen einzukerkern.

Es wird kaum bezweifelt werden können, daß in diesen Vorgängen und ihrem Eindruck auf Philipp der Anstoß gelegen hat zu der alsbald zutage tretenden Wandelung seines Verhältnisses zur Inquisition. Hatte er als gläubiger und eifrig kirchlicher Fürst an dem Nutzen und dem Recht der Inquisition niemals gezweifelt, war ihr vielmehr nur da entgegengetreten, wo ihr Übereifer die Grenzen nicht achtete, die er im Interesse der Menschlichkeit eingehalten sehen wollte, oder wo sie seine königlichen Rechte zu verletzen drohte, so sah er jetzt in ihr auch eine Stütze gegen die Abfallsgelüste unzuverlässiger Untertanen und meinte sich ihrer auch zu politischen Zwecken bedienen zu müssen. Denn die Erfahrungen, die er eben gemacht hatte, befestigten ihn in der Ansicht, wer sich des Abfalls vom rechten Glauben schuldig mache, werde nur allzu bereit sein, auch seinem rechtmäßigen Herrn die Treue zu brechen. In dieser Hinsicht hat man ihn nicht unzutreffend mit Philipp II. von Spanien verglichen,[1]) der in der Ausrottung der Ketzerei nicht bloß eine religiöse, sondern auch eine politische Pflicht zu erfüllen überzeugt war. Infolgedessen trat eine eigentümliche Verschiebung ein. Am 24. August 1304 erfolgte die Verhaftung der hochverräterischer Verbindung mit dem Prinzen von Majorka schuldigen Albigenser, darunter der angesehensten Bürger von Carcassonne. Die Mehrzahl endete am 28. September am Galgen. Am 29. November erlitten 40 Einwohner von Limoux das gleiche Schicksal, während die Bürger von Albi, die sich der Teilnahme an dem Landesverrat geweigert hatten, trotzdem nur um eine bedeutende Summe die Gnade des Königs erkauften. Unter solchen Umständen brauchte auch die Inquisition keine Rücksicht mehr zu nehmen: Eine furchtbare Verfolgung brach durch Gottfried d'Albis und seine Gehilfen über das Land herein. Wie wilde Tiere wurden die in Wälder und Höhlen geflüchteten Ketzer aufgespürt und zur Aburteilung in elenden Kerkern verwahrt. Da war es Clemens V. selbst, der solchen

[1]) Wenck, a.a.O. S. 68.

Greueln Einhalt zu tun versuchte, indem er auch Philipp zur Milde ermahnte und bei ihm wenigstens den Bürgern von Carcassonne, denen das schlimmste Schicksal zu drohen schien, Gnade auswirkte, freilich unter Auferlegung einer schweren Kontribution und Minderung ihrer kommunalen Freiheiten. Trotzdem griffen unter der zur Verzweiflung gebrachten Bevölkerung die Unruhen immer weiter um sich. Deshalb beauftragte Clemens V. am 13. März 1306 die Kardinäle Berengar von Frédol und Peter von Castello in Gemeinschaft mit dem berühmten Abt von Fontfroide, Arnold von Novelli, die Kerker der Inquisition in Carcassonne und Albi zu besichtigen und zu untersuchen, inwieweit die gegen die Inquisitoren und ihre Gehilfen, erhobenen Anklagen begründet seien. Das Ergebnis übertraf die schlimmsten Erwartungen. Allein in Carcassonne setzten die päpstlichen Kommissare vierzig widerrechtlich Gefangene in Freiheit, entfernten die unmenschlichen Wächter, denen die als Gefängnisse dienenden unterirdischen Gruben unterstellt waren, und erließen neue, mildere Vorschriften für die Behandlung der Gefangenen. Ähnliches wiederholte sich in Albi, wo man die Gefangenen mit Ketten belastet in engen Zellen ohne Licht und Luft vorfand. Dagegen blieb es bei der gemäß dem Recht der Inquisition erfolgten Einziehung des Vermögens der angeblichen Ketzer zugunsten des Königs, der dadurch beträchtlichen Gewinn machte. Abermals waren so der Inquisition wenigstens Schranken gezogen, diesmal jedoch nicht durch den König, sondern durch den Papst. Beider Stellung war demnach gegen früher eigentlich in ihr Gegenteil gewandelt. Was ließ sich demnach von dem noch durch politische Momente erhitzten Glaubenseifer des Königs erwarten, wenn unter diesen Umständen von seiten der Inquisition neue Anklagen auf Ketzerei erhoben wurden?

Inzwischen war auch der Prozeß gegen Bernard Délicieux, dessen Einleitung der König beim Papst beantragt hatte, in Gang gekommen, freilich mit der bei der Kurie üblichen Langsamkeit und mit einer Milde, die fast die Vermutung nahe legte, man nehme die gegen Bernard vorliegenden Anschuldigungen nicht schwer und habe mit der Instruktion des Verfahrens nur dem Andringen des Königs nachgegeben. Selbst die Gefangenschaft unter geistlicher Aufsicht, die über ihn verhängt war, gestaltete sich für Bernard ziemlich leicht. Vom November 1305 bis zum April 1307 folgte er dem päpstlichen Hofe auf seinen Reisen durch Südfrankreich, dann wurde er längere Zeit in einem Kloster verwahrt. Inzwischen erfolgte auf Grund der neuen Denunziation gegen den Templerorden und infolge der von dem Inquisitor an den König gerichteten Aufforderung nach langen Erwägungen im königlichen Rate am 13. Oktober 1307 die Verhaftung aller Templer in Frankreich. Bald danach wurde Bernard auf päpstlichen Befehl vom 25. November nach Poitiers geführt, wo Clemens V. sein Hoflager aufgeschlagen hatte und der Ankunft des Königs entgegensah zur Besprechung über die Angelegenheit des Ordens, gegen die jetzt alle anderen Fragen zurücktraten. Mit dieser ging nun die Sache Bernards parallel, wie sie mit ihr wohl auch nach der Auffassung Philipps innerlich zusammengehört haben dürfte. Aber während die Inquisition mit Hilfe der zu ihrer Verfügung gestellten königlichen Macht gegen die Templer ohne Rücksicht auf ihre kirchliche Ausnahmestellung mit äußerster Grausamkeit vorging, blieb das Verfahren gegen Bernard mild und schonend. Die mit der Untersuchung gegen ihn betrauten beiden Kardinäle erlaubten ihm sogar, sich frei im Lande zu bewegen, um die Beweise beschaffen zu können für die Anschuldigungen, die er öffentlich gegen die Inquisition erhoben hatte. Augenscheinlich war also damals die Stimmung am päpstlichen Hofe für diese nicht günstig: sonst würde man Bernard nicht in den Stand gesetzt haben, den von ihm verheißenen Nachweis dafür zu führen, daß dieselbe Unschuldige verurteilt habe. Auf seinen zu diesem Zweck unternommenen Reisen kam Bernard auch nach Chartres, wo der König gerade verweilte, bemühte sich aber vergebens, bei ihm Gehör zu finden. Dagegen sah er in Avignon Clemens V., der die ihm gewährte Freiheit der Bewegung auch nicht beschränkte. Ungehindert kehrte er dann in sein Kloster zurück. Seine Sache schien sogar eine noch günstigere Wendung zu nehmen, und die Hoffnungen der Gegner der Inquisition auf einen Erfolg wuchsen, als endlich am 23. Juli 1308 die Berufung als begründet anerkannt wurde, die der inzwischen verstorbene Jean de Picquigny gegen die über ihn verhängte Exkommunikation an den päpstlichen Hof gerichtet hatte. Das bedeutete eine Niederlage der Inquisition, blieb aber ohne die gehofften weiteren Folgen. Denn wie König Philipp, so war auch Clemens V. nur ein Gegner des Mißbrauchs der Inquisition, nicht ihr prinzipieller Widersacher: Auch er wollte nur ihren Ausschreitungen Einhalt tun, nicht das Institut als solches in Frage stellen. Auch er machte, indem er das tat, eigentlich nur der öffentlichen Meinung ein Zugeständnis, zumal seine friedliebende Natur so leidenschaftlichen Erörterungen widerstrebte, wie sie die Inquisition durch ihre Gewalttaten veranlaßt hatte. Deshalb mußte er bald in einen ähnlichen Widerspruch mit sich selbst geraten wie Philipp. Wo die Inquisition dem Interesse der Kirche, das sie in Südfrankreich durch ihren Übereifer schädigte, diente, ließ er sie gewähren und gebrauchte sie unbedenklich zur Herstellung seiner

Autorität. Das hatte er damals getan zur Ausrottung der Sekte der sogenannten Apostelbrüder unter Fra Dolcino in Oberitalien. Das Verdienst, welches sie sich dort um das Papsttum erworben hatte, sicherte die Inquisition gegen ein weiteres Einschreiten Clemens' V. wegen ihrer Ausschreitungen in Südfrankreich. So erklärt sich, daß der Papst in einem Erlaß vom 27. Juli 1308 die Kardinäle, die er mit der Untersuchung der Vorgänge in den albigensischen Gebieten beauftragt hatte, wegen ihrer zu großen Milde gegen die Ketzer tadelte, das Verfahren der Inquisition also mittelbar billigte und seine Urheber gegen ihre Widersacher in Schutz nahm. Damit war der Sieg der Inquisition entschieden.

Das weitere Schicksal des Bernard Délicieux selbst hat hier für uns kein Interesse: Er setzte sein Wanderleben noch längere Zeit fort und ist schließlich infolge des gegen ihn geführten kirchlichen Prozesses hinter Kerkermauern verschwunden und etwa 1320 gestorben. Infolge dieses zweimaligen Wechsels in der Stellung des Königs sowohl wie des Papstes zur Inquisition, der auf den Sieg der eine Zeitlang von beiden bekämpften extremen Richtung derselben hinauslief, fühlte sich die Inquisition ihrerseits vollends als Herrin der Lage und waltete ihres Amtes mit gesteigertem Eifer und größerer Rücksichtslosigkeit. Für Philipp aber ergab sich aus den Erfahrungen, die er mit seinen albigensischen Untertanen gemacht hatte, die Überzeugung von der Verwandtschaft zwischen Ketzerei und Hochverrat, und er war hinfort nur allzu geneigt, von den der Ketzerei Verdächtigen sich auch ähnlicher politischer Verirrungen zu versehen, wie deren Bernard Délicieux und seine Genossen sich schuldig gemacht hatten. Die Inquisition war für ihn nur ein politisches Institut. Wie wir seinen Charakter kennen, wird es von hier aus begreiflich, wenn er hinfort von der Inquisition erhobene Anklagen ernst und eifrig aufnahm und sich für verpflichtet hielt, ihr seine Macht zur Ausrottung der Ketzerei zur Verfügung zu stellen. Je größer ein der Ketzerei verdächtiger Kreis war, einen je fester geschlossenen Verband er bildete und über je größere Mittel er verfügte, um so näher lag für Philipp jetzt die Befürchtung, die der Auflehnung gegen das Gebot der Kirche Schuldigen würden unter Umständen auch ihm den Gehorsam verweigern und politisch gefährlich werden.

Bei einer solchen Disposition des Königs hat es nichts Überraschendes, wenn eine Denunziation gegen den Templerorden trotz des freundschaftlichen Verhältnisses, in dem er seit Jahren zu diesem stand, bei ihm auf fruchtbaren Boden fiel. Als berufener Beschützer des rechten Glaubens und als Hüter des nationalen Staates mußte er sich durch sie verpflichtet fühlen, gerade in diesem Fall der ihn zu Hilfe rufenden Inquisition den verlangten Dienst zu leisten. Handelte es sich doch um einen Gegner, dessen habhaft zu werden die gewöhnlichen Mittel der Inquisition nicht ausreichten und die Einleitung einer Aktion ohne ausreichend starke Macht größere Gefahren heraufbeschworen haben würde, als in Südfrankreich durch die Agitation des Bernard Délicieux und seiner Genossen veranlaßt worden waren. Die Anklage auf Ketzerei war erhoben gegen eine Genossenschaft, die kirchlich eine in ihrer Art einzige Ausnahmestellung einnahm und die in allen Staaten des Abendlandes reich begütert und hoch angesehen war, reicher und angesehener aber noch als sonst irgendwo gerade in Frankreich selbst, wo die ihr Zugehörigen nach Zehntausenden gezählt haben müssen. Trotz der Bedenken, die wegen der kirchlichen Ausnahmestellung der Templer gegen das Vorgehen der Inquisition erhoben werden konnten, mußte Philipp sich sagen, daß es sich hier darum handelte, entweder alles zu tun oder gar nichts. Halbe Maßregeln, worauf die Einleitung eines Verfahrens hinausgelaufen wäre, das nachher nicht zu den äußersten Konsequenzen führte, sondern aus irgend einem Grunde auf halbem Wege einhielt und den Orden fortbestehen ließ, hätten ihre Urheber und Beförderer der Todfeindschaft desselben und seiner zahlreichen Anhänger ausgesetzt. Man stand vor einer wichtigen Entscheidung: Griff man die Sache überhaupt auf, so war ein Einhalten und ein Zurückgehen nicht mehr möglich. Vielmehr traf man damit gleich jetzt die prinzipielle Entscheidung dahin, daß ein Fernerbestand des Ordens in der bisherigen Gestalt nicht geduldet werden könne. Im Rate des Königs wird gerade diese Seite der Sache Gegenstand ernster Erwägungen gewesen sein. Dafür spricht die Angabe, Monate seine vergangen, ehe man zu einem Entschlusse kam.[1]) Den Bedenken gegenüber, die gegen das Wagnis eines Einschreitens gegen den Orden geltend gemacht werden konnten, ließen sich genug Momente anführen, welche für ein schnelles Benutzen der günstigen Gelegenheit sprachen. Die Feindseligkeit der öffentlichen Meinung gegen den Orden dürfte dabei besonders ins Gewicht gefallen sein. In der nächsten Umgebung des Königs hatte Pierre Dubois, der die Aufhebung des Ordens verlangte, eine einflußreiche Stimme. So wirkte alles zusammen, um die Entscheidung dahin fallen zu lassen, daß man dem Verlangen der Inquisition, welches sich auf die Denunziation des selbst der königlichen Dienerschaft angehörigen Squin von Floyrac gründete, nachzugeben beschloß. Es war das das Ergebnis aus der gesamten geistigen Disposition der Zeit, deren Wir-

[1]) Wenck, a.a.O. S. 68.

kung auf Philipp durch persönliche Momente gesteigert wurde. Unter diesen haben, wie es ja auch sonst bei den historisch wichtigsten Entscheidungen gelegentlich geht, recht unscheinbare Vorgänge mitgewirkt, welche nur durch die besonderen Umstände, unter denen sie eintraten, Bedeutung erlangten, so daß sie gleichsam den übervollen Becher zum Überlaufen brachten. Waren bei Philipp noch Zweifel vorhanden, ob er den Schritt tun sollte, der unter keinen Umständen zurückgetan werden konnte, so konnten an sich unwesentliche Zwischenfälle von entscheidender Wichtigkeit werden, die ihn eine gesteigerte Feindseligkeit von seiten des Ordens befürchten ließen und in der Meinung bestärkten, daß er von dessen Oberen ein Eingehen auf seine Kreuzzugspläne nicht zu gewärtigen habe, wohl aber sonst allerlei Hinderung besorgen müsse. Von hier aus erhalten einige Züge der Überlieferung, die auf den ersten Blick anekdotenhaft erscheinen, eine größere Bedeutung: richtig in den Zusammenhang der Dinge eingefügt, beleuchten sie ihn heller und geben ihm größere Geschlossenheit und Folgerichtigkeit. Dahin gehört einmal die Art, wie die Denunziation gegen den Orden an Philipp gelangte, und dann ein Vorgang, welcher nicht bloß beim König, sondern auch bei Clemens V. Verstimmung gegen Jakob von Molay hervorrufen mußte.

Den Anlaß zum Einschreiten gegen den Orden, das zu seiner Auflösung führte, hat die Denunziation gegeben, als deren Träger in der Überlieferung der in Béziers heimische Squin von Floyrac erscheint. Daß es sich dabei, was bisher die meisten nicht haben anerkennen wollen, um eine historische Persönlichkeit handelt, ist neuerdings erwiesen worden. Wir kennen den Träger dieses Namens nunmehr als einen Diener Philipps IV. und wissen, daß er aus dem ihm zufällig bekannt gewordenen Geheimnis der Templer bereits früher an einer anderen Stelle materiellen Gewinn herauszuschlagen versucht hatte. Den Eindruck, den seine Mitteilungen hervorriefen, wird man begreifen, wenn man erwägt, daß ähnliche Angaben um die gleiche Zeit noch an anderen Stellen gemacht waren und, wie es scheint, diesen Anlaß gegeben hatten, der Sache, welche die öffentliche Meinung ohnehin lebhaft beschäftigte, in der Stille ernstlicher nachzugehen. Eine Denunziation ähnlicher Art war bei König Eduard II. von England eingelaufen, als deren Ausgangspunkt dieser Agen in der Gascogne bezeichnet. Ferner soll Jakob von Molay, als er dem Ruf des Papstes folgend nach Frankreich kam, bei der Landung die geheime Mitteilung erhalten haben, der Orden sei bei König und Papst schwer verklagt und es lägen ihn belastende Bekenntnisse vor.[1]) Weiter

[1]) Prutz, a.a.O. S. 136.

geht aus einer im Prozeß gemachten Aussage hervor, daß ein Ordensbruder schon zu Ende des Jahres 1305 oder zu Anfang 1306 vor dem Inquisitor ein Geständnis von den dem Orden schuld gegebenen Verirrungen abgelegt habe. Clemens V. selbst aber hat aus Anlaß von Enthüllungen, die ein ehemaliger Templer, Elisian von Mondragone, bereits Bonifaz VIII. gemacht hatte, Kenntnis erhalten von in dem Orden herrschenden anstößigen Gebräuchen – eine urkundlich erwiesene Tatsache, welche auch für die Frage nach der Schuld des Ordens entscheidend ins Gewicht fällt, zugleich aber auch die Schuld unwiderleglich erweist, welche die höchste kirchliche Autorität durch ihr Schweigen zu ihr bekannten skandalösen Vorgängen auf sich geladen hat. Die Sache liegt folgendermaßen:

Am 13. April 1302 richtet Bonifaz VIII. an den Prior und die Brüder des Hospitaliterhauses zu Barletta ein Schreiben, durch das er den Überbringer, den Ritter Elisian von Mondragone, an sie empfiehlt, damit sie ihn mit der dem päpstlichen Stuhl schuldigen Ehrfurcht aufnehmen und als Bruder in Eintracht und Liebe bei sich leben lassen.[1]) Was es mit dieser Empfehlung, die einem Befehl ziemlich gleichkam, und mit dem Manne, zu dessen Gunsten sie erging, für eine besondere Bewandtnis hatte, läßt das Schreiben nicht ahnen, erfahren wir aber aus einem Erlaß Clemens' V. vom 13. April 1308.[2]) Durch denselben wird nämlich bestätigt, was in betreff des Elisian von Mondragone früher der nachmalige Kardinal Gentilis von Montefiore einst als Beichtvater Bonifaz' VIII. mit dessen Zustimmung angeordnet hatte. Danach war der genannte Ritter dem Templerorden beigetreten, hatte aber dort so unerträgliche und unerhörte Beleidigungen und Belästigungen erfahren, daß er sich alsbald überzeugte, für sein Seelenheil sei da nichts zu gewinnen. Er war deshalb nach reiflicher Überlegung eigenmächtig wieder ausgeschieden, obgleich der infolgedessen als Abtrünniger dem Banne verfiel. Er hatte sich, augenscheinlich in seinem Gewissen schwer beunruhigt und nach einem Ausweg aus solchem Wirrsal suchend, an den päpstlichen Hof begeben und war dort „wie ein Landstreicher" drei Jahre geblieben. Schließlich hatte er in dem päpstlichen Beichtvater Gentilis von Montefiore, dem späteren Kardinal vom Titel des heiligen Martin in Montibus, einen Tröster und Helfer gefunden, der ihn mit ausdrücklicher Billigung Bonifaz' VIII. selbst in die Gemeinschaft der Kirche wieder aufnahm und ihm die Erlaubnis gab zu einem anderen kirchlich approbierten Orden

[1]) *Cartulaire,* Nr. 4561 (IV, S. 29).
[2]) Ebd. Nr. 4795 (IV, S. 171).

überzutreten. Er hatte den der Hospitaliter gewählt und war von diesen infolge der ihm zur Seite stehenden päpstlichen Empfehlung auch aufgenommen und in dem Konvent zu Barletta zur Ablegung des Professes zugelassen worden. Wenn Elisian von Mondragone bis zu dieser Entscheidung als Bittsteller und Hilfe in seiner Gewissensangst suchend drei Jahre am päpstlichen Hofe verweilt hatte, muß er zu Anfang des Jahrs 1209 dorthin gekommen sein. Dadurch bestimmt sich auch die Zeit seiner Flucht aus dem Templerorden.

Diesen beiden Schriftstücken gegenüber kann an der Richtigkeit der späterhin gegen den Orden erhobenen Beschuldigungen im Ernst doch nicht mehr gezweifelt werden, zumal ähnliche Dinge, wie Elisian von Mondragone sie mit Entsetzen dort zu erleben gehabt hatte, nach den vorliegenden Aussagen auch noch vielen anderen begegnet sind, nur daß diesen das empfindliche Gewissen und der sittliche Mut abgingen, um so zu handeln, wie jener es getan hatte. So knapp jene beiden päpstlichen Schreiben gefaßt sind und so streng sie sich an die kanzleimäßigen Formalien halten, so anschaulich ist doch das Bild, das wir daraus von dem Schicksal derjenigen gewinnen, die unter dem weißen Mantel mit dem roten Kreuz wirklich allen Ernstes ihr Seelenheil suchten und sich dann durch das, was sie dort fanden, um alle Hoffnungen betrogen und in ihren heiligsten Gefühlen tief verletzt sahen.[1]) Bei dem Einfluß des Ordens an der Kurie und der Art, wie er ihn, wenn nötig, geltend machte, ist es einem solchen sicherlich nicht leicht geworden, sich Gehör zu verschaffen und Erleichterung seines Gewissens zu erlangen. Auch Elisian von Mondragone hat erst nach dreijährigem Bemühen und auch dann nur auf einem nicht eigentlich offiziellen, sondern sozusagen nur privaten Ausweg das ersehnte Ziel erreicht: Dem Beichtvater des Papstes, der sich seiner annahm, verdankte er die Hilfe, nicht einem Eingehen der berufenen kirchlichen Instanzen auf das, was sich aus seinen Erlebnissen über die im Orden herrschenden Zustände und Bräuche ergeben haben muß; vielmehr wird die Sache, so wichtig sie für die Kirche war, wiederum vertuscht und tot gemacht. Fast noch bezeichnender aber für die Haltung der Kurie gegenüber dem Geheimnis des Ordens, das für sie nach alledem längst kein Geheimnis mehr gewesen sein kann, ist es nun, daß jene in aller Heimlichkeit getroffene Entscheidung in Sachen des ehemaligen Templers und nunmehrigen Hospitaliters Elisian von Mondragone

[1]) Man vergleiche hierzu auch die Zeugenaussage bei Dupuy, *Traités* usw., S. 17, wonach etliche Templer die im Orden notgedrungen begangenen Verfehlungen im Jubiläumsjahr 1300 in Rom gebeichtet und dafür Absolution erteilt haben wollen.

von Clemens V. gerade um die Zeit wiederholt und feierlich bestätigt wird, wo infolge der von einer anderen Seite her und an eine andere Adresse ergangenen neuen Denunziation gegen den Orden die Dinge endlich ins Rollen gekommen waren und die Kurie kein Mittel mehr hatte, sie aufzuhalten, gerade in den Tagen, wo der Papst zu Poitiers die Ankunft des französischen Königs erwartete zur Besprechung über die Angelegenheit der Templer, die durch das energische Vorgehen jenes mit einem Male zu höchster Wichtigkeit erhoben war. Man gewinnt da doch den Eindruck, als ob so dafür gesorgt werden sollte, daß nicht etwa auf Grund des Falles des Elisian von Mondragone der allzu langmütigen Kurie bewiesen werden könnte, sie habe von den Vorgängen im Orden seit Jahren Kenntnis gehabt, sei aber trotzdem nicht dagegen eingeschritten. Auch würde man es begreifen, wenn im Hinblick auf das in Frankreich gegen die Templer begonnene und demnächst überall nachzuahmende Verfahren Elisian von Mondragone als ehemaliger Templer in die Untersuchung verflochten zu werden gefürchtet hätte und sich zur Sicherung dagegen vom Papste hätte attestieren lassen, daß er mit dem Orden niemals wirkliche Gemeinschaft gehabt und, was er dort gesehen, verabscheut und verdammt habe. Wenn übrigens Clemens V. am Schluß seines Erlasses dem Elisian von Mondragone ausdrücklich die Erlaubnis erteilt, den päpstlichen Hof zu verlassen, so muß er damals doch wiederum dort verweilt haben: Sollte er etwa dorthin berufen sein, um aus Anlaß des in Frankreich gegen die Templer eingeleiteten Verfahrens nochmals über das unter der Hand verhört zu werden, was er einst im Orden erlebt hatte?[1]) Der Vorgang wird noch in eine besondere Beleuchtung gerückt durch die Tatsache, daß unlängst ein ganz ähnlicher sich am Hofe Clemens' V. abgespielt hatte, infolgedessen der neue Papst auch seinerseits auf das anstößige Geheimnis des Ordens hingewiesen sein konnte. In dem Prozeß vor den päpstlichen Kommissaren sagt der Templer Radulf von Gisi, dienender Bruder, aber Präzeptor des Ordenshauses zu Latigny-le-Sec, aus, um die Zeit der Krönung Clemens' V. zu Lyon habe er dessen Generalpönitentiar, dem Minoriten Johann von Dijon, seine Erlebnisse bei der Aufnahme in den Orden gebeichtet: dieser habe, entsetzt über das Gehörte, ihn absolviert, ihm

[1]) Daß derartige private Nachforschungen durch Clemens V. selbst angestellt wurden, lehrt die Notiz bei Dupuy, a.a.O. S. 11, wonach der Papst in einem Konsistorium der Kardinäle mitgeteilt hat, einer seiner dem Orden angehörigen Diener habe ihm freiwillig in Gegenwart seines Vetters, des Kardinals Raimund d'Agout, die Richtigkeit der gegen den Orden erhobenen Anschuldigungen bekannt.

aber die Verpflichtung auferlegt, auf die Abschaffung der Mißbräuche hinzuarbeiten; auch habe er infolgedessen mit Hugo de Peraud, dem Generalvisitator von Frankreich, deshalb Rücksprache genommen und dieser ihm zugesagt, die Sache bei Jakob von Molay gleich nach dessen bevorstehender Ankunft zur Sprache zu bringen.

Nach alledem stand der Vorgang, der den Namen des Squin von Floyrac auf die Nachwelt gebracht hat, nicht vereinzelt da, hat aber vor anderen ähnlichen voraus gehabt, daß durch ihn auch gleich Beweismaterial erbracht wurde, welches das bisher beliebte Vertuschen der Sache auch den Gönnern des Ordens unmöglich machte.

In dem Prozeß wird ein Esquin de Floyrac unter den „Verrätern" des Ordens genannt,[1]) d. h. den Leuten, welche ihn denunziert und dem Inquisitor Wilhelm Imbert, dem Vorsteher der Pariser Dominikaner, die Möglichkeit gegeben haben, einigen Templern auf der Folter die Anklage bestätigende Bekenntnisse abzupressen und auf Grund derselben das Verfahren gegen den Orden als solchen einzuleiten. Es kann nicht bezweifelt werden, daß dieser Esquin de Floyrac identisch ist mit dem Squin de Floriano, einem Bürger von Béziers, der von einem der Biographen Clemens' V., Amalrich Augier, als Urheber des Templerprozesses genannt wird.[2]) Da Amalrich Augier, wenn er auch erst ein Menschenalter später schrieb, selbst aus Béziers stammte, seine Angabe also sicherlich auf Grund einer dort erhaltenen lokalen Tradition gemacht hat, ist dieser besondere Autorität beizumessen. Dahingestellt mag bleiben, ob sein Bericht über die Art, wie der Denunziant zur Kenntnis des templerischen Geheimnisses gekommen sein soll, den Tatsachen entspricht. Danach hätte er die Haft eines entlaufenen und zum Tode verurteilten Templers in einer königlichen Burg in der Grafschaft Toulouse geteilt und von diesem die betreffende Mitteilung erhalten. Vielleicht aber hat er nur die Rolle des Spitzels gespielt, um hinter eine Sache zu kommen, über die im Volksmund bedenkliche Reden umliefen. Dafür, daß dieser Ankläger des Ordens eine historische Person ist, fällt ins Gewicht auch seine Benennung nach einem Orte – Florac oder Floirac –, der noch heute im Departement Lozère in der Gegend von Béziers vorhanden ist.[3]) Vollends sichergestellt aber ist er als historisch durch die neuerdings erfolgte Auffindung eines von ihm selbst herrührenden Schreibens in Sachen des Templerprozesses an König Jakob II.

---

[1]) *Procès I*, S. 36.

[2]) Vgl. Prutz, a.a.O. S. 245.

[3]) *Cartulaire I*, S. II, Anm. 17.

von Aragonien im Archiv zu Barcelona.[1]) Aus diesem geht hervor, daß Squin von Floyrac, der sich als Diener Philipps IV. bezeichnet und dessen augenscheinlich untergeordnete Stellung aus seinem höchst ungelenken und fehlerhaften Latein erhellt, von dem, was er über die im Orden herrschenden Gebräuche in Erfahrung gebracht hatte, bereits früher Jakob II. in Lerida Mitteilung gemacht, damit aber nicht den gewünschten Erfolg gehabt hatte. Jakob hatte ihm nicht geglaubt, wie er ja auch noch auf die Nachricht von der Niederwerfung des Ordens in Frankreich zunächst meinte, Philipp sei ein Opfer seiner Leichtgläubigkeit geworden. Trotzdem ging er auf die Absichten des Denunzianten so weit ein, daß er ihm für den Fall, daß seine Angaben als wahr erwiesen würden, eine Belohnung zusicherte, nämlich eine größere Summe in bar und die Versorgung durch eine Jahresrente von 1000 Mark, die auf ehemalige Templergüter angewiesen werden sollte. In jenem Schreiben verlangt Squin die Erfüllung dieses Versprechens, nachdem inzwischen auf Grund seiner Mitteilung an Philipp IV., der größeren Eifer gezeigt habe als der Aragonier, die Richtigkeit seiner Angaben erwiesen sei. Danach also steht durch seine eigenen Aussagen fest, daß Squin von Floyrac, was er über den Orden in Erfahrung gebracht hatte, zunächst Jakob II. von Aragonien mitgeteilt hat und dann erst mit Philipp IV. in Verbindung getreten ist. Bemerkenswert ist dabei, daß der ebenfalls im Rufe besonderen Glaubenseifers stehende Aragonier die Sache zwar nicht selbst aufgenommen, aber sich doch augenscheinlich der dadurch eröffneten Aussicht gefreut hat, bei der zu erwartenden Aufhebung des Ordens aus dessen Landbesitz bereichert zu werden. Hätte er das nicht gehofft, so würde er nicht schon jetzt dem Denunzianten eine Belohnung aus den Ordensgütern zugesichert haben. Es stimmt dazu auch die Haltung, die er nachher dem Papst gegenüber bei den Verhandlungen über das Schicksal der Ordensgüter beobachtet hat.[2])

Durch diesen Squin von Floyrac also hat Philipp IV. von dem Geheimnis des Ordens in einer Weise Kenntnis erhalten, die an der Glaubwürdigkeit der gemachten Mitteilungen kaum noch einen Zweifel ließ, mochte es zunächst auch noch fraglich bleiben, ob es sich um Verirrungen einzelner Templer oder solche des Ordens handelte. Erinnert man sich nun dessen, was Philipp eben mit einem Teil seiner südfranzösischen Untertanen erlebt, und des Antriebs, den sein Glaubenseifer dadurch empfangen hatte, so wird man es nur natürlich finden,

[1]) Vgl. Finke, Zur Charakteristik Philipps des Schönen: Mitteilungen des Instituts für österreich. Geschichtsforschung, Bd. 26 (1905), S. 213/14.

[2]) Prutz, a.a.O. S. 209ff.

daß er die Sache lebhaft aufgriff. Er fühlte sich in seinem Gewissen gedrungen, zu ihrer Klarlegung die Hand zu bieten, und zwar um so mehr, als die für ihn feststehende innere Verwandtschaft zwischen Ketzerei und politischer Unzuverlässigkeit bei der Stellung, die der Orden in Frankreich einnahm, unter Umständen Verwickelungen herbeiführen konnte. Um so mehr hat er die Entscheidung ernst und gründlich vorbereitet. Auch hat er von den gegen den Orden erhobenen Beschuldigungen Clemens V. in Kenntnis gesetzt, bei diesem auch Entgegenkommen und die Bereitwilligkeit gefunden, eine Untersuchung einzuleiten.

Vermutlich aber hat auf seine Haltung auch die eben gewonnene Erkenntnis eingewirkt, daß sein Verhältnis zu dem Orden nicht mehr das alte sei, sondern daß er von dem wachsenden Einfluß des Hochmeisters Jakob von Molay einen ungünstigen Wandel desselben zu erwarten habe. Im Gegensatz zu der intimen Verbindung, in der er während der letzten Jahre mit Hugo de Peraud, dem Visitator des Ordens für Frankreich, und Jean de Tour, dem Schatzmeister des Pariser Tempels gestanden hatte, mußte er bei Molay eine weniger freundliche Gesinnung voraussetzen, die gerade auf seine Kreuzzugspläne sehr nachteilig einwirken konnte. Auch die Kenntnis dieser Vorgänge verdanken wir dem dem Orden selbst angehörigen Verfasser der *Gestes des Chiprois.*[1]) Man hat dessen Angaben bisher als unglaubhaft teils nicht beachtet, teils ausdrücklich verworfen. Daß er selbst aber ihnen besonderes Gewicht beilegt und sie als tatsächlich begründet ansieht, geht schon aus der Art hervor, wie er andere Angaben, die er im Zusammenhang damit macht, bestimmt als solche bezeichnet, für die er, weit von dem Schauplatz der Ereignisse entfernt, eine Bürgschaft nicht übernehmen könne. Zudem handelt es sich um Vorgänge, über die ihrer Natur nach und im Hinblick auf die Bedeutung, die ihnen für das Schicksal des Ordens zugeschrieben wird, im Orden selbst eine zuverlässige Tradition wohl erhalten sein konnte.

Der Verfasser der *Gestes des Chiprois,* der sich sonst jeder näheren Angabe über die Ursachen der Katastrophe seines Ordens enthält, erzählt als einen Vorgang, der dem Orden jedenfalls nachteilig geworden ist, den folgenden. „Meister Jakob von Molay, sagt er, betrug sich jenseits des Meeres – d. h. im Abendlande – knauserig, wie er überhaupt grundlos geizig war. Beim Papst fand er scheinbar sehr günstige Aufnahme. Als er sich dann aber in Paris aufhielt, forderte er von dem Schatzmeister des Tempels Rechnungslegung. Sie ergab, daß der Schatzmeister dem König von Frankreich eine große Summe, angeblich

---

[1]) Vgl. oben S. 234.

400000 Goldgulden, geliehen hatte. Darüber zürnte er sehr und nahm dem Schatzmeister deshalb das Gewand, stieß ihn aus dem Orden aus. Dieser ging zum König, der sehr entrüstet darüber war, daß ihm das Gewand genommen worden war. Er schickte einen seiner Großen zum Hochmeister mit der Bitte, ihm zuliebe möge er jenem das Gewand zurückgeben, da er alles, was er dem Orden schulde, zurückerstatten werde. Der Meister wollte das jedoch nicht tun und erklärte noch dazu, auf die Bitte eines Mannes wie der König von Frankreich brauche er nicht zu hören. Als der König dies vernahm, ließ er den Papst ersuchen, er möge seinerseits den Ordensmeister bitten, daß er die gegen den Schatzmeister verhängte Strafe zurücknehme. Der letztere brachte selbst das päpstliche Schreiben zu Jakob von Molay. Aber auch jetzt weigerte sich dieser, und manche sagen sogar, er habe den Brief des Papstes in das Kaminfeuer geworden. Der König war sehr erzürnt, und der Papst ließ einige Tage später den Meister aus Paris zu sich kommen und verlangte von ihm, er möge ihm die Ordensregel geschrieben geben. Dies geschah. Infolgedessen sprach man unter den Leuten allerlei vom Templerorden, so daß ich nicht weiß, was ich als wahr aufschreiben soll. Nur das, was an die Öffentlichkeit gekommen ist, kann ich aufzeichnen. Nachher sagte man, die Abschrift der Regel sei von gelehrten Geistlichen geprüft und der Orden aufgelöst, in Paris aber seien 37 Templer verbrannt worden."

Diese Erzählung des ruhigen und besonnenen Verfassers der *Gestes des Chiprois* hat zunächst jedenfalls insofern Wert, als sie die Anschauungen erkennen läßt, die in den von der Katastrophe nicht unmittelbar getroffenen Kreisen des Ordens herrschten, und die Art wiederspiegelt, in der man da über Jakob von Molay urteilte: Sein unkluges Benehmen machte man wenigstens zu einem Teil für das Geschehene verantwortlich. Dazu stimmt nun im wesentlichen das Bild, das wir aus dem Prozeß von dem letzten Templermeister gewinnen.[1]) Sein Verhalten, in mehr als einer Hinsicht unklar und widerspruchsvoll, läßt Offenheit und Freimut vermissen, wie sie aus dem Glauben an das gute Recht der vertretenen Sache und der Überzeugung von der Grundlosigkeit der erhobenen Anklage hätten entspringen müssen. Wenn er dem König von Frankreich ein Zugeständnis, wie dieser es von ihm erbat, nicht machen zu brauchen glaubte und ein Schreiben des Papstes den Flammen übergab, so stimmt das zu dem Rufe herausfordernden Übermutes, der dem Orden im allgemeinen anhaftete. Selbst wenn diese anekdotenhaften Züge unhistorisch sein sollten, hätten sie für uns insofern Wert, als wir

[1]) Vgl. Prutz, a.a.O. S. 191 ff.

daraus entnehmen, wessen man im Orden selbst sich von Molay versehen zu können meinte. Die Glaubwürdigkeit des Berichtes aber wird nun dadurch wesentlich gesteigert, daß die in seinem Mittelpunkt stehende Absetzung und Ausstoßung des Schatzmeisters des Pariser Tempels durch Molay offenbar eine Tatsache ist.

Wenn noch Delisle[1]) den Bericht als Fabel verworfen hat, so übersah er einige wichtige Momente. Zunächst nämlich kannte er ihn bloß aus der cyperischen Chronik des Venetianers Amadi, der erst zu Anfang des 15. Jahrhunderts schrieb. In diese aber ist die Erzählung aus den neuerdings erst bekannt gewordenen *Gestes des Chiprois* übergegangen, die Amadi als Quelle benutzt hat. Seit wir wissen, daß diese von einem Glied des Ordens herrühren, welches als Zeitgenosse und im ganzen wohlunterrichtet schreibt, wird man den Wert der Erzählung doch höher einschätzen. Der Schatzmeister des Pariser Tempels, um den es sich allein handeln kann, ist nun auch noch nachweisbar, und zwar unter Umständen, welche mit den von dem Berichterstatter gemachten Angaben überraschend im Einklang stehen.

Der langjährige Vorsteher des Pariser Ordensschatzes, Jean de Tour, den wir als Vertrauten Philipps IV. kennen gelernt haben und der namentlich bei den Verhandlungen über die Amortisierung der neuen Erwerbungen des Ordens eine hervorragende Rolle gespielt hatte,[2]) kommt hier nicht mehr in Frage. Er ist jedenfalls vor der Katastrophe vom 13. Oktober 1307, wahrscheinlich bereits 1303, gestorben. Sein Grab ist nach dem Untergang des Ordens von dem wütenden Pöbel zerstört worden, der seine Gebeine wie die eines überführten Ketzers noch nachträglich den Flammen preisgab[3]) – ein Vorgang, der von neuem die Erbitterung erkennen läßt, die in weiten Kreisen gegen die Templer herrschte. Sie mag in diesem Falle gesteigert worden sein durch die Erinnerung an die Beihilfe, die Jean de Tour, in dessen Händen ja auch die Verwaltung der königlichen Finanzen lag, den anstößigen Maßregeln geleistet haben wird, durch die Philipp von Zeit zu Zeit seinem Volke Geld zur Füllung seiner leeren Kassen abzupressen wußte. Sein Nachfolger aber als Schatzmeister des Pariser Tempels war ein Ordensbruder gleichen Namens, Jean de Tour der jüngere, vermutlich sein Neffe, der sich unter ihm in der Verwaltung des Ordensschatzes in die Höhe gedient hatte. Er erscheint im Prozeß, und zwar wird er in dem Protokoll über das mit ihm angestellte Verhör ausdrücklich als „ehemaliger"

[1]) Delisle, *Les opérations financières des Templiers,* S. 72.

[2]) Vgl. oben S. 381 ff., 438.

[3]) Delisle, a.a.O. S. 63.

Schatzmeister des Pariser Tempels bezeichnet, während die Ordensbeamten sonst, da der Orden damals ja noch zu recht bestand und sie demnach auch noch im rechtmäßigen Besitz ihres Amtes waren, regelmäßig mit dem ihnen danach gebührenden Titel und Rang bezeichnet werden. Das ist sicherlich kein Zufall, sondern hat seinen guten Grund. Tatsächlich war der jüngere Jean de Tour damals nicht mehr Schatzmeister, hatte vielmehr sein Amt bereits vor dem Einschreiten gegen den Orden eingebüßt, aber im Dienst des ihm offenbar ebenfalls geneigten Königs eine seiner bisherigen Tätigkeit entsprechende anderweitige Verwendung gefunden. Er ist nämlich nicht gleich am 13. Oktober 1307 mit den übrigen Templern im Pariser Haupthause gefangen genommen, befand sich vielmehr damals in Rouen, wo er mit den königlichen Beamten die Herbstabrechnung des Schatzamtes der Normandie entgegennahm. Dort wurde er, wie die auf uns gekommenen Eintragungen in die Rechnung des Schatzamtes beweisen, verhaftet und unter dem Geleit eines von Paris entsandten Gerichtsdieners und etlicher Gewaffneter nach der Hauptstadt geführt, um vor dem Inquisitor verhört zu werden.[1]) Angesichts dieser durch einen glücklichen Zufall für uns sicher beglaubigten Tatsache gewinnen die Angaben des Templers von Tours, der die *Gestes des Chiprois* fortsetzte, eine höhere Bedeutung, als man ihnen bisher hat beimessen wollen. Offenbar hat damals wirklich ein Konflikt zwischen Philipp und Jakob von Molay bestanden, veranlaßt durch die von letzterem verfügte Absetzung des Schatzmeisters des Pariser Tempels. Der Grund für diese kann sehr wohl in der allzu großen Dienstwilligkeit gelegen haben, die der jüngere Jean de Tour dem geldbedürftigen König erwiesen hatte. In der Gewährung eines solchen Darlehens an sich aber lag nichts Auffälliges, vielmehr hätte sie den engen Beziehungen entsprochen, die zwischen dem Ordensschatz und dem Schatz des Königs bestanden. Geschäfte dieser Art sind oft genug zwischen beiden vollzogen worden, wie der Vorsteher des Ordensschatzes ja geradezu der Vertrauensmann des Königs war und in manchen Stücken fast wie ein königlicher Beamter, zuweilen geradezu als Finanzminister erscheinen konnte Wenn also Jakob von Molay an der Anleihe so schweren Anstoß nahm, die Jean de Tour dem König bewilligt hatte, so muß der Grund dafür doch anderwärts gelegen haben, entweder in der Höhe der geliehenen Summe oder in dem Zeitpunkt, wo das Geld vorgeschossen wurde, oder in der Vernachlässigung der Maßregeln, die bei so großen Geschäften zur Sicherung des Ordens auch dem König gegenüber geboten waren. Uns für eine von diesen Möglichkeiten zu

[1]) Delisle, a.a.O. S. 72.

entscheiden, bietet die Überlieferung keinen Anhalt. Jedenfalls aber ergibt sich aus alledem, daß die Beziehungen des Königs zum Orden, die während der letzten Jahre besonders freundschaftlich gewesen waren, damals bereits erschüttert waren, und zwar dem Anschein nach durch die veränderte Haltung des Ordensmeisters. War dieser von dem Geist erfüllt, den der Bericht der *Gestes des Chiprois* bei ihm erkennen läßt, so begreift man, daß auch bei Philipp Mißtrauen gegen den Orden Wurzel schlug und sein Verhalten gegenüber der Denunziation gegen denselben entscheidend beeinflußte.

Es war also das Zusammentreffen sehr verschiedenartiger Momente allgemeiner und besonderer, kirchlicher und weltlicher, sachlicher und persönlicher Natur, was nach langen Monaten des Schwankens bei Philipp den Entschluß reifen ließ, dem Andringen des Inquisitors Wilhelm Imbert nachzugeben und ohne Rücksicht auf die von Clemens V. in Aussicht gestellte Untersuchung die weltliche Gewalt der Inquisition zur Verfügung zu stellen und ihr sämtliche Ordensbrüder in Frankreich auszuliefern. Daß nach dem, was er unlängst mit Jakob von Molay erlebt hatte, bei Philipp neben dem Glaubenseifer, in dem er einer Pflicht genügen zu müssen meinte, vielleicht auch eine gewisse Sorge dabei mitwirkte vor den möglichen weiteren Absichten Molays, namentlich im Hinblick auf die Rüstungen zu einem Unternehmen im Osten, wird vollends wahrscheinlich gemacht durch die Streitigkeiten, die bald danach darüber zwischen dem König und den Hospitalitern entbrannten.[1]) War aber der Schritt, den Philipp tat, überhaupt nur möglich, wenn für ihn von vornherein feststand, daß die Konsequenzen daraus in jedem Falle bis zur letzten gezogen würden, da er sonst in dem Orden einen unversöhnlichen Gegner gehabt haben würde, so wird man doch annehmen müssen, daß neben allen anderen Motiven auch die Aussicht auf den zu machenden Gewinn mitgewirkt hat. Wie groß derselbe werden würde, hatten die Verhandlungen über die Amortisierung der Ordensgüter und die damals von diesen aufgenommenen Inventarien gezeigt. So erging am 14. September 1307 der geheime Befehl an alle königlichen Beamten, und am 13. Oktober erfolgte in ganz Frankreich die Verhaftung aller Templer und die Beschlagnahme aller Ordensgüter. Am 19. Oktober begann in Paris unter Wilhelm Imbert die Instruktion des Inquisitionsprozesses gegen die dort zusammengebrachten 138 Templer.

Den Gang des Prozesses, der sich nacheinander in den drei Stadien des eigentlichen Inquisitionsprozesses, der auf päpstlichen Befehl von den Bischöfen in ihren Sprengeln geführten Untersuchung und

[1]) Vgl. oben S. 469.

endlich des Verfahrens vor einer besonderen päpstlichen Kommission während der nächsten Jahre mit ermüdender Langsamkeit abgespielt hat, hier im einzelnen zu verfolgen, liegt kein Anlaß vor. Er ist neuerdings wiederholt der Gegenstand eingehender Untersuchung gewesen und steht nach seinen äußeren Momenten in einem klaren und bestimmten Bilde vor uns. Die Schwierigkeiten und die Meinungsverschiedenheiten beginnen erst, wenn es gilt, den inneren Zusammenhang aufzudecken und die Beweggründe und Absichten der daran beteiligten Personen in ihrer Einwirkung auf seinen Verlauf nachzuweisen. Wenn aber auf diesem Gebiete die Meinungen ehemals so weit auseinandergingen, daß ein Ausgleich kaum zu erhoffen schien, so ist das durch die Forschungen, die während des letzten Menschenalters diesem ebenso schwierigen wie anziehenden Problem zugewandt sind, doch wesentlich besser geworden. Hatte einst Ranke ernstlich zweifeln können, ob es überhaupt möglich sein würde, in ein Geheimnis einzudringen, über das bereits die Ansichten der bestunterrichteten Zeitgenossen so weit auseinandergingen, so können wir heute mit Befriedigung feststellen, daß das daraufliegende Dunkel im wesentlichen gelichtet ist. Dank der Erschließung neuer Materialien, durch die auch die bereits vorliegenden älteren vielfach anders als bisher gewertet werden mußten, sind früher unverständliche Dinge erklärbar geworden und haben durch die Verknüpfung mit anderen bisher dunkle Partien überraschend aufgehellt. Daher ist denn auch zwischen den einander früher gegenüberstehenden Ansichten eine Annäherung erfolgt und ein Ausgleich angebahnt worden: Gewisse extreme Standpunkte wurden endgültig als unhaltbar erwiesen und eine gewisse mittlere Richtung fand als die der Wahrheit am nächsten kommende fast allgemeine Anerkennung.

Dahin gehört es zunächst, wenn die Fabel von einem Zusammenhang der Freimaurer mit den Templern endgültig als solche erwiesen ist, entsprungen teils aus argem Mißverständnis, teils dieses absichtlich ausmalenden Phantastereien.[1]) Sie hat bis in unsere Tage das Urteil manches Forschers befangen, so daß er unter ihrem Einfluß sich selbst unbewußt bestrebt war, das Ergebnis seiner Untersuchungen nicht in Widerspruch geraten zu lassen mit der Sache eigentlich ganz fremden Interessen, oder wohl gar darauf ausging, sie mit Traditionen möglichst in Einklang zu bringen, die solchen dienen sollten.

Ausgeschaltet aber ist durch die Ergebnisse der neueren Forschung ferner auch die Annahme einer förmlichen, zu einer Wahl von dogmatischem System ausgestalteten templerischen Geheimlehre, wie sie zuerst

[1]) Vgl. W. Begemann, Die Tempelherren und die Freimaurer (Berlin 1906).

Loiseleur vertreten hatte, indem er die in den Prozeßprotokollen vorliegenden Aussagen über dahin deutbare Vorstellungen und Bräuche im Orden scharfsinnig mit dem kombinierte, was sich an verwandten Zügen in den Lehren der verschiedenen häretischen Sekten des 13. Jahrhunderts findet.[1])

Nicht minder aber muß nach dem gegenwärtigen Stand der Forschung als unhaltbar bezeichnet werden auch die Ansicht derjenigen, die an dem Orden in kirchlicher Hinsicht absolut keine Schuld finden wollen, ihn vielmehr nach wie vor als das schuldlose Opfer der Habgier Philipps des Schönen und der hilflosen Ohnmacht Clemens' V. darstellen. Trotz des gewaltigen Apparates, den sie zur Begründung dieser Auffassung aufgeboten haben, mußten sie die scheinbar so fest gefügte Kette ihrer Schlußfolgerungen doch selbst zum Teil gleich wieder durchbrechen und des zwingenden Charakters berauben, indem sie angesichts der reichlich vorliegenden gewichtigen Zeugnisse an ihrem Schützling notgedrungen so viele und so schwere moralische Gebrechen als erwiesen zugaben, daß auch sie ihm schließlich den Vorwurf der Entartung und des Abfalls von der alten Zucht und Sitte nicht ersparen können.[2]) Wie die Dinge sich gestaltet haben, wird man nur dem Urteil beipflichten können, welches ein kenntnisreicher und unbefangener Berichterstatter über den derzeitigen Stand der Frage fällt, indem er erklärt, ohne neue Funde werde es unmöglich sein, angesichts der nach den Prozeßprotokollen erwiesenen Anstößigkeiten zwingende Beweise für die Unschuld des Ordens beizubringen.[3]) Dabei hat dieser die Erlasse Bonifaz' VIII. und Clemens' V. zugunsten des ehemaligen Templers und späteren Hospitaliters Elisian von Mondragone[4]) noch nicht einmal gekannt, durch welche zweifellos erwiesen wird, daß man an der päpstlichen Kurie Kenntnis hatte von Bräuchen in dem Orden, die jeden ernster Denkenden mit Entsetzen und Abscheu erfüllen mußten.

Gewiß sind von den Einwänden, die gegen die Glaubwürdigkeit eines Teils der Bekenntnisse von der Art hergenommen werden, wie sie den Angeklagten abgepreßt worden sind, manche berechtigt, aber es bleiben, auch wenn wir diese alle ausscheiden, noch so viele übrig, die nachweisbar durchaus freiwillig und unter Umständen, die das ver-

---

[1]) Loiseleur, *La doctrine secrète des Templiers* (Paris und Orléans 1872).

[2]) Vgl. Gemelin, Schuld oder Unschuld des Templerorden? Kritischer Versuch zur Lösung der Frage (Stuttgart 1893).

[3]) C. Klein in den Jahresberichten für Geschichtswissenschaft, 16. Jahrgang (1903), III, S. 481 und 17. Jahrgang (1904), III, S. 255.

[4]) Vgl. oben S. 497 ff.

bürgen, abgelegt worden sind und dennoch die dem Orden schuld gegebenen Verirrungen in den wichtigsten Punkten bestätigen: Diese fallen entscheidend gegen die Unschuld des Ordens ins Gewicht. Zudem rühren einige davon von Männern her, die auf einer höheren Bildungsstufe gestanden haben müssen als die große Masse der Ordensbrüder. Gerade in dieser Hinsicht nämlich kann man sich, selbst wenn man den Maßstab dem Anfang des 14. Jahrhunderts entlehnt, kaum eine zu niedrige Vorstellung von dem Standpunkte machen, den der Orden rücksichtlich der Herkunft, des Berufes und der Bildung seiner Mitglieder einnahm. Man wird darin eines der Momente zu sehen haben, die ihm besonders verhängnisvoll geworden sind und seine Verwilderung und Entartung begreiflich machen.

Während wir von den inneren Zuständen des Hospitaliterordens trotz des reichen Urkundenmaterials nur eine unvollkommene Anschauung haben und namentlich von der gesellschaftlichen Herkunft der ihm nicht als eigentliche Ritterbrüder angehörigen Mitglieder wenig erfahren, da in den Urkunden begreiflicherweise fast ausschließlich die in amtlichen Stellungen befindlichen Brüder vorkommen, gewähren uns die Protokolle des Templerprozesses, in denen alle Rangstufen vertreten sind, einen Anhalt, um ein Bild davon zu gewinnen, wie die verschiedenen Stände und Bildungsgrade in dem Orden vertreten waren. Wenn dabei die Verhältnisse begreiflicherweise besonders deutlich erkennbar werden, die in dieser Hinsicht in Frankreich herrschten, so wird man doch annehmen dürfen, diese seien nicht dem Wesen, sondern nur dem Grade nach von denen in anderen Ländern verschieden gewesen. Zeigten schon die Klagen über den Mißbrauch, den der Orden mit seinen Privilegien trieb, indem er zu ihrem Mitgenuß auch ihm strenggenommen gar nicht angehörige Kreise zuließ, daß bei ihm der Begriff der Zugehörigkeit zum Orden schließlich jeder schärferen Begrenzung entbehrte, so werden sie bestätigt durch die Angaben über die persönlichen Verhältnisse der in dem Prozeß verhörten Templer. Übersieht man den Personalbestand des Ordens, wie er sich daraus ergibt, und macht sich klar, welche Art von Leuten alle die Vorzüge mit genießen wollten, die ursprünglich nur den eigentlichen Templern zustanden, so möchte man beinahe die Frage aufwerfen, ob dieser Verband, dessen Genossen häufig nicht einmal das vorgeschriebene Ordenskleid anlegten, noch als ein geistlicher Ritterorden anerkannt werden konnte. Als solcher erscheint eigentlich nur noch ein kleiner auserwählter Kreis, der den übrigen gewissermaßen als regierende Klasse übergeordnet war. Um ihn und unter ihm aber finden wir eine bis in die niedrigsten Bevölkerungsschichten hinabreichende ungeheure Menge, die von dem, was den geistigen und sittlichen Inhalt des Ordens ausmachte, keine Ahnung haben konnte, sondern an ihn nur durch Rücksichten auf ihre äußeren Vorteile geknüpft waren.

Gruppiert man die Ordensglieder, die in den Verhören vorkommen, nach ihrer Stellung und Beschäftigung, so fällt zunächst die geringe Zahl der Ordenspriester auf. Vielleicht ist es damit in Verbindung zu bringen, daß gerade diejenigen Anklagepunkte, auf die vom Standpunkt der Kirche aus besonderes Gewicht hätte gelegt werden müssen, die angeblich vorgeschriebene Weglassung der Sakramentalworte bei der Messe und die eigenartige Auffassung und Handhabung der Beichte,[1]) in dem Prozeß von seiten der Inquisition nicht gebührend berücksichtigt worden sind. Beide werden nur gelegentlich gestreift: Man scheint auf sie von vornherein nur wenig Gewicht gelegt zu haben, was dem Charakter des ganzen Verfahrens, das eben ein Inquisitionsprozeß war, nur entsprach. Möglich ist auch, daß man von einer Untersuchung darüber absah, weil ein Beweis für die Schuld des Ordens viel schwieriger zu führen gewesen wäre, wenn auch vielleicht nur wegen Mangels an Material. Außerdem aber wird man kirchlicherseits in bezug auf die Verurteilung des angeblichen besonderen templerischen Beichtbrauchs seiner Sache nicht ganz sicher gewesen sein, da derselbe sich mit dem älteren Brauch der Kirche deckte.[2]) Nach den dürftigen Aussagen, welche sich auf die den Ordenspriestern angeblich vorgeschriebene Weglassung der Sakramentalworte bei Meßopfern beziehen, ist über die Tragweite und die Begründung der damit erhobenen Anklage irgend etwas Sicheres überhaupt nicht zu ermitteln. Soweit man sich ein Bild von dem Sinn derselben machen kann, müßten die Templer im Abendmahl nur ein Brudermahl gesehen haben. So scheint es wenigstens nach der Aussage eines Zeugen, die Austeilung des Brotes und des Weines sei unter Verlesung von Evangelium Johannis Kap. 1 V. 11–14 vorgenommen worden. Nach der ausführlichen Darstellung, welche ein Ordensgeistlicher, der schon losgesprochen und mit der Kirche versöhnt war, zu Lyon von seiner Aufnahme in den Orden gab, scheint allerdings den Ordenspriestern gelegentlich die Weisung gegeben zu sein, bei der Messe die Worte *Hoc est corpus meum* wegzulassen, in denen nach dem kirchlichen Ritual freilich das eigentliche Wesen derselben liegt.[3]) Doch dürfte es sich hierbei nur um vereinzelte Erscheinungen, nicht

[1]) Vgl. oben S. 240 ff.

[2]) Vgl. oben S. 251.

[3]) Vgl. Prutz, Kulturgeschichte der Kreuzzüge, S. 301.

aber um solche gehandelt haben, die innerhalb des Ordens weitere oder gar allgemeine Verbreitung hatten. Was die kirchlichen und weltlichen Gegner der Templer erstrebten, war auch ohne Verfolgung dieser besonders heiklen Fragen erreichbar.

Noch auffallender aber ist die geringe Zahl der als Ritter bezeichneten Templer im Vergleich mit der großen Menge der dienenden Brüder. Die erste erreicht in dem französischen Prozeß kaum ein halbes Hundert, die der letzteren dagegen etwa zweihundert. Worauf dieses Mißverhältnis zurückzuführen ist, erfahren wir nicht. Vermutlich aber hielt man bei der Aufnahme von Ritterbrüdern noch fest an der Bedingung der vollbürtig adeligen Abkunft und verwies diejenigen, die sie nicht erfüllten, im übrigen aber dem Orden als Mitglieder willkommen waren, in die Reihen der dienenden Brüder. Der ursprünglich zwischen beiden bestehende Unterschied in bezug auf die Teilnahme an den Ordensangelegenheiten, von der die Ordenspriester von Anfang ausgeschlossen waren,[1]) ist im Laufe der Zeit, wie es scheint, in Wegfall gekommen, vielleicht zunächst, weil die Zahl der Ritterbrüder nicht ausreichte, um alle Stellen in der Verwaltung der Ordensgüter und der Leitung der Ordenshäuser angemessen zu besetzen. Denn unter den im Prozeß verhörten dienenden Brüdern finden wir eine ganze Reihe von solchen, die Ordensämter bekleideten, namentlich auch als Präzeptoren Ordenshäusern und ihren Konventen vorstanden. Einen Priester finden wir nur einmal in dieser Stellung. Die niedrigen Ämter in der Verwaltung der Ordensgüter werden gemeinhin mit dienenden Brüdern besetzt gewesen sein. Auf die Herkunft aber und den Bildungsgrad der Betreffenden wird man schließen dürfen aus der Beschäftigung, die ihnen zugewiesen wurde. Da erscheinen nun neben dem Stallmeister[2]) und dem Koch des Hochmeisters[3]) und dem Barbier des Visitators von Frankreich[4]) Wirtschafter *(dispensator)*,[5]) verschiedene Arten von Wächtern,[6]) insbesondere der der Pariser Ordensmühle,[7]) Verwalter von Magazinen und Vorratskammern[8]) und Türhüter[9]). Diese Leute waren als Glieder des Ordens, dem sie untergeordnete Dienste leisteten,

---

[1]) Vgl. oben S. 213.

[2]) *Procès II*, S. 289.

[3]) Ebd. II, S. 294.

[4]) Ebd. S. 396.

[5]) Ebd. S. 381.

[6]) Ebd. S. 317, 326, 328.

[7]) Ebd. S. 306.

[8]) Ebd. S. 50.

[9]) Ebd. S. 296 u. 308.

kirchlich und staatlich der Ausnahmestellung teilhaftig, die Ritter und Priester genossen. Diese kam sogar Leuten von ähnlich untergeordneter Herkunft und Beschäftigung zugute, welche in einer der dafür gegebenen bequemen Formen ohne die Übernahme eigentlicher Ordenspflichten Leute des Ordens geworden waren. Unter den im Prozeß verhörten Templern finden wir nicht bloß Handwerker, wie es deren ja in Villeneuve du Temple eine Menge gab,[1]) nämlich Zimmerleute,[2]) Steinmetzen,[3]) darunter einen solchen des Pariser Tempels,[4]) dann aber auch Müller,[5]) Kärrner,[6]) namentlich aber in verhältnismäßig großer Anzahl Leute, die in den landwirtschaftlichen Betrieben des Ordens beschäftigt waren, wie Weinbauern,[7]) Bauern,[8]) Hirten[9]) und Schäfer[10]). Daß auch noch andere in der Verwertung des Ordensbesitzes wirtschaftlich beschäftigte Leute dem Orden selbst angehörten, beweist das Vorkommen eines Zeugen, der als Verkäufer des vom Orden produzierten Weins in Provins bezeichnet wird.[11]) Nach alledem kann die Zahl der nach Herkunft und Bildung höher stehenden Ordensbrüder nur eine geringe gewesen sein im Verhältnis zu der Gesamtzahl. Bestätigt wird dies durch die Tatsache, daß es in den Protokollen über die Verhöre regelmäßig hervorgehoben wird, wenn einer der vorgeführten Templer im Besitz einer höheren Bildung ist, also namentlich Lateinisch versteht.[12]) Von den meisten wird gegolten haben, was gelegentlich von einzelnen gleichsam entschuldigend bemerkt wird, sie seien ungebildete und einfältige Leute.[13]) So findet die anderweitig bezeugte Verbreitung des Ordens auf Kreise, die eigentlich nicht in ihn hineingehörten, Bestätigung. Da kann es denn freilich nicht wundernehmen, wenn diese Menge der Niedriggeborenen und Ungebildeten vermöge ihres natürlichen Schwergewichts den Orden allmählich immer mehr herabzog, wenn sein geistiger und sittlicher Gehalt sich immer mehr verflüchtigte und die bei ihm so glänzend

---

[1]) Vgl. oben S. 377.
[2]) *Procès II*, S. 330.
[3]) Ebd. S. 53.
[4]) Ebd. S. 337.
[5]) Ebd. I, S. 524.
[6]) Ebd. II, S. 101.
[7]) Ebd. S. 38.
[8]) Ebd. S. 293 ff.
[9]) Ebd. S. 165 u. 396.
[10]) Ebd. S. 320.
[11]) Ebd. S. 349.
[12]) Ebd. I, S. 100.
[13]) Ebd. I, S. 121, 124, 241; II, S. 261 u. 267.

gediehenen materiellen Interessen immer mehr überwogen und schließlich fast allein den Ausschlag gaben. Hat es auch späterhin und bis zuletzt trotzdem im Orden nicht an Männern gefehlt und haben sich um diese noch immer auserlesene kleine Kreise gesammelt, welche die guten Traditionen der alten Zeit bewahrten und pflegten, so gibt doch die Tatsache, daß Elemente, wie sie hier als massenhaft vorhanden erkennbar werden, im Laufe der Zeit immer mehr zugenommen und immer größern Einfluß gewonnen haben, eine ausreichende Erklärung dafür, wie aus alter Zeit überkommene Formen und Bräuche, die einst ihren guten Sinn hatten, mißverstanden und mißdeutet und allmählich infolge des Schwindens der Erinnerung an ihre ehemalige Bedeutung mit einem ganz anderen, verkehrten Inhalt erfüllt werden konnten. Beigetragen mag dazu bei einzelnen das Gefühl der Enttäuschung haben, welches der unglückliche Ausgang des Kampfes im Osten in weiten Kreisen erzeugte. War mit dieser Entwickelung einmal der Anfang gemacht, so war dem Fortgang kaum noch Einhalt zu tun gegenüber der großen Menge der ungebildeten und bloß von materiellen Interessen erfüllten Templer. Es mußte im Laufe der Zeit dahin kommen, daß die damit hereingebrochene Entartung allmählich auch auf die oberen Kreise des Ordens Einfluß gewann und demoralisierend einwirkte. Denn auch diese verloren ja im Laufe der Zeit immer mehr die Fühlung mit dem, was eigentlich den Beruf des Ordens ausgemacht und sein Doppelwesen bestimmt hatte. Die Pflicht des Kampfes gegen die Ungläubigen zu erfüllen, fanden selbst von den Ritterbrüdern nur noch wenige Gelegenheit, und auch für die überwiegende Mehrzahl von ihnen wurde die Tätigkeit in der Verwaltung und der Mitgenuß des Ordensbesitzes die Hauptsache und der eigentliche Beruf. Diesen aber nahmen sie um so eifriger und um so eigennütziger wahr, als sie ihre Genossenschaft von kirchlicher und weltlicher Seite angefeindet sahen und die öffentliche Meinung gegen sich hatten.

Auf der anderen Seite aber ergeben die Prozeßprotokolle doch auch mehr als einen sicheren Anhalt dafür, daß es in dem Orden bis zuletzt Männer gegeben hat, die sich von der allgemeinen Entartung frei erhalten, vielleicht sogar von der Verbreitung und dem Grade derselben keine Kenntnis gehabt haben. In einzelnen Fällen mag dies besonderen Umständen zuzuschreiben gewesen sein. Wenigstens fehlt es nicht an Beweisen dafür, daß trotz der äußeren Einheit des Ordens in ihm doch große Verschiedenheiten bestanden haben und daher selbst in wichtigen Punkten die einzelnen Konvente oder Gruppen von solchen ihre besonderen Bräuche beobachteten und beibehielten. Das ist um so wichtiger, als einzelne der in dem Prozeß gemachten charakteristischen Aussagen auf die Vermutung führen, von den inkriminierten anstößigen Bräuchen seien manche zurückzuführen auf in alter Zeit beobachtete Förmlichkeiten, die, wenn auch immer absonderlich, ursprünglich doch einen Sinn gehabt hatten, der sie entschuldigen konnte. Dieser geriet aber im Laufe der Zeit allmählich in Vergessenheit, während man der nun unverständlich gewordenen Form einen anderen Sinn beilegte, bei dem sich der Einfluß der immer mehr anwachsenden Zahl der ungebildeten Ordensbrüder verhängnisvoll geltend machte. Dies gilt namentlich von dem widerwärtigen Brauch der Verleugnung des Heilands und der Entweihung des Kreuzes, an dessen Bestehen in weiten Kreisen des Ordens nach den vorliegenden Aussagen nicht gezweifelt werden kann. Nachdem die Probezeit in Wegfall gekommen war und die Aufzunehmenden auch von den Pflichten, die sie hinfort erfüllen sollten, keine Kenntnis erhielten, weil die Regel dabei gar keine Rolle spielte, machte sie eigentlich das Wesen der Aufnahme in den Orden aus. Vergegenwärtigt man sich aber die Verhältnisse, unter denen der Orden im Morgenlande tätig war und wie damals für die neu aufgenommenen Brüder die Bereitwilligkeit zum Tod für ihren Glauben das wichtigste Erfordernis war, so wird man es begreiflich finden, wenn damals hier und da die Treue des Neulings gegen das eben abgelegte Gelübde im Geist glaubenseifrigen, aber derben Rittertums alsbald auf die Probe gestellt wurde, indem man ihn überraschenderweise zur Verleugnung des Christentums einzuschüchtern versuchte. Es wurde eine Lage fingiert, in die jeder Ordensbruder geraten konnte, wenn er in die Gefangenschaft der Mohammedaner fiel und sein Leben nur durch den Übertritt zum Islam retten konnte. Dies wird der Ursprung und der eigentliche Sinn des Brauches gewesen sein, vermöge dessen neu aufgenommene Brüder auf ihre Standhaftigkeit geprüft werden sollten. Das Verfahren hatte freilich das Bedenkliche, daß der Neuling sich soeben auch zum unbedingten Gehorsam gegen die Befehle seiner Oberen verpflichtet hatte: Es handelte sich also zugleich um eine Gehorsamsprobe. Ein solches Vorgehen mag für das derbere Fühlen und das unklare Denken von Leuten ursprünglich nichts Befremdliches gehabt haben, die einer roheren und an Äußerlichkeiten hängenden Zeit angehörten: Bedenklich blieb es unter allen Umständen, zumal es von Anfang an mit einem Geheimnis umgeben werden mußte, durch das es für den Uneingeweihten in ein übles Licht gerückt wurde. Es verlor seine anfängliche Bedeutung und damit auch den Schein der Berechtigung, seit der Beruf zum Glaubenskampf jenseits des Meeres nur noch für einen geringen

Teil der Ordensglieder praktisch wurde und nach dem Verluste Palästinas auch für diesen kaum noch in Betracht kam. Wenn er dennoch beibehalten und in zahlreichen abendländischen Konventen weitergeübt wurde, so entbehrte diese plumpe Glaubens- und Gehorsamsprobe doch jeder Beziehung zu den der Orden umgebenden Verhältnissen und wurde von den Beteiligten unverstanden und gedankenlos mitgemacht. Daher sind denn auch von all den im Prozeß verhörten Zeugen, die bei ihrer Aufnahme sich der Verleugnung und der Kreuzentweihung schuldig gemacht zu haben bekennen, nur Vereinzelte, nachdem sie den ersten Schrecken über das ihnen Geschehene überwunden hatten, im Inneren der Sache weiter nachgegangen, um ihr schuldbeladenes Gewissen zu beruhigen. Für die Mehrzahl dagegen hatte es sich nur um die mechanische Erfüllung einer Formalität gehandelt, über deren Sinn sie sich nicht weiter den Kopf zerbrachen. Diese Leute meinten daher auch mit dem Vollzug derselben kein Unrecht getan zu haben und waren sich nicht bewußt, der Kirche gegenüber straffällig geworden zu sein. Andererseits ergeben einzelne Aussagen, daß man hier und da im Orden doch einsah, wie bedenklich und gefährlich dieser Brauch war und daß man seine Abschaffung wünschte und betrieb. Ehe das aber geschehen konnte – vorausgesetzt, daß es unter den gegebenen Verhältnissen überhaupt möglich war –, brach das Verhängnis herein.

Dies alles schließt aber natürlich nicht aus, daß in einzelnen Fällen starkgeistigere und der Kirche innerlich bereits entfremdete Ordensbrüder mit der Verleugnung und der Kreuzentweihung bei der Aufnahme im geheimen einen andern, sehr bestimmten und sehr viel übleren Sinn verbanden, indem sie darin den Ausdruck sahen für jene entrüstete Abkehr vom Christentum, dessen Gott sich nicht stark genug erwiesen haben sollte, um seinen Streitern zum Sieg über den Gott Mohammeds zu verhelfen, jener resignierten und zugleich verbitterten Stimmung, wie wir sie in einem merkwürdigen Gedicht templerischen Ursprungs ausgesprochen finden[1]) und deren Spuren wir gegen Ende des Zeitalters der Kreuzzüge auch anderwärts mehrfach begegnen. Möglich bleibt endlich auch noch, daß die Südfrankreich erfüllenden häretischen Gemeinden wenigstens auf die dort lebenden Templer eingewirkt haben. Es hat nämlich den Anschein, als ob gerade dort das Begräbnisrecht des Ordens den Prälaten besonders anstößig

[1]) Vgl. im allgemeinen Reuter, Geschichte der Aufklärung im Mittelalter II, S. 30 ff. und das erwähnte templerische Gedicht s. Fauriel, *Histoire de la poésie provençale II*, S. 138/39 und Raynouard, *Poésie des troubadours IV*, S. 185.

gewesen sei, weil es nicht selten Ketzern oder doch der Ketzerei Verdächtigen und mit kirchlichen Zensuren Belegten zugute kam.[1])

Als durch die Geständnisse zahlreicher Templer erwiesen muß ferner anerkannt werden der Vorwurf einer im Orden weit verbreiteten argen sittlichen Verwilderung. Dabei handelt es sich augenscheinlich nicht bloß um die Verirrungen einzelner, sondern um eine gewissermaßen von Amts wegen proklamierte Duldsamkeit gegen solche. Sie mußte der großen Menge der ungebildeten Leute, die an dem Orden hingen, geradezu als zu dessen Wesen gehörig erscheinen. Handelte es sich dabei auch um Verirrungen, die nicht bloß diesem Kreise anhafteten, sondern damals überhaupt weit verbreitet waren, so ist das in den Augen der Zeitgenossen keine Entschuldigung gewesen und kann auch bei der geschichtlichen Betrachtung dieser Zustände nicht als solche gelten. Aber auch hier liegt die Erklärung dafür, wie solche Zustände einreißen und geduldet werden konnten, doch wenigstens zum Teile in dem ungesunden Wachstum des Ordens weit hinaus über die Kreise, auf die er vernünftigerweise hätte beschränkt bleiben sollen, während er tatsächlich unaufhaltsam in solche hinübergriff, denen es an der nötigen geistigen und sittlichen Bildung fehlte.

In diesen beiden Punkten hat der Prozeß die Schuld des Ordens zweifellos erwiesen, nicht die einzelner Brüder allein, sondern die der Genossenschaft als solcher und in ihrer Gesamtheit. Denn wenn derartige Bräuche auch nicht in allen Konventen galten und nicht überall geübt wurden, so waren sie doch offenbar auch den meisten von denen, die sie nicht mitmachten, wenigstens vom Hörensagen bekannt, von ihnen jedoch nicht zur Sprache gebracht, sondern schwächlicherweise geduldet worden. Bei der strengen Verpflichtung jedes einzelnen Ordensgliedes zum Gehorsam gegen seinen Oberen, der begreiflichen Scheu, die jeden davon zurückhielt, an einem solchen Geheimnis zu rühren und bei den schweren Strafen, die denjenigen bedrohten, der gegen einen Ordensbruder Anklage erhob,[2]) hat augenscheinlich keiner den Mut gefunden, die Sache zur Sprache zu bringen, zumal manche hinter den Ungeheuerlichkeiten, die ihnen bei dem Aufnahmeakt zugemutet waren, noch ein besonderes Geheimnis vermuten mochten. Immerhin wird man nicht anders sagen können, als daß die Ordensoberen in diesem Punkte ihre Pflicht nicht getan haben, genau so wenig wie die Kirche, die, was im Orden vorging, an ihrer höchsten Stelle nachgewiesenermaßen wiederholt glaubwürdig erfahren hat.[3]) Aber

---

[1]) Vgl. oben S. 364/65.

[2]) Vgl. *Procès II*, S. 303.

[3]) Vgl. oben S. 497 ff.

auch sie hat dem Orden gegenüber darauf nicht mehr als allgemeine Andeutungen und Drohungen laut werden lassen. Dieselbe Kirche, die vermöge der Inquisition die geringsten Abweichungen von ihrer Lehre und ihrem Brauche aufspürte und strafte, hat sich hier einer sträflichen Nachsicht schuldig gemacht und aus Scheu vor den sie selbst bedrohenden Folgen eines pflichtmäßigen Einschreitens Menschenalter hindurch eine Nachsicht geübt, die dem Orden verderblich geworden ist.

Daraus wird auch zum Teil das Verhalten Clemens' V. zu erklären sein, als das Vorgehen des Pariser Inquisitors und Philipps IV. ihn vor eine Entscheidung stellte und mit dem bisherigen System der Halbheit zu brechen nötigte. Zwar hat er nicht eigentlich den Versuch gemacht, den Orden vor dem drohenden Verhängnis zu bewahren, wohl aber ist er zunächst bestrebt gewesen, die Sache so zu wenden, als handelte es sich nur um Verfehlungen einzelner, die dem Orden in seiner Gesamtheit nicht zur Last gelegt werden könnten. Aber eben damit gab er nach dem furchtbaren Recht der Inquisition, das er trotz persönlicher Würde anerkannt und zugunsten seiner Autorität in Wirksamkeit gesetzt hatte,[1]) die einzelnen Glieder des Ordens dem Glaubenstribunale preis, das nun berechtigt war, sie in den herkömmlichen Formen abzuurteilen. Für die Zeitgenossen hatte daher das gegen den Orden eingeleitete Verfahren an sich eigentlich nichts Auffälliges, sondern blieb in dem Rahmen, in dem sie Vorgänge dieser Art sich abspielen zu sehen gewöhnt waren. Sensation machte es erst durch die Masse seiner Opfer und durch die vornehme Herkunft und die Stellung der Männer, die an ihrer Spitze standen. Wenn Philipp IV. wiederholt einen Druck auf den Papst auszuüben für nötig hielt, weil er zu zögern begann und bedenklich zu werden schien, so geschah das zunächst wohl nur unter dem Antrieb seines neu entflammten Glaubenseifers. Dann aber konnte der König sich auch darüber nicht täuschen, daß für ihn sehr viel auf dem Spiel stehen würde, wenn der Orden, gegen den er als Verbündeter und als Werkzeug der Inquisition mit rechtloser Gewalttat eingeschritten war, frei ausgehen und irgendwie in der bisherigen Weise fortbestehen sollte. Dabei hatte er die öffentliche Meinung hinter sich, zumal sie durch geschickte Agitation ebenfalls für die Sache des Glaubens erhitzt wurde. Neben dieser aber haben die Reichsstände, die in der Sache der Templer als einer Glaubenssache nach Tours berufen wurden, auch die Interessen des französischen Volkes mit Nachdruck geltend gemacht. So wurde aus der Glaubenssache eine nationale und aus der Angelegenheit der Kirche

[1]) Vgl. oben S. 492.

eine solche des Staates. Aus ihrer Opposition hiergegen, die von ihrem Standpunkte aus sowohl der päpstlichen Kurie wie dem französischen König gegenüber berechtigt war, erklärt sich die dem Orden überraschend freundliche Haltung der Prälaten auf dem Konzil zu Vienne, die fast ihre Parteinahme für den Orden in Aussicht zu stellen schien. Denn wie diese große kirchlich-politische Aktion bisher verlaufen war, bedeutete sie einmal einen folgenschweren Sieg der Inquisition über das Papsttum: Diese hatte sich über die lange Reihe der feierlichsten päpstlichen Privilegien hinwegsetzen dürfen, durch die der Orden ihrer Gewalt entzogen zu sein geglaubt hatte, und war mit ihrer von Philipp unterstützten Eigenmächtigkeit durchgedrungen. Insofern bedeutete der bisherige Verlauf der Sache zugleich auch einen Sieg des Königs und des durch ihn vertretenen nationalen Staats über die Kirche. Dieser war um so augenfälliger, als auch die Kirche, als sie sich entschloß, das von der Inquisition begonnene Unternehmen zu Ende zu führen, dabei die Hilfe des Königs und der staatlichen Machtmittel ebenfalls nicht entbehren konnte. Wenn dann aber Clemens V. das mit staatlicher Hilfe durchgeführte kirchliche Verfahren gegen den Orden schließlich eigentlich abbrach und ohne das Urteil des von ihm doch zu diesem Zweck berufenen Konzils zu Vienne abzuwarten, vermöge einer oberhirtlichen Vorsichtsmaßregel, die im Interesse der Kirche geboten erschien, den Orden auflöste, so rettete er durch diese geschickte Wendung für das Papsttum, was noch zu retten war, und bewahrte die Kirche vor den Enthüllungen und Demütigungen, die sie über sich hätte ergehen lassen müssen, wenn das Verfahren durch ein Eingehen auf die Einzelheiten der Anschuldigungen weiterführt worden wäre. Außerdem aber rettete er den größten Teil des Ordensbesitzes für die Sache des heiligen Landes, indem er ihn den Hospitalitern übertrug. Hatte Philipp IV., wofür freilich ein Beweis nicht vorliegt, ihn für sich zu gewinnen gedacht, so waren seine Absichten durch die Klugheit des Papstes vereitelt.

Schluß.

Der Untergang des Templerordens hat zwar nicht den des geistlichen Rittertums überhaupt zur Folge gehabt, wohl aber dasselbe als ein Schlag getroffen, von dem es sich nie mehr erholt hat: Nirgends hat es die Bedeutung bewahrt oder wiedererlangt, die es besessen hatte, und seine fernere Existenz, so beträchtliche Zeit es noch fortgedauert hat, kann doch nur als ein schattenhaftes Nachleben oder als ein langsames Hinsiechen bezeichnet werden.

Nur scheinbar widerspricht dem der Zustand unvergleichlicher Blüte, dessen der Deutsche Orden in Preußen sich gerade während des nächsten Jahrhunderts erfreut hat. Denn damals gehörte dieser höchstens seiner äußeren Form nach noch dem geistlichen Rittertum an. Der Inhalt, welcher diese erfüllte, hatte mit ihm kaum noch etwas zu tun. Den Deutschen Herren zu St. Marien war dank der glücklichen Fügung der Verhältnisse und ihrer kühnen und zielbewußten Benutzung das gelungen, wovon man annehmen möchte, daß es den unternehmendsten Leitern sowohl der Templer wie der Hospitaliter als Ziel auch für ihre Orden vorgeschwebt habe, die Bildung eines territorial abgeschlossenen, in sich festgefügten Ordensstaates, der weder mit Bischöfen noch mit Fürsten um seine kirchliche und politische Selbständigkeit zu streiten brauchte, an dessen Spitze die Orden vielmehr als Landesherrn alle diejenigen als Untertanen regierten, die ihnen anderwärts nur als Schutzbefohlene und Dienstleute angegliedert waren, ihnen jedoch einerseits vom Staate und andererseits von der Kirche streitig gemacht wurden.

Die Erklärung für diesen in seiner Art einzigen Gang, den die Entwicklung des Deutschen Ordens genommen hat, liegt in seiner nationalen Geschlossenheit, vermöge deren er, von vereinzelten Ausnahmen abgesehen, nur Edelleute deutscher Abkunft aufnahm. Wie er entstanden war zum Schutz der deutschen Interessen im Osten, so ist er auch in der Folge – und zwar in weit höherem Maße, als ihm das jenseits des Meeres jemals möglich geworden wäre – auf militärischem, politischem und wirtschaftlichem Gebiet deren Vorkämpfer gewesen, ohne daß er dadurch gehindert worden wäre, unter Umständen auch in nicht deutschen Ländern Güter zu erwerben, wie er solche z. B. in Frankreich in Nivernois besessen hat.[1]) Deshalb ist er auch trotz seiner räumlichen Trennung von Deutschland mit dem Leben des deutschen Volkes allezeit in engster Fühlung geblieben. Obgleich er in der äußersten östlichen Grenzmark heimisch wurde, lagen doch die Wurzeln seiner Kraft zunächst in dem Boden Deutschlands, und das Mutterland hatte an seinem Wachstum und Gedeihen unausgesetzt Anteil. Gab es doch im 14. Und 15. Jahrhundert nur wenige deutsche Adelsgeschlechter, die nicht einen oder den anderen ihrer jüngeren Sprößlinge hatten nach der Weichsel und dem Pregel ziehen sehen, um dort ihr Glück zu machen und als Teilnehmer an der Ordensherrschaft nicht selten zu hohen Ehren aufzusteigen. Da infolge der kolonisatorischen Tätigkeit des Ordens in Preußen an der dort erblühenden Kolonie auch das deutsche Bürgertum und der deutsche Bauernstand nahe beteiligt waren, so daß das durch die Eroberung fast entvölkerte Land in wenigen Menschenaltern ein deutsches wurde, könnte man beinahe sagen, dort im fernen Nordosten habe das deutsche Volk im kleinen die Einheit wiedergefunden und zu einem alle Stände organisch einigenden Staatswesen ausgebaut, die ihm daheim infolge der ungünstigen politischen Entwickelung je länger, je mehr verloren ging. Es war daher wohlbegründet und hatte einen tieferen Sinn, wenn man damals von dem immer mehr zerfallenden und in Ohnmacht sinkenden deutschen Reich mit einem gewissen Gefühl staunenden Neides auf das „neue Deutschland" jenseits der Weichsel blickte.

Hundert Jahre nach dem Untergang des Templerordens ist dann aber auch dort die Katastrophe hereingebrochen, die nach der Natur der Dinge unvermeidlich war. Ihre Ursachen aber lagen nicht auf den Gebieten, wo das Verhängnis der Templer seinen Ursprung genommen hatte. Freilich entsprangen auch sie dem Doppelwesen des geistlichen Rittertums, welches in Preußen in eine Stellung gekommen war, deren dauernde Behauptung es entweder mit sich selbst in Widerspruch bringen mußte, so daß es schließlich genötigt war, gewissermaßen sich selbst aufzugeben oder es mit den umgebenden Verhältnissen in einen unausgleichbaren Konflikt bringen mußte. In der alten Form fortbestehend, war der Deutsche Orden in Preußen zu einer Kaste erstarrt, deren Glieder, dem Lande selbst fremd, als Träger des weißen Mantels mit dem schwarzen Kreuz zur Teilnahme an den dem

[1]) Flamare, *La cinquième croisade et les chevaliers Teutoniques en Nivernois.* Nevers 1886.

Orden zustehenden Herrscherrechten und zum Mitgenuß der daraus erwachsenden Vorteile berufen sein wollten. Auch wurden sie dazu zugelassen, ohne daß dabei noch von der Erfüllung der Pflichten die Rede gewesen wäre, in denen das Doppelwesen auch dieser mönchisch-ritterlichen Genossenschaft seinen Ausdruck und seine Berechtigung gefunden hatte. Daraus entsprangen die Übelstände und Mißbräuche, welche die ehemals so musterhafte Landesverwaltung des Ordens allmählich in Verfall geraten und so entarten ließen, daß sie von den einst dankbaren und zufriedenen Untertanen schließlich als Zwingherrschaft gehaßt wurde, die abzuschütteln man selbst vor dem hochverräterischen Bündnis mit dem Landesfeinde nicht zurückschreckte. Freilich hat der Deutsche Orden auch so noch länger als zwei Menschenalter um sein Dasein gerungen, auf der einen Seite mit den eigenen Untertanen, auf der anderen mit dem wiedererstarkten Polentum. Ein rettender Ausweg erschloß sich ihm erst, als er den Boden der Kirche, aus dem er erwachsen war, verließ und durch den Anschluß an die Reformation die ernstlich bedrohte Lebensgemeinschaft mit Deutschland wiederherstellte. Dadurch bewahrte er wenigstens die Früchte seiner früheren Wirksamkeit als Kolonisator vor dem Untergang und rettete das Gebiet des von ihm geschaffenen Staates für die deutsche Kultur und damit für die Zukunft des deutschen Volkes.

Ähnliches hat sich, freilich nur in sehr verkleinertem Maßstab und mit entsprechend geringeren geschichtlichen Wirkungen, in der Entwickelung der spanischen Ritterorden wiederholt. Sie teilten mit dem Deutschen Orden die Beschränkung auf eine Nation. Das gab auch ihnen einen ausgeprägt nationalen Charakter und sicherte ihnen einen Anteil an dem sich reicher entfaltenden Leben ihres Volkes auch da noch, als der Kampf gegen die Ungläubigen aufgehört hatte, dessen vornehmsten Lebensinhalt auszumachen. Daher sind dort die Ritterorden auch niemals als eine Gefahr für den Staat angesehen worden und ihr Verhältnis zur Geistlichkeit der Landeskirche ist freigeblieben von den Störungen und Erschütterungen, welche das der Hospitaliter und der Templer zu den Bischöfen anderer Länder so oft erfahren hat. Vor allmählicher Entfremdung von den Interessen ihrer Heimat, mit der sie ja auch in ihrer Tätigkeit als Glaubenskämpfer verbunden blieben, wurden die Glieder der spanischen Orden dadurch bewahrt, daß für sie das Zölibat zum Teil wegfiel und daher auch der Zusammenhang zwischen ihnen und dem einheimischen Adel, aus dem sie sich ergänzten, erhalten wurde. So konnten diese Orden, indem sie dem Wandel der Zeiten folgten und sich anpaßten, fortbestehen ohne innere Krisis und ohne äußere Konflikte mit den sie umgebenden und mit ihnen konkurrierenden Gewalten. Allmählich und friedlich vollzog sich hier der Übergang: Er fand seinen Abschluß, als das Meistertum der drei großen Orden mit der spanischen Krone vereinigt wurde. In etwas anderer Form vollzog sich ein ähnlicher Wandel um dieselbe Zeit in Portugal in der Stellung des Christusordens, in dem dort der Templerorden eine Fortsetzung gefunden hatte.

Im Gegensatz hierzu ist die Entwickelung der beiden größten und berühmtesten geistlichen Ritterorden von Anfang an bestimmt worden durch ihren internationalen Charakter. Er war bedingt durch die Art ihrer Entstehung, ihren ursprünglichen Beruf und den Schauplatz, auf dem sie diesen zunächst zu erfüllen hatten. Gerade hierin tragen sie das Gepräge der Zeit an sich, der sie entstammten. International nämlich war nicht bloß die Kirche, unter deren Autorität sie sich in den Dienst des heiligen Landes als des Zieles der Pilger und Kreuzfahrer aller Nationen stellten: Dieser Verkehr selbst trug ein ausgesprochen internationales Gepräge und ist dadurch von der höchsten Bedeutung geworden für die Entwickelung der gesamten abendländischen Kultur. Infolgedessen gerieten Hospitaliter und Templer doch eigentlich in Widerspruch mit dem Grundzug ihres Wesens, sobald sie auf diesen internationalen Charakter verzichteten oder ihn in Frage stellten, indem sie sich in die Schranken eines bestimmten nationalen Daseins einschlossen. Das aber geschah von der Zeit an, wo sie in den verschiedenen Ländern größere Güterkomplexe erwarben und so eine Stellung einnahmen, welche durch die daraus erwachsenden Beziehungen zu einem bestimmten Staate bedingt war und dieser Rechnung tragen mußte. Der Widerspruch steigerte sich, als im Fortgang der zeit dieser Besitz nicht mehr ausschließlich angesehen werden konnte als Voraussetzung für die Erfüllung des im Osten übernommenen Berufes, sondern, um seiner selbst willen gesucht und gepflegt, gewissermaßen Selbstzweck wurde. Vollends augenfällig und anfechtbar wurde er, als mit dem Zusammenbruch der christlichen Herrschaft im Osten für die Orden die Möglichkeit schwand, den Beruf noch weiter zu erfüllen, für den sie gestiftet und mit jenem Besitz ausgestattet waren. Denn das taten sie doch nicht, wenn sie von Zeit zu Zeit von Cypern aus die syrische Küste heimsuchten oder die Ungläubigen zur See beunruhigten. Daher hat auch die Kritik, die an ihnen geübt wurde und ihnen immer entschiedener die Berechtigung zum Fortbestehen bestritt, gerade an diesem Punkte eingesetzt und von ihm die Notwendigkeit ihrer Reform hergeleitet. Vermöge ihres internationalen Charakters mußten die Orden in den einzelnen Ländern um so mehr gewissermaßen als Eindringlinge oder als lästige Fremde erscheinen, je mehr deren Bevölkerung sich ihrer besonderen Eigenart bewußt wurde und sich als eine lebendige Einheit, als Nation fühlen lernte. Wo das geschah, konnten Zusammenstöße nicht ausbleiben zwischen der Ausnahmestellung, welche die Orden auf Grund ihrer geistlichen Eigenschaft beanspruchten, und den Einrichtungen, durch die eine werdende Nation ihren Staat zweckentsprechend auszubauen suchen mußte. In dieser Hinsicht ist es lehrreich, daß wir von solchen Kollisionen so gut wie nichts hören in dem Lande, dessen politische Entwickelung sich damals in der Richtung auf fortschreitende Auflösung bewegte und eine staatliche Neubildung im nationalen Sinne nicht hervorzubringen vermochte, in Deutschland. Bei dem Hinschwinden des staatlichen Zusammenhanges und der staatlichen Autorität, das dort seit der Mitte des 13. Jahrhunderts eingetreten war, fehlte der Anlaß, Hospitaliter und Templer mit ihrem Besitz und ihren Rechten als lästig und als hinderlich für eine bessere politische Ordnung zu empfinden. Warum dies dagegen in Frankreich mehr als anderwärts geschah, wird ebenfalls von hier aus erklärt. Mit ihrem internationalen Charakter gerieten Hospitaliter und Templer ferner auch insofern in Widerspruch, als ihre Einbürgerung in den verschiedensten Ländern und die Erwerbung umfänglicher Besitzungen in ihnen dahin führte, daß sich in ihnen landsmannschaftliche Sonderungen vollzogen, indem Franzosen, Deutsche, Italiener, Engländer usw. sich schärfer voneinander schieden und in sich geschlossene Gruppen bildeten, die sich dann auch weiterhin durch Neuaufnahmen aus den betreffenden Gebieten und Völkern ergänzten und mehr und mehr konsolidierten. Schon die Verschiedenheit der Sprache führte dazu. Daraus ergab sich das Aufkommen landsmannschaftlicher Sonderinteressen und die Verfolgung entsprechender Sonderbestrebungen. Finden wir doch im Templerorden gegen Ende des 13. Jahrhunderts deutliche Spuren einer ausgesprochenen Gegnerschaft zwischen den Angehörigen einzelner französischer Landschaften.[1]) Die Einheit der Orden konnte unter solchen Umständen schließlich nur noch eine theoretische sein. Daß ihre idealen Ziele dadurch nicht gefördert wurden, ist begreiflich, vollends seit mit dem Wegfall des ständigen Glaubenskampfes im Morgenlande auch der Anlaß wegfiel, der Vertreter verschiedener Gruppen immer wieder jenseits des Meeres zu gemeinsamer Tätigkeit zusammengeführt hatte. Man wird es von hier aus verstehen, warum Philipp der Schöne die Einteilung des Hospitaliterordens in Zungen bekämpfte und darin eine Gefahr für den französischen Einfluß im Orden erblickte.[2]

[1]) Vgl. S. 226.

[2]) Vgl. oben S. 469.

Die Wechselwirkung zwischen diesen besonderen Richtungen und Bestrebungen, welche sich unter Beibehaltung der ihnen allen gemeinsamen Grundlage innerhalb der Orden entwickelten, und den verschieden gearteten Verhältnissen, in die sie sich in den einzelnen Ländern gestellt sahen, bedingte zwar eine gewisse Ungleichheit der Entwickelung der einzelnen Ordenszweige, ließ aber doch auch gewisse Erscheinungen überall in gleicher Weise zutage treten. Diese sind es, in denen das geschichtliche Wesen und die geschichtliche Bedeutung der geistlichen Ritterorden auch für uns noch am deutlichsten zum Ausdruck gelangen. Versucht man von hier aus gewissermaßen die Summe zu ziehen von dem, was sie in der Zeit ihres Höhestandes geleistet haben, und wirft die Frage auf, was davon als bleibendes Ergebnis auf die späteren Zeiten gekommen ist und von ihnen zum Weiterbau hat benutzt werden können, so wird das Urteil auf Grund des heute vorliegenden reicheren Materials wesentlich anders ausfallen, als man es sonst wohl zu formulieren gepflegt hat. Denn viel geringer, als man gemeinhin anzunehmen geneigt ist, dürfte dasjenige sein, was sich aus ihrer langdauernden und weit umfassenden Tätigkeit an positiven Leistungen ergeben hat und von den nachfolgenden Geschlechtern als für ihre Zwecke noch brauchbar benutzt werden konnte.

In dieser Hinsicht bleibt es allerdings das Verdienst der Ritterorden, daß sie in planmäßiger Weiterbildung und großartigem Ausbau bescheidener Anfänge, die andere geistliche Genossenschaften auf diesem Gebiet gemacht hatten, die großen Ideen der Nächstenliebe und der werktätigen Barmherzigkeit in einer Zeit und unter Umständen praktisch vertraten, die für derartige Bestrebungen kaum reif waren und keinen rechten Raum boten. Unbestritten bleibt ihnen daher das Verdienst, zuerst den Versuch gemacht zu haben zu dem, was man heute unter dem weiten Begriff der sozialen Fürsorge zusammenzufassen pflegt. Mit der von ihnen geschaffenen Organisation der Armen- und Krankenpflege umspannten die Hospitaliter fast das ganze Abendland und griffen in die Grenzgebiete des Morgenlandes hinüber. War diese Organisation auch entstanden im Anschluß an das Pilger- und Wallfahrerwesen und zunächst zu dessen Förderung bestimmt, so ist sie doch nicht an diesem haften geblieben, vielmehr sind die Häuser des Ordens überall Stätten der Wohltätigkeit auch für solche Armen und Kranken gewesen, die nicht zur Erfüllung eines frommen Gelübdes nach dem heiligen Lande zogen. In einer Zeit, wo Mittel zur Bekämpfung des sozialen Elends anderweitig kaum vorhanden waren, sind sie für ihre Nachbarschaft Ausgangspunkte reichen Segens gewesen. Hier und da begegnen wir bei ihnen auf diesem Gebiete sogar Ansätzen zu merkwürdigen und sehr entwickelungsfähigen Neuerungen, mit denen, ihren Urhebern selbst freilich aller Wahrscheinlichkeit nach unbewußt, die Lösung noch anderer sozialer Probleme wenigstens in Angriff genommen wurde. Zwar wissen wir nicht, ob Einrichtungen, wie sie für das Haupthaus des Ordens in Jerusalem bezeugt sind, anderwärts ihr Seitenstück gefunden haben oder der Zeit weit vorauseilende vereinzelte Einrichtungen geblieben sind, die durch die besonderen lokalen Verhältnisse der heiligen Stadt zur Befriedigung der dort durch den Pilgerverkehr erzeugten Bedürfnisse ins Leben gerufen waren. Dahin ist die Fürsorge zu rechnen, durch welche der Orden armen Pilgern und Pilgerinnen die Eingehung der Ehe ermöglichte, indem er ihnen den nötigsten Unterhalt gewährte, sowie die Errichtung einer besonderen Pflegstätte für Wöchnerinnen und ihre Neugeborenen. Besonders verdiente Krieger, die im Dienst des Ordens gegen die Ungläubigen gefochten hatten, wurden zwar, wenn sie invalide geworden waren, nicht pensioniert, wohl aber der Mildtätigkeit der Gläubigen durch Schreiben der Ordensoberen zur Unterstützung empfohlen. Auch könnte man die Art, wie viele von den dem Orden nur locker verbundenen Leuten durch Zuwendungen an ihn sich für ihre alten Tage der Aufnahme und Verpflegung in einem der Ordenshäuser versicherten, wo sie dann, ohne ein Gelübde abzulegen und zuweilen auch ohne das Ordensgewand zu tragen, den Rest ihres Lebens verbrachten, mit Recht in Vergleich stellen mit dem, was als Altersversorgung in den sozialpolitischen Bestrebungen unserer Zeit einen hervorragenden Platz einnimmt.

Wenn auch nicht in solchem Umfange wie bei den Hospitalitern, hat die ständige Übung christlicher Liebeswerke auch bei den übrigen geistlichen Ritterorden einen bedeutenden Platz eingenommen. So wenig wie überhaupt irgendein kirchliches Institut konnte jene Zeit sie sich ohne solche denken. Sie wurde von ihnen um so zuversichtlicher erwartet und um so bestimmter gefordert, je mehr sonst bei ihnen der geistliche Charakter durch den weltlichen Zug in ihrem Wesen beeinträchtigt werden konnte, der ihnen infolge ihrer ritterlichen Tätigkeit und der frühen Verflechtung in weltliche Interessen anhaftete. Die Templer haben in dieser Hinsicht der öffentlichen Meinung frühzeitig nicht genug getan: Ihr erschien, was sie für Armen- und Krankenpflege aufwandten, zu wenig im Verhältnis zu den Mitteln, die ihnen zuströmten. Aber wie für sie ist das Vorbild der Hospitaliter für alle geistlichen Ritterorden maßgebend gewesen und, wenn auch in beschränktem Umfange, bis zuletzt maßgebend geblieben. Auch der Deutsche Orden hat diesen frommen Brauch noch in späterer Zeit geübt, mag es sich dabei zuweilen auch nur um die Erfüllung einer Formalität gehandelt haben, die erfolgte, weil ihre Vernachlässigung Anstoß gegeben haben würde. So fehlt es denn gerade hier nicht an einer Verbindung zwischen der sozialen Tätigkeit der geistlichen Ritterorden und den verwandten Bestrebungen späterer Jahrhunderte. Wie manche noch heute segensreich wirkende milde Stiftung, die der Armen- und Krankenpflege geweiht ist, geht auf eine solche zurück, die von den Hospitalitern herrührt. Mit gutem Grund hat daher König Friedrich Wilhelm IV. von Preußen, als er in seiner romantischen Art das mittelalterliche Hospital in dem modernen Johanniterorden wieder aufleben ließ, gerade diese Seite in des ersteren Wirksamkeit als die wesentlichste herausgegriffen und so seiner Schöpfung eine gewisse Berechtigung verliehen, die sie gegen den Vorwurf der Spielerei mit überlebten Formeln schützen konnte.

Aber so sehr die geistlichen Ritterorden in dieser Tätigkeit als Träger spezifisch christlicher Anschauungen und Bestrebungen erscheinen, möchte man doch im Hinblick auf die von den Kreuzzügen auf die Kultur des Abendlandes ausgegangenen Wirkungen die Vermutung aussprechen, daß diese von ihnen so energisch aufgenommen und so planmäßig vertreten wurden, sei wenigstens zum Teil auf Eindrücke zurückzuführen, welche die abendländische Christenheit zuerst durch die Berührung mit dem Islam und die Bekanntschaft mit seiner auf manchem Gebiete so hohen Kultur empfangen hatte. Bekanntlich nimmt unter den frommen Werken, durch die nach Mohammeds Lehre seine Jünger sich der Freuden des Paradieses versichern können, die Wohltätigkeit den ersten Platz ein, wie sie ja auch in der Sittenlehre des modernen Islams als die vornehmste Tugend eine hervorragende Rolle spielt. Hat es nun im christlichen Abendlande auch vor den Kreuzzügen nicht an Anstalten und Einrichtungen gefehlt, welche – meist natürlich im Anschluß an die Kirche – der Wohltätigkeit im weitesten Sinn des Wortes dienten, so wird doch seit dem Beginn der Kreuzzüge ein Anschwellen der Tätigkeit auf diesem Gebiete deutlich erkennbar. Gewiß ist dies zunächst veranlaßt durch die Steigerung des Bedürfnisses danach, welche die Bewegung der abendländischen Völker, und zwar namentlich ihrer niedrigsten Schichten, nach dem Osten herbeiführte. Doch können auch die Eindrücke nicht ohne Wirkung geblieben sein, welche die jahraus, jahrein über das Meer ziehenden Pilger und Kreuzfahrer dort von den großartigen mohammedanischen Anstalten empfingen, die ähnlichen Zwecken dienten. Was wir von einzelnen unter diesen in betreff ihres Umfanges, ihrer Ausstattung und ihrer Leistungsfähigkeit erfahren, berechtigt zu der Annahme, von den bisher im Abendland bestehenden Anstalten dieser Art habe den Vergleich mit jenen keine aushalten können. Da außerdem vor den Kreuzzügen ein feindlicher Gegensatz zwischen Christentum und Islam nirgends erkennbar wird, vielmehr beider Kulturen trotz mannigfacher Kämpfe ihrer Träger sich vielfach freundlich berührt haben und in Austausch miteinander getreten sind, so werden auch die christlichen Eroberer und ersten Besiedler des heiligen Landes wie in so vielen anderen Stücken sich auch auf diesem Gebiete dasjenige angeeignet haben, was sie bei ihren Gegnern nachahmenswert fanden, zumal hier die Sittengebote des Christentums und des Islam im Einklang standen.

Haben die geistlichen Ritterorden auf diesem Gebiete der sozialen Kultur, für die das rechte Verständnis jener Zeit doch noch vielfach abging, wirklich Neues, Lebens- und Entwickelungsfähiges geschaffen, so wird das im übrigen von ihnen kaum behauptet werden können. Denn die Ideen, in denen sie wurzelten und denen sie dienten, waren Produkte einer zwar tiefen, aber doch nur vorübergehenden geistigen Bewegung, welche unter dem Eindruck schwerer Heimsuchungen aller Art die gleichsam überreizten Völker des Abendlandes ergriffen und in krankhafter Schwärmerei von dem Boden der Wirklichkeit sich allzusehr zu lösen veranlaßt hatte. Sie hatten nur für eine beschränkte Zeit volle Berechtigung, dann verloren sie mit der Bedeutung auch die Kraft. Damit trat eine Art von schmerzlicher Ernüchterung ein. Ihren Spuren begegnen wir schon nach dem ruhmlosen Ausgang des deutsch-französischen Kreuzzugs von 1147–49. Noch einmal ist sie dann durch die Schreckenskunde von der Eroberung der heiligen Stadt durch Saladin überwunden worden, welche das Abendland zur höchsten Kampfeslust entflammte. Dann hat das Scheitern auch des unter den günstigsten Aussichten begonnenen dritten Kreuzzugs die Begeisterung und Opferfreudigkeit für diese Unternehmungen vollends gebrochen. Nirgends hat in der Folge die große Masse sich noch ernstlich für sie erwärmt, und die Wiedergewinnung des heiligen Landes blieb der fromme Wunsch schwärmerischer Gemüter, das Ziel des Strebens ehrgeiziger und abenteuerlustiger Fürsten und ein brauchbares Mittel zu nicht immer selbstloser Agitation von seiten der Kirche. In allgemeiner geistiger Hinsicht hat sich die Krisis in der Kreuzzugsbewegung um die Wende des 12. und 13. Jahrhunderts vollzogen. Eigentlich bedeutete sie eine solche auch bereits für das geistliche Rittertum, das aus dem Geist der Kreuzzüge entsprungen war und zu erfolgreicher Fortsetzung seiner Tätigkeit der Fortdauer seiner Herrschaft bedurft hätte. Waren die Orden bisher die Vorkämpfer eines

Ideals gewesen, das mit ihnen Unzählige begeistert auf dem Herzen trugen und um dessentwillen, in der Hoffnung, es durch sie verwirklicht zu sehen, man ihnen bereitwillig alle möglichen Rechte und Freiheiten zugestand, so wurde das jetzt anders: Immer weitere Kreise sahen in ihnen nur noch die Träger von Bestrebungen, die sich überlebt hatten und denen immer neue Opfer zu bringen bei dem Mangel jeder Aussicht auf Erfolg unnütz und töricht war. Sie erschienen jetzt als die Vertreter einer überwundenen Entwickelung, die an den Traditionen der Vergangenheit eigennützig festhielten, nicht um der Sache willen, sondern wegen der Vorteile, die ihnen daraus erwuchsen. Je mehr im Fortgang des 13. Jahrhunderts sich dann der Sinn immer weiterer Kreise von der Kirche überhaupt abwandte und selbst der ritterliche Adel Frankreichs, welcher die Last des Kampfes im Osten Menschenalter hindurch vornehmlich getragen hatte, in seiner Fortsetzung eine zwecklose Vergeudung von Kräften und Mitteln erblickte, um so mehr verloren die geistlichen Ritterorden die Fühlung mit den geistigen und sittlichen Kräften, welche die Entwickelung der abendländischen Völker bewegten, und erschienen freier Denkenden und unbefangen Urteilenden als Überreste einer Vergangenheit, die in die Gegenwart nicht mehr hineinpaßten. Und sich in ihr nur als störende Elemente unbequem bemerkbar machten.

Das galt gleichmäßig für Kirche und Staat. Wir wissen, in welchem Maße die den geistlichen Ritterorden von den Päpsten eingeräumte Ausnahmestellung die Ordnung der Kirche nach allen Richtungen hin in Frage stellte, ihr festes Gefüge überall lockerte und schließlich selbst der Einwirkung des Papstes, der für den Bischof des Ordens galt, Schranken setzte. Am meisten hatten darunter die Bischöfe zu leiden, deren Rechte den Orden gegenüber kaum noch in irgend einem Punkte den alten Umfang hatten. Das gleiche galt von den Pfarrern. Die moralische Autorität und das wirtschaftliche Gedeihen der Kirche wurden dadurch gleichmäßig geschädigt, zumal die Exemtionen, die ursprünglich bloß den eigentlichen Ordensbrüdern zugute gekommen waren, unter Zustimmung der römischen Kurie auf immer weitere Kreise erstreckt worden waren: Wer, auch wenn er das Ordensgewand nie anlegte, in irgendeiner Weise auch nur ganz locker den Orden verbunden war, ihnen Zins zahlte oder diente oder mit ihnen in geschäftlicher Verbindung stand, erwarb dadurch das Recht auf den Mitgenuß ihrer kirchlichen Freiheiten, brauchte sich nicht zu der Pfarrkirche zu halten, in deren Bezirk er lebte, war der Strafgewalt des Bischofs des Sprengels entrückt und blieb frei von Lasten, die andere zu tragen hatten. War ein solches Verhältnis schon im kleinen bedenklich und geeignet, das kirchliche Leben zu beeinträchtigen, so mußte es vollends unerträglich werden bei dem Umfang, zu dem es sich infolge der weiten Verbreitung der Orden und des Anwachsens ihres Besitzes in manchen Ländern entwickelte. Wenn z. B. die eximierte Stellung der Hospitaliter in der einen Großpräzeptorei Frankreich entsprechend deren territorialem Bestand nicht weniger als 26 Bistümer in Mitleidenschaft zog,[1]) d. h. die kirchlichen, finanziellen und zum Teil auch die weltlichen Rechte ihrer Vorsteher kürzte, ihnen ganze Gemeinden entzog und eine Menge von Kirchen, die unter das Patronat des Ordens gekommen waren, aus dem Diözesanverband löste, so kann man sich danach ungefähr eine Vorstellung machen von den Wirkungen, welche diese Verhältnisse auf die Kirche überhaupt ausüben mußten: Sie kann nur eine zersetzende gewesen sein.

Ein Seitenstück hierzu bietet die Stellung, in welche die geistlichen Ritterorden gegenüber den Trägern der staatlichen Autorität kamen, und der Nachteil, der dadurch der Konsolidierung derjenigen Staaten bereitet wurde, wo sie zu größerem und hier und da zusammenhängendem Besitz gelangt waren. Denn auch da ist der Begriff der Zugehörigkeit zu ihnen immer weiter gefaßt, sind daraufhin immer weitere Kreise der weltlichen Obrigkeit entzogen und diese um das gebracht worden, was sie von Rechts wegen von ihnen zu fordern hatte. Nicht selten haben sich die Orden geradezu an die Stelle des Staates zu setzen gesucht, namentlich indem sie in größeren Güterkomplexen auch die höhere Gerichtsbarkeit an sich zogen und so ihre grundherrlichen Rechte allmählich in landesherrliche verwandelten. Daraus mußten den sich erst organisierenden Staaten und der aufstrebenden Monarchie Hinderungen aller Art erwachsen. Es konnten sich daraus, wurde dieser Entwickelung nicht Halt geboten, unter Umständen für Staat und Königtum ernste Gefahren ergeben. Das lehrt die Art, wie in Frankreich gegen das Ende des 13. Jahrhunderts das Pariser Parlament den Übergriffen der Orden, namentlich der Erweiterung ihrer Gerichtsbarkeit, entgegengetreten ist. Auch für die Maßnahmen, die Philipp IV. zur Feststellung des rechtmäßigen Besitzes der Orden an Gütern zur toten Hand und zur Regelung seines Verhältnisses zur Krone getroffen hat, werden darauf berechnet gewesen sein, durch Schaffung eines scharf umgrenzten und von beiden Teilen anerkannten Zustandes Verwickelungen auszuschließen und Gefahren abzuwenden, die bei dem fortschreitenden Umsichgreifen der Orden leicht eintreten konnten. So ist der zersetzende Einfluß, den die Orden auf diesem

[1]) Vgl. S. 268.

Gebiete ausübten, aufgehalten und die staatliche Entwickelung vor den Störungen bewahrt worden, die ihr von dorther drohten.

Schwieriger ist es, sich ein Bild zu machen von dem Einfluß, den die geistlichen Ritterorden auf die Wandelung der gesellschaftlichen Verhältnisse jener Zeit ausgeübt haben. Wir begegnen da ähnlichen Widersprüchen zwischen ihrem Wesen und ihrem Wirken, wie sie in anderen Punkten zutage traten. Dem Grundstock nach war ihr Personalbestand von Haus aus entschieden aristokratisch, und bis zuletzt war nur der aus gültiger Ehe entsprossene Edelmann fähig, als Ritterbruder aufgenommen zu werden, mögen auch Ausnahmen vorgekommen sein zugunsten natürlicher Söhne von Fürsten, die dann jedoch von den höheren Ordensämtern ausgeschlossen blieben. Auch unter den Servienten wird in älterer Zeit der Adel überwogen haben. Je mehr aber die Orden den Kreis der ihnen Zugehörigen durch Ausbildung verschiedener lockerer Schutz- und Abhängigkeitsverhältnisse erweiterten und Leute niedriger Herkunft und Berufsart den Zugang öffneten, um so mehr verloren sie den adeligen und ritterlichen Charakter und wurden zu Verbänden von Leuten aller Stände hinab bis zum kleinen Handwerker und Bauernknecht, die durch den gemeinsamen Genuß gewisser Privilegien zusammengehalten wurden. So haben sie dazu beigetragen, die Unterschiede zwischen den Geburtsständen abzuschwächen und allmählich auszugleichen. Ob dies bei den Hospitalitern in ähnlichem Maße der Fall gewesen ist, wie es uns durch die Akten ihres Prozesses für die Templer bezeugt ist, muß dahingestellt bleiben. Bei dem Deutschen Orden war es schon dadurch ausgeschlossen, daß er in Preußen einer zahlreichen ständisch gegliederten Untertanenschaft als Landesherr gegenüberstand, für ihn also kein Anlaß vorlag, in ähnlicher Weise wie die Templer den Kreis seines Einflusses zu erweitern durch Heranziehung von Leuten, die eigentlich nicht in den Orden gehörten. Vielmehr gebot dort das Interesse der herrschenden Kaste, diese möglichst abgesondert zu erhalten und vor der Vermischung mit fremden Elementen zu bewahren. Daher ist der Einfluß, den die Orden auf die gesellschaftliche Entwickelung ausgeübt haben, je nach den Umständen ein sehr verschiedener gewesen.

Auch in bezug auf die Bedeutung, die den geistlichen Ritterorden für die Entwickelung des wirtschaftlichen Lebens zuzuerkennen sein wird, dürften zwischen ihnen, soweit das Material überhaupt ein Urteil ermöglicht, wesentliche Unterschiede zu konstatieren sein. Die Grundlage für das wirtschaftliche Gedeihen der Hospitaliter hat ihr überwiegend ländlicher Grundbesitz gebildet. Für seine Verwertung werden entsprechend der Organisation des Ordens, der Abgrenzung der Befugnisse der einzelnen Beamtenklassen und der Ausbildung bestimmter Normen für das Verhältnis zu Bauern, Pächtern, Hintersassen und Untertanen verschiedener Art frühzeitig bestimmte Formen entwickelt sein, die dann auf den immer erweiterten Umfang des Ordensbesitzes unter Anpassung an die besonderen Verhältnisse der verschiedenen Länder Anwendung fanden. Als der älteste von den drei Orden dürfte eben der der Hospitaliter diese Einrichtungen am frühesten getroffen haben und darin gewissermaßen der Lehrer der beiden anderen geworden sein. Aber die Schranken der Naturalwirtschaft scheint er eingehalten zu haben. Wenigstens finden wir kein sicheres Zeugnis dafür, daß er den Überschuß der ihm zuwachsenden oder gelieferten Naturalien auf dem Wege des Handels gegen andere Bedarfsartikel eingetauscht oder in Geld umgesetzt hätte. Vielmehr scheint er in dieser Hinsicht hinter der Zeit zurückgeblieben zu sein und den Übergang von der Natural- zur Geldwirtschaft nicht mitgemacht zu haben. Daraus dürfte es sich auch erklären, wenn er trotz seines reichen Grundbesitzes bereits in der zweiten Hälfte des 13. Jahrhunderts dauernd mit finanziellen Schwierigkeiten zu ringen hatte.[1])

Die Templer dagegen erscheinen früh in enger Verbindung mit dem wirtschaftlichen Fortschritt, der sich während der Kreuzzüge vollzog. Ihr Orden hat nicht bloß den regsten Anteil daran genommen, sondern ist einer seiner vornehmsten Träger gewesen. Ohne dies würde er niemals zur Stellung einer finanziellen Großmacht aufgestiegen sein, die den internationalen Geldverkehr regelte. So groß das Verdienst war, welches er sich dadurch um die wirtschaftliche Entwickelung des Abendlandes erwarb, so geriet er doch durch diese Tätigkeit in einen scharfen und in gewissem Sinn anstößigen Gegensatz zu seinem Beruf, schon angesichts der von der Kirche gegen den Wucher erlassenen Verbote. Aber gerade in seinem Reichtum beruhte die Macht dieses Ordens. Er darf auf diesem Gebiete als der Vorläufer der großen italienischen Bankiers angesehen werden, die in der Folge den internationalen Geldverkehr beherrschten und dadurch wichtige Faktoren in der allgemeinen Kulturentwickelung wurden.

Einen Schritt weiter noch ist auch hier der Deutsche Orden gegangen, indem er den Überschuß der Naturprodukte seines reichen Landes zusammen mit dem, was ihm an Barmitteln zur Verfügung stand, zu groß angelegten Handelsunternehmungen verwendete, die nicht nur seine Geldmittel vermehrten, sondern auch dem Wohlstand

[1]) S. 458.

seines Landes und dem wirtschaftlichen Gedeihen Deutschlands zugute kamen und dessen Ansehen im Ausland hoben.

So haben die geistlichen Ritterorden, die einst in ihrer eigenartigen Bildung gleichsam die Summe gezogen hatten aus der Kultur einer früheren Zeit, als sie überflüssig geworden waren und dem allgemeinen Gesetz der Vergänglichkeit verfielen, der Nachwelt doch noch lebens- und entwickelungsfähige Keime übermittelt und sind dadurch in einzelnen Momenten in Verbindung geblieben mit der sich in aufsteigender Linie bewegenden Entwickelung. Wie alle aus dem fruchtbaren Boden einer großen Zeit hervorgegangenen geschichtlichen Gebilde sind auch sie schließlich nicht dahingegangen, ohne der Nachwelt wenigstens etwas als brauchbares Erbe zu hinterlassen.

Namensverzeichnis.

A

Aachen 136, 310
Aargau 310
S. *Abraham,* Hugo von 37
Accon 41, 59, 50, 61, 64, 66, 110, 111, 166, 228, 353, 371, 374, 399, 409, 424, 454
Acqui 188
Adalasis von Forcalquier 274
Adam Martel, Templermeister 407
Adolf von Nassau, deutscher König, 107
S. *Ägidius* (S. Gilles) 18
Ägypten 17, 43, 50, 55, 59, 409, 459
Ätna 332
Agen 408
Agnes aus Aix (s. Alix) 315
Agostino Trionfo 482
Aguada 84
Aigues Mortes 433
Aix 148, 271, 274, 275, 368, 369, 406, 408
Akjerman 14
Aksa-Moschee 24
Alanus Martell 339
Alarcos, Schlacht bei (1195) 77
Albano, Mathäus von, Kardinallegat 25
Albano, Richard von, Kardinalbischof 22
Alberino 330
Albertino di Pontremoli 228
Albertus Magnus 460
Albi 368, 408, 483, 484, 490, 491, 492
Albigenser 147, 362, 364, 432, 482, 483, 487, 489 ff.
Albrecht von Brandenburg 210
Albrecht von Österreich, deutscher König 107
Albucaga, Schlacht bei (1124) 307
Alcacer do Sol 99
Alcantara 87 ff., 331, 456
Alcaraz 330
Alcobaça 93
Alexander III., Papst 27, 33, 34, 36, 43, 57, 60, 77, 82, 88, 92, 95, 96 ff., 112, 128, 145, 151, 153, 155 ff., 161, 163, 169, 171, 175, 180, 183, 184, 187, 191, 196 ff., 201, 203, 205 ff., 207–217 ff., 222, 224, 225, 227, 228, 233, 239, 244, 245, 248, 250 ff., 289, 328, 355, 362, 415, 452
Alexander IV., Papst 52, 79, 80, 83, 88, 109, 110, 113, 114, 116, 120 bis 125, 127, 129–131, 139, 146, 148, 151, 152, 154, 157, 158, 160, 172, 174, 186 ff., 202, 220, 223, 224, 230, 231, 240, 251, 290, 415, 427, 440, 442, 445
Alfambra 92
Alfons I. von Aragonien („Kaiser") 23, 71, 73, 74, 88, 93, 299, 326 ff., 328
Alfons II. von Aragonien 90, 91, 301, 328, 330
Alfons III. von Castilien 92
Alfons VI. von Castilien 29
Alfons VIII. von Castilien 71, 74, 77, 84, 85, 305
Alfons IX. von Castilien 86, 88
Alfons X. von Castilien 79, 84, 85
Alfons von Poitiers 368, 430
Alfonso I. Henriquez von Portugal 22, 29, 90, 307, 319, 321, 323
Alfonso II. von Portugal 324
Alfons Raimundez von Galizien 88

Alfred von Poitou 360
Algarve 99
Alguayre 301, 316
Alix von Brabant 355
Aliago 328
Alice von Angoulême 407
Alix (Agnes) 315
Almencellas 298
Almunia 301
Alpen 264
Alt-Breisach 311
Alte vom Berge 46
Alten-Biesen, H. Ballei 136
Altenburg 135
Alto Passo, Orden von 459
Amadeus IV. von Savoyen 307
Amadi, Francesco 504
Amalfi 11, 12
Amalrich Augier von Béziers 500
Amalrich, König von Jerusalem 50, 51, 452
S. *Amand*, Prior von 151
Amaury Barlais 424
Amaury von Montfort 364
Amaury de la Roche 199
Ambel 398
Amelius, Bischof von Toulouse 263, 264
Amerciamentum 293, 347
Amiens 268, 380
Amortissement 278 ff., 295
Amposta 261 ff., 297, 298, 301, 302, 304, 315
Anaclet II., Papst 28, 33
Anagni 333, 488
Anastasius IV., Papst 19, 21, 23, 55, 164 ff., 176, 180, 192, 209, 214, 215
Andalusien 324
Andreas, Tempelbruder 28
Andreas von Baudemont 352
Andria 286
Andvordskow 314
Anglure 355
Anjou 269, 270, 278
Anjous von Neapel 332, 456, 463
Añon 301
Antiochien 12, 47, 52, 53, 58, 79, 148
S. *Antonius*, Orden des 459/60
Apamea 53
Apostelbrüder 494
Apt 369
Apulien 287
Aquitanien 221, 261, 269, 270, 295, 359 f.
Aragonien 22, 23, 72, 128, 188, 258, 261, 298 ff., 313, 316, 325 f., 328, 331, 408
Arborea 179
Ardignan, Herrn d' 279
Arias, Hospitaliterprior 307
Arkas 52
Arles 47, 48, 201, 225, 226, 264, 271, 363, 368, 408
Arnald de Roccha, Tempelbruder 29
Arnaud, Bischof von Nimes 363
Arnheim 310
Arnld de Castro Novo 328
Arnold von Novelli, Abt von Fontfroide 492
Arnoul vom Westmale, Templer-Ordensritter 355
Arnulf, Patriarch von Jerusalem 144
Arras 369
Artois 356
*Ascalon*50, 51, 92
Ascon 328
Assasinen 46, 47
Asti 17, 247
Auch, Bischof von 364
August Friedrich, Prinz von Preußen 313
Aunis 270
Aurillac 326, 360
Austy 291
Auvergne 258, 260, 262, 265, 266, 279, 316, 326, 360, 422, 435
Auxerre 268
Avignon 368
Aviñonet 190, 301
Avis 90, 91
Azpilqueta 248

B

Bacharach 139
Baden 311
Baillis conventuaux 258
Balaguer 302
Balduin I., König von Jerusalem 24, 62

Balduin II. 28, 29, 30, 57, 196
Balduin IV. 91, 422
Balduin II., lateinischer Kaiser 414
Balga 69
Balian von Arsuf 453
Barberanum 326
Barbens 301
Barbesan 329
Barbestro 327
Barcelona 188, 300, 301, 302, 315, 327, 329, 361, 500
Bargota 306
Bari 17, 286, 332
Bariland 17
Barin 52
Barletta 261, 283, 287, 498
Barrow 291
Batisford 88, 295
Bayern 311
Bayeux 268
Bayonne 265, 299
Beatric, Königin 279
Beaucaire 278, 421
Beaude, Casale 422
Beaujolais 266
Beaulieu 265, 275, 316
Beaume 355
Beauvais 268
Bedford 347
Bedfordshire 343
Beirut 58, 59, 60
Bela III. von Ungarn 312, 335, 408, 421
Bela IV., König von Ungarn 335
Belgien 267
Bellecombe 355
Belvoir 51
Benedikt XI. 201, 226, 239, 272, 389, 488, 490
Benediktiner 241
Benevent 332
Benvenuto, Bischof von Gubbio 151
Berald, Templermeister 29, 319
Berengar von Frédol, Kardinal 492
Berengaria, Königin 404
Berengaria von Castilien 412
Bern 36
Bernard Délicieux 484, 485, 487, 489, 491–95
Bernhard de Ballolio 337
Bernhard, Bischof von Béziers 363
Bernhard von Clairvaux 25, 28, 86, 209, 452
Bernhard, Bischof von Nazaret 144
Bernhard von Schulenburg 313
Bernstein bei Aachen 136
Berry 266, 270
Bertrand des Barres 266
Bertrand de Blanquefort, Ordensmeister 370
Bertrand von Lautrec 363
Bertrand von Margat 53
Bertrand von Morimond 74
Besalu 300
Bet-Dschibrin 37, 38, 50
Bethlehem 264
Beverly 291
Béziers 265, 364, 490, 500
Bibars, Sultan 59, 67
Biberstein 316
Bigorre 265
Bilbeis 50
Biscaya 265
Blanka, Königin von Frankreich 430
Blanka von Neapel 187
Böhmen 261, 308, 311
Boemund von Antiochien 47, 53
Boemund IV. von Antiochien 55, 60
Boleslaw II. von Polen 311
Boleslaw III. von Polen 311
Bologna 202, 264, 333
Bonifaz VIII. 98, 100, 113, 150, 173, 185, 187, 190, 191, 226, 227, 230, 265, 272, 282, 333, 386, 389, 407, 461, 482, 486, 497, 508
Bonifaz IX. 110
Bonifaz von Calamandracen 304
Boppard 139, 140
Bordeaux 188, 265, 433, 464
Bordère 265
Borgo S. Donnino 9
Borja 328
Bornholm 447
Bortefelde, Gebhard 313
Bosnien 151
Boulbonne 279, 283
Bourges 147, 410
Bozen 136

Brabant 267, 369
Braga, Erzbischof von 29
Brandenburg 261, 312, 315, 335
Braubach 140
Bresse 266
Bretagne 269, 270, 359, 432
Brezina 311
Brimpton 291
Brindisi 166, 285
Bruchsal 311
Brügge 428, 446
Buckland 289, 316
Bugey 266
Bure-les-Templiers 355
Burgund 135, 269, 270, 334, 355, 417
Buriana 302
Burkhard, Kaplan 64
Burkhard, Reisender 47
Butera 332
Byzantier 422
Byzantiner 12

C

Cabroke 288
Caceres, Burg 94
Cachetas 306
Caesarius von Heisterbach 247
Cahors 278, 408
Caignac 265
Calatayut 301
Calatrava 24, 38, 71, 72 ff., 81, 82, 84, 87 ff., 91, 302, 456, 459
Calixt *II.*, Papst 459
Cambrai 158, 268
Cambridge 291
Campanien 333
Cantavieja 301
Capua 261, 283
Carcassonne 278, 364, 367, 399, 483, 484, 486, 489, 491, 493
Carlat 326, 360
Carpestan 363
Caspe 301
Castel Marino 331
Castel Sarasin 364
Castellot 92, 301
Castilien 100, 258, 261, 297 ff., 305, 309, 316, 324, 330 f.
Castiliscar 301
Castillo de Duennas 77
Cavalcata 275
Cera 322
Cerdagne 300, 330, 331
Ceregin 330
Cerny 369
Cervera 301, 326
Cevennen 266
Chalons 371
Champagne 261, 269, 270, 352 ff., 415, 435
Chartres 25, 268, 493
Chaumont 355
Chippenham 288, 295
Chlodwig 78
Chola 422
Christian, Erzbischof von Mainz 140
Christiania 315
Christusorden 299, 522
Cintra 323
Circolos, Kloster 76
Cisterzienser 26, 38, 76, 81, 82, 88, 89, 90, 92, 145, 148, 208, 241, 242, 371
Ciudad Rodrigo 88
Clemens III., Papst 64, 103, 110, 218, 223, 230
Clemens IV. 79, 114, 125, 126, 146, 148, 149, 152 ff., 157, 168, 171, 173, 185, 186, 198, 201, 207, 217, 224, 226, 229, 236 ff., 250, 329, 413, 420, 453
Clemens V. 99, 148, 151, 155, 193, 199, 223, 240, 248, 271, 272, 287, 304, 316, 331, 374, 389, 439, 468, 469, 473, 475, 480, 483, 491, 493, 494, 496, 497, 499, 500, 504 ff., 517
Clerkenwell 288
Clermont 266
Clotilde 75
Cluny 13, 190, 410, 415
Coelestin II., Papst 62
Coelestin III., Papst 103, 110, 111, 117, 118, 171, 201, 216, 219, 224
Coelestin V. 100, 114, 286
Coimbra 90, 319
Colonna 226
Cominges 363, 364

Compiègne 222
Condat 265
Conflans 300
Connétable 38
Constanze, Tochter Ludwigs VII. 362
Copau 312
Corbeil 268, 280
Corbins 328
Corgebin 355
Courdamble 355
Coutances 268
Crato 307
Cratum 52
Crisen 316
Cypern 199, 272, 285, 287, 338, 462, 464

D

Dacia 314
Daimbert, Patriarch von Jerusalem 263
Dalby 289
Dalmatien 151, 335
Damascus 14, 28, 370
Damiette 136
Damik 312
Damor 423
Dänemark 261, 308, 314, 315
Dänen 9, 314
Danzig 446
Dauphiné 459
David, König von Schottland 289
S. Denis 436
Derby 291
Deutschland 258, 309, 334 f., 521
Devonshire 343
Diego Velasquez 74, 75
Dietrich von Cleve 139, 141
Dietrich von Flandern 356
Dietrich von Katzenelnbogen 140
Dijon 355
Diniz, König von Portugal 316, 319, 324
Dirschau 446
Dombes 266
Dominikaner 143, 364, 485, 486, 488, 489
Donauwörth 136
Dordogne 269
Doucede Carlat 360
Douzens 361
Dragoman 15
Dreux 279
Droit de gîte 304, 375
Droit de monnayage 303
Dschihad (Heiliger Krieg) 31
Dubicza 335
Dublin 290
Dubois, Pierre 422, 435, 461, 463, 467, 479, 495
Duns Scotus 255
Durance 263, 300, 369

E

Eberhard, Graf von Katzelnbogen 139
Eberhard, Bischof von Konstanz 163
Eberhard, Erzbischof von Salzburg 135
Ebersberg 291
Eboli 286
Edinburg 410
Eduard I. von England 197, 289, 290, 294, 297, 341, 350, 406, 409, 414, 419, 432, 434
Eduard II. 295, 296, 349, 496
Elbing 446
Eleonore von England 291, 337, 359
Eleonore, Gemahlin Heinrichs III. 405, 406
S. Eligius (Eloy) 94
Elisabeth von England 291
Elisabeth von Thüringen 135
Elisian von Mondragone 497 ff., 508
Ellingen 136, 137
Elsaß 135, 310
Embrun 148, 271
Emesa 52
Emilia 284
St. Emilion 418
Engelbert, Erzbischof von Köln 138
England 26, 107, 258, 261, 288 ff., 291 ff., 335 ff., 342 ff., 357 ff., 409, 410, 447, 458
Epernay 353
Erfurt 138
Erich der Gute 8
Escuroles 190
Eskilstuma 315
Espluga Calva 328
Estrella 330

Estremadura 321
Estremoz 316
Etienne, Hospitaliter 263
Etrépigny 274, 372
Eu, Graf von 407
Eudes de Châteauroux, Kardinalbischof von Tusculum 148
Eudes von Nevers 414, 417
Eugen III., Papst 21, 33, 164, 167, 201, 206, 211, 223, 225, 274, 337, 374
Euremar, Erzbischof von Caesarea 144
Evora 90 ff., 316
Evreux 268

F

Fatimiden 12
Ferdinand III. von Aragonien 85, 87
Ferdinand der Heilige von Castilien 93
Ferdinand der Katholische 80, 299
Ferdinand III. von Leon 330
Ferdinand, Prinz von Majorka 489, 490
Ferdinand von Portugal 319
Ferentino 166
Fermo, Bischof von 427
Fernandez Heredia, Hospitalmeister 298
Ferrara 284
Ferraudus de Barrocio 274
Fieux 65, 316
Findelhaus 42
Fitero 74, 75, 76
Flandern 267, 341, 356, 369, 418
Florac (Floirac) 500
Florenz 149, 198, 397, 419
Foix 265, 361, 362, 364
Fontaine 352, 372
Fontenoy 372
Fontevrault 148
Forcalquier 369
Forez 266
Fortun Cabeça, Kastellan von Amposta 301
Foucher, Patriarch von Jerusalem 164 ff.
Fra Dolcino 494
Fraga 299
Franche Comté 266
Franken 136 ff.
Frankfurt a. M. 141, 311
Frankreich 26, 40, 258, 261, 262, 309, 310, 316, 410, 417, 458, 461, 463, 478, 488, 499, 501, 509
Franziskaner 174, 485
Freiburg i. B. 136
Friedrich I., Kaiser 63, 103, 166, 309, 311, 333, 415, 416, 472
Friedrich II., Kaiser 51, 65, 103 bis 107, 109, 124, 125, 136, 137, 285, 332, 400, 407, 431, 452
Friedrich II., der Große 314
Friedrich von Schwaben 64
Friedrich Wilhelm III. von Preußen 314
Friedrich Wilhelm IV. von Preußen 314
Friesach 35
Fronton 265
Fürstenberg 139, 140
Fulco, König von Jerusalem 37
Fulco von St. Georg 484
Fulco von Villaret 197, 258, 278, 286, 295, 464, 470

G

Galdinus, Tempelbrüdermeister 29, 322, 323
Galfried, Templer 342
Galizien 308
Gallour 190
Galvanus Levanto 460
Gandera 328
Gap 262, 263, 368
Garcia Raimundez IV. von Navarra 306
Garcias 76
Garden 328
Garidech 265
Garonne 264
Garrigues 282
Gascogne 74, 265, 341, 496
Gebhard von Bortefelde 313
Geisa II. von Ungarn 312
Generalpräzeptor 313
Gentilis von Montefiore, Kardinal 497
Genua 284, 316, 400
Geoffrois de Vergines 414, 417
S. Georg bei Castelloz 335

Gerard (Gerald, Girald, Girauld), Stifter des Hospitals 12 ff., 18 ff., 37, 57, 108, 154, 262, 263, 296, 299
Gérard d'Athis 415
Gerhard, Graf von Geldern 139
Gerhard, Erzbischof von Mainz 140
Gerhard, Erzbischof von Ravenna 284
Geroh von Reichersberg 166, 167
Gerona 301, 326, 328
Gervasius, böhmischer Kanzler 311
Gestes des Chiprois 234 ff., 502, 503 ff.
Gibelin de Sabran, Bischof von Arles 264
Gibl-el-Akra 52
Gilbert d'Assailly 50, 408
Gilbert de Clair, Graf von Pembroke 290
Gilgenburg 445
S. Gilles 17, 40, 161, 167, 237, 260, 261, 262, 264, 265, 267, 273, 275, 278, 280, 295, 297, 315, 361, 362, 368, 408, 469, 470
Gilles de Gillon 438
Giovanni Soranzo, Doge 284
Girald, Prior des Hospitals 264
Giraud de Villiers 254
Gisors 410
Glocester 343
S. Goar 140
Goddin 312
Golgatha 10, 68
Gomez (Alcantara) 87
Gosen 68
Gosford 288, 316
Gottfried d'Ablis 486
Gottfried von Eppenstein 140
Gottfried Foucher, Tempelbruder 370
Gottfried, Herzog von der Normandie 269
Gottfried von S. Omer 24, 25, 356
Gottfried Kardinaldiakon *ad velum aureum* 328
Grammont, Orden von 460
Granada 302, 324
Grand Bailli 310
Grañena 326
Gratian 247
Graudenz 446
Graz 135
Great Carbroke 295
Gregor der Große, Papst 10, 11
Gregor VIII. 81
Gregor IX. 47, 65, 66, 79, 82–84, 88, 102, 124, 147, 150, 162, 171, 173, 178, 179, 183, 188, 202, 222, 224, 229, 240, 251, 316, 364, 407
Gregor X. 80, 146, 147, 154, 175, 187, 226, 234, 416, 456, 459
Gregor XI. 109
Grévandon 266
Grèveplatz 375
Gröbnik 311
Groningen 316
Großbailli 259
Großdrapier 258
Großkanzler 259
Großkomtur 258
Großmarschall 258
Großpriorate 259 ff.
Großschäffer 445 ff.
Groß-Tinz 311
Großturkopolier 258
Grumislaw von Ostpommern 312
Guido, Kardinaldiakon 328
Guido von Chatillon, Graf von S. Paul 410
Guido von Ibelin 247
Guido Legros (Papst Urban IV.) 236
Guido von Lusignan 58, 64
Guido von Montpellier 362
Gundemar 23
Guy de Briançon 371
Guy V. von Laval 273
Guyenne 265

H

Hadrian IV. 23, 64, 75, 124, 145, 166, 205, 212, 306
Haimard, Tempel-Schatzmeister 431, 438
Hakem Biamrilla, Kalif 11
Halberstadt 312
Hall 311
Halle a. S. 135
Hamah, Sultan von 54

Hampshire 343
Harun al Raschid 10
el-Hawa 51
Heilbronn 136
Heiligegrabeskirche 11, 374
Heiligen Grab, Orden zum 72
Heimbach 311, 313
Heinrich VI., Kaiser 63, 64, 65, 103, 104, 118, 292
Heinrich VII., König, Sohn Friedrichs II. 105
Heinrich von Burgund 29, 30, 307, 319
Heinrich I., Graf von Champagne 353
Heinrich II., König von Cypern 204
Heinrich I. von England 288, 291, 336 f., 359, 433
Heinrich II. von England 169, 288 ff., 316, 337 f., 410
Heinrich III. von England 291 ff., 294 ff., 338 ff., 348, 359, 365 f., 405 ff., 407, 408, 410, 413, 414, 418, 431
Heinrich VIII. 291
Heinrich, Patriarch von Jerusalem 228
Heinrich, Bischof von Konstanz 163
Heinrich VII. von Luxemburg 108
Heinrich der Löwe 335
Heinrich der Erlauchte von Meißen 134
Heinrich, Erzbischof von Nazareth 425
Heinrich von Polen 311
Heinrich, Erzbischof von Reims 355
Heinrich von Schwerin 312
Heinrich, Bischof von Trient 137
Hennegau 267, 369
Henry Stokton 407
Heraklius, Kaiser 10
Heraklius, Patriarch von Jerusalem 288
Herbergen, öffentliche 9
Herbergsrecht 375
Herbert, Bischof von Tripolis 144
Herefordshire 343
Herford 311
Hermann von Salza 64–66, 104
Hermengaud von Urgel 326
Herrenmeister 313
Hessen 135
Hessen-Darmstadt 311
Hessen-Nassau 311
Hohenrein 316
Holborn 336
Höms 54
Honorius III., Papst 46, 65, 88, 102, 109–117, 119–128, 130–132, 134, 150, 153, 157, 163, 167, 172, 173, 175, 178, 182, 184, 192, 202, 218, 219, 221–224, 228, 230, 249, 250, 359, 364, 417, 432
Honorius IV. 158, 201, 230
Horkstow 185
Hospitaliterinnen 315, 316
Huesca 299, 326 ff., 328
Hugney 354
Hugo von St. Abraham 37
Hugo de Beauce, Vicomte von Marseille 440
Hugo, Bruder Thibauts IV. von Champagne 352
Hugo, Graf von Flandern 422
Hugo, Graf von Forcalquier 302
Hugo l'Aleman 424
Hugo de Payns 24 ff., 30, 57, 108, 142, 319, 336, 352, 356
Hugo de Peraud 199, 386 ff., 480, 500, 502
Hugo Revell, Hospitaliter-Ordensmeister 157
Hugo Rigault 326
Hugo von Stokton 341

J

Jadra 335
S. Jakob, Orden von 364
Jakob I. von Aragonien 187, 190, 302
Jakob II. von Aragonien 301, 302, 303, 304, 429, 472
Jakob II. von Majorka 489, 490
Jakob IV. von Majorka 330
Jakob von Molay, Tempelmeister 226, 386 ff., 439, 465 ff., 481, 500 ff.
St. Jakobus 24, 93
Ibelin von Arsur 426
Ibn el Selar von Ägypten 32
Idanha velha 322
Jean l'Aleman, Herr von Cäsarea 423
Jean d'Isca 176, 420
Jean de Milli 438
Jean de Picquigny 484, 486, 490, 493
Jean de Pontoise, Bischof von Winchester 407

Jean de Tour der ältere 380ff., 414, 438
Jean de Tour der jüngere 481, 502, 504ff.
Jerusalem 10ff., 22, 35, 41, 49, 53, 57, 58, 68, 102, 145, 152, 163, 309, 412, 415, 417, 463, 464
Illyrien 135
Indurain 307
Ingeborg, Königin von Frankreich 268, 432
Innocenz II., Papst 17, 21, 28, 33, 82, 154, 156, 160, 162, 164, 167, 182, 192, 203
Innocenz III., Papst 61, 78, 79, 83, 88, 102, 111, 116, 124, 145, 152, 171, 172, 175, 182, 183, 201, 202, 207, 216–224, 227, 229, 231, 233, 234, 240, 290, 338, 347, 408, 412, 415, 417, 418, 420, 432
Innocenz IV. 51, 83, 115, 123, 124, 129, 130, 132, 147–149, 158, 163, 167, 173 –175, 192, 202, 207, 223 bis 225, 229, 230, 328
Johann XXI. 315
Johann XXII. 84, 100, 267
Johann Biset 288
Johann von Cany 406
Johann von Dijon 499
Johann, König von England 290ff., 336ff., 346, 357f., 404, 405, 407, 413
Johann Fernandez, Templer 226
Johann Ibelin, Herr von Arsur, Jaffa und Rama 424
Johann III. von Ibelin, Herr von Arsur 423
Johann Ibelin, Herr von Beirut 234
Johann I. von Ponthieu 274
Johann von Salisbury 221, 252
Johann Stellingflete, Hospitaliter 342f.
Johann von Toledo 75
Johann von Würzburg 41
Johann Zurita 90
Johanna von Navarra, Gemahlin Philipps IV. 387, 430, 440, 487
Johanna Porcellet 362
Johanna, Gräfin von Vermandois 356
John Maunsel, Schatzmeister von York 405
Joinville, Sieur de 247, 409, 412
Jolantha von Bourbon 414
Josaphat, Tal 11, 68
Josbert, Hospitaliter-Ordensmeister 40
Joscelin von Aquilan 302
Joscelin von Armand 459
Irland 261, 288, 290, 295, 342f.
Isabella von Ascalon 424
Isabella die Katholische 80
Isabella von Navarra, Tochter Ludwigs VIII. 354
Isarnus, Bischof von Toulouse 263
S. Juan de Huesca 299
Juan Sanchez, Großprior 305
S. Juan de Valladolid 321
Italien 9, 223, 258, 261, 316, 331, 333, 432
Julian von Pereyro 88
Julian von Sidon und Beaufort 423
Julian von Sidon und Beirut 59
Julius II., Papst 89
Jura 266

K

Kaaden 311
Kärnten 151, 311
Kalaat-el-Hösn (Kurdenschloß) 52, 146
Kalaat-Karn (Montfort, Starkenberg) 67
Kalaat-ez-Zair 149
Kalixt II., Papst 144, 154
Kamela 52
Kanut der Große 9
Karl der Große 10, 11
Karl V. 310
Karl IV. von Frankreich 440, 442
Karl VIII. von Frankreich 478
Karl von Anjou, König von Neapel 148, 235, 238, 274, 276, 282, 285, 286, 302, 406, 413, 429, 430
Karl II. von Anjou, König von Neapel 187, 271, 273, 277, 278, 285–287, 416, 459
Karl VI., König von Spanien 299
Karl von Valois, Bruder Philipps IV. 287
Katalonien 190, 261, 297ff.
Kelaun, Sultan 55

Kent 291, 343
Kerkhove 316
Khalifen 39
Kilmaincan 290
Kleinasien 309
Koblenz 135, 140
Köln 149, 310, 311
Königsberg 69, 445 ff.
Konrad III., deutscher König 311
Konrad IV. 125
Konrad, Erzbischof von Mainz 64
Konrad von Masovien 68
Konrad, Kardinalbischof von Porto 364
Konstantinopel 40, 459
Kreta, Erzbischof von 151
Kroatien 335
Küchmeister von Sternberg, Deutsch-Ordensmeister 445, 446
Kulm 69
Kurdenschloß 52, 146

L

La Chèze, Prior von 468
Lagny 414
Laibach 135
Laigne 334
La Marche, Graf von 418
Lambro Volpelli 419
La Motte-St. Didier 459
Lanfranc 246
Languedoc 74, 265, 380
Laodicea 58
Laon 352, 374
La Rochelle 359, 407
La Selve 388
Laterankonzil von 1139: 240, 249
– von 1179: 181, 218, 225, 240, 365
– von 1215: 150, 247
Lautrec, Herr von 274
Lavanet 361
Lazaristen 163, 463
Leache 306
Le Burgaud 265
Leffinghen 356
Legationen 284
Leiça 307, 308
Leicester 291, 342, 410
Leiria 319
Lekke, Ritter von 138
Lemberg 14, 445 ff.
Lentini 332
Leon 88, 95, 100, 226, 261, 305, 330
Leon II. von Armenien 416
Leontes 67
Leopold, Herzog von Österreich 66
Lerida 298, 316, 326, 328, 501
Leude 366
Ligurien 284
Limisso 45, 414, 464
Limousin 266
Limoux 484, 491
Lincoln 185, 291, 295, 410
Lincolnshire 343
Lisieux 268
Lissabon 89, 99, 321 f., 337, 447
Little Maplestead 288
Liveland 128, 129, 447
S. Lojo (Eligius) 96
Loire 269
Lombardei 283, 294, 333
Lombarden 397
London 288 ff., 336, 374, 410, 428
Lothar, Kaiser 335
Lothericus von Baudemont 352
Lothringen 269, 270, 309, 334, 356
Louvre 432, 437
Lozère 500
Lübeck 446
Lublin 14
Lucca 9, 226, 228, 333, 419, 459
Lucius II. Papst 202
Lucius III. Papst 88, 151, 152, 163, 201, 216, 217, 221, 316, 335
Luctuosa 326
Ludolf, Erzbischof von Magdeburg 135
Ludwig der Einfältige 9
Ludwig VII. von Frankreich 33, 46, 269, 337, 359, 362, 369 f., 374, 410, 413, 417, 419, 429, 431, 432
Ludwig VIII. von Frankreich 278, 371, 407
Ludwig IX. 148, 274, 353, 360, 363, 367, 371 f., 375, 376, 380, 404, 409, 410, 412, 413, 417, 432, 433, 455, 456, 483, 484
Ludwig X. 387, 440, 441
Ludwig, König von Navarra, Sohn Philipps IV. von Frankreich 306

Ludwig von Thüringen 138
Ludwig I. von Ungarn 312
Luna 17
Lüttich 267, 268
Luxeuil 266
Luytosa 326
Luzern 316
Lydda 51
Lyon 80, 148, 266, 271, 458, 471, 510
Lyonnais 266

M

Mähren 147, 311
Mafalda (Mathilde), Gemahlin Alfons von Portugal 307
Magra 17
Magdeburg 312, 335
Mailand 38, 333
Mailberg 311
Maine 269, 270
Mainz 151, 159, 310, 334
Majorka 298, 302, 330
Malabayla 17
Malcolm IV., König von Schottland 289
Malta 270, 291, 313
Mamistra 147
Mancourt 355
Manetin 311, 316
Manfred, König von Sizilien 125, 235
Manosque 61, 274, 416
Mantua 284
Marbotte 334
Margarethe von Frankreich 405
Margarethe von Frankreich 418
Margarethe, Tochter Ludwigs VII. 410
Margarethe von Flandern 430
Margarethe von Navarra 353
Margat 43, 53, 54, 61, 424
Maria Annunziata 10
Maria von Antiochien 430
Maria die Katholische 291
S. Maria Latina 12, 425
S. Maria do Olival 322
Maria Magdalena-Kloster 12, 315
Mariana, Jesuit 330
Marienburg 67, 118, 376, 405, 445
Marienwerder 445
Marokko 302
Marseille 262, 275
Martel 265, 316
Martin IV., Papst 174, 187, 193, 420
S. Martin 335
S. Martin des Champs 407
S. Martin de Tours 357
Mas de Barbesan 326
Mastricht 136
Mathilde von England 337
Mathilde von Tuszien 9
Matthäus Paris 403
Maubuisson 430
S. Maurice 368
Maurin 416
Mauro, Pantaleon 12 f.
Meaux 268
Mecklenburg 312
Medinaceli 85
Mertola 9
Messina 17, 18, 178, 261, 283, 332
Metz 158, 334, 374
S. Michael de Casca 331
S. Michael de Clusa 59
S. Michael, Orden von 93, 94
Miecislaw von Polen 312
Minoriten 466
Miravee 92
Mirow 312
Modena 284
Mogadour 321
Mondego 322
Monfrac, Orden von 93
Mons Gaudii 92, 327
Mons Peregrinus 40, 49
Mons Salutis 75
Monsanto 323
Mont Cenis 9
Mont de Soïssons 352, 369
Mont Fitzgerald 290
Mont Royal 69
Montagut 277
Montalvan 331
Montbrison 266
Montecasino 9
Montélimar, Herr von 272
Montesa 331
Montferrand 266
Montjoie 92 ff., 128
Montpellier 265, 361, 368, 489
Montredon 362

Monzon 327, 328, 329
Morimond 15 ff.
Moritz, Bischof von Toulouse 361
Morlas 265
Mostansix, Khalif 12
Motadid von Sevilla 71
Mühlhausen 136
Mülhausen i. Elsaß 310
Münster 159, 311

N

Nabonetum 322
Narbonne 201, 237, 361, 363, 365, 368, 400, 408, 483
Navarra 261, 297, 299, 306, 330 f., 355, 434, 436
Nazaret 51, 423
Neapel 287, 463
Nemerow 312
Neuville du Temple 355
Newland 291, 316
Niedersachsen 310
St. Nikolaus 17
Nikolaus IV. Papst 98, 100, 113, 120, 148, 149, 151, 158, 159, 179, 295, 330, 341, 459
Nikolaus d'Abbeville 484
Nikolaus Patriarch von Jerusalem 151
Nimes 367, 368, 401
Nivernois 520
Nizza 361, 368
Nocera 10
Nogaret, Wilhelm von 461
Norfolk 291, 343
Normandie 190, 357 ff., 432
Northumberland 343
Norwegen 308, 314
Notthinghamshire 343
Novillas 328
Noyon 372
Nürnberg 14, 136, 137
Nuño Perez, Meister von Calatrava 17
Nymwegen 310

O

Oberwesel 140
Odense 313
Odo von St. Amand 60
Oldegar Bischof von Barcelona 326
Olmütz 153
Onda 190
Oporto 307
Oppenheim 139
Orange 273, 361, 368
Ordoño Bischof von Saragossa 88
Oreja 95
Orléans 268, 407
Orrios 301
Oropesa 301
Orta 301
Ossuna 83
Österreich 135, 311
Otranto 17, 166
Otto IV. 54, 104, 137 (von Aquitanien), 359, 431
Otto, Bischof von Freising 74
Otto, Pfalzgraf bei Rhein 139
Otto, Bischof von Utrecht 139
Ourique, Schlacht bei 90
Oxfordshire 291, 342, 343, 405

P

Pla-de-Cors 489
Padua 284
Palacius 22, 154
Palästina 22, 24, 31, 49, 69, 309, 327, 341, 360, 402, 416, 453, 454, 456, 458, 464, 478
Palamella 99
Pallas 301
Palermo 332
Pamiers, Bischof von 482
Pampelona 434
Pandulf, Legat 341, 404
Paris 25, 268, 269, 373 ff., 387, 407, 410, 434, 469, 502, 503
Parishgarden 347
Parma 284
St. Paul, Graf von 387
Paulhac 361
Patrimonium Petri 333
Payns 352, 369
Paschalis II., Papst 16, 20, 22, 54, 262, 263
Pedro I. von Aragonien 299
Pedro Fernandez 94, 95
Pelagius, Kardinalbischof von Albano 418

Pelayo 22
Penna 316
Périgord 265, 282
Péronne 356, 371, 372
Perser 10
Perugia 333
Peter III. von Aragonien 190, 302, 303
Peter von Bologna 226, 333
Peter von Castello, Kardinal 492
Peter, Erzbischof von Narbonne 483
Peter, Bischof von Nizza 361
Peter von Rovera 302
Peter de Rotis, Templer 333
Peter, Graf von Savoyen 405
Petrus Cantor 246
Petrus Lombardus 247
Pexiora 263, 265
Philipp, Deutscher König 104, 106
Philipp von Savoyen, Herzog von Achaia 148, 271
Philipp II. August, König von Frankreich 268, 293, 357, 370f., 415, 429, 431, 432, 438
Philipp III., König von Frankreich 302, 372, 373, 375, 378ff., 407, 433, 434, 438
Philipp IV. König von Frankreich 194, 226, 272, 273, 278ff., 282, 306, 330, 354, 359, 360, 373, 376ff., 378ff., 401, 410, 416, 429, 432, 434, 435, 437, 438, 441, 461, 462, 466, 469, 470, 474, 476, 481, 482–83, 489, 490, 495, 496, 501, 504ff., 508, 517
Philipp V. König von Frankreich 387, 440, 442
Philipp d'Egly 420
Philipp, Graf von Flandern 356
Philipp d'Harcourt 337
Philipp Thane 349
Philipp, Kantor von Tripolis 415
Philipp II. von Spanien 490
Piacenza 9, 238, 419
Piemont 284
St. Pierre 310
Pierre de Condé 434
Pierre Godin 486
Pierre de Loies, Patriarch von Antiochien 406
Pierre Marc von Reims 408
Pierrevillers 334
Pilgerschloß 58, 254
Piliers 258
Pisa 17, 40, 261, 283, 316, 470
Pisieux 352
Pius VI. Papst 299
Plasian, Wilhelm von 469
Plauen 135
Pogesanien 69
Poitiers 191, 265, 270, 282, 468, 499
Poitou 270, 359, 414
Polen 308, 311, 312
Pombal 319, 323
Pomesanien 69
Pommern 312, 335
Pommerellen 108
Ponce d'Arsace, Erzbischof von Narbonne 171
Ponthieu 356, 434
Pontius, Bischof von Tripolis 144
Porcellet 362
Porta Romana 333
Porta Tosa 333
Portugal 22, 29, 30, 31, 38, 56, 99, 100, 296ff., 305, 307, 316f., 323f., 347, 349, 522
Posen 311, 312
Prag 311
Prämonstratenser 371, 460
Predigermönche 466
Preußen 5, 68, 69, 107, 128, 129, 133, 135, 257, 335, 402, 440, 442ff., 455, 519
Prierias 248
Probus, Abt 16
Provence 12, 22, 152, 201, 205, 258, 260, 261, 262ff., 264, 274, 326, 360ff., 401
Provins 352, 400, 401, 418
Puy, Bischof von 37
Puisieux-sous-Laon 369
Puymoisson 278
Pyrenäen 306, 310, 325, 361, 489
Pyrenäische Halbinsel 45, 71, 72ff.

Q

St. Quentin 356

R

Rabiten 32
Radulf von Gisi 499
Rafineh 49, 52
Raimund von Antiochien, Montreal und Hebron 91
Raimund, Abt von Fitero 74, 75, 76
Raimund von Lampurdan 301
Raimund von Lunel 362
Raimund du Puy 20, 21, 22, 23, 39, 40, 154, 160, 300, 307
Raimund von Toulouse 262
Raimund V. von Toulouse 362
Raimund VI. von Toulouse 362, 364, 366
Raimund VII. von Toulouse 362
Raimund II. von Tripolis 52
Raimund Berengar III. von Provence und Barcelona 263, 326, 360
Raimund Berengar IV. 23, 300, 301, 315, 326, 327, 328
Raimund Berengar von Béziers 367
Raimund Gauzelin von Uzès 273
Ramiro II. von Aragonien 23, 300
Ramleh 42
Ranke 507
Rat, der Geheime 259
Rat, der Große 259
Rat, der Oberste 259
Rat der Schatzkammer 259
Regensburg 136, 311
Reichenau 9
Reichenbach 135
Reims 147, 171, 218, 268, 279, 355
Reinaud von Margat 422
Relief de Flandre 356
Renneville 282, 357
Responsionen 19, 313, 314
Rheden 69
Rheinfels 140
Rheinprovinz 311
Rhodos 108, 259, 285, 310, 468
Rhone 264, 272, 361
Richard, Kardinalbischof von Albano 20
Richard von Canterbury 161
Richard von Cornwallis 107, 454
Richard, König von England 292, 338, 359
Richard Ranger, Tempelritter 341
Riez 191
Ripagorca 301
Roaix 361
Robert, Templer 327
Robert, Casale 423
Robert de Bossin, Earl von Leicester 289
Robert von St. Just 388
Robert, König von Neapel 9, 286
Robert von Sommerby 197
Robert von Stamford 341
Robert von Turville 350
Rochester 418
Rodez 152, 278, 386, 389, 408
Rodrigo, Stifter des Ordens von Montjoie 91, 92
Rodrigo Yañez 330
Rodriguez, Meister von Avis 91
Roger von Carcassonne 361
Roger II. von Foix 361
Roger von Maubray 338
Roger des Moulins 43, 60, 153, 285
Roger de Rozoy 171
Roger, König von Sizilien 18, 283
Roger, Templer 418
Rom 9, 149, 261, 283, 333
Romagne, La 355
Romersdorf 136
Roncevaux 459
Ronda 71
Roquefort 361
Rothenburg a. T. 136, 311
Rottweil 311
Rouen 176, 268, 418, 420, 432
Rouillane 369
Roussillon 300, 330, 331, 361
Rudolf, Deutscher König 106, 107, 108
Rudolf von Chevrières, Kardinalbischof von Albano 149

S

Saalfeld 135
Sachsen 134, 312, 313
Sachsenhausen 136, 141
Saintes 188
Saladin 41, 42
Salamanka 87, 88
Salerno 286
Salisbury, Graf von 418

Salomonischer Tempel 24
Salvatierra 77, 86
St. *Salvador de Toro* 331
Salzburg 456
Samper de Calanda 301
Samsun 14
Sancho III. von Castilien 73, 75, 77, 84
Sancho I. von Portugal 91, 322
Sancho II. 99
Sancho IV. 85
Sancia von Castilien 316
Santarem 93, 321 ff.
Santiago 9, 89, 94 ff., 326, 456, 459
Santos o Velho 99
Saragossa 299, 301, 327, 328, 329
Sarazenen 68
Sazava 14
Schilling von Cannstadt, Deutschordensmeister 310
Schlanders 136
Schlawe 312
Schlesien 311, 335
Schleswig 313, 316
Schoeneck 312
Schonen 447
Schottland 26, 197, 289–90, 295, 342 f., 447
esch-Schuf 67
Schweden 308, 313, 315
Schweinfurt 136
Schweiz 317
Scot, Bernardo 419
Sebaste 166
Sebenico 335
Seeland 313
Sées 68
Segna 335
Segovia 75, 374
Seine 377
Senlis 268, 371
Senna 316
Sens 25, 236, 268, 432
Sevilla 316
Shengay 288
Sidon 47, 166, 228
Siegfried, Erzbischof von Mainz 120, 140
Siena 9, 149, 397, 419
Sigena 315 ff.
Simon Le Rat 410
Simon von Furnes, Templer 418
Simon von Montfort 362, 367
Sizilien 17, 235, 285, 332, 464
Skandinavien 17, 94, 313
Slavonien 335
Slypes 356, 369
Soissons 25, 268
Solana 330
Somersetshire 342
Sonnenburg 313
Sosterres 301
Soure 30
Spanien 22, 26, 32, 56, 79
Speyer 136, 292
Spittler 157
Springfield 316
Squin von Floyrac (Esquin von Floriano) 495, 500 ff.
Stageln 313
Stamford 102
Standon 316
Stargard 312
Starkenberg 66, 67, 68
Staufer 34, 154, 234
Steinfurt 311
Steiermark 151, 311
Stephan von Bar, Bischof von Metz 334
Stephan, König von England 286, 337
Stephan, Komtur von Reims 355
Stephan v. Sissy 234 ff., 388
Sternberg 139
Sterzing 136
Stettin 312
Straßburg i. E. 310
Stribor a. d. Mies 311
Stuhlweißenburg 312
Südermanland 315
Suero (Alcantara) 87
Suffolk 291, 343
Suger von St. Denis 413, 417
Supplinburg 335
Sweder von Dingede 136
Syrakus 332
Syrien 14, 17, 399

T

Tabor, Berg 51
Tala 366

Tarascon 273, 369
Tarcuca, Abt von 90
Tarent 17, 332
Tarragona 201, 301, 328
Tejo 322, 323
Tempel bei Paris 370, 373 ff., 422, 429
Tempel zu London 405, 407–8, 409, 410, 422
Temple de Dôle 355
Temple de Favernay 355
Temple de Vaux 360
Templo de Huesca 328
Terano 316
Termens 301
Terra di Lavoro 286
Téruanne 268
Téruel 92, 301, 328
Theobald, Bischof von Lüttich 238
Therese, Königin von Portugal 29, 30, 307, 319, 320
Thibaut, Graf von Champagne, König von Navarra 353
Thibaut, dessen Sohn 353 f.
St. *Thomas* 275
Thomas von Aquino 47 ff.
Thomas Berard, Hospitalitermeister 60, 234, 236
Thomas, Robert, Templer 422
Thorn 68, 69, 446
Thouars, Vicomte von 418
Thüringen 135
Thurgau 310, 316
Tiberias 40, 166, 234, 412, 423
Tibnin 67
Tobel 316
Tokat 14
Toledo 74, 75, 84, 188, 330
Tomar 322, 331
Toron 67, 68
Torphichen 289, 290
Torres de Segre 301
Tortosa 59, 316, 329
Toscana 284, 383
Toulouse 261, 263 ff., 278, 279, 361, 362, 364, 368, 389, 484–488, 500
Tourraine 359
Tournay 268
Tours 188, 517
Tower zu London 406
Tracy le Val 374
Trapani 332
Treßler 445
Trient 136, 248
Trier 311, 335
Trinitarier 460
Tripolis 49, 52, 60, 229, 416
Trouchon 301
Troyes 25, 29 ff., 319, 323, 355, 360, 400
Tudela 299, 336
Tunis 456
Turgel, Orden von 71
Turkopulen 50, 69
Tyrus 49, 234, 412

U

Uclès 95, 330
Unam sanctam 386
Ungarn 261, 308, 312
Urban II. 143
Urban III. 83, 174, 188, 216, 218
Urban IV. 120, 131, 186, 199, 201, 202, 203, 227, 231, 235, 236 ff., 329, 387, 445, 453
Urraca von Castilien 305
Utrecht 138

V

Valence 272, 368
Valencia 188, 298, 305
Valenia 53, 54, 61
St. *Valéry* 380
Valfogosa 328
Vanna 355
St. *Vaubourg* 418
Vaucluse 361
Velay 266
Vendée 270
Venedig 17, 40, 261, 283, 284
Verdun 158
Vermandois 274, 356
Verneuil 371
Verona 333
Vienne 148, 271, 459, 518
Viktor IV. Papst 33
Villabella 301
Villafranca 307
Villarluengo 301

Villedieux de Bailleul 279
Villeneuve (bei Sens) 373
Villeneuve du Temple 370, 374 ff., 376 ff.
Villette 301
Virecourt 355
Visconti 238
Vitry 279
Viurcan 307
Voltosanto 459
Voulaine 270, 355
Vranna 312

W

Walachei 14
Waldemar von Brandenburg 312, 313
Waldemar I. von Dänemark 314
Wales 197, 295, 342
Walter Mapes 169, 180–183, 221
Warwikshire 342
Weichsel 257, 446, 520
Weimar 135
Weißenburg 310
Wenden 312, 313
Werben 312, 313
Wereberge, Hermann von 313
Werner von Orselen Deutschordens-Meister 445
Werner von Boland 139
Werner, Erzbischof von Mainz 138
Wesel 139, 311
Westfalen 134, 311
Westminster 289, 295, 338
Wiborg 314
Widerflete 347
Wien 135
Wiesbaden 135
Wilbrand von Oldenburg 54
Wiles 347
Wilhelm, Deutscher König 139
Wilhelm III. von Auvergne 355
Wilhelm von Beaujeu, Templermeister 410, 456
Wilhelm de Courcelles 456
Wilhelm, Graf von Holland und Seeland 139
Wilhelm, Graf von Forcalquier 274
Wilhelm, Graf von Forez 274
Wilhelm Imbert, Inquisitor 482, 500, 506
Wilhelm, Graf von Jülich 136
Wilhelm der Löwe, König von Schottland 289
Wilhelm Manin 424
Wilhelm VI. von Montpellier 362
Wilhelm VIII. von Montpellier 368
Wilhelm von Nogaret 386
Wilhelm Oeil de boeuf 233
Wilhelm von St. Omer 356
Wilhelm von Pembroke 338
Wilhelm Porcellet 362
Wilhelm von Tothale 197, 294, 295
Wilhelm von Tyrus 164, 165
Wilhelm, Graf von Vienne und Mâcon 410
Wilhelm von Villaret 285, 301, 416
William Brewer 415
Winschester 291
Withier von Bourbonne 352
Wladislaw II. von Böhmen 311
Wörne 315
Worms 311, 335
Württemberg 311
Würzburg 311
Wuskowitz 311

Y

Yerga 75
York 291
Ypern 356
Yorkshire 342

Z

Zachau 312
Zagrost 311
Ziegenhagen, Graf von 135
Zungen des Hospitals 258 ff., 310, 468, 469, 523
Zurita 77